”

Niemand hier sah, was wirklich in mir schrie. Sie sahen nur den Jungen, der zu hoch sprach, der zu schnell weinte, der beim Fußballspiel wie ein getretener Sack umfiel, wenn der Ball ihn traf. Sie sahen einen Schwächling. Eine Schwuchtel. Keiner fragte. Keiner wollte verstehen.
Warum auch? Ich war doch perfekt so, wie sie es brauchten, ein lebendes Ziel, ein Spucknapf für ihren eigenen Selbsthass.In dieser Welt gab es keinen Ort für jemanden wie mich. Nicht hier. Nicht da. Nirgendwo.
Aber ich war hier in diesem Heim. Zwischen Jungs, die mich hassten, weil ich sie an das erinnerte, was sie selbst am meisten fürchteten: Schwäche.

Ich war ein Unfall. Ein Irrtum. Etwas, das nie hätte existieren dürfen. Und nachts, wenn alles still war und nur mein Herz klopfte wie eine schmutzige Hand gegen eine schmutzige Wand, wusste ich es: Ich werde hier nicht leben. Hier stirbt man. Langsam, qualvoll, in Raten. Und niemand wird es je merken.
...
Statt dessen sitze ich hier. Und bin... nichts.

Kein Mädchen. Kein Junge.
Nur ein Fehler, eingesperrt in etwas, das ich nicht verstehe, das ich abstoße und doch nicht loswerden kann. Für mich ist alles stehen geblieben an dem Tag, an dem ich begriffen habe, dass ich aus dieser Hülle nicht rauskomme.
Dass ich immer das bleiben werde, was sie in mir sehen: Ein Krüppel, ein Nichts, ein Witz ohne Pointe. Ich verrotte hier, Stück für Stück, während draußen das Leben weiteratmet und mich längst vergessen hat.

Und irgendwann fing ich an, mich heimlich zu ritzen. Nur kleine Schnitte am Anfang. Nur ein bisschen. Nur so viel, dass der Schmerz von innen endlich eine Richtung bekam, endlich irgendwo hin konnte, irgendwo raus aus diesem verdammten Körper.

”

Der vorliegende Text ist KEIN ROMAN,
sondern eine AUTOBIOGRAPHIE,
die die Kindheit und Jugendzeit der Autorin bis
zu ihrem 18. Lebensjahr beschreibt!

Das heißt: Die geschilderten Ereignisse
beruhen auf wahren Begebenheiten.

Allerdings wurden die Namen aller beteiligten Personen
geändert - bis auf den Namen der Autorin, die damals noch
mit ihrem Geburtsnamen „Dennis“ angesprochen wurde.

Jessica Krämer
Selbst schuld, du Schwuchtel!

ISBN 978-3-9825245-7-3

Verlag, Gestaltung und Satz:
Campaign House GmbH & Co. KG,
Bergisch Gladbach

Erstauflage: Sept. 2025

Jessica Krämer
geb. Dennis B.

Ich wurde nicht geboren,
ich bin entstanden.
Aus Dreck, Trauma, Wut
und viel zu viel Schweigen.

Ich bin Jessica.
Ich bin alchknd.
Ich bin echt.
Ich wuchs in Pflegefamilien
und Heimen auf.
Ich wurde verbogen,
geprügelt und gebrochen,
aber ich stehe noch.
Mit 15 kam ich in den Knast, als Mädchen unter Jungs.

Ich bin trans Frau. Ich bin keine Erfindung. Ich bin der Beweis.
Ich habe Drogen genommen, mich verkauft, überlebt.
Ich habe Nächte auf der Straße verbracht und in mir selbst.
Ich wurde abgewiesen, auch von denen, die helfen sollten.

Ich schreibe, weil ich nicht mehr schweigen kann.
Meine Worte stinken nach Wirklichkeit.
Ich bin keine Autorin mit Preis,
ich bin ein Mensch mit Geschichte.
Ich liebe ehrliche Musik, rostige Herzen und kaputte Romantik.
alchknd ist mein zweiter Name, mein Widerstand, mein Ventil.
Dieses Buch ist kein Märchen, es ist ein Überlebensprotokoll.
Und das da auf dem Bild – das bin ich.

Mehr über mich unter www.alchknd.de

Inhalt

1. Buch 1990 - 2001

Garten, Hunde, Kinderscheiß...

Mein Name ist Dennis.
Ich wurde am 8. Februar 1990 in Kaiserslautern geboren. Meine ersten Lebensjahre verliefen weitgehend unauffällig. Abgesehen von ein paar typischen Kinderkrankheiten wie Scharlach, Windpocken und einem Drei-Tage-Fieber entwickelte ich mich prächtig.
Ich war ein gesundes, lebhaftes Kind, auf den ersten Blick ein ganz gewöhnlicher kleiner Junge. Nicht zu groß, nicht zu dick, mit haselnussbraunen Haaren und stahlblauen Augen, die von Erwachsenen oft als „wach" oder „ernsthaft" beschrieben wurden. Ich spielte draußen, lachte viel, tat all das, was Kinder in diesem Alter eben tun. Doch das war nur die Außenseite. Tief in meinem Inneren spürte ich früh, dass etwas anders war.
Ein stilles Gefühl, das sich nicht abschütteln ließ, und das ich selbst nicht ganz verstand.
Ich lebte ein scheinbar gewöhnliches Leben, und hatte ein paar wenige Freunde, mit denen ich nachmittags manchmal draußen im Wald spielte.

Meine Familie war eine typische Kleinstadtfamilie. Mein Vater, ein pensionierter Postbeamter und leidenschaftlicher Rottweilerzüchter, meine Mutter Hausfrau und ausgebildete Krankenschwester im Ruhestand. Und meine vier Schwestern Paula, Anne, Sandy und Angelique, die alle noch mit uns im großen, eigenen Elternhaus lebten.
Ich war der Jüngste von allen. Ich war sieben Jahre alt, Anne neun, Sandy siebzehn. Paula und Angelique waren bereits Mitte dreißig.
Mein Vater verdiente mit seiner Beamtenpension und der Hundezucht genug, um sich alle zwei Jahre ein neues Auto leisten zu können. Wir lebten nicht im Überfluss, aber es fehlte uns an nichts, jedenfalls den meisten von uns nicht. Unser Zuhause war ein großes Mehrfamilienhaus am Waldrand.

Im Kellergeschoss wohnten Paula und Angelique. Ihre Wohnung hatte eine Terrassentür, die direkt in den Garten führte. Ideal für

Sommerabende und den ersten Kaffee am Morgen.
Im Erdgeschoss lebten meine Eltern, meine Schwester Ann und ich.
In der oberen Etage wohnte Sandy.
Ich hatte mein eigenes Zimmer, riesig groß für ein Kind, mit einem eigenen Balkon, der direkt über dem Garten lag. Von dort aus konnte ich alles überblicken: den Rasen, die Blumenbeete, die Hunde, und manchmal auch das Leben der anderen.

Im Garten hatte ich ein Gartenhaus, das mein Vater selbst gebaut hatte, eine Schaukel und eine Rutschbahn. Der Garten selbst war in zwei Parzellen unterteilt: Die eine war meine kleine Welt. Dort durfte ich spielen, tobte an langen Sommertagen umher, während meine Mutter ihr mühsam angelegtes Blumenbeet hegte und pflegte. In einer Ecke hatte sie sogar ein kleines, eingezäuntes Gehege für ihre griechischen Landschildkröten eingerichtet.
Die andere Parzelle, direkt daneben, war den Hunden vorbehalten. Getrennt nur durch ein paar Thuja-Bäume, die inzwischen etwa zwei Meter hoch waren, und einen Maschendrahtzaun, der mir ungefähr bis zur Brust reichte.
Dahinter konnte man hinter den Hecken noch ein großes, selbstgebautes Gartenhaus sehen, in dem zwei Rottweiler schliefen. Es war gemütlich warm darin, mit ausreichend Platz für die Hunde samt Wurfkiste für die Zucht.
Hinter dem Haus gab es noch drei weitere Zwinger, in denen jeweils ein Hund untergebracht war. Mein Vater war ein leidenschaftlicher Hundefreund. Jeden Mittwoch und Freitag fuhren wir zum Hundeplatz.
Während mein Vater mit seinen Hunden trainierte, half ich manchmal hinter der Theke und schmierte Brötchen für die anderen Vereinsmitglieder.
Ab und zu ging es auch am Sonntagmorgen los zum Fährtenlesen im Wald, wenn die Welt noch still und vom Tau überzogen war.

Trotzdem war ich anders. Ich weiß nicht, warum. Und ich weiß auch nicht, wie ich es beschreiben soll, aber mein Leben ergab für mich irgendwie keinen Sinn.

Schon als Kind hatte ich das Gefühl, dass etwas nicht stimmte. In mir drin war ich anders. Ich bemerkte es zuerst im Kindergarten. Ich wollte nicht diese typischen Jungenspiele spielen. Spielzeugautos langweilten mich. Lego fand ich grob und kalt. Stattdessen beneidete ich die Mädchen um ihre Puppen, um ihre Baby Borns, um die liebevolle Selbstverständlichkeit, mit der sie Mutter spielten.
Ich wollte das auch. Ich wollte für eine Puppe sorgen, wollte Mutter sein, wollte mich kümmern, fühlen, beschützen. Doch das Problem war: Unser Kindergarten war sehr katholisch. Eine strenge Nonne leitete ihn, und sie sah es nicht gerne, wenn ein Junge mit Puppen spielte. Ein Junge durfte nicht anders sein.
Auch zu Hause achtete man auf Konventionen. Immer wieder bekam ich Spielzeugautos geschenkt. Zum Geburtstag, zu Weihnachten oder einfach so. Ich wollte sie nicht. Ich konnte nichts mit ihnen anfangen.
Irgendwann war es so viel, dass ich komplett überfordert war. Ich begann, die Spielsachen zu zerstören. Ich schmiss sie von meinem Balkon, zerlegte sie, trat auf sie ein. Ich wollte einfach nur, dass es aufhört.
Und dann waren da meine Schwestern. Ich beneidete sie. Ihre langen Haare, ihre bunten Kleider, ihre Art, sich zu bewegen, wie sie lachten.
Ich fühlte mich in meiner eigenen Kleidung fremd. Als wäre sie nicht für mich gemacht. Wie ein Faschingskostüm, das man nur kurz trägt und dann wieder ablegt. Nur dass ich es nicht ablegen konnte. Es war jeden Tag da. Es fühlte sich wie eine Lüge an.

Deshalb begann ich, Anne´s Kleidung anzuziehen. Ihre Pullover waren weicher, die Farben bunter. Ich liebte vor allem Rottöne, lila, rosa. Diese Farben gaben mir ein Gefühl von Ruhe, von Geborgenheit. Die Kleidung, die man mir aufzwang, war meist in blau oder grün gehalten: Kalte Farben, die mir nichts sagten.
Farben, die ich nicht mochte. Ich verstand nicht, warum das so war. Warum ich so war. Aber es fühlte sich für mich nicht falsch an. Ich machte kein Geheimnis daraus, dass ich die Kleidung meiner Schwester anzog.

Als meine Mutter das erste Mal davon erfuhr, lachte sie. Sie fand es niedlich, so als wäre es ein kindlicher Scherz. Doch als ich damit auch rausgehen wollte, auf den Spielplatz, in den Supermarkt, wurde es plötzlich ernst. „Du bist doch ein Junge, Denny. Du kannst so nicht vor die Tür gehen. Was sollen denn die Nachbarn denken?“ sagte sie dann.

Widerwillig gehorchte ich. Aber ich machte weiter. Suchte mir weiterhin bunte Kleidung aus dem Schrank meiner Schwester.

Anfangs versuchte meine Mutter, mir das sanft auszureden. Mit dieser ruhigen, geduldigen Art, die sie sonst hatte. Doch mit der Zeit wurde ihr Ton schärfer. Dringlicher. „Jungs tragen sowas nicht. Jungen ziehen keine Röcke an.“

Aber ich fühlte mich einfach nicht wie ein Junge. Im Kindergarten, beim Mutter-Vater-Kind-Spiel, wollte ich immer die Mutter sein. Doch die anderen Kinder lachten, schrieen: „Du kannst nicht die Mutter sein, du bist doch ein Junge!“

Aber was ist, wenn ich eben keiner war? Wenn ich keiner sein wollte? Mich hatte niemand gefragt. Und trotzdem sagte man mir ständig, was ich sein durfte und was nicht. Ich weinte oft. Besonders wenn mir wieder etwas weggenommen wurde, das für mich ganz selbstverständlich war. Etwas, das sich richtig angefühlt hatte.

Aus Verzweiflung begann ich, meine eigenen Kleider zu zerschneiden. Ich dachte, wenn ich nichts mehr zum Anziehen hatte, würden sie mir vielleicht die Kleidung meiner Schwester geben. Irgendetwas musste ich ja anziehen. Es war kindliches Denken. Logisch in meiner kleinen Welt.

Doch je mehr ich zerstörte, desto mehr neue Jungenkleidung bekam ich. Mehr Blau, mehr Grün, mehr Pullover mit Baggern, Dinos, Autos. Nichts davon fühlte sich nach mir an. Ich war gefangen. Und ich wusste nicht, wie ich mich daraus befreien konnte.

Eines Abends, nachdem ich im Garten gespielt hatte, badete mich meine Mutter. Danach war meine Schwester Anne an der Reihe. Während sie in der Badewanne saß, schlich ich mich in ihr Zimmer.

Es war Schlafenszeit für mich, aber ich wollte nicht in diesem

dummen Schlafanzug schlafen gehen. Ich suchte wieder nach anderen Dingen, die ich tragen konnte. Wenigstens in der Nacht. Wenigstens für ein paar Stunden. Ich nahm mir eine wollene Strumpfhose aus ihrem Schrank und ein Minnie-Mouse-T-Shirt. Schlich danach leise in mein Zimmer zurück, zog mich um und deckte mich bis zum Hals zu, damit es keiner sehen würde.
Doch irgendwann muss ich mich im Schlaf freigestrampelt haben. Ich wachte auf, als meine Mutter an meinem Bett stand. Sie hatte meine Beine berührt, die Strumpfhose gespürt, das T-Shirt gesehen. Plötzlich schrie sie. „Denny, das ist doch nicht normal! Das sind Annes Sachen! Du bist ein Bub!“

Ich sagte leise: „Nein Mama, ich bin kein Bub.“
Doch sie widersprach. Immer wieder. „Doch! Du hast einen Penis, also bist du ein Junge. Mädchen haben sowas nicht.“ Ich antwortete:„Ich weiß, dass ich das habe. Aber es fühlt sich komisch an. Ich will das nicht haben.“
Dann geschah etwas, das ich bis heute nicht vergessen kann. Meine Mutter sprang auf, lief in die Küche, riss den Rosenkranz von der Wand und kam zurück. Sie begann laut zu beten. „Teufel, komm raus! Lieber Gott, hilf ihm! Hilf ihm!“
Ich lag da, verstummt, voller Angst. Ich verstand nicht, was sie tat. Ich verstand die Worte nicht. Ich verstand nur, dass ich falsch war. Sie zog mich aus dem Bett, riss mir die Strumpfhose von den Beinen, nahm das T-Shirt weg, griff in meinen Schrank, holte einen blauen Schlafanzug heraus und zog ihn mir an.
Während sie das tat, murmelte sie immer wieder: „Das ist krank. Das ist pervers. So etwas gibt es nicht. Du musst damit aufhören.“
Dann ging sie raus. Ich hörte, wie sie mit meinem Vater sprach. Im Wohnzimmer. Immer wieder fielen Worte wie „krank“, „abnormal,“ „nicht richtig“.
Und ab diesem Moment schämte ich mich.
Dafür, wer ich war. Dafür, wie ich dachte. Dafür, wie ich fühlte. Eine Traurigkeit machte sich in mir breit, wie ich sie vorher nicht kannte. Keine kindliche Enttäuschung, wie wenn man im Laden keine Schokolade bekommt. Nein. Das hier war anders. Diese Traurigkeit blieb.

Und sie blieb nicht nur. Sie fraß sich fest. Und mit ihr die Sätze, die ich nie mehr vergessen werde:„Du bist krank." „So etwas gibt es nicht.“ „Teufel, komm raus."
Das war der Tag, an dem etwas in mir zerbrach.

Maschendraht und Bruder fürs Leben

Am Rand unseres Gartens stand ein hoher Maschendrahtzaun. Dahinter ragten ein paar große Bäume in den Himmel. Sie wirkten fast wie eine grüne Mauer und dienten als Sichtschutz zu den fünf alten massiven NATO-Wohnblöcken, die dahinter lagen. Ihre Farben waren trostlos. Braun und ein vergilbtes Weiß, das einmal heller gewesen sein mochte. Die Fassaden waren nicht verputzt wie bei uns, sondern mit Fliesen bedeckt. Kalt, unfreundlich, beinahe abweisend. Ich wusste nicht viel über diese Gebäude, nur so viel: Man hielt sich besser fern.

Wenn ich abends in meinem Zimmer saß und die Balkontür offenstand, hörte ich oft eine Frau schreien. Meist war es nur ein wilder, verzweifelter Schrei, begleitet von Weinen. Und wenn sie weinte, hörte man auch kleine Kinder weinen. Einmal, nur einmal, rief sie etwas, das wie Arabisch klang. Ich wusste nicht, warum sie so schrie. Erst viel später hörte ich von anderen, dass ihr Mann wieder nach Hause gekommen war, angeblich aus dem Gefängnis in Zweibrücken.
Meine Eltern sagten immer: „Halt dich davon fern!“ Und daran hielt ich mich. So, wie ich mich auch daran hielt, nicht mehr die Kleidung meiner Schwester anzuziehen. Ich hatte gelernt, dass es falsch war.

Es war in den Sommerferien nach der zweiten Klasse. Ich spielte allein im Gartenhaus, als meine Mutter plötzlich aufgelöst nach draußen rannte. Sie suchte hektisch unter Steinen, durchkämmte die Blumenbeete, blickte unter jeden Strauch, als hätte sie etwas Wertvolles verloren.
Aber es war eine Schildkröte, die fehlte. Eins, zwei, drei… fünf sollten es sein, doch eine war verschwunden. Sie musste durch ein

Loch im Maschendrahtzaun geschlüpft und irgendwo zwischen den Bäumen und dem dichten Gebüsch verschwunden sein, das an die NATO-Blöcke grenzte. Also ging ich zum Zaun und begann zu suchen. Ich sah nichts, tastete mit den Augen das hohe Gras ab, lief am Zaun entlang, bis mir ein Junge auffiel, der mir auf der Seite gegenüber hinter dem Zaun entgegenkam.
Er blieb vor mir stehen, schaute mich neugierig an und fragte: „Was machst du denn da?"
Ich entgegnete ihm frech: „Ich suche eine Schildkröte. Weißt du überhaupt, was das ist?" Er lachte, sagte ja und bot mir an, mir bei der Suche zu helfen. Schließlich war er auf der anderen Seite des Maschendrahtzauns und hatte daher bessere Chancen, sie zu finden.
Ich erfuhr, dass der Junge Johannes hieß und direkt im ersten NATO-Block ganz oben rechts wohnte. Obwohl ich anfangs etwas frech zu ihm war, schien es, als ob wir uns trotzdem gut verstanden. In dem Moment wusste ich, dass ich einen neuen Kameraden hatte. Ich fragte meine Mutter, ob ich zum Spielen zu ihm dürfe, und widerwillig sagte sie ja. „Du bist aber um 6 Uhr wieder zu Hause."
Also gingen wir zu ihm nach Hause. Johannes lebte mit seiner Mutter, seiner etwas größeren Schwester Mareike, den zwei größeren Brüdern Peter und Fritz sowie seinem kleinen Bruder Marco in dieser kleinen Wohnung. Wie er mir erklärte, waren seine Eltern geschieden. Ich bemerkte, dass der Umgang in seinem Haus etwas rau war.
Johannes wurde von seinen großen Brüdern gemobbt. Sie beleidigten ihn ständig, boxten ihn ohne Grund, und manchmal schrie man ihn an, er solle für sie kochen oder ihnen ein Brot holen.
Wir gingen in Johannes' Zimmer, tranken Zuckerwasser und redeten. Ich erzählte ihm von den Schildkröten, den Hunden, der Schule, und er mir von seinen Brüdern, seinen Eltern und der Scheidung. Irgendwie kamen wir ja aus unterschiedlichen Verhältnissen, aber ab diesem Tag verband uns trotzdem eine tiefe Freundschaft.
Wir gingen jeden Tag zusammen raus, spielten im Wald, bauten uns Hütten aus gesammelten Ästen, und ich versuchte,

zumindest nach außen hin ein „normaler Junge“ zu sein, während ich mich innerlich versteckte.

Wir hatten viele dumme Ideen in der Zeit, in der wir uns trafen. Eine unserer dummen Ideen war es, zu rauchen, genauso wie seine Brüder zu Hause. Wir wollten erwachsen sein - und das am liebsten sofort.
Irgendwann, bevor wir uns wieder trafen, schlich ich mich an die Handtasche meiner Mutter und durchwühlte sie, was ich vorher noch nie gemacht hatte. Dabei fand dabei ein 5-Mark-Stück.
Als ich mich wieder mit Johannes traf, machten wir uns auf den Weg zu einem Zigarettenautomaten. Wir wählten eine Schachtel Camel, einfach weil uns das Kamel auf der Packung so cool vorkam. Nun standen wir da mit einer Schachtel Zigaretten, aber ohne Feuerzeug. Wir fragten Passanten, ob sie uns Feuer geben könnten, aber jedes Mal ernteten wir nur Kopfschütteln. Niemand wollte uns helfen.
Entschlossen versuchten wir es im Edeka-Markt und wollten Streichhölzer kaufen. Doch die Kassiererin sagte:„Das ist für Kinder zu gefährlich.“
Damit war unser Plan zunächst gescheitert. Wir gingen einfach weiter und überlegten, was wir nun tun sollten. Im selben Gebäude, in dem sich der Edeka befand, gab es im Keller eine Kegelbahn. Genau dort starteten wir unseren nächsten Versuch, an Feuer zu kommen - diesmal mit Erfolg.
An der Theke stand eine Frau, der wir mit ernster Miene erzählten, unsere Mutter würde draußen im Auto warten, weil der Edeka keine Streichhölzer mehr habe.
Sie habe uns hergeschickt, um zu fragen, ob man ihr vielleicht kurz ein Feuerzeug leihen könne. Die Frau zögerte kurz, dann drückte sie uns ein großes, oranges BIC-Feuerzeug in die Hand und sagte streng: „Aber bringt es mir gleich wieder!“
Innerlich mussten wir lachen. Als wir aus der Kegelbahn kamen, merkten wir, dass sie uns durchs Fenster beobachtete. Also steuerten wir eine Frau an, die gerade ihren Kofferraum mit Einkäufen belud, und taten so, als würden wir ihr das Feuerzeug geben, ganz so, als sei sie unsere Mutter. Offenbar überzeugte das die Frau an

der Theke, denn ihr Blick verschwand wieder aus dem Fenster.
In dem Moment rannten wir los, halb aus Nervosität, halb vor Freude. Wir hatten es geschafft! Endlich ein Feuerzeug! Bald würden wir rauchen können. Bald wären wir erwachsen. Die Frau am Auto hatten wir nur beiläufig nach der Uhrzeit gefragt. Wahrscheinlich dachte sie, wir hätten Ärger bekommen oder müssten dringend nach Hause. Aber das stimmte nicht.
Wir rannten, weil wir frei waren. Und weil wir gleich unsere erste Zigarette anzünden wollten.

Erstes Kippenbrennen

Wir suchten nach einem Ort, an dem uns niemand stören würde, wo wir ganz für uns sein konnten. Da kam uns die Idee, auf das Dach der Grundschule zu klettern. In der warmen Nachmittagsröte der Sonne - es war etwa 16 Uhr - saßen wir auf dem gefliesten Vordach der Theodor-Heuss-Grundschule und zündeten unsere erste Zigarette an.
Wir pafften gemeinsam, aber wussten tief drinnen, dass wir es falsch machten. Dann hatte Johannes einen Einfall. „Stell dir vor, deine Mutter kommt jetzt und erwischt dich dabei. Nimm einen Zug und atme tief ein, als würdest du dich richtig erschrecken."
Ich tat, was er sagte, und plötzlich brach der schlimmste Hustenanfall über mich herein, den ich je erlebt hatte. Mein Hals brannte, als würde er in Flammen stehen, und ich musste fast weinen. Als es halbwegs besser wurde und ich sah, dass Johannes es kaum besser erging, fiel mir die Zigarette aus der Hand.
Aus dem Kratzen in meinem Hals und dem Husten wurde ein unkontrollierbarer Lachkrampf. Auch Johannes fing an zu lachen, als es ihm langsam besser ging. Und in diesem Moment waren wir stolz. Stolz auf uns, weil wir es geschafft hatten, ein kleines Stück erwachsener zu werden. Wir waren ja auch schon 10 Jahre alt!

Zuhause war alles wie immer: Ich saß in meinem Zimmer, das mit grauer Raufasertapete tapeziert war, drehte den Lautstärkeregler meiner kleinen Stereoanlage auf und zog mich in mich selbst

zurück. Heute hatte ich viel gelacht, war fast an meinem ersten Lungenzug erstickt, aber trotzdem hatte ich Spaß.
Oder zumindest dachte ich das. War es wirklich Spaß?
Eigentlich nicht. Viel lieber hätte ich mir die Nägel lackiert wie meine Schwester, oder wäre mit Freundinnen zusammen, und würde von den Jungs der Backstreet Boys schwärmen, so wie es andere Mädchen taten.
Aber so war es nicht. Stattdessen saß ich in meinem Zimmer und nahm alles hin. Und während ich da saß, spürte ich diese innere Leere, dieses Gefühl, in mir selbst gefangen zu sein. Doch nach außen hin tat ich so, als wäre alles in Ordnung. Ich war froh, wenigstens Johannes zu haben, jemanden, der mit mir durch dick und dünn ging, auch wenn ich wusste, dass er nie wirklich sehen würde, wer ich wirklich war. Sollte ich es ihm sagen? Sollte ich ihm erzählen, wie ich wirklich bin?
Die Gedanken wirbelten in meinem Kopf, doch ich wusste, was er von seiner Schwester hielt. Und wenn er je merkte, dass ich mehr Mädchen als Junge war, vielleicht würde er mich dann auch nicht mehr mögen. Also versuchte ich, mich anzupassen.
Unbewusst, um nicht aufzufallen. Und bewusst, um zu verdrängen, dass ich ohne Anpassung niemals wirklich akzeptiert werden würde. Denn die Reaktionen meiner Eltern hatten mir schon längst gezeigt, dass ich nicht das war, was sie als „normal“ betrachteten..

Apropos „normal“: In meiner Nachbarschaft schien niemand wirklich normal zu sein. Links neben uns wohnten Amerikaner, doch es war nie ganz klar, welche genau, weil ständig neue Familien einzogen. Ich hatte das Gefühl, dass alle sechs Monate eine neue amerikanische Familie dort wohnte, je nachdem, welche Einheit gerade auf der Air Base stationiert war, und welche zurück in die USA ging.
Gegenüber von unserem Haus wohnte die Familie Kettler und direkt daneben sttand dann noch die „Villa Kunterbunt“. Ein riesiges Haus, das diesen Namen wirklich verdiente. Die Balkone, die das Haus in alle Himmelsrichtungen schmückten, waren in den grellsten Farben angestrichen.

Es war direkt am Waldeingang, wo mein Vater immer mit den Hunden spazieren ging, und an dem ich jeden Morgen auf dem Weg zur Grundschule vorbeikam. In diesem bunten Haus lebte die Familie Mund, eine wohlhabende Arztfamilie mit sehr verwöhnten Kin-dern, deren Wünsche von ihren Eltern scheinbar immer sofort erfüllt wurden, ohne dass sie sie überhaupt laut aussprechen mussten.
Die Kinder hießen Malte, Manuel, Larissa und Dayita. Später kam noch ein Kasper dazu. Was mich damals besonders erstaunte, war, dass Dayita eine andere Hautfarbe hatte als die anderen, aber in der Grundschule dachte ich nicht viel darüber nach. Ich hatte Manuel in meiner Klasse, und er war einer dieser Streber, die immer alles wussten und bei den Lehrern besonders beliebt waren.
Ich weiß nicht, ob man ihn bevorzugte, weil sein Vater ein einflussreicher Arzt war, der im Rehazentrum arbeitete, oder ob Manuel sich wirklich einfach für alles interessierte, und es mit den Lehrern gut meinte.
Ich war eigentlich nie wirklich mit ihm befreundet, doch zu meinem Erstaunen war er bei den anderen Kindern sehr beliebt. Irgendwo war ich ein bisschen neidisch auf ihn, vor allem, wenn er nach den Sommerferien erzählte, in welches exotische Land sie wieder geflogen waren: „Afrika hier, Indien da…“ Für mich war das immer nur das Gelaber von überheblichen Snobs, die nie wirklich wussten, was es hieß, sich etwas zu erarbeiten. Ich interessierte mich nicht für ihre teuren Reisen und ihre geschwätzigen Erlebnisse.
Die Zeit verging, und endlich hatte ich Geburtstag. Ich hatte so lange auf die 8 gewartet und freute mich riesig, weil ich wusste, es gibt Käsekuchen und Torte. Als ich morgens aufstand, wurde ich von meiner Mutter und meinem Vater überrascht: Sie drückten mir ein riesiges Paket in die Hand und wünschten mir alles Liebe und Gute zum Geburtstag.
Ich bekam von meiner Mutter einen dicken Schmatzer auf die rechte Wange und von meinem Vater einen starken Händedruck. Voller Vorfreude ging ich ins Wohnzimmer und packte das Geschenk aus.

Es war sehr aufwendig verpackt, mit tollem roten Geschenkpapier und vielen bunten Schleifchen. Es tat mir schon fast etwas leid, als ich es unsanft aufriss, und die schöne Verpackung dabei kaputtmachte.
Zu meiner Ernüchterung war darin eine Lego-Polizeistation, die man selbst zusammenbauen musste. Ich freute mich zwar über das Geschenk, aber eine Polizeistation? Mit Polizeiautos und Motorrädern? Ich war etwas betrübt, weil ich wusste, dass meine Schwester immer ihre tollen Puppen und schöne rosa Schuhe bekam, und ich bekam eine Polizeistation.
Es war nicht alles: Von Paula bekam ich ein Brettspiel „Labyrinth“ und eine Karte mit 20 DM darin.
Meine Schwester Anne umarmte mich, und dann gab es das, worauf ich mich schon eine Woche vorher so gefreut hatte: Käsekuchen.
Mit Angelique verstand ich mich nicht mehr so gut, und auch mein Geburtstag war von einem Schatten überzogen, denn ich hatte Mist gebaut. Ich hatte mich heimlich runter in die Wohnung von Angelique und Paula geschlichen. Als es schien, dass niemand zuhause war, ging ich in Angeliques Zimmer und fand eine Schachtel Marlboro Light. Das Zimmer roch sowieso nach Rauch, und ich dachte mir nichts dabei, mir eine Zigarette anzuzünden, ein- oder zweimal daran zu paffen und dann wieder raus-zugehen. Also tat ich das.
In dem Moment, als ich mir die Zigarette anzündete, hörte ich plötzlich, wie unten die Tür aufging. Paula war nach Hause gekommen. Panik durchzuckte mich.
Zum Glück war Angeliques Zimmertür zu! Ich schnippte die Zigarette hastig unters Bett, mein Herz hämmerte in der Brust, während ich mich leise aus dem Zimmer stahl und wieder nach oben schlich, als wäre nichts gewesen. Zehn Minuten später hallte Paulas Stimme durch das Haus:„Es brennt! Es brennt!“
Meine Eltern stürmten die Treppe hinunter. Ich folgte ihnen, unsicher, ob ich tun sollte, als wüsste ich von nichts - oder gleich gestehen...?
Dichter, beißender Rauch quoll aus Angeliques Zimmer, ein widerlicher Gestank von verbranntem Schaumstoff lag in der

Luft. Als Paula die Tür öffnete, war das Zimmer in dichten, weißen Nebel gehüllt, wie ein Albtraum in Zeitlupe. Mein Vater rannte los, holte einen Eimer Wasser und kippte ihn über das, was man zuerst für ein richtiges Feuer hielt. Doch es war nur ein großes, schwarzgeränderteš Loch mitten in der Matratze... glühend, verkohlt, tief eingebrannt. Die Glut hatte sich langsam durch den Schaumstoff gefressen, fast lautlos.Als der Rauch sich allmählich verzog, riss man im ganzen Haus die Fenster auf. Es wurde gerätselt. Paula rauchte nicht. Angelique war gar nicht zu Hause, sie war noch bei der Arbeit. Wer hätte also etwas in ihrem Zimmer anzünden sollen?
Ich sagte nichts. Ich wollte nichts sagen. Doch dann passierte es: Als ich die Hände in meine Hosentaschen steckte, spürte ich es schon. Und bevor ich noch reagieren konnte, fiel es völlig unschuldig zu Boden, das orange BIC-Feuerzeug.
Genau das, das Johannes und ich in der Kegelbahn ergaunert hatten. Es lag da, als würde es mich auslachen. Und plötzlich war alles klar. Ich gestand. Sagte, ich hätte nur mal probieren wollen. Nur eine Zigarette. Die Reaktion meiner Eltern ließ nicht lange auf sich warten. Für meine Ehrlichkeit gab's nichts als Schläge. Ich bekam den Hintern versohlt und musste eine Stunde in der Ecke der Küche stehen, mit dem Gesicht zur Wand, so wie damals, wenn ich ein Spiel-zeugauto zerlegt hatte oder mal wieder frech gewesen war. Hausarrest bekam ich obendrein. Aber immerhin, in einer Woche hatte ich Geburtstag. Und insgeheim hoffte ich, dass bis dahin alles Gras über die Sache gewachsen war.

*

Mein Geburtstag war vorbei, und ich war immer noch etwas enttäuscht darüber, dass man mir eine Lego-Polizeistation schenkte. Wenn es auch nicht das war, was ich mir unter einem Geburtstagsgeschenk vorgestellt hatte, freute ich mich dennoch darüber, und beschäftigte mich damit.
Mein Hausarrest war, wie erwartet, an diesem Tag vorbei. Kaum war ich frei, machte ich mich auf den Weg zum ersten NATO-Block in der Straße hinter unserem Garten.Ich klingelte oben links, wie immer, wenn ich was wollte. In der Tasche hatte ich 20 Mark, und die sollten nicht einfach so verpuffen.

Dieses Mal wollte ich sie sinnvoll „investieren,“ also mit Johannes eine Schachtel Zigaretten kaufen und endlich wieder eine rauchen. Es fühlte sich fast an wie ein kleiner Triumph: Hausarrest überstanden, Nikotin verdient. Johannes schlug vor, dass wir im Edeka noch Süßigkeiten kaufen. Außerdem wollte er etwas Alkohol besorgen, zum Anstoßen, denn durch seine Brüder, die regelmäßig tranken, kam er immer irgendwie an sowas ran.

Für rund zehn Mark deckten wir uns mit Kram ein: Brause, saure Würmer, Schokolade, irgendwas Knuspriges. Danach machten wir uns auf den Weg zurück zu ihm nach Hause. Es war schon später Nachmittag, aber weil ich Geburtstag hatte, durfte ich eine Stunde länger draußen bleiben.
Ich wartete bestimmt zehn Minuten vor dem vergilbten NATO-Block, bevor ich Johannes durch das Milchglas im Treppenhaus herunterkommen sah. Als er herauskam, lachte er mich an, und deutete mit seinen Händen unter der Jacke an, dass er da etwas versteckt hielt.

„Komm, lass uns gehen“, sagte er, und wir gingen an der „Villa Kunterbunt“ vorbei in den Wald hinein.
Als wir außer Sichtweite der Häuser waren, zeigte er mir, was er unter seinem Pullover versteckt hielt. Er zeigte mir eine Flasche Wodka und eine kleine Plastikflasche mit Orangensaft. „Die hab ich von meinem Bruder geklaut“, sagte er lächelnd, und wir begannen, etwas vom Orangensaft zu trinken und nach und nach die immer leerer werdende Flasche mit Wodka zu füllen.
Ich muss zugeben, ich war sehr betrunken. Bis auf zwei Flaschen Radler, die ich an Silvester mal meinen Eltern geklaut und heimlich in meinem Zimmer getrunken hatte, hatte ich noch keine Erfahrung im Umgang mit Alkohol gesammelt.
Ich merkte nur, es ging alles sehr schnell, und die wenigen Schlucke, die ich trank, machten mich ziemlich benebelt. Ich trank, weil es etwas ganz Neues war. Ich war noch sehr jung, aber es gab mir das Gefühl, irgendwie in meinem Herzen etwas freier zu sein, als wenn ich nicht getrunken hätte.
Johannes war auch ziemlich schnell betrunken. Man merkte es ihm

an, dass er mit dem Wodka echt überfordert war, aber er trank, was das Zeug hielt.
Ich dachte keinen Moment daran, dass es uns schaden könnte, auch nicht, dass Johannes ein ganzes Jahr jünger war als ich. Ich genoss meinen Rausch, und der Rest war mir für den Moment ziemlich egal.
Als es dunkler wurde, mussten wir aus dem Wald rausgehen. Ich mochte den Wald, hatte aber schon immer Angst im Dunkeln. Die knackenden Äste, die raschen Bewegungen der Rehe, die meterweit im Dickicht stehen und erschrocken abhauen, wenn sie Gefahr spüren, die Eulen, die ihre Aufmerksamkeit bekunden...
Johannes und ich hatten die Flasche Wodka nicht leer getrunken. Auf dem Heimweg versteckten wir die halbe Flasche hinter einem Baum und deckten sie mit Blättern ab. Vor dem Waldeingang rauchten wir noch eine letzte Zigarette, bevor wir beide angeheitert nach Hause gingen.

*

Ich klingelte gegen 21 Uhr an meiner Haustür und versuchte, so nüchtern wie möglich zu wirken. Meine Mutter machte mir die Tür auf und fragte, wo ich war. Aber ich antwortete nur, dass ich zu viel Kuchen gegessen hatte, und ging direkt in mein Zimmer. Ich versuchte dabei, die ganze Zeit auf den Boden zu schauen, damit man mir nicht ansah, dass ich getrunken hatte. Ich redete mit dem Gesicht zum Boden, damit man den strengen Wodkageruch nicht roch.
Und Gott sei Dank, es fiel nicht weiter auf. Dadurch, dass ich mittwochs und freitags abends mit meinem Vater immer auf dem Hundeplatz war, wusste ich, wie ich mich zu verhalten hatte, denn im Vereinsheim in Landstuhl floss der Alkohol an manchen Nächten echt in Strömen.
Ich wartete ein paar Minuten, bevor ich mich ins Badezimmer schlich. Meine Eltern saßen beide noch vor dem Fernseher. Ich putzte mir die Zähne, immer wieder, und sprühte mich zum Schluss mit dem besten Eau de Toilette meiner Schwester ein. Ich wollte nicht gut riechen, auch wenn ich den Duft von Rosen sehr mochte, aber in diesem Moment wollte ich einfach nur nicht nach Alkohol riechen.

In meinem Zimmer schaltete ich meine kleine Stereoanlage ein und legte meine Lieblings-CD ein: ‚The Marshall Mathers' LP von Eminem.
Ich verstand damals nicht alles, was er da rappte, nicht jedes Wort, nicht jeden Zusammenhang. Aber das, was zwischen den Zeilen lag, spürte ich. Wut, Schmerz, Einsamkeit. Ich ließ die Beats durch meinen Körper vibrieren, und versuchte, über die Melodien zu begreifen, was dieser Mann da rausbrüllte, als würde er etwas in sich tragen, das er nicht anders loswurde.
Ich schloss die Augen und sah mich auf einer Bühne stehen, mit langen blonden Haaren, langen, schlanken Beinen und meinen stahlblauen Augen... Im Publikum Menschen, die mich bejubeln, die meine Musik mögen, aber vor allem Menschen, die mich akzeptieren, als Frau.

*

Ich war in der 3. Klasse und die Versetzung stand an. Meine Noten waren weder besonders gut noch besonders schlecht. Ich bewegte mich irgendwo im unteren Mittelfeld. Also wurde ich ohne großes Aufsehen in die 4. Klasse versetzt. Zwei Kinder hatten weniger Glück: Ebur, ein stilles türkisches Mädchen, das immer ganz hinten saß und kaum ein Wort sagte. Und Viktor, der erst im letzten Halbjahr neu zu uns gekommen war. Er sprach noch nicht gut Deutsch, wirkte oft verloren, als würde er den Faden nie ganz erwischen. Beide mussten die Klasse wiederholen.
In meiner Klasse bei Herrn Bauer war alles ganz okay. Ich hatte zwar nicht viele Freunde, aber ich hatte Johannes und freute mich darauf, nach der Schule mit ihm durch die Straßen zu ziehen. Um 12:20 Uhr war gewöhnlich die Schule aus, und ich lief die Straße hoch nach Hause. Daheim machte ich fix meine Hausaufgaben,

Nach dem Essen hielt mich nichts mehr drinnen. Ich ging direkt raus. Es war einer dieser drückend warmen Tage, an denen der Asphalt flimmert und die Luft wie in Watte gepackt wirkt. Wie so oft wartete Johannes schon am Waldeingang. In seiner Hosentasche klimperten drei Mark, und wir standen eine Weile herum, überlegend, was wir mit dem kleinen Schatz anfangen könnten.
Schließlich kam Johannes mit leuchtenden Augen auf die Idee, bei

Edeka Plastiksoldaten zu kaufen. Diese kleinen grünen Figuren mit Helmen und Waffen. Damit könnten wir im Wald Krieg spielen. Ein Spiel, das keiner erklärte, aber wir beide sofort verstanden.
Na gut, es war für mich nicht sonderlich schön, mit Spielzeug zu spielen, das männlicher nicht sein konnte, aber ich wollte mich nicht verraten und dachte mir, ich mache es einfach mit. Ich hätte ja schlecht sagen können: „Nein, lass uns die Mädchenbravo kaufen und wir teilen uns die Freundschaftsringe darin."
Ich kniff also die Augen zusammen und lief mit Johannes zu Edeka, um Plastiksoldaten zu kaufen. Er wusste er direkt, wo er sie fand, und wir gingen danach auch direkt zur Kasse und bezahlten.
Es war klar, dass wir in den Wald gingen. Nicht nur, weil es unser Standardtreffpunkt war, sondern auch, weil die Schatten der Bäume uns eine angenehme Kühle boten, die wir zum Beispiel auf dem geteerten Dach der Grundschule nicht gehabt hätten.
Wir liefen einen einfachen Pfad entlang, der parallel zur Straße verlief, in der ich wohnte. Wir konnten die Häuser von hinten sehen, die Villa Kunterbunt, das Haus von Herrn und Frau Kettler, wir konnten jedem aus dem Wald heraus in den Garten schauen. Aber deshalb waren wir nicht hier. Wir waren gekommen, um den Dritten Weltkrieg auszutragen.
Nicht zwischen Russland und China oder Deutschland und Amerika, sondern zwischen grünen und schwarzen Plastiksoldaten. Sie standen da wie Schachfiguren auf dem Waldboden, stumm und bereit, für unseren kindlichen Größenwahn zu sterben. In unseren Köpfen tobte eine Schlacht, größer als jede, die je wirklich geschlagen wurde, und wir waren die Generäle, die Götter mit schmutzigen Knien, die in der Nachmittagssonne über Plastik-Leben und Plastik-Tod entschieden.

.

Für mich war das Spiel eigentlich ziemlich langweilig, aber ich machte mit, Johannes zuliebe. Meinetwegen starben viele Figuren, manchmal gleich mehrfach, ohne dass es mich wirklich berührte. Johannes merkte wohl, dass ich nicht wirklich bei der Sache war. Dann hatte er plötzlich eine Idee, die das Spiel für mich spannender machen sollte.

„Ich hab ein Feuerzeug, das ich von meinem Bruder geklaut habe“, sagte er mit einem grinsenden Blick, der ein bisschen die Aufregung von „etwas Verbotenem“ in sich trug.
Ich sah ihn fragend an, und er fügte hinzu: „Lass uns spielen wie in echt, mit Feuer, brennenden Häusern und so.“
Gemeinsam fingen wir an, aus Ästen und Stöckchen kleine Häuser und Kasernen zu bauen. Die Flammen züngelten schneller als erwartet, als wir das erste Stöckchen anzün-deten und die kleinen Bauwerke Feuer fingen.
Es sah aus, als würde der Krieg in dieser Miniaturwelt plötzlich wahr werden. Das Feuer fraß sich durch das Holz, ließ das kleine Häuschen zusammenbrechen und begrub den grünen Plastiksoldaten mit dem Scharfschützengewehr unter sich.
Ich beobachtete fasziniert, wie mein eigenes, sorgsam gebautes Haus in den Flammen verschwand, und plötzlich fühlte es sich an, als hätte ich mehr zerstört, als ich geschaffen hatte. Ein seltsames Gefühl, als könnte ich die Welt formen, sie dann aber nicht mehr kontrollieren. So war es irgendwie immer mit dem Feuer, wie mit allem anderen auch: Du nimmst dir, was du willst, aber du weißt nie, wie schnell es wieder verglimmt und alles, was übrig bleibt, nur noch Asche ist.
Der Krieg war noch nicht richtig zu Ende, da bemerkte ich, dass das umliegende Laub Feuer fing. Es verbreitete sich schneller, als ich je für möglich gehalten hätte. In Panik versuchten Johannes und ich, das Feuer auszutreten, aber es ging alles viel zu schnell.
Unsere Füße traten wild auf den Boden, doch mit jedem Schritt schien sich die Glut weiter zu verbreiten. Ich hatte das Gefühl, dass der ganze Wald, der bis eben noch grün und ruhig war, plötzlich in Flammen stand. Ich wusste nicht mehr, was ich tun sollte. Die Flammen züngelten an den Bäumen und ich spürte, wie der Boden unter mir heißer wurde.
„Scheiße, was haben wir getan?“schrie ich, während ich versuchte, in den Rauch zu atmen, der mir die Kehle zuschnürte.
Johannes drehte sich panisch um und rannte weg. Ich blieb für einen Moment stehen, halb gelähmt vor Angst. Es fühlte sich an, als ob die Welt um mich herum in Flammen stand.
Doch dann begriff ich: Ich musste Hilfe holen. Ich rannte aus dem

Wald, das Adrenalin schoss durch meinen Körper.
Alles, was ich wollte, war, diesen Alptraum zu stoppen. Ich klingelte an der Tür der Villa Kunterbunt, meiner letzten Hoffnung. Es schien eine Ewigkeit zu dauern, bis jemand öffnete. Als die Tür schließlich aufging, blickte ich in das Gesicht einer Frau. „Was ist denn mit dir passiert?“ fragte sie mit dem Blick einer besorgten Mutter.

Ich stammelte: „Der Wald brennt! Rufen Sie die Feuerwehr!“ Sie schaute mich lange an, und ich konnte den Zweifel in ihren Augen sehen. „Das ist doch Unsinn“, sagte sie schließlich und wollte die Tür schließen.
Doch dann sah sie etwas, das sie nicht ignorieren konnte. Eine dicke Rauchwolke stieg hoch in den Himmel, und sie konnte es nicht mehr leugnen. Ihre Miene veränderte sich sofort, und ohne ein weiteres Wort rannte sie zurrück ins Haus, zu ihrem Telefon, von wo aus sie die Feuerwehr anrief.
Völlig verzweifelt rannte ich zurück in den Wald, um zu sehen, ob sich das Feuer weiter ausbreitete. Ich konnte die dicken schwarzen Rauchschwaden sehen, die sich immer weiter in die Luft schlängelten.
Inzwischen hatten auch einige Nachbarn, die am angrenzenden Wald wohnten, bemerkt, dass hinter ihren Häusern die Hölle auf Erden ausgebrochen war. Ich sah sie mit Spaten und Schneeschaufeln bewaffnet durch die Gärten in den Wald rennen, verzweifelt versuchend, die Flammen zu löschen. Aber es war, als ob sie gegen die Natur selbst kämpften. Die Gartenschläuche, die sie holten, waren zu kurz, als dass sie die verheerenden Flammen hätten löschen können.
Der Wald brannte, und ich stand da, völlig hilflos und nur ein stiller, angstzitternder 9jähriger Beobachter. Die Hitze war unerträglich, und ich sah, wie Dutzende Nachbarn, schweißgebadet und erschöpft, versuchten, ein Feuer zu bekämpfen, das bereits so groß war wie ein Fußballfeld.
Ich fühlte mich wie der letzte Mensch auf der Welt, als mir auffiel, dass Johannes einfach weggerannt war, als der Brand ausbrach. Er hatte niemandem geholfen.

Er war davongelaufen, ohne an die Konsequenzen zu denken. Ich hörte schon die Sirenen der Feuerwehr und irgendwie war ich ein wenig erleichtert. Sie waren da, um zu helfen, um die flammende Katastrophe zu stoppen, die Johannes und ich verursacht hatten.

Doch meine Erleichterung hielt nicht lange an.
Ich lief nun auch davon, ohne Ziel, einfach weg. An den NATO-Blöcken vorbei, an der Kreuzung unten, an einem Kiosk vorbei, bis ich schließlich in einer Nebenstraße stehen blieb, völlig erschöpft.
Der Schweiß tropfte mir von der Stirn, mein Atem war flach, und der Schock saß tief. Tränen stiegen mir in die Augen, als mir die ganze Tragweite dessen klar wurde, was wir angestellt hatten. Ich wusste, dass wir dafür verantwortlich waren, Johannes und ich. Doch ich hatte keine Zeit, darüber nachzudenken, wo er sich nun aufhielt. Ich war noch nicht einmal sicher, ob er noch im Wald war. Die Gedanken wirbelten in meinem Kopf.

Plötzlich fühlte ich eine Hand auf meiner linken Schulter. Ich zuckte zusammen, und drehte mich erschrocken um. Ein älterer Mann stand hinter mir, ein besorgter Ausdruck auf seinem Gesicht. „Was ist passiert? Warum bist du so außer Atem?“ fragte er. Ich erklärte ihm, was passiert war. „Ich und mein Freund, wir haben Krieg gespielt... wir haben mit Feuer gespielt...“, stammelte ich, während ich versuchte, meine Tränen zu unterdrücken. „Wir haben das Feuer gemacht, und plötzlich stand der ganze Wald in Flammen.“ Der Mann schaute mich erschrocken an, aber zu meiner Überraschung wurde er nicht wütend.
Statt dessen überlegte er kurz und sagte dann: „Lass uns die Polizei rufen. Du musst ihnen sagen, was passiert ist. Es war ein Unfall, dir wird keiner böse sein.“
Ich blickte ihm mit meinen verweinten Augen in das Gesicht. Meine Beine zitterten, und ich hatte Angst. Angst, ins Gefängnis zu kommen, Angst, dass wir Menschen verletzt oder sogar getötet hatten. Doch der Mann war ruhig und verständnisvoll. Ich nannte

ihm meinen Namen und meine Adresse, während meine Hände zitterten.
Er nahm mich bei der Hand, und wir warteten zusammen, bis die Polizei eintraf. Es dauerte nicht lange, bis der grüne Kombi der Polizei an der Ecke auftauchte. Ich spürte, wie sich alles in mir zusammenzog, als ich die Polizisten aussteigen sah. Sie sprachen kurz mit dem Mann, und nach einer Weile kam einer der Polizisten auf mich zu. „Komm, Junge, wir bringen dich erstmal nach Hause“ sagte er.

Ich stieg in das Polizeiauto, stumm und regungslos. Die Fahrt fühlte sich wie eine Ewigkeit an. Ich konnte kaum atmen, mein Herz schlug wild, doch ich sagte kein Wort. Als wir vor meinem Haus hielten, dachte ich, dass es keinen Weg mehr zurück gab. Der Polizist klingelte an der Tür.
Meine Mutter öffnete, völlig überrascht und ein wenig beunruhigt. „Was ist denn passiert?“ fragte sie. Doch dann, als sie den Rauch im Wald sah, wurde ihr Gesicht schlagartig blass. Die Beamten erklärten ihr ruhig, was passiert war, während mein Vater langsam hinzukam. Sein Blick war so streng, dass mir sofort klar war, wie peinlich es ihm war, dass sein Sohn irgendwie in den Brand verwickelt war. Mein Herz raste. Ich wusste, dass es jetzt vorbei war. Die Beamten fuhren weg, und ich stand da, völlig allein mit meinen Eltern, die mich wortlos anschauten. Die Stille war ohrenbetäubend. „Oh lieber Gott, lass die Polizei mich mitnehmen“, betete ich innerlich, doch es half nichts. Mein Vater schaute mich nur an, und ich konnte die Enttäuschung in seinen Augen sehen.
Schließlich gingen sie zur Seite, ohne ein weiteres Wort zu verlieren, sodass ich ins Haus gehen konnte. Ich trat ein, und in meinem Inneren war alles wie erstarrt. Der Boden unter mir fühlte sich wie der Abgrund an. Noch nie hatte ich so eine Angst empfunden wie in diesem Moment.
Kaum waren wir drinnen, schrie meine Mutter mich an: „Junge, was hast du getan?“ Ich stotterte ihr entgegen:„Wir... wir haben Krieg... Krieg gespielt... un... und dann hat alles gebrannt“ und fing an zu weinen.

„Geh in dein Zimmer“, sagte mein Vater, und ich ging wortlos in mein Zimmer. Ich schaute auf meinem Balkon, ob ich von da aus den Rauch aus dem Wald sehen konnte, aber ich sah nichts mehr. Man roch es nur noch. Ich hörte meine Eltern diskutieren und streiten, aber es war mir egal. In diesem Moment bemerkte ich nur, dass meine Schuhsohlen völlig verkohlt waren, dass meine Hände ganz schwarz waren, und dass ich fürchterlich nach Verbranntem roch. So wie der Schornsteinfeger, der immer in unser Haus kam, um den Kamin zu reinigen.
Ich wartete einige Stunden, hörte leise Musik von Eminem, und ging schließlich ins Badezimmer, um mich zu waschen und umzuziehen.

*

Am nächsten Tag ging ich normal zur Schule. Niemand hatte darüber gesprochen, und ich redete auch mit niemandem darüber. Ich war ganz in mich gekehrt. Nach der Schule wollte ich rausgehen, ich wollte zu Johannes und ihn fragen, wo er war und was passiert ist, aber ich hatte die nächsten Wochen Hausarrest.

Es vergingen zwei Wochen, und ich versuchte, mich zu benehmen, meine Hausaufgaben zu machen und nach dem Essen brav das Geschirr abzuspülen. Und dann, endlich, durfte ich rausgehen. Ich ging zu den NATO-Blöcken, wo Johannes wohnte und klingelte.
Seine Schwester Mareike kam runter. Sie war sehr kräftig und lächelte schelmisch. Sie sprach: „Du und der Johannes, ihr habt den Wald abgefackelt, hä?“
Ich sagte ihr, dass wir nur gespielt hätten. Dann kam Johannes endlich runter und wir liefen zur Schule und kletterten wieder auf das Dach.
Er fand es lustig, was passiert war, und verstand meinen Schock nicht. Aber er erklärte mir auf dem Weg zur Schule, dass er auch nur Angst hatte und nicht gewusst hatte, was er tun sollte. Er sagte mir, dass er die ganze Zeit am Küchenfenster stand und die Feuerwehrleute beobachtet hatte, wie sie das Feuer löschten, und von dem Artikel, der in derselben Woche im lokalen Wochenblatt beschrieben war:„Kinder verursachen Großeinsatz der Landstuhler Feuerwehr.“

Und irgendwie hatte es mich damals echt stolz gemacht, dass man im Wochenblatt über mich schrieb.
Es kam wieder Routine in unser Leben. Der Brand war vorbei, und die Welt drehte sich weiter. Nur auf Krieg spielen hatte ich keine Lust mehr. Wir verbrachten die Zeit mit Rauchen und tummelten uns hier und da auf der Atzel herum und schlugen die Zeit tot.

Berliner Straße und Langfinger Joe

Durch Zufall gingen wir eines Tages durch den Wald und kamen auf der anderen Seite des Stadtteils heraus - an der Berliner Straße, die dafür berüchtigt war, dass 90 Prozent der Einwohner Russen waren. Die Wahrzeichen dieses Stadtteils waren vier riesige, 20-stöckige Hochhäuser, die man sogar von unten aus der Stadt sehen konnte.
Während wir uns die Langeweile vertreiben wollten, kamen wir an ein Reihenhaus, dessen Garten riesig war. Der Rasen war gemäht, Dutzende Bäume auf der Wiese spendeten Schatten und bestimmt 50 Balkone blickten auf den Garten herab - aber der Garten war dennoch leer. Johannes und ich kletterten über ein niedriges Gitter und sprangen eine kleine Mauer herunter, sodass wir in diesen Garten kamen.
Wir tobten uns auf der Wiese aus. Wir spielten Fangen und Verstecken, rauchten hinter einer großen Tanne eine Zigarette nach der anderen und tobten weiter.
Nach etwa einer Stunde öffnete sich im Kellergeschoss die Balkon-tür, und ein großer, schlanker Mann mit Dreitagebart rief uns zu sich. Er war wirklich riesig, etwa 1,80 m, und sprach mit pfälzischem Dialekt. Er brachte ein paar Sprachfehler, wahrscheinlich, weil ihm die Hälfte seiner Zähne fehlte.

Es war genau die Stelle mit dem Geländer, an der wir herunter gehüpft waren, die mit der kleinen Mauer. Wir rechneten schon mit richtig viel Ärger, weil wir da ja nicht sein durften. Doch als wir langsam in Richtung des Mannes gingen, stellte sich heraus, dass er uns Schaumküsse geben wollte.
Johannes und ich waren immer sehr vorsichtig bei Fremden.

Dieser Mann humpelte seltsam, und er hatte sich offenbar schon seit Tagen nicht gewaschen. Aus der Kellerwohnung strömte ein übler Verwesungsgeruch nach draußen.
Wir lehnten die „Mohrenköpfe“ (heute würde man wohl „Schaumküsse“ sagen) ab und spielten lieber weiter auf der riesigen Wiese. Später, als wir uns wieder zum Rauchen unter der großen Tanne ausruhten, überlegten wir, warum der Mann uns wohl Süßigkeiten geben wollte. „Das ist doch bestimmt ein Kinderficker,“ meinte Johannes.
Wir spannen unsere Theorien, warum der Typ uns wirklich Süßigkeiten angeboten und zu sich gerufen hatte. Schließlich kamen wir zu dem Entschluss, dass wir besser verschwinden sollten – es war uns unheimlich. Wir liefen zurück, den Weg entlang, an seinem Balkon vorbei, und kletterten wieder das Geländer hoch. Der Mann war in seiner Wohnung, und durch das große Fenster konnten wir sehen, dass er auf seinem Bett saß und in einen kleinen Fernseher starrte.
Vor der Tür, auf der Fensterbank, lag die Schachtel mit Schaumküssen. Wir entschieden uns, sie mitzunehmen. Als wir oben am braun lackierten Metallgeländer standen, bemerkten wir, dass die Schachtel schon geöffnet war.
Zwei Stück von den Dingern fehlten. Sofort kamen wir wieder auf unsere Theorie zurück: Der Typ war bestimmt ein Kinderficker, der uns vergiften wollte.
Wir beschlossen, die Schaumküsse nicht zu essen, sondern ihm stattdessen „die Rechnung zu präsentieren“, indem wir sie ihm ans Fenster schmissen. Wir packten die Hände voll, positionierten uns hinter dem Geländer, zählten bis drei und warfen alle neun Stück so fest wir konnten gegen seine Fenster.
Als der erste „Mohrenkopf“ aufprallte und der weiße Schaum über die ganze Scheibe spritzte, erschrak der Mann, sein Gesicht wurde kreidebleich. Er sprang vom Bett auf, und wir warfen den Rest. Dann rannten wir weg, so schnell wir konnten.
Für uns war klar: Da gehen wir nie wieder hin. Da es inzwischen Abend wurde, rauchten wir noch eine Zigarette und machten uns dann auf den Heimweg.
Am nächsten Tag in der Schule sprach ich einen Jungen aus der

Berliner Straße an und erzählte ihm, was passiert war. Er lachte nur und sagte: „Ach das… Das ist Langfinger Joe. Der tut euch nichts.“ Ich schaute ihn verwundert an. „Langfinger was?“ Ich verstand die Welt nicht mehr.
Er erklärte:„Er ist Alkoholiker, wohnt da allein und gibt den Kindern immer Süßes.“ Und plötzlich hatte ich ein schlechtes Gewissen. Nach der Schule ging ich zu Johannes und erzählte ihm alles. Wir beschlossen, noch einmal hinzugehen und uns zu entschuldigen.
Wir bemerkten, dass die Fensterscheibe noch verschmiert war, aber die groben Reste der Schaumküsse waren weg. Wir klopften vorsichtig ans Fenster. Langfinger Joe kam raus in einer alten Flecktarnjacke der Bundeswehr und fragte mit strengem Blick:„Was wollt ihr hier? Haut ab!“
„Wir wollten uns entschuldigen“, sagte Johannes.
Ich nickte und erklärte, dass uns das alles leid tue und wir dachten, er wolle uns etwas antun. Langfinger Joe lachte und fragte, ob wir reinkommen wollten.

Wir kletterten über das Geländer, hüpften über das Mäuerchen und betraten seine Wohnung. Sie war schlicht: eine kleine Zwei-Raum-Wohnung, spärlich eingerichtet. Am Fenster stand ein Bett, davor ein winziger Fernseher, nicht größer als die Bildschirme bei uns in der Schule. Das Schlafzimmer war zugleich Wohnzimmer und Küche.
Vor der Balkontür war eine kleine Kochnische mit zwei Herdplatten und einem Waschbecken, darin stapelte sich dreckiges Geschirr, leere Dosen Ravioli und andere Dosensuppen. Langfinger Joe schaute gerade Comics auf Super RTL. Wir setzten uns zu ihm aufs Bett. Er bot uns Bier an, was uns überraschte. Und er fragte, ob wir eine rauchen wollten. Wir sagten beide ja und entschuldigten uns noch einmal für das Missverständnis.
Nachdem wir unser Bier bekommen und geraucht hatten, fragte ich: „Wie heißt du eigentlich richtig?“ Er antwortete höflich: „Ich heiße Josef.“
Dann ging Langfinger Joe zu seinem Kleiderschrank, öffnete die Tür und holte eine kleine Kiste heraus. Darin war eine Sammlung

von Messern und Dolchen. Er stellte sie auf den Tisch, ging noch mal zum Schrank, der noch offenstand, und holte ein schwarzes Samuraischwert hervor.
Johannes war sofort begeistert. Ich glaube, er hatte noch nie so ein langes Messer gesehen. Er wollte es unbedingt halten. Langfinger Joe fragte uns, ob wir eins haben wollten, und wir griffen beide in die Kiste. Johannes nahm einen silbernen Dolch mit dicker, langer Klinge. „Das ist ein Überlebensmesser“, sagte Langfinger Joe. „Überlebensmesser?“ fragte ich, und Langfinger Joe erklärte es mir: Er schraubte eine kleine Kappe am Griff auf, darin war eine Plastiktüte mit Angelhaken, Schnur, Streichhölzern und einem Dosenöffner.
Ich verstand. Ich selbst hatte mir ein schlichtes Klappmesser aus Holz ausgesucht. Es hatte zwar auch eine große Klinge, ließ sich aber einklappen - das gefiel mir. Ich dachte: Falls wir wirklich mal auf einen Kinderficker treffen, können wir uns damit verteidigen.
Langfinger Joe bot uns auch etwas zu essen an. Ein Fertiggericht mit Nudeln, aber wir lehnten ab. Das Geschirr war zu dreckig.
Wir saßen noch eine Weile zusammen, rauchten und tranken. Irgendwann wurde es Abend, und Johannes und ich machten uns auf den Heimweg. Stolz, jetzt bewaffnet zu sein, bereit, falls mal einer kommt, der uns was antun will.
Draußen, in der frischen Luft, waren wir erleichtert. Beim Hochklettern über das Geländer hörten wir plötzlich heftiges Husten aus Langfinger Joes Wohnung.
Wir gingen noch mal zum Fenster, und sahen, wie Langfinger Joe aufsprang, ans Waschbecken lief und sich heftig übergab. Es war ekelhaft. Ich sagte nur: „Sei froh, dass wir da nichts gegessen haben.“
Wir gingen nach Hause, prahlten unterwegs mit unseren Messern und lachten über Langfinger Joes Wohnung. Zwei Zigaretten später waren wir zuhause.
Meine Mutter machte mir die Tür auf. Sie fragte, wo ich gewesen sei, weil ich so stinke. Ich erzählte ihr, ich hätte ein Fahrrad im Sperrmüll gefunden, aber die Reifen waren platt. Sie glaubte mir, schickte mich in die Badewanne, dann gab es Abendessen.
Später lag ich in meinem Zimmer, hörte Musik... wie so oft

Eminem. Meinen Lieblingstitel: „Stan“.
Der Refrain von Dido hat mich total berührt. Ihre Stimme zusammen mit Eminems Rap inspirierte mich, auch wenn ich damals noch nicht wirklich verstand, worum es in dem Lied ging.
Ich versteckte das Messer unter meinem Bett und war froh, einen weiteren Tag geschafft zu haben, abgelenkt von meinem weiblichen Inneren. Niemand ahnte, was in mir vorging. Ich hatte mir längst eine riesige Mauer gebaut gepflastert aus Schmerz, schwer wie Steine in meinem Herzen, gemauert mit Kummer,der wie Zement an meiner Seele klebt. Ich versteckte mich aus Angst, nicht akzeptiert zu werden.

Sören, du warst schön..
Das Schuljahr ging schnell vorüber. Ich hatte mich ganz gut gemacht – außer in Mathematik. Da war ich die totale Niete. Eine Fünf im Zeugnis ließ erahnen, dass bei der Auswahl der weiterführenden Schulen wohl nur eine infrage kommt: die Hauptschule in Landstuhl. Am Ende des Schuljahres fragte unser Klassenlehrer jeden einzelnen Schüler, auf welche Schule wir gehen wollten.
Manuel, der Streber aus der Villa Kunterbunt, schoss wie von einer Maus gebissen hoch von seinem Platz und sagte ganz stolz:„Ich werde auf das Gymnasium gehen, Herr Bauer.“ Welch ein Wunder. Wer hätte auch etwas anderes erwartet. Alle anderen aus meiner Klasse bevorzugten überwiegend die Realschule.
Man hörte hin und wieder ein zurückhaltendes, leises „Ich werd auf die Hauptschule gehen.“ Ich sagte es auch – zwar nicht so schüchtern wie andere, aber auch nicht verschämt. Ich hatte kein Problem mit der Hauptschule. Schließlich ging meine Schwester Anne ja auch auf diese Schule. Ironisch war nur, dass ich am ersten Schultag auf der Hauptschule mehr als die Hälfte von denen wiedertraf, die noch großspurig die Realschule angekündigt hatten. Viele davon gingen jetzt mit mir in dieselbe Klasse.

*

Mein erster Schultag begann damit, dass ich morgens zusammen mit meiner Schwester zur Bushaltestelle lief. Ich muss dazu sagen: Das Verhältnis zwischen Anne und mir war nicht besonders gut. Sie schämte sich sogar, dass ich zu ihr gehörte. Ich war ihr

peinlich. Anne stand wie immer mit ihren Freundinnen etwas abseits, während ich alleine dastand. Ich kannte diese Haltestelle schon. Ich war daran vorbeigerannt, als ich zusammen mit Johannes den Wald angezündet hatte. Nur hatte ich zu dem Zeitpunkt andere Sorgen im Kopf, als zu schauen, welcher Bus hier hält.
Jedenfalls war das heute mein erstes Mal im Schulbus. Ich war nervös. Gespannt. Was wird mich erwarten? Vor allem: Wie wird es in der Schule sein? Ich werde es sehen...
Der Bus kam pünktlich um 7:16 Uhr. Ich stieg ein – bekam aber keinen Sitzplatz mehr. „Das fängt ja gut an," dachte ich, mit gefühlten 25 Backsteinen im Rucksack.
Als der Bus an der Schule ankam, folgte ich einfach der Masse. „Die wissen schon, wo's langgeht,"dachte ich mir. Doch zu meinem Entsetzen stellte ich um 8:15 Uhr fest, dass ich in der falschen Schule stand. Dummerweise liegt die Realschule direkt neben der Hauptschule, aber ich habe es erst gemerkt, als mein Name nicht aufgerufen wurde in der Liste der neuen Schüler. Naja, irgendwie hätte ich es merken müssen. An der Hauswand stand in großer schwarzer Blockschrift: „Konrad-Adenauer-Realschule".
Ich war wohl noch zu nervös, um auf solche Kleinigkeiten zu achten. Also nahm ich die Beine in die Hand und rannte ins Vorzimmer der Hauptschule, wo noch einige Schüler standen und darauf warteten, dass man ihre Namen aufrief.
Gott sei Dank: Es waren alles Fünftklässler. Die Klassen waren noch nicht eingeteilt, und ich hatte Glück, dass meine Verspätung am ersten Schultag nicht aufgefallen war.
Wie zu erwarten, war mehr als die Hälfte derer, die in der Grundschule noch stolz mit der Realschule geprahlt hatten, nun mit mir in der 5. Klasse der Theodor-Heuss-Hauptschule gelandet. Alte Gesichter, mit denen man eh nie geredet hat, und neue Gesichter, mit denen man wohl auch nie reden wird. Man sah ihnen die Arroganz schon im Gesicht an.
Das war nun das Bild meiner Klasse. Am ersten Schultag waren wir vor allem damit beschäftigt, uns der Klasse vorzustellen und zu kontrollieren, ob jeder auch alle Schulbücher hatte, die man für die 5. Klasse brauchte.

Um 12:20 Uhr war der ganze Spuk dann vorbei. Als ich im Bus saß, der mich zurück nach Hause fuhr, war mein erster Schultag auch schon gemeistert. Ich war froh, dass wir so früh gehen durften, das erhöhte die Chance auf einen Sitzplatz im Bus, und ich hatte mir direkt den erstbesten freien Platz geschnappt.
Die zukünftigen Klassenclowns und Möchtegern-Gangster saßen wie selbstverständlich ganz hinten, warum auch immer. Ich war mit meinem Platz zufrieden: relativ mittig, nahe genug an der Tür, die mich später an der richtigen Haltestelle wieder ausspucken würde, hinein in mein gewohntes Chaos, geprägt von einem Bier oder auch zwei, und zwischendurch einer Zigarette mit Johannes.
Zuhause angekommen fragten mich meine Eltern, wie mein erster Schultag war.
Ich verschwieg mein Zuspätkommen und erzählte statt dessen von meiner ersten Busfahrt im großen Schulbus, von der neuen Klasse und meinem neuen Klassenlehrer, Herrn Gutwein.

Meine Eltern waren zufrieden, und ich war einfach froh, wieder zu Hause zu sein. Ich erzählte ihnen nicht, dass meine Schwester keine Rücksicht auf mich nahm. Sie gingen davon aus, dass sie mir hilft, mich zurechtzufinden, mir zeigt, wo ich hin muss, aber das tat sie nicht. In den Pausen verbrachte ich die meiste Zeit mit Sören aus meiner Parallelklasse. Er war ein Außenseiter wie ich.
Niemand wollte mit ihm befreundet sein, weil alle dachten, er sei schwul. Wahrscheinlich, weil er sich oft „zu mädchenhaft" verhielt.
Er war ein Jahr älter als ich, hatte kurzes braunes Haar und war von seiner Art her sehr kindlich, das imponierte mir. Ich mochte es. Ich verbrachte gerne Zeit mit ihm. Nach der Schule trafen wir uns mal zufällig. Erst da merkte ich, dass er auch auf der Atzel wohnte, im selben Stadtteil wie ich. Wir unterhielten uns, hatten Spaß, und ich war ein paar Mal bei ihm zuhause. Er lebte allein mit seinem Vater in der Nähe der Berliner Straße.
„Wieso hab ich dich nie gesehen?" dachte ich mir, und verfluchte mich innerlich. Ich war jahrelang unbewusst an seinem Haus vorbeigelaufen. Er war süß. Und mit der Zeit begann ich, mich in ihn zu verlieben. Oh Gott... es war das erste Mal überhaupt, dass

ich mich verliebte, und dann ausgerechnet in einen Jungen? Meine Eltern würden ausrasten, wenn sie das wüssten.
Und Sören? Er müsste meine Liebe erst mal erwidern... Ich traf mich in meiner Freizeit oft mit ihm, versuchte, seine Hobbys zu teilen, damit ich interessanter für ihn werde.
Er hatte Mäuse zuhause. Er liebte sie, weil sie so klein und süß waren. Also wollte ich auch unbedingt welche. Ich wollte so sein wie er. Ich wollte mögen, was er mochte, nur damit er mich mochte. So, wie ich ihn mochte: als meinen Freund. Als jemand, der mir gehört. Ich verspürte oft den Drang, ihn einfach zu küssen. So aus dem Nichts. Aber ich traute mich nie. Die Situation ergab sich nie, und was, wenn er gar nicht schwul war? Dann würde es die ganze Schule erfahren.
Und jeder würde denken, ich sei schwul. Dabei habe ich mich selbst nie als schwul gesehen. Ich fühlte mich als Frau. Mein Körper war zwar männlich, aber das war nur eine Hülle, die mein Inneres nicht widerspiegelte. Doch nach außen hin war ich ein Junge. Und alle würden mich für schwul halten, genauso, wie sie es bei Sören taten. In der Woche, in der wir uns regelmäßig sahen, lachten wir viel.
Seine Anwesenheit war für mich wie der Himmel. Mit seiner schüchternen Art, seiner süßen, weichen Stimme verzauberte er mich jedes Mal.
Doch nach ein paar Tagen merkte ich, dass unsere Freundschaft kühler wurde. Ich denke, er spürte, was ich für ihn empfand, und konnte diese Gefühle nicht erwidern. So kam es, dass wir uns irgendwann einfach aus den Augen verloren. Er hatte irgendwann keine Zeit mehr für mich und ich hörte irgendwann auf, ihn anzurufen. Ich habe ihm nie gesagt, was ich für ihn empfand.
Was ich heute noch weiß, ist: Er war wirklich schwul. Später hat er einen älteren Mann geheiratet, der ihn glücklich gemacht hat. Glücklicher, als ich ihn je hätte machen können. Denn ich wurde mit der Zeit immer weiblicher, und er stand nur auf maskuline Kerle.

Rote Nägel und das Schwimmbad

Ich traf mich in den nächsten Tagen nicht mit Johannes. Auch heute nicht, denn meine Eltern fuhren mittags zum Einkaufen, und Anne war unterwegs mit ihren Freundinnen. Der Drang, die Klamotten meiner Schwester tragen zu wollen, war nicht mehr da. Im Gegenteil, inzwischen widerten mich ihre Sachen sogar an. Nicht, weil ich es nicht mehr mochte, weiblich zu sein, sondern weil mich der Gedanke ekelte, ihre getragene Wäsche anzuziehen. Und sie würde das sicher auch ekeln. Ich nutzte die Gelegenheit, solange meine Eltern weg waren, und ging raus. Ich lief in Richtung Edeka und blieb, als ich ankam, kurz stehen. Sollte ich? Oder sollte ich lieber doch nicht?
Ich tat es einfach. Ging in den kleinen Laden und kaufte mir zum allerersten Mal Nagellack.
Ich liebte zwar Pink, aber dieses stechende Rot im Regal zog mich magisch an. Ich musste es einfach haben. Innerlich schämte ich mich, weil ich Angst hatte, die Kassiererin merkt, dass das alles für mich ist, aber in dem Moment war mir das egal. Ich wollte mir einfach mal selbst etwas Gutes tun.
In meinem Korb landeten der rote Nagellack, Nagellackentferner, Einwegrasierer, eine Packung Nylonsöckchen und ein Mascara.
Als ich damit an der Kasse stand, schämte ich mich wirklich. Die Verkäuferin dachte sich bestimmt: „Was will der mit dem ganzen Kram?“ Aber sie ließ sich nichts anmerken, kassierte mich ganz normal ab, und ich ging wieder nach Hause.
Zuhause angekommen fühlte ich mich wie ein Kind an Weihnachten. Meine Eltern waren noch nicht da, und ich war ganz allein in der Wohnung. Paula war zwar zu Hause, aber sie musste klopfen, wenn sie rein wollte. Im Hausflur war noch eine Abschlusstür.
Und überhaupt: Wenn sie sah, dass der grüne Mitsubishi Space Star meines Vaters nicht vor der Garage stand, würde sie erst gar nicht klopfen. Ich musste nur leise sein.

Ich hatte meine Schwester Anne immer um ihre Fingernägel beneidet. Ihre sahen immer so toll aus, aber ich durfte mir nichts anmerken lassen.

Nun, meine Finger konnte ich mir nicht lackieren, ich musste ja weiterhin zur Schule gehen. Aber ich zog meine Schuhe und Tennissocken aus und lackierte mir die Fußnägel in knalligem Rot. Anfangs hatte ich ein paar Probleme, weil ich nicht wusste, wie lange der Lack zum Trocknen braucht. Ich brauchte ein paar Anläufe, aber irgendwann sah es perfekt aus.
Ich war stolz wie ein Schoßhündchen und fühlte mich zum ersten Mal seit langer Zeit wieder ein wenig wie ein Mensch.
Nachdem der Lack getrocknet war, ging ich duschen und rasierte mir die Beine. Es war ein großartiges Gefühl, als ob ich mir mit jedem Haar ein Stück dieser Maske wegrasierte, die ich tragen musste, um akzeptiert zu werden. Aber unter der Hose sah es ja niemand. Und wenn es niemand sah, konnte es auch niemanden stören.

*

Den Mascara hob ich mir auf. Ich wusste, meine Eltern würden bald zurückkommen. Also genoss ich einfach noch die Zeit, in der ich barfuß durchs Haus laufen konnte, mit meinen roten Nägeln - ohne dass jemand etwas dagegen hatte. Es war ein Stück Freiheit, das ich mir selbst geschenkt hatte, und es tat mir in der Seele gut.
Als meine Eltern schließlich nach Hause kamen, zog ich mir wieder meine Tennissocken an und half beim Einräumen des Einkaufs. Meine Mutter hatte mir ein BRAVO-Heft mitgebracht, mit einem Poster von Eminem. Das hing kurz darauf direkt in meinem Zimmer.
Abends, bevor ich schlafen ging, zog ich die Tennissocken wieder aus und schlüpfte in die neuen Nylonsöckchen. Ich hatte die Angewohnheit, nicht mit nackten Füßen schlafen zu können, weil ich mich dann zu nackt fühlte.

Die Söckchen waren perfekt: Genug, um mich nicht nackt zu fühlen, aber dünn genug, um schlafen zu können. Es war genau richtig. Mit dicken Socken ging es aber auch nicht, da wurde mir zu warm.
Am nächsten Schultag zog ich mir wieder meine Tennissocken an und ging zum Schulbus. In der Klasse, als wir den neuen Stundenplan auspackten, traf mich der Schock: Da stand es. schwarz auf

weiß: Donnerstag - Schwimmen!
Wie konnte ich das nur ausblenden? Ich konnte unmöglich so zum Schwimmunterricht gehen, nicht mit lackierten Zehnägeln, nicht mit spiegelglatten Beinen. Was sollte ich bloß tun? Ich musste mir eine Ausrede einfallen lassen.
Zum Glück war der Schwimmunterricht nicht jeden Donnerstag, sondern nur alle zwei Wochen. Die Mädchen und Jungs wechselten sich ab, wenn die einen Schwimmen hatten, hatten die anderen regulären Sportunterricht.

Ich musste es also irgendwie schaffen, jeden zweiten Donnerstag zu fehlen, ohne dass jemand Verdacht schöpft. Ohne dass man denkt, ich könne nicht schwimmen. Oder schlimmer: Dass ich mich vor den anderen Jungs schäme.
Mir fiel nichts anderes ein, also machte ich einfach blau. Ich saß mit ein paar anderen an der Bushaltestelle vor der Schule und rauchte. Jeden zweiten Donnerstag. Ganz entspannt. Niemand schöpfte Verdacht. Die Klassenclowns dachten nur, ich sei einer von diesen Null-Bock-Schülern, denen Rauchen wichtiger ist als Unterricht. Und genau dieses Image wurde zu meinem Ritual: jeden zweiten Donnerstag kein Schwimmen!!!

Der Schwimmunterricht zählte im Zeugnis als Sportunterricht, also wurde die Sechs wegen der Fehlstunden mit meiner Drei aus dem normalen Sportunterricht verrechnet.
Das war zwar mies, aber ich war nicht bereit, dieses kleine Stück Freiheit aufzugeben.
Das erste Halbjahr war geschafft. Meine Noten waren durchschnittlich, bis auf Sport war alles in Ordnung. Im Englischunterricht hatte ich genug dazu gelernt, um die Texte von Eminem besser verstehen zu können, und ich konnte mich inzwischen auch in gebrochenem Englisch mit anderen unterhalten. Zwar mehr schlecht als recht, aber ich wusste mich zu verständigen.

Pflegekind & Alkohol

Eines Tages, als ich nach Hause kam, war meine Mutter ungewohnt streng. Sie sagte, sie müsse mit mir reden. Wir setzten uns an den Küchentisch und sie erzählte mir, dass ich ein Pflegekind bin.

Einfach so. Trocken und geradeaus. Sie und mein Vater hätten mich zusammen mit Anne in Pflege genommen, als ich ein halbes Jahr alt war und Anne zwei Jahre. Ich schluckte. Nach außen hin ließ ich mir nichts anmerken, versuchte, das Beste aus der Situation zu machen. Schließlich waren es die Menschen, die mich großgezogen hatten, das betonte meine Mutter auch mehrfach.

Wobei... ist sie überhaupt meine Mutter? Oder sollte ich jetzt Frau Arndt zu ihr sagen? Ich war verwirrt. Wer sind meine richtigen Eltern? Frau Arndt, also ich meine, meine Pflegemutter erklärte mir, dass meine leibliche Mutter drogenabhängig sei. Mein Vater habe mich anfangs noch besucht, als ich ganz klein war, sei dann aber irgendwann einfach nicht mehr gekommen.

Sie erzählte weiter, dass sie damals eigentlich ein Kind adoptieren wollten, als das Jugendamt Anne und mich total verwahrlost aus unserer Ursprungsfamilie herausgeholt hatte. Man suchte eine neue Familie für uns, und so kamen wir zu ihnen.

Ich schluckte erneut. Es waren zu viele Informationen auf einmal. Wieso ich? Wieso jetzt? Wieso gerade heute, und nicht in fünf oder sechs Jahren?

Warum musste man mir so etwas sagen, nachdem ich einfach nur aus der Schule kam, an einem ganz normalen Tag? Warum hatte man mich mein ganzes Leben lang angelogen? Warum tut man mir das an? Meine Schwester Anne wusste es schon längst. Ich weiß nicht, wann sie es ihr gesagt hatten, aber sie wusste es. Nur ich wusste von nichts.

Jetzt weiß ich es, aber ich wünschte mir so sehr, ich hätte es nie erfahren. Beruht mein ganzes Leben auf einer Lüge? War jedes „Mama“ und jedes „Papa“, das ich gesagt habe, eine Lüge?

Eine Welt zerbrach in mir. Es war, als würden riesige Hochhäuser, gebaut aus tausenden kleinen Lügen, in sich zusammenstürzen. Und ich? Ich stand darunter und sah zu, wie alles in sich zusammenfiel. Denn die ganze Welt bestand nur aus Lügen, sogar meine Familie war gelogen.

Ich ging in mein Zimmer, machte die Tür zu und dachte nach. Wer sind meine Eltern? Woher komme ich? Was mache ich hier? Wie verzweifelt muss eine Mutter sein, um ihr eigenes Kind wegzugeben? Ich verstand es nicht.
Aber für den Moment wusste ich einfach genug. Wenn nicht sogar zu viel. Ich wollte gar nichts mehr wissen. Ich wollte einfach nur noch weg.
Ich brauchte einige Tage, um ein wenig zu ordnen, was in mir los war. Ich ging ganz normal zur Schule. Zwar war mein Körper anwesend, doch mein Geist war noch immer wie erstarrt. Ich traf mich mit Johannes, erzählte ihm aber nicht, was los war. Ich sagte ihm nur, dass es mir schlecht gehe und ich das Bedürfnis habe, zu saufen.
Meine Pflegeeltern hatten im Wohnzimmerschrank eine kleine Bar, in der sie Schnaps, Wodka, Whiskey und Liköre aufbewahrten. Sie tranken zwar selbst keinen Alkohol, aber wenn Besuch da war und es etwas zu feiern gab, war immer ein Tröpfchen zur Hand. Ich sagte zu Johannes, er solle vor dem Haus warten, schlich mich hinein, klaute heimlich eine Flasche zwölf Jahre alten Bourbon-Whiskey, nahm noch eine Flasche Cola aus dem Kühlschrank und ging wieder nach draußen zu ihm.
An diesem Tag lernte ich auch seine Brüder Peter und Fritz kennen. Sie waren deutlich älter als ich, doch sie waren nicht weniger überrascht als Johannes, als ich den Whiskey aus meiner Jacke zog. Wir gingen gemeinsam in die Berliner Straße zu einem Freund von Peter und Fritz. Er hieß Thomas und lebte zusammen mit seinem Vater in einer Drei-Zimmer Wohnung in einem Plattenbau.
Wir klingelten, ich stellte mich vor und packte den Whiskey auf den Tisch. Schnell merkte ich, dass wir uns gut verstanden. Wir hörten laute Musik und begannen zu trinken. Die Wohnung lag im vierten Stock, direkt gegenüber den vier Hochhäusern, den Wahrzeichen der Stadt. Wenn wir zum Rauchen auf den Balkon gingen, sahen wir sie hoch in den Himmel ragen.

In meinen Gedanken fragte ich mich, ob hier wohl schon mal jemand vom Dach gesprungen war. Es lebten viele Menschen in diesem Block, denen es nicht gut ging. Viele waren arbeitslos, die meisten irgendwie kriminell. Ein paar saßen bestimmt gerade wieder im Knast. Doch bevor ich diesen Gedanken zu Ende denken konnte, kam Johannes auf den Balkon, drückte mir ein Glas Whiskey mit Cola in die Hand. Ich trank es auf ex.
Ich spürte, wie mir langsam wärmer wurde, wie meine Gedanken verschwanden und die Welt wieder in Ordnung schien. Wir waren alle gut drauf. Wir feierten, was auch immer, ich habe keine Ahnung mehr. Aber wir tranken und hatten Spaß.

Nach etwa einer Stunde hatten Johannes und ich eine ordentliche Schlagseite. Neben dem Whiskey, den ich mitgebracht hatte, hatte Thomas noch jede Menge Bier im Kühlschrank. Kein billiges Bier vom Edeka, sondern das gute Mixery. Und auch das tranken wir wie Wasser.

Irgendwann, als Johannes und ich kaum noch gerade laufen konnten, meinte Fritz, der älteste Bruder, dass wir aufhören sollten. Er sagte, wir sollen uns nicht ins Koma saufen, sondern lieber nach Hause gehen und unseren Rausch ausschlafen.

Da wir keinen Alkohol mehr bekamen, gingen wir. Der Heimweg hätte nüchtern vielleicht zehn Minuten gedauert, aber wir brauchten jetzt bestimmt zwei Stunden. Irgendwo in der Berliner Straße musste ich in einen Vorgarten kotzen.
Es war ekelhaft, aber auch irgendwie lustig. Ich brachte Johannes nach Hause, dann schleppte ich mich selbst heim. Zum Glück hatte noch niemand bemerkt, dass die Flasche Whiskey aus der Bar fehlte. Ich ging langsam, bemüht, nicht zu schwanken, in mein Zimmer, schloss die Tür hinter mir, fiel auf mein Bett und schlief in den Klamotten, die ich trug, samt meinen Straßenschuhen bis zum nächsten Morgen durch.

Die Kacke ist am Dampfen

Hausaufgaben? Die hatte ich zwar auf, doch momentan wollte ich davon nichts wissen. Mir ging es emotional nicht gut, und ich war nicht bereit, in diesem Zustand in die Schule zu gehen.
Also musste ich woanders hin. Aber wohin? Ich wusste, wohin ich musste. Ich machte mir ein Brot für die Schule, verließ pünktlich das Haus. Doch anstatt den Berg hinunter zur Haltestelle zu gehen, schlug ich den Weg in den Wald ein, in Richtung Berliner Straße.

Mein Weg führte mich zum Eisengeländer und schließlich zu dem Fenster von Langfinger Joe. DEM Langfinger Joe. Ich klopfte an die Scheibe und bat ihn, mich hereinzulassen. Es war regnerisch und kühl draußen, und obwohl er wohl noch geschlafen hatte, öffnete er mir in Boxershorts die Tür und ließ mich hinein. „Du kannst aber nicht lange bleiben, ich fahr gleich nach Kaiserslautern", sagte er.
Ich bat ihn, mich in der Wohnung bleiben zu lassen. Nach einer kurzen Diskussion willigte er ein, und ich konnte in seiner warmen, stinkenden Wohnung ausharren, bis Johannes aus der Schule kam.
Langfinger Joe fuhr nach Kaiserslautern, wie jeden Tag. Sein Vater hatte dort eine Kneipe. Er bekam dort immer etwas zu trinken und verzockte die paar Mark, die er hatte, an den Spielautomaten.
Die Kneipe hieß „ZACK ZACK" und war im Grunde nichts weiter als eine billige Absteige für Alkoholiker, die nachts keinen Schlafplatz fanden. Das ZACK ZACK hatte rund um die Uhr geöffnet.

Ich saß also im Bett vom Langfinger Joe, trank ein Bier, das er mir dagelassen hatte, rauchte eine Zigarette nach der anderen und schaute dabei Kinderfilme auf VHS, eigentlich ja passend für einen Zehnjährigen wie mich.
Langfinger Joe hatte inzwischen einen Kassettenrecorder. Woher er den wohl hatte? Geklaut? Geschenkt bekommen? Gekauft?

Ich wollte mir darüber jetzt keine Gedanken machen und schaute einfach weiter Filme, während ich mein Bier trank.
Gegen zwölf Uhr machte ich mich auf den Weg zur Grundschule. Ich wusste, dass Johannes um diese Zeit Schulschluss hatte.
Zur Sicherheit ließ ich die Balkontür von Langfinger Joe offen – falls ich ihn nicht mehr antreffen würde.

Mit etwas Glück erwischte ich Johannes. Ich erzählte ihm, dass Langfinger Joe mich in der Wohnung hatte warten lassen, und dass die Balkontür noch immer offenstand. Mit einem breiten Grinsen sagte Johannes, er bringe eben seinen Rucksack nach Hause. Ich blieb zurück und wartete am oberen Waldrand.
Nach zehn Minuten kam er zurück. Die Tür bei Langfinger Joe stand noch immer offen, alles sah aus wie vorher. Ich setzte mich aufs Bett, zündete mir eine Kippe an. Johannes durchwühlte den Kleiderschrank auf der Suche nach der Kiste mit den Messern - ohne Erfolg.
Seine Laune kippte. Seine Mutter hatte ihm das Überlebensmesser abgenommen, und jetzt brauchte er dringend Ersatz. Er fluchte, stapfte ins Bad.
Wenig später hörte ich lautes Lachen. Ich ging nachschauen, und da saß Johannes, mitten in seiner eigenen Comedy Show: Beim Arschabwischen, während direkt neben dem Klo ein riesiger Haufen Scheiße auf dem Boden lag.
Ich musste loslachen, wusste aber nicht, was ich sagen sollte.
Ich wieder zurück ins Wohnzimmer. Da sah ich, wie Johannes auf Langfinger Joes Bett pinkelte. „Igitt, was machst du denn für 'ne Scheiße?!“sagte ich angewidert. Er lachte nur. „Scheiße, haha...“
Ich wusste in diesem Moment, dass wir uns nie wieder bei Langfinger Joe blicken lassen konnten. Ich war sauer, aber gleichzeitig war es mir auch irgendwie egal, schließlich war es nicht meine Wohnung.
Johannes nahm ein Stück Toilettenpapier, hob damit einen Teil seines Haufens vom Boden im Badezimmer auf und schmierte es unter die Türklinke, von außen, wo man es nicht sehen konnte. Es war praktisch vorprogrammiert, dass jemand früher oder später direkt hineingreifen würde.

Den Rest der Sauerei nahm er mit einem Löffel und verteilte es im Waschbecken und an den Wänden der Wohnung. Es stank schlimmer als in einer Kläranlage. Alles war voller Kot, und ich war mittendrin. Ich musste mich zusammenreißen, um nicht zu kotzen.
Bevor Johannes noch den Ketchup und den Senf aus dem Kühlschrank holen konnte, sagte ich ihm, ich hätte ein Geräusch gehört. Ein Vorwand, um ihn davon abzuhalten, noch mehr Schaden anzurichten.
Wir schlichen durch die Balkontür hinaus, gerade rechtzeitig. In dem Moment hörten wir wirklich einen Schlüssel in der Haustür, und lautes Fluchen: „Ihh, das ist Scheiße!"
Wir rannten so schnell wir konnten zu der Tanne auf der Wiese, wo wir sonst immer gespielt und heimlich geraucht hatten. Von dort beobachteten wir die Wohnung. Wir sahen nur Schatten durchs Zimmer huschen, vermutlich Langfinger Joe, der zum Waschbecken eilte. Trotz des Erbrochenen im Becken war das vermutlich noch der sauberste Fleck der ganzen Wohnung.
Erneut hörten wir Würgen und lautes Fluchen. Als Langfinger Joe sich schließlich auf das vollgepisste Bett setzte, war es vorbei. Ich konnte mir das Elend nicht länger ansehen und ging mit Johannes weg. Er lachte die ganze Zeit, aber für mich war es einfach nur abstoßend und unter aller Würde.
Ich hätte eingreifen müssen. Ich weiß das. Aber ich war wie gelähmt. Naja, es ist nicht mehr rückgängig zu machen. Was passiert ist, ist passiert.
Anschließend lief ich mit Johannes ziellos durch die Straßen. Wir redeten. Stundenlang erzählten wir uns von unserem Leben, von unseren Träumen und davon, wo wir uns in der Zukunft sehen würden, welcher Job, ob wir je eine Familie hätten. Johannes sprach über seinen Vater. Er erzählte mir, dass er eigentlich eine kleine Schwester hätte, die jedoch bei der Geburt gestorben war.
Er erzählte aus seiner Kindheit, wie er miterleben musste, dass sein Vater seine Mutter verprügelte, und wie dieser eines Tages einfach verschwunden war. Ich begann mich ihm zu öffnen und erzählte ihm die größte Lüge meines Lebens: dass ich meine richtigen Eltern nicht kenne, weil ich in Pflege genommen wurde.

Er war sichtlich schockiert. Aber in diesem Moment brauchten wir beide einfach jemanden, der zuhört.
Wir hatten Lust zu trinken, so richtig. Wie damals in der Berliner Straße, als wir mit seinen Brüdern bei Thomas waren. Ohne Geld, aber mit zwei Lebensgeschichten, die uns enger verbanden als alles andere, gingen wir in die Stadt. Im Kaufland, in der Schnapsabteilung, steckten wir uns beide jeweils ein Zehnerpack "Kleiner Feigling" in die Hose und gingen einfach aus dem Laden. Wir wurden nicht erwischt. Am Bahnhof setzten wir uns an ein Gleis ganz am Ende, wo keine Fahrgäste mehr standen und begannen zu trinken.
Als es anfing zu regnen, machten wir uns auf den Weg zurück, zurück in eine Welt, die für uns beide auf eine unerträgliche Art kaputt war.
Ich packte fünf Fläschchen in meinen Schulrucksack und ging nach Hause, um mich auszuruhen.Meine Pflegeeltern waren stinksauer. "Wo warst du?", brüllte meine Mutter, kaum dass ich zur Tür rein war.
"In der Schule. Wo sonst?", antwortete ich. Doch mein Klassenlehrer hatte angerufen. Er hatte erzählt, dass ich nicht im Unterricht war, und dass ich noch nie am Schwimmunterricht teilgenommen hatte.
Die Hölle bebte gewaltig, aber ich machte mir nichts daraus. Ich vertröstete meine Pflegemutter: Morgen würde ich wieder zur Schule gehen. Danach schloss ich mich in meinem Zimmer ein.

Kleiner Feigling & verbotene Freunde

Mir war eigentlich alles egal. Aber am nächsten Morgen ging ich tatsächlich zur Schule. Ich hatte ein schlechtes Gewissen. Es war ein Mittwoch. Der Tag begann mit Kunstunterricht. Ich setzte mich in die letzte Ecke und begann zu zeichnen: einen Friedhof. Schwarzer Himmel. Regenschwere Luft. Kreuze ohne Namen. Jedes Kreuz stand für eine Lüge. Jede Lüge für einen Fetzen meiner Seele. Während ich nach meinem Spitzer suchte, stieß ich auf die fünf Feiglinge in meinem Rucksack. Ich trank sie. Einen nach dem anderen.

Dann geschah etwas, das ich bis heute nicht vergessen kann. Meine Mutter sprang auf, lief in die Küche, riss den Rosenkranz von der Wand und kam zurück. Sie begann laut zu beten. „Teufel, komm raus! Lieber Gott, hilf ihm! Hilf ihm!"

Ich lag da, verstummt, voller Angst.

Ich verstand nicht, was sie tat. Ich verstand die Worte nicht. Ich verstand nur, dass ich falsch war.

Sie zog mich aus dem Bett, riss mir die Sachen von Anne, die Strumpfhose und das T-Shirt, herunter, holte aus meinem Schrank einen blöden blauen Jungs-Schlafanzug heraus und zog ihn mir an.

Während sie das tat, murmelte sie immer wieder: „Das ist krank. Das ist pervers. So etwas gibt es nicht. Du musst damit aufhören. Du bist kein Mädchen!"

Dann ging sie raus. Ich hörte, wie sie mit meinem Vater sprach. Im Wohnzimmer. Immer wieder fielen Worte wie „krank", „abnormal," „nicht richtig". Und ab diesem Moment schämte ich mich.

Ich war nicht betrunken, aber warm wurde mir. Ich gab das Bild bei der Lehrerin ab. „Komm mal her", sagte sie. Ich blieb stehen. „Hauch mich mal an. Hast du Alkohol getrunken?" „Nein", log ich. „Das ist nur mein Mundwasser." „Ich erkenne den Unterschied", sagte sie.
Sie schickte mich zum Direktor. Ich musste meinen Rucksack öffnen. Sie fanden die leeren Flaschen.
„Wo hast du die her?" fuhr er mich an. Ich schwieg. „Muss ich erst die Polizei rufen?"
Egal. Sollen sie doch. Er rief meine Pflegeeltern an. Danach sagte er, ich bekäme einen Verweis und das Jugendamt würde eingeschaltet. Mir war es gleich. Was wollten sie mir noch nehmen? Meine Eltern? Ich hatte keine. Nur Pflegeeltern, die mich belogen hatten.

Ich sollte im Vorraum warten. Aber als der Direktor seine Tür schloss, nahm ich meinen Rucksack und verließ die Schule durch den Hinterausgang.
Ich ging den Weg zur Sporthalle, den wir immer für den Sportunterricht gegangen waren, ein vertrauter Weg, wo ich oft heimlich geraucht hatte. Eine Weile wartete ich, dann nahm ich den Bus zurück in Richtung Atzel.
Zuhause angekommen, sprach niemand ein Wort. Alle waren geschockt: Der Elfjährige hatte im Unterricht Schnaps getrunken!
Meine Pflegemutter verbot mir den Umgang mit Johannes ab sofort. Aber das war nur die Spitze des Eisbergs. In meinem Zimmer merkte ich, dass mein Kleiderschrank offen stand. Ich öffnete ihn: Alles war weg!!!
Alles, was ich mir mühsam zusammengespart hatte: weg! Der Nagellack? Weg. Die Söckchen? Weg. Alles weg.
Dafür lagen frisch zusammengelegte, nach Weichspüler riechende Klamotten darin, die nicht von mir stammten. Mein Hass auf meine Pflegeeltern wurde größer. Wieso taten sie mir das an?
Ich konnte sie nicht einmal fragen. Schon wegen des Verweises nicht. Und weil ich wusste, wie sie über „sowas" dachten.

Beim Abendessen saß ich nicht mehr mit am Tisch. Ich kapselte

mich ab. Am nächsten Morgen sollte ich wieder zur Schule, aber ich wollte nicht. Ich saß in meinem Zimmer, hörte Musik: Eminem, „Cleaning Out My Closet“.
Ich verstand den Text inzwischen. Drehte die Musik leise und schloss die Augen. Ich konnte nicht schlafen. Irgendwann ging ich zur Toilette und sah den Schlüssel, der aus der Hosentasche meines Pflegevaters ragte.
Ich nahm ihn, schlich ins Kämmerchen neben der Küche, öffnete die Geldkassette. Der erste Schlüssel passte. So viel Geld hatte ich noch nie gesehen. Ich nahm mir einen 50 Euro-Schein als kleine Vergeltung.
Am nächsten Morgen ging ich wieder zur Schule. Zwei Haltestellen vor der Schule stieg ich aus, kaufte an der Aral ein belegtes Schinkensandwich und eine Schachtel Zigaretten.
Ich kam zehn Minuten zu spät. „Wo warst du?", fragte Herr Gutwein. „Verschlafen", antwortete ich. "Hast du die Mathematik-Hausaufgaben gemacht?" „Vergessen", log ich. „Reich sie morgen nach, sonst gibt's eine Sechs."
Mir war's egal. Ich dachte nur an Nagellack und Söckchen. An ein besseres Versteck. Nach der Schule kaufte ich Bier bei der Aral: Mixery. Dann ging ich zu Kaufland: Nagellack, Nagellackentferner, Einwegrasierer, Nylonsöckchen. Bei Kik kaufte ich ein schwarzes BH-Set für zehn Euro. Alles landete in meinem Rucksack.
Nach Hause wollte ich noch nicht. Ich wollte zu Johannes. Ich fuhr zurück in unseren Stadtteil, die Atzel, lief den Berg hoch bis zu den NATO-Blöcken, pfiff laut - und als Johannes ans Fenster kam, deutete er mir, dass er runterkommt.
Als er bei mir ankam, fragte er mich nach einer Zigarette. Ich antwortete spöttisch, ob er auch gleich ein Bier wolle, und er sagte: „Nicht hier, meine Mutter ist zu Hause. Lass uns gehen.“
Wir machten uns auf den Weg in den Wald. Vorsicht war geboten, schließlich durfte ich mich nicht mehr mit Johannes treffen. Also blieben wir nicht an der Stelle hinter den Häusern, an der wir vor Jahren mal einen Waldbrand ausgelöst hatten.
Wir suchten uns einen Platz, der vom Pfad aus nicht zu sehen war, also gingen wir querfeldein durch Gebüsche und über vermoderte

Äste, bis wir an einer Lichtung einen umgefallenen Baum entdeckten.
„Das ist optimal“, sagte ich und setzte mich auf den Baumstamm. Ich musste das Bier vorsichtig aus meinem Rucksack holen, schließlich war darin auch noch das BH-Set, das ich in der Stadt gekauft hatte, sowie meine anderen Sachen. Aber da die vier Flaschen Bier noch in der Pappschachtel verpackt waren, ging es relativ einfach, sie herauszuholen. Ich schloss den Rucksack schnell wieder.
„Meine Alte rastet aus, wenn ich die Schulbücher schmutzig mache“,sagte ich zu Johannes und hielt ihm die Schachtel hin. Zuerst schaute er etwas angewidert. „Was ist das denn für ein Scheiß?“, fragte er. Ich antwortete nur: „Riech mal dran.“
Er roch erstaunt an der blauen Zigarettenschachtel. „Das ist West Ice. Die riechen wie Bonbons und schmecken wie Menthol“, sagte ich. Er lachte und meinte: „Hauptsache, es stinkt und qualmt“ und steckte sich eine Zigarette an.

Dope im Schatten der Kirche

Ich erklärte ihm die Situation bei mir zuhause, aber nicht den Teil, in dem meine Mutter mich beklaut hatte. Ich erzählte ihm, dass ich meine Eltern beklaut hatte, weil ich mich verarscht und belogen fühlte und zeigte ihm die restlichen 25 Euro. „Dir ist schon klar, dass wir davon Suff kaufen?“, sagte er. Ich begann zu lachen und meinte, dass das der Plan für den Tag sei.
Nachdem die vier Flaschen Mixery leer waren, machten wir uns auf den Weg zum Edeka. Unterwegs überlegten wir, was wohl passiert, wenn uns die Verkäuferin nach dem Ausweis fragt. Da kam mir eine gute Idee. Auf meiner Busfahrkarte von der Schule stand mein Name und darunter in fetter Blockschrift *„JAHRESKARTE AUSBILDUNG“*. Daraus bastelte ich mir die perfekte Ausrede.Als wir im Edeka waren und drei 6er-Packs Mixery gekauft hatten, wurden wir tatsächlich nach dem Ausweis gefragt. Ich hielt der Verkäuferin die Fahrkarte hin: „Schauen Sie, da steht mein Name drauf und dass ich in der Ausbildung bin! Ich muss also mindestens 16 sein!“

Es funktionierte! Die Verkäuferin rechnete uns ab, und draußen vor dem Geschäft lachten wir und waren begeistert, wie dumm doch die Welt ist.
Gegenüber vom Edeka stand die katholische Kirche. Aus der Ferne sah sie aus wie eine riesige Pyramide, und ihr schwarzes Dach war sehr respekteinflößend. Ich kannte diese Kirche, weil ich als Kind jeden Sonntag mit meinen Eltern dort war. Ich war sogar mal Messdiener, aber das hat mir keinen Spaß gemacht, also hörte ich nach zwei, drei Malen auf.

An der Kirche stand ein weißes Pfarrhaus, in dem der alte Pfarrer lebte, zusammen mit einer Nonne, die sich um ihn kümmerte. Pfarrer Hildebrand und Schwester Helmtruth. Hinter der Kirche stand ein Wald. Dort suchten wir uns einen Platz, um die Zeit zu vertreiben und zu trinken.
Man konnte vom Wald hinter der Kirche direkt auf das Pfarrhaus sehen und wir entdeckten zwei Jugendliche, die im Garten des Pfarrers das Gemüsebeet sauber machten. Hinter den Bäumen versteckt gingen wir weiter und fanden eine Stelle, an der schon jemand vor uns gewesen sein musste. Wir entdeckten einen selbstgebauten „Eimer". Offenbar kam hier regelmäßig jemand zum Kiffen. Johannes und ich untersuchten das merkwürdige Teil, von dem wir bisher nur gehört hatten.
Wir wussten, wie es funktionierte. Es war ein Plastikeimer mit Wasser, in dem eine leere Colaflasche stand, deren Boden abgeschnitten war. An der Stelle, wo normalerweise der Deckel war, befand sich ein Stück Alufolie, das mit einer Nadel durchlöchert worden war und als Sieb diente. Darin legte man Haschisch, gemischt mit Tabak, und zündete es an. Dann zog man die Flasche im Eimer so hoch, dass ein Unterdruck entstand und der Rauch in die Flasche gezogen wurde.
Der Rauch konnte nicht entweichen, weil die Flasche im Wasserbad stand. Sobald sich der Rauch in der Flasche dunkel verfärbte, nahm man den Aludeckel ab und inhalierte den Rauch.
In dem Stück Alufolie, das noch an der Flasche war, waren offenbar noch Reste von unserem Vorgänger. Aus Neugier nahmen wir eine Zigarette, krümelten den Tabak in den

Aluminiumdeckel und probierten es einfach aus. Der Rauch schmeckte komisch und hatte einen süßlichen Abgang.

Es war uns klar, dass wir zum ersten Mal gekifft hatten. Die Wirkung war nicht sonderlich stark, da es ja nur die Reste von anderen waren, aber es fühlte sich gut an. Wir saßen da, beobachteten die beiden Jungen, wie sie das Gemüsebeet des Pfarrers reinigten und die Straße fegten. Dabei tranken wir Bier und machten uns über sie lustig. Am Ende sahen wir, wie der Pfarrer ihnen etwas Geld zusteckte als Dank für ihre Hilfe im Garten.
„Was sollen wir jetzt machen?“, fragte ich.
„Komm, wir gehen zu Langfinger Joe“, antwortete Johannes und brach in Gelächter aus. Doch ich lehnte ab mit dem Hinweis, dass wir dort wohl nicht mehr willkommen wären. Johannes aber bestand darauf, dass wir hingingen. Er meinte es ernst.

*

Wir tranken unser Bier aus und machten uns auf den Weg. Irgendwann begann es zu regnen. Johannes und ich waren völlig durchnässt, als wir schließlich die Berliner Straße erreichten. Diesmal gingen wir nicht zum Metallgeländer, sondern klingelten direkt an der Haustür.
Es dauerte einen Moment - wir wollten schon fast wieder gehen - als wir aus dem Treppenhaus das Geräusch einer sich öffnenden Tür hörten.
Kurz darauf wurde die Wohnungstür per Fernsprecher geöffnet. Johannes schob vorsichtig die Tür auf, und da stand Langfinger Joe in Boxershorts und einem hellblauen Nachthemd. An seiner Wohnungstür hing ein laminierter Zettel mit der Aufschrift „Betreten verboten“.
Ich wollte gerade fragen, warum dieser Zettel da hing, als er uns freundlich in die Wohnung bat. Johannes und ich gingen hinein und bemerkten sofort, dass die Wohnung sauber war.
Zwar waren an der weißen Wand noch braune Flecken von Johannes‘ Kacke zu sehen, aber ansonsten war alles ordentlich, und es roch nach dem gewohnten Kotzgeruch und Müll. Langfinger Joe bat uns, Platz zu nehmen, und setzte sich selbst hin.
Dabei kramte er in einer grünen Mülltüte, die er von draußen mit

in die Wohnung gebracht hatte. „Was suchst du?“ fragte Johannes, und Langfinger Joe erklärte, dass er Zigarettenstummel suchte, da er keinen Tabak mehr hatte.
Sofort bot ich ihm eine Zigarette von unseren West Ice an, und stellte ihm ein Mixery hin. Er freute sich sehr darüber und nahm beides dankbar an.
„Was ist hier passiert?“ fragte Johannes und deutete auf die braunen Flecken an der Wand, aber Langfinger Joe gab keine Antwort. Auf dem kleinen Fernseher lief SpongeBob, und wir saßen zu dritt da und rauchten. Die Stille wurde schließlich von Johannes unterbrochen, der Langfinger Joe fragte, ob er neue Messer habe.
Doch auch das verneinte Langfinger Joe, und etwa fünf Minuten später bat er höflich, dass wir uns verabschieden. gegen 21 Uhr auf den Heimweg.
Als ich daheim klingelte, öffnete mir meine Mutter die Tür. „Wo warst du?“ fuhr sie mich an, und ich sagte ihr, dass ich nach der Schule noch im Internetcafé gewesen sei. Ich ging in mein Zimmer, schaltete meine Stereoanlage an. Dieses Mal hörte ich nicht Eminem, sondern Outkast.
Am Abend ging ich noch einmal aus meinem Zimmer, um etwas zu essen. Alle waren ganz normal zu mir. Ich machte mir ein Nutellabrot und aß es am Tisch. Es gab keinen Ärger, weil ich die 50 Euro aus der Kasse meines Vaters gestohlen hatte. Anscheinend hatte es niemand bemerkt.

Kalkofen & meine leibliche Mudda

Die Nacht war sehr lang für mich, und ich dachte viel über alles nach, über mein Leben, das Leben von Johannes, das Leben meiner Pflegeeltern, und das meiner leiblichen Eltern, die ich nie kennen gelernt hatte.
Ich wusste, in welchem Bezirk in Kaiserslautern sie gewohnt hatten. Es musste wohl einer dieser sozialen Brennpunkte sein, denn ich wusste von meiner Pflegemutter, dass bei meinen Eltern Drogen und Alkohol im Spiel waren, als das Jugendamt mich dort herausgeholt hatte.
Aber andererseits konnte ich es irgendwie auch nicht glauben. Wieso sollte meine Mutter Drogen nehmen? Ich hatte ja bereits einmal mit Johannes gekifft, und gemerkt, dass es nicht so schlimm war, wie alle immer behaupten. Ich wusste, dass ich dieser Sache auf den Grund gehen musste.

Also machte ich mir einen Plan, wie ich das anstellen wollte. Ich musste unbedingt nach Kaiserslautern fahren und zu diesem Bezirk kommen. Wie hieß der noch mal? Ich überlegte kurz und dann kam ich darauf: Kalkofen!
Ich hoffte, meine leibliche Mutter zu treffen, denn ich hatte so viele Fragen an sie, die mir durch den Kopf gingen.
Ich ging zur Toilette, wo ich am Tag zuvor in der Hosentasche meines Vaters den Schlüsselbund mit dem Schlüssel zur Geldkassette entdeckt hatte. Ich schaute nach, ob er wieder da war. Ich machte mir zu diesem Zeitpunkt keine Gedanken darüber, woher das Geld kam.
Es war wohl aus der Rottweilerzucht meines Vaters, und ein paar Einnahmen aus seinem Quelle-Geschäft, das er seit kurzer Zeit in der Stadt betrieb. Ich tastete mich langsam mit meinen Händen an der Hose entlang.
Mein Vater zog sie hier wohl immer aus, bevor er schlafen ging. Und plötzlich fühlte ich etwas. Es war sein Schlüsselbund, und noch immer war der Schlüssel der Geldkassette daran.
Jackpot! dachte ich, ohne über die Konsequenzen nachzudenken. Ich schlich mich nun in die Küche, öffnete vorsichtig die Kammer,

in der die Geldkassette lag, und machte das Schloss auf.
Ich staunte nicht schlecht, als ich die ganzen Geldscheine darin sah: 50er, 100er und sogar ein 500-Euro-Schein. Dazu unzählige 10- und 20-Euro-Scheine.
„Es fällt bestimmt nicht auf, wenn ich mir ein paar mitnehme“, dachte ich mir und nahm von jedem Schein etwas, aber nicht den 500-Euro-Schein. Es war auch nur ein einzelner Schein, und ich hatte ja bereits genug genommen, um nach Kaiserslautern zu kommen. Ich schloss die Kasse wieder ab, schlich mich zurück ins Badezimmer, steckte den Schlüsselbund wieder dahin, wo ich ihn gefunden hatte, und ging zurück in mein Zimmer..

Ich zählte die Scheine und stellte fest, dass ich nun knapp 400 Euro hatte. Mein Portemonnaie war noch nie so voll gewesen. Zwar hatte ich ein schlechtes Gewissen und viel Angst davor, wieder nach Hause zu kommen, aber der Drang, meine leibliche Mutter in Kaiserslautern zu finden, war größer als meine Vernunft.
Am nächsten Morgen ging ich früh aus dem Haus. Ich wollte meinem Pflegevater unter dieser Last nicht begegnen, und außerdem wollte ich Johannes auf dem Weg zur Grundschule abfangen, um mit ihm nach Kaiserslautern zu fahren.
Ich wusste, dass er zur Schule lief. Und so stellte ich mich an den oberen Waldeingang und wartete, bis er gegen 7:45 Uhr endlich auftauchte. Um seine Aufmerksamkeit zu erregen, pfiff ich. Er blickte hoch und sagte: „Was machst du denn schon hier?“
Ich erklärte ihm, dass ich nach Kaiserslautern musste, um meine Mutter zu suchen, und fragte, ob er mitkommen wolle, worauf er bereitwillig zusagte. Ich zeigte ihm das Geld, das ich aus der Kasse meines Vaters genommen hatte, und fragte ihn, ob er Lust hatte, mit mir ein Bier zu trinken. „Klar doch, du kennst mich doch“, sagte er, und wir machten uns auf den Weg. Wenig später saßen wir im Zug nach Kaiserslautern.
Als wir dort ankamen, holten wir uns an einer Tankstelle noch Bier und fuhren dann mit dem Taxi weiter Richtung Kalkofen – dorthin, wo ich hoffte, meine leibliche Mutter zu finden.
Das Taxi ließ uns an einer Bushaltestelle am Rande des Viertels raus, und von dort liefen wir durch die Straßen des Viertels. Die

Häuser wirkten grau, verfallen, noch trostloser als die alten NATO-Blöcke, die ich von zuhause kannte. Es stank nach altem Müll, alles sah verlassen aus, als wäre die Zeit hier einfach stehen geblieben. Wir trafen auf einen Mann und ich fragte ihn, ob eine Frau namens Gertrud hier wohne.
Er musterte mich kurz, fragte dann, wer ich sei, und ich sagte „Ich bin Dennis, ihr Sohn." Er stockte, drehte sich wortlos um und verschwand in einem der Häuser.
Kurz darauf deutete Johannes nach oben und sagte: „Da oben schaut jemand raus." Ich blickte zum Fenster. Eine Frau mit braunen Haaren und einer lila-blauen Jacke starrte uns an. Als ich mich näherte, schlug sie das Fenster mit einem lauten Knall zu.
Die Stimmung kippte, mir wurde unwohl. Ich bat Johannes, dass wir besser gehen sollten und wir liefen eilig den Weg zurück in Richtung Bushaltestelle. Gerade als wir sie erreicht hatten, hörten wir von hinten eine Frauenstimme, die meinen Namen rief: „Dennis... Dennis!"

Wir drehten uns um und sahen in der Ferne zwei Personen, die schnellen Schrittes auf uns zukamen. Eine von ihnen trug die lila-blaue Jacke, die ich zuvor schon gesehen hatte – dieselbe Frau, die im braunen Haus das Fenster zugeschlagen hatte.
Mir stiegen die Tränen in die Augen. Ich konnte sie nicht mehr vor Johannes verbergen. Er sah, wie schlecht es mir ging, und wir beschleunigten unsere Schritte. Ich wusste längst, wer die zweite Person war, doch wir liefen weiter, bis wir sicher waren, dass sie uns nicht mehr folgten.
Schließlich blieben wir stehen, sahen noch einmal zurück – doch die Straße war leer. Es war vorbei.
Hätte ich zu diesem Zeitpunkt gewusst, dass meine leibliche Mutter an Krebs erkrankt war und dass dies die letzte und einzigste Chance war, sie lebend zu sehen und ihr meine Fragen zu stellen, wäre ich nicht so feige weggelaufen.
Im Laufe meines späteren Lebens erfuhr ich dann, dass meine Mutter wenige Monate nach unserem „Besuch" im Kalkofen an den Folgen von Streukrebs gestorben ist.
An diesem Tag ging ich noch mit Johannes in die Innenstadt von

Kaiserslautern.
In einem kleinen türkischen Internetcafé, das mehr nach Zigarettenqualm als nach WLAN roch, kaufte ich mir mein erstes eigenes Handy. Ein gebrauchtes Nokia 3310. Der Verkäufer, ein älterer Mann mit müdem Blick, drückte mir großzügig sogar eine SIM-Karte in die Hand.
Kein Vertrag, kein Papierkram. Einfach reinstecken und los. Ich fühlte mich plötzlich ein Stück erwachsener. Erreichbar, auffindbar, irgendwie mehr Mensch.
Johannes schaute mich an, sagte nichts. Aber ich wusste, dass er neidisch war. Also kaufte ich ihm auch eins. Einfach so. Damit wir in Kontakt bleiben konnten. Und damit er wusste, dass er mir wichtig war. Danach zogen wir weiter durch die Stadt, als gäbe es kein Morgen. Wir tranken Bier. Dann tranken wir noch mehr Bier. Und irgendwann tranken wir einfach so lange weiter Bier, als hätte das alles irgendeinen Sinn.

Penner im Stadtpark

In der Innenstadt gab es eine kleine Unterführung, in der sich immer die Obdachlosen trafen. Genau dort fühlten wir uns wohl und setzten uns dazu. Wir fühlten uns beide irgendwie auch wie Obdachlose. Wir tranken, lachten und ich versuchte zu verdrängen.
Ich kaufte Bier für alle, und wir fühlten uns in der Menge akzeptiert, zwischen grölenden Betrunkenen, die vorbeigehende Passanten anpöbelten, und dem Geruch von Erbrochenem. Irgendwie erinnerte mich dieser Geruch an die Wohnung von Langfinger Joe . Ich musste für einen Moment aus Ironie und Selbstzweifel darüber lachen, aber im nächsten Moment fühlte ich mich wieder feige, weil ich vor meiner eigenen Mutter weggelaufen war. Zudem hatte ich höllische Angst, nach Hause zu gehen,weil ich befürch-tete, dass mein Vater den Diebstahl bemerkt hatte und mich an-schreien oder sogar schlagen würde.
Ich wusste nicht, was mich erwartete. Johannes fiel das Ganze wesentlich leichter, wenn er nach Hause kam, war seine Mutter ja

schon in der Kneipe arbeite. Und er musste ihr keine Rechenschaft ablegen über geklautes Geld oder sonst etwas.
Am Abend war fast das ganze Geld ausgegeben. Wir hatten uns noch mit Zigaretten versorgt, und jeder von uns hatte ein Sechserpack Bier für zu Hause. Wir liefen angeheitert in Richtung Bahnhof und blieben auf dem Weg vor dem Zack Zack stehen - der Kneipe von Langfinger Joes Vater.
Wir gingen zur Tür hinein und sahen an der Theke eine junge blonde Frau stehen, die einem alten grauhaarigen Mann auf einem Barhocker gerade eine Flasche Bier an den Tresen stellte. Es roch nach kaltem Rauch, und aus der Jukebox in der Ecke ertönten alte Schlager, die ich nicht kannte.
Johannes ging an den Tresen und fragte die Frau, ob Langfinger Joe gerade da sei. Sie antwortete in einem strengen Ton: „Der war heute morgen da, aber ist schon seit ein paar Stunden wieder weg."
Wir gingen wieder aus der Kneipe hinaus an die frische Luft und machten uns auf den Weg zum Bahnhof. Am Gleis suchte ich nach der Tageskarte, die wir am Morgen gekauft hatten, und fand sie schließlich im letzten Eck meines Portemonnaies.
Wir liefen zum Gleis und rauchten eine Zigarette, während wir auf unseren Zug warteten, der uns zurück nach Landstuhl brachte. In Landstuhl angekommen, nahmen wir uns mit dem letzten Rest Geld, das ich bei mir hatte, ein Taxi, das uns auf die Atzel fuhr.
Wir stiegen vor den NATO-Blöcken aus und hörten von unten, dass die Schwester von Johannes sich gerade mit einem seiner Brüder stritt, und dass ein Glas zerbrach. Johannes verabschiedete sich von mir und verschwand im dunklen Hauseingang.
Ich ging die letzten paar Meter nach Hause und verharrte einen kleinen Moment vor dem Haus. Meine Mutter öffnete die Tür und fragte, wie gewöhnlich, wo ich gewesen sei.
Aber ich antwortete nur, dass ich nach der Schule noch in der Stadt unterwegs war. Meine Mutter ging wieder ins Wohnzimmer, und ich ging in mein Zimmer und setzte mich aufs Bett.
Ich befürchtete, dass gleich mein Pflegevater wütend in mein Zimmer stürmen würde und mich fragte, wo das viele Geld sei, doch es

geschah nichts. Nach zehn Minuten, in denen ich still auf meinem Bett saß, fühlte ich mich etwas erleichtert, machte mein Radio an und versank in Gedanken.
Ich ließ mir die Bilder aus diesem Tag immer und immer wieder durch den Kopf gehen und trank nebenbei eine Flasche Mixery nach der anderen. Mir ging es nicht gut und ich hatte den Drang, irgendwie meine Gedanken aufzuschreiben – vielleicht als Songtext oder als Gedicht?
Zunächst fehlte mir ein Künstlername, und ich überlegte ziemlich lange, bis mir ein passender Name endlich einfiel.

Iiiieh, du hast Scheiße am Ohr

„The Dark Rose“ wollte ich mich nennen. „Dark“, weil es Dunkelheit bedeutet, wie der Schleier, der wie dichter Nebel mein Leben umgibt. Die Rose wählte ich wegen der Blume, die sich nicht unterkriegen lässt und trotz Schnee und Eis jedes Jahr erneut blüht und deren Dornen jeden Angreifer verletzen, der versucht, sie zu pflücken.

Ich traf mich nachmittags wieder mit Johannes. Wir hatten kein Geld, aber den Drang zu saufen. Uns fiel nichts anderes ein, als das Klauen im Edeka zu versuchen. Der kleine Edeka-Laden auf der Atzel hatte ganz hinten ein Regal mit alkoholischen Getränken.
Da war fast alles drin, was unser Herz begehrte. Jack Daniel´s mit Cola in kleinen 0,33l Dosen. Johannes und ich schauten uns in die Augen und wussten direkt, was wir dort stehlen wollten.
Wir schauten uns in alle Richtungen um, und jeder von uns steckte sich jeweils zwei Dosen Jack Daniel´s mit Cola in die Unterhose. Wir gingen an diesem Tag mehrmals ins Edeka, um uns mit Jack Daniels Dosen zu versorgen. Es passierte nichts.

*

Von der Bank, auf der wir saßen, vor dem Kappelchen, hatte man eine perfekte Übersicht auf die Straße. Und direkt gegenüber war eine kleine gelbe Telefonzelle, in der hin und wieder einige Gestalten verschwanden, um zu telefonieren.

Wir sahen zwar die Menschen, die da reingingen, aber die, die es taten, hatten uns nie gemerkt oder gesehen, weil wir zu weit hinten saßen, direkt am Wald, neben den Bäumen, auf der Bank. Man hätte schon genau hinsehen und gezielt schauen müssen, um uns da von weitem direkt zu erkennen. Und das nutzten wir im Suff natürlich aus.
Johannes kam nämlich auf die Idee, Scheiße an den Telefonhörer zu schmieren. Dies ergab sich genau dann, als er dringend aufs Klo musste und hinter der Telefonzelle ins Gebüsch gekackt hatte.
Wir hatten beobachtet, dass all die Leute, die tagsüber zur Telefonzelle gingen, sich nie den Hörer vorher anschauten. Als Johannes hinter der Telefonzelle sein Geschäft erledigt hatte, griff er sich einen Stock aus dem Gebüsch, piekste in ein Stück seiner eigenen Kacke und rieb ihn an die Muschel des Telefonhörers. Danach kam er grinsend wieder zu mir zurück auf die Bank.
Wir überlegten, uns näher an die Telefonzelle heranzupirschen, um besser beobachten zu können, was dort passieren würde. Damit man uns nicht sah, schlichen wir uns in den angrenzenden Wald und versteckten uns hinter ein paar Bäumen, die direkt an der Straße standen.
Die gelbe Telefonzelle war nun nur noch etwa 15 bis 20 Meter entfernt, und wir spähten gespannt auf die Straße, bereit für unser erstes „Opfer."
Es dauerte ungefähr eine halbe Stunde, bis drei russische Kinder auftauchten. Johannes kannte sie noch aus der Grundschule. Als sie näher kamen, hörten wir sie miteinander reden. Zuerst dachten wir, sie würden einfach vorbeigehen - aber nein: Die Telefonzelle war tatsächlich ihr Ziel.
Wir beobachteten gespannt. Es war ruhig, kein Auto fuhr vorbei und wir hatten freie Sicht. Dann griff der mittlere der drei Jungen zum Hörer und begann zu wählen. Plötzlich hielt er inne, nahm den Hörer ans Ohr, und roch dann an seiner Hand. Einer der anderen Jungs schrie laut und lachend: „Iiieh, du hast Scheiße am Ohr!" In diesem Moment bekamen Johannes und ich einen regelrechten Lachanfall. Damit sie uns nicht sahen, zogen wir uns tiefer in den Wald zurück. Und als wir außer Sichtweite waren, brach es aus uns heraus: „Iiiieh, du hast Scheiße am Ohr!"

Wir lachten so herzlich, bis uns die Tränen in die Augen traten. Ja, es war ekelhaft - aber es war einfach auch unfassbar lustig.
Trotz des ganzen Spaßes rechnete ich noch immer damit, dass meinem Vater der Diebstahl inzwischen aufgefallen war - und dass ich dafür die Schläge meines Lebens kassieren würde. Doch nichts geschah. Er hatte es offensichtlich noch immer nicht bemerkt.
Im Bett rauchte ich meine letzte Zigarette – die Schachtel war nun leer. Ich war mittlerweile extrem abhängig geworden, vom Alkohol ebenso wie von den Zigaretten, die sich immer mehr in meinem Leben festsetzten.
Ich wollte mehr. Viel mehr. Ich wollte mich betrinken, bis ich den Schmerz vergaß, der tief in mir saß - Tag für Tag. Meine Schwester Anne erzählte ihren Freundinnen und ihrer Clique, dass ich mich schminke, und ich wurde zur Lachnummer. Aber es war mir egal.

Ein Hunderter für ne Pizza. Oder zwei. Bitte.

In dieser Nacht, als ich auf die Toilette musste, schaute ich erneut neugierig in die Hose meines Vaters. Hatte er seinen Schlüsselbund wieder dort gelassen? Ja – er war genau da. Die Versuchung war riesig. Ich überlegte, ihn zu nehmen und mir wieder Geld aus der Kassette zu holen. Aber was, wenn es eine Falle war? Wenn er nur darauf wartete, dass ich zugreife, um mich auf frischer Tat zu ertappen?
Ich konnte es nicht einschätzen. Und trotzdem, aus Trotz, und weil ich wusste, dass ich keine Zigaretten mehr hatte und unbedingt wieder eine rauchen musste – griff ich erneut zum Schlüsselbund. Ich schlich mich leise in die Küche, öffnete die Tür zum Kämmerchen ganz vorsichtig. „Soll ich das wirklich tun?“ schoss es mir durch den Kopf. Doch der Gedanke war genauso schnell wieder verschwunden, als ich die Geldkassette sah.
Aber irgendetwas war merkwürdig – fast schon kosmisch. Es war nicht dieselbe Geldkassette wie sonst. Sie sah anders aus, aber der Schlüssel passte trotzdem. Mein Vater musste sie ausgetauscht haben. Doch als ich die vielen Geldscheine sah, vergaß ich meine

Sorgen sofort. Ich nahm mir einige Hundert-Euro-Scheine heraus, schloss die Kassette wieder sorgfältig ab, ging zurück ins Badezimmer und steckte den Schlüssel wieder in die Hose meines Vaters.
„Das ist das letzte Mal,“ redete ich mir ein, um mein schlechtes Gewissen zu beruhigen, und ging dann wieder in mein Zimmer.
Am nächsten Morgen stand ich früh auf, wie immer, um meinem Pflegevater aus dem Weg zu gehen, und machte mich auf den Weg zur Bushaltestelle. Ich nahm den ersten Bus nach Landstuhl. Um diese Uhrzeit war ich meist der einzige Schüler darin, weil ich eine Stunde zu früh unterwegs war. An der Aral-Tankstelle stieg ich aus, kaufte mir eine neue Schachtel Zigaretten und machte mich zu Fuß auf den Weg zur Schule.
Ich stellte mich an meinen üblichen Platz - dort, wo ich mich auch immer verkroch, wenn ich den Schwimmunterricht schwänzte - und genoss die letzten Minuten vor dem Unterricht.
Es war Mittwoch. Immer mittwochs bereiteten die älteren Schüler ein besonderes Frühstück vor, das sie in der ersten großen Pause verkauften.
Ein echtes Highlight: Es gab Pizza, belegte Brötchen und allerlei Leckereien, die die Schüler der Koch-AG selbst zubereitet hatten. Der Erlös ging in ihre Klassenkasse. Ich konnte es kaum erwarten, mir etwas davon zu holen - ich hatte am Abend zuvor nichts gegessen und war am Verhungern.
Endlich - 9:45 Uhr, der Gong zur großen Pause. Ich fühlte mich großkotzig. Ich hatte so viel Geld in der Tasche, mehr als alle anderen. Es gab sogar Schüler, die sich das Essen dort nicht einmal leisten konnten. Ich drängelte mich durch die Menge bis nach vorne an die aufgebauten Tische. Das Essen lag dort appetitlich präsentiert, dahinter eine Theke, an der Lehrer und Schüler der Koch-AG standen und verkauften.
Man sagte, was man wollte, und bekam es dann ausgehändigt. „Ich hätte gerne zwei Stücke Pizza“, sagte ich zu der Lehrerin. „Vier Euro“, erwiderte sie.
Ohne groß zu überlegen griff ich in meine Jackentasche, zog ein Bündel Hundert-Euro-Scheine heraus und bezahlte mit einem einzigen Schein.

Plötzlich wurde es still hinter mir. Die ersten, die das Bündel gesehen hatten, staunten - und schon fielen Sätze wie „Leih mir mal was“ oder „Kannst du mir das und das holen?“ Aber ich ignorierte sie. Ich wartete nur auf mein Wechselgeld, nahm meine Pizza und verließ stolz die drängende Menge.
Als die Pause zu Ende war, stand ich wieder oben vor dem Klassenzimmer. Die anderen sahen mich fragend an, doch bevor jemand etwas sagen konnte, kam schon unser Klassenlehrer Herr Gutwein um die Ecke und schloss die Tür zur Klasse auf.

Mathematik. Na super, dachte ich. Herr Gutwein warf mir einen strengen Blick zu. Ich dachte, er wüsste bereits, dass ich die Hausaufgaben mal wieder nicht gemacht hatte, aber er sagte nichts. „Schlagt bitte eure Bücher auf, Seite 90“, sagte er und begann, etwas an die Tafel zu schreiben.
Dann klopfte es an der Tür. Die Lehrerin der Koch-AG trat ein und bat mich, mit ihr vor die Tür zu kommen. Ich folgte ihr, und sie schloss die Klassenzimmertür hinter uns.
Im Flur standen zwei Männer. Sie sahen nicht aus wie Lehrer – dafür waren sie zu sportlich gekleidet. Im selben Moment sagte die Lehrerin mit ruhiger Stimme: „Das sind zwei Herren von der Polizei. Und jetzt erklär uns mal bitte, woher du so viel Geld hast.“
Ich war geschockt.
Ich wollte am liebsten weglaufen. Doch die beiden sportlichen Polizisten hätten mich sicher eingeholt – und dann wäre es sowieso vorbei gewesen. „Komm jetzt erst mal mit zum Direktor“, sagte die Lehrerin, als ich keine Antwort auf ihre Frage gab.
Im Büro des Direktors nahmen die Polizisten Platz, während die Lehrerin der Koch-AG an der Tür stehen blieb und auf den Direktor wartete. Es dauerte nicht lange, bis er hereinkam. Er schloss die Tür hinter sich und schien bereits zu wissen, worum es ging.
„Dennis, woher hast du so viel Geld?“ fragte er mit ernster Stimme. Ich schwieg. Einer der Polizisten forderte mich auf, ihm mein Portemonnaie zu geben – und ich tat es. Er öffnete es, zählte die Geldscheine zweimal zur Sicherheit und sagte dann: „Es sind 696 Euro.“

Der Direktor sah mich mit ernster Miene an. „Ich werde deine Eltern darüber informieren." In diesem Moment wurde mir bewusst, dass mein Vater nun über alles Bescheid wissen würde. Ich begriff, was ich getan hatte, und ich bereute es.
Der Direktor schickte mich mit der Lehrerin wieder hinaus. Hinter verschlossener Tür sprach er kurz mit den Polizisten. Als die Tür sich wieder öffnete, sagte einer von ihnen: „Wir holen jetzt deinen Rucksack und fahren dann erst mal aufs Revier."
Mir wurde angst und bange. Wortlos ging ich mit den Polizisten zurück zur Klassentür und klopfte an. Herr Gutwein war noch mitten im Unterricht. Ich ging, ohne ein Wort zu sagen, an meinen Platz, nahm meinen Rucksack und verließ das Klassenzimmer wieder. Schweigend. Aus dem Fenster zu springen hätte nichts gebracht, das Klassenzimmer befand sich im vierten Stock. Die Polizisten führten mich zu ihrem Wagen - ein ziviler weinroter Opel Corsa mit einem KL-Kennzeichen. Ich sollte mich hinten hinsetzen und anschnallen, das tat ich. Ich sagte nichts. Die Angst, meinem Pflegevater gegenüberzutreten, mit dem Wissen, ihm fast 700 Euro gestohlen zu haben, war lähmend.
Zwischen den Vordersitzen bei der Handbremse sah ich ein kleines Blaulicht. In der Mittelkonsole war dort, wo sonst das Radio sitzt, ein Funkgerät eingebaut. Da wurde mir klar: Das hier war kein böser Traum. Ich würde nicht einfach schweißgebadet aufwachen und erleichtert feststellen, dass alles nur ein Albtraum gewesen war. Nein, es war Realität! Ich saß auf dem Rücksitz eines Polizeiwagens und wurde aufs Revier gebracht.

*

Es war schrecklich. Ich fühlte mich wie ein Verbrecher. Auf dem Revier wurde dieses Gefühl noch schlimmer. Überall Polizisten, die mich mit Blicken bedachten, als wollten sie mir sagen: „Wir wissen, was du getan hast."
Die beiden Beamten führten mich in ihr Büro. Links und rechts stand jeweils ein Computer. An der weißen Wand hing ein großer Stadtplan von Landstuhl und der Atzel, gegenüber ein Kalender der Gewerkschaft der Polizei. Die Polizisten waren erstaunlich freundlich, sprachen in ruhigem Ton mit mir. Ich begann zu erzählen, gestand ihnen, woher das Geld kam. Doch ich

verschwieg, warum ich es gestohlen hatte, und was ich damit gemacht hatte. Ich wollte nicht, dass sie meinen Pflegeeltern erzählen, dass ich davon Alkohol und Zigaretten gekauft hatte. Das wäre mein sicherer Tod gewesen.
Nachdem ich alles gestanden hatte, ging einer der Beamten aus dem Raum. „Ich rufe jetzt deinen Vater an," sagte er beim Hinausgehen. Ich wusste: Jetzt bekomme ich die Schläge meines Lebens. Zehn Minuten später öffnete sich die Tür. Mein Pflegevater trat ein, sah mich nicht einmal an und sprach nur mit den Polizisten. Ich wagte es kaum, ihn anzusehen, nicht nach dem, was ich getan hatte. Ich verließ das Büro und wartete draußen, bis mein Vater mich abholte.
Kurz darauf verließen wir das Revier. Die beiden Polizisten begleiteten uns bis zur Tür. Wir gingen zu Fuß in Richtung Bahnhof – mein Pflegevater hatte extra weiter weg geparkt, damit niemand sah, dass er beim Revier war. Er wollte nicht, dass jemand wusste, dass sein „Sohn" verhaftet worden war. Ich stieg hinten in den Mitsubishi, direkt hinter den Beifahrersitz.
Während der ganzen Fahrt sagte er kein einziges Wort. Doch ich sah ihm die Enttäuschung ins Gesicht geschrieben. Ich glaube nicht, dass er mich hasste, weil ich ihn beklaut hatte. Ich glaube, er war einfach tief traurig. Traurig über den Vertrauensbruch. Darüber, dass sein „Sohn" ihm so etwas angetan hatte.
Zuhause angekommen, wartete schon meine Pflegemutter – wütend. Schnell kam heraus, dass ich das Geld zusammen mit Johannes ausgegeben hatte. Sie wusste auch, dass ich Alkohol davon gekauft hatte. Sie hatte die leeren Bierflaschen in meinem Zimmer gefunden.
Ich bekam Hausarrest. Wie lange – das wusste ich nicht, ich traute mich nicht zu fragen. Ich nahm es einfach hin. Ich zog mich in mein Zimmer zurück, legte meine Lieblings-CD von Eminem ein und hörte stundenlang Musik – ohne das Zimmer auch nur einmal zu verlassen. Die nächsten zwei Tage wurde ich von der Schule freigestellt, dann kam das Wochenende. Insgesamt also fünf Tage, an denen ich wie eingesperrt zu Hause saß. Eine Flucht war ausgeschlossen – mein Pflegevater schloss abends die Haustür ab, damit ich mich nicht heimlich mit Johannes treffen konnte.

Freundschaft für immer.. oder so.

Bei der Balkontür war der Rollladen komplett heruntergelassen, so, dass man es deutlich hören würde, wenn man ihn hochzog. Was meine Pflegeeltern allerdings nicht bedacht hatten: Ich musste ihn gar nicht ganz hochziehen. Es reichte, ihn etwa 30 Zentimeter anzuheben – gerade so viel, dass ich darunter hindurchkriechen konnte.

Genau das tat ich in der dritten Nacht meines Hausarrests. Johannes pfiff draußen im Garten hinter dem Zaun und gab mir damit das Zeichen, dass ich rauskommen sollte. Ich wartete geduldig, bis meine Pflegeeltern eingeschlafen waren, und machte mich dann an der Balkontür im Wohnzimmer zu schaffen. Vorher schnappte ich mir noch eine Flasche Alkohol aus der Bar. Ich wusste nicht genau, was es war. Es war mitten in der Nacht, und im Wohnzimmer war es stockdunkel.

Dann begann ich, den Gurt des Rollladens Millimeter für Millimeter zu ziehen, sodass dieser ganz langsam und möglichst geräuschlos nach oben glitt. Ganze zehn Minuten dauerte diese Prozedur – so vorsichtig war ich, um keinen Verdacht zu erregen. Endlich war die Öffnung groß genug. Ich kroch darunter hindurch, schlich durch das Gartentor und dann auf die Straße hinaus. Johannes wartete bereits am Waldeingang neben der „Villa Kunterbunt".

Im Licht der Straßenlaterne sah ich zum ersten Mal, was ich eigentlich aus der Bar mitgenommen hatte. Es war eine Flasche Cherry Brandy. Wir begrüßten uns kurz, dann machten wir uns direkt auf in den Wald.

Im Schutze der Dunkelheit wollten wir zur Grundschule gehen. Dorthin, wo wir mal unsere erste Zigarette auf dem Vordach geraucht hatten.

Mir war immer noch etwas mulmig zumute bei dem Gedanken, nachts durch den Wald zu laufen, aber der kleine Pfad vom unteren zum oberen Waldeingang war recht übersichtlich und durch drei Laternen beleuchtet.

Während wir unterwegs waren, erzählte ich Johannes in allen Einzelheiten, was seit unserem letzten Treffen passiert war. Ich

schilderte ihm alles detailreich – immer wieder.
Endlich an der Grundschule angekommen, kletterten wir an der Regenrinne hoch und gelangten so auf das geteerte Flachdach. Um uns herum lagen vereinzelt alte Zigarettenstummel: auch andere kannten diesen Platz wohl. Doch vom Dach aus hatten wir einen guten Überblick über den gesamten Pausenhof. Hätte sich jemand anderes dort herumgetrieben, wir hätten es sofort gesehen. Wir setzten uns an den Rand des Dachs und ließen unsere Beine über die Kante baumeln. Das Dach war bestimmt sechs Meter hoch – aber das kümmerte uns nicht.
Wir saßen nebeneinander und starrten schweigend in die Nacht. Zwischen uns lag eine Schachtel Davidoff-Zigaretten mit weißen Filtern und die Flasche Cherry Brandy, die ich zuvor aus dem Wohnzimmer mitgenommen hatte.

Von diesem Dach aus konnte man alle Häuser auf dieser Seite der Atzel überblicken. Ganz rechts, am Horizont, flimmerten die Lichter des St. Johannes-Krankenhauses. In dieser klaren Nacht erschien uns das wie die Skyline unserer Welt. Einen besseren Ausblick hätte man wohl nur von einem der vier Hochhäuser in der Berliner Straße gehabt.
Wir tranken Schluck für Schluck aus der Flasche und redeten die ganze Nacht lang. Ich schilderte Johannes meine Eindrücke von der Fahrt im Polizeiauto und dem Aufenthalt auf der Wache – angefangen beim Blaulicht und dem Funkgerät im zivilen Corsa der Polizisten bis hin zur Stadtkarte von Landstuhl, die im Büro an der Wand hing. Johannes hörte aufmerksam zu, sagte kaum etwas, sondern ließ mich einfach erzählen.
Schließlich berichtete auch er, was bei ihm in den letzten Tagen passiert war: dass seine Brüder ihn schikanierten und verarschten, und dass seine Mutter ihm inzwischen den Umgang mit mir verboten hatte, weil sie ein paar leere Mixery-Flaschen in seinem Zimmer gefunden hatte. Doch das war uns egal - niemand konnte uns trennen.
Wir schworen uns in dieser Nacht auf dem Dach, dass wir für immer Freunde bleiben würden und dass nichts und niemand uns jemals trennen könnte.

Johannes redete viel, vor allem über Musikvideos auf MTV und seinen Lieblingsrapper Kool Savas. Manchmal rappte oder sang er einfach die Texte nach, wenn ihm langweilig war. Wir machten uns darüber lustig, dichteten die Songs um, bis sie völligen Unsinn ergaben. Aus "Let's Get Back to Bed, Boy" von Sarah Connor und TQ wurde bei uns "Carah Sonner und QT – Let's get fucked from a black toy" – solche Albernheiten eben. Je mehr wir von dem Cherry Brandy tranken, desto wilder wurden unsere Fantasien, und unsere Stimmung stieg mit jedem Schluck.
Doch irgendwann wurde es spät. Ich wusste, dass mein Pflegevater bald aufstehen würde, um sich um die Hunde zu kümmern. Wenn er die Balkontür im Wohnzimmer offen oder den Rollladen nicht ganz unten sehen würde, wäre alles aufgeflogen.
Also machten wir uns auf den Heimweg. Beim Abstieg fiel ich die letzten zwei Meter der Regenrinne hinunter und rutschte an der weißen Hauswand entlang. Ich kratzte mir den Arm auf, aber das war nicht weiter schlimm. Ich kniff die Augen zusammen und wir rannten zurück in Richtung Wald. Es war kurz vor fünf Uhr morgens – genau die Zeit, zu der mein Pflegevater jeden Tag aufstand, um mit den Hunden Gassi zu gehen. Am Waldeingang, neben der „Villa Kunterbunt" verabschiedete ich mich von Johannes und machte mich auf den letzten Abschnitt meines Heimwegs.
Ich hetzte durch den Vorgarten, durch das Gartentor und stand endlich wieder auf dem Balkon. Puh – Glück gehabt. Die Tür war noch einen Spalt offen, der Rollladen stand noch leicht oben. Offenbar hatte noch niemand bemerkt, dass ich meinen Hausarrest gebrochen hatte.
Vorsichtig kroch ich unter dem Rollladen hindurch zurück ins Wohnzimmer und schloss behutsam die Tür. Den Rollladen langsam wieder herunterzulassen, hätte zu viel Lärm gemacht – also ließ ich ihn kurzerhand mit einem Ruck nach unten krachen. Das Geräusch war so laut, dass meine Pflegeeltern sofort aufwachten. Doch sie wussten nicht, was es gewesen war.
Sie hätten nachsehen können, aber im Wohnzimmer war wieder alles in Ordnung: Rollladen unten, Tür geschlossen – und ich lag längst in meinem Zimmer und tat so, als ob ich schlief.

Der heilige Sonntag

Nun war es Sonntag. Mein Vater ging raus zu seinen Hunden. Er hatte wohl nichts bemerkt – sonst wäre er sicher in mein Zimmer gekommen. Doch meine Zimmertür blieb zu, auch als er von seinem allmorgendlichen Spaziergang zurück ins Haus kam, um sich in der Küche einen Kaffee zu machen.

An diesem Sonntagmorgen fuhr mein Vater später allein auf den Hundeplatz und ich blieb zu Hause in meinem Zimmer. Den ganzen Vormittag verbrachte ich dort und hörte Musik. Gegen elf Uhr bemerkte ich den Geruch von gebratenen Zwiebeln und ging in die Küche. Ich sah meine Pflegemutter, wie sie am Herd stand – vor einem riesigen schwarzen Kochtopf, aus dem nun auch der Geruch von Fleisch drang. Es war ein dicker Schmorbraten, den sie gerade zuzubereiten begann.

Früher, als ich noch so sechs oder sieben Jahre alt war, stand ich sonntagvormittags immer mit meiner Pflegemutter in der Küche und half ihr beim Vorbereiten des Mittagessens. Es war immer genau dann fertig, wenn mein Pflegevater vom Hundeplatz nach Hause kam. Ganz stolz war ich immer, wenn es selbstgemachte Knödel gab. Ich liebte es, im Teig herumzukneten und die Knödel zu formen. Ich war beim Mittagessen immer besonders stolz, wenn ich sagen konnte: „Ich hab die gemacht – ganz alleine.“ Schon damals merkte ich, dass mir das Spaß machte. Ich wusste: Wenn ich mal groß bin, möchte ich auf jeden Fall auch kochen. Vielleicht ein eigenes Restaurant haben.

Und jetzt? Stand ich im Eingang der Küche und sah meiner Pflegemutter dabei zu, wie sie mühevoll das Essen zubereitete. „Heute gibt's Schmorbraten mit Nudeln,“ sagte sie und riss mich damit aus meinen Gedanken.

„Soll ich dir bei etwas behilflich sein?“, fragte ich verlegen, weil mir der Diebstahl des ganzen Geldes noch im Magen lag. Doch meine Pflegemutter antwortete nur, dass sie alles im Griff habe. Ich ging ins Badezimmer, putzte mir die Zähne und dachte wieder daran, wie sehr ich das Vertrauen meiner Pflegeeltern enttäuscht hatte.

Aber auf der anderen Seite... sie hatten mich doch mein ganzes

Leben lang belogen. Mich auch bestohlen. Ich sah das Wegräumen meiner Schminksachen und Söckchen nicht einfach nur als Stehlen. Man nahm mir meine Idendität, die man sowieso vorenthielt. Weil man mir sagte, es sei krank, ich sei pervers.
Ich ging ins Wohnzimmer und setzte mich auf die Couch. Der ZDF-Fernsehgarten lief. Das war das Sonntagsmorgenprogramm meiner Pflegemutter - vor allem nach dem Fernsehgottesdienst, den sie nie verpasste. Sie war immer so begeistert von den verschiedenen Kirchen, die dort zu sehen waren, und manchmal betete sie sogar mit oder sang die Lieder der Chöre nach, die gerade ihre Sonntagsmesse im Fernsehen abhielten.
Ich wollte nicht umschalten, obwohl meine Pflegemutter noch mit dem Kochen beschäftigt war, also ging ich zurück in mein Zimmer. Ich wusste, dass mein Pflegevater bald vom Hundeplatz zurückkommen würde. Mein Magen knurrte. Ich hatte Hunger. Und die Tatsache, dass ich wusste, wie lecker das Essen meiner Pflegemutter war, machte es nicht besser. Sie gab sich immer große Mühe – schnitt die Zwiebeln möglichst klein und siebte sie später sogar aus der Soße, weil mein Pflegevater keine Zwiebeln mochte. Man schmeckte sie trotzdem. Und obwohl ich selbst auch keine Zwiebeln mochte, war der Sonntagsbraten immer ein Genuss. Ich machte die Musik an.

*

Gegen 12:30 Uhr kam mein Vater vom Hundeplatz zurück. Als hätte meine Pflegemutter es geahnt, war das Essen wie immer pünktlich auf dem bereits gedeckten Tisch.
„Dennis, komm essen!“, rief sie, als mein Vater in die Küche kam. Doch ich blieb in meinem Zimmer. Auch weiteres Rufen half nichts. Irgendwann gab sie es auf. Ich drehte die Musik ein wenig lauter, damit ich das Klirren des Bestecks nicht hören musste, und versank wieder in meinen Gedanken.
„Wieso bin ich kein Mädchen geworden?“, dachte ich – wie so oft – und begann leise zu weinen. In meiner Fantasie stellte ich mir vor, wie ich als erwachsene Frau aussehe, in einer großen Küche stehend, mit einer langen weißen Schürze. „Was habe ich nur getan, dass Gott mich noch vor meiner Geburt so bestrafen musste?“ fragte ich mich und wischte mir die Tränen ab.

Ich stand vom Bett auf und zog mich aus. Nackt begutachtete ich meinen Körper. Keine weiblichen Ansätze an meinem Körper, keine Rundungen wie die anderen Mädchen in meiner Klasse. „Das Einzige, was ich habe, ist dieser ekelhafte Penis“ dachte ich und zog mich wieder an. Ich begann erneut zu weinen. „Ich hasse meinen Körper... wieso tut man mir so etwas an? Ich hasse ihn“ flüsterte ich.
Als ich das Stühlerücken aus der Küche hörte, wischte ich mir die Tränen aus den Augen und wartete, bis niemand mehr dort war. Mein Pflegevater ging nach dem Essen ins Wohnzimmer und setzte sich auf die Couch, während meine Pflegemutter am Waschbecken stand und begann, das Geschirr zu spülen. Nach ein paar Minuten – sie hatte gespült und sogar abgetrocknet – setzte auch sie sich zu ihm auf die Couch. Sie schauten gemeinsam fern.
Ich wartete einen Moment, dann verließ ich mein Zimmer und tat so, als müsste ich auf die Toilette. In Wirklichkeit wollte ich nur sehen, ob noch etwas zu essen auf dem Tisch stand. Und tatsächlich – mein Teller lag noch unberührt an meinem Platz, das Besteck ordentlich daneben, der große schwarze Topf mit dem Schmorbraten stand neben einer grünen Plastikschüssel mit Nudeln. Ich ging trotzdem zuerst ins Badezimmer. Es sollte ja nicht auffallen, dass ich nur wegen des Essens aus meinem Zimmer kam…
Es wurde Abend, und ich verbrachte den ganzen Nachmittag damit, in meinem Zimmer Musik zu hören. Meine CDs wurden mir mit der Zeit zu langweilig, also schaltete ich meinen Lieblingssender ein – JAM FM aus Berlin.
Eigentlich lief dort den ganzen Tag genau das, was auch auf meinen CDs war. Empfangen konnte ich den Sender nur, weil ich das Antennenkabel mit Alufolie verlängert und draußen mit Paulas Satellitenschüssel verbunden hatte, die direkt vor meinem Balkongeländer hing. Ich hörte JAM FM den ganzen Abend und fieberte Mitternacht entgegen. Ab 0:00 Uhr begann nämlich wieder der Nightgroove mit Beate Dyballa – meine absolute Lieblingssendung. Dort konnte man anrufen und sich Songs wünschen.
Da ich kein Guthaben mehr auf meinem Handy hatte, versuchte

ich es über ein R-Gespräch. Ich wusste natürlich, dass niemand so ein Gespräch annehmen würde, aber in der kurzen Zeit, in der man seinen Namen sagen konnte, um sich beim anderen anzukündigen, sagte ich blitzschnell: „Hi, hier ist die Jessy aus Kaiserslautern und ich wünsche mir von P Daddy – I'll Be Missing You." Dann legte ich sofort auf.
Ich wartete gespannt – und tatsächlich, zwei Lieder später sagte Beate im Radio: „Das nächste Lied hat sich die Jessica aus Kaiserslautern gewünscht: P. Diddy mit I'll Be Missing You." Ich war überglücklich, dass mein Wunsch erfüllt wurde und gleichzeitig tieftraurig, weil ich wusste, worum es in dem Lied ging. Es war wunderschön – und mit trauriger Miene schlief ich dabei ein.

Weißes Pulver und kleines Geld...

Am nächsten Morgen, um 6:30 Uhr, wurde ich unsanft geweckt. Mein Pflegevater klopfte laut an meine Zimmertür und sagte in strengem Ton: „Aufstehen, Schule!" Ich murmelte, dass ich schon wach sei – und in diesem Moment fiel mir ein: Es ist ja Montag. Ich muss wieder in die Schule. Doch ich sah darin auch eine Chance: Ich würde endlich Johannes wiedersehen. Das freute mich.
Ich packte meinen Rucksack – zumindest tat ich so. Ich holte meine Schulbücher und Hefte heraus, versteckte sie unter dem Bett und schulterte den leeren Rucksack. Auf dem Weg nach draußen sah ich meinen Pflegevater in der Küche sitzen. Er kaute auf einem Marmeladenbrot herum und war tief in seine Zeitung versunken. Ich rief: „Tschüss!" Er schreckte kurz hoch und grummelte: „Nach der Schule kommst du direkt wieder heim. Du hast immer noch Hausarrest." Ich sagte nichts mehr und verließ das Haus.
Ich beeilte mich, um Johannes am Waldeingang abzufangen – aber er war schneller. Er stand schon da und wartete auf mich. Das erste, was ich sagte, war: „Hast du 'ne Zigarette für mich?"
Meine letzten hatte ich am Sonntagmorgen geraucht. „Klar",

meinte er. „Ich hab meiner Mutter 'ne Schachtel geklaut.“ Ich freute mich und nahm dankbar eine an.
„Die hat sie in ihrer Unterwäscheschublade versteckt. Meine Brüder klauen ihr sonst immer die Kippen“, lachte er. „Wo gehen wir hin?“, fragte ich. Johannes zuckte mit den Schultern: „Keine Ahnung, lass uns in die Stadt gehen.“
Also machten wir uns auf den Weg. Unser Ziel war die Stadtbücherei. Die hatte schon geöffnet, und darin standen zwei PCs, an denen man jeweils 30 Minuten kostenlos ins Internet durfte.

Auf dem Weg kamen wir an der Zehntenscheune vorbei – einem kleinen Museum, das die Stadtgeschichte der Sickingenstadt Landstuhl erzählt. Vom Ursprung bis hin zu der Frage, warum Landstuhl nicht einfach Stadt Landstuhl heißt, sondern „Sickingenstadt“.
Links von der Zehntenscheune führt eine lange Betontreppe weit hinauf in den Wald. Es ist der Weg, der direkt zur Burg hinaufgeht. Etwa alle zehn Meter befindet sich eine kleine Sitzecke an der Treppe, damit man sich auf dem Weg nach oben ausruhen konnte, wenn einem die Stufen zu viel wurden. Leere Bierdosen und anderer Abfall lagen überall herum, und ich glaube nicht, dass diese Treppe heute noch von Wanderern benutzt wird, um zur Burg zu gelangen – inzwischen gibt es ja Busse und Reisegruppen, die einen direkt vor die Burgmauern fahren.

In der Bücherei angekommen war es schon nach acht Uhr. Wir sagten der Frau am Tresen, dass wir die ersten beiden Schulstunden frei hätten, weil ein Lehrer krank geworden sei und baten darum, jeweils einen der Computer nutzen zu dürfen, um uns ein wenig die Zeit im Internet zu vertreiben. Sie stimmte zu, und wir setzten uns beide an einen PC.
So ganz wussten wir allerdings nicht, was wir damit anfangen sollten, also meldeten wir uns auf einer Chatseite an, die im Verlauf vorheriger Nutzer aufgetaucht war. Chatfun hieß sie, und man konnte sich ohne Registrierung direkt einloggen und mit anderen chatten.
Einen wirklichen Sinn hatte das Ganze nicht. Fast eine ganze

Stunde durften wir am Rechner bleiben, doch dann mussten wir wieder gehen – die Bibliothekarin dachte schließlich, wir müssten bald zur Schule.
Etwas stinkig verließen wir also die Bücherei, enttäuscht darüber, dass wir nicht länger chatten durften. Aus Frust nahmen wir im Vorbeigehen den Feuerlöscher von der Wand in der Eingangshalle, und rannten so schnell wir konnten mit dem Ding aus dem Gebäude.
Nur wohin jetzt? Mit einem geklauten Feuerlöscher etwa in die Stadt? Wohl kaum. Also gingen wir statt dessen die Treppe neben der Zehntenscheune hinauf und verschwanden im Wald.
„Wie so ein Teil wohl funktioniert?“, murmelte Johannes und überflog nachdenklich die Bedienungsanleitung, die auf dem Feuerlöscher stand. „Sicherungsring ziehen und auf Flammen richten.“ So viel war klar; dass das keine höhere Wissenschaft war, hätte man sich denken können.
Johannes zog also den kleinen gelben Plastikring heraus, der als Sicherung diente, und drückte mir den Schlauch in die Hand. „Hier, mach!“
Eins… zwei… und bei drei schoss eine riesige Wolke weißen Pulvers quer durch den Wald. Bäume, Laub und Büsche wurden in Sekundenschnelle schneeweiß eingefärbt. Es war laut wie Hölle. Aus Angst, erwischt zu werden, warfen wir den Feuerlöscher ins Laub und rannten davon.
Erst unterwegs merkten wir, dass auch unsere Gesichter ganz weiß waren – nicht etwa vor Angst oder Nervosität, sondern vom Pulver des Feuerlöschers. Wir wischten unsere Gesichter so gut es ging sauber, damit uns niemand ansah, was passiert war und liefen Richtung Stadtmitte. Den restlichen Vormittag verbrachten wir damit, durch die Straßen zu lungern.

Wir fühlten uns gemeinsam groß und unbesiegbar. Niemand konnte uns etwas – jedenfalls dachten wir das. Auf unserem Streifzug durch die Stadt blieben wir am Alten Markt stehen. Der Alte Markt lag zentral und war nicht viel mehr als eine kleine Parkanlage mit einer großen Grünfläche und Sitzgelegenheiten ringsum. Der Park wurde durch dornige Büsche und ein paar alte

Bäume begrenzt. Ganz hinten rechts lagen die sogenannten „Sickinger Würfel“ – riesige, aus Sandstein gehauene Quader, die der Legende nach von Franz von Sickingen einst aus der Burg in die Stadt hinuntergeworfen wurden. Auf den Würfeln waren fünf Punkte eingemeißelt – sie standen symbolisch für die Verbandsgemeinde Landstuhl und deren Mitgliedsdörfer.

In der Mitte des Parks befand sich ein Springbrunnen – ein hässliches Ding. Von außen war er gemauert, von innen jedoch in einem trabantblauen Farbton gestrichen. Es sah einfach grauenhaft aus. Doch als Johannes und ich bemerkten, dass Passanten Münzen hineinwarfen, kam uns eine interessante Geschäftsidee.
Wir zogen unsere Schuhe aus, um in den Brunnen zu steigen und das Geld herauszuholen. Der Brunnen war etwa 4x4 Meter groß, und da das Wasser rund fünfzig Zentimeter tief war, konnte man sich nicht einfach hineinbeugen – man musste komplett hineinklettern. Also taten wir genau das. Die Leute, die vorbeigingen, staunten nicht schlecht, als sie sahen, wie viele Münzen wir herausholten. Es waren bestimmt zehn bis fünfzehn Euro – und das nur in 1-, 5-, 10-, 20- und 50-Cent-Stücken.
Etwa eine Stunde später, als wir dachten, den Brunnen leergeräumt zu haben, geschah etwas Merkwürdiges. Eine Frau kam auf uns zu – sie hatte ein Glas voller Centstücke in der Hand, vermutlich für die Bank bestimmt – trat an den Rand des Brunnens und meinte: „Hier, das könnt ihr besser gebrauchen als ich.“ Dann verschwand sie wieder. Wir freuten uns über diese milde Gabe, die wohl aus Mitleid entstanden war – aber immerhin bedeutete es für uns, dass wir uns an diesem Tag etwas zu essen und zu trinken leisten konnten, ohne nach Hause zu müssen.

Wir kletterten aus dem Brunnen und wollten uns auf einer der Parkbänke etwas ausruhen, um zu trocknen und das Kleingeld zu zählen. Doch dort saß bereits ein alter Mann mit langem grauen Bart, der Pfeife rauchte.
Er roch stark nach Alkohol und Schweiß, seine Haare und sein Bart schienen seit langem weder gewaschen noch geschnitten worden zu sein. Er wirkte obdachlos. Als er bemerkte, dass wir ebenfalls

zur Bank wollten, rief er uns zu sich und stellte sich vor: „Mein Name ist Volz. V-O-L-Z“, buchstabierte er und bot uns seine Pfeife an – ein Angebot, das wir dankend ablehnten.
„Warum wart ihr im Brunnen?“, fragte er neugierig. Wir zeigten ihm stolz unsere Ausbeute. „Deshalb“, sagten wir und setzten uns neben ihn auf die Bank. Johannes und ich zündeten uns jeweils eine Zigarette an und unterhielten uns ein wenig mit dem Mann.
Er wirkte sehr verbittert. „Ich hab alles verloren“, sagte er und begann, uns seine Lebensgeschichte zu erzählen. Wie sich seine Frau von ihm getrennt und die Kinder mitgenommen hatte. Wie er aus Frust mit dem Trinken begonnen hatte, daraufhin seine Arbeit verlor, das Auto, schließlich auch seine Wohnung – alles weg.
Es war eine traurige Geschichte. Aus Respekt ihm gegenüber zählten wir das Kleingeld nicht in seinem Beisein. Nach etwa einer Stunde und vielen Zigaretten verabschiedeten wir uns und machten uns auf den Weg in Richtung Kaufland.
„Ob die die ganzen Centstücke annehmen?“ überlegte Johannes laut. Ich versuchte ihm zu erklären, dass es sich dabei um ganz normales Geld handelte und dass sie uns den Einkauf wohl kaum verwehren würden – selbst wenn sie nicht sonderlich begeistert davon wären. Er verstand, was ich meinte und gab sich damit zufrieden.
Der Weg zum Kaufland war nicht weit – etwa zehn Minuten bei normalem Tempo, bei unserem Tempo eher dreißig. Aber schließlich kamen wir an – halbwegs trocken. Nur unsere Haare waren noch nass, aber das war uns egal. Sie würden uns wohl kaum wegen nasser Haare aus dem Laden werfen.
Wir gingen also hinein und taten als erstes das, was wir immer taten, wenn wir gemeinsam ins Kaufland gingen: Auf zum Wurstregal, wo es die Wiener Würstchen und Bockwürste im Glas gab. Wir nahmen ein Glas mit Würstchen aus dem Regal, gingen weiter zum Ketchup-Regal, öffneten das Glas, kippten Ketchup darüber - und ab in den Mund damit. Wir wollten unser hart erarbeitetes Geld nicht für Essen ausgeben, wenn wir im Geschäft auch kostenlos essen konnten. Unser Augenmerk lag vielmehr auf dem Bier. Von dem gesammelten Geld konnten wir uns einen ganzen Kasten Oettinger leisten – und das taten wir dann auch.

Der übliche Trick mit der Busfahrkarte an der Kasse funktionierte auch diesmal. Nur musste Johannes vor mir aus dem Laden gehen, weil er etwas jünger aussah und das die ganze Sache eventuell hätte auffliegen lassen. Doch es klappte.
Es war inzwischen Nachmittag, etwa 16 Uhr, und wir überlegten, wohin wir mit dem Kasten gehen sollten. Auf die Atzel? Nein, das war zu weit. Aber warum nicht zur Zehntenscheune, in den Wald, dorthin, wo die weißen Bäume und Büsche waren? Das war eine gute Idee.
Wir packten den Kasten zu zweit vor dem Geschäft auf und machten uns auf den Weg zur Zehntenscheune – diesmal mit einem kleinen Umweg, damit wir nicht am Stadtpark vorbeikamen. Wir wollten vermeiden, dass uns jemand mit dem Bier sah und womöglich eins und eins zusammenzählte. Der Umweg führte uns durch viele kleine Gassen. Zwar dauerte der Weg etwa fünf Minuten länger, aber wir gingen ohnehin im gemäßigten Tempo, machten keinen Stress und tranken zwischendurch ein paar Bier.
An der Zehntenscheune angekommen, mussten wir den Kasten nur noch die Treppe hochbekommen, um dann in den Wald zu gehen, wo wir ungestört waren. Das schafften wir auch. Wir setzten uns an die Stelle, wo die Bäume weiß waren und der Feuerlöscher immer noch lag – der, den wir vorher dort hingeworfen hatten. Das ließ uns vermuten, dass unsere Aktion unbemerkt geblieben war. Sonst wäre der Feuerlöscher sicher längst verschwunden. Wir machten es uns gemütlich und begannen mit dem, was wir am besten konnten: saufen. Wir vertrieben uns die Zeit, lachten über alte Geschichten, über das Missgeschick, das den Wald fast abgefackelt hatte, über Langfinger Joe und die braunen Kotflecke an seiner Wand. Alles andere versuchten wir zu verdrängen.
Wir lachten, tranken weiter, bis es schließlich Abend wurde. Als der Kasten fast leer war und wir ihn zurückbringen wollten, um Nachschub zu holen, bevor das Geschäft schloss, merkten wir, dass wir an der Zehntenscheune plötzlich nicht mehr allein waren. Etwa in der Mitte der Treppe, dort, wo eine kleine Bank als Sitzgelegenheit stand, saßen plötzlich zwei Jugendliche. Unten an der

…wenn ich wenigstens Hilfe bekommen hätte. Damals, als ich sagte: „Mama, ich will kein Junge sein."
Als ich weinend da stand, mit einem Kleid in der Hand und sagte: „Ich bin das. Nicht das da, was ihr mich nennt."
Aber es kam nichts. Nur Kopfschütteln. Nur Kälte. Nur dieses „Reiß dich zusammen"…
Und irgendwann reißt es dich eben auseinander.

Treppe hörten wir noch mehr heraufkommen. Man hörte, dass auch die schon gut angetrunken waren. Wir gingen mit dem Kasten, in dem noch vier Flaschen Oettinger Cola-Bier waren, aus dem Wald in Richtung der Bank, an der die Jugendlichen standen.

Säufer unter sich

„Hey Johannes, servus Dennis! Was macht ihr denn da?“ rief eine vertraute Stimme. Wir erkannten sie sofort – es war Thomas. Der Thomas, mit dem Johannes, seine zwei Brüder und ich damals den geklauten Jack Daniel's auf der Atzel getrunken hatten. Wir freuten uns, ihn dort zu treffen. Er war beliebt, kannte viele Leute und stellte uns direkt den anderen vor. Wir erklärten, dass wir in den Wald gehen wollten, um zu saufen. Dass wir das ganze Geld aus dem Stadtbrunnen gefischt hatten. Wir lachten laut über unsere eigene Dreistigkeit. Der kleinen Gruppe, die sich inzwischen um uns versammelt hatte, boten wir den Rest unseres Bierkastens an und kündigten an, ihn nun abzugeben, um neuen Nachschub zu holen.
Da ich noch keine 16 war (genau gesagt, war ich grad 11 Jahre alt!), bat ich jemanden, mitzukommen – nur zur Sicherheit, damit der Einkauf auch klappt.
Thomas erklärte sich bereit, uns zu begleiten. Die anderen hatten im Laden sowieso Hausverbot. Bevor wir loszogen, kratzte jeder noch ein paar Euro zusammen und drückte sie uns in die Hand. Damit sollte es für einen neuen Kasten reichen.
Auf dem Weg zu Kaufland erzählten wir Thomas von unserer Situation in der Schule und von der Sache, als wir nach Kaiserslautern gefahren waren, um meine leibliche Mutter zu suchen.
Man merkte ihm an, dass ihn das berührte. „Kommt doch öfter zu uns zum Saufen, ihr scheint korrekt zu sein,“ meinte er schließlich.
Im Laden gaben wir das Leergut ab, besorgten einen neuen Kasten, ließen Thomas bezahlen und als Erster rausgehen.
Johannes und ich steckten uns heimlich jeweils ein 10er-Pack Kleiner Feigling in die Unterhose und verließen den Laden.

„Lass uns gehen!“ rief Johannes, als wir Thomas draußen sahen. Gemeinsam machten wir uns auf den Rückweg, wieder in Richtung Zehntenscheune.
Kaum war der Laden außer Sichtweite, packten wir unsere Beute aus und legten sie auf den Kasten, den Thomas trug. Abwechselnd halfen wir ihm beim Tragen, bis wir schließlich ankamen.
„Gerade noch so gepackt“, sagte Thomas zu seinen Jungs, die alle so zwischen 16 und 30 Jahre alt waren. Der Kräftigste von ihnen kam herunter, um beim Hochtragen zu helfen. Thomas machte uns zu Helden, indem er den anderen erzählte, dass wir für jeden noch einen Kleinen Feigling geklaut hatten.
Spätestens ab da waren wir Teil der Gruppe. Johannes und ich hatten noch unsere Schulrucksäcke dabei und erinnerten uns daran, dass wir am nächsten Tag wieder in die Schule mussten, aber das war uns in dem Moment egal. Wir tranken, wir lachten, es war ein schöner Abend und eine lange Nacht.
Gegen sechs Uhr früh machten wir uns auf den Heimweg, noch immer deutlich betrunken. Um nicht aufzufallen, schlugen wir einen Weg durch den Wald ein, den wir noch nie zuvor gegangen waren – in der Hoffnung, irgendwie bei der Atzel rauszukommen. Und tatsächlich: der Weg führte uns dorthin.
Unterwegs tranken wir noch jeweils ein Bier, hatten nur noch ein paar Zigaretten.Und wir redeten darüber, wann wir uns nach dem Ausschlafen wiedersehen wollten. Wir verabredeten uns für 00:30 Uhr am Waldeingang, um gemeinsam erneut nach Landstuhl zu gehen. Ich sagte, dass ich wieder etwas Alkohol von zu Hause mitbringen würde, und bat ihn, etwas zum Mischen beizusteuern - er versprach, Orangensaft mitzubringen.

Doch zuerst ging es heim. Am oberen Waldeingang, nicht weit von unseren Häusern entfernt, rauchten wir noch eine letzte Zigarette. Zur Verabschiedung gaben wir uns die Hand. Johannes ging, und ich wartete einen Moment, um sicherzugehen, dass das Auto meines Pflegevaters nicht in der Einfahrt stand. Es war weg. Ich trat zur Tür, klingelte – und wartete. Ich hatte noch immer keinen Haustürschlüssel, weil meine Pflegeeltern befürchteten, ich würde die Wohnung ausräumen, wenn sie mal nicht da wären. Bestimmt

15 Minuten stand ich todmüde in der Kälte, bis meine Pflegemutter mir schließlich die Tür öffnete – in ihrem rosa Schlafanzug. „Wo kommst du denn her?“ fragte sie. Ich behauptete, dass ich aus der Schule käme und heute frei hätte, weil unser Klassenlehrer krank sei. Sie wusste wohl, dass das gelogen war, ließ mich aber herein.
„So geht es nicht mehr“, sagte sie mit ernster Stimme. Sie erklärte mir, dass die Schule bereits mehrere Briefe geschickt habe wegen unentschuldigtem Fehlen. Ich versuchte, mich rauszureden: „Ach, die zählen gar nicht, die schreiben immer irgendwelche Briefe, auch wenn man nur mal zu spät kommt. Ich war ja nur ein- oder zweimal eine Stunde zu spät, wahrscheinlich waren die Briefe da schon abgeschickt.“ Ich wusste selbst, wie lächerlich das klang und meine Pflegemutter schüttelte nur enttäuscht den Kopf.
Ich ging in mein Zimmer, ließ mich mit Klamotten und Schuhen aufs Bett fallen und schlief sofort ein. Doch durchschlafen konnte ich nicht.
Gegen 12:30 Uhr riss mich eine wütende Stimme aus dem Schlaf. „Wo warst du heute Nacht?“ Mein Pflegevater war zu Hause, und er war offensichtlich richtig sauer.
„Ich hab dich was gefragt, also gib mir eine Antwort!“ Ich war so verdutzt und eingeschüchtert, dass mir kein Wort über die Lippen kam. Auch er konfrontierte mich mit den Briefen der Schule.
„Ab morgen fahr ich dich selbst zur Schule, dann kannst du nicht mehr abhauen,“ predigte er mir, bevor er das Zimmer verließ.
Ich hatte Angst. Ich traute mich nicht raus, nicht einmal, um etwas zu essen. Ich befürchtete, dass es wieder Diskussionen am Tisch geben würde, also blieb ich in meinem Zimmer.
Kurz vor 14 Uhr fuhr mein Pflegevater wieder in die Stadt, um seinen Laden aufzuschließen. Endlich traute ich mich, in die Küche zu gehen und etwas zu essen. Meine Pflegemutter saß vor dem Fernseher, sagte nichts.
Ich aß, so viel ich konnte und verzog mich danach direkt wieder in mein Zimmer. Bevor ich wieder einschlief, machte ich das Radio an. Meine Augen wurden schwer und ich döste weg.
Als ich gegen 18:30 Uhr aufwachte, hörte ich meinen Pflegevater

draußen im Garten. Er rief nach seinem Hund. Ich war noch nicht ganz wach, schlich aber dennoch leise in die Küche, um mir noch etwas zu essen zu holen - später würde ich ja keine Gelegenheit mehr haben, wenn ich mit Johannes unterwegs war.
Ich freute mich jetzt schon auf den Vollrausch, der mich wenigstens für ein paar Stunden vergessen ließ, in was für einer beschissenen Welt ich lebte.
Ich hörte Musik bis in den Abend hinein. Gegen 22 Uhr ging meine Pflegemutter ins Bett und eine Stunde später auch mein Pflegevater. Ich war für halb eins mit Johannes verabredet und hoffte, dass meine Pflegeeltern bis dahin tief genug schlafen würden, um nicht mitzubekommen, wenn ich das Haus verließ.
Kurz nach Mitternacht schlich ich mich aus dem Zimmer - barfuß, nur mit Socken - und ging zur Haustür. Ich drückte langsam den Griff herunter. „Mist - abgeschlossen!“ dachte ich und hoffte, dass mich niemand gehört hatte. Im Wohnzimmer war der Rollladen am Balkon wieder unten und ich bemerkte, dass mein Pflegevater wohl den Türgriff der Balkontür abmontiert hatte. Ich setzte mich in die Küche und überlegte fieberhaft. Dann fiel mir ein, dass ich noch keinen Schnaps geholt hatte. In der Bar im Wohnzimmer fand ich eine Flasche Moskovskaya und ging wieder zurück in die Küche.
Als ich das Küchenfenster genauer ansah, kam mir die rettende Idee: Einfach durchs Fenster raus. Die Griffe waren noch dran. Das Einzige, was ich tun musste, war die Fensterbank abzuräumen, das Fenster zu öffnen und rauszuklettern.
Ich begann, die Blumenkübel so leise wie möglich auf den Tisch zu stellen. „Oh mein Gott – wenn jetzt einer aus dem Schlafzimmer kommt und sieht, was ich hier mache, dann ist Polen offen,“ dachte ich mir, während mein Herz raste. Ich beeilte mich, um möglichst schnell und unbemerkt aus dem Haus zu kommen.
Etwa zwei Minuten später war die Fensterbank abgeräumt. Ich öffnete das Fenster, stieg hinaus und versuchte, es hinter mir so zu schließen, dass es so aussah, als wäre es nur auf Kipp.
Es gelang mir nicht richtig. Es sprang immer wieder einen Spalt weit auf. Aber das war mir egal. Als ich meinte, etwas gehört zu haben, rannte ich los – in Richtung Waldeingang, wo Johannes

bereits auf mich wartete.„Lass uns schnell verschwinden“, sagte ich, und wir rannten gemeinsam in den Wald, den beleuchteten Waldweg hinauf bis zum oberen Waldeingang. Dort blieben wir kurz stehen. Johannes hatte wieder eine Schachtel Zigaretten von seiner Mutter geklaut. „Die hab ich mir genommen, bevor sie zur Arbeit gegangen ist“, sagte er und erklärte mir, dass sie in Landstuhl am Alten Markt in einer Kneipe kellnert.
„Wir müssen aufpassen, dass uns keiner sieht. Sonst kriegt meine Mutter raus, wo wir sind“, meinte er. Ich versprach, dass wir vorsichtig sein würden, und fragte ihn, ob er etwas zum Mischen für den Wodka dabeihatte. „Ah, Scheiße. Das hab ich vergessen“, sagte er – aber zurück konnten wir nicht mehr.
Also machten wir uns auf den Weg in die Stadt, wie gewohnt den Waldweg hinunter von der Berliner Straße. Wir schlugen uns durch kleine Gassen, um die Hauptstraße zu meiden. Wir wussten genau: Wenn uns eine Polizeistreife sehen würde, würden sie uns nach Hause bringen.

Und das wollten wir auf keinen Fall.
Wir liefen die Mühlstraße entlang, dann die Ludwigstraße, und schließlich kamen wir an der Zehntenscheune an. Da waren sie: Thomas und seine Jungs von gestern! Insgesamt waren es fünf, Thomas eingeschlossen. Und allem Anschein nach hatten sie Bier dabei. Nachdem wir jeden mit einem Handschlag begrüßt hatten, zeigten wir der versammelten Runde unsere Flasche Moskovskaya. Ich öffnete den Deckel, nahm einen Schluck und reichte die Flasche an Johannes weiter. Es schmeckte fürchterlich. Sicher hätte es mit Orangensaft besser geschmeckt, und auch Johannes war anzusehen, dass ihm der Wodka pur nicht schmeckte. Trotzdem reichten wir die Flasche weiter, und obwohl sie so ekelhaft war, wurde sie immer leerer.
Johannes und ich durften uns auch an dem Kasten Bier bedienen, der in der Mitte stand. Es war bereits der zweite. Ein leerer stand schon an der Bank. Oettinger Pils. Johannes und ich dachten uns: Schlimmer als der Wodka kann's nicht sein. Wir stießen an – auf die Hoffnung, und dass alles besser wird.
Gegen drei Uhr nachts hielt plötzlich ein grüner Mitsubishi an der

Bushaltestelle vor der Zehntenscheune. Ich konnte in der Dunkelheit nicht genau erkennen, wer da ausstieg, doch als sich zwei Personen näherten, wurde es mir klar: Meine Pflegeeltern! Als meine Pflegemutter meinen Namen rief, wollte ich wegrennen. Doch Thomas hielt mich zurück: „Geh lieber mit, bevor sie die Polizei rufen."
Widerwillig stimmte ich zu, und ging ihnen die Treppe entgegen.
Mein Pflegevater war stinksauer, meine Pflegemutter weinte hysterisch. „Mitkommen, und dann ab ins Bett! Du gehst morgen in die Schule, dass das klar ist!" brüllte mein Pflegevater. Ich traute mich gar nicht zu fragen, woher sie wussten, wo ich war. Wahrscheinlich sind sie einfach rumgefahren, haben ein paar Jugendliche gesehen und wollten nachsehen, ob ich dabei bin.
Meine Pflegemutter schimpfte lautstark wegen des offen gelassenen Küchenfensters: „Was hättest du gemacht, wenn wir das nicht gemerkt hätten und Einbrecher uns das Haus leergeräumt hätten?!"
Erst in diesem Moment wurde mir bewusst, was ich da eigentlich angerichtet hatte. Ich sagte auf der Heimfahrt kein Wort. Ich dachte nur daran, was Johannes und die anderen wohl jetzt von mir dachten. Es war mir unendlich peinlich.
Zuhause angekommen schloss mein Pflegevater die Tür hinter uns wieder ab. Aber in diesem Moment hatte ich gar keinen Wunsch mehr, abzuhauen. Ich ging in mein Zimmer, legte mich ins Bett und schlief die paar Stunden, die noch übrig waren. Viel zu früh wurde ich von meinem Pflegevater geweckt.
„Ab in die Schule!"
Ich machte mich fertig, packte meinen Rucksack und ließ mich zur Schule fahren. Die Begrüßung meines Klassenlehrers fiel knapp aus: „Na, auch mal wieder da", meinte er nur, und ging voran Richtung Klassenzimmer.

*

Die letzten Wochen dieses Schuljahres ging ich regelmäßig zur Schule. Alles lief wieder in unauffälligem Rhythmus. Bis auf die Tatsache, dass ich weiterhin jeden zweiten Donnerstag den Schwimmunterricht schwänzte. Nach meinem zweiwöchigen Hausarrest traf ich mich wieder nachmittags mit Johannes zum

Trinken. Abends gingen wir jeweils getrennt nach Hause. Die Zeugnisse der fünften Klasse waren am Ende doch noch relativ glimpflich ausgefallen. Ich war fest davon ausgegangen, sitzen zu bleiben. Aber offenbar hatten die letzten paar Wochen, in denen ich doch noch regelmäßig zur Schule gegangen war, das Ruder herumgerissen. Überall Vieren, gelegentlich auch mal eine Fünf. Trotzdem: Ich kam in die sechste Klasse.
Mein zwölfter Geburtstag stand vor der Tür. Ich hätte mich eigentlich freuen sollen. Ein Jahr älter, wieder ein Stück weiter. Geschenke, vielleicht Kuchen. Aber in mir war da etwas anderes, etwas Schweres, das sich festgesetzt hatte. Mit jedem weiteren Jahr verstand ich ein bisschen besser, was mit mir nicht stimmte. Oder was die anderen als „nicht normal“ bezeichnen würden. Und je mehr ich begriff, desto leiser wurde die Freude. Denn ich wusste längst, dass ich nicht das sein durfte, was ich wirklich war.

Nicht offen. Nicht ehrlich. Nicht sichtbar. Ich wünschte mir so sehr Freundinnen. Mädchen, die mich nicht komisch finden. Die mich einfach so nehmen, wie ich bin. Mit denen ich über Jungs sprechen kann, ohne Angst zu haben.
Ich wollte sagen können, dass ich mal in Sören verliebt war. Wollte mit Mädels durch die Stadt ziehen, lachen, shoppen gehen, Unsinn reden. Ich wollte jemanden, der mir zeigt, dass ich gut bin. Nicht falsch. Nicht kaputt. Aber das hatte ich nicht. Der Einzige, den ich hatte, war Johannes. Er war mein Freund, mein bester sogar.
Aber ich wusste, wenn er auch nur ahnt, wer ich wirklich bin…
Dann ist es vorbei. Dann bin ich ganz allein.

2. Buch 2002-2003

Mein 12. Geburtstag und das Heim

An meinem Geburtstag kreisten diese Gedanken unaufhörlich in meinem Kopf. Je tiefer ich in sie eintauchte, desto mehr deprimierten sie mich. Ich bekam von meinen Pflegeeltern eine Playstation 2 und einen kleinen Fernseher geschenkt.
Das war klasse, und doch wusste ich, dass es kein Geschenk im eigentlichen Sinne war. Es war Teil eines Plans: mich zuhause zu halten, mich vom Treffen mit Johannes abzuhalten. Anfangs ging dieser Plan sogar auf. Doch mit der Zeit wurde mir langweilig. Vielleicht war es ja doch eine Belohnung dafür, dass ich nicht sitzen geblieben war – so genau wusste ich es nicht.
Aber die Geschehnisse des vergangenen Jahres hatten ihre Spuren hinterlassen. Nun stand ein Besuch beim Jugendamt an. Ich hatte ein mulmiges Gefühl dabei, aber ich fuhr gemeinsam mit meinen Pflegeeltern nach Kaiserslautern. In einem intensiven Gespräch mit meinem Sachbearbeiter fielen plötzlich Worte, die mir wie ein Schlag in die Fresse vorkamen: "schwer erziehbar", "Heim", "Jugendhilfemaßnahme".
Mir war klar: Was da auf mich zukam, würde nicht leicht werden. Ich wollte nicht ins Heim – aber nicht, weil ich mich ändern wollte. Nein. Ich wollte einfach nicht auf Johannes und meine neu gewonnenen Freunde verzichten.
Doch es kam anders. Jugendamt und Pflegeeltern waren sich einig: Ich sei im Heim besser aufgehoben. „Wir wollen dir nur helfen. Wir schaffen es nicht mehr“, sagte meine Pflegemutter mit tränenerstickter Stimme. Hinter meinem Rücken wurde alles organisiert. Der Termin stand, und etwa eine Woche später klingelte es an der Tür. Der Herr vom Jugendamt stand davor. Ich dachte zuerst, es sei ein Hausbesuch, um zu sehen, ob ich mich verbessert hatte. Aber das war es nicht.
Ich musste meine Sachen packen. Jetzt. Und dann gemeinsam mit ihm und meinen Pflegeeltern ins Heim fahren. Meine Pflegemutter hatte offenbar schon heimlich meine Koffer gepackt. Ein paar Taschen standen bereit, den Rest – Kleidung und ein paar persönliche Dinge – stopfte ich in meinen Rucksack und in Plastiktüten. Dann fuhren wir los. Nach Trier.

Die Fahrt dauerte etwa eine Stunde, bis wir schließlich ankamen. Das Gebäude war orange gestrichen und sah von außen aus wie ein gewöhnliches Einfamilienhaus. Tatsächlich handelte es sich aber um eine Außenwohngruppe des Jugendhilfezentrums für schwer erziehbare Jugendliche. Anfangs war ich fast ein wenig erleichtert. Ich dachte, vielleicht gäbe es dort auch Mädchen, denen ich mich anvertrauen könnte. Doch diese Hoffnung wurde schnell zerstört, als mir die Betreuerin sagte, dass es sich um ein reines Jungenheim handelte.

Im Büro des Hauses nahmen wir alle Platz – meine Pflegeeltern, ich, die Betreuerin, der Heimleiter und der Mitarbeiter vom Jugendamt. Dort wurde mir erklärt, dass dies nun mein neues Zuhause sei – auf unbestimmte Zeit. Alle sechs bis acht Monate sollte es ein Hilfeplangespräch geben, um zu prüfen, wie ich mich entwickelt hatte. Zur Eingewöhnung sollte eine sechswöchige Kontaktsperre gelten: Ich durfte meine Pflegeeltern nicht anrufen, und sie durften auch keinen Kontakt zu mir aufnehmen. Ich saß einfach nur da und hörte zu. Später wurde uns das Haus gezeigt. Als wir schließlich mein Zimmer betraten, kam mir alles einfach nur zum Kotzen vor. Es war ein Doppelzimmer – und mein neuer Zimmernachbar hieß ausgerechnet mit Nachnamen „Tkotz".

Mein Pflegevater las das Namensschild an der Tür, lachte spöttisch und meinte laut: „Ja, zum Kotzen sieht es hier wirklich aus." Für einen Moment dachte ich, sie würden mich vielleicht doch wieder mitnehmen, weil es hier so schlimm war. Aber das war nur ein kurzer Hoffnungsschimmer – sie blieben bei ihrer Entscheidung.

Man ließ uns noch ein paar Minuten zum Abschied allein im Zimmer. Ich war wütend und traurig zugleich und konnte gar nicht richtig begreifen, was gerade mit mir geschah. Alles kam so plötzlich. Meine Pflegemutter weinte, gab mir einen dicken Kuss auf die Wange. Mein Pflegevater verabschiedete sich mit einem Händedruck. Dann stiegen sie gemeinsam mit dem Jugendamtsmitarbeiter ins Auto und fuhren davon. Ich sah noch, wie meine Pflegemutter unter Tränen aus dem Fenster blickte – und dann waren sie weg.

Ich drehte mich um und sah die Betreuerin mit fragendem Blick an. „Die anderen sind gerade noch in der Schule“, sagte sie. „Geh erst mal in dein Zimmer und pack deine Koffer aus.“ Also tat ich das. Ich wusste nicht, was meine Pflegemutter alles eingepackt hatte. Neben meiner Kleidung fand ich eine Menge Handtücher, Hygieneartikel wie Duschgel, Zahnbürste, Seife – und zu meiner Überraschung auch einen kleinen Kassettenrekorder sowie viele Süßigkeiten. Darüber freute ich mich wirklich. Außerdem hatte sie mir 25 Euro eingepackt, die ich sofort in verschiedenen Socken versteckte - sicher ist sicher.

Als ich fertig war mit Auspacken, wollte ich mir erstmal eine Zigarette anzünden, aber die Betreuerin stellte klar: „Du bist noch keine 16. Rauchen auf dem Gelände ist für dich tabu.“ Ich wusste also sofort: Wenn überhaupt, dann geht das ab jetzt nur noch heimlich.

„Komm mit“, sagte sie dann. „Wir fahren jetzt zum Hauptgebäude. Ich zeige dir die Schule, die Kantine und den Rest.“ Ich hatte keine Wahl und musste mit. Wir gingen am Haus vorbei. Es hatte eine kleine Garage, in der der diensthabende Betreuer sein Auto parken konnte.

Hinter dem Haus war ein kleiner Garten – nichts Besonderes. Dort stand ein Stehtisch mit einem Aschenbecher, daneben zwei Kirschbäume inmitten des Gartens. Vor der Garage parkte ein weißer Bus, ein Ford Transit. „Das ist unser Gruppenbus“, erklärte sie. Dann musste ich auf der Rückbank Platz nehmen – und wir fuhren los in Richtung Hauptgelände. Die Fahrt war kurz.

Das Jugendhilfezentrum lag etwas abseits und wir fuhren durch einen schmalen Weg zwischen Bäumen und Feldern. Am Haupthaus angekommen, stiegen wir aus. Das Gebäude war deutlich größer als das Außenwohngruppenhaus, zweistöckig, mit einem großen Eingangsbereich und mehreren Nebengebäuden.

Die Betreuerin führte mich zuerst zur Schule. Ein flacher Anbau mit mehreren Klassenräumen. „Hier findet dein Unterricht statt. Die Klassen sind klein, meist nur fünf bis acht Schüler“, erklärte sie. Es roch nach Kreide und Desinfektionsmittel. Alles wirkte streng und funktional – kein Vergleich zu meiner alten Schule.

Dann zeigte sie mir die Kantine. Ein großer Speisesaal mit langen Tischen und einer Theke, hinter der später das Essen ausgegeben

wurde. „Frühstück, Mittagessen und Abendbrot gibt es hier“, sagte sie. „Und wenn du etwas nicht magst, musst du es trotzdem probieren.“ Ich nickte nur. Mir war nicht nach Diskussion.
Anschließend gingen wir noch an den Verwaltungsräumen vorbei, am Büro der Heimleitung, dem Raum für Einzelgespräche mit Therapeuten, einem kleinen Aufenthaltsraum mit einem alten Fernseher und einem Billardtisch. Alles hatte diesen typischen Behörden-Charme – nüchtern, praktisch, ohne jegliche Wärme. Auf dem Rückweg zum Gruppenhaus sagte sie noch: „Ab morgen gehst du mit in die Schule. Der Stundenplan hängt an der Tür zur Wohngruppe. Es wird dir helfen, Struktur zu bekommen.“
Ich antwortete nicht. In meinem Kopf herrschte Chaos. Ich konnte kaum fassen, dass das jetzt mein neues Leben sein sollte. Wieder zurück im Gruppenhaus, war inzwischen mein Zimmernachbar da. Er stellte sich mit einem schiefen Grinsen vor: „Ich bin Kevin.“ Ich murmelte nur meinen Namen. Er musterte mich kurz, zuckte mit den Schultern und ging dann wieder. Ich war froh, dass er mich in Ruhe ließ.
Die Betreuerin erklärte mir noch ein paar Regeln - wann es Essen gab, wann Nachtruhe war, wo die Waschmaschine stand - und dann war ich erstmal auf mich allein gestellt. Ich setzte mich auf mein Bett und starrte eine Weile die Wand an. Dann holte ich den kleinen Kassettenrekorder aus dem Koffer, legte eine Kassette ein und drückte auf „Play“. Musik war das Einzige, was mir in diesem Moment ein wenig Trost gab.

*

Beim Mittagessen erklärte mir die Betreuerin, dass es jede Woche einen neuen Speiseplan gebe. Man konnte immer zwischen zwei Gerichten wählen – entweder vegetarisch oder ein "normales" Gericht mit Fleisch. Am Wochenende, so sagte sie, koche die Gruppe meist selbst. Dann erzählte sie mir noch, dass ich, sobald ich hier zur Schule ginge, nachmittags immer gemeinsam mit den anderen aus meiner Wohngruppe abgeholt werde. Der Unterricht dauere in der Regel bis etwa 16 Uhr, da es sich um eine Ganztagsschule handle. Am Nachmittag gebe es verschiedene Arbeitsgruppen mit Themen, die man sich selbst aussuchen dürfe – von Werken über Kochen bis hin zu kreativen Angeboten.

Auf dem Rückweg zur Gruppe erklärte sie mir außerdem, dass zweimal pro Woche verpflichtende Gruppenaktivitäten stattfänden, an denen ausnahmslos alle teilnehmen müssten. Das könne Sport in der Halle sein, Fußball auf dem Platz, Krafttraining, Schwimmen oder auch Fahrradtouren. Es prasselte so viel auf einmal auf mich ein – neue Menschen, neue Regeln, ein komplett anderer Alltag. „Na toll", murmelte ich, rang mir aber ein höfliches Lächeln ab und fragte, ob ich mich ein wenig im Dorf umsehen dürfe.
„Du musst in einer Stunde wieder zurück sein, wir holen dann die Schüler von der Schule ab", sagte sie. Ich willigte ein und spazierte durch das Dorf. Endlich hatte ich einen ruhigen Moment.
Ich zündete mir eine Zigarette an und atmete tief durch. Nach etwa 45 Minuten kehrte ich zur Gruppe zurück und kurz darauf fuhren wir auch schon los. Wieder ging es ein paar Straßen durch das Dorf entlang, dann einen kleinen Feldweg hinunter, bis wir schließlich vor dem Haupteingang hielten. Wir waren etwas zu früh da. Die Betreuerin warnte mich: „Rechne damit, dass du erstmal ausgefragt und genau unter die Lupe genommen wirst."
Damit hatte ich bereits gerechnet – das war nichts Neues für mich. Wenig später kam der erste Junge aus der Bäckerei gegenüber gelaufen. „Das ist Jörg", sagte die Betreuerin. „Er ist etwas eigensinnig – aber das wirst du schon noch merken."
Kurz darauf kamen fünf weitere Jungs zum Bus, begrüßten mich höflich und stiegen ein. Zurück in der Gruppe ging ich zusammen mit meinem Zimmernachbarn in unser Zimmer. Der Rest der Meute folgte und ich lernte sie nach und nach ein wenig kennen.
Da war Marcel, der eine Ausbildung als Maler und Lackierer machte. Ralf, der eine Elektrikerlehre absolvierte - er war der Älteste in der Gruppe und derjenige, vor dem alle Respekt hatten. Dann war da Markus, der in einer Ausbildung zum Schlosser steckte, sowie Jerome und Dome, die beide noch zur Schule gingen. Jörg, der Bäckerlehrling, und schließlich mein Zimmernachbar Niklas, der ebenfalls Schlosser lernte.
Ich war der Jüngste in der Gruppe – direkt nach mir kam Dome, der ein Jahr älter war. Jerome war zwei Jahre älter und durfte bereits rauchen, da sein Jugendamt es ihm ausdrücklich erlaubt hatte.

Richard, Marcel und Niklas waren zwischen 16 und 17 Jahre alt, genauso wie Jörg. Mit meinem Zimmernachbarn Niklas verstand ich mich anfangs eigentlich ganz gut. Er war Kaiserslautern-Fan - genau wie ich. Das war ein gutes Zeichen. Ich war einfach nur froh, nicht mit jemandem das Zimmer teilen zu müssen, der mich von Anfang an nicht leiden konnte.

Als Nächstes stand das Abendessen an – und die wöchentliche Diskussion darüber, was die Gruppe am Wochenende gemeinsam unternehmen wolle. Das Abendessen fiel schlicht aus: Es gab Brot mit Wurst und Käse. Die Küche blieb jeden Abend bis 22 Uhr geöffnet, bevor sie abgeschlossen wurde. Bis dahin konnte man sich auch später noch ein Brot machen, falls der kleine Hunger wiederkam.
Bei der Diskussion am Tisch wurde beschlossen, dass am nächsten Tag alle gemeinsam ins Schwimmbad gehen würden.
„Oh nein“, dachte ich, „meine Fußnägel sind lackiert.“ Ich musste mir irgendeinen Grund ausdenken, warum ich nicht mit ins Schwimmbad konnte. Wenn ich schon mit musste, wollte ich zumindest draußen warten. In der ganzen Aufregung des Tages hatte ich völlig vergessen, dass es wohl nicht gut ankommen würde, wenn die Jungs in der Gruppe erfahren würden, was mit mir war.
Also sagte ich der Betreuerin, dass ich eine Chlorallergie hätte, und sie musste es wohl oder übel für den Moment einfach glauben. Die Jungs am Tisch machten Scherze, weil sie dachten, ich könne nicht schwimmen – was mir aber egal war, denn ich wusste ja, dass ich es konnte. „Lasst ihn für heute erstmal in Ruhe, er hat heute schon genug mitgemacht“, sagte die Betreuerin, und für den Moment wurde es wieder still am Tisch. Als die ersten aufstanden, brachte ich meinen Teller und mein Besteck in die Spülmaschine und ging mit Jerome gemeinsam nach draußen, um eine zu rauchen.
Wir redeten, und er sagte mir, dass er im Zimmer gegenüber von mir sei, zusammen mit Markus. Er erzählte mir auch, dass er ursprünglich aus dem Ruhrpott komme und nun schon anderthalb Jahre in dieser Gruppe sei.

Ich ließ mir erklären, welche Betreuer hier noch sind. Es waren insgesamt vier, die sich täglich mit der Betreuung der Jugendlichen in der Gruppe abwechselten. Ein Betreuer blieb immer ein bis zwei Tage, dann wurde er von einem anderen abgelöst. Jerome sagte mir, dass sie sehr streng mit dem Rauchen seien, und später wusste ich auch, was er meinte.
Da es Freitag war, durfte ich bis 22:15 Uhr aufbleiben. Die meiste Zeit verbrachte ich damit, mit den anderen im Gruppenraum fernzusehen. Es war der einzige Ort im Haus, an dem diejenigen über 16 Jahre rauchen durften. Sogar die, die unter 16 waren und vom Jugendamt die Erlaubnis hatten, mussten hinter dem Haus rauchen.

Und ich? Ich durfte überhaupt nicht rauchen, aber ich tat es trotzdem. Als ich in dieser Nacht schlafen ging, konnte ich kein Auge zutun. Ich machte meinen Kassettenrekorder leise an, aber ich bekam in diesem Kaff nicht einmal JAM FM rein – nur BIG FM, das ich ebenfalls leise hörte.
Ich bemerkte meinen Zimmernachbarn, als er gegen Mitternacht ins Zimmer kam, und tat so, als ob ich schlief. Er legte sich in sein Bett und kurze Zeit später hörte man ein Schnarchen, das sich anhörte, als würde man den ganzen Regenwald abholzen. Es war mir egal, ich konnte sowieso nicht schlafen.

Ich überlegte, wie es weitergehen würde. Wie würden die Leute in der Schule auf mich reagieren? Im Prinzip hatte ich höllische Angst, weil ich mich als Mädchen alleine in einem Heim voller schwer erziehbarer Jungs befand. Damit es mir weiterhin gut ging, oder wenigstens nicht schlechter, musste ich dafür sorgen, dass niemand merkte, dass ich ein Weichei war, dass niemand sah, wie ich mich fühlte. Auch jetzt, in meiner ersten Nacht im Heim, fiel es mir schwer. Weit weg von der Heimat, mitten in einer Gruppe fremder Menschen, denen ich mich nicht öffnen konnte, dachte ich, dass ich hier keine Freunde finden würde. In diesem Moment liefen mir die ersten Tränen über die Wangen, und ich schluchzte leise, bis ich irgendwann eingeschlafen war.

Wo bin ich hier gelandet?

Die Nacht schien mir unglaublich kurz gewesen zu sein. Gegen 8 Uhr wurden wir geweckt, es gab Frühstück. Einige der Jungs saßen bereits am Tisch, und ich hörte, wie Richard und Marcel sich über den Bäckerlehrling Jörg lustig machten. Immer wieder riefen sie: „Taube… du bist eine Taube!“

Ich fühlte mich wie in einer Psychiatrie, bis ich schließlich verstand, worum es ging. Jörg schreckte plötzlich vom Esstisch auf, warf wütend sein Salamibrot in die Ecke und rannte aus der Küche. Beim Weglaufen konnte man deutlich sehen, wie sein Kopf bei jedem Schritt extrem auf und ab wippte – ganz so, wie man es bei Tauben beobachtet, wenn sie laufen. In der Küche brach ein riesiges Gelächter aus. Ich stand nur verdutzt daneben, bis schließlich die Betreuerin hereinkam und fragte, was los sei. „Ach, nichts. Wir sind einfach nur gut drauf“, sagte jemand.

Die Betreuerin sah mich prüfend an, um sich zu vergewissern, ob bei mir alles in Ordnung war. Ich ignorierte ihren Blick und machte mir in aller Ruhe ein Brot zum Frühstück.

Für diesen Samstagvormittag war nichts Spezifisches geplant. Ich hatte gehofft, einfach rauszugehen und irgendwo in Ruhe gelassen zu werden. Doch die Jungs bestanden auf einer gemeinsamen Gruppenaktivität: Fußball in der Halle. Ich musste da wohl durch.

Wir machten uns also fertig und fuhren hoch zum Hauptgelände. Dort befand sich auch die Schule, hinter der direkt die Sporthalle lag. Die Betreuerin schloss die Halle auf, und alle stürmten voller Tatendrang hinein.

Nur ich blieb zurück, sichtlich wenig begeistert. Die Betreuerin selbst spielte nicht mit, sondern setzte sich in ein kleines, durch Plexiglas geschütztes Zimmerchen am Rand der Halle. Nun war es an den Jungs, die Mannschaften zusammenzustellen.

Die Lehrlinge taten sich zusammen und traten gegen die Schüler und „Schwächeren“ an. Da ich kein Fußball spielen kann und ohnehin nicht viel herumlaufen wollte, meldete ich mich als Torwart. Das Spiel begann - laut und voller Energie. Es dauerte nicht lange, bis die erste „Bombe“ neben mir einschlug. Mein Zimmernachbar stand etwa sechs Meter vor dem Tor, holte aus und schoss so hart, dass der Ball mir den Kopf zerfetzt hätte, hätte er mich getroffen. Ich bekam Angst. Die Betreuerin hatte das gesehen und ermahnte Niklas, nicht so feste zu treten. Doch ihre Worte verhallten ungehört. Kurz darauf krachte der nächste Schuss direkt auf meinen Oberschenkel und von dort ins Tor. 1:0. Meine Mitspieler waren sauer auf mich, während ich mein rechtes Bein kaum noch bewegen konnte. Das Spiel lief aber bereits weiter.

Aus Angst, ernsthaft verletzt zu werden, rannte ich jedes Mal aus dem Tor, wenn einer der Jungs wie ein wild gewordener Stier auf mich zurannte. Seltsamerweise verfolgte der Ball nie einfach das Tor, sondern immer genau mich – egal, wohin ich lief. Es war schrecklich. Ich hatte genug von diesem Unsinn, verließ das Spielfeld und ging hinaus vor die Turnhalle, um mich zu beruhigen. Nach kurzer Zeit kam Niklas zu mir. Er sagte leise: „Es ist nur ein Spiel. Sorry, wenn ich zu fest geschossen habe." Dann drehte er sich um und ging wieder zurück in die Halle.

Mir war zu diesem Zeitpunkt nicht klar, dass sie mich einfach nur testen wollten – um zu sehen, wie ich reagiere, ob ich ausraste oder mich überhaupt zur Wehr setze. Für mich war in diesem Moment nur wichtig, eine Zigarette zu rauchen, solange mich niemand dabei sieht. Also setzte ich mich draußen vor die Turnhalle auf die Treppe. Ich hatte keine Lust mehr, hineinzugehen und weiterhin als lebendige Zielscheibe herzuhalten.

In der Halle war ich längst der Arsch, das Weichei – ich hörte sie sogar von drinnen nach mir rufen: „Komm zurück, Pussy!" Aber ich blieb draußen sitzen, bis dieses ganze Unheil endlich vorbei war.

Nach der Sportstunde fuhren wir zurück auf die Gruppe. Zur Belohnung dafür, dass wir an der gemeinsamen Aktivität teilgenommen hatten, bekam jeder ein „Sportgetränk" – im Grunde eine Flasche Limo. Naja, fast jeder. Ich ging leer aus, weil ich den letzten Teil dieses Psychospiels nicht mehr mitgemacht hatte. Doch statt traurig oder enttäuscht zu sein, schauderte es mich vielmehr beim Gedanken an die bevorstehende Gemeinschaftsdusche.

Ich hatte es noch immer nicht geschafft, Nagellackentferner zu besorgen, um den grell pinken Lack von meinen Zehen zu entfernen. Wenn diese wilde Meute das sieht, bin ich geliefert.
Ich drückte mich so lange es ging vor dem Duschen. Ich tat so, als würde ich mit der Betreuerin über das nicht erhaltene Sportgetränk diskutieren, und als uns schließlich die Argumente ausgingen, verschwand ich unauffällig hinter das Haus und rauchte. Nach dem Duschen kam Jerome ebenfalls raus und fragte mich, ob ich Angst hätte, mit den Jungs gemeinsam zu duschen. Ich erklärte ihm, dass ich mich einfach nur darüber ärgerte, als einziger keine Limo bekommen zu haben. Er glaubte mir.

Nach der dritten Zigarette kehrte ich zurück ins Haus. Das Badezimmer war leer – meine Chance! Ich ging duschen. Komplett nackt bis auf meine Socken. Die ließ ich an, aus Angst, dass doch noch jemand reinkommen könnte. Und meine Angst war nicht unbegründet: Als ich mich gerade einseifte, wurde plötzlich das Licht ausgeschaltet. Als es wieder anging, bemerkte ich, dass meine Kleidung und mein Handtuch verschwunden waren.
Ich war Opfer eines dummen Streichs geworden, der mich unglaublich nervte. Als ich fertig war mit Duschen, waren meine Sachen immer noch verschwunden.
Also ging ich zur Badezimmertür und rief: „Wer hat meine Sachen geklaut?!“ Ich wurde immer lauter, aber niemand reagierte. Es ist zum Kotzen, alles !
Wutentbrannt und tropfnass lief ich schließlich splitterfasernackt die Treppe hoch in das Zimmer, das ich mit Niklas teilte - fluchend, zitternd, voller Scham.

Die Betreuerin hatte inzwischen mitbekommen, was passiert war, und ermahnte die Jungs. Sie kündigte an, dass jeder am nächsten Tag Hausarrest bekäme, wenn meine Sachen nicht innerhalb von fünf Minuten wieder auftauchen würden. Wenig später klopfte es an der Tür. Niemand stand davor, aber meine Kleidung lag ordentlich vor dem Zimmer.
Ich war erleichtert, sie zurückzuhaben - und noch mehr darüber,

dass niemand bemerkt hatte, dass ich die ganze Zeit in nassen Socken dagestanden hatte. Und vor allem: dass niemand mein Geheimnis gesehen hatte. Für mich war dieser Tag damit gelaufen.

*

Am nächsten Morgen mussten wir alle wieder um acht Uhr aufstehen, denn nach dem Frühstück stand der Gottesdienst auf dem Plan. Ich weigerte mich, aber der Gruppenzwang war stärker - oder besser gesagt: die Drohung, dass es Schläge geben würde, wenn man meinetwegen zu spät käme und dadurch etwas "Wichtiges" verpasst.
Merkwürdigerweise waren alle Gruppen aus dem gesamten Heim in dieser Kirche versammelt. Sie war groß, alt und sehr dunkel. Dass es früher einmal ein Kloster gewesen sein soll, überraschte mich da nicht.

Für mich stand fest: Ich glaubte nicht an Gott. Wie sollte ich auch an einen Gott glauben, der zulässt, dass mir so etwas angetan wird? Der mich in so ein beschissenes Leben steckt – und obendrauf auch noch im falschen Körper. Mein Herz ist weich, doch nach außen muss ich hart sein. Das ist der Weg, den ich hier gehen muss. Selbst der „liebe Gott“ könnte mir hier nicht helfen. Und tut es auch nicht, denn es gibt keinen Gott.

Nach der Predigt fuhren wir wieder gemeinsam zurück auf die Gruppe. Jeder machte sein eigenes Ding. Ich war froh, dass mein Zimmernachbar an diesem Tag Ausgang hatte und nicht da war.
Ich verschanzte mich in meinem Zimmer, malte aus Protest antichristliche Symbole und verzierte mich selbst mit Hassparolen. Nicht, weil ich provozieren wollte – sondern weil ich nicht klein beigeben wollte. Man hatte mich gezwungen, in diese Kirche zu gehen. Und ich wollte zeigen, wie sehr mich das verletzt. Ich wollte all das ausdrücken, was mich täglich quält: Dieser unsichtbare, schwere Sandsack, der meine Seele nach unten zieht - spürbar nur für mich, aber realer als alles andere.

Grenzlinien...

Jeden Tag ein bisschen mehr. Ich hasste diesen Sandsack – diese unsichtbare Last, die niemand sehen konnte. Doch noch mehr hasste ich das, was jeder sehen konnte: meinen Körper. Diese hässliche, männliche Hülle, die in keinem Moment widerspiegelte, wer ich wirklich war. Ich hasste die Welt. Aber vor allem hasste ich mich selbst.
Mich - und meinen Körper. Ich hasste mich so sehr, dass ich damit begann, mich selbst zu verletzen. Mit einer scharfen Klinge, die ich aus einem Anspitzer herausgeschraubt hatte, ritzte ich feine Linien in meinen Oberarm. Nicht tief, ich wollte mich nicht umbringen. Ich wollte einfach nur spüren, dass ich noch da bin.
Dass dieses Leben real ist. Das Blut, das langsam aus den feinen Schnitten trat, beruhigte mich. Es war der Beweis: Ich fühlte noch etwas. Ich war nicht einfach in einem absurden Traum gefangen, aus dem ich irgendwann in einem rosa Zimmer aufwachen würde.
Der Schmerz war real – und so auch mein Elend. Ich ritzte relativ weit oben am Arm, damit ich es mit einem Pullover verbergen konnte. Es war kein Hilfeschrei. Ich wollte nicht, dass es jemand sieht. Für mich war es ein stummer Akt der Bestätigung: Diese Welt tut weh – also bin ich wirklich da.
Aus Trotz gegenüber der Kirche, aus Ablehnung gegenüber einem Gott, an den ich längst nicht mehr glauben konnte, ritzte ich mir ein Pentagramm in den Arm.
Ich hatte viel über solche Symbole gelesen und gehört und in diesem Moment fühlte ich mich wie eine Hexe. Eine, die für ihre Existenz bestraft wurde - vielleicht, weil sie in einem früheren Leben etwas Schlimmes getan hatte.
Vielleicht deshalb musste ich durch dieses Leben gehen, das vom ersten Tag an wie eine Strafe wirkte. Eine Hölle, in der ich gefangen war. Es gab ein Lied, das mich durch diese Zeit begleitete: „Zur Erinnerung“ von Ferris MC. Ich erinnere mich genau, wie ich es zum ersten Mal auf meinem kleinen Kassettenrekorder im Radio hörte – und später auch auf VIVA im Gruppenraum. Dieses Lied hat sich in meine Seele gebrannt.
Die Zeilen trafen mich so tief, als wären sie für mich geschrieben

worden. Nicht für einen verstorbenen Freund, wie im Lied, sondern für meine eigene Seele, die im Inneren längst erfroren war.

Ich hatte eine Hörspielkassette von Bibi Blocksberg dabei. Ich riss das Etikett ab und nahm bei nächster Gelegenheit das Lied über das alte Hörspiel auf - damit ich es wieder und wieder hören konnte. Die Melodie trug mich durch meine dunklen Gedanken. Sie begleitete mich auf meinem stillen, inneren „Emo-Trip“, denn die ganze Welt war gegen mich. Zuhause hatten sie mich mein ganzes Leben lang belogen. Die sogenannten „Saufbrüder“ hätten mich sofort verstoßen, wenn sie wüssten, dass ich mich wie ein Mädchen fühlte.
Und hier im Heim war ich nichts weiter als ein Ziel - die Zielscheibe für pubertierende Jungs, die wahrscheinlich nie auch nur die Hälfte von dem durchmachen müssten, was ich in meinen zwölf Jahren bereits hinter mir hatte. Aber ich musste da durch. Mein Zimmernachbar war an diesem Tag zum Essen außer Haus und sollte erst abends um zehn Uhr zurück sein. Ich hatte also den ganzen Tag für mich. Ich aß mittags mit der Gruppe, zog mich danach wieder in mein Zimmer zurück. Abends das Gleiche: Essen mit den anderen – dann zurück in mein Zimmer. Dazwischen ein paar heimliche Zigarettenpausen draußen, allein. Ich hörte, wie einige Kinder von ihren Eltern angerufen wurden.
Dafür gab es ein kleines Telefon oben im Flur, an dem man ungestört mit seiner Familie sprechen konnte.
Zum besseren Verständnis vielleicht noch eine kurze Beschreibung des Hauses: Im Erdgeschoss war rechts das Büro der Betreuer. Durch die erste Tür links gelangte man ins Esszimmer und von dort in die Küche. Wenn man weder rechts noch links abbog, kam man direkt zur verschlossenen Vorratskammer der Gruppe und zum kleinen Waschraum mit Waschmaschine - und weiter zur Gemeinschaftsdusche.
Die Treppe hinauf war rechts das Zimmer von Jerome und Markus. Geradeaus befand sich ein kleines Badezimmer mit Waschbecken und Toilette. Die erste Tür links war das Zimmer von Niklas und mir. Das Zimmer daneben war das Schlafzimmer der Betreuer – dort schlief immer derjenige, der gerade Dienst hatte.

Gegenüber von unserem Zimmer befand sich der Gruppenraum, in dem ein großer, altmodischer Kastenfernseher stand. Im oberen Flur, den man über die Treppe erreichte, lagen vier weitere Zimmer. Drei davon auf der linken Seite: das von Richard, das von Marcel und das von Jörg - dem Jungen, der beim Gehen ein wenig an eine Taube erinnerte. Rechts, gleich die erste Tür, war das Zimmer von Dirk.
Genau dort im Flur stand ein einzelner Stuhl neben einem Telefon, das man selbst nicht bedienen konnte. Man konnte damit nur telefonieren, wenn ein Betreuer im Büro das Gespräch an dieses obere Telefon weiterleitete.
An diesem Tag hatte ich ebenfalls das Bedürfnis, zu Hause anzurufen - meine Pflegemutter zu beruhigen und einfach mal wieder eine vertraute Stimme zu hören. Alles hier war so fremd, so anders - nichts fühlte sich richtig an. Sogar die Sprache war ungewohnt. Nicht Pfälzisch, wie ich es von daheim kannte, sondern reines Hochdeutsch mit einem Schuss Eifel-Akzent. Ich habe es damals gehasst – und ich hasse es noch heute. Die scheiß Eifel und deren Dialekt.
An diesem Abend bin ich früh eingeschlafen. Ich hatte keine Lust auf meinen Zimmernachbarn Niklas, wollte einfach schneller wegdämmern, bevor mich sein lautes Schnarchen wach hielt. Außerdem war ja morgen mein großer Tag: mein erster Schultag in dieser Hölle.

Meine Hobbys sind Saufen, Rauchen und Musik hören...

Um sechs Uhr morgens wurde ich wach, als Niklas sich für die Arbeit fertig machte. Tollpatschig wie er war, schien er sich besonders laut zu bewegen – vielleicht mit Absicht. Jedenfalls war es unmöglich, noch weiterzuschlafen. Sein nackter, behaarter Bauch war das Erste, was ich an diesem Tag zu Gesicht bekam. Ich grüßte ihn knapp, ging ins Badezimmer und putzte mir die Zähne.
Ich hatte in Jeans und einem dicken Pullover geschlafen - aus Angst, dass jemand meine Narben sehen könnte. Beim Zähneputzen krempelte ich den linken Ärmel hoch und betrachtete mein Werk. Mein Arm war übersät mit getrocknetem Blut. Vorsichtig

wusch ich es ab, damit die Schnitte nicht wieder aufplatzten. Danach ging ich hinunter in die Küche.
Einige der Lehrlinge saßen bereits am Tisch und aßen Toastbrot mit der Betreuerin. „Guten Morgen, möchtest du auch etwas frühstücken?“ fragte sie freundlich.
Ich verneinte, setzte mich aber aus Anstand dazu und trank eine Tasse Kakao. Als die Lehrlinge schließlich das Haus verließen und die Tür aufgeschlossen war, schlich ich mich gemeinsam mit Jerome nach draußen, um eine Zigarette zu rauchen. „Du rauchst aber nicht,“ sagte die Betreuerin, die uns gerade erwischte, wie wir zur Hintertür hinausgingen.
„Nein, Jerome erklärt mir nur, wie das mit meiner neuen Klasse läuft“, log ich schnell und ging mit ihm hinters Haus. Gerade als ich mir eine Zigarette anzünden wollte, kam die Betreuerin ebenfalls nach draußen, offenbar misstrauisch. Schnell steckte ich die Zigarette in meine Hosentasche, tat so, als würde ich über die Schule sprechen.
„Hier ist deine Essensmarke für das Mittagessen“, sagte sie. „Heute bekommst du das zugewiesene Gericht, aber ab nächster Woche kannst du selbst wählen, was du essen möchtest.“ Ich steckte die Marke ein – und als sie wieder im Haus war, zog ich die Zigarette erneut hervor und rauchte sie hastig auf. Ich musste bald los.
Die Betreuerin erklärte mir noch einmal den Weg zur Schule. Ich zog mich an und wartete gemeinsam mit den anderen Schülern am weißen Gruppenbus. Meine Stimmung war gereizt – ich wusste nicht, was mich erwarten würde. Um meine Angst zu überspielen, setzte ich meine „böse Miene“ auf und versuchte, möglichst grimmig zu schauen.
Oben am Hauptgebäude angekommen, stieg ich mit den anderen aus und ging in Richtung Schule. Jerome erklärte mir unterwegs, dass es dort jeden Tag ein anderes Frühstück gab.
Ein Teil von mir freute sich – aber ich war so etwas nicht gewohnt. Der Gedanke, dass ich hier vielleicht in einer Art Psychiatrie gelandet war, wurde immer stärker. Dieser Eindruck verstärkte sich noch, als ich die anderen Schüler sah. Einige wirkten auf mich geistig zurückgeblieben – zumindest war das mein erster

Eindruck. Aber ich wollte mir kein vorschnelles Urteil erlauben. Vielleicht ist ja jemand dabei, mit dem ich mich verstehe, dachte ich mir und ging schließlich mit den anderen in meine neue Klasse. Ich wusste ja, was mich erwartete: Frau Liephold, die etwas kräftiger gebaute Lehrerin mit den rot gefärbten Haaren.
Ich konnte meine Klasse also kaum verfehlen. Ich stellte mich der Klasse vor und suchte mir einen freien Platz. Eigentlich wollte ich ganz nach hinten, aber dort stand der Frühstückstisch - und ich wollte nicht direkt im Mittelpunkt des Geschehens sitzen. Also setzte ich mich so weit vorne wie möglich. Die Klasse war ohnehin nicht sonderlich groß, wir waren insgesamt zehn Schüler - zumindest vorerst, falls nicht noch jemand dazukommen würde.

Ich bekam die Schulbücher, die ich brauchte, dazu ein paar Stifte und einen Schreibblock. Auf dem Stundenplan stand Mathematik. Um meinen Wissensstand zu testen, sollte ich ein paar Arbeitsblätter in einem Nebenraum bearbeiten – ein kleiner Allgemeintest: Mathe, Deutsch, Erdkunde und Allgemeinwissen. Zwei Stunden hatte ich dafür Zeit, bis zur Frühstückspause.
Ich versuchte zwar, mich anzustrengen, aber sonderlich motiviert war ich nicht. Also bestand der Großteil meiner Blätter aus Gekritzel – Pentagramme, umgedrehte Kreuze. Ich wollte damit nicht cool wirken, ich wollte einfach zeigen, dass ich keine Lust auf diesen ganzen Heimkram hatte.
Besonders nach meiner unfreiwilligen Aktion als menschliche Zielscheibe beim Fußballspiel am Vortag, als ich im Tor stand.
Immerhin schrieb ich einen kleinen Aufsatz in Deutsch. Die Aufgabe war einfach: ein vorgedruckter Text, bei dem in jedem Wort ein Fehler war, den man korrigieren musste. So hatte ich zumindest etwas gemacht, was mir aufgetragen wurde – und die Zeit verging dadurch schneller. In der Frühstückspause gab ich meine Blätter ab und setzte mich mit den anderen an den Tisch.
„Nun, Dennis“, sagte Frau Liephold, „erzähl doch mal etwas über dich - woher du kommst, was deine Hobbys sind.“
„Ich bin Dennis, 12 Jahre alt, und komme aus der Nähe von Kaiserslautern. Meine Hobbys sind Saufen, Rauchen und Musik hören“, antwortete ich.

„Außerdem ging ich bisher immer gerne mit Freunden raus."
Ich betonte das Wort „ging" besonders – und Frau Liephold merkte meine Anspannung. Sie entschärfte die Situation, indem sie mir noch einmal erklärte, dass es an der Schule jeden Tag Frühstück in den Klassen gibt. „Wir bekommen es jeden Morgen frisch aus der hauseigenen Bäckerei. Es gibt immer etwas anderes,"sagte sie.
Ich freute mich darüber, ließ mir aber nichts anmerken - zumindest nicht sofort. Erst als ich sah, was es an diesem Montag gab, hellte sich meine Stimmung etwas auf: riesige Windbeutel mit Vanillecremefüllung. Die waren geil.
Die Frühstückspause dauerte 15 Minuten, danach standen noch 30 Minuten Unterricht auf dem Plan, gefolgt von einer weiteren 15-minütigen Pause auf dem Pausenhof.
Dort durften Schüler mit einer entsprechenden Erlaubnis der Eltern oder des Jugendamts sogar rauchen. Ich zündete mir ganz selbstverständlich eine Zigarette an - so selbstsicher, dass auch die Lehrer glaubten, ich hätte die Erlaubnis. Offiziell wussten meine Pflegeeltern nichts davon, dass ich rauchte, aber ich bin mir sicher, sie ahnten es längst - nur haben sie es nie angesprochen.

In der Pause sprach ich mit einigen Schülern. Ich wurde aufmerksam beobachtet - jeder wollte wissen, woher ich kam und warum ich im Heim war. Über meine familiären Probleme oder meine leibliche Mutter sagte ich nichts. Stattdessen prahlte ich lieber mit meinen Eskapaden: dass ich die Schule oft geschwänzt hatte, um mit meinem besten Freund einen zu trinken oder Blödsinn in der Stadt zu machen - wie die Sache mit dem Feuerlöscher aus der Stadtbücherei. Die anderen fanden das alles recht amüsant. Und tief in mir war ich erleichtert, dass ich mit meiner Geschichte gut ankam.
Es sah ganz so aus, als hätte ich hier keine Feinde. In der Pause bildeten sich verschiedene Gruppen - offensichtlich Schüler, die sich bereits gut kannten. Ich stand bei denen, die zu keiner festen Clique gehörten. Den „Losern," könnte man sagen. Aber irgendwie fühlte ich mich dort ganz wohl. Sie ließen mich in Ruhe.

*

Zurück im Unterricht stand Deutsch auf dem Plan – mein Lieblingsfach, neben Englisch. Englisch wurde hier aller-dings nicht unterrichtet. In meiner alten Hauptschule in Landstuhl hatte ich in den letzten zwei Klassenarbeiten unerwartet eine Eins und eine Zwei geschrieben. Damit konnte ich meine Englischnote von einer Vier auf eine Drei verbessern, worauf ich sehr stolz war. Jetzt musste ich mich mit Deutsch begnügen – was mir aber nicht unangenehm war.

Etwa eine halbe Stunde später klopfte es an der Tür. Ein weiterer Lehrer betrat das Klassenzimmer. „Oh mein Gott“, dachte ich, „eine Klasse mit zwei Lehrern gleichzeitig!“

Es war Herr Görge, der im selben Dorf wohnte wie unsere Wohngruppe. Er bat mich, mit vor die Tür zu kommen. Ich dachte sofort, es gehe ums Rauchen und dass sie vielleicht herausgefunden hätten, dass ich keine Erlaubnis hatte – aber es war etwas anderes. Er hatte gesehen, dass ich bei den Matheaufgaben nichts ausgefüllt hatte.

„Du kannst doch wenigstens Plus und Minus?“ fragte er mich entsetzt. „Nein, Herr Görge, weil ich besonders dumm bin“, antwortete ich frech. Er durchschaute mich natürlich und ahnte, dass ich ihn auf den Arm nehmen wollte. Das war mein Fehler.

Ab sofort hieß es für mich Einzelnachhilfe in Mathe - während die anderen regulär Deutschunterricht hatten. In dem Moment, in dem er mir das sagte, hätte ich am liebsten gekotzt.

So quälte ich mich also bis zum Mittagessen an meinem ersten Schultag durch den Stoff und freute mich bereits auf den Nachmittag. Endlich kein Matheunterricht mehr. Mittags, auf dem Weg zur Kantine, fühlte ich mich plötzlich von bösen Blicken verfolgt. Ich weiß nicht genau warum, aber ich spürte deutlich, dass ich hier wohl nicht nur Freunde haben würde. Vielleicht war es Einbildung, Nervosität, oder doch etwas Reales. Dieses Gefühl ließ mich jedenfalls nicht los. Vielleicht hatte meine „weibliche Intuition“, wie ich es im Scherz nannte, recht - und es würde bald Ärger geben...

*

Für den Moment gab ich mich aber mit der Situation zufrieden, setzte mich mit ein paar anderen aus meiner Klasse an einen Tisch und aß zu Mittag.
Wenigstens gab es diesmal keine Spätzle - immerhin etwas Positives an diesem Tag. Nach dem Essen ging ich mit den anderen aus meiner Klasse wieder zurück in Richtung Schule. Ich wollte mir gerade eine Zigarette anzünden, als Lakis - ein Schüler aus meiner Klasse - mich warnte: „Tu es lieber nicht. Mittags kommen auch viele Betreuer zum Essen hierher, und wenn sie dich sehen, obwohl du es nicht darfst, bekommst du Ärger."
Ich nahm mir den Ratschlag zu Herzen und wartete, bis wir das Schulgelände wieder betreten hatten. Hinter einer kleinen Baumgruppe, geschützt vor neugierigen Blicken, gönnte ich mir dann endlich meine Zigarette. Die anderen warteten auf mich, wir hatten noch ein paar Minuten Zeit. Dann gingen wir gemeinsam zurück zum Schulgebäude.
Lakis fragte mich, welcher AG ich mich am Nachmittag anschließen wollte. Ich entschied mich für die Modellbau-AG von Herrn Umbach. „Ich hab eben immer noch das Bauen mit Legosteinen im Kopf", sagte ich - obwohl ich das eigentlich nur denken wollte.
Alle schauten mich etwas irritiert an. „Ach, nichts", murmelte ich verlegen und ließ mir zeigen, wo die AG stattfand. Sie war im Erdgeschoss der Schule und nur wenige Schüler nahmen daran teil. Unter anderem Lukas aus Zweibrücken, mit dem ich mich auf Anhieb gut verstand. Außerdem merkte ich schnell: Herr Umbach war ein klasse Lehrer. Groß, kräftig, mit einem dichten, gepflegten Bart - und er machte viele Raucherpausen. Manchmal gab er uns sogar Zigaretten, ohne dass wir ihn darum bitten mussten. Trotz seiner Strenge wussten wir alle: Solange man sich normal verhielt, war er völlig in Ordnung.
Die folgenden Stunden verbrachte ich damit, Modellflugzeuge zu bemalen, viele Fragen zum Modellbau zu stellen - und zwischendurch mit allen gemeinsam eine zu rauchen. Ich war froh, als es endlich 16 Uhr wurde und ich meinen ersten Schultag hinter mir hatte. Vor dem Hauptgebäude, wo mir gesagt wurde, dass wir abgeholt würden, stand schon der weiße Bus.

Diesmal war keine Betreuerin darin, sondern ein Betreuer: Klaus Mühlkorb. Wie „Müllkorb", nur mit einem h statt dem l. Der Name war für mich sofort ein gefundenes Fressen - falls ich ihn mir mal zur Brust nehmen müsste, hätte ich auf jeden Fall genug Material, um mich darüber lustig zu machen.
Ich stellte mich Herrn Mühlkorb vor, setzte mich dann in den Bus und sah von meinem Platz aus, wie auch die anderen Schüler und Lehrlinge meiner Gruppe aus den Werkstätten und von der Schule kamen.
Ich sagte nichts, wartete einfach still, bis alle eingestiegen waren und wir endlich wieder zurück zur Gruppe fuhren.
Endlich vorbei, dachte ich mir.

Willkommen in der Gruppe, Scheißhaufen.

Wieder auf der Gruppe angekommen, gingen alle erst einmal auf ihre Zimmer. Doch Herr Mühlkorb bat mich noch kurz ins Büro. Er stellte sich nochmals vor und erklärte mir, dass jeden Montagabend ein Gruppengespräch stattfand.
„Im Gruppengespräch", sagte er, „kann jeder erzählen, was in der Woche gut war und was nicht, was einen geärgert hat oder beschäftigt. Außerdem besprechen wir die Freizeitaktivitäten und entscheiden, was am Wochenende gekocht wird, wenn die Kantine auf dem Helenenberg geschlossen ist." Nachdem er mir alles erklärt hatte, ging ich in mein Zimmer.
Niklas sah mich und fragte sofort „Was wollte der denn von dir?" Ich erzählte ihm, was Herr Mühlkorb gesagt hatte. „Ach so", meinte Niklas, „ich dachte schon, du hättest Ärger gehabt und jemanden verpfiffen."
„Als ob ich jemanden verpfeifen würde", sagte ich gereizt und ging in den Gruppenraum, wo die anderen schon fernsahen. Langsam füllte sich der Raum mit den Jugendlichen aus der Gruppe - nur Jörg war nicht da. Ich vermutete, er hatte einfach keine Lust, weil er von Richard am Küchentisch ständig als „Taube" verspottet wurde. Jedenfalls dachte ich mir das so. Jerome kam rein und setzte sich neben mich auf die Couch. Dann betrat auch Richard den Raum und schloss hinter sich die Tür.

Er war einer der über Sechzehnjährigen, die im Haus rauchen durften. Ich dachte zunächst, er hätte deswegen die Tür geschlossen – aber schnell wurde mir klar, dass er es auf Jerome abgesehen hatte.
Ohne ein Wort kam er auf ihn zu und boxte ihm immer wieder auf dieselbe Stelle an der Schulter. Der Schlag wurde jedes Mal härter. „Alter, hör mal auf jetzt!“, schrie Jerome wütend, doch Richard schien das nur als weitere Provokation zu sehen. Er schlug einfach weiter. „Ich hab schon genug blaue Flecke wegen dir!“ sagte Jerome gereizt. „Wegen mir?“ fauchte Richard zurück. „Wegen mir hast du gar nichts – höchstens wegen dir selbst, weil du zu schwach bist.“
Ich sah nur still zu. Innerlich war ich mir sicher, dass ich früher oder später der Nächste sein würde, auf den er es abgesehen hatte. Doch dann ging plötzlich die Tür auf – Herr Mühlkorb trat ein. Die Situation beruhigte sich sofort. Er setzte sich auf das Sofa und zündete sich eine Zigarette an.
Ich ging mit Jerome zusammen raus und begleitete ihn in sein Zimmer. Auf dem Flur krempelte er sein T-Shirt hoch und betrachtete die Stelle, auf die Richard immer wieder geschlagen hatte – sie war rot und blau, richtig übel. In Jeromes Zimmer angekommen, sah ich, dass es genauso schlicht eingerichtet war wie das von Niklas und mir. Auf der rechten Seite wohnte Markus, auf der linken Jerome. Markus saß auf seinem Bett und fummelte an einer riesigen Stereoanlage herum. Ich schaute mich um – die Einrichtung war alt und abgenutzt, überall hingen Poster von halbnackten Frauen. Ich fühlte mich unwohl, setzte mich aber trotzdem zu Jerome aufs Bett und unterhielt mich mit den beiden. Von Markus erfuhr ich, dass er aus dem Saarland kam – genauer gesagt aus Saarlouis. Jerome erzählte mir, dass er aus der Nähe von Düsseldorf stammt, aus NRW. Dabei fiel mir auf, dass Jerome sich ebenfalls ritzte. Ich fragte ihn vorsichtig, warum er das tue, doch er antwortete mir nicht direkt.
Stattdessen warnte er mich:„Halte dich von Richard fern. Der ist hier der Stärkste. Der nimmt sich einfach, was er will.“ Ich hörte aufmerksam zu, doch nach einer Weile gingen wir wieder raus und liefen hinter das Haus, um eine zu rauchen.

Dome kam gerade von oben herunter und folgte uns. Er war sehr klein, hatte eine Glatze und nuschelte stark beim Sprechen – man musste sich richtig anstrengen, um ihn zu verstehen. Er wirkte eher wie ein zehnjähriges Kind, dabei war er ein Jahr älter als ich. Hinter dem Haus wurde mir klar: Dome war wohl das schwächste Glied der Gruppe. Der, der von allen alles abbekam.
Als Jerome in Dome´s Beisein erwähnte, dass sein Spitzname „Scheißhaufen“ sei, bestätigte sich mein Eindruck nur noch. „Laber kein Scheiß“, nuschelte Dome leise. Jerome wurde etwas aggressiver:„Lern mal richtig zu sprechen, du Scheißhaufen.“ Richard boxte Dome fest auf die Schulter. Doch Dome gab keine Widerworte. Er zündete sich stattdessen eine Zigarette an und rauchte still vor sich hin.

*

Was ich an diesem Abend ganz deutlich spürte: In dieser Gruppe wehte ein ziemlich rauer Wind. Von außen wirkte alles halbwegs akzeptabel - fast normal. Doch hinter den Kulissen war es hart, roh und oft gnadenlos. Ich zeigte Jerome die Narben auf meinem Arm – vom Ritzen. Er wirkte überrascht, als er sah, dass ich das auch mache. „Warum machst du das?“, fragte er.
„Um Druck abzulassen“, antwortete ich schlicht.
In diesem Moment wurde uns beiden klar, dass wir uns auf eine gewisse Art ähnelten – und zugleich doch sehr unterschiedlich waren. Jerome machte ständig Witze, so kindisch, dass ich sie kaum ertragen konnte. Aber im Grunde waren wir alle noch Kinder. Dumme Kinder vielleicht. Sonst wären wir wohl kaum hier gelandet. Einer seiner Lieblingswitze: Er formte mit seinen Fingern ein Loch – und wer hineinschaute, bekam einen Schlag auf die Schulter. Ich fiel einige Male darauf rein, und irgendwann tat meine Schulter einfach nur noch weh. Ich wurde langsam wütend, aber ich sagte nichts.
Später am Abend saßen wir alle beim Abendessen. Richard grinste Jerome provokant an. Man konnte spüren, wie die Spannung in der Luft lag. Für Richard war das alles noch Spaß, doch für Jerome war längst Ernst daraus geworden. Er konnte sich gegen Richard nicht wehren, das war offensichtlich.
Wir saßen also am Tisch, aßen still, und Herr Mühlkorb versuchte,

mit uns ins Gespräch zu kommen – auch mit mir. Er wollte mich wohl etwas besser kennen lernen. Also erzählte ich ihm dasselbe, was ich in den letzten Tagen schon gefühlt hundert Mal hatte sagen müssen: „Ich heiße Dennis, komme aus …, bin so und so alt.“
Die alte Leier. Aber ich ließ es über mich ergehen. Ich dachte mir nur: Irgendwann bin ich nicht mehr ‚der Neue'. Irgendwann verlieren die Leute das Interesse und lassen mich einfach in Ruhe. Ich mochte es nicht, im Mittelpunkt zu stehen.
Als alle mit dem Essen fertig waren und ihre Teller in die Spülmaschine geräumt hatten, kündigte Herr Mühlkorb an, dass in 30 Minuten das Gruppengespräch im Büro stattfindet. Ich war gespannt, was mich da erwarten würde - und hoffte gleichzeitig, nicht selbst Thema zu werden.
Ich ging noch einmal hinter das Haus, Jerome und Dome kamen mit - der Sucht wegen. Wir rauchten gemeinsam eine Zigarette, als plötzlich Richard aus dem Nichts um die Ecke sprang und laut brüllte: „ZIGARETTE WEG!“
Vor Schreck - ich dachte, es sei ein Betreuer - warf ich die Kippe sofort auf den Boden, trat sie mit dem Fuß aus und versuchte, den Stummel zu verstecken. Im nächsten Moment erkannte ich, dass es nur Richard war, der sich einen Spaß erlaubte. „Na, darfst du denn überhaupt schon rauchen?“, fragte er grinsend. „Wer will's mir denn verbieten?“ konterte ich frech. Er lachte - und ich wartete innerlich schon darauf, dass mir gleich eine Ohrfeige oder ein Schlag drohte. Aber Richard blieb ruhig. Er zündete sich selbst eine Zigarette an und sagte: „Rauch ruhig, brauchst keine Angst zu haben. Ich sag niemandem was.“
Ich hatte leider keine mehr, also fragte ich Jerome, ob er mir eine geben könnte. Er reichte mir eine selbstgedrehte. „Drehen ist günstiger“, erklärte er. Er erzählte mir, dass die Gruppe ab und zu nach Luxemburg fährt, um zu tanken, und dass die Jugendlichen dann die Gelegenheit nutzen, dort günstig Tabak zu kaufen.
„Filterzigaretten gehen immer so schnell leer, und Tabak hält eben länger. Von 'nem Päckchen Marlboro hast du vielleicht einen Tag was, aber von einem Beutel Tabak manchmal fünf, manchmal sechs Tage – je nachdem, ob du anderen was abgibst oder nicht.“
Ich nahm mir vor, beim nächsten Mal auch Tabak zu besorgen.

Ich kannte das ja schon – Langfinger Joe hatte auch manchmal Selbstgedrehte geraucht, also konnte das nicht allzu schwer sein, dachte ich mir. Nach dem Rauchen gingen wir wieder rein, setzten uns ins Büro und warteten darauf, dass das Gruppengespräch begann. Es waren inzwischen alle da – außer Jörg. Der trödelte wohl noch oben in seinem Zimmer herum. Erst als Richard ihn rief, kam er endlich herunter. Vor Richard hatte wohl selbst er Respekt. Die Stimmung war gereizt, alle waren genervt, weil Jörg zu spät kam. Jeder wollte das Gespräch einfach nur schnell hin-ter sich bringen.

Ich wurde an diesem Abend nur kurz am Rande erwähnt, die Hauptthemen waren der Essensplan für die kommende Woche, die geplanten Gruppenaktivitäten und das Taschengeld. Ich wusste gar nicht, dass man hier überhaupt welches bekommt – ganze 15 Euro pro Woche. Nicht viel, aber immerhin etwas, dachte ich.

Nach dem Gespräch blieben einige Jugendliche im Büro sitzen – sie warteten auf Anrufe von ihren Familien. Jetzt verstand ich auch, warum alle so sauer auf Jörg waren: Wegen seiner Verspätung hatten sie Angst, ihre Anrufe zu verpassen. Handys waren in der Gruppe nämlich verboten, genau wie Internet oder sonstige Technik. Der einzige, der in seinem Zimmer einen Computer hatte, war Jörg. Und nicht nur das – er hatte gleich ein ganzes Tonstudio mit Mischpult und allem Drum und Dran. Er war DJ, und weil er sich offenbar gut benahm, durfte er all diese Sachen behalten. Ich dagegen traute mich kaum, meinen kleinen Kassettenrekorder zu erwähnen, während andere riesige HiFi-Anlagen im Zimmer stehen hatten. Also hielt ich lieber den Mund.

*

Wir ließen den Abend im Gruppenraum gemeinsam mit einem Film ausklingen. Die meisten gingen noch duschen. Als ich dachte, dass nun keiner mehr ins Bad geht, ging auch ich duschen - wie immer mit Socken an. Wenn es jemand sehen sollte, würde ich einfach sagen, dass ich Angst vor Fußpilz habe und keine Badelatschen besitze. Ich hoffte, man würde das verstehen. Aber an diesem Abend sagte niemand etwas. Nach dem Duschen ging ich in die Küche, nahm ein stumpfes Küchenmesser aus der Schublade und ging zurück in mein Zimmer. Ich setzte mich auf mein Bett,

hielt kurz inne – und entschied mich dann um.
Ich ging ins Badezimmer nebenan, weil ich dort die Tür abschließen konnte und ungestört war. Ich klappte den Klodeckel herunter, setzte mich auf die Brille, zog die Socken aus und begann damit, mir mit dem Messer den Nagellack von den Fußnägeln zu kratzen.
Es war unangenehm und dauerte eine ganze Weile.
Zwischendurch klopfte es an der Tür. Jerome und Markus wollten sich noch schnell die Zähne putzen, bevor sie ins Bett gingen. Ich sagte ihnen durch die Tür, dass ich noch "groß" müsse, und gleich fertig sei.
Nach etwa zehn Minuten war der Lack endlich runter. Ich sammelte die abgekratzten Lackstücke vom Boden auf, spülte sie in die Toilette und verließ das Bad. Dann ging ich zurück in mein Zimmer.
Jetzt konnte mir niemand mehr etwas. Ich war erleichtert, aber tief in mir tat es weh, das letzte Stück meiner Weiblichkeit aufgeben zu müssen.
Ich hatte mich mit dem Lack auf meinen Fußnägeln wohlgefühlt – es war ein stilles, kleines Zeichen von Identität, das mir nun genommen wurde. Ich war es zwar selbst, die ihn entfernt hatte, aber nur aus Angst, hier noch mehr aufzufallen, noch mehr Ablehnung zu erleben.
Etwas traurig legte ich mich ins Bett, drehte mich zur Wand und schlief mit Tränen in den Augen ein.

Irgendwie überleben...

Am nächsten Morgen – Punkt sechs Uhr – wurde ich wieder unsanft von Niklas geweckt. Ich würde ihm gerne mal die Meinung sagen, aber letztlich musste ich sowieso aufstehen, also konnte es mir egal sein. Trotzdem ärgerte mich sein Ton, dieser Mangel an Respekt. So etwas tut man nicht, finde ich. Ich zog mich an, ging ins Badezimmer, putzte mir die Zähne und ging dann runter ins Esszimmer zum Frühstück. Wirklich freuen tat ich mich auf diesen Tag nicht, aber ich musste ihn durchstehen. Es war ja erst der Anfang von vielen Tagen, die noch vor mir lagen.

Wie so oft aß ich nichts. Das Einzige, was ich morgens zu mir nahm, war eine Tasse Kakao – kalt, mit Milch und Schokopulver, kein richtiger „Frühstückskakao“. Ich seufzte innerlich. Mann, wie ich die Zeit vermisste, in der ich morgens einfach ein Bier trinken konnte. Ich packte meine Sachen, zog mich fertig an und wartete draußen am Gruppenbus. Ich war etwa 30 Minuten zu früh, aber die frische Luft tat mir gut.
Ich rauchte eine Zigarette nach der anderen. Als ich die anderen schließlich kommen hörte, schnippte ich die Glut ab und steckte den Stummel ein – für später, für den Weg zur Schule.
Wir wurden hoch zum Hauptgebäude gefahren und liefen gemeinsam zur Schule. Unterwegs rauchte ich den Rest meiner Zigarette zu Ende und stellte mich mit den anderen auf den Schulhof. Wir warteten darauf, dass ein Lehrer die Tür aufschloss. Irgendwann erklärte mir jemand, dass Herr Görge kein Lehrer im klassischen Sinn war, sondern ein Sozialpädagoge.

So sah er auch aus: kurze graue Halbglatze, rundliches Gesicht, gepflegter grauer Dreitagebart – alles an ihm strahlte „Pädagoge“ aus. Im Unterricht saß ich wie immer ganz vorne und versuchte mich innerlich auf den Tag einzustellen. Frau Liephold betrat den Raum, und der neue Wochenplan startete mit Erdkunde. Die anderen Schüler in der Klasse waren zum Großteil extrem unruhig, ständig in Bewegung, kaum fähig, fünf Minuten still zu sitzen. Das war mir vorher nie so stark aufgefallen – wahrscheinlich, weil ich selbst genauso war. Aber allmählich gewöhnte ich mich an den Schulalltag. Und auch an den nervigsten Schüler von allen: Lakis.
Ich hatte das Gefühl, die einzigen Momente, in denen er sich wirklich konzentrieren konnte, waren die, in denen er kaute. Und das auch nur, weil er sonst an seiner eigenen Hast zu ersticken drohte. Die ersten zwei Stunden zogen sich zäh dahin. Der Stoff war nichts Neues – das hatte ich alles schon mal in der fünften Klasse auf der Hauptschule durchgenommen, an den Tagen zumindest, an denen ich anwesend gewesen war. Ich konnte das Frühstück kaum abwarten. Als es endlich hieß, dass wir Pause machen, freute ich mich richtig. Herr Görge kam mit einem Tablett in die

Klasse und stellte es auf den Tisch – darauf lagen Pizzabrötchen, genau abgezählt, jeder bekam eins. So wie an jedem Tag.
Sie schmeckten erstaunlich gut. Ich glaube, das war das Einzige, woran ich mich hier wirklich hätte gewöhnen können.
Die Schule war okay, die Gruppe war – bis auf ein paar Ausnahmen – erträglich, und die Gruppenaktivitäten gingen ebenfalls klar. Die ersten sechs Wochen verliefen für mich relativ rund.

*

Ich versuchte, mich so gut es ging zu benehmen. Doch nach sechs Wochen kam die erste Ernüchterung. Es war Wochenende, und als gemeinsame Aktivität wurde beschlossen, dass wir alle zusammen zur Bundeswehrausstellung nach Trier fahren würden.
So war es dann auch: Wir fuhren morgens um 10 Uhr los nach Trier, auf das Messegelände, und besuchten die Ausstellung. Unser Betreuer war Herr Jesske - ein hartgesottener FC-Köln-Fan, der einen platten Eifeler Dialekt sprach. Vom Charakter her war er in Ordnung: ein typischer Mittvierziger mit Halbglatze, meistens gut gelaunt. Aber jedes mal wenn er etwas sagte, hab ich kein Wort davon verstanden
Das Messegelände war riesengroß. Überall war Militär, Zelte, Panzer. Soldaten patrouillierten an jeder Ecke, und überall bekam man Poster der Bundeswehr geschenkt. Gleich am Anfang stand das Waffenzelt, wo man die Einsatzwaffen der Bundeswehr ansehen und sogar anfassen konnte. Die Waffen waren natürlich alle gesichert, ungeladen und mit Eisenketten an Tischen befestigt.
Die meisten Jungs aus meiner Gruppe waren begeistert, vor allem von Handgranaten und der Panzerfaust.
Ich erinnere mich gut: Ich stand am Tisch mit den kleineren Waffen und hielt zum ersten Mal in meinem Leben eine echte Schusswaffe in der Hand. Sie war silbern, schwer - und ich war tief beeindruckt.
Die anderen Sachen interessierten mich weniger, aber aus Gruppenzwang lief ich einfach mit, musste mir alles ansehen, was die Messe so hergab.
Als wir am Stand mit den EPAs, den Esspaketen der Bundeswehr, ankamen, kaufte sich Niklas ein EPA - ein kleines grünes Paket mit lang haltbarer Notverpflegung. Es kostete 15 Euro.

Ich konnte mir so etwas nicht leisten, mein ganzes Taschengeld ging für Tabak drauf.
Inzwischen hatte ich mit Richard einen Deal: Er kaufte mir den Tabak an der Tanke und bekam dafür jedes Mal einen Euro. Jedenfalls liefen wir weiter zur Fahrzeugausstellung. In der Mitte war ein riesiger Platz abgesperrt, auf dem Sanitätswagen, Panzer und Geländewagen einfach nur stumpf hin- und herfuhren. Ich verstand nicht, was die Leute daran fanden. Für mich war das nichts Neues: Landstuhl liegt direkt neben Ramstein, der amerikanischen Airbase.
Ich kannte Panzer, Militärfahrzeuge und riesige Transportflugzeuge, die täglich Verletzte ins Militärkrankenhaus brachten. Für mich war das Alltag – für die anderen war es aufregend.
Wir verbrachten den halben Tag auf der Messe, aber mir wurde immer langweiliger. Irgendwann am späten Nachmittag beschlossen wir, zurückzufahren. Ich freute mich an diesem Tag aber auf etwas ganz anderes: Ich durfte endlich zu Hause anrufen.
Die ersten sechs Wochen mit dem Kontaktverbot waren vorbei. Ich war total nervös und hibbelig. Obwohl ich meinen Pflegeeltern noch immer böse war, freute ich mich, ihre Stimmen wieder zu hören.

*

Es war abgemacht, dass sie mich abends um 19 Uhr anrufen würden und dass der Anruf nach oben in mein Zimmer durchgestellt würde. Ich ging duschen, zog mich um, aß mit den anderen zu Abend.
Als ich hoch ging, sah ich auf dem Tisch von Niklas sein geöffnetes EPA stehen. Obenauf lag eine kleine 20-Gramm-Packung Zucker. Ich dachte mir nichts dabei, riss sie auf, streute den Zucker auf meine Zunge - und ging runter, um hinter dem Haus eine zu rauchen. Gegen 18:45 Uhr ging ich ins Büro und setzte mich auf die Couch. Ich war nervös. Dann kam der Anruf. Herr Mühlkorb lächelte mich an, und ich wusste: Am anderen Ende des Telefons war mein Zuhause. Er legte den Anruf nach oben durch. Ich hörte es schon klingeln, rannte die zwei Stockwerke hoch und nahm den Hörer ab.
„Dennis? Dennis, bist du es?“

„Ja, ich bin's“, sagte ich. Ich hörte, wie sie anfing zu weinen. „Beruhig dich. Mir geht's hier soweit ganz okay. Die kümmern sich um mich“, sagte ich, und begann ihr zu erzählen, wie mein Einstieg in der Fremde verlaufen war – vom ersten Schultag, von den Gruppenaktivitäten, dem Ausflug zur Bundeswehrmesse und wie die Leute hier so drauf waren.
Ich verschwieg die körperlichen Übergriffe, wollte ihr keine Angst machen. Am anderen Ende der Leitung hörte ich sie leise weinen, aber sie hörte mir aufmerksam zu.
„Und wie läuft es bei euch so?“, fragte ich, nachdem ich alles erzählt hatte. Sie begann zu berichten: dass das Haus so ruhig sei, dass meine Schwester Anne sich verändere, nicht mehr nach Hause komme, sondern lieber mit alten Männern rumhänge.
Gerade als sie anfangen wollte, von meinem Pflegevater zu erzählen, passierte es: Niklas kam plötzlich um die Ecke - ohne ein Wort - und begann auf mich einzuschlagen. Mitten ins Gesicht, in den Bauch. Ich ließ den Hörer fallen. Am anderen Ende der Leitung hörte meine Pflegemutter mit, wie ich zusammengeschlagen wurde.
Als er langsam damit aufhörte, auf mich einzuschlagen, sagte er nur:„Ich geb' dir - von wegen meinen Zucker klauen“, und verschwand wieder im Flur. Ich hatte schon geweint und legte einfach auf, weil ich nicht wollte, dass meine Pflegemutter mitbekommt, was da gerade passiert war. Langsam stand ich auf, in meinem Kopf dröhnte es wie verrückt.
Ich schleppte mich eine Etage tiefer in unser gemeinsames Zimmer - Niklas‘ und meins. Er war nicht da, Gott sei Dank. Ich schnappte mir schnell meine Jacke, ging nach unten, dann durch die Tür nach draußen. Herr Mühlkorb war gerade im Gespräch mit Dome, hatte das Büro abgeschlossen und bekam nicht mit, wie ich rausging. Die Tür hinter mir ließ ich absichtlich offen – leise, unauffällig – ich wollte nicht, dass jemand hört, dass ich einfach verschwinde. Draußen auf dem Gehweg begann ich zu rennen, so schnell ich nur konnte.
Es war schon dunkel, das Dorf war mir fremd und ich wusste nicht, wohin überhaupt. Ich rannte einfach los, weinte dabei, und versuchte mir im Laufen so gut es ging die Tränen aus den Augen zu

wischen, damit ich nicht aus Versehen gegen eine Laterne oder ein geparktes Auto rannte. Ich wusste nur: Nicht in Richtung Helenenberg zum Hauptgebäude - das wäre der erste Ort, an dem sie nach mir suchen würden.

*

Ich rannte die Hauptstraße runter, dann rechts in eine kleine, wenig beleuchtete Straße, die sich hinunter in die Dunkelheit schlängelte.

Rechts davon war Wald, links Felder. Plötzlich hörte ich ein Auto hinter mir, das ebenfalls in diese Straße einbog. Ich drehte mich um, doch das Licht blendete mich so stark, dass ich nicht erkennen konnte, wer es war.

Ohne lange zu überlegen, sprang ich in den Straßengraben, versteckte mich hinter einem Baum und flehte innerlich: „Bitte, Gott, lass es nicht die Gruppe sein. Bitte, lass sie mich nicht gesehen haben."

Als das Auto schließlich vorbeifuhr, fiel mir ein Stein vom Herzen - ein Getränkemarkt-Transporter. Egal. Hauptsache nicht sie. Ich setzte mich in den Schutz der Bäume, tastete meine Jacke ab, hoffte, dass ich Tabak und Feuerzeug dabei hatte - und ja, ich hatte alles: Ein halbleerer Beutel Red Bull Tabak, frisch angebrochene Papers und mein Feuerzeug. In dem Moment war ich dankbar dafür, dass ich mich beim Rauchen immer verstecken musste - ich hatte immer alles griffbereit in der Jacke.

Ich wischte mir die Tränen mit dem Ärmel aus dem Gesicht und begann, mir eine Zigarette zu drehen. Meine Hände zitterten noch immer und ich war außer Atem, aber die Zigarette sollte mich erstmal beruhigen. Beim Rauchen dachte ich die ganze Zeit daran, dass Niklas mich doch nicht nur wegen einem 20-Gramm-Zuckerpäckchen so zusammengeschlagen haben konnte. Da musste noch was sein – etwas Persönliches.

Vielleicht hatte er ja meine lackierten Fußnägel gesehen, dachte ich, aber nein – wenn das so gewesen wäre, hätte es noch am selben Tag jeder im Heim gewusst. Es musste etwas anderes sein. Ich wusste nur nicht was. Ab diesem Moment wurde mir klar, dass ich hier nicht im Kindergarten gelandet war.

Die Leute hier waren nicht umsonst als schwer erziehbar

eingestuft. Ich musste hier weg. Ich konnte nicht mehr. Ich wollte das nicht mehr. Ich schwor mir, ab diesem Tag alles zu versuchen, um hier rauszukommen - koste es, was es wolle, und egal wie lange es dauert.
Ich begann schon heute damit. Vorerst aber musste ich noch eine Weile hinter den Bäumen bleiben, versteckt, falls jemand auf die Idee kam, die Straße entlangzufahren. Ich hatte kein Zeitgefühl mehr. Als ich abgehauen bin, war es vielleicht halb acht. Es war schon dunkel, ich wusste also nicht, wie spät es nun war – es konnte genauso gut zehn oder sogar schon Mitternacht sein. Ich beschloss zu warten, drehte mir noch eine Zigarette und rauchte sie in der Dunkelheit. Zwei gefühlte Stunden später – in Wirklichkeit war es wohl nur eine halbe – verließ ich mein Versteck.
Wenn ich nun weiter die Straße runterging, würde der Wald enden und links wie rechts begannen offene Felder. Keine Deckung mehr. Trotzdem ging ich schnellen Schrittes weiter. Schon länger war kein Auto mehr vorbeigekommen, das bestärkte mich in dem Glauben, dass es schon spät war. Ich lief etwa einen Kilometer, als ich plötzlich wieder ein Auto hörte. Der Lichtkegel kam näher, das Auto schaltete kurz das Fernlicht ein, dann wieder aus – und als es schließlich direkt hinter mir war, hielt es an. Eine Tür ging auf. Dann hörte ich die Stimme von Herrn Mühlkorb: „Dennis, bleib stehen. Wir wissen, was passiert ist."
Ich blieb stehen, drehte mich aber nicht um. Im Licht des Gruppenbusses versuchte ich noch, die Umgebung zu scannen, um irgendwohin fliehen zu können - vielleicht ins Feld, wo er mit dem Bus nicht hinkonnte.
Doch in dem Moment, in dem ich mich entschied, loszurennen, spürte ich seine Hand auf meiner Schulter. Er sagte: „Niklas hat's uns gesagt. Er bekommt Konsequenzen. Komm bitte wieder mit zurück in die Gruppe. Niemand ist dir böse. Auch Niklas tut es leid."
In mir brodelte es. Ich war gedemütigt worden, erniedrigt – und das am Telefon, während meine Pflegemutter zuhörte. Gerade hatte ich ihr gesagt, dass sich die Leute hier um mich kümmern. Ich hatte Angst, zurückzugehen. Aber ich hatte keine Wahl. Ich musste mit.

Dennis ist ein Hurensohn

Ich stieg mit meinem Betreuer in den Gruppenbus ein, und zum allerersten Mal saß ich vorne auf dem Beifahrersitz. Normalerweise sitzen da immer die Lehrlinge, und wenn die nicht da sind, streiten sich die Schüler darum, wer da sitzen darf – und nun saß ich hier mit flauem Magen, denn ich wurde zurück in die Höhle des Löwen gefahren.
Als wir auf der Gruppe angekommen waren, befand sich jeder im Fernsehraum. Herr Mühlkorb rief Niklas zu uns nach unten ins Büro und schloss die Tür hinter uns. Ich hörte, wie die anderen sich leise die Treppe herunter schlichen, um zu lauschen. Niklas brach das Schweigen und entschuldigte sich zaghaft bei mir. Herr Mühlkorb erklärte mir, dass er von nun an ein Einzelzimmer oben bei den Lehrlingen haben würde. Ich freute mich innerlich, endlich mein Zimmer nicht mehr teilen zu müssen, aber gleichzeitig war ich verärgert, denn als ich mal nach einem Einzelzimmer fragte, hatte Herr Jesske mir erklärt, dass diese Zimmer eine Belohnung seien, und dass man sich so etwas erst verdienen müsse.
Und nun? Jetzt bekommt Niklas ein großes Einzelzimmer, obwohl er mir so wehgetan hat. Ich begriff es nicht, und mein Hass auf dieses Heim wurde immer größer. Als sich die Tür des Büros öffnete, und wir wieder nach oben gingen, war Niklas‘ Seite in unserem alten Zimmer bereits leergeräumt. Er hatte schon alles gepackt und in sein neues, tolles Einzelzimmer gebracht. Für den Moment war mir das aber egal, denn ich hatte jetzt ein Doppelzimmer für mich allein.
Diesen Abend werde ich nie vergessen. Es war Samstag, und samstags durften die Schüler bis 23 Uhr im Fernsehraum bleiben. Es war etwa 21 Uhr, und ich hatte mich in meinem Zimmer verschanzt. Die Türen konnte man zum Glück von innen abschließen, nur die Betreuer hatten einen Generalschlüssel.
Ich war froh darüber, denn kaum fünf Minuten später, als Herr Mühlkorb wieder im Büro war, klopften Jerome und Dome an meine Tür und wollten herein. Ich saß auf meinem Bett und stellte das Radio leise an in der Hoffnung, dass sie denken würden, ich

schliefe – doch das brachte nichts. Jerome wurde mit der Zeit immer aggressiver. „Dennis, du Hurensohn, mach sofort die scheiß Tür auf" zischte er, und Dome, dieser kleine Mitläufer, kicherte daneben. „Alter, Niklas ist nicht hier, du kannst die Tür aufmachen", meinte er.
Ich reagierte nicht, ich saß einfach da, hörte nur und dachte nach über diese Hölle, über das Warum – warum man mich so sehr hasste, warum ausgerechnet ich die volle Breitseite abbekommen musste.
Sie versuchten es noch ein paar Minuten, dann gaben sie auf. Jerome sagte nur: „Denk dran, wir sehen uns morgen sowieso", und ging mit Dome rauchen. Von meinem Fenster aus konnte ich sie direkt vor der Garage sehen und hören. Das Fenster war ein abschließbares Sicherheitsfenster, so eines wie in jedem Zimmer des Hauses, außer im Büro.
Da ich an diesem Abend nicht mehr aus dem Zimmer gehen wollte, nahm ich mir vor, das Fensterschloss zu knacken, damit ich wenigstens nachts rauchen konnte. Ich hatte es tatsächlich geschafft, und während Jerome und Dome draußen noch versuchten, mich mit kleinen Steinchen am Fenster zu provozieren, drehte ich die Musik etwas lauter und ignorierte sie.
Ich kramte meine Stifte aus dem Rucksack und meinen Bleistiftspitzer, dessen Klinge nur notdürftig angeschraubt war. Der Spitzer war längst kaputt, aber ich hatte ihn wegen der Klinge behalten. In der Dunkelheit, beleuchtet vom Licht der Straßenlaternen, schraubte ich die Klinge ab und fuhr mir damit über die Haut.
Ich weinte, als ich es tat, und verfluchte innerlich mein ganzes Leben. Warum passiert mir das? Warum tun die mir das an? Warum kam ich nicht einfach in ein Mädchenheim? Ich bin doch ein Mädchen!!!
All das ging mir durch den Kopf, und ich verstand es nicht. Ich drückte die Klinge fester in die Haut, es war mir egal, ob man die Narben sah. Ich schnitt einfach, ohne an Konsequenzen zu denken, denn ich brauchte diesen Schmerz, der mir zeigt, dass das alles real ist – dass ich nicht träume, nicht in einem rosa Zimmer aufwache in einer Welt, in der ich Jessica bin, und mir einfach denke: „Das war ein echt beschissener Albtraum."

Aber nein, es war nicht so. Wie so oft in meinem Leben hatte ich diesen Moment, in dem ich mir innerlich sagte: „Jessica, wach auf! Wach endlich auf, Jessy, es ist nur ein Traum!“

*

Doch nie wachte ich auf. Es war mein Albtraum, meine ganz persönliche Hölle, die sich mein Leben nennt. Als ich hörte, wie die letzten der Gruppe in ihre Zimmer gingen und der Betreuer wieder unten im Büro war, versteckte ich die Klinge, betrachtete das Fenster genauer und versuchte, es mit einer Büroklammer zu öffnen, wie in den Filmen.
Doch das funktionierte nicht. Nach ein paar Minuten beschloss ich, es einfach mit einem kräftigen Ruck zu versuchen. Ich hatte Angst, erwischt zu werden, zog mir also einen Pullover über, falls Herr Mühlkorb plötzlich hereinkäme und das Blut an meinen Armen sehen würde - er könnte ja denken, ich wollte aus dem Fenster springen, und das konnte ich heute nicht auch noch gebrauchen. Also stellte ich mich ans Fenster, riss mit aller Kraft am Griff - und es öffnete sich. Das Schloss sah von außen nicht beschädigt aus.
Ich stellte es wieder auf Kipp, legte mich ins Bett und tat so, als würde ich schlafen. Offenbar hatte der Lärm Herrn Mühlkorb doch aufgeschreckt, denn ich hörte ihn die Treppe hochkommen. Er sah nach, ging aber wieder runter, nachdem er wohl dachte, jemand hätte nur etwas fallen lassen.
Ich griff in meine Jackentasche, drehte mir eine Zigarette und stellte mich ans Fenster, um sie zu rauchen. Ich lehnte mich so weit wie möglich hinaus, damit man den Rauch im Zimmer nicht riecht - und der Plan ging auf.
In dieser Nacht weinte ich mich leise in den Schlaf, weil ich nicht wusste, was mich am nächsten Tag erwarten würde, und weil ich noch immer geschockt war von dem, was Jerome gesagt hatte: "Dennis, du Hurensohn." Dieser Satz ging mir immer wieder durch den Kopf und tat weh. Er tat besonders weh, weil er so unerwartet kam. Ich hatte geglaubt, ich könnte Jerome vertrauen – aber jetzt wusste ich, dass ich mich geirrt hatte.

*

Sonntag. Es war das erste Mal, seit ich in der Gruppe war, dass ich nicht von Niklas aus dem Schlaf gerissen wurde, sondern durch

das Klopfen des Betreuers an meiner Tür. „Alle aufstehen, Frühstück, Kirche" hallte es durch das Haus, und mir wurde mulmig. Ich beschloss, den Tag so normal wie möglich zu beginnen und mich so zu verhalten, wie ich es immer tue: aufstehen, Zähne putzen, mich an meinen gewohnten Platz am Tisch setzen und eine Tasse Kaba trinken. Und genau das tat ich auch.
Als Richard und Niklas an den Frühstückstisch kamen, spottete Richard über mich: „Na, da ist ja unser kleiner Ausreißer wieder", sagte er und fragte mich im selben Ton, wo ich denn gewesen sei.
"Wir haben dich gestern auch gesucht, und glaub mir, hätten wir dich gefunden, hätten wir dich an den Füßen zurück in die Gruppe geschleift. Also, wo warst du?"
Ich antwortete frech: „Woher soll ich das denn wissen, ich kenne mich in diesem Loch doch nicht aus" und trank an meinem Kaba. Richard gab sich vorerst mit dieser Antwort zufrieden, aber ich merkte ihm an, dass es eben nur vorerst war und das letzte Wort noch nicht gesprochen war.
Als die übrigen Jungs an den Tisch kamen und auch Herr Mühlkorb sich mit einer Tasse Kaffee dazusetzte, war alles wie immer. Die Leute redeten miteinander, hin und wieder hörte man einen Witz über Jörg. Darüber, dass ich gestern weggelaufen war, sprach niemand ein Wort. Auch Jerome schwieg. Im Grunde genommen schaute er mich beim Essen nicht einmal richtig an.
Er redete nur mit Dome und schien in ihm plötzlich einen guten Ersatz gefunden zu haben, obwohl er ihn anfangs, als ich neu war, noch schikaniert und als „Scheißhaufen" betitelt hatte. Das zeigte mir auch, dass Dome hier niemanden hatte. Warum sonst sollte er sich plötzlich so mit Jerome verstehen?
Er dachte wohl einfach, dass er endlich jemanden gefunden hatte, zu dem er gehören konnte. Ich fand es traurig, dass Menschen ihre Prinzipien so leicht verraten, nur um irgendwo akzeptiert zu werden. Aber im Grunde verkörperte Dome dasselbe wie ich – nur dass ich mich eben mit meiner Weiblichkeit versteckte, um nicht von den anderen in der Luft zerrissen zu werden wie ein Stück rohes Fleisch, das man in den Löwenkäfig wirft. Nach dem Frühstück ging Jerome direkt mit Dome hinter das Haus zum Rauchen.

Da ich mein Zimmerfenster tagsüber nicht öffnen konnte - die Gefahr, dabei gesehen und erwischt zu werden, war zu groß - folgte ich ihnen schließlich. Jerome empfing mich mit den Worten: "Alter, was willst du denn hier? Du darfst gar nicht rauchen, hau mal ab." Ich steckte mir dennoch wortlos eine Zigarette an. "Hast du nicht verstanden?", sagte er, und Dome wiederholte: "Ja, hau ab." In dem Moment drehte sich Jerome zu Dome um und sagte:"Du hast hier gar nichts zu melden, du Scheißhaufen, halt deine Fresse" und drehte sich dann wieder zu mir. Ich fragte ihn, was sein Problem mit mir sei, und er sagte nur: „Du bist das Problem."

Ich war erstaunt, innerlich gereizt und gleichzeitig ängstlich. Dome sah mich an und lachte mich wieder aus. Ich holte in diesem Moment einfach aus, boxte ihn mit voller Wucht in den Bauch und fragte ihn, ob er mich jetzt immer noch so witzig findet. Er krümmte sich und hustete etwas, und ich war in diesem Moment total geschockt von mir selbst. Das war das erste Mal, dass ich einen anderen geschlagen hatte, und es fühlte sich so mies an. Ich bekam ein schlechtes Gewissen, als ich sah, wie Dome nach Luft japste, aber insgeheim hoffte ich, mir damit wenigstens ein kleines bisschen Respekt verschafft zu haben.

Plötzlich schubste Jerome mich von hinten auf Dome. Es kam so unerwartet und mit voller Wucht, dass ich reflexartig versuchte, mich mit der Hand abzustützen, doch Dome erschrak, als er mich auf sich zufliegen sah. Ich rutschte an seiner Schulter ab, und dabei knickte meine linke Hand komplett nach innen.

Als Jerome und Dome sahen, dass ich kurz vor einem Heulkrampf stand, rannten sie einfach weg. Trotz der höllischen Schmerzen schleppte ich mich zurück ins Haus, um meine Hand unter kaltes Wasser zu halten.

Als ich durch die Tür kam und Herr Mühlkorb mich aus dem Büro heraus sah, fragte er, was mit mir los sei. Ich sagte, ich sei im Garten hingefallen und dass meine Hand höllisch weh tue. Er schaute sie sich kurz an und meinte: „Ich glaube, die ist gebrochen. Wir sollten ins Krankenhaus fahren."

Oh nein, dachte ich, jetzt sehen alle meine Narben. Aber ich konnte mich nicht drücken, die Schmerzen wurden schlimmer.

Herr Mühlkorb schloss das Büro ab, erklärte der Gruppe, dass Kirche heute ausfällt, und dass er mit mir ins Krankenhaus müsse. Er öffnete den Gruppenraum, damit die Jungs wenigstens fernsehen konnten. Dome und Jerome mussten mitfahren, weil Herr Mühlkorb befürchtete, sie könnten sonst Ärger machen - fast so, als hätte er geahnt,was im Garten passiert war.
Wenn er es gewusst hätte, wären die beiden sicher richtig drangekommen. Im Krankenhaus angekommen wurde ich erstmal geröntgt. Ich bestand darauf, allein mit den Ärzt*innen zu gehen, damit Herr Mühlkorb meine Narben nicht sieht. Ärzte haben ja Schweigepflicht. Der Arzt, der mich untersuchte, sah die Narben an meinem Arm und fragte, warum ich mich ritze. Ich sagte, ich sei gestürzt und hätte mir den Arm am Bordstein aufgeschürft.
Er glaubte mir nicht, aber ließ die Fragen bleiben. Er reinigte und desinfizierte die Wunden, dann wurde ich geröntgt. Wenig später kam derselbe Arzt zurück mit dem Befund: Handgelenk gebrochen, ich brauche einen Gips. Er sagte uns, wo wir hinmüssen, und verschwand wieder. Eine Schwester kam uns entgegen und bat mich ins Behandlungszimmer.
Ich durfte mir die Farbe des Gipses aussuchen – es war kein normaler Gips, sondern einer aus Kunststoff, der nass gemacht und dann steinhart wird. Ich hätte so gerne einen rosa oder roten genommen, aber ich hätte das vor den anderen nie rechtfertigen können, also nahm ich den blauen.
Die Schwester packte meinen Arm zuerst in einen dicken Verband und legte dann den Gips an, ließ ihn unter einer Lampe aushärten und sagte schließlich:„Zack, fertig. In sechs bis acht Wochen kommst du wieder zum Röntgen, dann schauen wir, ob der Knochen gut verheilt ist. Bis dahin: nicht belasten, nicht unnötig bewegen."
Sie führte mich in den Warteraum zurück, wo Herr Mühlkorb mit Jerome und Dome auf mich wartete. Die Schwester drückte ihm noch ein paar Unterlagen und meine Versicherungskarte in die Hand, dann fuhren wir zurück zur Gruppe. Im Gruppenbus saß ich ganz hinten, Jerome und Dome auf der Bank davor. Ich glaube, Jerome war überrascht, dass ich die beiden nicht verpfiffen hatte. Und Dome? Naja, der war einfach... nichts. Er konnte ja nicht mal

richtig lesen oder schreiben. Ich sprach jedenfalls kein Wort mit den beiden. Innerlich war ich fast erleichtert – immerhin musste ich jetzt nicht mit in die Kirche. Die anderen auf der Gruppe würden sicher auch nicht enttäuscht sein, denn für die meisten war der Sonntagmorgen einfach nur lästig, weil er immer mit diesem verdammten Kirchgang verbunden war.

Als wir zurück auf der Gruppe waren, fragten mich alle, was passiert sei. Ich erzählte dieselbe Geschichte wie schon zuvor: „Ich bin im Garten ausgerutscht und blöd hingefallen.“ Und sie glaubten mir.
Innerlich war ich noch immer sauer auf Jerome, aber ich hatte das Gefühl, dass Dome jetzt zumindest ein bisschen Respekt vor mir hatte. Gleichzeitig war ich auch froh, bei keinen sportlichen Aktivitäten mehr mitmachen zu müssen, bei denen ich eh nur Zielscheibe gewesen war. Beschissen war nur, dass ich trotzdem in die Schule musste. Mein linker Arm war gebrochen, aber die Lehrer und Betreuer kauften mir nicht ab, dass ich Linkshänderin bin. Ich hab's versucht - aber sie ließen mich einfach normal in den Unterricht gehen.

*

Sechs Wochen später kam der Gips endlich ab. Ich musste zur Kontrolluntersuchung und zum Röntgen wieder ins städtische Krankenhaus nach Trier. Zum Glück war alles gut verheilt. Ehrlich gesagt war ich froh, den Gips loszuwerden – nach sechs Wochen ohne Waschen roch es darunter wie bei Langfinger Joe in seiner Wohnung. Es war mir richtig unangenehm.
Dieses Mal war ich mit Herrn Jesske unterwegs, nicht mit Mühlkorb. Es war auch keinArzt, sondern eine Frau, die mich röntgte und den Gips aufsägte. Ich weiß noch, dass ich totale Angst vor dieser kleinen Fräse hatte, aber sie beruhigte mich gut, und ich vertraute ihr.
Generell vertraute ich Jungs nicht mehr. Männern schon gar nicht. Es tat gut, mal wieder mit einer Frau zu sprechen, außer mit Frau Hack, meiner Betreuerin. Am liebsten hätte ich laut herausgeschrien: „Helfen Sie mir, ich bin ein Mädchen im Körper eines Jungen!“

”

Und manchmal ist es, als würde ich mich selbst in einem Flur voller Spiegel suchen – aber in keinem davon bin ich. Nur verzogene Fratzen, nur Lügen, nur Projektionen. Ich will raus aus dieser Haut. Ich will raus aus diesem „Du musst halt kämpfen“-Ding. Ich will einfach nur einmal ankommen. Atmen. Und sein dürfen. Ohne Maske. Ohne Angst. Aber vielleicht ist das zu viel verlangt in einer Welt, die lieber an Lügen glaubt als an Menschen…

”

Aber als der Gips ab war und sie meine Narben vom Ritzen sah, schwieg ich. Ich wollte nicht, dass man mich komplett für verrückt hält. Also sagte ich nichts. Inzwischen sah man keine Kruste mehr, nur noch die Narben – und man konnte annehmen, dass sie schon älter sind.
Das beruhigte mich. Ich begann, wieder normale T-Shirts zu tragen, keine Pullis mehr, um die Narben zu verstecken. Das Leben ging also irgendwie weiter. Ich ging zur Schule, war auf der Gruppe, schloss mich so oft es ging in meinem Zimmer ein - einfach, um dem Alltag zu entfliehen. Alltag bedeutete: dämliche Gruppenaktivitäten, das tägliche Abendessen, Sport in der Turnhalle, in der „Muskelschmiede".
Ich wollte das alles nicht. Ich wollte nur allein sein. Wenn ich allein war, konnte ich nachdenken – und vor allem: weinen, ohne dass jemand meine Tränen sieht.

Tonbandkrieg

Doch an einem Freitagabend wurde meine Ruhe gestört. Es klopfte an der Tür. Dome stand draußen und fragte, ob er reinkommen dürfe. Ich war gerade dabei, mit meinem Kassettenrekorder herumzuspielen und entdeckte, dass er eine Aufnahmefunktion hatte – wie ein Diktiergerät.
Eine Idee schoss mir durch den Kopf: Ich würde mich an Dome für mein gebrochenes Handgelenk rächen. Ich machte mir ein Spiel daraus, über die Betreuer abzulästern, und drückte immer dann heimlich auf „Aufnahme", wenn Dome dazu was sagte.
Ich dachte zuerst, er würde es merken – aber er wusste offensichtlich nicht, dass der kleine Kasten aufnehmen kann. Ich wusste es ja bis dahin selbst nicht. Wir redeten eine Weile, lästerten herum. Ich fing an, die Betreuer runterzumachen, und Dome stieg fröhlich mit ein. Nach zwei Stunden war das Gespräch durch. Ich schickte ihn raus, sagte, ich suche meinen Tabak und komme dann runter zum Rauchen.
Er ging, und ich blieb allein im Zimmer. Ich wollte hören, was ich da aufgenommen hatte. Aus mehreren abgehackten Worten bastelte sich plötzlich ein kompletter Satz: „Klaus Mühlkorb ist ein

dämliches Arschloch.“
Das war mein Triumph. Ich ging rüber zu Jerome und Richard, klopfte euphorisch an deren Tür, die Kassette in der Hand. Jerome öffnete, Richardd lag auf dem Bett und blätterte in einem Easy Rider-Magazin - halbnackte Frauen auf Motorrädern.
„Mach mal an“, sagte Jerome und warf die Kassette zu Richard rüber, der sie in seine Stereoanlage legte. Dann hörten wir ihn - Dome - sagen: „Rolf Mühlkorb ist ein dämliches Arschloch.“ Wir lachten los. Nicht, weil es so clever war oder Dome sich damit blamiert hätte - sondern weil man, wenn man genau hinhörte, bemerkte, dass der Satz so nie gefallen sein konnte. Die Worte waren abgehackt, jedes in einer anderen Tonlage. Und trotzdem - es war verdammt gut gemacht.
Plötzlich klopfte es. Dome stand vor der Tür. Jerome ließ ihn rein und schloss die Tür hinter ihm. „Alter, bist du verrückt? Wie kannst du Herrn Mühlkorb so beleidigen?“ fuhr Jerome ihn an, mit ernster Miene. Richard legte nach:„Ey, das würden nicht mal wir uns trauen. Bist du völlig durchgedreht?“ Dome wusste nicht, wie ihm geschah, wollte schon wieder gehen, weil er dachte, wir verarschen ihn.
Aber Richard spulte das Tape zurück und spielte es erneut ab: „Rolf Mühlkorb ist ein dämliches Arschloch.“ Man sah, wie Dome kreidebleich wurde. „Ich hab das nicht gesagt!“ schrie er. Aber Jerome fiel ihm ins Wort: „Willst du etwa sagen, das ist nicht deine Stimme?“
Dome antwortete:„Ja… aber ich hab das nie so gesagt!“ Dann rannte er panisch aus dem Zimmer. Wir lachten – wir hatten ihm ordentlich einen Schrecken eingejagt.
Unsere gute Laune verflog, als plötzlich die Tür aufgeschlossen wurde - Herr Mühlkorb kam herein. Man sah ihm an, dass er wütend war. „Wo ist die Kassette?“ fragte er. Richard gab sie ihm sofort, mit den Worten: „Wir haben damit nichts zu tun.“
„Ich weiß,“ sagte Mühlkorb. „Dennis, komm bitte mit vor die Tür.“ Ich stand auf, folgte ihm. Er ging die Treppe hinunter in sein Büro. „Das wird Konsequenzen haben“, sagte er. In meinem Kopf schrie ich: Dome hat auch keine Konsequenzen bekommen, als er mir das Handgelenk gebrochen hat! Aber ich schwieg – hätte

ich etwas gesagt, hätte ich auch Jerome verraten müssen. Also sagte ich nichts. Ich blieb ruhig.
„Geh jetzt in dein Zimmer und hol deinen Kassettenrekorder. Der bleibt erst mal bei mir im Büro“, sagte Herr Mühlkorb.
Ich fiel aus allen Wolken. Ich hatte ja schließlich nichts anderes in meinem Zimmer, das mir hätte Ablenkung verschaffen können, außer der Musik im Radio abends, bevor ich einschlief – aber Herr Mühlkorb machteErnst.
Ich ging nach oben in mein Zimmer und fluchte laut, als ich die Treppe hochging: „Fick dich, Müllkorb".
„Was hast du gesagt?“ fuhr er mich an.
Ich blieb in meiner Zimmertür stehen und sagte: „Fick dich, Müllkorb! Da gehört dein scheiß Charakter auch rein – Deckel zu, Fresse still.“
In diesem Moment kam er die letzten zwei Stufen der Treppe hoch, und bevor ich wusste, wie mir geschah, packte er mich an der Schulter und schubste mich mit voller Wucht nach hinten in mein Zimmer.
Ich konnte mich nirgendwo festhalten, fiel fast bis ans Fenster und sah, wie Herr Mühlkorb den Stecker meines Kassettenrecorders abmachte und ihn mit nach draußen nahm.
Ich fragte ihn noch, ob er stolz darauf sei, mir weh getan zu haben, aber er schloss einfach die Tür und ignorierte meinen Satz. Er ging nach gegenüber zu Jerome und Richard, die das Ganze mitbekommen hatten und laut am Lachen waren.
Ich hörte, wie sie miteinander diskutierten. Wenig später fiel auch dort die Tür ins Schloss und Herr Mühlkorb ging nach unten.
Ich war noch völlig verängstigt und blieb erst einmal in meinem Zimmer. Ich musste zum Glück nicht vor die Tür zum Rauchen. Ich hatte ja das Fensterschloss kaputt gemacht - also rauchte ich auf diesen Schreck erst mal eine und ließ die Sache ruhen.

*

Zum Glück hatten wir schon zu Abend gegessen, sodass ich mir das gemeinsame Essen mit Herrn Mühlkorb sparen konnte.
Ich blieb in meinem Zimmer und kam an diesem Abend auch nicht mehr heraus. Am nächsten Tag um zwölf Uhr war Übergabe der Betreuer. Zwar musste ich noch zum Frühstück antreten, aber ich

kam nur kurz, trank meinen Kakao in der Küche, damit ich so schnell wie möglich wieder zurück in mein Zimmer konnte. Ich ging Herrn Mühlkorb aus dem Weg, weil ich nun echt Angst vor ihm hatte. Ich war ja die ganze Zeit im Glauben gewesen, dass Erzieher sich alles gefallen lassen müssen - aber jetzt wusste ich, dass dem nicht so war. Mittags kam dann Frau Hack, und Herr Mühlkorb wurde abgelöst. Gott sei Dank.
Das nächste, was schon wieder total mies war: Die Gruppe hatte beschlossen, an diesem Samstag als Gruppenaktivität auf den Helenenberg in die Muskelschmiede zu fahren.
„Oh nein“, dachte ich mir, „ich kann da eh nichts machen, und jetzt muss ich mir auch noch ansehen, wie sich irgendwelche Halbstarken an zu schweren Gewichten abquälen, nur um die Betreuerin zu beeindrucken.“ Na toll, aber es war eine Pflichtaktivität, und ich musste daran teilnehmen. Nach dem Mittagessen fuhren wir also auf den Helenenberg und gingen gemeinsam in die Muskelschmiede.
Sie lag im ältesten Teil des Gebäudes, auf dem Weg zur Kirche, wo wir sonntags immer hin mussten.
Der Eingang war aber von außen, man musste also nicht durchs ganze Hauptgebäude laufen. Für mich war der Gang über die schmiedeeiserne Treppe schon Training genug, aber die anderen waren offenbar motiviert oder wollten endlich mal ihre Aggressionen loswerden.
Mir war das alles egal – ich saß einfach nur in der Ecke und machte nichts. Es interessierte mich auch nicht, dass von allen Seiten Beleidigungen auf mich einhagelten: „Du Pussy“, „Weichei“ und viele andere.
Ich ließ mich in meinem Willen nicht stören und ließ die anderen schuften, während ich mir im Kopf schon meine Fluchtpläne ausmalte. Nach etwa eineinhalb Stunden waren alle ausgepowert und verschwitzt, und die ersten durften schon nach unten zum Gruppenbus laufen. Ich war einer der ersten und heilfroh, endlich frische Luft atmen zu können. Ich steckte mir eine Zigarette an und ging Richtung Bus.
Auf halbem Weg rief Frau Hack hinter mir: „Dennis, mach sofort die Zigarette aus!“ Ich drehte mich um und war total erschrocken

– man hatte mich das erste Mal beim Rauchen erwischt. „Hast du nicht gehört? Zigarette aus!“ rief sie erneut. Aber ich drehte mich einfach um, ging weiter zum Gruppenbus und rauchte ungerührt weiter.

*

Die Jugendlichen um mich herum bewunderten mich ein wenig, weil sie sahen, dass ich mir nichts gefallen ließ - aber meinen Denkzettel bekam ich, als Frau Hack schließlich mit den letzten am Gruppenbus ankam. „Du fährst nicht mit uns, du darfst jetzt mal schön laufen. Für die nächsten zwei Wochen.“ Alle lachten und stiegen in den Bus, während ich tatsächlich nicht mitfahren durfte. Ich war stinksauer, aber um noch mehr zu provozieren, steckte ich mir aus Protest noch eine Zigarette an und lief los in Richtung Gruppe, noch bevor Frau Hack den Zündschlüssel drehen konnte.
Die Jugendlichen im Bus jubelten und lachten mich aus, sie waren schadenfroh, aber das war mir egal - so konnte ich wenigstens rauchen, so viel ich wollte.
Schließlich fuhr der Bus an mir vorbei, und auch ich kam etwa dreißig Minuten später an der Gruppe an und klingelte. „Dennis, gib mir sofort den Tabak,“ sagte Frau Hack, doch ich behauptete, ich hätte keinen mehr.
Das war gelogen, aber ich wollte mir nicht auch noch das Letzte nehmen lassen, was mich beruhigte. „Na gut, dann läufst du eben die nächsten zwei Wochen,“ sagte sie. Ich fragte sie, wohin ich laufen solle, und sie antwortete nur: „Zur Schule, zur Gruppe, wohin auch immer.“ Erst da begriff ich richtig, was sie meinte, aber ich konnte nichts dagegen tun.
Am Abend, als meine Pflegeeltern anriefen, erzählte ich ihnen nichts davon. Ich sagte, bei mir sei alles in bester Ordnung, flehte sie aber gleichzeitig an, mich wieder aus dem Heim zu holen. Doch sie hatten das jetzt nicht mehr in der Hand, es lag ganz allein beim Jugendamt und bei meiner Gruppenleitung, was sie sagen, wie ich mich benehme und benommen habe. Das Gespräch war schnell vorbei, und ich wusste, dass ich nicht nach Hause konnte – aber ich konnte auch nicht hier bleiben. Es war alles zu viel für mich, und es würde nicht weniger werden, das wusste ich.

Ich muss hier raus, einfach nur weg aus dieser Scheiße

Den gesamten Sonntag verbrachte ich mit Jerome und Richard und erzählte ihnen von meinen Fluchtplänen. Ich begann das Gespräch damit, dass ich wissen wollte, ob hier schon einmal jemand abgehauen sei. Jerome und Richard erklärten mir, dass das öfter passiert, aber die meisten an der Hauptstraße wieder aufgegriffen werden. Ich erzählte ihnen, dass ich es versuchen will – irgendwohin, egal wohin, Hauptsache weg von hier – und beide erzählten mir, dass sie auch schon mal daran gedacht hätten. Perfekt, dachte ich mir. „Dann lasst uns zusammen abhauen“, sagte ich, obwohl ich wusste, dass die beiden mich oft schikanierten und fertiggemacht hatten, aber ich hatte sonst niemanden.
Wir kamen zu dem Entschluss, noch am selben Abend gemeinsam abzuhauen. Jeder sollte ein paar Sachen packen, und wir wollten uns spät abends nach dem Essen und Duschen hinter dem Haus beim Rauchen treffen – was wir dann auch taten. Jerome, Richard und ich gingen kurz vor zehn Uhr abends vors Haus, kurz bevor die Gruppe abgeschlossen wurde, während unser Betreuer Herr Jesske noch mit den anderen im Gruppenraum war. Jeder von uns hatte einen kleinen Rucksack, eine Jacke und etwas zu trinken dabei. Wir beschlossen, über den Stacheldrahtzaun der angrenzenden Felder zu klettern und mitten über die Felder zu laufen – fernab der Straße. Wegen der Dunkelheit konnten wir zwar die Autos unten auf der Straße sehen, aber uns konnte man nicht erkennen.
Und es gab für Autofahrer auch keine Möglichkeit, mit ihren Scheinwerfern die Felder auszuleuchten - außer, man hätte das Auto quer auf die Straße gestellt und damit beide Fahrspuren blockiert, was wahrscheinlich sogar Unfälle verursacht hätte. Wir waren also sicher, zumindest für den Moment.
Der Mondschein in dieser Nacht gab uns genug Licht, um zu sehen, wo Kuhfladen lagen und wo nicht, und so konnten wir sicher alle Tretminen umgehen. Es fühlte sich an, als würden wir schon stundenlang durch die Nacht wandern, aber in Wirklichkeit waren es vielleicht ein oder zwei Stunden. Wir wussten nur sicher, dass inzwischen bemerkt worden sein musste, dass wir weg waren - allein deshalb weil es auffallen musste, wenn drei Jugendliche

plötzlich nicht mehr da sind. Wir rechneten damit, dass Herr Jesske und die Polizei schon unterwegs waren, um uns einzufangen, und blieben deshalb auch auf den Feldern sehr vorsichtig.

In der Ferne sahen wir schon die Lichter der Tankstelle an der Bundesstraße und überlegten, was wir nun tun sollten. „Sollen wir trampen?“ fragte Jerome, aber Richard machte uns klar, dass es relativ unwahrscheinlich war, dass jemand mitten in der Nacht drei Kinder einfach so an einer Tankstelle mitnehmen würde. „Da können wir ja gleich bei der Polizei anrufen und denen sagen, wo wir sind“ sagte er in strengem Ton, und wir wussten, dass wir die 15 Kilometer ab der Hauptstraße wohl auch zu Fuß laufen mussten.
Wir machten abseits der Tankstelle eine kurze Pause, überlegten, welchen Weg wir als Nächstes gehen sollten, und beschlossen dann, abseits der Bundesstraße im Graben hinter dem Wildzaun nach Trier zu laufen. Hinter dem Zaun hatten wir Deckung. Falls man uns sehen sollte, könnten wir einfach in den Wald flüchten.
„Die kriegen uns nie alle auf einmal“, sagte Richard, „und bis die über den Zaun sind, sind wir weg.“ - „Wer ist 'die'?“, fragte ich. „Die Polizei“, antwortete Richard trocken. Ich atmete tief durch, und mir wurde immer mehr bewusst, dass das hier totaler Ernst war: Wir waren jetzt wie Schwerverbrecher auf der Flucht.

Es war verdammt schwer, sich in der Dunkelheit zurechtzufinden, und wir kamen nur langsam voran. Was uns die meiste Zeit kostete, war der zugewachsene Pfad, auf dem Büsche, Brennnesseln und wilde Himbeersträucher wucherten, wir alle verfluchten uns schon auf den ersten Kilometern, dass wir diesen Weg gewählt hatten, aber wir kamen weiter.
Gefühlt alle halbe Stunde machten wir eine kurze Rast, rauchten eine Zigarette und gingen dann weiter. Als wir schließlich kurz vor Trier waren und von oberhalb der Bundesstraße schon die Mosellichter sehen konnten, waren wir heilfroh, es überhaupt so weit geschafft zu haben. „Jetzt dürfen wir uns in der Stadt nichts anmerken lassen“, sagte ich, in der Hoffnung, dass sich die beiden in diesem urbanen Dschungel besser auskannten als ich.

Natürlich diskutierten wir auch darüber, wohin die Reise nun eigentlich gehen sollte. Wenn es nach Jerome gegangen wäre, wären wir nach NRW geflohen, irgendwo in Richtung Krefeld, wo er ursprünglich herkam. Richard beharrte jedoch darauf, erst einmal Richtung Saarland zu gehen – das sei viel näher, und von dort aus könne man immer noch weitersehen. Er sagte uns, dass er Freunde im Saarland hätte und dass wir sofort wüssten, wenn die Polizei uns suche, weil sie Funkscanner hätten, mit denen man den Polizeifunk abhören könne. Das klang so unglaublich, dass es uns sofort überzeugte.

*

Wir waren nun am Stadtrand von Trier angekommen – an der Moselbrücke, Ecke Luxemburger Straße, mitten im Rotlichtviertel der Stadt. Ohne großes Aufsehen schlenderten wir die Straßen entlang, immer den Schildern Richtung Hauptbahnhof folgend. Es war früher Morgen, die ersten Schulbusse fuhren bereits, und wir fühlten uns mit unseren Rucksäcken einigermaßen sicher. Vielleicht würde man uns einfach für ganz normale Schüler auf dem Weg zur Schule halten. In der Fußgängerzone entdeckten wir in einem Schaufenster einer Apotheke eine Uhr: 5:30 Uhr. Wir beeilten uns weiter in Richtung Bahnhof. Unterwegs begegneten wir tatsächlich den ersten Schulkindern und Auszubildenden, die sich auf ihren Weg zur Arbeit machten. Wir schlossen uns unauffällig einer kleinen Gruppe an, die ebenfalls zum Bahnhof lief.

Schließlich erreichten wir unser Ziel: Punkt sechs Uhr morgens standen wir zu dritt vor dem Hauptbahnhof in Trier und rauchten erst einmal eine Zigarette. Trotz der scheinbaren Ruhe fühlten wir eine leichte Panik in uns aufsteigen, denn überall sahen wir Polizisten.

Wir versuchten, uns nichts anmerken zu lassen und hofften, dass gerade wir nicht kontrolliert würden. Schnell machten wir uns auf zu den Gleisen und stiegen in einen Zug Richtung Dillingen – ohne Ticket. Richard kannte sich in der Gegend aus, schließlich kam er von dort. Vielleicht könnten wir dort vorerst untertauchen.

*

Die Zugfahrt verlief reibungslos. Kein einziger Schaffner war zu

sehen. Noch vor der Abfahrt waren wir sicherheitshalber durch den gesamten Zug gelaufen, um zu prüfen, ob irgendwo ein Bahnmitarbeiter saß - aber zum Glück war die Luft rein. In Dillingen angekommen, irrten wir erstmal ziellos durch die Stadt. Wir waren müde, hungrig, erschöpft. Und natürlich völlig pleite.
Auf der Suche nach etwas Essbarem kamen wir schließlich am Globus-Markt vorbei. Ich weiß nicht mehr, wie lange wir durch die Straßen geschlendert waren - aber auf dem Parkplatz war schon reges Treiben.
Wir entschieden, in einen Laden zu gehen. Drinnen schienen uns viele Gesichter anzustarren. Ich fragte mich: Warum? Wissen sie, dass wir abgehauen sind? Sind unsere Fahndungsfotos etwa schon in den Nachrichten oder Zeitungen? Vielleicht bildete ich es mir auch nur ein – aber tief in mir beneidete ich diese Menschen abgrundtief.
Sie hatten Geld. Sie kauften ein. Fuhren danach in ihre sicheren, warmen Wohnungen, packten ihre Lebensmittel aus, aßen etwas, trafen sich mit Freunden, gingen zur Arbeit.
Garantiert war keiner dieser Menschen auf der Flucht. Keiner wusste, wie es sich anfühlt, nicht zu wissen, wo man schlafen würde, was der nächste Tag bringen sollte.
Ich beobachtete sie alle ganz genau. Ihre Gesten, ihre Gesichtsausdrücke, ihre Körpersprache. In meinem Kopf lief alles in Zeitlupe ab. Eine Szene blieb mir besonders in Erinnerung: Ein Mädchen (oder vielleicht eine junge Frau) kam uns entgegen. Sie sah mir in die Augen und lächelte. Ich senkte meinen Blick und wir gingen stumm aneinander vorbei.
Welch ein unbekümmertes Leben sie wohl führte - sie, diese junge, blonde Frau, die mir auf dem Parkplatz des Globus-Markts begegnete. Eine biologische Frau, die einfach Frau sein durfte, ohne sich verstecken zu müssen, ohne sich täglich zu rechtfertigen. Wie sehr ich sie beneidete: um ihr langes, glänzendes Haar, ihre Figur, ihre Kleidung. Um das Selbstverständliche, das für mich nie selbstverständlich war. Ich wünschte mir so sehr, einfach eine ganz normale Frau zu sein, die ein ganz normales Leben führt. Doch ich war gefangen in meiner Realität – und mir war schmerzlich bewusst, dass ich dieses Glück wohl nie haben würde.

*

„Na los, steck es ein." – Was hatte ich darauf gesagt? Ich erinnere mich nur an Richards Stimme: „Na los!" Wir standen im Gang mit den Bockwürstchen im Glas. Ich muss wohl geträumt haben, als ich im Augenwinkel sah, wie Jerome und Richard sich über eines der Gläser hermachten.
Mir war mulmig zumute. Mein Blick wanderte zur Decke, ich suchte nach Kameras, wie ich es aus den Krimiserien kannte – Instinkt, gelerntes Misstrauen. Ich drehte mich mehrmals um, um sicherzugehen, dass uns niemand beobachtete: keine Ladendetektive, keine misstrauischen Kunden. Doch es schien, als wäre uns das Glück hold. Ich griff ein Glas, steckte es mir vorn in die Unterhose und zog meinen Pullover tief darüber - so tief, dass man die Beule nicht sah. „Komm, lass gehen", sagte Jerome. Wir machten uns hastig auf den Weg zur Kasse.

*

Ich war erschöpft. Leer. Innerlich längst resigniert. Ich wollte da raus, aus dieser Spirale, aus dieser Rolle. Ich war es leid, immer nur die Reste zu rauchen, Befehlen zu gehorchen, mir sagen zu lassen, wo's langgeht.
Noch während wir zur Kasse gingen, reifte in mir ein Entschluss: Ich wollte raus – zurück zur Gruppe, ins Heim, in ein Bett. Mich ausruhen. Richtig essen. Nachdenken. Einen Neuanfang planen – allein, ohne Jerome, ohne Richard. Nur meinem eigenen Willen, meinem eigenen Kompass folgen.
Auf dem Weg zur Kasse kamen wir am Süßigkeitenregal vorbei. In einem unbeobachteten Moment griff ich zu: eine Tafel Milka-Schokolade. Ich steckte sie mir sichtbar in meine Jackentasche, vor den Augen anderer Kunden. Es war fast eine Einladung.
Vielleicht ein stiller Schrei. Ich wollte, dass es auffliegt. Ich wollte, dass es endlich aufhört. Sollte man mich erwischen, könnten die anderen im Gedränge entkommen. Und ich? Ich würde einfach stehen bleiben. Wenn die Kassiererin „Halt" rief - ich wäre geblieben. Wenn ein Detektiv mich festhielt - ich hätte es akzeptiert.
Aber nichts davon geschah. Kein Piep an der Kasse, kein Alarm, kein Ruf. Niemand hielt mich auf. Wir spazierten einfach an der kleinen Schlange vorbei, hinaus in die kühle Morgenluft.

Frei. Zumindest äußerlich. Denn in mir drin war alles andere als Freiheit.
Ich wollte nur weg – weg von Richard und Jerome. Hatte mir diese lächelnde Frau etwa die Augen geöffnet? War es dieses kurze, wortlose Lächeln, das mir zeigte, dass es da draußen noch eine andere Welt gab? Ich weiß es nicht.
Aber ich wusste, dass ich in Richard und Jerome niemals jene Nähe, jene echte Freundschaft finden würde, nach der ich mich so sehnte. Wir waren ein Trio, ja - doch sie liefen stets nebeneinander, ich immer dahinter. Ging Richard nach rechts, ging ich auch. Machte Jerome Pause, pausierte ich auch.
Es war nicht, dass ich ihnen im Weg war - ich war ihnen einfach fremd. Und sie mir. Vielleicht hatten sie das gleiche Gefühl. Nicht ohne Grund waren es ja diese beiden, die mir wochenlang das Leben zur Hölle gemacht hatten. Sie hatten mich terrorisiert, ausgelacht, beschämt, verstoßen. Und nun war ich ausgerechnet mit ihnen unterwegs, auf der Flucht. Was für ein bitterer Widerspruch.
Freiheit – das bedeutete in diesem Moment, dass wir uns zunächst an den Mauern entlang hinter das Geschäft schlichen und uns in Höhe einer Laderampe niederließen. Ich zog das Glas mit den Bockwürstchen aus meiner Unterhose hervor. Niemand sagte etwas. Es war allen egal, wo dieses Glas vorher gesteckt hatte. Wir hatten Hunger. Einen echten, tiefen Hunger.
Keiner stellte Fragen, keiner lachte, keiner machte eine Bemerkung. Ich öffnete das Glas, das bekannte Klickgeräusch beim Drehen des Deckels wirkte fast feierlich. Ich reichte es Richard und wir stürzten uns darauf, als wäre es unsere Henkersmahlzeit. Wir schlangen die Würstchen herunter, als hätten wir seit Wochen nichts Richtiges mehr gegessen.
Und vielleicht stimmte das sogar. Auch wenn die Flucht noch nicht lang andauerte, hatte sie uns zermürbt: die endlosen Wege über Felder, das Brennen der Nesseln an den Beinen, das Stechen der Dornen, der ewige Blick über die Schulter. Die Nerven lagen blank, die Kräfte schwanden - und dieses eine Glas Wurst bedeutete einen Moment der Erlösung. Einen Augenblick, in dem es uns besser ging. Nur für ein paar Minuten.

„Wir hätten noch Ketchup klauen sollen“ scherzte ich und zog die Tafel Schokolade aus meiner Jackentasche hervor.
Richard und Jerome starrten mich an, als hätte ich eine goldene Krone ausgepackt. Jerome riss mir die Schokolade sofort aus der Hand, riss die Folie auf und biss hinein. Dann reichte er sie weiter an Richard, der mit vollem Mund die letzten Stücke an mich weitergab. Auch wenn alles an unserer Situation falsch war – in diesem Moment teilten wir etwas, das sich fast wie Zusammenhalt anfühlte.

*

Inzwischen war es später Vormittag geworden. Die „Bekanntschaft“ von Richard kam, wie sich nun herausstellte, nicht aus Dillingen, sondern aus Rehlingen-Siersburg. Wo auch immer das sein mochte.
Es war eine Freundin von ihm, und wir mussten darauf hoffen, dass sie uns alle aufnehmen würde. Aus Angst vor der Polizei mieden wir die großen Straßen und hielten uns in Seitengassen auf.
Es regnete, der Wind war kalt und durchdringend. Zuflucht fanden wir schließlich an einem verlassenen Kinderspielplatz – in einem Kletterturm mit Rutsche. Der Turm war überdacht, schützte uns zumindest etwas vor Wind und Regen und vor neugierigen Blicken aus vorbeifahrenden Autos.
Niemand würde uns hier vermuten. Wir saßen eng gedrängt, müde und fröstelnd. Die Zeit verging kaum. Unsere Gedanken kreisten um die anderen aus der Gruppe. Die Schule müsste jetzt vorbei sein. Vielleicht stand Sport auf dem Plan, oder eine Fahrradtour. Ich erinnerte mich mit Abscheu an diese Ausflüge. Wir wurden irgendwohin gekarrt, mussten unsere Räder abladen und den ganzen Weg zurückstrampeln. Ich hasste es, mich verstellen zu müssen, immer so tun zu müssen, als wäre ich cool, stark, hart. Dabei war ich nur eines: das Opfer. Immer das Opfer. Und ironischerweise saß ich jetzt genau mit denen hier, die maßgeblich dafür verantwortlich waren, dass ich zu dem wurde, was ich nun war: das inoffizielle Opfer vom Helenenberg.
Auf meiner anderen Hirnhälfte – dort, wo noch Platz für Träume war – saß sie: die Frau aus dem Globus-Markt. Diese eine mit den langen blonden Haaren, die mich angelächelt hatte. Ihr Lächeln

hatte sich eingebrannt wie ein warmer Lichtstrahl in eine kalte Erinnerung. Ich fragte mich, wie es wohl gewesen wäre, hätte ich sie einfach ansprechen können. So etwas wie: „Hallo… du siehst schön aus… ich wär auch so gern so schön wie du… bitte hilf mir…“

Lächerlich, oder?
Völlig absurde Gedankengänge. Und doch… wie oft hatte ich mir das schon gewünscht? Einfach eine Freundin zu haben. Eine, mit der ich lachen und weinen kann. Der ich Dinge erzählen darf, ohne ausgelacht, geschlagen oder für verrückt erklärt zu werden, wie es unter Jungs in meinem Alter sonst üblich war.
Mir war eigentlich nur nach Weinen zumute. Darüber, dass ich immer klarer erkannte, wie allein ich auf dieser Welt bin. Niemand, dem ich meine dunkelsten Gedanken anvertrauen kann. Niemand, der fragt, wie es mir geht, wirklich geht.
Nicht mal bei den alltäglichsten Dingen: Was ziehe ich heute an? Schminktipps? Irgendetwas, irgendein banales Gespräch, das zeigt, dass man dazugehört. Alles nur Hirngespinste.

*

Ein Windstoß riss mich aus meinen Gedanken. Kälte traf mein Gesicht wie eine Ohrfeige. Es regnete noch immer. Die grauen Wolken hingen tief, der Wind peitschte uns den Regen ins Gesicht, trotz der halbhohen Holzverkleidung unseres Unterschlupfs im Kletterturm. Ein Schmuddelwetter – passend zu meiner Gefühlslage. Passend zu meinem Glück. Wenn das kein Karma war! Die Stunden zogen sich wie Kaugummi. Der Tabak wurde knapp, wir teilten uns die letzten gedrehten Zigaretten zu dritt. Ich bekam das untere, feuchte Ende. Irgendwie beschämend - ich war offenbar selbst in dieser Hackordnung das letzte Glied. Noch unter Dome, den sonst alle verarschten. Wir beide - gleich beschissen, gleich ungeliebt. Aber was soll's. Zwei, drei Züge waren besser als nichts. Alles war besser als nichts.
Wir verbrachten den Großteil des Tages in diesem feuchten Turm, wagten uns nur ab und zu hinter ein Gebüsch an der Straße, um zu pinkeln.
Als die Dämmerung einsetzte, war es fast eine Erleichterung.

Dämmerung bedeutete Schutz. Schutz davor, gesehen zu werden. Nicht erkannt zu werden.
Wir lebten mit der Vorstellung, dass unsere Gesichter längst in allen Polizeiwagen hingen und jeder Streifenwagenfahrer uns auf Anhieb erkennen würde. Ich war neugierig, vielleicht auch leichtsinnig, und wagte eine vorsichtige Andeutung. Sagte, dass ich gerne meine eigene Flucht fortsetzen würde. Allein.
Richard und Jerome blickten mich entsetzt an. Keine Rückfrage. Kein „Warum?". Keine Sorge. Nur blanke Wut. Jerome schlug mir mit der Faust gegen die Schulter und zischte: „Du gehst nirgendswohin. Du kommst mit."
War ich nun ihr Gefangener? Hatten sie sich gegen mich verbündet? Lag es daran, dass ich im Globus den Mut gehabt hatte, etwas zu klauen – etwas, wozu sich keiner von ihnen durchringen konnte? Brauchten sie mich noch für das Dreckige, für das, was sie sich selbst nicht trauten?
Ich wusste es nicht. Ich wusste nur: Ich musste hier raus.
Aber ich war allein. Und sie waren zu zweit. Dazu kam, dass ich mich in dieser Gegend überhaupt nicht auskannte. Wohin also rennen? Und was, wenn sie mich einholen würden?
Ich beschloss, das Spiel mitzuspielen. Gute Miene zum bösen Spiel. Ich redete mich selbst klein, spielte das dumme, harmlose Mädchen, das ohne sie aufgeschmissen war.
Ich ließ sie glauben, ich sei weiterhin freiwillig bei ihnen. Aber innerlich stand mein Plan längst fest: Ich würde weglaufen. Irgendwann. Irgendwo. Wenn keiner hinschaut. Ich würde es schaffen, irgendwie an den Bahnhof gelangen. Zurück in meine Heimat. Zurück dorthin, wo ich mich auskenne. Wo vielleicht jemand ist, der mich aufnimmt. Nur für ein paar Nächte. Nur bis ich wieder einen Plan habe.

*

Langsam machten wir uns auf den Weg. Es dürfte zwischen 18 und 19 Uhr gewesen sein. Die Dunkelheit senkte sich über den Tag, während wir in Richtung Rehlingen liefen. Es waren ein paar Kilometer. Nicht viel, verglichen mit der Strecke, die wir insgesamt schon hinter uns hatten, aber dennoch eine gefühlte Ewigkeit. Wir liefen entlang einer Land- oder Bundesstraße, so

genau weiß ich das nicht mehr.
Wir hielten uns an die Beschilderung und versuchten hin und wieder, vorbeifahrende Autos mit hochgehaltenem Daumen zu stoppen. „Nehmt uns mit!“ wollten wir ihnen zurufen.
Wahrscheinlich hätte sogar der eine oder andere gehalten – wären wir nicht zu dritt gewesen. Ich glaube, das war das Problem. Wären wir besser einzeln unterwegs gewesen? Vielleicht hätte das mehr Erfolg gebracht.
Für einen kurzen Moment überkam mich der Gedanke, mich einfach der Polizei zu stellen. Ich hatte keine Lust mehr, ziellos durch die Gegend zu irren. Ich meine… ich war irgendwo im Nirgendwo. Ich kannte hier niemanden. Ich wusste nicht, wohin wir genau gingen, geschweige denn, was uns dort erwartete. Würden wir willkommen geheißen? Rufen sie die Polizei? Gibt es etwas zu essen? Gibt es überhaupt diese angebliche Freundin von Richard am anderen Ende der Welt, zu der wir gerade unterwegs waren?

*

Und dann, wie aus dem Nichts, geschah es: Ein Auto hielt an. Ich erschrak im ersten Moment. Polizei?! Nein… Jerome rief: „Geil, es hat jemand angehalten!“ und senkte erleichtert seinen Daumen. Es war ein alter Ford, dunkelrot, vielleicht ein weinrotes Metallic. Am Steuer saß eine ältere Dame, die das Fenster auf der Beifahrerseite herunterließ.
„Was macht ihr denn hier? Wisst ihr denn nicht, wie gefährlich das ist? Man sieht euch im Dunkeln ja kaum!“
Richard sprach die Dame an, in seinem typisch saarländischen Dialekt - es war wohl das Beste, wenn sie mit jemandem redete, der nicht wie vom Mond gefallen klang, sondern eher wie aus der gleichen Gegend: „Mir han de Bus no Rehlinge verbasst un misse jetzt lafe. Kenne Sie uns mitholle?“
Ich kannte den Dialekt gut. Pfälzisch ist ja ähnlich schwer zu verstehen, aber Richards Platt hatte trotzdem etwas Amüsantes, zumindest aus der Sicht eines Außenstehenden. Die Frau bat uns freundlich ins Auto. Ein kleines Wunder geschah und das Beste daran: Es war warm. Es war gemütlich. Es war trocken. Kein kalter Wind, kein Regen, kein feuchter Niesel, kein einziger

Tropfen mehr, der mir ins Gesicht peitschte. Oh, wie sehr ich mir in diesem Moment wünschte, diese Autofahrt würde niemals enden.
Doch es waren nur wenige Kilometer bis nach Rehlingen. Ehe ich mich versah, ehe meine müden Augen zufallen konnten, hielt die Dame bereits am Straßenrand.
Sie wünschte uns einen schönen Abend. Richard bedankte sich, wir alle sagten Danke. Aber man sah es uns wohl an: Wir wären alle am liebsten einfach sitzen geblieben, wenigstens für einen kurzen Moment der Ruhe.
Aber wir mussten raus. Wieder im Dunkeln. Wieder orientierungslos. Nur Richard wusste den Weg, die wandelnde Landkarte. Also folgten wir ihm durch kleine Gassen und Seitenstraßen, bis wir schließlich vor einem kleinen Reihenhaus standen.
Die Straße sah aus, als lebten hier Menschen, denen es nicht schlecht ging. Das erkennt man meist an den Autos. Es müssen keine teuren Marken sein. Kein Mercedes, kein Porsche, kein BMW. Man erkennt Menschen, denen es gut geht, an der Art, wie sie ihre Autos pflegen. Es kann ein altes Modell sein - wenn es sauber, gepflegt und ordentlich aussieht, geht es seinem Besitzer meistens gut.

Hätte ich doch nur das Geld gehabt…

Geld macht vielleicht nicht glücklich, aber es gibt dir Sicherheit.Es nimmt dir Sorgen. Es macht aus dir jemanden, der gesehen wird.
Wenn du nichts hast, bist du niemand. Du bist unsichtbar. Die Menschen laufen an dir vorbei, sehen dich nicht. Aber mit Geld wirst du plötzlich wahrgenommen. Und manchmal ist das schon mehr, als du dir erhofft hast.
Als Richard an der Tür klingelte, öffnete uns eine ihm bekannte Frau, vermutlich die Mutter seiner Freundin. Eine Frau Ende vierzig, die sichtlich überrascht war über diesen unangekündigten Besuch. „Was machst du denn hier?“, fragte sie Richard. „Wir sind abgehauen“ entgegnete er knapp. Die Frau schüttelte fassungslos den Kopf, ließ uns aber dennoch herein.

Was für ein Gefühl: in einem Haus zu stehen, in dem die Heizungen liefen, es hell war, warm und trocken. Wir saßen in der Küche. „Wollt ihr etwas trinken?“, fragte sie, und wir nickten dankbar. Richard verschwand durch einen kleinen Flur nach oben – offenbar war das Zimmer seiner Freundin in der oberen Etage.
Die Frau stellte sich nicht vor, fragte uns aber nach unseren Namen. „Dennis und Jerome“, antworteten wir. Dann begann sie uns zu fragen, ob wir es für richtig hielten, aus dem Heim abzuhauen. Es war offensichtlich, dass sie wusste, dass Richard, genau wie wir, dort untergebracht war. Und ebenso offensichtlich machte sie uns klar, dass sie überhaupt nichts von unserer Flucht hielt.

*

Als Richard die Treppe wieder herunterkam, war an seinem Blick sofort zu erkennen: Wir konnten nicht bleiben. Die Frau kam mit großen, entschlossenen Schritten auf ihn zu und stellte ihn zur Rede.
„Ihr könnt hier nicht bleiben. Eigentlich sollte ich die Polizei rufen“ sagte sie in strengem Ton. Richard entgegnete, dass wir uns am nächsten Morgen der Polizei stellen würden, wenn sie uns nur eine Nacht bleiben ließe. Doch sie blieb stur. „Ich möchte, dass ihr sofort verschwindet.“
Es war eine seltsame Situation. Erst ihre Sorge, dann ihre Gastfreundschaft – und dann dieser abrupte Wandel. Scheinbar hielt sie nicht viel von Richard, und es wirkte so, als wolle sie jeden Kontakt zwischen ihm und ihrer Tochter verhindern.
Die Freundin selbst haben Jerome und ich an diesem Abend nicht zu Gesicht bekommen - aber wir hörten sie oben weinen.
Bevor die Frau uns mehr oder weniger hinauswarf, rief sie die Treppe herunter: „Ich liebe dich, Richard!“ Dann fiel die Tür mit einem lauten Knall ins Schloss.
Wo waren jetzt die Funkscanner-Leute, die coolen Typen, die Polizeifunk abhören, Alkohol da haben, bei denen wir „chillen“ könnten? Richard stand noch vor der Tür, griff in seine Tasche und holte eine Handvoll Kleingeld heraus, offenbar von seiner Freundin. Es war nicht viel. „Wir suchen jetzt eine Telefonzelle“, sagte er, und wir machten uns sofort auf den Weg, einfach planlos, wie so oft.

Es dürfte zwischen 22 und 23 Uhr gewesen sein, als wir tatsächlich eine fanden. Die orangefarbenen Straßenlaternen warfen ihr Licht auf eine altmodische Telekom-Zelle. Keine Ahnung, wo wir genau waren, wohin es ging. Aber wir setzten uns auf die überdachte Bank der angrenzenden Bushaltestelle und ließen Richard telefonieren.
Es dauerte eine halbe Ewigkeit. Immer wieder hörten wir ihn fluchen, wenn er sich verwählt hatte. Wir hatten ja keine Handys, keine Notizbücher - und offenbar erinnerte er sich nicht an alle Nummern seiner Kumpels.
Doch plötzlich schien er jemanden erreicht zu haben. Zwischen vorbeifahrenden Autos und dem anhaltenden schlechten Wetter verstanden wir nur Bruchstücke: „Servus, ich bin in Rehlinge… kann ich mit paar Kolle'sche vorbeikomme?“ Offenbar hatte Richard doch nicht gelogen, was seine Kontakte anging.
Jerome und ich rauchten. Es war das erste Mal seit Stunden, dass ich überhaupt mal eine halbe Zigarette ergattern konnte. Zwar auch nur eine gedrehte, aber hey - immerhin mehr als zwei, drei Züge. Das war Luxus. Richard legte auf und verkündete, dass er uns einen Schlafplatz organisiert habe bei Kumpels in Saarlouis. Es klang nicht allzu weit entfernt, aber doch weit genug, dass wir wieder zurück zum Bahnhof laufen mussten. Ich dachte mir nur: „Hätte er nicht wenigstens jemanden kennen können, der ein Auto besitzt?“
Ich behielt meine Gedanken für mich, sagte nichts und wir machten uns schweigend auf den Weg in Richtung Bahnhof. Als Richard Jerome nach dem Tabakbeutel fragte, antwortete dieser, dass kaum noch etwas drin sei. Der Rest würde vielleicht noch für ein paar wenige Zigaretten reichen.
Richard kramte in seinen Taschen nach dem verbliebenen Kleingeld und zählte es – natürlich war es nicht genug, um sich an einer Tankstelle einen neuen Tabakbeutel zu leisten. Die Stimmung kippte.
Verzweifelt zogen wir weiter durch die dunklen Straßen und irgendwann fing ich an, die parkenden Autos am Straßenrand genauer zu betrachten. Vielleicht hatte ja jemand sein Fahrzeug nicht abgeschlossen. Vielleicht lagen darin ein paar Zigaretten

oder sogar etwas Kleingeld.
Genug, um bei McDonald's wenigstens einen warmen Burger zu bekommen? Aber jedes Auto, das ich versuchte zu öffnen, war verschlossen. Was man allerdings wohl nicht von den Augen einiger Nachbarn behaupten konnte…

*

Das Rütteln an den Türen hatte Zeit gekostet. Mehr, als nötig gewesen wäre, hätten wir einfach unseren Weg fortgesetzt. Und scheinbar hatte mich jemand beobachtet.
Plötzlich heulte aus dem Nichts ein Automotor auf - ein sehr spezifisches Geräusch, das mir sofort bekannt vorkam. In einer dieser Dokumentationen, die Herr Mühlkorb im Gruppenraum auf dem Gruppenfernseher zeigte - irgendetwas auf Kabel 1 über Polizeistreifen - kam dieses Motorengeräusch mal vor. In dem Moment wusste ich: Das war ein Streifenwagen. Ich wollte Richard gerade noch warnen, doch da ging bereits das Blaulicht hinter uns an und wir rannten los. Reflexartig.
Ich hatte Angst. Was passiert hier gerade? Hatte mich wirklich jemand dabei gesehen, wie ich an Autotüren rüttelte? Oder war es die Mutter von Richard' Freundin, die uns verpfiffen hatte? Ich glaube bis heute, dass es ein aufmerksamer Nachbar gewesen sein muss.
Die Nebenstraßen, durch die wir liefen, waren still, fast unheimlich. Ich meine, hin und wieder ein Fensterknacken gehört zu haben, einen sich bewegenden Vorhang im Augenwinkel. Vielleicht spielte mir mein Unterbewusstsein einfach einen Streich. Vielleicht wollte ich längst erwischt werden, so wie im Globus-Markt. Vielleicht war es mir auch einfach egal gewesen. Oder es war die Kälte, der Hunger, die Erschöpfung, die mir Halluzinationen bescherten. Ich weiß es nicht.

All das ging mir in Sekundenschnelle durch den Kopf, ehe ich fast gegen die Motorhaube des Streifenwagens knallte, der uns überholt hatte und jetzt quer vor uns hielt.
„Sie haben uns. Jetzt müssen wir zurück in die Gruppe“, seufzte Jerome. Richard sah mich wütend an und gab mir damit das Gefühl, dass es meine Schuld war, dass wir geschnappt worden

waren. Wie dem auch sei – ein Teil von mir war erleichtert. Und dennoch hatte ich Angst vor dem, was uns in der Gruppe erwarten würde.
Zu unserem Erstaunen stiegen die Beamten ruhig aus.
„Seid ihr die aus Trier ausgerissenen Jugendlichen?“, fragte einer. Richard und Jerome antworteten sofort: „Ja, das sind wir.“ „Na, dann kommt mal mit“, sagte der Fahrer des Polizeiwagens und wies uns an, auf die Rückbank zu steigen.

Der Polizist auf dem Beifahrersitz telefonierte eine Weile, dann nannte er seinem Kollegen eine Adresse. Der Fahrer schaltete das Blaulicht ab und fuhr los. Der Gedanke, zurück in die Gruppe zu müssen – und das mit Richard und Jerome,das machte mir Bauchschmerzen.
Oh Gott... Wenn die beiden wirklich glauben, ich sei schuld an unserer Festnahme, dann wird das alles kein Spaß. Ich wusste in dem Moment: Ich muss da weg. Die Frage war längst nicht mehr, ob ich es noch einmal wagen würde, sondern nur noch wann und wie.
Und vor allem: Wie schaffe ich es diesmal, allein zu fliehen - ganz auf mich gestellt?

Ich ließ es auf mich zukommen

Ich hatte keine Ahnung, wo wir waren oder wohin man uns gebracht hatte. Doch das Gebäude, vor dem wir nun standen, sah für mich aus wie eine Art Krankenhaus. Es überraschte mich ein wenig, dass wir nicht zur Polizeiwache gefahren wurden.
Ich hatte fest damit gerechnet, die Nacht in einer Zelle verbringen zu müssen oder auf einer harten Holzbank zu sitzen, frierend, müde, bis Herr Mühlkorb wütend zur Tür hereinstürmt, uns mit strengem Blick mustert und in den Gruppenbus beordert.
Aber nein – es war eine Klinik. Scheinbar war es schon zu spät, als dass unser Betreuer noch hätte kommen können. Was hätte er auch tun sollen? Die anderen Jugendlichen allein lassen? Die Gruppe sich selbst überlassen? Das ging wohl nicht. Und wie es aussah, gab es auch keinen Notdienst auf dem Helenenberg, der nachts

abrufbereit ist, um quer durch die Republik zu fahren und ausgerissene Jugendliche einzusammeln.
Hätten wir uns für Krefeld entschieden, hätte man uns auch dort abholen müssen, oder? Wir waren jedenfalls erleichtert, dass es keine Zelle geworden war. Kein schlafloser Spießrutenlauf mit einem mürrischen Betreuer. Noch nicht. Wir hatten Zeit gewonnen – ein kleiner Aufschub, bevor das Unvermeidliche uns einholt.
Und wir hatten sogar ein Bett. Jeder sein eigenes, in einem eigenen Zimmer. Wie sich herausstellte, war es eine psychiatrische Klinik. Eine für Kinder- und Jugendpsychiatrie.
Die diensthabende Schwester erklärte uns ruhig, dass wir nur über Nacht bleiben würden, und dass am nächsten Morgen jemand käme, um uns abzuholen. Was für ein Glück. Die Zimmer hatten sogar eigene Duschen und ich musste nicht mit Richard und Jerome zusammen untergebracht werden.
Zwei Fliegen mit einer Klappe.

Ein denkwürdiger Tag, an dem mir das Karma ausnahmsweise nicht in den Rücken fiel. Während die anderen wahrscheinlich sofort erschöpft ins Bett gefallen waren, nahm ich eine heiße Dusche. Ich war todmüde und gleichzeitig vollkommen aufgedreht. Schlafen konnte ich nicht, so sehr ich es auch versuchte.
Ich lag in diesem Klinikbett, das sonst für Jugendliche gedacht war, denen man psychische Probleme bescheinigt. Und ich fragte mich: Beneide ich sie?
Ich habe mein Problem nie als etwas Psychisches gesehen. Mensch zu sein bedeutet nicht zwangsläufig, krank zu sein - auch dann nicht, wenn man seit seiner Geburt in einem Körper gefangen ist, der das falsche Geschlecht trägt. Ich dachte lange darüber nach und kam zu dem Schluss: Ich bin nicht krank. Ich bin allenfalls anders. Aber nur, weil mich niemand akzeptiert.
Nur, weil niemand anerkennen will, dass ich eben nicht dieser typische Junge bin, der typische Jungensachen macht.

Auch wenn mein bisheriger Weg anderes vermuten lässt, auch wenn ich mich verhalten habe, wie man es von einem Jungen erwartet, habe ich doch nur mitgespielt. Ich war, wer ich sein sollte,

weil ich nicht die sein durfte, die ich wirklich bin. Für mich waren die Jugendlichen, die eigentlich hierher gehörten, eher bemitleidenswert – nicht, weil sie krank sind, sondern weil ich weiß, wie es ist, wenn man leidet und keine Hilfe bekommt.
Natürlich habe auch ich mir schon mehrmals die Arme aufgeschnitten. Natürlich habe ich nächtelang geweint. Aber nicht, weil ich krank bin. Sondern weil ich gezwungen werde, etwas zu sein, das ich aus tiefstem Herzen nicht bin. Nicht sein kann. Nicht sein soll. Weil ich mich nie mit dem identifizieren konnte, was andere mir vorschreiben.
Ich bewundere Menschen, die sich helfen lassen. Wirklich. Aber hätte man mir hier helfen können? Wohl kaum. Nicht, wenn der einzige Grund meines Aufenthalts war, dass unser Betreuer zu spät dran ist, um uns abzuholen. Dass wir "Zwischenparker" sind, die darauf warten, ihrer Strafe zugeführt zu werden.
Ich wusste, was kommen würde. Am nächsten Morgen würden wir zurück zur Gruppe gebracht. Vor den Krankenschwestern und Ärzten wird noch jemand den Pädagogen geben: freundlich, verständnisvoll.
Doch sobald die Türen der Einrichtung hinter uns zugehen, bin ich wieder gefangen. In der Hölle, in der niemand sieht, wie sehr ich leide – psychisch, weil ich nicht sein darf, wer ich bin, und

Schweine, Schlauch & Schweigen

So verrückt es auch klingt – ich erinnere mich an eine ganz bestimmte Aktion. Es war in der Zeit, in der ich zur Strafe zwei Wochen lang zu Fuß zur Schule und zurücklaufen musste, weil ich vor Frau Hack geraucht hatte.
Natürlich durfte ich das nicht. Und an jedem einzelnen Tag lief David mit mir. Er war in meinem Alter, wohnte aber direkt auf dem Helenenberg – nicht in einer Außenwohngruppe wie ich.
An dem betreffenden Tag wollte er jemanden aus meiner Gruppe besuchen, also lief er einfach mit mir mit. David war so einer, der in seiner Gruppe für Unruhe sorgte, in der Schule meistens allein war, weil die Leute Angst vor ihm hatten. Er kam aus einer Großstadt, da war einfach alles ein bisschen rauer, härter – ganz

anders als bei uns Landeiern. David war einer von denen, die dich auch dann schlagen, wenn sie wissen, dass du kräftiger bist, dickere Arme hast, größer bist. Für ihn zählte nur, wenigstens einen Treffer zu landen, auch wenn er selbst danach zwanzig kassierte und blutend auf dem Boden lag.
Einmal wurde mir das besonders deutlich, als er sich mit einem Auszubildenden anlegte, weil der angeblich seine Mutter beleidigt hatte. David ging sofort auf ihn los. Als der Lehrer dazwischen ging, schlug er auch auf den Lehrer ein. Das Verhängnis war nur, dass der Lehrer sportlich war und David ohne Mühe in Schach halten konnte. Aber David war trotzdem stolz darauf, dem Lehrer ins Gesicht geschlagen zu haben. Die Strafen, die danach auf ihn zukamen, waren ihm völlig egal.
Wahrscheinlich war das der Grund, warum ich ihn zu Beginn meiner Zeit an der Valdocco-Schule, also in Helenenberg, gar nicht richtig wahrgenommen hatte. Man hatte ihn damals sofort separiert, Einzelunterricht, Anti-Aggressionstraining - bevor man ihn wieder auf uns losließ.

*

Nun gut. An diesem Tag also liefen wir gemeinsam den Weg vom Helenenberg nach Welschbillig. Es war ein Feldweg, eine Strecke, die ich inzwischen auswendig kannte. Auf halber Strecke lag ein kleiner Bauernhof mit Traktoren, Ställen, ein paar Gerätschaften. Ich hatte ihn oft gesehen, wenn ich zu Fuß unterwegs war. Mit dem Bus achtet man da nicht so drauf – vor allem nicht, wenn man aus dem Dorf hochfährt und dieses riesige alte Gebäude des Helenenbergs schon von weitem sieht, das eher aussieht wie eine Strafanstalt aus dem 19. Jahrhundert.
Als wir den Bauernhof erreichten, bog ich plötzlich nach links ab und ging direkt auf das Gelände zu. David folgte mir. Wir hatten hin und wieder miteinander gesprochen, aber ich hatte ihn meistens auf Abstand gehalten - zu groß war die Gefahr, noch mehr auf die Fresse zu kriegen. Aber an diesem Tag wollte ich ihm imponieren.
Ich wollte ihm zeigen: Hör mal, mir sind Regeln auch egal. Mir ist es egal, ob ich vor der Betreuerin rauche, mir ist es egal, ob ich Strafen bekomme. Ich brauche diese Gruppe nicht. Ich mache, was

ich will – und was für mich zählt.
Insgeheim wollte ich ihn auf meine Seite ziehen. Einen wie ihn in der Hinterhand zu haben, das war der Gedanke. Jemand, den ich rufen konnte, wenn Jerome mich wieder schlägt. Einer, der dann hingeht und sagt: „Du schlägst den nie wieder" und ihm eine reinhaut.
Ich streifte also über das Gelände und entdeckte eine Pistole - also, natürlich keine echte, sondern einen Hochdruckreiniger, der an einem Schlauch hing. Wie geil ist das denn!? Ich hatte so etwas vorher noch nie benutzt und fing sofort an, alles abzuspritzen, was mir in den Weg kam.
Es machte einen Heidenspaß. Jedenfalls bis plötzlich ein Traktor um die Ecke kam - David bekam Panik, rief etwas, rannte los. Ich aber blieb einfach stehen. Ich hatte längst gesehen, dass der Fahrer uns gar nicht bemerkt hatte. Der wollte nur den Feldweg entlang, auf dem Weg zu irgendeinem Acker.
Ich zündete mir gemütlich eine Zigarette an und blieb noch ein bisschen stehen, sah in die Landschaft. Irgendwann machte ich mich wieder auf den Weg. David war längst bei der Gruppe angekommen und stellte mich später zur Rede: „Wurdest du erwischt?" – Ich machte auf cool: „Klar. Ich hab dem Bauern, seinem Traktor und seinen Viechern alles voll mit dem Hochdruckreiniger gespritzt und bin dann einfach abgehauen."
Irgendwie entwickelte sich aus dieser kleinen Geschichte eine richtig wilde Story. Plötzlich war ich der Verrückte, der dem Bauern den Hochdruckreiniger ins Gesicht gehalten hat. Der angeblich Schweine damit aufgepumpt hat.
Ich beschwerte mich nicht. Im Gegenteil - ich dachte: Wenn die Leute sowas über mich glauben, dann haben sie Angst. Dann respektieren sie mich. Dann lassen sie mich in Ruhe.
Wenn sie mich für unberechenbar hielten, würden sie mir aus dem Weg gehen. Aber so war es leider nicht. Das Gerücht hielt sich hartnäckig – von wegen, ich hätte dem Bauern den Hochdruckreiniger ins Gesicht gehalten und einem Schwein das Ding rektal eingeführt.
Heute klingt das eher wie die Sage eines gefallenen Antihelden, der innerlich längst zerstört ist - aber damals, 2002, war das

irgendwie mein einziger Ruf, der mich in Ruhe ließ.
Hätte ich diese Aktion direkt am ersten Tag in der Gruppe gebracht, vielleicht hätte sie gewirkt. Vielleicht hätten sie mich dann in Ruhe gelassen. Aber so... so wussten alle längst, dass ich eigentlich zu schwach war, um mich gegen irgendwen zu wehren. Und es ging weiter. Genau wie vorher. Immer weiter, immer gleich.
Was mich in meinem Gedanken nur noch mehr bestärkte: Ich will einfach nur weg. Der Zeitpunkt, an dem ich in der Gruppe Stärke hätte zeigen können, war längst vorbei. Der Moment, in dem ich mich hätte unberechenbar, gefährlich oder unzurechnungsfähig inszenieren können - so, dass die anderen mich wenigstens in Ruhe lassen, mit einem Hauch von Respekt auf Abstand bleiben -auch der war vergangen.

Die Hand, die nicht da war

Ob es überhaupt je einen Moment gegeben hat, in dem ich irgendetwas hätte besser machen können? Ich glaube nicht. Ich war von Anfang an nicht gemacht für diese Gruppe. Nicht für diesen Haufen aus Schlägern, Regelbrechern, ADHS-Kindern, laut und chaotisch, impulsiv und grenzüberschreitend. Ich hätte nie dort sein dürfen. Ich habe nie dazugehört.
Hätte man mir nur einmal die Chance gegeben, mir wirklich mal geholfen oder mich einfach mal gefragt, was ich eigentlich tue. Warum ich es tue. Warum ich so bin, wie ich bin. Ich hätte geantwortet. Ich hätte versucht, ehrlich zu sein. Aber diese Möglichkeit gab es nie. Stattdessen wurde alles, was ich tat, sofort unter „schwer erziehbar“ verbucht.
Antisoziales Verhalten, hieß es. Die Begründung war schnell gefunden: Ich hätte eben „Differenzen“. Aber niemand hat sich je die Mühe gemacht, den Vorhang auch nur ein bisschen zur Seite zu ziehen, um zu sehen, was dahinter liegt.
Es war, als sei den Betreuern und Pädagoginnen die Kulisse vollkommen egal, solange der Darsteller weiterspielt, was von ihm erwartet wird. Vielleicht wäre es auch einfach zu leicht gewesen, Dinge mal zu hinterfragen.

Vielleicht liegt das Naheliegende manchmal so fern, dass man sich aus reiner Routine heraus gar nicht mehr die Mühe macht, genauer hinzusehen. Oder die Mitarbeiter dieser Jugendhilfeeinrichtung haben wirklich ihr Wissen aus alten Büchern, in denen es Homosexualität, Transidentität oder daraus resultierende Depressionen schlichtweg nicht gab.
Allerdings muss ich auch gestehen, dass ich wohl zu oft geschwiegen habe, zu oft Angst vor dem Coming Out hatte, Angst vor der Reaktion meiner Umgebung. Und da die bei der Beurteilung meiner Person und meiner Situation auf mich angewiesen war... Es bringt nichts, darüber zu spekulieren. Es bringt alles nichts.
Der Grund, warum ich nicht schlafen konnte, war einfach: Ich wollte da nicht wieder hin. Ich war zwar sauber, geduscht, trug dieselben Klamotten wie zuvor - aber ich war ausgeruht, aufgewärmt, bereit. Das Fenster hier war zwar geschlossen, aber es erinnerte mich an das Fenster auf unserer Gruppe. Das ließ sich mit einem kräftigen Ruck aufreißen. Und genau das tat ich auch. Es war nicht einfach, und es war sicher nicht leise - aber offenbar hat es niemand gehört.
Vermutlich schliefen alle. Vielleicht drehte gerade die Nachtschwester ihre Runde. Doch wenn sie zurückkommen würde, fände sie nur ein leeres Zimmer vor.
Und so war es dann auch. Ich kann keine Auskunft geben über verwunderte Gesichter, keine über das entsetzte Gesicht eines Betreuers, keine über die Reaktion einer Schwester, die eigentlich nur nach dem Rechten sehen wollte. Ich war einfach weg.

*

Voller Euphorie, voller Siegesgedanken lief ich zum nächstgelegenen Bahnhof. In mir das Gefühl, gewonnen zu haben. Frei zu sein. Endlich frei. Doch was bedeutet das eigentlich - frei zu sein?
Ich war zwar weg von den Mauern des Heims, weg von den Gesichtern meiner Gruppe, doch irgendetwas fehlte. Etwas in mir fühlte sich leer an. Eine leise Traurigkeit, die immer stärker wurde, je näher ich dem Bahnhof kam. Wohin sollte die Reise denn nun gehen? Was sollte ich jetzt tun? Ich blieb stehen. Musste kurz innehalten.

Ein Zucken durchfuhr mich, als ich die automatische Ansage hörte: „Achtung an Gleis eins, ein Zug fährt durch.“ Und plötzlich war er da, dieser eine Gedanke. Der Gedanke, mich einfach auf die Gleise zu werfen, sobald ich den einfahrenden Zug sehen würde.
Die Euphorie war schlagartig verschwunden. Stattdessen diese Leere, diese absolute Orientierungslosigkeit. Dieses dumpfe Gefühl, nichts und niemanden zu haben. Keinen, zu dem ich könnte, keine Tür, die sich öffnen würde. Ich blieb stehen. Der Zug kam näher. Es war ein Güterzug, das sah man schon aus der Ferne – schwer, laut, schnell, die drei grellen Lichter der Diesellok wuchsen wie ein Monster am Horizont.

*

Langsam ging ich auf die Gleise zu, den Blick auf den Boden gesenkt. Ich wollte nicht sehen, was kommt. Ich wollte mich nicht selbst davon abhalten, jetzt Schluss zu machen. Was hatte ich schon zu verlieren? Wenn man nichts hat, kann man nichts verlieren.
Der Zug näherte sich. Ich stand direkt an der weißen Linie, die eigentlich Pendler und Schüler davor warnen soll, zu nah am Gleis zu stehen. Es war mir egal. Mein Herz schlug immer schneller.
Alles fühlte sich an wie ein schlechter Film. Die Zeit dehnte sich. Alles wurde schwer. In meinem Kopf tauchten Szenen auf, wild durcheinander: Angst, Wut, Hass, Hunger, Kälte, Müdigkeit.
Alles auf einmal. Es war, als würde ein riesiges schwarzes Loch durch meinen Körper ziehen und sämtliche Gefühle auf einmal herausreißen. Ich konnte nichts kontrollieren, nichts verstehen, nichts steuern.
„Reiß dich zusammen,“ redete ich mir ein. „Das Leben geht weiter.“ Der Zug kam näher, immer näher. Und dann - aus dem Nichts - spürte ich eine Hand auf meiner Schulter. Eine, die mich zurückhielt.
Für einen Moment war alles still, dann: 3… 2… 1… ZISCH!
Der Zug schoss an mir vorbei. Laut, ohrenbetäubend, der Wind peitschte mir ins Gesicht und hätte mich beinahe umgerissen. Ich hob meinen Kopf. Mein ganzer Körper zitterte. Ich hatte Angst. Ich war verwirrt, wie gerade aus einem Albtraum aufgewacht. Ich drehte mich um – suchte die Hand, die mich zurückgehalten hatte.

War es die Polizei? Ein Betreuer? Richard oder Jerome? Vielleicht sind sie auch abgehauen? Ich riss die Augen auf, bereit mich zu ergeben. Bereit, mich meinem Schicksal zu stellen. Doch da war niemand!

Niemand hinter mir. Niemand neben mir. Keine Menschenseele. Habe ich mir das alles nur eingebildet? Ist das wirklich passiert? Und trotzdem – ein Stein fiel mir vom Herzen. Ein riesiger, schwerer Stein. Ich stand noch. Ich lebte. Ich atmete. Ich ging kurz in die Knie, holte tief Luft. Ich musste mich sammeln. Und dann wusste ich: Ich muss hier weg. Irgendwie in Richtung Heimat. Richtung Landstuhl. Irgendwohin, wo ich mich auskenne. Wo ich weiß, wo ich etwas zu essen finde. Vielleicht zu Johannes. Oder zu Langfinger Joe. Hauptsache: hier weg !

*

Es wurde allmählich heller um mich herum, und ein ungutes Gefühl kroch in mir hoch. Der Bahnhof - klar, das würde wohl der erste Ort sein, an dem man mich suchen würde, wenn mein Verschwinden bemerkt wird.
Ich zögerte nicht lange, stieg einfach in den erstbesten Zug ein. Homburg (Saar) stand auf der Anzeige. „Ist zwar nicht Landstuhl, aber immerhin nicht weit davon entfernt“, dachte ich mir.
Der Zug war überraschend gut besetzt. Einige ältere Schüler saßen verstreut in den Vierergruppen, dazu Pendler in Anzügen, manche in knallgelber Arbeitskleidung. Ich fühlte mich unwohl, beobachtet.
Die Angst, entdeckt zu werden, saß mir im Nacken. In Gedanken bastelte ich mir schon eine Ausrede zurecht, sollte mich der Schaffner nach meiner Fahrkarte fragen. Ich würde mich einfach als verirrter Schüler ausgeben - einer, der auf dem Weg nach Dillingen war, aber seine Haltestelle verschlafen hat. Für den Namen hatte ich auch schon vorgesorgt: Jerome. Sollen sie ihm doch ein 40-Euro-Ticket nach Welschbillig schicken. Das war meine kleine Rache für die „schöne“ Zeit, die er mir auf dem Helenenberg beschert hatte. Ein Gruß aus der Freiheit.
„Arschloch“, dachte ich leise.
Die Fahrt nach Homburg verlief ohne Zwischenfälle, zog sich

aber ewig. Ich hatte mir wohl den langsamsten Zug ausgesucht, einen, der an jedem verdammten Kaff hält. Zeit zum Denken hatte ich also mehr als genug.
Immer wieder tauchten in meinem Kopf Bilder von dem Moment am Bahnhof auf: der Güterzug, das Kreischen, die Linie am Gleis, die Hand auf meiner Schulter.
Ich fühlte mich, als wäre ich in einer riesigen Seifenblase gefangen. Nicht unantastbar - nein. Eher so, als könnte mich jeder sehen, aber niemand hört mich. Als würde ich schreien, weinen, um Hilfe rufen – aber es kommt einfach nichts an. Niemand fragt, was eigentlich mit mir los ist. Niemand will es wissen. Ich habe gelernt, dass Weinen Schwäche bedeutet.
Im Heim war das so. Also blieb ich still.

In Homburg am Bahnhof angekommen, geschah dann etwas Unerwartetes. Ich stieg aus und fragte einen Jugendlichen nach einer Zigarette. Und er hörte mich! Er hörte mich wirklich! Er war vielleicht ein, zwei Jahre älter als ich. Drehte sich um, hielt mir eine halbvolle Schachtel Lucky Strikes hin. Gerade hatte er sich selbst eine herausgenommen und wollte Richtung Raucherbereich gehen.
Ich konnte mein Glück kaum fassen. Ich wurde gehört. Ich bat ihn um Feuer, stellte mich mit ihm in den Raucherbereich. Wortlos rauchten wir unsere Zigaretten. Meine erste an diesem Tag. Ich war müde, hungrig, verloren, aber scheiß drauf. Der Rauch füllte mich für einen Moment mit etwas, das sich fast wie Hoffnung anfühlte. Wie ein kleines Aufatmen inmitten des Lärms in meinem Kopf.
Ich beschloss, dass ich zu Langfinger Joe gehen würde, sobald ich Landstuhl erreiche. Ich hatte zwar Angst, wie er wohl reagieren würde (wegen der verwüsteten Wohnung damals) aber ich hatte sonst keinen Ort. Ich hoffte, er hatte das längst vergessen. Hoffte, dass er mir nicht aufs Maul haut. So, wie ich ihn kannte, war er kein aggressiver Typ. Ich redete mir Mut ein. Ich wollte keine Angst haben.
„Danke nochmal für die Kippe“, sagte ich zum Jugendlichen und ging weiter in Richtung Fahrpläne. Trans Regio auf Gleis 1. Abfahrt in sieben Minuten. Geiler Scheiß. Ein Lichtblick. Endlich

raus aus diesem verschissenen Saarland. Endlich diese Sorgen hinter mir lassen. Oder?
Ich rannte fast die Treppen zur Unterführung hinunter, schlängelte mich durch das Gedränge aus Pendlern und Schülern, bis ich an Gleis 1 ankam.
Der Zug stand schon bereit. Ich sprang hinein, voller Freude. Der Zug war voll, kein einziger Sitzplatz mehr frei. Aber ich hatte keine Angst. Sollte ein Schaffner auftauchen, würde er so beschäftigt sein, dass ich längst an der nächsten Haltestelle raus bin. Es waren ohnehin nur zwei, drei Stationen bis Landstuhl. Ich war auf dem Weg. Irgendwie. Irgendwohin. Und zum ersten Mal fühlte es sich ein bisschen an wie Vorwärts.

Home, sweet Home...

In Landstuhl gelandet.
Freitagmorgen, kurz vor acht.
Ich war endlich wieder in der alten Heimat – zumindest geografisch. Und doch fühlte ich mich nicht wirklich angekommen. Ich musste wachsam bleiben. Ich kannte jede Straße, jeden Winkel dieser Stadt, aber die Polizei auch.
Wahrscheinlich nur wieder irgendein paranoider Verfolgungswahn. Trotzdem: lieber vorsichtig sein, als bald wieder in diesem alten, miefigen Ford-Bus nach Trier zu sitzen.

Als ich nach vielen Umwegen an der Berliner Straße aus dem Wald kam, konnte ich schon die großen Wohnblöcke sehen. Mein Puls stieg. Die Angst kam zurück. Was, wenn er ausrastet? Wenn er mich wegschickt? Ich beschloss, mich einfach zu entschuldigen. Hoffen, dass er das annimmt. Dass er mich anhört. Ich stand vor dem Eingang, spürte den Schweiß auf meiner Stirn. Vielleicht war es Angstschweiß. Vielleicht Erschöpfung. Vielleicht die Anstrengung des Aufstiegs.
Wahrscheinlich war es alles zusammen. Ich schwitzte vor Anspannung und Hoffnung. Ich klingelte. Nichts.
Wartete einen Moment, klingelte wieder. Wieder nichts. „Schläft

er noch?“ dachte ich mir, leicht panisch. Ich klingelte erneut, dreimal, viermal, aber niemand öffnete. „Mann, bin ich blöd“, murmelte ich und lief zur Rückseite des Blocks, von wo aus man direkt in seine Kellerwohnung schauen konnte. Da war sie – seine Terrasse, der kleine Garten, in dem ich mit Johannes gespielt hatte. Dort hatten wir Langfinger Joe das erste Mal getroffen. Früher. Schon seltsam, wie weit entfernt sich das anfühlt. Als wäre eine Ewigkeit vergangen.

*

Es war niemand da. Tote Hose. Ich konnte fast die ganze Wohnung durch die Fenster überblicken. Die Flecken an den Wänden waren weg, das Bett gemacht, alles wirkte wie eingefroren.
Direkt am Fenster stand ein altes Bett. Der Mickey-Mouse-Bezug auf der Decke war verwaschen, voller Flecken und Brandlöcher. Daneben die durchgesessene Couch. Davor der Wohnzimmer-Tisch, überzogen mit beigen Kachelplatten, von denen fast alle Risse hatten.
Auf dem Tisch: ein umgekippter Aschenbecher, daneben Zigarettenstummel – fast alle aufgedreht, um noch das letzte bisschen Tabak herauszukratzen.
Ekelhaft. Und trotzdem beneidete ich ihn in diesem Moment um diese paar Stummel. Ich fragte mich, wo er wohl ist.
Dass er noch lebt, stand für mich fest. Sonst wäre die Wohnung längst leergeräumt, neu gemacht, vielleicht schon vermietet.
Aber jetzt war sie nur leer. Und ich stand draußen, mit kalten Händen und knurrendem Magen, und wusste nicht, wohin.
Ich beschloss, mich zwischen die dicken Bäume auf der Wiese zu setzen - dieselbe Wiese, die Johannes und mir früher als Versteck gedient hatte - und auf Joe zu warten. Ich hoffte, dass mich niemand aus den umliegenden Fenstern und hinter den unzähligen Balkontüren entdecken würde. Die Tannen waren dicht, ich fühlte mich einigermaßen sicher.
Ich setzte mich und wartete. Und wartete... Und wartete..
Der Vormittag verstrich, es wurde Mittag, dann Nachmittag – und irgendwann dämmerte es. Ich weiß nicht, ob ich in der Zwischenzeit einmal eingeschlafen bin oder gleich mehrmals.
Ich erinnere mich nur, dass ich plötzlich wieder halb da war, als die

Abenddämmerung einsetzte und in der Wohnung von Langfinger Joe das Licht anging.
„Scheiße, ich hab ihn verpasst", dachte ich. Wie lange er wohl schon wieder da war? Ich stand auf, ging den kleinen Hügel entlang, der zur Terrasse seiner Kellerwohnung führte.
Hinter der Glastür sah ich Joe in seiner schmutzigen Küche, wie er gerade einen Kochtopf ausspülte. Ich fasste allen Mut zusammen und klopfte an die Scheibe. Mein Herz setzte kurz aus. Ich rechnete fest damit, dass er ausrasten würde, wenn er mich sah. Mich zum Teufel jagt, mich vielleicht sogar schlägt. Doch er drehte sich nur um, sah mich, erkannte mich sofort und kam mit seinem humpelnden Gang zur Tür. Er öffnete sie.
„Was willst du denn hier?", fragte er ruhig. Ich hörte die Enttäuschung in seiner Stimme, spürte aber auch, dass er sich Mühe gab, nett zu sein. „Ich bin aus dem Heim abgehauen und weiß nicht mehr, wohin", sagte ich leise. Er blieb stehen, die Hand noch am Türgriff, überlegte kurz. Dann sagte er: „Komm rein."
Ich hatte keine Angst mehr.
Oder vielleicht war es mir einfach wieder einmal egal, was mit mir passiert. Ob er mich schlagen würde, mich rausschmeißen oder einfach ignorieren - mir war kalt, ich war müde, und ich konnte nicht mehr. Ich setzte mich auf die Couch, er schloss die Tür hinter sich und kehrte wortlos zurück in die Küche, zu seinem Kochtopf.
„Hast du Hunger? Willst du ein Bier?" fragte er dann, ohne mich anzusehen. „Hast du vielleicht 'ne Zigarette?", fragte ich zurück.
Er deutete auf einen alten Militär-Rucksack neben dem Bett. „Tabak ist da drin. Kannst dir eine drehen. Willst du was essen?"
Ich bejahte seine Frage. Ich war überrascht, dass er Tabak hatte, wühlte im Rucksack, fand die Tüte und versuchte mir eine Zigarette zu drehen. Es sah erbärmlich aus, aber es reichte. Ich war glücklich.
Joe zog eine Packung Mirácoli-Nudeln aus dem Rucksack - dieses Fertigzeugs mit Sauce, Käsepulver und Nudeln in einem.
Er begann zu kochen. Ich bekam mein Bier, setzte mich wieder auf die Couch, zündete mir meine selbstgedrehte Zigarette an und schaute Nickelodeon im Fernsehen.
Irgendwie wunderte es mich, dass ein Mann wie er noch in

Mickey-Mouse-Bettwäsche schlief und Kindersendungen schaute. Doch dann erinnerte ich mich, wie sehr ich mich eigentlich auch wieder nach genau so etwas sehnte. Nach einer Welt, in der alles irgendwie einfacher war.
Es dauerte nicht lange, bis das Essen fertig war. Er reichte mir einen dreckigen Teller mit Nudeln und Sauce, setzte sich auf sein Bett und sagte nur:„Guten Appetit.“ Er lachte leise über die Sketche im Fernsehen, während er aß.
Ich dachte: Eine arme Seele.

Das Essen roch nicht besonders. Die Nudeln waren teils noch hart, klebten in einem dicken Klotz zusammen. Aber ich war dankbar. Ich hätte alles gegessen.
Noch während ich aß, sah ich ihn an. „Es tut mir leid, was wir gemacht haben,“ sagte ich. Sein Gesicht wurde ernst. Hatte er vergessen, was passiert war? Hatte ich ihn jetzt wieder daran erinnert? Musste ich jetzt gehen?
Er winkte ab, schüttelte den Kopf, aß weiter. Dann fragte er: „Warum habt ihr das gemacht?“
Ich sah ihn an. „Wir dachten, du fickst Kinder. Und dass du uns in deine Wohnung locken willst.“ In dem Moment verschluckte er sich. Kräftig. Er sprang auf, rannte mit hochrotem Kopf in die Küche, hustete, würgte, spuckte das ganze Essen in das noch immer volle Spülbecken.
Als er zurückkam, setzte er sich wortlos aufs Bett, nahm einen Schluck Bier, drehte sich eine Zigarette. „Bist du von allen guten Geistern verlassen? So was macht man nicht. Ich wollte einfach nur höflich zu euch sein.“ Seine Stimme zitterte, man hörte den Schmerz zwischen den Worten. „Hätte ich das vorher gewusst, hätte ich euch keine Mohrenköpfe angeboten. Ich dachte, ihr seid Kinder. Ihr mögt Süßes…“
„Ja, mochten wir auch“, sagte ich, „aber es kam uns schon komisch vor, von einem Wildfremden was zu bekommen. Wir hatten Schiss, dass du uns vergiften willst.“
Erneut schüttelte Langfinger Joe den Kopf, winkte mit der Hand ab und sagte mit ernstem Blick: „So was würde ich nie tun.“ Dann wandte er sich wieder dem Fernseher zu, wo gerade „Oggy

und die Kakerlaken“ lief. Man hörte ihn immer wieder lachen, manchmal kichern, zwischendurch kräftig husten, aus seiner Bierflasche trinken - und ich war in diesem Moment einfach nur froh, gerade irgendwo zu sein, wo mich wohl niemand finden würde. Ich war satt von einem warmen Essen, rauchte, trank Bier, und irgendwie fühlte ich mich… wohl.
Zwar schmeckte das Bier scheußlich, aber innerlich spürte ich diese wohlige Wärme, die der Alkohol langsam über meine Gedanken legte.
Ich fragte: „Kann ich noch ein Bier haben?“ „Klar doch“, entgegnete Langfinger Joe und reichte mir noch eine Flasche aus seinem Rucksack.

*

„Kann ich heute hier pennen?“ fragte ich. „Ja, aber morgen früh musst du gehen. Ich muss nach Kaiserslautern.“
Ich war todmüde, das Bier half auch nicht gerade, wach zu bleiben. Ich fragte nach einer Decke, legte mich auf die Couch, rauchte noch eine Zigarette, exte die Bierflasche und drehte mich dann zur Seite.
Im Hintergrund lief immer noch Nickelodeon, und man hörte Langfinger Joe ab und zu lachen, wenn irgendetwas Lustiges zu sehen war. Mich machte diese Kulisse schläfrig, und ich versank wieder einmal in Gedanken - wie es jetzt für mich weitergehen sollte. Ich hatte keine Ahnung.
Als ich am nächsten Morgen wach wurde, spürte ich zuerst die stechenden Kopfschmerzen. Ich hatte wohl doch nicht gut gelegen auf dieser alten, durchgesessenen Couch. Auch die Nacht war nicht wirklich ruhig. Immer wieder wurde ich geweckt, wenn Langfinger Joe hustend ins Bad rannte, um Schleim zu kotzen.
Danach setzte er sich jedes Mal aufs Bett, rauchte eine selbstgedrehte Zigarette, legte sich dann wieder hin und versuchte, durch wildes Wackeln einzuschlafen. Ich fragte mich natürlich, warum er das tat – aber irgendwie gab es mir das Gefühl, nicht allein zu sein.
Also stellte ich keine Fragen. Es wurde langsam hell draußen, und ich bemerkte, wie er sich bereit machte, das Haus zu verlassen. „Arbeitest du?“, fragte ich ihn überrascht. – „Nee“, antwortete er,

„ich fahr nach Kaiserslautern, zu meinem Vater, in die Kneipe. Da krieg ich immer Fanta und Bier umsonst.“
Sollte ich ihn fragen, ob ich mitkommen darf?
„Wenn du nach Kaiserslautern fährst, wann kommst du dann zurück?“ fragte ich, um mir einen Plan B zurechtzulegen. Er sagte, er sei meist so zwischen 15 und 16 Uhr wieder in Landstuhl – je nachdem, wie viel Glück er beim Zocken am Spielautomaten in der Kneipe habe. Manchmal bringe er Zigaretten, Tabak oder Bier mit nach Hause, wenn er gewonnen habe.
„Okay“ dachte ich und fragte ihn, ob ich mir noch ein paar Zigaretten für unterwegs drehen dürfe. „Aber nicht so viele, ich hab nicht mehr viel Tabak,“ sagte er.
Froh wie ein Lottogewinner, der gerade Millionen abgeräumt hat, drehte ich mir einige Zigaretten. Sie sahen zwar ziemlich scheiße aus, aber wurden von Mal zu Mal besser - man konnte sie rauchen. Die Finger von Langfinger Joe waren schon richtig gelb, vermutlich vom ganzen Nikotin oder weil seine selbstgedrehten Zigaretten keine Filter hatten.
„Hoffentlich passiert mir das nicht auch,“ dachte ich und zündete mir eine an. Innerlich arbeitete ich an meinem Plan A: Johannes aufsuchen, sobald es Mittag wurde.
Ich musste mir auch noch irgendwoher etwas zu essen besorgen, aber das war gerade nicht wichtig. Noch gesättigt von den Nudeln vom Vorabend und geplagt von den Kopfschmerzen, die mir den Appetit raubten, ging ich alles im Kopf durch: Welche Wege musste ich nehmen, ohne gesehen zu werden? Wo konnte ich entlanggehen, ohne dass mich meine Pflegeeltern erwischten?
Die würden mich sofort wieder einfangen und ins Heim zurückbringen, ganz sicher. Und wahrscheinlich wussten sie längst, dass ich abgehauen war. In solchen Fällen sucht man sicher zuerst bei den Eltern. Also bestand die Gefahr, entdeckt zu werden, jetzt vielleicht sogar mehr denn je.
Denn dass man mich in meiner Heimatstadt vermutete, anstatt irgendwo im Saarland oder in der Nähe des Helenenbergs, war naheliegend.
Ich hatte allen Grund zu grübeln und hoffte insgeheim, dass Joe sich noch etwas Zeit ließ, ehe er ging. Johannes hatte Schule, die

vermutlich zwischen 12 und 13 Uhr enden würde. Bis dahin würde ich wieder zwischen Hecken und Dornen hocken, ohne zu wissen, wie spät es war - ich hatte ja keine Uhr. Doch es gab einen einfachen Weg, diesen Gedanken zu umgehen.
„Wann wirst du dich denn auf den Weg machen?“ fragte ich Joe, der gerade den letzten Tropfen Bier aus seiner Flasche vom Vorabend trank. „Ich fahre um viertel nach mit dem Bus nach Landstuhl. Dann musst du auch gehen,“ sagte er.
„Ich weiß“, antwortete ich. „Darf ich heute Abend wiederkommen?“ fragte ich ihn. – „Ja, wenn ich daheim bin. Klingel dann einfach.“ Inzwischen war es halb zehn. Ich zog meine Jacke an, steckte die Zigaretten in die Tasche, trank im Bad gefühlt einen Liter Wasser auf Ex aus dem Wasserhahn, verabschiedete mich von Langfinger Joe und trat durch die Vordertür ins Freie.
An der Klingel ganz unten stand tatsächlich sein voller Name: Josef Michael Meinhoff. Krass, dachte ich. Ich sollte vielleicht aufhören, ihn die ganze Zeit Joe oder Langfinger Joe zu nennen. Grübelnd, woher dieser Spitzname eigentlich kam, machte ich mich auf den Weg.

Von Schlägen, Zigaretten und den Böhsen Onkelz

An diesem Morgen war es regnerisch und nass. Nachdem ich eine Weile an der frischen Luft gewesen war und mich ein wenig bewegen konnte, vergingen auch die Kopfschmerzen langsam. Das Warten auf Johannes war zäh. Ich musste den gesamten Hörnchenwald entlanglaufen bis zum Eingang bei der Villa Kunterbunt.
Nur von dort aus hatte ich einen guten Überblick - ich konnte alle Richtungen einsehen und würde Johannes sofort erkennen, wenn er auf dem Heimweg war. Ich versteckte mich direkt neben dem Waldeingang, im dichten Dickicht hinter ein paar Thuja-Büschen. Sie boten mir etwas Schutz vor dem Regen und der Kälte, vor allem aber vor neugierigen Blicken.
„Heeeeyyja!“ rief plötzlich eine Stimme, die ich nur zu gut kannte. Ich erschrak heftig. Fuck, bin ich erwischt worden? Ein Geistesblitz schoss durch meinen Kopf, ich sprang fast automa-

tisch auf, bereit, loszurennen.
Doch dann hörte ich wieder etwas: „Chipsy, bei Fuß!“ Es war eindeutig meine Stiefschwester Anne, die gerade mit ihrem Hund in den Wald ging. Ich bewegte mich keinen Zentimeter mehr.
Ich stand da, halb geduckt, wie ein Sprinter im Startblock, kurz vor dem Schuss. Durch das Geäst und einige Zweige konnte ich sie erkennen, wie sie mit dem Hund den Waldeingang betrat. Hoffentlich riecht mich der Hund nicht, dachte ich. Das hätte mir gerade noch gefehlt.
Ich stand stockstill, wie ein Luchs auf der Pirsch, und wartete, bis sie etwa zehn Meter an mir vorbeigelaufen war. Minuten später war sie im Wald verschwunden. Gerade nochmal gut gegangen.

*

Da ich sowieso schon stand, beschloss ich, aus meinem Versteck herauszukommen und zu dem Wohnblock zu laufen, in dem Johannes wohnte. Ich wusste immer noch nicht, wie spät es war. Unten am Haus angekommen, hörte ich allerdings sofort, dass er zu Hause war - er stritt sich gerade lautstark mit seiner Mutter. Offenbar hatte sie ihm eine Ohrfeige gegeben.
„Du dumme Schlampe, du schlägst mich nie wieder!“ brüllte er.
„Du sogst noch eenmal Schlampe zu mir, dann kannste ma seh'n, was die Schlampe mit dir macht!“ hörte man seine Mutter im sächsischen Akzent entgegnen.
Da geht's ja wieder richtig rund, dachte ich mir. Man hörte Kinder weinen - wahrscheinlich Johannes‘ kleiner Bruder - Türen knallen, gleich mehrere. Irgendwie heftig, dass hier noch niemand die Polizei gerufen hatte. Wer weiß, wie lange das schon so ging.
Ich ging hinter den Block in Richtung des Fensters von Johannes‘ Zimmer und versuchte, durch leises Pfeifen auf mich aufmerksam zu machen.
Aber nichts. Ich war wohl zu leise. Vom Erdgeschoss bis in den vierten Stock war ein weiter Weg, und lauter pfeifen konnte ich nicht, da meine Pflegeeltern direkt hinter dem Maschendrahtzaun wohnten. Nur ein paar kleine Thujas trennten uns. Außerdem hatte Johannes die Musik voll aufgedreht - Böhse Onkelz, natürlich.
Irgendwie ja cool, dachte ich, aber wie mache ich mich jetzt bemerkbar? Ich suchte auf dem Boden nach kleinen Stein-chen,

”

...und wenn das System sagt, ich bin ein zwölfjähriger Junge, der schwer erziehbar ist und sich nicht an Regeln hält, dann bin ich das eben.

Dann gibt es keinen Platz für eine verwirrte Seele, die eigentlich sanft ist. Zart. Missverstanden. Und niemand versucht auch nur zu verstehen, warum ich bin, wie ich bin. Nein – das System akzeptiert mich nicht.

”

die ich gegen sein Fenster werfen konnte.
Immer wenn die Musik kurz leiser wurde oder ein Lied endete, warf ich einen. Nach dem zwölften Stein hatte ich endlich Erfolg: Die Musik stoppte mitten im Song „Nur die Besten sterben jung“, das Fenster wurde ruckartig aufgerissen.
„Du blöder Wichser, verzieh dich!“ schrie Johannes wütend nach unten, ohne zu wissen, dass ich es war.
„Ja, du blöder Wichser, ich verpiss mich. Kommste mit?“ rief ich zurück. Er beugte sich über das Fensterbrett, erkannte mich und fing plötz-lich an zu lachen. Ich konnte nicht anders und lachte mit. Fuck, ich muss mich zügeln, dachte ich, ich darf nicht gehört oder gesehen werden.
„Komm runter!“ rief ich ihm leise zu. „Ich hab Hausarrest“, antwortete er. Doch dann grinste er: „Scheiß drauf, ich komm. Wir treffen uns am Waldeingang, geh schon mal vor.“ Dann schloss er das Fenster.
Ich war gerade richtig überwältigt, einen guten Freund nach so langer Zeit wiederzusehen, nicht mehr alleine zu sein. Ich war einfach glücklich. Ich lief die Straße hoch, zurück in den Wald, und versteckte mich wieder im Dickicht, aus dem ich zuvor herausgekommen war. Ich zündete mir eine der letzten selbstgedrehten Zigaretten an - meine vorletzte. Aber ich hoffte, dass Johannes vielleicht ein paar von seiner Mutter mitgehen ließ. Das hatte er früher oft gemacht - und dafür Ärger bekommen.
Dann hörte ich wieder Schritte näher kommen. Euphorisch stellte ich mich in Position,bereit, Johannes aus dem Gebüsch zu erschrecken.
Doch … Fehlalarm. „Bei Fuß!“ Wieder meine Schwester. Sie lief nur wenige Meter entfernt an mir vorbei. Plötzlich blieb sie stehen, drehte sich um. Scheiße, meine Zigarette qualmte noch.
Doch sie lief weiter, ohne ein Wort zu sagen. Hoffentlich hat sie mich nicht gesehen. Kurz darauf hörte ich endlich Johannes. Er rief: „Na du Penner, wo versteckst du dich?“
Das war mein Moment. Ich sprang aus dem Gebüsch, Johannes erschrak sichtbar. „Hier bin ich, du Penner! Komm, wir verpissen uns!“ rief ich lachend. Wir schauten uns an, lachten, und gaben uns die Hand, so wie früher. Es fühlte sich gut an, wieder einen echten

Freund an der Seite zu haben.
„Wo warst du die ganze Zeit? Ich hab gehört, du bist im Heim. Erzähl mal!“ fragte er. „Komm, lass uns erstmal hier weggehen. Ich erzähle dir alles unterwegs,“ antwortete ich.

*

Wir hatten uns viel zu erzählen, und ehe ich Johannes alles über meine letzten Wochen und Monate berichten konnte, hatte er mir schon seine geschildert. Es schien ihm nicht viel besser ergangen zu sein.

Zwar war er nicht im Heim, aber er hatte zwei ältere Brüder, die ihm das Leben schwer machten. Der eine, Fritz, ein ultrarechtsradikaler Arbeitsloser, trank gerne und hörte rechte Musik. Der andere, Peter, klaute, soff ebenfalls und musste ständig auf die kleinen Geschwister aufpassen.

Ihm rutschte auch mal die Hand aus, wenn etwas nicht nach seiner Nase lief. Und wie man an den blauen Flecken an Johannes‘ Körper sah, lief es da wohl öfter mal nicht so, wie er es gerne gehabt hätte.

Wir erzählten, redeten, berichteten. Irgendwie wollte jeder von uns sich gleichzeitig beim anderen auskotzen. Und so wartete ich auf die eine Frage, auf die ich mich insgeheim am meisten gefreut hatte: „Wo warst du die ganze Zeit?" Und ich fing an zu erzählen...

*

Natürlich nicht alles. Meine dunkelsten Geheimnisse, meine innere Stimme, die zarte Seite in mir, die musste weiterhin verborgen bleiben.

Das Wieso, Weshalb, Warum konnte ich nicht beantworten. Aber dafür kam mir wie aus der Pistole geschossen über die Lippen: „Die haben mich ins Heim gesteckt. Ich war in Trier im Heim, bin abgehauen. Die Bullen suchen mich.“

Ich sah Johannes an, dass ihm für einen Moment der Atem stockte. Erstaunt fragte er: „Im Heim? Wie bist du denn da hingekommen?" Und ich fing an zu erzählen, was mir in den letzten Wochen und Monaten passiert war. Die Schläge, die Fluchtversuche, das dreckige Mobbing, die blauen Flecken, die Betreuer... Es musste einfach alles raus.

Noch im Wald standen wir da, und ich war innerlich kurz davor loszuheulen, gleichzeitig aber auch erleichtert, weil ich diese Last endlich mit jemandem teilen konnte. Wobei ich tief in mir wusste, dass die eigentliche Last gerade erst begonnen hatte. Meine Flucht aus dem Heim, die große Frage: Was jetzt? Wohin gehe ich? Was mache ich?

„Komm, wir gehen erst mal zur Grundschule, setzen uns aufs Dach und chillen", sagte Johannes. Dem stimmte ich natürlich zu. Hier im Wald war es zu gefährlich - zu groß die Gefahr, entdeckt zu werden, sei es durch meine Schwester, durch meinen Pflegevater, der vielleicht mit dem Hund spazieren geht, oder durch irgendwelche Nachbarn, die Pilze sammeln oder einfach nur durch den Wald laufen. Wir mussten hier weg.

*

Auf dem Schulhof angekommen bemerkte ich, dass sich hier nicht viel verändert hatte. Es waren noch immer dieselben gesprühten Graffiti wie damals an den Wänden. Nein, nichts Pädagogisches oder irgendwie Schulbezogenes. Es waren Graffiti von irgendwelchen Idioten, die meinten, ein Schulgebäude mit ihrer abstrakten Kunst aus „Suck my Dick"-Sprüchen verschönern zu müssen. Ironischerweise war das Ganze sogar noch falsch geschrieben, denn das Wort „Suck" war falsch geschrieben.

„Da, schau mal – da steht 'Sag my Dick'. Ich hab Dick gesagt!" witzelte Johannes.

„Idioten," sagte ich und tat so, als wäre mir das auch selbst aufgefallen. Dabei interessierte mich weder das Warum noch das Wie, und ehrlich gesagt auch nicht, dass es überhaupt dort stand – mein Kopf war einfach zu voll. Voll mit Problemen, von denen ich wusste, dass sie jetzt auf mich zukommen würden. „Hoffentlich erwischt uns der Direktor hier nicht," sagte ich zu Johannes, und wir kletterten neben der Überdachung an der Regenrinne auf das etwa 2,50 Meter hohe Dach hinauf.

„Hast du 'ne Kippe?" fragte mich Johannes, und ich entgegnete, dass ich noch etwas Tabak von Langfinger Joe dabei hatte.

Ich drehte uns jeweils eine Zigarette und wir ruhten. Wir saßen an einem Punkt auf dem Flachdach, von dem aus wir den gesamten Überblick über die Schule hatten. . Johannes erzählte mir in der Zwischenzeit erneut, wie es ihm in den letzten Wochen und

Monaten ergangen war. Er berichtete, dass der Typ vom Jugendamt öfter bei ihnen zuhause gewesen sei und dass sie nun keine Katze mehr hätten. „Ihr hattet 'ne Katze?“ fragte ich. „Ja, bis sie abgehauen ist“, sagte Johannes, und erzählte mir dann, wie er die Katze gequält hatte und sie auf die heiße Herdplatte gesetzt hatte, damit sie sich die Pfoten verbrannte. „Strange“, dachte ich mir.
Richtig mies und übel sogar. Irgendwie angewidert versuchte ich, das Thema zu wechseln, und fragte, wieso das Jugendamt so oft bei ihnen zuhause war. Ich wollte ihm nicht zeigen, wie traurig mich das mit der Katze gemacht hatte. Schließlich war Johannes irgendwie mein einziger Freund. Ich hatte sonst niemanden, auf den ich hätte zählen können. Johannes sagte mir, dass das Jugendamt komme, weil er öfter blaue Flecken hatte und nicht zur Schule ging.
Seine Mutter musste deswegen sogar ein Bußgeld zahlen. Er erzählte mir auch, dass sein Bruder Fritz in der Psychiatrie in Homburg sitzt, weil er sich umbringen wollte, und dass Peter ihn immer wieder schlage, während seine Mutter nichts dagegen unternimmt.
„Krass. Echt miese Kacke, was da bei dir abgeht“, sagte ich und fragte ihn, wie es nun weitergehen soll. „Ich will nicht mehr zurück“, meinte er, und wir überlegten uns gemeinsam einen Plan. Es war schon Nachmittag, und der Tabak, den ich noch von Langfinger Joe dabei hatte, neigte sich langsam aber sicher dem Ende zu. Wir beschlossen, zu Langfinger Joe zu gehen und abzuchecken, ob wir die Nacht bei ihm verbringen könnten. Johannes hatte etwas Angst, weil wir damals seine komplette Wohnung verwüstet hatten. „Brauchst keine Angst zu haben, der macht nix. Ich war ja auch schon wieder bei ihm“ sagte ich, um ihm die Angst etwas zu nehmen - auch wenn sie im Grunde berechtigt war, nach dem, was wir dem armen Kerl angetan hatten.

*

Und jetzt waren wir auf das Mitleid dessen angewiesen, der so viel Scheiße durch uns erleiden musste. Ich musste lachen. „Scheiße“, haha, dachte ich, und erinnerte mich wieder an die

Zeit, die ich mit Johannes verbracht hatte, als alles irgendwie noch gut war... oder zumindest weniger schlimm. In der Zeit, in der wir beide ein Zuhause hatten, das für uns beide aber irgendwie aus unterschiedlichen Gründen doch kein Zuhause war. Irgendwie hatten wir nie wirklich ein richtiges Zuhause gehabt. Und ich glaube, genau das war es, was uns miteinander verband.

Es dauerte nicht lange, bis wir in der Berliner Straße ankamen - vielleicht zehn Minuten durch kleine Gassen und Straßen, die weniger befahren waren. Wir gingen durch Vorgärten und über Wege, die keine waren, weil sie über Zäune und Grundstücke anderer führten, aber wir kamen an.
Unsere Hoffnungen zerschellten an der Balkontür von Langfinger Joe. Wir liefen nicht zur Haustür, um dort zu klingeln und wertvolle Minuten zu verlieren - Minuten, die wir lieber damit verbringen wollten, zu rauchen. Stattdessen gingen wir direkt hinter das Haus, zu dem Gelände, das an die Wiese angrenzte, auf der wir früher mal „Krieg“ gespielt hatten und wo wir unsere erste Begegnung mit Langfinger Joe hatten.
Diese Wiese, von der aus wir den Mann beobachtet hatten, der uns mit Mohrenköpfen in seine Wohnung locken wollte. Ach, waren wir dumm gewesen. „Der wollte uns nichts Böses, der wollte einfach nur ein bisschen Gesellschaft,“ sagte ich zu Johannes, ohne dass er wusste, worüber ich gerade nachgedacht hatte. „Ich weiß, aber der Wichser ist nicht zuhause,“ murmelte Johannes. Über das Geländer gelehnt sah er in die Wohnung. Sie wirkte ruhig und leer. Das Licht war aus, der Fernseher, auf dem sonst immer Cartoons liefen, ebenfalls.
Durch das gekippte Fenster drang der übliche, modrige Geruch nach draußen: eine Mischung aus Kotze, ungewaschenen Klamotten, kaltem Aschenbecher und leeren Bierflaschen.
Vermutlich auch etwas Restmülltüte mit Aschenbecherinhalt anderer Hausbewohner, deren Müll Langfinger Joe regelmäßig durchwühlte, wenn er sein ganzes Geld in der Kneipe seines Vaters in die Spielautomaten geworfen hatte. Wie dem auch sei - der Geruch war da, aber von Langfinger fehlte jede Spur. Scheiße! Wir beschlossen, uns hinter dem Dickicht der Bäume auf der

Wiese ein provisorisches Quartier einzurichten und abzuwarten, bis Langfinger Joe nach Hause kam. Schließlich wussten wir nicht, wohin sonst.
Die Stunden vergingen, es wurde dunkel, aber langweilig war es nicht. Johannes und ich erzählten uns gegenseitig wieder und wieder unsere Erlebnisse und mit jedem Mal kamen neue Details ans Licht.

Besser widerlich als wieder nicht

Johannes erzählte mir, dass seine Mutter, die im „Schäferstübchen", einer Kneipe in Landstuhl, jobbte, ihn auch öfter geschlagen hatte. Besonders dann, wenn sie ihn mit Zigaretten erwischt hatte oder wenn er versuchte, ihr Geld aus der Börse zu klauen, um sich welche zu kaufen. Er sagte, es sei wohl nur eine Frage der Zeit, bis auch er ins Heim müsse - und dass bei ihm bereits im Gespräch gewesen sei, ihn nach Trier zu schicken. In eben jenes Heim, aus dem ich abgehauen war und seitdem wie ein Schwerverbrecher auf der Flucht lebte. Ich glaube, meine Erzählungen darüber hatten ihm Angst gemacht.
Johannes war kleiner als ich, nicht so kräftig gebaut, eher zierlich. Sicherlich würde auch er in Trier nicht zu denen gehören, die etwas zu sagen haben, sondern – wie ich – zu den Bauern, die Befehle ausführen und geopfert werden, sei es zur Belustigung der anderen. Ich denke, das wusste er. Und genau deshalb kam es für ihn nie infrage, freiwillig dorthin zu gehen. Uns war beiden klar: Das hier, das war der Anfang von etwas Größerem. Doch alles stand und fiel mit dem Erscheinen von Langfinger Joe. Also warteten wir weiter – geduldig, aber inzwischen ohne auch nur eine einzige Zigarette in greifbarer Nähe. Wir warteten… und warteten. Irgendwann später, es war längst dunkel und kalt geworden, in einem Moment, in dem ich schon fast resignieren und mich der Polizei als Flüchtling aus Trier stellen wollte, riss mich Johannes aus dem Halbschlaf. „Da, schau! Es brennt Licht in seiner Wohnung!" Ich machte die Augen auf - vermutlich hatte ich wirklich ein wenig geschlafen, ich weiß nicht, wie lange. Aus dem

Nachmittag war Abend geworden, aus der Dämmerung Nacht. Kein Plan, wie spät es war. Ich sah Johannes verwirrt an und bemerkte, wie er aufgeregt mit dem Zeigefinger in Richtung Terrasse deutete. „Der Wichser ist endlich daheim! Komm, wir gehen hin!“
Ich musste mich kurz sammeln. Es war kalt – richtig kalt. Keine Ahnung, wie viele Grad es waren, aber ich zog den Reißverschluss meiner Jacke bis unters Kinn und taumelte hinter Johannes her. Aus der Wohnung drang das flackernde Licht des Fernsehers nach draußen. Kinderserien liefen, wie immer. „Das ist es – er ist wirklich daheim,“sagte ich, während Johannes bereits hysterisch zur Terrasse rannte und gegen die Glasscheibe der Tür klopfte.
Die Wohnung sah leer aus, aber dann kam Langfinger Joe um die Ecke. Er zeigte ein wehmütiges, gleichzeitig misstrauisches Lächeln, als er sah, wer da an seine Scheibe klopfte. Er trat ans Fenster, als wolle er uns nicht hereinlassen, und fragte durch das Glas: „Was wollt ihr hier?“
„Können wir 'ne Nacht bei dir pennen?“ fragte Johannes, und Langfinger Joe schüttelte nur den Kopf. „Das geht nicht. Verschwindet von hier.“

Ich war überrascht, wie abweisend er wirkte. Wahrscheinlich wegen der schlechten Erfahrungen, die er mit uns gemacht hatte – das letzte Mal, als wir da waren, war seine Wohnung danach ein komplettes Schlachtfeld gewesen.
Und das Gesicht und die Stimme von Johannes erinnerten ihn stärker als mein Gesicht von letzter Nacht.
„Komm schon“, sagte ich, „ich war doch heute Morgen auch da. Wir haben nichts gemacht. Bitte, lass uns rein. Wir machen auch nichts. Versprochen.“ Ich versuchte, ihm etwas Vertrauen zu vermitteln. Schließlich hatte ich beim letzten Besuch wirklich nichts angestellt. Die Wohnung war - zu seiner eigenen Überraschung vermutlich - weder verwüstet noch beschmiert worden. Nicht ein einziges Teil war beschädigt.
„Bitte, komm schon, es ist kalt und wir wissen nicht, wohin“ sagte Johannes. Irgendetwas an uns schien Langfinger Joe dann doch zu erweichen – widerwillig öffnete er schließlich die Balkontür.

Ruhig sprach er mit uns. Ob wir etwas essen wollten, fragte er.
Ich sah zur Spüle, die sich unter wochenaltem, schimmelndem Geschirr bog. Ich nickte. Johannes dagegen schüttelte den Kopf und sah mich verwundert, aber auch irgendwie warnend an.
„Ich hab Hunger“ sagte ich nur und ließ mich auf die siffige, durchgesessene Couch fallen. Ich sah zu, wie Langfinger Joe ein paar Töpfe halbherzig unter kaltem Wasser abspülte und eine Packung Fertigspaghetti aufriss. „Was soll's“, dachte ich. „Es muss nicht schmecken. Es muss nur satt machen.“ Hauptsache irgendetwas im Bauch.
Johannes hingegen konzentrierte sich auf das Bedürfnis seiner Lunge. „Hast du 'ne Zigarette?“ fragte er Langfinger Joe, der ihm daraufhin eine Original-Marlboro aus der Brusttasche seiner Jeansjacke reichte.
„Geil, woher hast du Geld?“, fragte Johannes. Ich sah ihn an, versuchte ihm mit meinem Blick klarzumachen, dass solche Fragen besser unausgesprochen blieben. Das Misstrauen hing ohnehin schon wie ein Schleier über uns. Aber Langfinger Joe antwortete nur trocken: „Hab sie von meinem Vater. Ich komm gerade aus der Kneipe.“ „Okay, daher auch das Geld für die Nudeln“ meinte Johannes. Langfinger Joe nickte nur und murmelte ein „Hö“, das wohl so viel heißen sollte wie: Ja.

*

Auch ich bat um eine Zigarette - obwohl ich sah, dass in der Schachtel nur noch wenige übrig waren. Trotzdem war ich froh, überhaupt etwas zum Rauchen zu bekommen.
Es verwunderte mich, wie viel Gastfreundschaft wir gerade von jemandem erfuhren, dem wir eigentlich nur Leid gebracht hatten. Merkwürdig, dieses Leben. Aber so war es eben. Während Langfinger Joe die Fertigsauce zubereitete und darauf wartete, dass das Wasser im dreckigen Topf zu kochen begann, starrte ich auf den Fernseher. Kindersendungen flimmerten über den Bildschirm. Ich vermisste die Zeit, als auch ich unbeschwert vor dem Fernseher saß. Keine Sorgen, keine Angst davor, geschlagen, gequält oder beklaut zu werden. Nur die Frage, was ich als Nächstes schauen sollte, wenn die „Löwenzahn“- oder „Siebenstein“-Folge vorbei war. Gott, waren das Zeiten. Ich vermisste sie.

Ich vermisste das Gefühl, einfach irgendwo zu sein, ohne Angst.

Langsam wurde mir warm, der Dunst aus der Küche ließ mich schwitzen. Ich öffnete meinen Jackenreißverschluss. Ich war noch immer müde, aber diese Müdigkeit bezog sich weniger auf meinen Körper als auf mein Leben. Eine Erschöpfung, die tiefer saß. Aber was will man machen?
Aus meinen Gedanken riss mich Joes Hand mit den gelb verfärbten Fingern vom Zigarettendrehen. Er reichte mir eine Schüssel mit verklebten Nudeln und wässriger Sauce. Wahrscheinlich hatte er sie nicht einmal umgerührt beim Kochen. An der Schüssel klebten noch getrocknete Reste – was auch immer das war. „Willst du wirklich nichts? Es ist noch was da", sagte er zu Johannes.
Doch der verneinte nur, schaute mich mit großen, fragenden Augen an, als wolle er wissen, ob ich das Zeug wirklich essen würde. Ich sah seinen angeekelten Blick, schaute noch einmal selbst in die Schüssel. Dann dachte ich: „Scheiß drauf. Besser widerlich als wieder nicht." Ich nahm die ebenfalls nicht ganz saubere Gabel, die Langfinger Joe mir reichte, und schob mir eine Portion dieser klebrigen Nudeln in den Mund.

*

„Scheiß drauf", sagte ich zu Johannes. „Ich hab Hunger."
Er sah mich an, als hätte ich den Verstand verloren. Ich spürte, dass etwas in ihm vorging – hinter diesen aufgerissenen, angeekelten Augen. Dann blickte ich zu Langfinger Joe, der sich auf das Bett neben der Couch gesetzt hatte, auf der Johannes saß, und seine Nudeln in sich hineinschaufelte. Zwischendurch lachte er, wenn eine dieser Cartoonfiguren einen kindgerechten Sketch brachte.
Krass, wie leicht manch ein Erwachsener zu beeindrucken ist, dachte ich, und aß meine Schüssel leer. Johannes bat erneut um eine Zigarette und rauchte schweigend.
Mir ging es gut - soweit das eben möglich war. Ich war satt, ich hatte ein bisschen geschlafen, ich war nicht allein, und mir war nicht mehr kalt. Für einen Moment fühlte es sich so an, als gehöre mir die Welt. Als hätte sich die Batterie in mir ein kleines Stück weit wieder aufgeladen.

Nicht vollständig, nicht perfekt, aber genug, um weiterzumachen. Um nicht aufzugeben. Um etwas zu planen. Und genau das taten wir dann auch.
Ich aß Nudeln, gekocht in fragwürdig sauberen Töpfen. Und ich aß sie von schmutzigem Geschirr – unter den angewiderten Blicken von Johannes. Und jetzt rauchte ich bereits gerauchte Zigarettenstummel aus schmuddeligen Aschenbechern. Ich denke, ich hatte den Tiefpunkt meines Lebens erreicht.

*

Ich war die ganze Nacht wach, zusammen mit Johannes. Wir saßen auf der siffigen Couch, in Decken gehüllt, jeder an einem Ende und dachten nach. Wir redeten über dies und das, aber das Hauptthema war, irgendwie an Geld zu kommen. Das war es. Zwar bat uns Langfinger Joe nach einer gewissen Weile zu gehen, doch wir konnten ihn überzeugen, uns die Nacht über bei ihm bleiben zu lassen.
Ich denke, er hatte Angst, dass wir ihn bestehlen oder irgendetwas in seiner Wohnung anstellen würden.
Diese Sorge war unbegründet, doch Langfinger Joe blieb die ganze Nacht wach, um ein wachsames Auge auf uns zu haben.
Als die Marlboro-Zigaretten endgültig leer waren, blieb uns nichts anderes übrig, als die Kippenstummel aus seinen Aschenbechern aufzudrehen, um die letzten Tabakreste herauszukratzen und uns daraus neue Zigaretten zu drehen. Es war widerlich, aber tiefer konnten wir ohnehin nicht mehr sinken. Wollten wir unser Leben lang Zigarettenstummel rauchen und Fertigfraß aus ekelerregendem Geschirr essen?
Nein, ganz sicher nicht. Der Schlüssel zu allem, zu Erfolg, zu Würde, zu irgendetwas, war Geld. Der Schlüssel...? Plötzlich hatte ich eine Idee. Damals, in der Grundschule, waren wir mal in der Stadtbibliothek gewesen. Ich erinnerte mich, dass es im oberen Stockwerk einen Notausgang gab.
An der Wand daneben war eine rote Metallbox befestigt - aber keine mit einem Alarmknopf, wie man sie sonst kennt, sondern mit einem Schlüssel. Ich war mir sicher, dass dieser Schlüssel dazu diente, die Tür im oberen Stockwerk im Brandfall zu öffnen.
Ich erzählte Johannes davon - und seine Augen begannen zu

leuchten. „Bist du dabei?“, fragte ich. „Natürlich. Lass es uns morgen ausprobieren“, sagte er wie aus der Pistole geschossen. Es war das erste Mal, dass wir eine echte Aussicht auf Geld hatten. Langfinger Joe bekam von unserem Gespräch nichts mit. Er war weiterhin in seine Cartoons vertieft und warf uns ab und zu einen prüfenden Blick zu, der aber nie lange anhielt. Vielleicht hatte er nun verstanden, dass wir ihm nichts Böses wollten. Dennoch hätte er uns sicher von unserem Vorhaben abgeraten. Wobei... ist es ein Einbruch, wenn man einen Schlüssel hat?

*

Am nächsten Morgen wollten Johannes und ich während der Öffnungszeiten in die Bibliothek gehen. „Wir geben uns als Schüler aus und sagen, wir haben die erste Stunde frei, weil ein Lehrer fehlt“,schlug Johannes vor. Ich nickte ihm zustimmend zu, bevor mich der Schlaf übermannte.

Unsanft geweckt wurde ich von Langfinger Joes Stimme: „Denny, steh auf - ihr müsst jetzt wirklich gehen.“

Ich brauchte einen Moment, um mich zu orientieren. Ich warf die graue Wolldecke von mir und stand auf, während Langfinger Joe im Bad verschwand. „Ziehen wir das heute durch?“ fragte ich. Johannes lächelte und fragte zurück, ob ich etwa weiterhin Stummel rauchen wolle. „Natürlich nicht“, antwortete ich, und bat ihn, mir den Aschenbecher zu reichen. Die meisten Stummel waren bereits aufgebraucht. Mies!

„Ihr müsst jetzt wirklich gehen“ rief Joe noch einmal aus dem hinteren Teil der Einzimmerwohnung. „Ich fahr nach Kaiserslautern ins Zack-Zack. Ihr könnt nicht hier bleiben, bitte geht jetzt.“

Mit ernster Miene zog er sich die Schuhe an. Johannes und ich bedankten uns bei ihm und verließen mit ihm gemeinsam die Wohnung. Es ging ein paar Stufen nach oben – es war ja eine Art Souterrainwohnung. Als wir schließlich die Haustür öffneten, überkam uns ein seltsamer, wohltuender Geruch: Der Geruch von nichts.

Es roch einfach nach nichts. Und das war gut. Erst jetzt bemerkten wir, wie sehr wir selbst stanken.

Es war Freitagmorgen, etwa zehn Uhr. Auch Johannes schwänzte die Schule und war von zu Hause abgehauen - trotz Hausarrest. Was da wohl wieder vorgefallen war... ich dachte nicht weiter darüber nach. Ich musste mich beeilen, um mit Johannes Schritt zu halten. Ich war schon damals etwas kräftiger gebaut, während er sportlich, flink und wendig war. Das genaue Gegenteil von mir - aber ich hatte das Köpfchen, und das glich es aus. Ich war schließlich auch etwas älter.

Letzte Kippe, erster Einbruch

In der Stadt angekommen, mieden wir weiterhin die Hauptstraßen. Nicht nur wegen der Polizei, die nach mir suchte, sondern auch wegen Johannes: Seine Mutter, seine Schwester oder Peter - sie könnten uns begegnen. Wir nahmen riesige Umwege, gingen nur Wege, auf denen uns niemand erwartete. Irgendwann standen wir vor der Stadtbücherei. Johannes zog grinsend zwei Zigaretten aus seiner Jackentasche. „Magst du eine?“ fragte er. Ich fragte, woher er die hatte. „Schau mal drauf“, sagte er. Marlboro. Wir sahen uns an und lachten.
„Wie viele hast du ihm geklaut?“ – „Nur die zwei. Für den Weg.“
Wir rauchten unsere letzte Zigarette, bevor wir unsere erste große Straftat begehen würden.
Mein Herz raste. Es fühlte sich falsch an – aber irgendwie war diese Marlboro ein Zeichen. Eine letzte Erinnerung daran, was wir haben könnten. Dann warfen wir die Kippen weg und betraten das Gebäude.
„Es ist inzwischen zu spät für die Ausrede mit den ersten zwei Stunden“ sagte ich. „Wenn uns jemand fragt, sagen wir einfach, unser Sportunterricht ist ausgefallen.“ Johannes nickte. Eine kleine Treppe führte uns in ein großes, kühles Gebäude. Links ging es in die Stadtbücherei, daneben gab es einen Fahrstuhl, und es schien noch zwei oder drei weitere Stockwerke zu geben mit Seminarräumen, vielleicht auch privat vermieteten Wohnungen ganz oben. „Alles klar. Lass reingehen“ sagte ich.
Wir öffneten die Tür, und eine etwas ältere Dame begrüßte uns herzlich. „Guten Morgen.“

Johannes sagte nichts, ich erwiderte ein „Guten Morgen“ und ließ meinen Blick durch die Bibliothek schweifen. Zum Glück stellte sie keine Fragen, warum wir nicht in der Schule waren. Sie stand hinter ihrem großen Tresen, unter dem sich auch die Kasse für die Bücherausleihe befand, und war weit genug entfernt, um nicht den Geruch von Langfinger Joes Wohnung an unseren Klamotten zu bemerken.
„Wir sehen uns nur mal um“ sagte Johannes zu der Dame, deren graues, dauerhaft gewelltes Haar auffiel. Sie nickte und bot uns ihre Hilfe an, falls wir Fragen hatten. Eigentlich war sie sehr nett, aber unser Weg führte uns direkt zur kleinen Wendeltreppe, die hinauf in den zweiten Stock führte.
Ich bemerkte, dass sich die Bibliothek verändert hatte - es gab viel mehr Regale als früher und der Weg zum Notausgang wirkte verwirrender, fast wie in einem Labyrinth. Doch dann entdeckten wir sie: die Tür, und direkt daneben das rote Kästchen an der Wand. Wir hielten inne, unsicher, was uns dahinter erwarten würde. Johannes war schneller als ich, zielstrebiger - eine Mischung aus Aufregung und Neugier trieb ihn an, und ich fühlte mich genauso. Hoffentlich hatte ich mich nicht in meinen Gedanken getäuscht.
Ich sagte mir immer wieder: „Ein Schlüssel, es ist ein Schlüssel, es ist kein Knopf, es ist ein Schlüssel.“
„Jackpot!“ sagte Johannes plötzlich. Ich konnte es kaum fassen - es war tatsächlich ein Schlüssel, direkt neben der verschlossenen Tür im Obergeschoss der Stadtbibliothek. Das Einzige, was uns noch trennte, war eine dünne Glasscheibe, die vor dem Metallrahmen des Kästchens lag.

*

„Krass“, sagte ich zu Johannes, der bereits die Dicke der Glasscheibe prüfte und versuchte, seine Hand mit dem Ärmel seiner Jacke zu bedecken, um keine Fingerabdrücke zu hinterlassen.
„Die Scheibe ist nicht dick, es ist eine ganz dünne“, erklärte er. Ich schaute nervös umher, bemerkte aber niemanden, der unseren Plan hätte durchschauen können. Zum Glück.
„Komm, ich huste einmal laut, und du haust die Scheibe mit deiner Jacke ein. Dann nehmen wir den Schlüssel und gehen“ schlug ich vor. Johannes war bereits voller Elan und konnte es

kaum erwar-ten, den Schlüssel in den Händen zu halten. „Warte, ich schau nochmal nach unten, ob die Dame noch an ihrer Theke sitzt“ sagte ich und ging in schnellen Schritten zurück zur Wendeltreppe.
Ich schaute nach unten - die Bibliothekarin war gerade mit Kopieren beschäftigt. Sie war also abgelenkt. Ich ging schnell zurück zu Johannes, der wartend vor dem roten Kästchen stand, hustete laut und grinste dabei. Im selben Moment schlug seine Hand, umhüllt vom Ärmel seiner Jacke, gegen die dünne Glasscheibe, und sie zerbrach. Es war nicht sehr laut, mein Husten hatte den Geräuschpegel wahrscheinlich übertönt.
Blitzschnell griff Johannes in das Kästchen und holte den Schlüssel heraus, während ich zwei große Scherben aufhob und sie unter einem Bücherregal verschwinden ließ. Diese Scherben hätten uns verraten können, wenn sie gefunden worden wären.
Ich redete mir ein, dass es niemandem auffallen würde. Der Kasten hing noch an seinem Platz, aber der Schlüssel war verschwunden – niemand würde es bemerken. So hatten wir eine Chance.
Wir gingen schnell die Wendeltreppe wieder hinunter und machten uns auf den Weg zum Ausgang. „Habt ihr nichts gefunden?“ fragte die Bibliothekarin mit einer freundlichen Stimme.
„Nein, leider nicht. Wir müssen jetzt wieder zur Schule, der Sport ist gerade zu Ende“ antwortete ich, versuchte dabei zu lächeln, obwohl mein Herz in meiner Brust vermutlich schon den Tango tanzte. Es fühlte sich nicht richtig an.
Die Frau nickte und wünschte uns einen schönen Tag. Sobald wir die Tür der Bibliothek hinter uns geschlossen hatten, fühlte ich mich erleichtert, doch Johannes strahlte vor Freude.
„Wir müssen uns hier im Gebäude verstecken, bis die Bibliothek schließt“ sagte ich. „Die schließen die Türen ab, und ich möchte hier kein Aufsehen erregen, wenn wir später eine Tür oder Scheibe einschlagen müssen, obwohl wir jetzt einen Schlüssel haben.“
Johannes verstand das Problem.
„Da oben wohnen Leute, wir müssen leise sein und uns so verstecken, dass uns niemand sieht.“
Wir stellten uns vor den Aufzug und beschlossen, jedes Stockwerk abzufahren, um herauszufinden, was uns in den oberen Etagen

erwartete und ob es irgendwo eine Möglichkeit gab, uns sicher zu verstecken. Doch der Aufzug brachte uns auf eine andere Idee.

„U?“ fragte Johannes erstaunt. „Dieses Haus hat einen Keller?“ Auch ich hatte von außen nicht erwartet, dass es hier nach unten gehen konnte.
„Lass mal abchecken“, sagte ich zu Johannes und drückte den „U“-Knopf, woraufhin sich die Fahrstuhltür hinter uns schloss und der Aufzug in Bewegung setzte. Als die Tür aufging, war es tatsächlich stockdunkel. Hier schien niemand zu wohnen. Das Licht des Fahrstuhls beleuchtete lediglich einen leeren, blau gefliesten Flur mit einigen Türen, die vermutlich zu Heizungsräumen führten, die aber alle verschlossen waren.
„Hier kommt ganz sicher niemand her“, sagte Johannes, und ich nickte zustimmend. Wir breiteten unsere Jacken auf den kalten Fliesen aus und setzten uns auf den Boden. Die Tür des Fahrstuhls hinter uns war längst wieder geschlossen, und der Aufzug drehte seine Runden zwischen den Etagen. „Ich hoffe, die Zeit vergeht schnell“ sagte ich zu Johannes, und wir grübelten gemeinsam, wo in der Bibliothek wohl das Geld versteckt sein könnte.
„Hast du gesehen, hinten an der Wendeltreppe, an der Wand? Da war auch noch ein Tresen, der nicht besetzt war. Da habe ich ein Sparschwein gesehen“, sagte Johannes. „Ob da unser Jackpot drin ist, bezweifle ich“ antwortete ich und hoffte, dass die Bibliothek uns mehr zu bieten hatte als ein paar Münzen aus einem Sparschwein. „Wir müssen uns die Zeit bis 18 Uhr totschlagen“, sagte ich zu Johannes, der etwas demotiviert wirkte, aber dennoch einwilligte.
Immerhin war es im Keller dieses Gebäudes sicherer für uns als draußen, wo uns vielleicht jemand hätte sehen können. Sollte es so bleiben, sollte wirklich niemand auf die Idee kommen, den „U“-Knopf im Fahrstuhl zu drücken und uns hier unten zu finden. Die Zeit verging nur langsam. Wir bekamen Hunger und Durst, doch die Sehnsucht nach einer Zigarette war am größten.
„Wir hätten uns beide Zigaretten teilen sollen“, sagte Johannes und ich gab ihm recht. „Das nächste Mal, wenn wir nur wenige Zigaretten haben, teilen wir uns die und rauchen jede Kippe zu zweit“

antwortete ich ihm, und wir grübelten weiter, wo in der Bibliothek unser Jackpot liegen könnte.

Wir hörten immer wieder Geräusche durch den Fahrstuhlschacht. Türen öffneten und schlossen sich in den oberen Stockwerken, und immer wieder hörten wir den Fahrstuhl, wie er sich durch die Etagen bewegte. Irgendwann, Stunden später, wurde es immer ruhiger und es schien, als ob der Publikumsverkehr in diesem Gebäude langsam aber sicher endete.
„Lass uns noch eine halbe Stunde warten, dann fahren wir mal hoch und schauen, wie spät es ist oder ob noch jemand da ist“, sagte ich zu Johannes, der am liebsten jetzt schon nach oben fahren wollte.
„Nee, komm, lass uns nicht erwischen, so kurz vorm Ziel“, antwortete er. „Wenn da oben nichts mehr los ist, gehen wir rein. Also setz dich nochmal und warte.“ Etwa zehn Minuten später hörten wir erneut eine Tür im Fahrstuhlschacht. Es könnte die Tür der Bibliothek gewesen sein oder die Haupteingangstür zum Gebäude, die jetzt sicher abgeschlossen wurde. „Wie kommen wir eigentlich wieder raus, wenn wir das Geld haben?“ fragte Johannes.
„Durch die Fenster natürlich“, antwortete ich. Denn oben im Erdgeschoss konnten wir einfach durch die Fenster nach draußen gelangen. Sollte ein Bewohner des Hauses ein offenes Fenster bemerken, würde er vermutlich keinen Verdacht schöpfen, solange es nicht kaputt war oder so aussah, als wäre es aufgebrochen. Wahrscheinlich würde er denken, dass einfach jemand vergessen hatte, das Fenster tagsüber zu schließen, würde es hinter sich zumachen und gedankenlos weitermarschieren.
Eine gefühlte Stunde nach dem letzten Geräusch einer Tür durch den Fahrstuhlschacht drückten wir den Knopf des Fahrstuhls und riefen ihn nach unten. Adrenalin überkam mich, und auch Johannes war sichtlich angespannt.
Was erwartete uns jetzt da oben? Ein paar Sekunden des Wartens wurden mit dem Öffnen der Fahrstuhltür im ersten OG belohnt. Die Aussicht war perfekt. Es dämmert draußen bereits. Natürlich war es nach 18 Uhr und ich bemerkte, wie mir alle Knochen wehtaten. Irgendwie fühlte sich jede Bewegung an wie eine zu viel,

aber mit dem Schlüssel des Notausgangs in der Hand schrit-ten wir in großen Schritten auf die mit Milchglasfenstern bestückte Tür des Notausgangs in der Bibliothek zu.
Johannes steckte den Schlüssel ins Schloss. Wir warteten einen Moment, als wir dachten, ein Geräusch zu hören, aber es war totenstill.
„Wenn der Alarm losgeht, renn direkt in den Wald hinter dem Gebäude“, sagte ich zu Johannes, der im selben Moment den Schlüssel drehte. Die Tür ließ sich öffnen.
Da standen wir nun in der Bibliothek, im Obergeschoss, vor dem roten Kästchen an der Wand. Es war fast stockdunkel. Nur das Licht der Straßenlaternen, das durch die großen Fenster der Bibliothek ins Gebäude schien, zeigte uns ein wenig den Weg durch das Labyrinth aus Büchern und Metallregalen.
„Geil! Wir haben es geschafft!“, flüsterte ich. Wir schlossen die Tür hinter uns leise und begannen, uns in der Bibliothek umzusehen. Johannes ging sofort die Wendeltreppe nach unten, in Richtung des erspähten Sparschweins und schüttelte es. „Hör mal, da sind sogar Scheine drin“, sagte er fröhlich und steckte es unter seinen Arm, während ich zum Tresen ging und die Schubladen nach der Kasse durchwühlte.
Das Gefühl war überwältigend, ja unbeschreiblich. Voller Adrenalin, das mein Körper in Strömen ausschüttete, während im Hintergrund die Angst, erwischt zu werden, immer präsent war. Zwar gab es keinen hörbaren Alarm, aber es bestand immer noch die Möglichkeit, dass es hier einen stillen Alarm gab, wie man ihn auch in Banken und anderen Unternehmen findet. Aber wofür sollte man in einer Bibliothek ein so kostspieliges Alarmsystem integrieren, das vermutlich mehr kosten würde als die Bücher selbst? Trotzdem plagte mich mein Gewissen ein wenig, weil wir die Dame aus der Bibliothek quasi dazu benutzt hatten, unseren Plan durchzuziehen. Wie würde sie reagieren, wenn sie am Montag in die Bibliothek zurückkäme und feststellen würde, dass sämtliche Schubladen ihres Tresens durchwühlt wurden, wo sie doch sonst immer nur ihre eintönige Arbeit verrichtete? Bestimmt würde sie einen Schrecken bekommen, und das wollte ich nicht. Die alte Dame tat mir leid.

„Jackpot!“ Schon wieder riss mich dieses Wort aus meinen Gedanken. „Wir haben den Jackpot!“ rief Johannes leise zu mir. Ich schaute zu ihm und sah, wie er eine kleine grüne Geldkassette in seiner Hand hielt und anmerkte: „Da sind ein Haufen Scheine drin!“

Voller Freude über diesen Fund brachen wir die Durchsuchung ab und machten uns leise wieder auf den Weg zur Wendeltreppe hinauf in das Obergeschoss der Bibliothek. Wir schlichen uns zur Tür, die wir mit dem Notschlüssel aufgeschlossen hatten. Ich drückte den Griff leise nach unten, öffnete die Tür einen Spalt breit und spähte hindurch. Nichts war zu hören. Kein Fahrstuhl, keine Menschen, rein gar nichts. Außer dem Geräusch meines zitternden Atems war nichts zu vernehmen, nur das leise Rascheln der Münzen in der Geldkassette, die Johannes zusammen mit dem Sparschwein hinter mir in beiden Händen hielt.

„Nun lass uns von hier verschwinden“, sagte ich zu Johannes, und wir schlichen uns am Fahrstuhl vorbei in das Treppenhaus, das karg und verlassen wirkte. Wir begaben uns an die Fenster auf der Rückseite des Gebäudes. Gott sei Dank waren diese nicht etwa von innen abgeschlossen, wie ich befürchtet hatte. Es waren stinknormale Fenster, die man von innen öffnen konnte, und sie führten auf einen leeren Parkplatz hinter dem Gebäude. Und siehe da - wo ein Parkplatz für Autos ist, da ist auch ein Ausweg für uns. Wir stiegen nacheinander aus dem Fenster, zuerst Johannes, dann ich.

Ich hielt die Geldkassette und das Sparschwein in meinen Händen, als Johannes durch das Fenster in die Freiheit stieg. Und ich stellte fest, dass beides gar nicht allzu schwer war. Ich hatte mir den „Jackpot“ immer anders vorgestellt - wie in den Kinderserien, die Langfinger Joe immer geschaut hatte, wenn die Ganoven Unmengen von Münzen und Scheinen aus dem Geldspeicher der Bank stahlen.

Da stand ich nun, mit einer gestohlenen Geldkassette und einem Sparschwein in der Hand und grübelte, ob das wirklich der erhoffte Jackpot war. „Gib her und komm raus“ sprach Johannes mich an und bat mich, ihm die Sachen zu geben, damit ich ohne Hindernis aus dem Fenster steigen konnte, was ich auch tat.

Von hier führte ein kleiner, treppenreicher Weg hinauf zur Burg. Er

ging mitten durch den Wald auf die Melkerei, einen Stadtteil von Landstuhl, und dann schließlich zur Burgruine, die einen unbeschreiblichen Ausblick über die Stadt bot.
Unsere Aufregung war so groß, dass wir beschlossen, einen Teil der von Laternen beleuchteten Treppe etwa bis zur Mitte nach oben zu gehen. So würden wir rechtzeitig sehen, ob von oben oder unten jemand auf uns zukam. Was bei der Uhrzeit vermutlich relativ unwahrscheinlich war - mitten in der Nacht war kaum jemand unterwegs. Die Treppenstufen waren zwar beleuchtet, doch der Weg durch den nun dunklen Wald war völlig unbeleuchtet. Ohne eine Lichtquelle, die uns den Weg wies, war dieser schwer zu begehen.

*

In der Mitte angekommen stellte Johannes das Sparschwein auf den Boden und zertrat es mit einem Tritt. Es zersplitterte sofort in hunderte Teile. Es war die übliche Porzellanspardose, wie man sie aus Kinderzimmern kennt: eben nichts Besonderes. Ich bemerkte neben den funkelnden Münzen auch einige 5-Euro-Scheine und fühlte mich sofort wieder wie im Rausch.
„Yeah! Wir haben Geld! GEIL!“Jetzt war die Geldkassette dran. „Sind die so dumm? Schau mal, die haben den Schlüssel dran gelassen!“, lachte Johannes.
Ich schmunzelte ebenfalls und staunte nicht schlecht, als ich bemerkte, dass der Schlüssel der kleinen grünen Geldkassette noch im Schloss steckte. Wieso hatte ich das vorhin am Fenster nicht bemerkt, als ich sie in der Hand hielt? Aber ja, irgendwie musste Johannes ja gewusst haben, dass da Scheine drin waren. Solange ich nicht an den Röntgenblick meines besten Freundes glaubte, blieb mir nur die Tatsache, dass er schon vorher gesehen hatte, dass diese Kassette samt Inhalt mit Schlüssel in irgendeiner Schublade der Bibliothek lag. Es war, als würde man einen Zettel mit der Bank-PIN an seine Bankkarte kleben. Ich verstand es nicht, aber ich war neugierig auf den Inhalt. War es nun wirklich der Jackpot? Wir schauten uns um, zuerst nach oben, dann nach unten. Anscheinend hatten wir wirklich Glück.

In meinen Gedanken sah ich schon das Blaulicht und hörte die

Handschellen klicken, aber es war totenstill. Außer ein paar Autos, die ab und zu die Straße neben der Bibliothek befuhren, war nichts zu hören. Die Straße war jedoch so weit weg, dass wir nur die Autos hörten, aber nicht sehen konnten. Wer sollte uns hier auch vermuten, mitten in der Nacht in halber Höhe auf der Burgtreppe zu stehen und unsere Beute zu begutachten?
Also gut, es ging weiter. Johannes drehte das Schloss, hob ein kleines Münzfach aus der Geldkassette heraus, und tatsächlich, darunter befanden sich Scheine.
Nicht allzu viele, weniger als ich erhofft hatte, aber es waren Geldscheine. Mein Gefühl war plötzlich euphorisch. Ich dachte daran, mir etwas Richtiges zu essen zu kaufen - meinetwegen einen Döner oder etwas bei McDonald's.
Irgendetwas würde sicher noch geöffnet haben, und zur Not dann wirklich McDonald's an der Autobahnraststätte Ramstein. Johannes nahm die Scheine an sich, und ich hob die restlichen Scheine des Sparschweins vom Boden auf und zählte sie. Ich hatte knapp 70 Euro in der Hand, einige Zehner, Zwanziger und viele Fünf-Euro-Scheine. Johannes hatte insgesamt 210 Euro in der Hand. Das Kleingeld haben wir kaum wahrgenommen, es waren viele Centstücke, die wir nicht abgezählt haben, sondern jeder nahm etwa die Hälfte und steckte sie in seine Jackentasche.

*

Wir hatten also 280 Euro in der Hand und teilten sie fair untereinander auf. Jeder bekam 140 Euro. „Wow!“, dachte ich. Irgendwie hatte ich das Gefühl, noch nie zuvor in meinem Leben so viel Geld in den Händen gehalten zu haben - und das in meinem Alter! Das Gefühl, mit den 140 Euro in der Tasche loszuziehen, war seltsam, vor allem wenn ich an die anderen in meinem Alter dachte. Sie hatten die neuesten Handys, Markenklamotten und mehr, aber was sollten 140 Euro in diesem Vergleich schon bedeuten? Aber egal, das war jetzt nicht wichtig. Wir machten uns auf den Weg zur Tankstelle, denn ich wollte unbedingt Zigaretten kaufen. Ich sah etwas älter aus als Johannes, vielleicht würden sie mir die 16 Jahre zutrauen, die man min-destens haben muss, um Zigaretten zu kaufen. Immerhin waren es nur noch zwei Jahre bis zu meinem sechzehnten Geburtstag.

Wir liefen dieses Mal entlang der Hauptstraße, es war der schnellste Weg. Es war ziemlich ruhig, und wir konnten uns gut bewegen, da wir jedes Auto, das uns näherkam, schon an seinen Scheinwerfern gesehen haben. Und wir wussten ja, dass die Polizei immer diese auffälligen Xenonscheinwerfer hatte, also mussten wir uns bei den normalen Scheinwerfern von den anderen Autos keine Sorgen machen.
Die Esso-Tankstelle lag in der Nähe, nur 100 Meter von der Polizeidienststelle entfernt, und uns trennten nur ein paar Nachtclubs und Puffs von den sicheren Handschellen, wie ich mir dachte. Doch es kam keine Polizei. Die Stadt war immer noch ruhig. Als wir am Dönerladen vorbeikamen, staunte Johannes: „Krass, die haben bis 4 Uhr auf." Wir konnten es kaum fassen, aber zuerst mussten wir Zigaretten kaufen.

Flucht, Bier und ein müder Langfinger Joe

In diesem Moment riss mich Johannes wieder aus meinen Gedanken: „Probier mal, ob du auch Mixery bekommst!" Natürlich, Bier! Wir konnten uns ja jetzt Bier leisten! 200 Meter später sahen wir bereits die rote Neon-reklame der Tankstelle.
Es fühlte sich immer noch surreal an, was wir gerade getan hatten, aber die Aussicht auf Bier machte alles viel besser. „Sollen wir danach zu Langfinger Joe gehen?" fragte ich Johannes, und er antwortete grinsend: „Wohin denn sonst, du Idiot?"
Die nächste Hürde war, an der Tankstelle überhaupt etwas zu bekommen. Als wir näher kamen, sah ich ein Taxi an der Zapfsäule stehen, der Fahrer war gerade beim Bezahlen. „Gut, okay, du wartest hier, ich gehe rein. Ich zahle das Bier, du die Zigaretten, okay?" Johannes nickte und verschwand im Dunkeln der Tankstelleneinfahrt.
Ich stand da und versuchte, ruhig und erwachsen zu wirken, obwohl mir der Schweiß auf der Stirn stand. Als ich die Tankstelle betrat, hielt mir der Taxifahrer die Tür auf. Ich war plötzlich nervös, aber ich versuchte, mich zusammenzureißen, ging zur Kasse und schnappte mir einen Kasten Mixery, ohne auf den Preis zu

schauen. Dann nahm ich noch zwei Schachteln Marlboro und stellte mich an die Kasse. „38 Euro bitte“, sagte die Verkäuferin und lächelte mich an. Ich war sprachlos und erstaunt, wie leicht das Ganze war. Ich reichte ihr den 20-Euro-Schein, den Johannes mir gegeben hatte, und suchte in meiner Tasche nach dem restlichen Geld. Dann steckte ich die Zigaretten in meine Jackentasche, nahm den Kasten Bier in die Hand und ging zur Tür.

An der Zapfsäule standen inzwischen mehrere Autos. Ich spähte in die Dunkelheit und sah Johannes‘ Augen blitzen, als er den Kasten Bier in meiner Hand sah. Er freute sich offensichtlich. Er kam auf mich zu, nahm den Kasten und gemeinsam rannten wir weg. Erstmal weg hier!
„Jetzt gehen wir zu Langfinger Joe“ sagte Johannes. Ich wusste, dass er uns mit Bier und Zigaretten im Nacken sicher nicht abweisen würde, egal wie spät es war. „Meinst du, wir sollten ihm demnächst mal irgendwann Gras anbieten, wenn wir wieder welches haben?“ fragte ich.
„Nee, hab ihn schon mal drauf angesprochen,“ erwiderte Johannes. „Das sind für ihn Drogen. Und damit will er nichts zu tun haben. Und als ich ihn fragte, was denn Alkohol und Tabak sind, hat er mich nur blöde angeguckt.“
Also machten wir uns auf den langen, mühsamen Weg zurück zur Atzel in die Berlinerstraße.
Unterwegs freuten wir uns über die Leichtigkeit, mit der wir das Ganze hinter uns gelassen hatten. Unser erster gemeinsamer Einbruch - unser erster Einbruch überhaupt. Das schnelle Geld, es schien wirklich auf der Straße zu liegen. Der Weg zurück auf die Atzel war jedoch langsamer, denn wir mussten uns bei jedem Auto, das an uns vorbeifuhr und bei dem wir uns nicht sicher waren, ob es die Polizei war oder nicht, verstecken.

Mit vielen Pausen kamen wir irgendwann wieder an.
Wir beobachteten Langfinger Joe durchs Fenster, während er schlief, und rauchten noch eine. Selbst im Schlaf hustete er und bewegte sich hektisch. Ich bemerkte, dass er einen sehr unruhigen Schlaf hatte und hoffte, dass er nicht allzu böse sein würde, wenn

wir ihn durch leises Klopfen an seiner Fensterscheibe aus dem Schlaf reißen würden.
„Wach auf!“ Johannes und ich klopften immer wieder, versuchten, ihn wach zu bekommen. Es vergingen einige Minuten, bis Langfinger Joe endlich aufwachte. Er schien verwirrt und auch ein bisschen böse. Die erste Begrüßung war: „Verschwindet von hier, ich bin müde.“ Johannes und ich schauten uns an und lachten. „Wir haben Bier und Zigaretten. Wenn du uns reinlässt, teilen wir mit dir“, sagte Johannes belustigt.
Dann sahen wir, wie sich die Silhouette von Langfinger Joe aus dem Bett erhob und mit nackten Füßen in Richtung seiner Terrassentür ging, um uns zu sagen: „Na gut, kommt rein!“ Geil! Wir mussten die Nacht also nicht draußen verbringen.
„Wo habt ihr das her?“ fragte Langfinger Joe. Ich antwortete, dass wir auf der Straße 20 Euro gefunden hätten. Ich suchte in meiner Jackentasche nach dem Kleingeld aus dem Sparschwein und legte es neben ihn auf das Bett.
„Hier kannst du es haben, das ist noch übrig“, sagte ich ihm. Seine Freude stieg, aber natürlich hatte ich das nicht ohne Grund getan. Ich verfolgte ein Ziel. Ich wollte Langfinger Joe dazu bewegen, uns bei ihm bleiben zu lassen, falls er heute wieder nach Kaiserslautern fuhr.
Es wurde allmählich immer heller draußen, und es war klar, dass wir, sobald Langfinger Joe die Wohnung verlassen würde, auch gehen müssten. Also fragte ich ihn: „Dürfen wir heute bei dir bleiben, wenn du nach Kaiserslautern fährst?“ Er schaute mich an und begann nervös auf und ab zu wackeln. Johannes und ich bemerkten, dass es ihm sichtlich unangenehm war. Als Johannes plötzlich auch das Kleingeld in seiner Jackentasche neben ihn legte und ihm mit einem langen „Bittteeeee“ versuchte, etwas zu besänftigen, sprach Langfinger Joe: „Aber nichts anstellen, kein Dreck und nichts kaputt machen!“ Johannes und ich sahen uns an und freuten uns über die gewonnene Bleibe - zumindest für heute.

*

Es war heute echt ein Mega-Tag, irgendwie hatte ich fast schon vergessen, auf der Flucht zu sein. Es fühlte sich schön an. Während Langfinger Joe sein Kleingeld zählte, saßen Johannes und ich

wieder auf der siffigen Couch und deckten uns zu. Irgendwie war mir der Geruch der Wohnung wieder egal. Ich trank mein Bier, rauchte Zigaretten und meine Augen wurden immer schwerer und schwerer, bis ich schließlich einschlief.
Meine Nacht war sehr kurz. Ich wachte auf, weil ich Geräusche hörte. Ich sah mich um und stellte fest, dass ich alleine auf der siffigen Couch lag. Johannes war verschwunden. Es dauerte eine Weile, bis ich bemerkte, dass er in der Küche stand und das Geschirr spülte. „Wo ist Langfinger Joe?“, fragte ich ihn.
„Er ist in Kaiserslautern“, sagte er.
Ich nickte und suchte nach meinem Bier, das ich, bevor ich eingeschlafen war, noch in der Hand gehalten hatte. Es war weg, und die restlichen Bierflaschen aus der Kiste von der Tankstelle waren leer. Es waren auch nicht mehr alle Flaschen im Kasten. Die meisten standen neben Langfinger Joes Bett. Ich hatte Kopfschmerzen. Ich wusste nicht, ob vom Geruch der Wohnung, vom Biertrinken oder von der unbequemen Couch. Keine Ahnung. Jedenfalls setzte ich mich auf und steckte mir erstmal eine Zigarette an. In meiner Schachtel waren nicht mehr viele Zigaretten übrig, aber was sollten wir tun?
„Komm, lass mal nach Homburg fahren, mit der Bahn, nach Klamotten schauen“, sagte ich zu Johannes. „Warum nach Homburg?“ fragte er.
„Willst du etwa nach Landstuhl ins Geschäft? Da laufen wir Gefahr, erwischt zu werden oder von irgendjemandem gesehen zu werden“, entgegnete ich.
Johannes lenkte ein. „Gleich, aber noch nicht. Ich mache erstmal das Geschirr sauber. Ich mag nicht so wie du aus diesen verschimmelten Gläsern und Tellern essen und trinken“ lachte er dabei.
Mir war das recht, ich war sowieso gerade erst aufgewacht und suchte den Weg ins Badezimmer.

Ich stand vor dem Spiegel, eigentlich musste ich pinkeln, aber irgendwie jetzt doch nicht mehr. Ich erinnerte mich daran, dass ich gestern, als Johannes und ich auf dem Weg von Landstuhl zurück zur Atzel waren, an mehreren parkenden Autos gepinkelt hatte. Ja, ich hatte dieses Teil, und ich wollte vor Johannes auch nicht

schwächlich wirken. Außerdem hatte ich irgendwie angefangen, diese Gesellschaft mit ihren darin lebenden Menschen zu hassen. Ich fühlte mich ungerecht behandelt, nicht akzeptiert, nicht verstanden. Und es tat mir gut, der Gesellschaft in Form von Urin etwas zurückgeben zu können.
In diesem Fall hatte es parkende Autos getroffen. Ich war es leid, und ich bin es noch immer. Als mein Blick von der Toilette wieder in Richtung Spiegel ging, wurde ich fast schon wieder ein wenig wehmütig.
Mich zu sehen, wie ich aussah, in meinen Männerklamotten… Gott, wie ich diese hasste.
Ach, wie gern wäre ich anders, wie gern hätte ich doch lange Haare, wie gern würde ich mich schminken, um mich auch für mich mal schön zu fühlen… Der Gedanke verlief sich.

*

Irgendwie komisch. Seit Tagen schlafe ich in meinen Klamotten, schlafe sogar mit meinen Schuhen und in meiner Jacke, und vermisse das Gefühl, mal etwas Sauberes zu tragen, mal duschen zu gehen, mich zu waschen. Ich war schon ein wenig froh mit der Aussicht, mit dem Geld, das ich noch hatte, Klamotten kaufen zu können.
Als wir durch die Balkontür nach draußen gingen, machten wir den Griff von innen herunter, sodass es von außen aussah, als wäre die Tür verschlossen, und zogen sie beim Gehen so an uns ran, dass sie sich dennoch schließen ließ.
Ich denke, es war um die Mittagszeit, so zwischen 12 und 13 Uhr.

*

Wir waren uns einig, nicht den Bus in die Stadt zu nehmen, obwohl wir uns das Ticket locker hätten leisten können. Die Gefahr, dass eines seiner Geschwister uns sieht oder gar in diesen Bus einsteigt, war zu groß. Auch die Gefahr, dass ein Mitschüler Johannes entdeckt, wollten wir vermeiden. Sicherlich war er auch schon als vermisst gemeldet worden.
Deshalb dauerte es wieder mal länger als gewöhnlich, den Bahnhof zu erreichen. Diese ganzen Umwege hatten uns locker eine Stunde gekostet. Das Schwierige lag darin, dass der Bahnhof direkt gegenüber der Polizeiinspektion in Landstuhl lag, und wir

mussten irgendwie an das Gleis kommen, ohne von einem Polizisten gesehen oder erkannt zu werden.
An der Straße angekommen, schauten wir uns in beide Richtungen um. Wir sahen die Polizeiwache, und es standen viele Streifenwagen einfach nur davor.

Der Weg zur Freiheit...?

Scheinbar hatten die Polizisten Dienstwechsel oder waren gerade damit beschäftigt, Kaffee zu trinken und ihre Berichte zu schreiben. „Komm, die Luft ist rein“, sagte Johannes und rannte über die Straße, als gerade kein Auto nahe genug war, um uns zu überfahren. Also rannte ich hinterher. „Wo willst du hin?“, fragte ich ihn, als ich sah, dass Johannes vor mir im Gebüsch hinter der Leitplanke auf der gegenüberliegenden Straßenseite verschwunden war. Aber auch da rannte ich wortlos hinterher.
Wir standen nun an den Bahngleisen, und mir wurde klar, dass Johannes diesen Weg gewählt hatte, um nicht direkt oder unmittelbar an der Polizeiwache vorbeizulaufen.
Genau da hätten wir nämlich langlaufen müssen, um den normalen Weg über den Bahnhof zu unserem Gleis zu gehen. Wir mussten an Gleis zwei, also mussten wir noch ein Gleis überqueren und dann in Richtung Bahnhof wieder hochlaufen, bis der asphaltierte Weg, der gepflasterte Bahnsteig begann.
Nachdem wir uns sicher waren, dass von beiden Seiten keine Züge kamen, rannten wir so schnell wir konnten über beide Gleise hinweg und im Gleisbett daneben so weit hoch, bis der Bahnsteig begann. Wir waren nun sehr weit hinten, selbst wenn jetzt ein Zug anhalten würde, müssten wir schon weltrekordverdächtig spurten, um diesen noch zu bekommen, denn die Züge hielten alle sehr weit vorne. Es waren also sicher noch 150 Meter, aber jetzt waren wir mehr oder weniger sicher vor Johannes‘ Geschwistern, der Polizei, und Gott sei Dank war es auch schon spät genug, dass kein Schülerverkehr mehr herrschte. Es wäre sicher nicht gut für uns beide gewesen, hätte man uns hier erkannt und jemand hätte verraten, wo und mit wem wir uns herumtreiben.
Auf Höhe der Bahnhofshalle, die gegenüber auf Gleis 1 lag, stand

dann auch ein Fahrkartenautomat, an dem wir unsere Karte nach Homburg ziehen konnten. Schwarzfahren war keine Option, und eine Tageskarte nach Homburg, mit der man vier weitere Personen mitnehmen konnte, kostete nur 5,20 €. Wir bezahlten diese und warteten auf den nächsten einfahrenden Zug. Dieser kam nach etwa zehn Minuten, und von da an waren wir erstmal aus der Schusslinie. Gott sei Dank.

*

In Homburg gingen wir nun zielstrebig durch die Fußgängerzone in die Stadt, auf der Suche nach Klamottenläden. Wir kamen an etlichen Geschäften vorbei, doch keines davon bot auch nur annähernd das, was ich suchte.

Okay, wir kamen natürlich auch an vielen Boutiquen vorbei, die insgeheim wieder meine heimlichsten Träume und Wünsche weckten – einmal ein schönes Kleid zu tragen, wie es sich für eine Frau gehört. Irgendwann, wenn ich mal Geld habe, dann möchte ich mich endlich richtig herrichten lassen. Es muss doch irgendwie gehen, dachte ich mir. Es wäre einfach zu schön, ein unbeschwertes Leben als die Frau zu führen, die ich eigentlich bin. Aber ich konnte mich nicht in diesen Gedanken verlieren.

Wir sahen viele Jugendliche, viele davon älter als wir, andere jünger oder im gleichen Alter - alle, die zu wissen schienen, wohin sie gingen. Sie hatten ein Zuhause, ein Bett, eine Familie, die sich freute, wenn sie nach Hause kamen, oder Eltern, die sich sorgten, wenn die Kinder mal eine halbe Stunde verspätet waren. Auch das machte mich traurig, denn ich wusste: Es ist gar nicht so sicher, dass Langfinger Joe uns noch reinlässt, wenn wir spät abends wieder in Landstuhl sind und unbehelligt die Atzel erreichen.

Er war neulich schon sauer, aber da hatten wir Bier und Zigaretten. Nun hatte er selber Kleingeld von Johannes und mir, und das Pfand vom leeren Bierkasten würde sicher für ein Päckchen Tabak reichen. Was also sollten wir tun? Kehrten wir zurück und hatten doch keine Bleibe für die kommende Nacht? Ich fragte Johannes, aber er meinte nur: „Er wird uns schon aufmachen. Er hat uns gestern aufgemacht, er wird uns heute wieder aufmachen. Wir haben ihm ja nichts mehr getan."

Okay, dachte ich mir, aber das ließ mich trotzdem grübeln: Was wäre, wenn meine Eltern mich als Mädchen akzeptiert hätten? Könnte ich heute schon ein richtiges Mädchen sein? Wäre ich dann da, wo ich gerade bin? Was wäre, wenn ich nicht ins Heim gekommen wäre, wenn ich mein Zuhause und mein Zimmer noch hätte?
Ich war nicht mehr so gut gelaunt, als wir vor dem Saar-Pfalz-Center standen. Ein wirklich kleiner McDonald's-Laden war darin untergebracht, der war echt winzig. Ich bat Johannes, etwas mit mir zu essen, und er hatte sicherlich auch keine Lust, aus dem Geschirr von Langfinger Joe zu essen.
Also gingen wir in den kleinen Laden, der Platz für ganz wenige Leute hatte, und bestellten uns ein paar Big Macs zum Mitnehmen. Eigentlich hätte ich mich gerne mal fünf Minuten an einen richtigen Tisch zum Essen gesetzt, aber leider war in dem Laden kein Platz mehr. Die drei oder vier Tische waren alle voll besetzt.

*

Nachdem wir unsere Burger draußen auf der Straße gegessen und unseren Müll entsorgt hatten (mir war wirklich alles egal zu diesem Zeitpunkt), gingen wir ins Saar-Pfalz-Center. Sofort fühlte ich mich noch unbehaglicher, als ich die ganzen Menschen sah. Ach Gott, war da viel los! So eine Masse an Kaufwütigen hatte ich vorher noch nie gesehen. Es blitzten Einkaufstüten und Taschen aller erdenklichen Marken und Firmen, die in diesem Center ihre Läden hatten. Eine scheinbar unendliche Vielfalt – von Galeria Kaufhof bis hin zu MediaMarkt und verschiedenen Boutiquen. Scheiße, ich musste hier raus! Ich weiß nicht, was in diesem Moment in meinem Kopf vorging. Das alles zu sehen machte mich wütend und erfüllte mich gleichzeitig mit Traurigkeit.
All die scheinbar sorglosen Gesichter der Menschen, die eisessend an mir vorbeihuschten, mich drängelnd in Richtung Ausgang mit ihren Schultern berührten, als würde es mich nicht geben, als würde man mich weder sehen noch irgendwie wahrnehmen. All diese Individuen, die scheinbar nichts besseres zu tun hatten, als JETZT, gerade JETZT und HIER ihr Geld auszugeben und in ihrer glücklichen Welt zu leben, um dann in ihr

glückliches Zuhause zu ihren glücklichen Familien zu gehen, nur um denen den neuesten, in China produzierten Plastikschrott vor die Nase zu legen – mit dem befriedigenden Wissen: „Da, mein Schatz, das habe ich heute für dich gekauft...“
Wie mich das alles ankotzte! Wie es mich ankotzte, dass JEDER MENSCH scheinbar glücklich sein kann, während ich hier stand, ein schönes, sexy Kleid tragend, meine blonde Mähne im Wind der vorbeilaufenden Massen wehend, schön geschminkt und top gestylt... Natürlich nur in Gedanken.
Ich war irgendwie kaputt. Ich konnte mir all das nicht geben, ich konnte mir das alles nicht antun. Es tut nicht nur weh, zu sehen, wie die Menschen anscheinend keine Sorgen haben und nichts besseres zu tun haben, als einkaufen zu gehen, hier in dieser riesigen Shoppingmall.
Nein, mir tat auch jedes Gesicht jeder Frau, die mir begegnete, sehr weh. Wie sehr ich diese Frauen beneidete, egal ob jung oder alt. Wie sehr ich diese Frauen beneidete – nicht um ihre Einkäufe, nein, nicht primär. Vielmehr beneidete ich sie um ihr Frau-Sein. Wie sehr wünschte ich mir eine Freundin, die all das mit mir macht – eine duale Seele, die mich an ihren Armen durch die Geschäfte zieht, neue Düfte mit mir ausprobiert, neue Hosen und Oberteile shoppt...

*

Ich stand da wie angewurzelt - naja, nicht ganz. Ich wurde immer wieder um ein paar Zentimeter nach hinten gedrängelt, fast schon so, als wäre irgendwo Feueralarm ausgelöst worden.
Aber ich konnte nichts machen, ich konnte nichts sagen. Ich konnte nur all das um mich herum auf mich einwirken lassen, und meine Seele, mein tiefstes Inneres, brach in Tränen aus, während meine zittrige Stimme zu Johannes, der schon etwas weiter vorne aus dem Gedränge heraus in Richtung Ausgang drängte, rief: „Ich geh wieder.“ Johannes schaute mich an. Ich sah seinen fragenden Blick, als ich mich herumdrehte und mit der Masse durch die Türen nach draußen verschwand, um mir im ersten Moment, in dem ich wieder atmen konnte, eine Marlboro in den Mund zu stecken und sie anzuzünden.
„Ey, du Wichser, was ist denn los? Ich dachte, wir gehen hier was

kaufen!“ pflaumte mich Johannes von hinten kommend an. Ehe ich mich umdrehen konnte, stand er plötzlich neben mir, und ich konnte ihm irgendwie nicht die Wahrheit sagen. Er war zwar mein bester Freund, aber ich wusste, er würde mich nie wirklich verstehen.
„Ich hab da hinten einen Polizisten stehen sehen“, sagte ich mit noch immer resignierter Stimme zu Johannes. Seine Augen wurden groß. „Echt, wo denn?“, fragte er mich. „Willst du es darauf anlegen, dass wir jetzt nochmal hinein gehen und erwischt werden?“ „Denkst du nicht, die haben alle keine Vermisstenbilder von uns gesehen?“, versuchte ich abzulenken.
„Komm, wir gehen wieder zurück und schauen in den anderen Geschäften, die wir unterwegs hierher gesehen haben, nach Klamotten. Hier ist mir sowieso zu viel los.“
Johannes knickte ein. Die Ansage mit der Polizei hatte wohl auch ihm ein kleines bisschen Unbehagen bereitet. Normalerweise lässt er sich nämlich nicht so schnell von seinen Vorhaben abbringen, erst recht nicht, wenn er sich besonders auf etwas gefreut hatte.
Wir waren also auf dem Rückweg und bemerkten links neben dem Center einen kleinen Streetwear-Laden. Etwas versteckt, direkt neben einem Seiteneingang, der ins Center führt. „Cool, schau mal, da gibt's Wu-Wear und Kani Jeans“, bemerkte Johannes, während er staunend ins Schaufenster blickte. Ich selbst kannte diese Art von Klamotten von anderen aus dem Heim. Die coolen Kids haben solche Marken immer getragen, und deren Hosen sahen aus, als hätten sie permanent Durchfall.
„Schau dir mal die Preise an“, sagte ich zu Johannes, als ich an einer dieser Hosen ein Preisschild mit einem Betrag von 80 Euro darauf sah.
„Ja, gute Dinge sind eben teuer“, entgegnete er mir. „Okay, lass uns reingehen und schauen“, bot ich ihm an, und wir gingen in den kleinen Laden. Johannes war sofort hin und weg von den Klamotten, während es mich viel mehr zu den Schuhen zog. Zwar hätte ich lieber ein paar schöne Ballerinas oder Sandaletten mit einem kleinen 3–4 cm Absatz gehabt, aber natürlich ging das nicht. Abgesehen davon gab es dergleichen hier auch nicht. Hier gab es nur Markenschuhe von Nike, Adidas und Co., welche aber

ebenfalls alle unendlich überteuert waren.
Mir fiel ein Paar reduzierte Nike-Laufschuhe ins Auge, während ich realisierte, dass ich meine Schuhe schon seit Tagen nicht mehr ausgezogen hatte, und dass diese von der Flucht durch Wälder und Dreck eben genauso aussahen, wie sie jetzt aussahen - nämlich schrecklich. Wie Pennerschuhe.
Meine Schuhe waren nicht einmal Markenschuhe, wie man sie kennt. Es waren inzwischen alte, heruntergekommene Schuhe aus dem Deichmann mit einem „V“ an der Seite, das man glücklicherweise nicht mehr erkennen konnte. Ursprünglich waren sie mal weiß, aber jetzt waren sie... naja, sagen wir mal, nicht ganz schwarz, aber viel hat nicht mehr gefehlt.
„Ich nehm die Schuhe für 60 Euro“ sagte ich zu dem Verkäufer und bestand darauf, sie nicht anzuprobieren, da sie ein Geschenk werden würden. Ob er mir das glaubte oder nicht, war mir egal. Ich wollte jedenfalls nicht dafür sorgen, dass der Laden hier mehr stinkt, als er es durch Johannes und mich sowieso schon tut. Oder sagen wir mal, der Geruch von Langfinger Joe eilt ihm und seinem Ruf sogar bis nach Homburg voraus. Es war mir peinlich, und von daher nahm ich meine Schuhe im Karton entgegen, bezahlte und ging nach draußen.

*

„Ich geh eine rauchen“, sagte ich zu Johannes. „Schau dich nur noch in Ruhe um, ich warte ums Eck auf dich oder komm wieder, wenn du zu lange brauchst.“
Draußen angekommen, ging ich etwas abseits des Seiteneingangs vom Saar-Pfalz-Center an der Wand entlang. Hier laufen üblicherweise keine Kunden entlang. Ich holte die neuen weißen Schuhe aus ihrem Karton und warf diesen zur Seite. Natürlich würden diese Schuhe kein Geschenk werden. Nicht in diesem Sinne. Ein Geschenk, ja, aber mehr ein Geschenk der Stadtbibliothek Landstuhl an mich, dachte ich mir.
Ich schlüpfte aus meinen eigenen Schuhen heraus und bemerkte sofort diesen ekligen Geruch, den ich an mir hatte.
Pfui! Normalerweise hab ich keine Stinkefüße. Normalerweise hab ich nicht einmal kaputte Socken, dachte ich mir, als ich ein dickes Loch am großen Zeh bemerkte. Meine Pflegemutter hat, als

ich ein Kind war, kaputte Socken immer sofort ersetzt. Entweder hat sie diese selber gestopft, oder sie hat sie weggeworfen, wenn sie mal wieder unreparabel waren... das waren Zeiten...
Ich schlüpfte schnell in die neuen Schuhe und hoffte, dass sie passten. Sie taten es, was ein Glück!
Ich ließ meine alten Schuhe an Ort und Stelle stehen und ging zurück in Richtung Streetwear-Geschäft. Johannes war noch nicht wieder draußen. Ich sah ihn gerade durchs Schaufenster, wie er an der Kasse einen neuen Pullover, eingepackt in eine weiße Tüte, bekam.
Ich wollte gerade reingehen, als ich zu Boden schaute und meine schönen neuen weißen Schuhe bemerkte. „Neeein, du kannst da jetzt nicht rein. Das wäre zu peinlich, wenn der Verkäufer jetzt bemerkt, dass es doch kein Geschenk für jemand anderen war“, dachte ich mir und stoppte mich selbst, während ich gerade noch den Griff der Tür in meinen Händen hielt.
Johannes schaute in diesem Moment zu mir raus an die Tür, und ich machte ihm durch Gestik mit meinen Händen klar, dass er nun auch kommen solle. Er zeigte mir als Reaktion darauf den Mittelfinger und lachte dabei, aber dann kam er endlich raus und fragte: „Und wie viel Geld hast du noch?“
Ich sah ihn an und fragte ihn, wieso er mich das fragt. „Ich habe gerade noch einen 5-Euro-Schein und etwas Kleingeld“, sagte er, während ich in meinen Taschen nach dem Geld suchte, mit dem wir doch eigentlich nach Homburg gekommen sind.
„Fuck, ich hab auch nur noch Kleingeld“, bemerkte ich und sprach es laut aus. Wo ist das ganze Geld hin? Zigaretten hier, McDonald's-Burger da, eine Schachtel weggeworfen, Schuhe für mich, ein Pullover für Johannes, Zugticket... So schnell sind wir fast jeder 140 Euro losgeworden und hatten davon eigentlich so gut wie nichts mehr, außer ein paar Peanuts in den Taschen und jeder noch eine angebrochene Schachtel Marlboro.
„Toll“, sprach ich zu Johannes. „Komm, lass zurückfahren und ein bisschen was zu essen einkaufen vom Rest. Langfinger Joe wird sich freuen, wenn wir diese Fertigpackungen Spaghetti mitbringen, und vielleicht ist das der Grund, weshalb er uns dann wieder reinlässt.“ Johannes stimmte mir zu, und wir gingen zurück

in Richtung Hauptbahnhof. Wir waren ja schlau genug, uns wenigstens eine Tageskarte zu kaufen.
Unser Aufenthalt in Homburg: Vielleicht 2 Stunden. Es wurde Abend, aber es war noch nicht sehr spät. Als wir am Hbf. ankamen, war es ca. 18:30 Uhr. Mit dem nächsten Zug fuhren wir zurück nach Landstuhl und gingen ebenfalls denselben Weg über die Gleise zurück zum Concord, um dem direkten Weg vorbei an der Polizeiwache zu entgehen.
Es sollte klappen. Es war noch keine 20:00 Uhr und das Geschäft hatte noch geöffnet. Mit neuen Schuhen und Johannes, der mit einem neuen Pullover, der das Logo von Karl Kani zierte, unter seiner Jacke, der aber nicht sichtbar war, gingen wir ins Concord und klopften unser letztes Kleingeld zusammen. Davon kauften wir ein paar Flaschen Fanta, um mal etwas Normales zu trinken zu haben, und drei dieser Fertigpackungen Spaghetti mit Napoli-Sauce.
Nach dem Einkauf liefen wir durch die üblichen Gassen, die wir inzwischen auch unsere „Schleichwege" nannten, durch die Stadt hinauf in Richtung der Atzel und dann in die Berliner Straße. Bis jetzt klappte doch alles ganz gut! Johannes und ich machten gegenseitig Witze übereinander, wie doof wir manchmal sind und imitierten jeweils den anderen. Es war schon sehr lustig, doch beide hatten wir – auch wenn keiner von uns es auf dem Weg zur Atzel ausgesprochen hatte – die Angst, dass die Tür, die wir beim Verlassen der Wohnung von Langfinger Joe offengelassen hatten, nun verschlossen sein könnte. Oder dass der Wind sie vielleicht aufgerissen hatte und jemand etwas in der Wohnung angestellt haben könnte, und Langfinger Joe nun dachte, Johannes und ich wären es gewesen. Zudem könnte es auch noch immer der Fall sein, dass er einfach zu Hause war und keine Lust mehr auf Besuch hatte.

*

Das waren meine Gedanken, die ich aber nicht aussprach. Ich bin mir fast sicher, dass Johannes die gleichen Gedanken hatte.
Hoffnung machte sich breit, als wir über das Geländer stiegen, um zu schauen, ob die Balkontür noch offen war. Von außen sah sie nämlich noch immer geschlossen aus, genauso, wie wir es

beabsichtigt hatten, als wir die Wohnung verließen.
Vielleicht war ja jemand da und hat die Tür verschlossen? Vielleicht sogar Langfinger Joe selbst oder ein Nachbar, der gesehen hat, dass die Tür vom Wind aufgestoßen war und sie dann von innen verschlossen hat, bevor er durch die Wohnungstür das Haus verließ. So gingen mir die Gedanken durch den Kopf.
Aber wer will sich schon diesen Geruch freiwillig antun? Ich dachte, dass selbst die Fliegen und Maden diese Wohnung meiden würden, sollte man Langfinger Joe eines Tages mal vereinsamt und verstorben in seiner Wohnung finden. Es würde sicher einige Wochen dauern, ehe man den üblichen Gestank der Wohnung vom Geruch einer verwesenden Leiche unterscheiden würde - wenn dieser Geruch bei den Bewohnern im Haus nicht schon eine Art Gewohnheit ausgelöst hätte und man die Leiche dieses armen Mannes wohl niemals finden würde. Was mache ich mir überhaupt Gedanken darüber.
Mit einem Stoß aus der Hüfte drückte Johannes die Balkontür auf. Sie war noch immer offen, die Wohnung war noch immer so, wie wir sie verlassen hatten. Wir waren deutlich erleichtert darüber.
Wir gingen hinein, und ich schloss die Tür hinter mir. Johannes machte es sich auf der Couch gemütlich und trank aus einer Flasche Fanta während er mit seiner linken Hand hektisch die Fernbedienung des Fernsehers suchte, setzte ich mich wieder in meine gewohnte Schlafecke der siffigen Couch und überlegte.
„Wir brauchen Geld“, sagte ich zu Johannes. Dieser wusste, was ich meinte, denn wir saßen nun da und waren eigentlich nicht weiter, als wir davor auch waren.
Klar, wir freuten uns über die Errungenschaften – den Pullover, die Zigaretten, die Schuhe und das Bier, aber wir waren dennoch arm und mussten etwas unternehmen. „Heute ist Samstag, das heißt, die Stadtbibliothek war seit unserem Besuch nicht mehr geöffnet und wird es auch bis Montag nicht mehr sein“, meinte ich. „Lass uns morgen nochmal dorthin gehen und im Hellen schauen, ob wir nicht irgendwo etwas übersehen haben“, sprach ich weiter.
„Und was ist, wenn sie es schon bemerkt haben?“ fragte Johannes, und ich antwortete darauf, dass dann längst das Schloss ausgetauscht worden wäre. Sicher würden wir es anhand dieses Indizes

merken, ob sie unseren Besuch schon bemerkt haben oder nicht. „Okay, cool. Aber wieso gehen wir nicht heute schon hin?“fragte Johannes, während er mich rauchend mit großen Augen ansah, und ich erklärte ihm, dass es nichts bringe, erneut im Dunkeln nach Schätzen zu suchen. „Wir brauchen den Tag, weil wir nachts nichts sehen, und Taschenlampen vermutlich die Aufmerksamkeit vorbeifahrender Autos und umherlaufender Menschen auf sich ziehen würden. Tagsüber sieht uns niemand, die Fenster zur Straße hin sind zu hoch, und die Türen im Gebäude selbst sind durch Milchglasscheiben nicht einsehbar.“

*

Und so beschlossen wir, am Sonntag erneut in die Bibliothek zu gehen. Zufrieden und rauchend warteten wir auf die Ankunft von Langfinger Joe und hofften, dass dieser, sobald er das Essen und Trinken bemerkt, so weit besänftigt ist, dass er uns nicht rausschmeißen würde. Es verging etwas Zeit. Als Langfinger Joe etwas später nach Hause kam, interessierte er sich zuerst nicht für uns. Zwar bemerkte er sicher den laufenden Fernseher und das Licht in seiner Wohnung, jedoch war sein erster Gang, nachdem er die Wohnungstür hinter sich zugeschlagen hatte, zur Toilette, wo er erst einmal ins Waschbecken kotzte. Er hörte sich ekelhaft an, und ein säuerlicher Geruch drang neben den Würgegeräuschen aus dem Bad.
Johannes und ich schauten uns an.

Zweite Chance für die Bibliothek:
Wir haben sie nicht vergessen, und sie uns auch nicht.

„Bestimmt hat er wieder nur zu viel gesoffen“, sagte Johannes, und ich nickte zustimmend, während ich mir mit beiden Händen die Nase zuhielt und in Richtung Badezimmer blickte. Die Geräusche ließen nach einigen Sekunden nach, und nachdem sich der Magen von Langfinger Joe beruhigt hatte, kam er zu uns ins Zimmer und machte die Terrassentür ein Stück weit auf. „Ihr seid ja noch immer da“, sagte er, während er uns skeptisch anschaute, wohl in der Hoffnung, dass wir bereits verschwunden wären, sollte er nach Hause kommen.

„Schau mal, wir haben dir neue Nudeln geholt, hast du Hunger?" fragte Johannes, während er Langfinger Joe die Packungen hin hielt. Dieser lehnte aber ab mit den Worten: „Ich hab keinen Hunger, danke, aber ihr müsst jetzt gehen."
Ich fragte ihn, warum wir so plötzlich gehen müssten, und er erwiderte: „Eure Eltern werden euch suchen. Ihr könnt nicht jede Nacht hier sein. Ich hab keine Lust, dass die Polizei euch hier sucht."
Ich musste erstmal schlucken. „Du, wir werden nicht gesucht. Unsere Eltern denken, dass ich bei Johannes schlafe, und seiner Mutter ist es egal, wenn wir weg sind, sie arbeitet nachts", fiel mir in diesem Moment nichts Besseres ein.
Langfinger Joe fragte, ob wir noch Zigaretten hätten, und ich warf ihm meine Schachtel Marlboro zu. Johannes hat mir mit seinen Blicken verraten, dass er es okay fand und legte sein Päckchen zwischen uns auf die siffige Couch, sodass ich von seiner Schachtel mit rauchen konnte. Diese Geste fand ich echt nett, wobei ich auch kein Problem damit gehabt hätte, Marlboro-Stummel zu rauchen.
Ich war das Stummelrauchen ja schon etwas gewohnt, und einen Marlboro-Stummel zu haben, war auch eine kleine Form von Luxus gegenüber den Stummeln, die ich sonst so rauchte, wenn ich wieder mal nichts zu rauchen hatte und hier bei Langfinger Joe saß.„Okay, aber nur noch eine Nacht, und dann will ich meine Ruhe haben", brummelte Langfinger Joe, der sich inzwischen seine Schuhe und Socken ausgezogen hatte und sich rauchend in sein Bett legte, mit dem Gesicht zum Fernseher.
„Danke dir, du weißt, wir haben dir was zu essen mitgebracht, weil wir dir damit zeigen wollen, dass wir keine Schmarotzer sind", sagte Johannes, und ich fuhr fort: „Schau mal, wir haben zwei Packungen verbraucht gestern, und dir drei wiedergebracht. Wir haben dir sogar Fanta mitgebracht."
Langfinger Joe staunte nicht schlecht, als Johannes am Couchende neben sich eine Flasche Fanta hervorhob und sie ihm hinhielt. Er nahm sie gerne an, und ich meine sogar, ihn etwas lächeln gesehen zu haben.
„Danke, das ist echt korrekt von euch. Damit hab ich jetzt wirklich

nicht gerechnet“, sagte Langfinger Joe und bedankte sich immer wieder für die Fanta. Er war scheinbar sichtlich gerührt. „Wieso möchtest du nichts essen, ist dir schlecht?“, fragte Johannes, und Langfinger Joe erwiderte, dass er in der Kneipe seines Vaters schon Suppe gegessen hätte, von der ihm aber schlecht geworden sei. Er fing auch an, sich uns mehr und mehr zu öffnen und redete von der Kneipe seines Vaters, wie es dort ist, dass er dort immer kostenlos essen kann, dass er dort zu trinken bekäme, aber nur normale Sachen, weil sein Vater nicht wollte, dass er Alkohol trinkt. Und dass er schon viele hunderte Euro in die Spielautomaten an der Wand geworfen hätte.

„Gewinnst du auch manchmal was?“, fragte ich ihn, und er erwiderte: „Meistens nicht. Aber ich hab mal 100 Euro gewonnen, indem ich den Automaten so lange hochgedrückt habe, bis er gekommen ist.“ Johannes und ich schauten uns an und mussten lachen, als er das sagte. Natürlich wussten wir nicht, was er damit meinte, und auch ich hatte bisher keine Erfahrungen mit derartigen Automaten in irgendwelchen Hinterhofkneipen, weil ich einfach noch keine 16 bin und mir klar ist, dass sowieso keine Kneipe der Welt mir Bier oder gar härtere Dinge ausschenken würde.

Aber gut. Langfinger Joe redete noch eine Weile vor sich hin und schwärmte von seinem Vater und dass er wirklich gerne dort hingeht. Er hatte sogar eine Monatskarte für die Bahn, damit er jeden Tag dahin fahren konnte, sagte er stolz. Irgendwann bemerkten wir, dass er immer müder wurde. Während dem Reden und Schwärmen von der Kneipe seines Vaters fielen ihm immer wieder die Augen zu, bis er letztendlich da lag und leise vor sich hin schnarchte.Eine Zigarette, die er sich noch kurz davor angezündet hatte und noch am Glühen war, legte Johannes in den Aschenbecher und drückte die Glut daran aus.

Auch ich war müde vom ständigen Laufen, Angst haben, mich andauernd verstecken zu müssen und dem permanenten Gefühl, nach hinten schauen zu müssen. Ich deckte mich mit einer Wolldecke zu und machte im Sitzen die Augen zu. Schon wieder hatte ich vergessen, meine Schuhe und meine Jacke auszuziehen.

Am nächsten Morgen wachte ich auf, weil mir kalt war.

Die Wolldecke war zur Seite gerutscht, und meine Schuhe hatte ich immer noch an. Ich setzte mich auf, rieb mir die Augen und sah, dass Johannes noch schlief.
Er hatte sich so tief unter seiner Decke verkrochen, dass man nur noch seine Haare sehen konnte. Ich schüttelte ihn leicht an der Schulter. „Komm, wach auf, wir müssen los."
Er grummelte etwas Unverständliches und drehte sich dann noch einmal weg. Doch irgendwann stand auch er auf, streckte sich und gähnte laut. Wir packten unsere Sachen zusammen, das bisschen, was wir hatten, stopften die Decken in eine Mülltüte, die wir im Hinterhof gefunden hatten, zogen unsere Jacken richtig zu und machten uns auf den Weg.
Als wir schließlich vor der Stadtbücherei standen, sah ich das große Gebäude vor uns. Die Haustür – der Eingang zum Gebäude selbst – war offen. Doch das Fenster im Erdgeschoss, durch das wir abgehauen waren, war jetzt verschlossen. Es war ein kleiner Schock, aber nichts, was uns wirklich überraschte. Das Fenster lag im großen Flur außerhalb der eigentlichen Bibliothek und hatte mit dieser selbst nichts zu tun. Vielleicht hatte ein Hausbewohner oder die Putzfrau es geschlossen.

*

Der erste Einbruch lag nun zwei Nächte zurück - es war Freitagnacht gewesen. Jetzt war Sonntagmorgen. Der Tag brach gerade an, und wir standen zum zweiten Mal vor der Bibliothek. Das Licht des frühen Morgens schien durch die Fenster, und wir konnten sehen, wie das Gebäude langsam zum Leben erwachte. Menschen gingen vorbei, warfen gelegentliche Blicke hinein – in das große Gebäude, das uns wieder anlockte.
Die Tür zur Stadtbücherei im Erdgeschoss war, wie erwartet, verschlossen. Doch wir wussten, dass es diesmal eine andere Möglichkeit gab, hineinzukommen. Nachdem wir das letzte Mal über den ersten Stock eingestiegen waren, liefen wir nun wieder die Treppe hinauf. Der Moment fühlte sich ganz anders an als beim ersten Mal – es war taghell, alles war klar, und wir waren ruhiger, vorsichtiger. Ein Gefühl von Euphorie mischte sich mit Nervosität. Nicht die Dunkelheit wies uns diesmal den Weg, sondern das Tageslicht, das eine neue Perspektive eröffnete.

Der Notausgang im ersten Stock stand noch immer einen Spalt offen – genau wie beim letzten Mal. Ein Zeichen, dass wir wohl noch immer nicht bemerkt worden waren. Und ehrlich gesagt: Beim Verlassen in der Nacht hatten wir ganz sicher nicht darauf geachtet, die Tür zu schließen. Unsere Gedanken waren bei dem, was hinter uns lag – und bei dem, was noch kommen würde. Jetzt standen wir also wieder da, im Inneren der Bibliothek, wie beim ersten Mal.
Die Regale vor uns, der vertraute, muffige Geruch alter Bücher, der Duft von Papier und Staub. Und wir? Wir wollten nichts anderes, als alles noch einmal durchzuwühlen. Unsere Blicke fielen auf das, was wir beim letzten Mal übersehen hatten. Diesmal nahmen wir uns mehr Zeit. Wir waren genauer. Wir wussten: Irgendwo war noch etwas zu finden.
Wir durchforsteten Schubladen, die wir zuvor ignoriert hatten, kramten in Papierstapeln und durchsuchten die Schränke - auf der Jagd nach etwas, das uns weiterhelfen konnte. Und dann, fast am Ende der Suche, entdeckten wir etwas, das uns den Atem stocken ließ: Ganz hinten auf einem Tisch im Erdgeschoss stand eine kleine Metallkassette.
Uns war sie in der Nacht zwei Tage zuvor gar nicht aufgefallen.
Sie wirkte unscheinbar, beinahe verloren zwischen all den Papieren. Von außen ließ sich nicht erkennen, was sich darin befand. Doch sie war überraschend schwer - und der Schlüssel steckte! Ein einziger Blick genügte, um zu wissen: Wir konnten sie öffnen.
Aber wir öffneten sie nicht sofort. Noch nicht. Etwas hielt uns zurück - vielleicht Vorsicht, vielleicht der Wunsch, alles wirklich gründlich zu durchsuchen, bevor wir etwas aus der Hand gaben. Also stellten wir die Kassette beiseite, ganz ruhig und ohne Hast und widmeten uns weiter dem Raum. Vor allem die Schubladen interessierten uns – die, die beim letzten Mal verschlossen gewirkt hatten. Wir zogen sie heraus, prüften ihre Böden, tasteten nach doppelten Wänden oder verborgenen Fächern. Die meisten enthielten nur Formulare, alte Karten, vergilbte Zettel. Aber jedes Geräusch, jeder kleine Fund, ließ unser Herz kurz schneller schlagen.

Als wir sicher waren, nichts übersehen zu haben, kehrten wir zurück zur Kassette, nahmen sie mit. Und dann verließen wir die Bücherei so leise, wie wir gekommen waren. Den Notausgang im ersten Stock zogen wir vorsichtig hinter uns zu. Über meine Hand hatte ich die Jacke gezogen - kein Abdruck sollte zurückbleiben. Die Klinke klickte kaum hörbar ins Schloss. Wir sahen uns nicht um.
Die Treppe hinunter ins Erdgeschoss nahmen wir langsam, ruhig, als wären wir gewöhnliche Besucher des Hauses. Vielleicht hatte jemand im vierten Stock gewohnt, vielleicht war da eine alte Tante oder ein Bekannter, den wir besucht hatten – wer sollte das schon hinterfragen?
Unser Blick war gesenkt, aber in unseren Augen lag ein Grinsen, das wir kaum verbergen konnten. Draußen atmeten wir durch. Links neben der Zehntenscheune führte die große Steintreppe hinauf - Richtung Burg Nanstein. Niemand war unterwegs. Kein Mensch weit und breit. Für Spaziergänger war diese Treppe ohnehin zu steil, zu anstrengend. Wer würde seinem Hund auch freiwillig hundert Stufen zumuten? Ich weiß nicht, wie viele es sind, aber es sind sicher mehr. Neben der Treppe lagen kleine Ruheabsätze, mit Sitzflächen aus Stein oder Holz. Alt, abgewetzt, aber perfekt für unseren Zweck. Wir setzten uns ungefähr mittig – weder ganz oben noch unten. Von dort hatten wir den Überblick. Dort öffneten wir endlich die Metallkassette. Unser Herz klopfte. Das Schloss klickte. Innen lagen kleine Scheine – Fünfer, Zehner – und ein gutes Gewicht an Münzen. Viele Zwei-Euro-Stücke, einige Ein-Euro-Stücke. Keine Quittungen, kein Papierkram, nur das. Wir begannen zu zählen. Es waren genau 120 Euro. Nicht viel, aber für uns war es ein Schatz. Unsere Beute. Und es hatte wieder funktioniert.

*

Endlich konnten wir wieder etwas Gescheites essen. Döner.
Johannes hatte seit Tagen kaum etwas angerührt. Er war angewidert von dem verdreckten Geschirr und dem Geruch in der Wohnung von Langfinger Joe. Ich wusste nicht, wie er das ausgehalten hatte – aber irgendwie war er das wohl gewohnt: mal nichts zu essen, einfach den Magen ignorieren, weitermachen.

Ich war da anders. Ich aß gerne, immer. Und ich kannte keinen Ekel, nicht wenn's ums Überleben ging. Essen war für mich nicht nur Notwendigkeit – es gehörte zum Rhythmus. Zum Kampf. Jeden Tag aufs Neue. Wir liefen wieder Richtung Bahnhof. Auf dem Weg holten wir uns jeder einen Döner. Und diesmal schmeckte er besser als sonst. Vielleicht, weil wir ihn wirklich verdient hatten. Vielleicht, weil wir wussten, was wir dafür riskiert hatten.

Selbst Johannes haute seinen Döner weg, als gäbe es kein Morgen. Ich sah ihm an, wie ausgehungert er war, auch wenn er versuchte, sich nichts anmerken zu lassen. Aber das war das erste Mal, dass er schneller gegessen hatte als ich. Und ich aß schnell. Immer schon. Ich hatte diese Unruhe in mir, dieses Gefühl, jederzeit aufspringen und wegrennen zu müssen. Flucht.

Wenn du isst, bist du langsam. Wenn du Hunger hast, bist du schwach. Beides ist gefährlich.

Also schnell essen, weitergehen, weitermachen!

Bier, Waffen und der Mythos der Unauffälligkeit

Wir fuhren nach Homburg. In Landstuhl kannte man uns inzwischen zu gut. Zu viele Blicke, zu viele Fragen. Aber im Saarland, ein paar Kilometer weiter – da waren wir unsichtbar.

Da waren wir nur zwei Typen mit Hoodies und Rucksäcken, wie tausend andere. Wir kauften uns tatsächlich eine Fahrkarte. Eine Tageskarte. Erste Klasse. Weil wir's konnten. Zum ersten Mal seit langem kein Schwarzfahren, keine Angst vor Kontrolle. Es fühlte sich fast legal an.

Irgendwie falsch, aber auch irgendwie gut. Am Bahnhofskiosk in Homburg kauften wir Tabak. Und dazu, logisch, jeder drei Flaschen Bier. Zwei wanderten in die Jackentaschen, griffbereit. Die dritte blieb in der Hand. Die paar Meter in die Innenstadt hielten die Flaschen nicht durch. Die erste auf Ex, direkt am Gleis. Die zweite auf halbem Weg, halb getrunken, dann leer. Wir wurden ruhiger, entspannter. Das Adrenalin wich, das Bier trat an seine

”

Ich dachte, es ist nicht das Gefängnis, das mich bricht. Nicht die Zelle. Nicht die Beleidigungen. Nicht die anderen Häftlinge.
Es ist der Kampf gegen mich selbst. Es ist das Mädchen in mir, das leben will, aber nicht darf. Und ich weiß nicht, wie lange ich das noch durchhalte.

”

Stelle. Was uns direkt aufgefallen ist, dass die Geschäfte in der Fußgängerzone fast alle geöffnet waren. Komisch - und das, obwohl Sonntag ist? Es schien Verkaufsoffener Sonntag zu sein.
In der Fußgängerzone stießen wir auf einen Army-Shop. Im Schaufenster: Tarnhosen, Ranger-Stiefel, Feldjacken - alles in diesem Olivgrün, wie Langfinger Joe es immer trug. Wir gingen rein. Drinnen roch es nach Gummi, nach Leder und Kunststoff. Es gab Kisten mit Rucksäcken, gefaltete Zelte, ausrangierte Koppeltragegestelle, Militärwesten, Gasmasken aus Russland, Taschenlampen, Kompasse, sogar Notrationen in Aluverpackung.
Aber was uns am meisten anzog: die Vitrine mit den Softair-Waffen. Da lagen sie. Perfekte Nachbildungen. Schwarzes Plastik, aber auf den ersten Blick kaum vom Original zu unterscheiden.
Walther P99. Glock 17. Desert Eagle. Sogar ein M1911-Klon in Silber. Wir standen davor wie Kinder vorm Spielzeugregal. Johannes grinste. „Stell dir vor, du ziehst die bei nem Bruch und jemand will Stress machen. Die machen sich in die Hose.“ Ich nickte. „Oder du schreist einfach nur – keine Bewegung! Und keiner hinterfragt, ob das echt ist.“
Er schaute mich an. „Wir nehmen eine.“ „Klar. Jeder eine. P99. Die sieht am unauffälligsten aus.“ „Und die passt in die Jackentasche. Falls es mal eng wird.“
Wir bezahlten bar. Keine Fragen. Kein Ausweis. Der Verkäufer warf uns nur einen Blick zu, den er sonst wohl für gelangweilte Teenager übrig hatte, die sich auf dem Bolzplatz gegenseitig jagen wollten.
Als wir rausgingen, hatten wir jeder eine Waffe in der Tasche. Und mit ihr ein neues Gefühl. Nicht nur satt. Sondern auch bereit.
Mit den Softairs in der Tasche liefen wir weiter durch die Fußgängerzone, als wären wir plötzlich Teil eines Spiels, das wir besser verstanden als alle anderen.
Die Sonne stand inzwischen tief, die Schatten wurden länger, und Homburg wirkte auf eine seltsame Art lebendig, obwohl es eigentlich ein müder Sonntagnachmittag war. Menschen gingen an uns vorbei, manche mit Einkaufstüten, andere mit Hunden, ein paar saßen vor Cafés und taten so, als wären ihre Gespräche wichtig.

Wir aber schwebten irgendwie über allem.
Wir holten uns noch mehr Bier, zogen durch die Gassen, lachten laut und schrieen ein paar besoffene Sätze in den Himmel, die nur für uns Bedeutung hatten. Niemand hielt uns auf. Niemand fragte, wer wir waren. Es war diese besondere Sorte Freiheit, die nur entsteht, wenn du nichts zu verlieren hast. Wenn du in der Tasche eine Waffe trägst – echt oder nicht – und dich plötzlich nicht mehr klein fühlst. Johannes zog irgendwann seine Softair raus, nur kurz, hielt sie sich wie in Zeitlupe vor den Bauch, zischte: „Wenn das hier 'ne Tanke wär… zack, zack - Geld in die Tüte." Ich musste lachen, wusste aber, wie ernst es trotzdem in ihm war. Diese Mischung aus Spiel und bitterem Ernst, die immer da war. Die Welt, wie sie hätte sein können - und wie sie eben war.
Später saßen wir auf einer kleinen Mauer hinter dem Saar-Pfalz-Center. Ich sah Johannes an, und er zuckte mit den Schultern.
„Zurück?" „Jo."
Am Bahnhof holten wir noch einen Kasten Bier – ganz offiziell diesmal. Johannes bestand auf Bitburger. „Schmeckt wenigstens nach was", meinte er. Ich nickte nur. Streit lohnt nicht, wenn's um Bier geht. Wir trugen den Kasten zu zweit zum Gleis, stiegen mit unserem 1.-Klasse-Tagesticket in den Zug und fuhren zurück nach Landstuhl. Dort angekommen, war schnell klar: Mit 'nem Kasten Bier in der Hand, zwei halb kaputten Jugendlichen, und direkt gegenüber vom Bahnhof die Polizeiwache?
Wir gingen wohl besser kein Risiko ein. Nicht heute. Nicht mit den Pistolen in der Tasche und dem Kater im Nacken. Wir kratzten unser letztes Kleingeld zusammen und nahmen ein Taxi hoch zur Atzel. Zum Glück standen unten am Bahnhof wie immer ein paar Fahrer rum, denen es egal war, wer du bist, solange du zahlst. Einer nickte uns zu, wir stiegen ein. Am Ende reichte es sogar noch für eine Schachtel Kippen. Leider nur eine – aber immerhin.

*

Die ersten zwei, drei Tage nach dem Bruch hingen wir einfach nur ab bei Langfinger Joe. Die erste Nacht war geil - wir hatten den Kasten Bier, wir hatten Zigaretten, wir hatten was zu erzählen. Für ein paar Stunden war die Welt irgendwie in Ordnung.
Der Kasten war zwar schnell leer - zu dritt braucht das nicht lange

- aber es war uns egal. Auch die letzte Kippe war irgendwann geraucht, und als nichts mehr da war, begannen wir, unsere alten Stummel aufzubrechen, das braune, trockene Zeug herauszupulen und daraus neue zu drehen.
Widerlich, aber es war was.
Wir lebten wieder in den Tag hinein. Kein Plan, kein Ziel, keine Zeit. Nur der Geruch der abgestandenen Wohnung, das Dröhnen des Fernsehers, das Klicken der Softairpistolen in unseren Taschen. Sie waren das Einzige, was noch irgendwie nach Macht roch. Das Einzige, was wir wirklich besaßen. Unsere kleinen Waffen, unsere kleinen Träume.

*

Am dritten Tag griff sich Langfinger Joe beim Rausgehen den leeren Kasten Bier. Sagte nichts, nahm ihn einfach mit. Er wollte nach Kaiserslautern, zu seinem Vater in die Kneipe. Vermutlich holte er sich vom Pfand der leeren Kiste irgendwo ein oder zwei billige Flaschen Bier, um die Fahrt dahin irgendwie zu überbrücken. Inzwischen war es für ihn normal geworden, dass wir bei ihm rumhingen. Er wusste, wir würden seine Bude nicht mehr zerlegen. Und er wusste auch, dass wir keinen anderen Ort hatten. Kein Zuhause. Keine Alternative.
Während Joe weg war, lagen Johannes und ich auf der Couch, er links, ich rechts. Die Glotze lief, aber keiner schaute hin. Die Bude war ruhig, es roch nach kaltem Rauch und Erbrochenem. Der Geruch von Stillstand. Wir sagten lange nichts. Jeder hing in seinen Gedanken.
„Die Bücherei können wir vergessen“, sagte ich irgendwann. Johannes nickte. „Klar. Die haben's längst gecheckt. Ist wieder offen, Montag ging das los.“
„Wir brauchen was Neues“, meinte ich. „Was anderes“, sagte er. „'Nen neuen Bruch.“ Wir wussten es beide. Wir hatten kein Geld, keinen Plan, keine Kraft mehr, noch eine Woche so weiterzuleben. Und die Welt da draußen schien uns zu sagen: Wenn ihr was wollt, dann nehmt es euch.
Aber wo?
Langfinger Joe kam zurück kurz bevor es draußen dunkel wurde. Ohne ein Wort ließ er die Tür hinter sich zufallen und schleppte

eine grüne Restmülltüte ins Wohnzimmer. Man sah ihm sofort an, dass der Tag beschissen gelaufen war. Die Laune hing ihm tief im Gesicht. Er war in Kaiserslautern gewesen, das wussten wir. Am Automaten, hatte es versucht mit dem bisschen Geld, das sein Vater ihm in die Hand gedrückt hatte - auf gut Glück. Und wie immer: verloren.

Er setzte sich nicht, sprach nicht, sondern kramte in der Tüte. Die war nicht von ihm, das war sofort klar. Die Verpackungen darin sahen nach echtem Essen aus - abgepackte Wurst, leere Dosen mit Bildern von Hundefutter, Butterpapier von Markenzeug. Viel zu hochwertig für das, was in dieser Wohnung sonst auf dem Boden landete. Joe hatte den Müll von jemand anderem mitgebracht.

Er suchte etwas Bestimmtes. Und er fand es auch: Zigarettenstummel, jede Menge. Offenbar hatte der Vorbesitzer des Mülls seinen Aschenbecher mehrmals direkt in die Tüte entleert. Joe fischte jeden einzelnen Stummel heraus, prüfte ihn, pellte mit schmutzigen Fingern den Tabak heraus und streute ihn in eine alte Tasse. Manche Kippen waren braun durchzogen von irgendeiner schmierigen Flüssigkeit, rochen nach Kaffee, Bier oder Hundefutter, aber das störte ihn nicht. Er arbeitete sich durch wie ein Goldwäscher in einer toten Mine. Johannes schaute nur still zu. Ich konnte den Ekel in seinem Blick sehen. Und irgendwann sagte er: „Lass uns rausgehen. Ich halt das hier nicht mehr aus."

Ich nickte. Kein Widerwort. Nicht heute. Also packten wir unsere Jacken und stopften die Softairs in die Taschen. Es war inzwischen ganz dunkel draußen. Unser Plan war simpel: Wir wollten durch die Straßen ziehen, nach unverschlossenen Autos suchen. Wie früher. Vielleicht lag irgendwo eine Geldbörse im Fußraum, ein paar Münzen in der Mittelkonsole – irgendwas.

*

Doch die Stadt hatte sich verändert. Jedes Auto war zu. Jedes. Kein Türspalt, keine heruntergelassene Scheibe. Selbst die Amis hatten offenbar kapiert, dass man in Landstuhl nichts offen lässt.

Frustriert, fast resigniert liefen wir weiter durch die Nacht, stumm, nebeneinander. Und irgendwann, mitten in einem leeren Seitenweg, zog Johannes plötzlich seine Softair, zielte und schoss. Die kleine Kugel traf mich am Oberschenkel.

Ich riss die Augen auf. Er grinste. „Na los“, sagte er.
Ich zog meine auch. Dann knallte es zurück. Wir jagten uns durch die Dunkelheit, schossen, lachten, fluchten, versteckten uns hinter Büschen und parkenden Autos. Für ein paar Minuten war da nichts außer Spiel – unser eigenes kleines Schlachtfeld.
Der Wald zog uns an, dunkler, tiefer. Dort tobten wir uns weiter aus, bis keine Kugel mehr übrig war. Wir waren Kinder. Wir waren Krieger. Wir waren verzweifelt.
Auf dem Rückweg, als der Lärm langsam aus unseren Köpfen wich, sagte ich plötzlich: „Rathaus.“ Johannes sah mich an. „Was?“ „Das Rathaus“, wiederholte ich. „Die müssen da Geld drin haben.“ Er sagte nichts. Aber ich sah, wie sich sein Blick veränderte. Es war kein ‚Nein‘.

Unsere Jacken klebten feucht am Rücken, als wir schließlich aus dem Gebüsch traten. Die Lichter der Stadt lagen hinter den kahlen Bäumen, gedämpft und fern. „Komm“, sagte ich nur, und Johannes nickte. Ohne ein weiteres Wort liefen wir los – nicht zurück, sondern tiefer hinein in die Nacht. Unter unseren Schuhen knackten Äste, manchmal rutschte einer von uns kurz aus, fing sich wieder. Kein Licht. Nur das leise Aufschlagen unserer Schritte und das flache Atmen.
Als wir den Stadtpark erreichten, wurde Johannes langsamer. „Weißt du noch?“, murmelte er. Ich sah ihn an. „Hier haben wir den Volz getroffen.“ Ich nickte. „V-O-L-Z.“ „Der mit dem Pfeifchen.“ „Ja, Mann.“
Die alten Bankreihen standen noch da, aber leer. Die Gesichter mit den langen Bärten waren verschwunden. Kein Husten. Kein Gemurmel. Der Brunnen war aus. Trocken. Keine Münzen, nicht mal Müll. Wir gingen weiter. Stumm.
Die Kaiserstraße. Das Rathaus!
Es wirkte fremd in dieser Stunde, größer, stiller. Als gehörte es nicht mehr zur Stadt, sondern zu irgendwas, das über uns stand. Eine Festung aus Licht und Stein, aber auch: ein mögliches Ziel. Wir blieben auf dem gegenüberliegenden Gehweg stehen. Ich sah zu den oberen Fenstern, dann zur Tür.
„Glaubst du, die haben da 'ne Alarmanlage?“, fragte Johannes. Ich

zuckte die Schultern, trat näher. Wir gingen langsam am Gebäude entlang, suchten mit den Augen die Ecken ab. Über den Türen, an den Wänden, entlang der Fenster - nichts. Kein rotes Blinken. Kein Kasten mit Sirene. Kein Aufkleber mit Security.
„Da is nix“, sagte ich leise. „Ich seh auch nix.“ „Keine Kamera.“ „Nichts.“ Das Gebäude atmete nicht. Es stand einfach da. Offen, ruhig, schläfrig. Ich drehte mich zu Johannes. „Die haben gedacht, hier bricht niemand ein.“ Er sah mich lange an. „Dann täuschen die sich.“

*

Wir hatten gerade angefangen, nach einem passenden Stein zu suchen. Einem, der schwer genug war, aber nicht zu groß. Einer, der ein Fenster brechen konnte, ohne zu viel Lärm zu machen – falls das überhaupt ging. Johannes bückte sich bei einem der Rabattenbeete, ich tastete entlang des Gehwegs. Dann plötzlich: Licht. Grell, weiß, viel zu hell für diese Uhrzeit.
Ein Scheinwerfer. Ein Auto. Mitten auf der Kaiserstraße. Es bewegte sich langsam. Als hätte es uns gesehen. Oder gerochen. Oder gespürt.
Wir froren ein. Duckten uns nicht. Bewegten uns nicht.
Und dann: „Scheiße“ flüsterte Johannes.
Oben auf dem Dach: der Widerschein der Blaulichter. Und als das Auto näher kam, das schräge Licht auf die Seite fiel, sahen wir es klar: POLIZEI.
Leuchtstreifen, reflektierend. Die ganze Seite war beschriftet. Sie fuhren langsam. Zu langsam. Wir mussten was tun. Jetzt!
Kein Rennen. Keine Flucht. Keine Hektik. Nur: raus aus dem Bild. Ohne ein Wort rannten wir nicht, wir liefen. Zügig, aber mit Absicht. Als hätten wir einen Grund. Als wüssten wir genau, wohin. Rechts vom Rathaus, gleich neben dem Parkplatz, führte ein kleiner Weg entlang der Rückseite – da lagen ein paar alte Häuser mit Vorgärten. Einer davon hatte eine kleine Treppe. Ohne zu zögern bog ich ab, stellte mich oben auf die Stufen, als würde ich gleich aufsperren. Ich kannte die Leute hier nicht. Hatte keine Ahnung, wer hier wohnte.
Johannes blieb unten, drehte sich mit dem Rücken zur Straße. Wir redeten nicht wirklich. Aber wir bewegten die Lippen.

Taten so, als unterhielten wir uns.
Ich spürte den Schweiß auf meinem Rücken, wie er unter der Jacke lief. Meine Hand zitterte leicht. Ich hielt sie in der Tasche versteckt.
„Sind sie noch da?“, fragte Johannes leise, ohne den Kopf zu drehen. Ich warf einen schnellen Blick über seine Schulter hinweg, dann wieder auf die Haustür vor mir. „Ja“, murmelte ich. „Aber… sie fahren.“
Und sie fuhren wirklich. Langsam weiter, die Kaiserstraße entlang. Keine Sirene. Kein Anhalten. Kein Aussteigen.
Es war verdammt knapp. Für heute Abend war klar: Das war's. Der Einbruch hatte sich erledigt. Der Moment war vorbei.

Langfinger Joe machte uns die Tür auf. Er fragte nur: „Habt ihr Bier? Zigaretten?“ Wir sagten: „Nein.“
Sein Blick war kalt. Genervt. Vielleicht auch enttäuscht. Es war das erste Mal, dass wir spürten: Wenn wir nichts mehr mitbringen, verlieren wir hier vielleicht alles. Unseren Schlafplatz. Unseren Unterschlupf. Den letzten Ort, an dem wir einfach sein konnten.
Ich ließ mich auf das verschlissene Sofa sinken, stumm, eschöpft. Johannes redete irgendetwas neben mir, aber seine Stimme war nur ein fernes Rauschen. Der Fernseher flackerte, bunte Bilder von Zeichentrickfiguren huschten über den Schirm, doch ich sah sie nicht. Ich hörte nichts. Ich fühlte nichts - nur diese Kälte, tief in meinem Bauch, als hätte jemand ein Loch hineingerissen. Was war das? Was passierte da gerade mit mir?
Dann kam der Gedanke. Hart. Schwer. Wie ein Schlag mitten ins Gesicht. Ich war knapp davor gewesen. Beinahe wieder zurück. Zurück ins Heim. Zurück in diesen Käfig aus kalten Gesichtern und lauernder Gewalt. Zu denen, die ihre Fäuste schneller sprechen ließen als Worte. Die keine Fragen stellten, nur Schmerz verteilten. Ich sah wieder die Schatten in den Fluren, hörte das Lachen, das keine Freude meinte, und spürte plötzlich wieder den Bruch in meiner Hand. Die dumpfen Schläge gegen meine Rippen. Die blauen Flecken an meinen Armen, die nie ganz verschwanden.
Ich erstarrte..
Zurückgeschickt. Zurück in diese Welt, in der du nichts bist außer Dreck, ein Problem, ein lästiger Fall auf irgendeinem Zettel. Eine

Welt, in der dich niemand fragte, wie es dir geht – weil es keinen interessierte.
Wo Schwäche wie Blut im Wasser war. Wo du allein warst, selbst wenn Leute um dich herum standen. Der Raum wurde enger. Die Luft dicker. Ich konnte kaum atmen. Ich war so nah dran gewesen. Noch ein Fehler. Noch eine Sekunde zur falschen Zeit – und ich wäre wieder drin gewesen. Wieder in der Hölle. Und plötzlich wusste ich mit jeder Faser meines Körpers: Ich hatte kein Zuhause mehr. Nicht wirklich. Ich war ein Fremder, überall. Ein Streuner, geduldet, solange ich nicht störte. Und das hier? Das hier war alles, was ich hatte.

Freiheit? Ein Witz...
Ich war nie frei gewesen. Ich lebte nur in der Illusion davon. Und diese Illusion – sie konnte jederzeit in sich zusammenbrechen.
Johannes riss mich heraus. „Am nächsten Tag gehen wir ins Rathaus. Während der Öffnungszeiten. Ganz normal. Ganz unauffällig. Und schauen uns alles an. Von innen“, sagte er. Seine Stimme war ruhig, aber sie schnitt durch meine Trance wie ein Messer.
Ich blinzelte. Der Raum kam zurück. Das Sofa unter mir. Der muffige Geruch. Der Bildschirm flackerte weiter. Und ich war wieder da. Wieder bei der Sache. Der Abgrund war noch da, aber ich stand jetzt wieder davor, nicht mehr mittendrin. Ich wusste, wie gefährlich das war. Ich wusste genau, was uns drohte, wenn wir erwischt wurden. Aber ich wusste auch, dass wir keine Wahl hatten. Kein Geld. Keine Zukunft. Kein Platz, an den wir konnten. Wir brauchten es... Und das hieß: Wir mussten es versuchen.

*

In dieser Nacht fand ich keinen Schlaf. Immer wieder wurde ich herausgerissen, geworfen aus kurzen Momenten der Ruhe. Die Stimmen kamen zurück. Niklas, mein alter Zimmernachbar - wie er nachts im Schlaf redete, murmelte, wimmerte. Richards Lachen, wenn jemand am Boden lag. Jerome, der sagte, das passiert halt, wenn man schwach ist. Und Dome. Der plötzlich vor mir stand, das Gesicht verzerrt, und mich „Scheißhaufen“ nannte, als wäre das mein einziger Name.

Ich konnte nichts tun. Ich lag da, starr, die Augen offen in der Dunkelheit. Und alles war wieder da. Die Wände. Die Angst. Der Gestank von Schweiß und Spülmittel. Die Stille, bevor etwas passierte. Ich zog mir die Decke übers Gesicht, als könnte ich so die Vergangenheit ausblenden. Aber sie war längst in mir drin.
Ich bin aufgewacht. Irgendwann. Vielleicht nach einer Stunde, vielleicht zwei. Keine Ahnung – die Zeit hatte längst ihre Bedeutung verloren. Alles war still, selbst das Flimmern des Fernsehers war nur noch ein Bild ohne Ton.
Ich setzte mich auf, griff nach der Tasse auf dem Tisch – der Tasse, in die Langfinger Joe den Stummeltabak aus der grünen Mülltüte gekrümelt hatte. Der Tabak roch nach kaltem Rauch, Plastik, Hundescheiße und irgendwie nach altem Leben. Ich drehte mir trotzdem eine Zigarette, zündete sie an. Es schmeckte grauenhaft.
Aber es holte mich in den Morgen wie ein schwarzer Kaffee. Der Geschmack war widerlich - Müll, Hundefutter, irgendwas Süßliches, vielleicht verrottete Wurst - aber er war echt. Und als ich so da saß, den ersten Zug in die Lunge sog, hörte ich, wie Langfinger Joe im Bad laut würgte. Mal wieder. Ich hörte, wie die Kotze ins Waschbecken klatschte, und dachte nur: Wenn man vom Teufel spricht.
Johannes kam aus der Küche, noch mit verstrubbelten Haaren, rieb sich die Augen. Wir setzten uns an den Tisch. Es war klar: Heute war der Tag. Wir wollten nicht überhastet in die Stadt. Nicht wie Idioten da reinstolpern. Also rauchten wir noch eine aus der Tasse, sprachen leise.
Wir überlegten... Wer ist wo? Wann sind welche Büros besetzt? Wie viele Leute sind dort überhaupt?
Langfinger Joe sagte, er müsse um elf nach Kaiserslautern zu seinem Vater, wie jeden Freitag. Er warf uns noch einen abwesenden Blick zu, zog sich wortlos an und verschwand aus der Wohnung.
Ich nutzte die Gelegenheit, wusch mein Gesicht. Die Hände. Kaltes Wasser ins Genick. Ich hatte seit Ewigkeiten keine Zahnbürste mehr benutzt. Hier gab's auch keine. Nicht mal eine alte. Keine Zahnpasta. Keine Seife. Nur ein halbvolles Duschgel mit dem Etikett halb abgerissen...
Wir warfen uns jeder einen schwarzen Rucksack über - die hatten

wir im Schrank bei Joe gefunden. Schulrucksäcke, so richtig normale. Es war perfekt.
Als wir losliefen, sahen wir aus wie Schüler. Keine Streuner. Keine Diebe. Wieder durch den Wald. Berlinerstraße runter, raus an der Weiherstraße. Die Sonne schien schräg, das Licht war klar.
Wir kamen an der Kaiserstraße an, und da stand es: das Rathaus. Groß. Alt. Aber irgendwie leer. Wir standen davor, taten so, als würden wir auf irgendwen warten, aber wir waren nur damit beschäftigt, jede Linie der Fassade zu lesen, jedes Fenster zu taxieren. Dann sagte ich zu Johannes leise: „Los geht´s." Er zuckte mit den Schultern, also gingen wir rein.

Das Rathaus in Landstuhl

Drinnen roch es nach Putzmittel und Papier, der typische Amtsgeruch, und es war fast leer. Eine Frau saß hinter einer Glasscheibe und verteilte irgendwelche Mülltüten, schwarze Säcke. Auf der Scheibe stand groß, dick und fett „KASSE" mit einem Loch drin, durch das man Sachen hin und her schieben konnte, Dokumente, eine Ausgabe oder so.
Jackpot, dachte ich.
Der Raum hatte zwar eine gläserne Front, aber auch eine massive Holztür. Ich überlegte kurz und dachte mir, wenn so ein Raum so eine dicke Tür hat und da fett „KASSE" auf der Scheibe steht, dann muss da auch Geld drin sein. Ich flüsterte Johannes zu: „Da müssen wir irgendwie dran." Er sah mich skeptisch an und nickte.
Wir holten uns ein Amtsblatt vom Ständer, setzten uns auf die Bank im Foyer und taten so, als würden wir lesen.
Nebenbei beobachteten wir alles. Ob irgendwo Bewegungsmelder waren, Kameras, irgendwas, was Stress machen könnte. Aber wir fanden nichts Auffälliges.
Nach einer Weile sagte ich zu Johannes: „Komm, wir gucken uns die Toiletten an." Er grinste und raunte: „Bist du schwul geworden?" Ich gab ihm einen Schubs. "Halt die Fresse, komm einfach mit". Wir gingen also Richtung der Toiletten, welche sich ebenfalls praktischerweise im Erdgeschoss befanden.
Johannes rief laut durchs Foyer:„Ich muss mal!" damit es

möglichst normal wirkte. Keiner beachtete uns. drinnen war es hell und sauber, und das Wichtigste: da war ein Fenster. kein Gitter, kein Alarm, nichts. Wir sahen uns an und mussten grinsen. Ich machte das Fenster vorsichtig auf. Der Griff war unten, also verschlossen, aber ich öffnete es und drückte danach den Griff wieder nach unten, sodass es aussah als wäre es zu. Dann zog ich das Fenster vorsichtig ran.
Es klickte nicht ein, es sah nur so aus. Perfekt. Um sicher zu gehen, stellten wir noch den Seifenspender vom Waschbecken auf die Fensterbank, damit bei Windstößen das Fenster nicht aufklappen konnte.
Es sollte ja nicht auffallen, dass es eigentlich offen war. Als wir fertig waren, gingen wir wieder raus, ganz locker, als wär nichts gewesen. Draußen setzten wir uns auf die Treppen vorm Rathaus und rauchten eine Stummelzigarette. Ich sagte zu Johannes: „Heute Abend kommen wir wieder. Dann holen wir uns das Geld.“

*

Wir saßen da, an der Rückseite vom Rathaus, unter dem Fenster, immer noch auf kaltem Beton. Mein Hintern tat weh vom vielen Sitzen, aber ich sagte nichts. Johannes klopfte nervös mit der Hand auf sein Knie, immer wieder, wie ein kaputtes Metronom.
Ich zog die Kapuze tiefer ins Gesicht. „Scheiße, ey, wie lang noch...“ murmelte ich. Johannes grinste schief. „Keine Ahnung, Alter... fünf Minuten? Fünf Stunden? Fühlt sich eh alles gleich beschissen an.“ Er zog an der Kippe, reichte sie mir rüber. Ich nahm einen Zug, hustete leicht.
„Wenn da drin wirklich Kohle ist...“ sagte ich leise, „...dann holen wir uns heute Abend 'ne Pizza. Richtig fett. Mit allem drauf.“ Johannes lachte. „Und 'n Bier. Oder zehn.“ Wir schwiegen wieder kurz, lauschten auf Schritte, auf Stimmen. Aber da war nur der Wind, der um die Mauern pfiff. Irgendwo in der Ferne hörte man ein Auto hupen. Sonst nichts.

Das Rathaus lag an der Kaiserstraße, der Hauptstraße, die sich wie eine graue Ader durch Landstuhl zog, schnurgerade, stumpf, ohne Charme. Gegenüber, fast direkt vor unseren Augen, war ein Teppichgeschäft auf der gegenüberliegenden Straßenseite. Die

Schaufenster, die mal geglänzt hatten wie eine Einladung, waren jetzt nur noch matt und blind vor Dreck.
Kein einziger Kunde ging ein oder aus. Nur ein leeres Schaufenster voll mit alten, ausgebleichten Teppichrollen, die aussahen wie Mumienreste. Ein Geschäft, das längst gestorben war, aber irgendwie noch da war, als hätte es vergessen, zusammenzubrechen.
Etwas weiter vorne an der Straße zog sich ein Fußgängerüberweg über den Asphalt. Weiße, abgetretene Streifen, fast schon ausgelöscht von den Reifen der Autos, die Tag für Tag darüber rollten.
Direkt daneben stand ein klobiges Haus, riesige Glasscheiben im Erdgeschoss, dahinter die Postfiliale. Menschen kamen und gingen, stapften mit Paketen unter dem Arm durchs Neonlicht, mit gesenktem Kopf, mit Gesichtern, die aussahen, als wären sie schon hundert Jahre alt.

*

„Glaubst du, das klappt?“ fragte Johannes plötzlich. Seine Stimme war anders jetzt und nicht mehr cool, sondern ehrlich. Ich sah ihn an. Seine Augen waren müde, aber da war auch dieses Flackern drin. Ich zuckte mit den Schultern.
„Muss klappen. Haben nix mehr. Kein Plan B, Mann.“ Er nickte. Sah auf seine aufgerissenen Schuhe runter. „Mein großer Traum, Alter. Mal so richtig reich werden, mit zwanzig Euro aus 'ner Rathaustheke.“ Er lachte wieder, aber es klang schief. Ich stubste ihn mit dem Ellbogen. „Halt dein Maul. Immerhin besser als Flaschen sammeln.“
„Noch“ sagte er. Ein Typ mit einem hässlichen gelben Anorak kam an uns vorbei. Ich stand sofort auf, klopfte mir die Hose ab. „Ey, Digga, weißt du, wie spät?“ Der Typ verzog angewidert das Gesicht, murmelte irgendwas von „Viertel vor fünf“ und ging schneller weiter.
Johannes pfiff leise durch die Zähne. „Fast soweit...“, flüsterte er. „Fast...“ Wir setzten uns wieder hin, diesmal enger ans Gebäude gedrückt. Wollten möglichst unsichtbar sein. Ich rieb mir die Hände. Sie waren eiskalt. Johannes zeigte auf meinen linken Schuh, wo sich die Sohle schon halb löste.
„Alter, du bist wie Aschenputtel. Nur hässlicher.“ Ich lachte leise. Es tat gut, kurz zu lachen. Dann: Motorenlärm. Ein Auto nach dem

anderen fuhr vom Parkplatz. Wir duckten uns tiefer. Sahen, wie die Leute mit Aktentaschen zu ihren Karren schlurften, die Tür zuschlugen, wegfuhren.
Ein graues Auto... Ein rotes... Ein weißes. Jedes Auto, das verschwand, ließ das Rathaus leerer wirken. Toter.

Johannes stieß mich an. „Da, guck. Die da. Sieht aus wie 'ne Putzfrau.“ Ich folgte seinem Blick: eine kleine Frau mit kurzem Haar, die sich eine Zigarette ansteckte und auf eine Bank setzte. Wir hielten den Atem an. „Scheiße, die bleibt da sitzen...“, flüsterte ich. „Vielleicht raucht die nur...“, hauchte Johannes zurück. Wir warteten. Fühlte sich an wie Stunden. Die Frau rauchte fertig, trat den Stummel aus, kramte kurz in ihrer Tasche und ging... Einfach so. Ich schloss kurz die Augen. Erleichterung. Johannes grinste breit. „Ey, ich dachte, wir verrecken hier, bevor die verschwindet.“
Ich stand auf, trat nervös auf der Stelle. „Jetzt wird's ernst, Mann.“
„Wart noch‘n bisschen“, sagte Johannes. „Noch zehn Minuten. Sicher ist sicher.“ Ich nickte. Setzte mich wieder hin. Mein Herz schlug wie verrückt. Jede Sekunde war elektrisierender als die davor.
Und drinnen, hinter der Mauer, wartete vielleicht das Geld. Vielleicht auch nichts. Aber wir hatten nichts mehr zu verlieren. „Wenn wir das heute durchziehen...“ sagte Johannes leise, „...dann sind wir Helden.“ Ich grinste. „Helden ohne Zuhause.“ Er lachte leise. „Aber vielleicht mit Pizza und Bier.“ Wir schauten beide hoch zum Fenster hinter uns...noch fünf Minuten. Dann würden wir reingehen.

*

Die fünf Minuten, die wir uns vorgenommen hatten, zogen sich wie Kaugummi. Mit der Dämmerung kam nicht die Ruhe, die wir uns erhofft hatten, sondern mehr Bewegung. Immer wieder liefen Leute mit ihren Hunden an uns vorbei. Manche sahen uns nicht mal. Andere warfen so einen kurzen, skeptischen Blick rüber, als würden sie sich fragen, was zwei Gestalten mitten im Nichts an einem Rathaus verloren hatten. Wir taten so, als würden wir einfach nur rumhängen. Als gehörten wir genau hierhin.
Der Parkplatz hinter dem Rathaus sah sowieso nicht aus wie ein

richtiger Parkplatz. Zwischen dem Asphalt standen große, alte Bäume, deren Kronen langsam schwarze Schatten auf den Boden warfen. Es sah mehr aus wie eine Allee, ein Park ohne Parkbänke, ein Ort, der nicht wusste, ob er Straße oder Grünfläche sein wollte. Mitten drin stand eine Statue: Ein Reiter auf einem Pferd, eingefroren in irgendeiner heroischen Pose.
Wahrscheinlich sollte die Statue an irgendein wichtiges Ereignis erinnern, irgendeine glorreiche Vergangenheit, die heute keinen mehr interessierte. Uns jedenfalls nicht. Wir wollten auf Nummer sicher gehen. Wirklich sicher. Denn jeder, der jetzt an uns mit seinem Köter vorbeilief, würde irgendwann wieder zurückkommen. Und wir wollten nicht auf halber Strecke erwischt werden, wie wir gerade durch ein gekipptes Fenster in ein öffentliches Gebäude krochen.
Dafür war unser Plan zu gut. Wenn sie uns erwischen sollten.. dann nicht dabei. Wir waren keine Looser-Einbrecher wie die Trottel aus "Kevin Allein zu Haus". Wir waren richtige Einbrecher. Wir wussten, was wir taten. Das hatten wir längst bewiesen, damals, beim Einbruch in die Stadtbücherei. Wenn wir irgendwo rein wollten, dann kamen wir rein. Und kein kläffender Hund, kein Spaziergänger und kein dahinsiechendes Denkmal konnte uns davon abhalten.

Also warteten wir... Warteten, bis die Dunkelheit dicker wurde. Warteten, bis der letzte Hund sein Geschäft erledigt hatte und die letzte Laterne das fahle Licht auf den nassen Asphalt warf. Warteten, bis die Welt um uns herum endlich so tot war, wie sie sich schon den ganzen Tag angefühlt hatte. Und dann, als wirklich niemand mehr zu sehen war, da war es soweit.
Wir standen direkt vor dem Fenster. Ich legte vorsichtig meine Hand an den Rahmen und drückte ganz sacht dagegen. Es gab kaum Widerstand. Mit einem leisen Quietschen schwang das Fenster auf.

Kein Alarm.

Die Stille des Raubes

Kein lautes Knacken. Nur ein kurzer dumpfer Knall, als der Seifenspender, der auf der Fensterbank das Fenster am Aufgehen hinderte zu Boden fiel. Es hatte geklappt. Niemand hatte bemerkt, dass das Fenster den ganzen Tag nur angelehnt gewesen war. Wir schauten uns kurz an. Johannes grinste. Ich nickte. Kein Zurück mehr. Zigaretten hatten wir schon lange keine mehr. Unsere letzten hatten wir draußen auf der Treppe aufgeteilt, halb geraucht, halb veratmet. Jetzt war da nur noch Nervosität. Und Angst. Aber keiner von uns beiden wollte sie zugeben. Nicht jetzt. Ich kletterte als Erster durch das Fenster, kroch hinein wie ein Schatten. Johannes folgte mir sofort.

Drinnen standen wir wieder genau da, wo wir am Nachmittag das Fenster präpariert hatten. Als wir das Fenster leise hinter uns zuzogen, konnten wir nicht anders.. wir fingen an zu lachen. Leise, aber voller Euphorie. Dieses unbändige Gefühl, wenn du weißt: Du hast's geschafft.

Noch hatten wir kein Geld in der Tasche, noch war alles offen, aber wir waren drin. Das war schon mehr, als viele jemals geschafft hatten. Das Rathaus war nicht so dunkel, wie wir es erwartet hatten. Ganz im Gegenteil. Mittags war es uns nicht aufgefallen, weil draußen das Tageslicht eh alles flutete, aber jetzt, in der Nacht, fiel uns auf, dass das ganze Foyer voller Fenster war. Große Scheiben, die das Licht der Straßenlaternen einfingen und wie durch Milchglas ins Innere streuten.

Es war eine eigenartige Helligkeit, blass, kalt, irgendwie unwirklich. Fast so, als würde ein falscher Tag über der toten Welt hier drinnen liegen. Ich erstarrte kurz. Traute mich kaum, den ersten Schritt aus der Toilette zu machen. Alles war so hell, dass ich dachte, irgendwo müsse noch Licht brennen. Irgendein Be-amter könnte doch noch irgendwo sitzen, am Schreibtisch kauern, Überstunden machen. Uns entdecken. Aber als ich genauer hinschaute, sah ich: Kein Licht im Inneren. Nur das fahle Laternenlicht, das sich auf dem glänzenden Boden spiegelte, auf den Glasflächen der Türen, auf den Tresen und Sitzbänken. Ich atmete flach. Johannes stand direkt hinter mir, fast auf meinen Fersen,

auch er angespannt bis in die Haarspitzen. Aber jetzt, wo klar war, dass wirklich niemand da war, dass wir wirklich alleine waren, löste sich die Angst langsam in etwas anderes auf. Adrenalin. Brennender, heißer Hunger nach dem, was wir suchten. Geld.
Es war so still im Rathaus, dass ich meinen eigenen Puls hören konnte. Ein dumpfes, hektisches Schlagen in meinen Ohren, als würde mein Herz gleich ausbrechen wollen. Mein Herz raste, doch ich blieb gefasst, zwang mich ruhig zu bleiben. In dieser unwirklichen Helligkeit, die das Foyer füllte, wie ein kalter, falscher Tag, fühlte es sich an, als würde irgendeine höhere Macht uns den Weg weisen.
Als hätte irgendwer beschlossen, uns genau hierher zu führen. Genau jetzt. Ohne ein Wort zu verlieren, bewegten wir uns zielstrebig auf den Raum zu, den wir uns am Nachmittag ausgesucht hatten. Die Tür sah unscheinbar aus, einfach nur eine Holztür mit einem kleinen Schild daneben. Raumnummer 101.
Darunter in schlichten Buchstaben: Kasse, Auszahlung, Einzahlung. Ich zeigte auf das Schild und grinste schief zu Johannes rüber. „Wenn da kein Geld drin ist“, flüsterte ich, „dann sind im Krankenhaus auch keine Kranken drin.“
Johannes unterdrückte ein Lachen, seine Schultern zuckten leicht. Ich legte die Hand auf die Türklinke und drückte sie runter. Nichts. Verschlossen. Scheiße. Das hatten wir nicht bedacht. Keine Schlüssel. Kein Plan B.
Wir zögerten kurz.
Dann gingen wir zur großen Glasfront, die den Raum von innen sichtbar machte. Ein riesiges Fenster, fast wie eine Vitrine. Wir tasteten die Scheibe ab, suchten nach Schwachstellen. Meine Finger fuhren über die kleine Öffnung in der Mitte, eine Durchreiche, Platz genug, um Papiere und Mülltütenrollen durchzureichen, aber nicht genug, um auch nur mit einem unserer Dickköpfe da durch zu passen. Jedoch groß genug, um das Glas und seinen Rand zu erfühlen. Verdammt dick. Fast schon wie Panzerglas. Johannes stieß mich an und flüsterte: „Ey, is doch klar, Alter. Wenn da Kohle drinliegt, dann legen die die doch nicht einfach dahin und hoffen, dass der erste Idiot mit 'nem Stein kommt.“
Ich nickte. Er hatte recht. Hier kamen wir nicht durch. Keine

Chance. Also zurück zur Tür. Johannes stemmte sich dagegen. Ich auch. Wir rammten uns dagegen, sprangen, drückten, warfen unser gesamtes Gewicht in die Tür. Nichts. Sie rührte sich nicht. Massiv wie Beton. Die Verzweiflung kroch in mir hoch. Der Hunger. Der Durst. Diese brennende Wut auf alles und jeden. Ich drehte mich zu Johannes. „Lass mich mal." Er trat zur Seite. Ich trat zurück, holte tief Luft, dann rannte ich los, und knallte mit voller Wucht mein Bein gegen das Schloss. Ein lautes Krachen durchbrach die Stille. So laut, dass ich für einen Moment sicher war, jemand draußen müsste gedacht haben, hier drinnen würde eine Bombe hochgehen.

*

Aber es war mir egal. Mir war sowieso schon lange alles egal. Noch ein Tritt. Noch einer. Mein Bein pochte, brannte vor Schmerz, aber ich trat weiter. Immer wieder. Bis ich endlich hörte, wie das Holz unter der Gewalt knackte. Die Tür gab nach. Erst nur ein Spalt, als würde sie zögern, dann brach plötzlich der Riegel aus dem Rahmen. Noch zwei Tritte...Dann sprang Johannes dazu, mit einer rohen Kraft trat er gegen die Tür, bis sie schließlich mit einem gellenden Krachen aus den Angeln brach. Tür und Rahmen fielen nach innen. Der Weg war frei. Es musste eine Ewigkeit gedauert haben. Sicher hatte uns längst jemand gehört. Vielleicht raste draußen schon ein Streifenwagen heran, Blaulicht zerschneidet die Dunkelheit, Waffen entsichert, bereit, uns wie tollwütige Hunde niederzuschießen. Egal. Jetzt gab es kein Zurück mehr. Wir stürmten in den Raum. Vor uns der Schreibtisch der Kassenfrau, die vermutlich täglich hier saß und über das Geld der Stadt wachte. Wir rissen an den Schubladen. Zogen, zerrten, bis sie unter unserem Willen nachgaben. Papiere, Quittungen, alte Kalenderblätter, Müllsäcke, gelbe und schwarze Tüten, Büroklammern, Toner-Kartuschen... alles flog achtlos zu Boden. Und dann... in einer der unteren Schubladen fanden wir sie. Eine große, schwarze Geldkassette. Massiv, schwer, kalt. Ich hob sie an, sie war schwer. Richtig schwer.

Und als ich sie schüttelte, hörte ich es: Rascheln. Klimpern. Ein Geräusch wie Musik. Wie ein Versprechen. Johannes grinste mich an. „Alter… die is' voll", flüsterte er heiser. Ich nickte. Mir war schlecht vor Aufregung. Meine Hände zitterten, meine Kehle war trocken, mein Kopf pochte. Aber wir hatten es geschafft. Zumindest fast. Mit der schweren Kasse in Händen rannten wir zurück zur Toilette, den gleichen Weg, den wir gekommen waren. Wir ließen alles stehen und liegen, die zerstörte Tür, die zerfetzten Schubladen, das Chaos, das wir hinterlassen hatten, war jetzt egal. Nur raus hier. Nur weg. Johannes hielt die Kasse fest an seine Brust gepresst, während ich das Fenster wieder öffnete. Vorsichtig, ganz vorsichtig, als würde das Knarren der Fensterangel uns noch verraten können. Ich steckte meinen Kopf hinaus. Schaute nach links. Schaute nach rechts. Vielleicht ein Hund, vielleicht ein schlafloser Penner, vielleicht ein Streifenwagen im Schritttempo. Aber da war nichts. Die Stadt schlief.

Und wir hatten es geschafft, sie nicht zu wecken. Ich kroch zuerst durch das Fenster, ließ mich auf den Boden draußen gleiten und drehte mich sofort um. Reichte Johannes die Hände. Er drückte mir die Kasse entgegen, dann schob er sich selbst unbeholfen hinterher, mit aufgeschürften Knien und schnellem Herzschlag. Kaum stand er draußen, nahmen wir die Beine in die Hand. Wir rannten. Einfach los, ohne Plan, ohne Ziel, nur weg von diesem Ort. Die Kaiserstraße entlang, vorbei an der alten Post.

Am Fußgängerüberweg, wo die Ampeln auf gelb blinkten, quer über die Straße, in eine schmale Gasse, die zwischen den Häusern hindurch in Richtung Stadtpark führte. Wir rannten wie Kinder, die gerade etwas Verbotenes getan hatten, und mitten in der Panik konnten wir unser Lachen nicht mehr zurückhalten. Es sprudelte aus uns heraus, hemmungslos, wild, erlöst. Wir waren high auf Adrenalin, auf Euphorie, auf dem Geschmack von Erfolg. Das war noch besser, als zu kiffen, was wir inzwischen mehrfach hatten ausprobieren können.

Wir waren froh, nicht erwischt worden zu sein. Froh, nicht erschossen worden zu sein. Froh, etwas in Händen zu tragen, das uns für ein paar Tage von diesem erbärmlichen Elend da draußen befreien würde. Am Stadtpark angekommen, war alles still.

Kein Mensch weit und breit. Nur das leise Rascheln der Blätter in den Büschen, wenn der Wind einen Hauch durch die Nacht schickte, und unser keuchendes Lachen, das immer wieder

aufflammte. Und das metallische Klimpern der Münzen in der Kasse, das bei jedem Schritt rasselte wie eine Schatulle voller Silber. Wir setzten uns auf eine der Bänke am Rand des Parkes. Unter unseren Füßen der kalte Asphalt, über uns der endlose, schwarze Himmel.
Für einen Moment atmeten wir schwer, blickten uns an, unfähig zu glauben, dass wir es wirklich geschafft hatten. Dann legten wir die Geldkassette auf den Boden. Versuchten, sie aufzubrechen. Johannes zog an der Klammer. Ich schlug mit der Faust auf das Schloss.
Nichts...
Das Ding war stabiler als erwartet. „Scheiß drauf", keuchte Johannes, und bevor ich etwas sagen konnte, hob er das Ding hoch und knallte es mit voller Wucht auf den Boden. Das Echo donnerte über den leeren Spielplatz. Dann sprangen wir darauf. Immer wieder. Mit voller Kraft. Schuhe auf Blech. Krachend, dröhnend. Als wollten wir sie zusammenschreien, zusammentreten. Und endlich, ein Knirschen, ein Splittern... die Kassette gab nach. Das Blech verbog sich, sprang auf, riss auf wie ein verrosteter Mund. Und dann ergoss es sich auf den Boden. Scheine..Überall Scheine.
Wie eine Explosion aus Papierregen. 5er, 10er, 20er, 50er, sogar ein paar 100er. Dazwischen Münzen, die auf dem Asphalt klirrten und rollten, aber die interessierten uns kaum
Johannes starrte auf das Geld, seine Augen weit wie Untertassen. „OMG... das müssen Tausende sein!" hauchte er. Ich war stumm. Ich konnte es auch kaum fassen. Es war so viel mehr, als wir je zu träumen gewagt hatten. So viel mehr. Wir warfen uns auf den Boden. Schmissen uns wie Kinder auf die Scheine, sammelten sie auf, stopften sie in unsere Taschen, unter unser Hemd, in die Ärmel. Unsere Finger glitten gierig über die bunten, kratzigen Papiere.
Unser Lachen hallte durch die Nacht. Wir warfen einen Blick unter die Bank, unter die Büsche am Rand des Platzes, suchten nach jedem Schein, jeder Münze. Kein Fitzelchen wollten wir zurücklassen. Dann zählten wir. Einmal. Zweimal. Nochmal. Mit zittrigen Händen. 1500 Euro. In bar!
In echten, schmutzigen, nach Freiheit riechenden Scheinen. Es

fühlte sich an, als hätten wir eine Million gestohlen. Wie ein Wunder, dreckig und wunderschön. Wie der Moment, in dem das Leben, das uns sonst immer nur getreten hatte, endlich mal ein bisschen zurückzahlte. Wir lagen auf dem kalten Asphalt, atmeten schwer, schwitzten, lachten. Und für einen Moment, einen winzigen, flüchtigen Moment, waren wir Könige. Als wir alles fair geteilt hatten, stopften wir die Scheine tief in unsere Taschen, so als könnten wir sie damit noch sicherer machen. Dann zogen wir los. Seitengassen entlang, Richtung Bahnhof, die Köpfe tief, immer ein Ohr auf der Straße, die Herzen noch am Rasen.
Aber die Stadt schlief weiter. Und wir waren Geister, schwer beladen mit Geld und Glück.
In der Kaiserstraße entdeckten wir den Dönermann. Der kleine Laden war noch offen, das Licht drinnen schien wie ein Versprechen. Der Typ hinter der Theke, müde Augen, dicke Hände, fragte nicht nach Ausweis oder sonst was. Vielleicht war es ihm egal.
Vielleicht hat er's geahnt und sich seinen Teil gedacht. Scheißegal. Wir kauften Bier. Viel Bier. 15 Flaschen, eine Tüte Döner dazu, labberiges Brot, fettiges Fleisch, perfektes Essen für zwei hungrige Könige. Der Preis? Wucher. Mehr als doppelt so teuer wie normal. Aber es war uns egal. Heute Nacht gehörte uns die Welt. Am erstbesten Zigarettenautomaten stoppten wir. Zogen uns mit klimpernden Münzen je ein fettes Päckchen Marlboro. Die teuersten, die dicksten, die besten. Wir steckten uns die Kippen zwischen die Lippen, zündeten sie an, zogen gierig den Rauch in unsere Lungen. Schmeckte nach Freiheit. Schmeckte nach Sieg.

Und dann... weiter!
Richtung Bahnhof. Direkt gegenüber lag die Polizeidienststelle von Landstuhl. Eine Festung in der Nacht. Ein leuchtender Klotz, der wie ein stummes Mahnmal in der Dunkelheit stand. Wir grinsten. Scheiß drauf. Wenn die Bullen uns suchten, würden sie sicher nicht vor ihrer eigenen Haustür suchen. Man versteckt sich ja auch nicht im Maul des Löwen, es sei denn, man ist irre.
Oder König. Wir waren beides. Am Bahnhof angekommen, stiegen wir über die Gleise. Schienen aus Stahl, kalt und gefährlich.

Ein falscher Schritt und du bist Geschichte. Aber wir waren leicht wie Federn, getragen vom Alkohol, vom Geldrausch, von dem Gefühl, unbesiegbar zu sein. Auf der anderen Seite fanden wir einen großen Parkplatz. Leer, übersichtlich, eingefasst von hohen Zäunen. Hinter uns der Bahnhof. Vor uns die Nacht. Die endlose, stille Nacht. Hier konnte uns keiner überraschen.
Keine Hunde.
Keine Bullen.
Keine Zeugen.
Nur wir zwei, das Bier, das Geld und die Sterne über unseren Köpfen. Immer wieder donnerten Güterzüge vorbei, ratterten durch die Nacht wie eiserne Bestien, schleuderten Windstöße über den Asphalt.

Wir saßen auf dem Boden, die Rücken an eine Mauer gelehnt, Flasche um Flasche leerend. Das Essen schmeckte scheiße, aber es war das beste Essen unseres Lebens. Wir erzählten uns die Geschichte immer wieder neu. Wie Helden am Lagerfeuer.
Was wäre, wenn die Polizei gekommen wäre?
Was wäre, wenn die Tür nicht nachgegeben hätte?
Was wäre, wenn wir geschnappt worden wären?
Was wäre, wenn?
Scheißegal...Bei uns gab es kein „was wäre wenn?“ Nur das Hier. Nur das Jetzt. Nur dieses verdammte Gefühl, Profis zu sein. Unbesiegbar. Die Nacht wurde alt. Das Bier wurde warm. Das Geld schwer in unseren Taschen. Aber wir?
Wir saßen da wie zwei Könige auf ihrem dreckigen, kalten Thron. Und uns gehörte die Welt. Wir saßen da die ganze Nacht, auf diesem gottverdammten Parkplatz zwischen den Gleisen, rissen eine Flasche nach der anderen auf, lachten, grölten, dachten, wir wären unantastbar. Wir hatten die Taschen voller Scheine, den Bauch voller Bier, den Kopf voller Größenwahn. Und die Nacht war auf unserer Seite. Keine Bullen. Keine Probleme. Nur wir, der Wind und der ferne Lärm der Güterzüge. Morgengrauen.

*

Wir stiegen in den ersten Zug, der kam. Homburg, Saarland...
Jede Nacht ein Triumph, dass wir noch standen. Zwischendurch

Langfinger Joe. Drecksloch von Wohnung, aber ein Ort zum Pennen. Wir hatten Geld und er ließ uns machen, was wir wollten. Für uns: ein Zuhause auf Zeit. Für Joe: ein Glücksgriff. Wir haben uns die Nächte mit ihm um die Ohren geschlagen und jeden Tag gesoffen. Langfinger Joe brachte uns Gras mit, wenn er an manchen Tagen aus Kaiserslautern von seinem Vater zurück kam. Es war eine unserer geilsten Zeiten.
Aber irgendwann, zwischen all dem Dreck und der Freiheit, fing es an zu bröckeln... Wie immer.

Ein Morgen auf der Atzel. Noch halb breit, zu müde zum Lügen. Ich auf dem Weg zum nächsten Zigarettenautomaten in der Berliner Straße.. Und dann: Blaulicht. Zwei Bullen, Routinekontrolle, Fragen, Griffe. Fahndung...Nicht wegen dem Bruch. Noch nicht. Nur, weil ich abgängig war. Weil irgendein Heim in Welschbillig meinen Namen brüllte wie einen Fluch. Sie nahmen mich mit. Stellten Fragen, auf die ich keine Antworten hatte.
Woher das Geld?
Woher die teuren Schuhe?
Ich schwieg.
Was hätte ich sagen sollen? Die Stunden zogen sich. Dann stand er in der Tür. Herr Jesske. Seine Blicke sagten alles. Er musste nichts sagen. Ich war geliefert. Sie verfrachteten mich in den Bus. Keine Handschellen. Brauchten sie auch nicht.
Ich war sowieso schon angekettet. An die Vergangenheit. An den ganzen beschissenen Albtraum.
Rückfahrt nach Welschbillig. Kilometer um Kilometer zurück in den Dreck, zurück in die Mauern, zurück zu denen, die nur darauf warteten, dass ich wieder falle. Die Freiheit, das Geld, die Nächte voller Lachen: nur noch ein verdammter Film in meinem Kopf.

*

Zurück im Heim. Zurück in der Hölle. Fast 2 Monate hatte ich es geschafft, mit Johannes unterwegs zu sein, bei Langfinger Joe zu pennen und zwischendurch auch mal Pennern unter der Brücke zu übernachten oder meine Zeit zu verbringen. Jetzt also wieder diese Stall wilder, junger Tiere, die den Verwahrern, die sich Betreuer nennen, weismachen konnten, wie angepasst und wohlerzogen sie sein können. Die aber gleichzeitig ihre Aggressionen, ihre pubertären Wallungen und ihre Kräfte auf bösartige, hinterhältige Weise an Schwächeren ausließen und glaubten, ständig beweisen zu müssen, dass sie allen anderen überlegen waren.

*

Die Rückkehr ins Heim war schlimmer als alles, was ich mir vorgestellt hatte. Deshalb wusste ich dieses Mal sehr schnell: Hier werde ich nicht lange bleiben.
Kaum trat ich über die Schwelle, trafen mich die Blicke.
Böse, voller Groll, voller blankem Hass.
Jerome stand in der Ecke, die Arme verschränkt, das Gesicht eine einzige stumme Anklage. Richard direkt daneben, sein Blick genauso kalt. Und selbst Dome, der kleine, schwache Dome, der sonst immer nur die Prügel abbekam, starrte mich an, als wäre ich der letzte Dreck auf Erden.
Richard lief an mir vorbei, dicht an meinem Ohr, und zischte leise: „Und für den Scheiß haben wir heute unseren Gruppenabend im Schwimmbad verloren. Du wirst noch sehen, was du davon hast.“
Seine Stimme war kein Flüstern. Sie war ein Versprechen. Niklas, mein Zimmernachbar, beobachtete mich von der anderen Seite des Flures.
Er rieb sich die Hände, ließ demonstrativ seine Faust in die andere Hand klatschen und grinste dabei schief.
Kein Zweifel. Mir stand die Hölle bevor. Herr Jesske, der die Fahrt zurück schweigsam absolviert hatte, würdigte mich keines Blickes. Seine Stimme war abgehackt, müde: „Wir haben demnächst ein Gespräch mit dem Heimleiter. Dein Verhalten ist nicht tragbar.“

Keine Diskussion. Kein Mitleid. Kein Verständnis. Nur das kalte Urteil. Ich schleppte mich in mein Zimmer. Aber mein Zimmer war nicht mehr mein Zimmer. Meine Sachen weg oder zerstört. Mein Kassettenrekorder, mein einziger Schatz, zerschlagen. Nur ein Haufen alter, durchlöcherter Klamotten lag noch da.

Ranzig, stinkend, fremd.

Nichts davon war mehr meins. Alles, was ich getragen hatte, all das Neue, all die Träume aus Landstuhl und Homburg... bedeutungslos.
Es fühlte sich an, als würde mir eine unsichtbare Faust in den Magen schlagen. Ich sackte auf den Boden, rang nach Luft, die Brust zog sich zusammen, die Kehle schnürte sich zu. Ich wollte schreien, aber es kam kein Ton heraus.
Niklas kam herein, schlug die Tür hinter sich zu. Er knallte sie so zu, dass das Fenster klirrte. Sein Gesicht war eine Fratze aus Hass. „Ich hatte ein Einzelzimmer, solange du weg warst," fauchte er. „Jetzt hab ich den Dreck wieder an der Backe. Wegen DIR." Seine Stimme war giftig. Er gab mir die Schuld an allem.
Es war offensichtlich. Sie hatten vor, mich wieder mit Niklas in ein Zimmer zu stecken, als wäre er mein Aufpasser. Als wäre ich derjenige, der jemanden braucht, der mich im Zaum hält.
Aber es war genau umgekehrt. Wenn sie wussten, wie schlimm die Dinge zwischen uns werden würden, würden sie mir keinen Aufpasser an die Seite stellen. Aber vielleicht wollten sie es genau so. Ein Druckmittel. Ein Spiel mit den Machtverhältnissen. Wahrscheinlich hatte man die Hoffnung, dass Niklas mich wieder in die Schranken weisen würde. Doch je mehr er mich hasste, desto mehr war es, als würde er derjenige werden, der mich in den Abgrund zieht – und ich würde ihn mitreißen.
Mit seiner Existenz, mit seinem Leben, seinem Elend. Ich blieb liegen, wie ein Häufchen Dreck, während er mich überragte.
Dann ging die Tür auf, und Dome kam herein. Jerome hinter ihm. Beide grinsend, voller Vorfreude. Jerome trat vor mich, beugte sich runter und spuckte mir mitten ins Gesicht. Die Spucke lief mir über Wange und Kinn, heiß und demütigend. „Na los, Dome, mach auch", rief Jerome. Und Dome, der sonst immer am Boden lag, spuckte auch.
Ich war der neue Bodensatz. Der Scheißhaufen.
Dome sagte es laut, unter dem Johlen der anderen: „Du bist der Scheißhaufen hier, nicht ich! DU!" Ich raffte mich auf.
Langsam, schwankend. Wischte mir die Spucke nicht aus dem

Gesicht. Lass sie da, dachte ich. Sie deckt wenigstens die Tränen.
Herr Jesske hatte die letzten 80 Euro, die ich noch in meiner Tasche hatte, einkassiert. Ohne ein Wort. Er sagte nur, sie würden im Büro verwahrt, bis geklärt ist, woher ich sie habe. Bis bewiesen ist, dass ich sie gestohlen hatte. Bis ich wieder nur ein Aktenzeichen war. Ein Problem. Ein Versager. Nach und nach verzogen sich die anderen. Nur Niklas blieb. Er stand am Fenster, rauchte eine Zigarette, blies den Rauch langsam in mein Gesicht.
„Hier wirst du verrecken", sagte er ruhig. „Oder wir helfen dir dabei." Ich saß auf dem Boden, die Knie an die Brust gezogen, die Stirn auf den Knien. Ich spürte nichts mehr, außer dem pulsierenden Schmerz irgendwo tief drinnen. Keine Wut. Kein Mut. Nur diese kalte, erstickende Angst. Und ich wusste: Entweder sie bringen mich um. Oder ich mache es selbst.

*

Das Gespräch mit dem Heimleiter war kurz und nüchtern. Kein Platz für Bitten, keine Chance auf Verständnis. Es wurden Sanktionen beschlossen: Ausschluss von allen Gruppenaktivitäten, Ausschluss von Belohnungen wie Eis essen, Kinobesuche, Fernsehabende. Alles gestrichen.
Das heißt, ich durfte mich nicht einfach so davonschleichen, etwa in meinem Zimmer bleiben, während alle anderen ihren Spaß hatten.
Ich musste selbstverständlich zu allen Aktivitäten mitfahren. Dabei sein. Nur durfte ich irgendwo abseits sitzend dabei zusehen, unter strenger Beobachtung des jeweiligen Betreuers, wie die anderen ihren Spaß hatten, mich zum Teil höhnisch auslachten und mit ihren Privilegien vor mir angaben.
Ich war ab jetzt der Geist, der Schatten, der, den keiner mehr sah, außer, um ihn zu treten. Mein Geld war weg. Tabak? Auch weg. Was blieb, waren die Stummel, die die anderen wegwarfen. Ich sammelte sie heimlich ein, rauchte sie draußen hinter dem Schuppen, in der Hoffnung, dass es niemand sah. Aber Jerome bekam es irgendwann doch mit. Und ab da rieb er demonstrativ seine ausgedrückten Kippen an seinen Eiern, bevor er sie wegwarf, damit ich ja keine Möglichkeit mehr hatte, auch nur ein Fitzelchen davon zu rauchen. Es war erniedrigend. Es war grausam.

Und es war Alltag. Immer wieder gab es Schläge. Manchmal unvermittelt auf dem Flur, manchmal nach dem Abendessen, manchmal einfach beim Vorbeigehen. Ich wurde gezwungen, bei einigen Sportaktivitäten mitzumachen – Hallenfußball zum Beispiel. Schon damals in meinen ersten Tagen war ich beim Fußball die Zielscheibe. Nun war ich es wieder.
Es ging nicht um das Spiel. Es ging darum, mich zu treffen. Mit aller Kraft, mit aller Wut. Immer auf das Gesicht zielen. Immer auf die Stellen, wo es am meisten wehtat.
Manchmal trafen sie perfekt. Die Wucht der Bälle ließ mich taumeln, zu Boden gehen, manchmal sogar kurz die Luft verlieren. Manchmal verfehlten sie und trafen den Bauch, die Beine.
Nach jedem Spiel hatte ich neue blaue Flecken, neue Schmerzen. Frau Hack stand oft am Rand, sah weg, tat so, als merkte sie nichts. Und wenn ich mich beschwerte, kam nur dieser Satz: „Das ist ein Spiel. Und wenn du im Weg stehst, bist du selber schuld." Richard und die älteren Jungs waren zu clever, um sich wirklich angreifbar zu machen.
Sie lachten, sie spielten die Situationen herunter. „Ey, wir schießen doch nur aufs Tor!" „Der Depp stellt sich halt immer mitten rein!"
Und auch Jerome und Dome, die am Anfang noch zu den Schwächeren gehörten, wurden von den Größeren nicht verschont. Sie bekamen ihre eigenen Portionen Schläge ab. Doch anstatt, dass sie verstanden hätten, wie es sich anfühlt, gaben sie den Hass einfach weiter. Runter auf die nächste Stufe. Runter auf mich.
So vergingen die Wochen. Ich zählte die Tage nicht. Weil es keinen Unterschied mehr machte. Jeder Tag war gleich. Ein endloser Schleier aus Heim, Außenwohngruppe, Schule im Heim, Depression.
Die Tage verloren jede Farbe. Es war, als würde ich langsam in einem trüben Wasser versinken, das jede Bewegung schwer machte, jede Regung erstickte. Ich fühlte mich wie ein schmutziger Fleck auf einer Mauer, bedeutungslos, hässlich, fehl am Platz.
Und irgendwo, ganz tief in mir, da war sie noch, diese leise Stimme, diese Ahnung von etwas Zartem, Sanftem, das nicht zu

dem passte, was ich war und was man aus mir machte.
Meine Weiblichkeit war wie ein kleiner, schimmernder Splitter in einer grauen, toten Welt. Ich versteckte sie, so gut ich konnte. Wenn ich nachts wach lag, die Tränen leise in mein Kissen sickerten, strich ich manchmal heimlich über meine eigenen Hände, als würde ich sie berühren wie ein Mädchen, wie ich wirklich war.. nur für einen Moment, bevor die Angst mich wieder fraß. Alles verschwamm. Kein Licht, keine Hoffnung.
Nur dieser dumpfe Gedanke in meinem Kopf: Das hier ist dein Leben. Das hier bist du. Manchmal, wenn ich abends in meinem vergammelten Bett lag, roch es nach Schweiß, altem Staub und Angst. Angst, die sich wie ein schmutziger Film über mich legte. Über meinem Kopf die schief hängende Lampe, über meinem Herzen die dumpfe Schwere der nächsten Schläge, der nächsten Demütigungen. Und dann hörte ich sie, die Stimmen der Betreuer unten im Flur.
„...in Trier, das Mädchenheim... ganz andere Fälle dort..."
Nur ein Nebensatz. Ein Nichts. Aber für mich war es wie ein Riss in der verrotteten Wand meiner Welt. Ein Loch, durch das Licht fiel, so grell und schmerzhaft, dass ich fast erbrechen musste. Ein Heim nur für Mädchen. Nicht für Leute wie mich.
Nicht für Missgeburten wie mich, die in die falsche Haut gestopft wurden, wie ein verkrüppelter Vogel in eine Hundehütte. Niemand hier sah, was wirklich in mir schrie. Sie sahen nur den Jungen, der zu hoch sprach, der zu schnell weinte, der beim Fußballspiel wie ein ausgetretener Sack umfiel, wenn der Ball ihn traf. Sie sahen einen Schwächling. Eine Schwuchtel. Aber niemand sah das Mädchen in mir, das da eingesperrt war, angekettet an Fleisch, das nicht ihres war.
Keiner fragte. Keiner wollte verstehen.
Warum auch? Ich war doch perfekt so, wie sie es brauchten, ein lebendes Ziel, ein Spucknapf für ihren eigenen Selbsthass.
Niklas hörte mein Weinen nachts. Ich weinte nicht einmal heimlich. Ich konnte mich irgendwann nicht mehr zusammenreißen. Die Tränen kamen einfach, liefen aus mir raus wie Eiter aus einer entzündeten Wunde. Und morgens schleuderte er es allen ins Gesicht: "*Jessica* hat wieder geheult!",

Natürlich nannte er mich nicht Jessica. Ich war ja keine. Ich war ein Nichts. Und tief in mir, dort wo man keine Finger hinstecken kann, ohne dass sie schwarz werden, da träumte ich davon, in diesem Mädchenheim zu sein.
Dort, wo ich nicht der Freak wäre. Dort, wo ich vielleicht ein bisschen leben dürfte. Dort, wo ich nicht gezwungen wäre, die Zähne zusammenzubeißen, wenn mich jemand „Schwuchtel" nannte, sondern wo ich einfach hätte sein können. Es war ein kranker Wunsch. Ich wusste es. In dieser Welt gab es keinen Ort für jemanden wie mich. Nicht hier. Nicht da. Nirgendwo.

*

Meine Sehnsucht war wie ein rostiger Nagel, den ich mir selbst immer wieder und immer tiefer ins Fleisch rammte, weil es wenigstens irgendwas war, das ich noch fühlen konnte.
Ich stellte mir vor, wie es wäre, abends neben einem Mädchen zu sitzen, jemandem, der nicht lachte, wenn ich weinte, sondern einfach nur da war. Ein Mädchen, das nicht fragte "Warum bist du so komisch?" sondern einfach zuließ, dass ich meine Tränen in ihren Pullover schluchzte, bis ich vergessen konnte, wer ich war.
Aber statt dessen war ich hier. In diesem Heim. Zwischen Jungs, die mich hassten, weil ich sie an das erinnerte, was sie selbst fürchteten: Schwäche.
Zwischen Betreuern, die dachten, ich sei einfach ein weiterer verzogener kleiner Krimineller, der „mal wieder Grenzen braucht".
Ich hasste meinen Körper. Ich hasste jede Falte, jede Sehne, jedes Stück von mir. Ich hasste mein Gesicht im Spiegel, so sehr, dass ich mir manchmal die Haut vom Arm kratzte, bis es blutete, nur um irgendwie aus dieser Hülle rauszukommen.
Ich war ein Unfall. Ein Irrtum. Etwas, das nie hätte existieren dürfen. Und nachts, wenn alles still war und nur mein Herz klopfte wie eine schmutzige Hand gegen eine schmutzige Wand, wusste ich es: Ich werde hier nicht leben. Hier stirbt man. Langsam, qualvoll, in Raten. Und niemand wird es je merken.
Manchmal, wenn die Nacht mich wieder in diese endlosen Gedanken riss, wenn die Schläge des Tages nachzitterten in meinen Knochen, fragte ich mich, was Sören wohl gerade machte. Sören, der damals der einzige gewesen war, der manchmal einfach

nur still neben mir stand, der nicht gleich zugeschlagen hatte, wenn ich gefallen war. Es klingt komisch. Es klingt falsch. Aber ich habe oft daran gedacht: Was wäre, wenn ich ein Mädchen gewesen wäre? Wenn ich nicht dieser verlorene, falsche Junge gewesen wäre, den alle hier hassten? Ich stelle mir vor, dass wir vielleicht zusammen gewesen wären.

Dass ich seine Freundin gewesen wäre. Vielleicht hätten wir uns geküsst, heimlich, schüchtern, irgendwo hinten auf dem alten Spielplatz, wo die Schaukeln rosteten und die Welt kurz aufhörte, hässlich zu sein.

Vielleicht wären wir händchenhaltend durch die Straßen gelaufen, zu jung, zu dumm, aber glücklich. Vielleicht hätten wir zusammen im Kino gesessen, Popcorn gestohlen und gelacht über schlechte Filme, während er heimlich meine Hand hielt, so fest, als könnte er mich vor der Welt beschützen. Aber nein. Statt dessen sitze ich hier. Und bin... nichts. Kein Mädchen. Kein Junge.

Nur ein Fehler, eingesperrt in etwas, das ich nicht verstehe, das ich abstoße und doch nicht loswerden kann. Abgesehen davon steht er auf Kerle, und ich bin keiner... naja doch irgendwie schon, ich muss ja.

Ich frage mich auch oft, was Johannes gerade macht. Ob er noch bei Langfinger Joe abhängt, irgendwo in dieser kalten, dreckigen Stadt. Ob sie jeden Tag saufen, die Kippen tief in die Haut gedrückt, lachen, grölen, so als könnten sie den Schmerz wegbrüllen. Was machen die alle? Für sie dreht sich die Welt weiter. Wackelig, dreckig, kaputt, aber sie dreht sich. Für mich nicht. Für mich ist alles stehen geblieben an dem Tag, an dem ich begriffen habe, dass ich hier nicht rauskomme. Dass ich immer das bleiben werde, was sie in mir sehen: einen Krüppel, ein Nichts, einen Witz ohne Pointe. Ich liege nachts wach und höre, wie draußen irgendwo ein Auto vorbeifährt, ganz weit weg. Ich stelle mir vor, dass es Sören ist, der fährt. Mit seiner Freundin. Ein Mädchen, das er liebt. Nicht mich. Nie mich. Und ich, ich verrotte hier, Stück für Stück, während draußen das Leben weiteratmet und mich längst vergessen hat.

Die Tage wurden zu Wochen. Die Wochen zu Monaten.

Ich kapselte mich ab. Zog mich zurück in eine Stille, die

”

Ich habe andere beklaut. Ich hab sie belogen. Hab mir für ein paar beschissene Euro den letzten Rest an Liebe zu mir selbst versoffen. Ein paar Cent auf der Zunge, ein paar Minuten Stille im Kopf.
Mehr war das nicht. Ich bin es so leid.
Jeden verdammten Tag mein Gesicht zu sehen.
Nicht, weil ich es hasse.
Sondern weil es nicht meines ist.
Weil ich in diesen Spiegel schaue
und da jemand ist, der ich nie war.
Nie sein wollte. Nie sein konnte.
Ich bin nicht Dennis.
Ich bin nicht der, den sie aus mir gemacht haben.

”

irgendwann zur Mauer wurde. Ich saß allein am Tisch. Ging allein in die Pause. Sprach nur noch, wenn ich musste, kurz und abgehackt, als würde jedes Wort Energie kosten, die ich nicht mehr hatte. Meine Schulnoten waren schlecht. Nicht, weil ich dumm war. Sondern weil alles in mir nur noch schrie oder leer war, nichts dazwischen.
Und irgendwann fing ich an, mich heimlich zu ritzen. Nur kleine Schnitte am Anfang. Nur ein bisschen. Nur so viel, dass der Schmerz von innen endlich eine Richtung bekam, endlich irgendwo hin konnte, irgendwo raus aus diesem verdammten Körper.

Die Hölle endet nicht am Zaun des Heims.

Die Betreuer merkten nichts. Oder sie wollten es nicht merken. Und als sie langsam wieder Vertrauen in mich fassten, bekam ich ein paar Freiheiten zurück. Kleine, winzige Freiheiten wie Brotkrumen für ein halbverhungertes Tier. Ich durfte raus. Ins Dorf. Nach Welschbillig. Und ich ging. Ich lief stundenlang, über Felder, durch den Wald, hoch Richtung Bundesstraße. Lief, bis meine Füße wund waren und mein Kopf leer. Lief, als könnte ich mich selbst abschütteln, irgendwo auf diesen Wegen verschwinden, mich auflösen im Wind.
Aber man kann seinem Schatten nicht davonlaufen. Einmal traf ich ein paar Jugendliche aus dem Dorf. Sie standen einfach da, an einer kleinen Bushaltestelle am Rand von Welschbillig, rauchten und spuckten auf den Boden, als wären sie die Herren über diese gottverlassene Ecke der Welt. Drei Jungs. Vielleicht sechzehn, siebzehn Jahre alt.
Sie wirkten, als wären sie aus demselben rostigen Material gebaut wie die kaputten Zäune und die blinden Fensterläden der verlassenen Häuser drumherum. Abgebrannt. Wütend. Einer war größer als die anderen, breitschultrig, mit einer speckigen Bomberjacke und einem schiefen Grinsen, das eher nach Drohung aussah als nach Spaß. Seine Haare waren kurzgeschoren, fast militärisch. Die anderen beiden waren schmaler, nervösere Gestalten – der eine mit einer Zigarette zwischen den Lippen, die er immer wieder mit fahrigen Fingern nachdrehte, der andere mit

einer roten Kapuze tief ins Gesicht gezogen, als wollte er sich selbst vor dem, was sie gleich tun würden, verstecken. Vielleicht sahen sie durch mich hindurch.

Vielleicht rochen sie meine Resignation, so wie ein Tier den kalten Schweiß der Angst riecht. Ich wollte einfach nur vorbeigehen. Kein Blickkontakt. Kein Wort. Kein Auf-mucken. Doch in Dörfern wie diesem wussten sie alles. Wussten, dass ich aus dem Heim kam. Wussten, dass ich einer von „denen" war. Ein Heimkind. Ein Problem auf zwei Beinen. Hier reichte ein Flüstern, ein schiefer Blick, und du warst erledigt.
Sie sagten nichts Großes. Keine langen Reden. Kein „Wer bist du?" oder „Was willst du hier?" Nur dieser eine Satz vom Größten, dem mit der Bomberjacke, während er die Zigarette auf den Boden schnippte und einen Schritt auf mich zumachte: „Schlag dich." Ich erstarrte. Das Blut rauschte in meinen Ohren. Ein Teil von mir wollte weglaufen, schreien, irgendwas. Aber ich stand nur da. Vielleicht, weil ich wusste, wie es enden würde, wenn ich es nicht tat. Vielleicht, weil ich einfach müde war. Ich zögerte.
Und sofort trat der Große näher, sein Gesicht jetzt nur noch eine Armlänge von meinem entfernt. Er lächelte. Dieses müde, kalte Lächeln, das keine Fragen offenließ. Es war kein Triumph in diesem Lächeln, kein echter Hass. Nur diese gleichgültige, abgestumpfte Grausamkeit, wie sie nur entsteht, wenn Menschen zu lange auf zu engem Raum verrotten. Die beiden anderen lachten leise, nervös, als hätten sie Angst, dass sie selbst dran wären, wenn ich mich wehrte.

Und also tat ich, was sie wollten. Ich hob die Hand. Schlug mich selbst. Ein dumpfer, klatschender Ton, als meine Handfläche auf meine eigene Wange knallte. Einmal. Zweimal. Dreimal. Ich ließ es über mich ergehen. Ich ließ sie mich demütigen. Ich wartete nur darauf, dass es vorbei war. Kein Widerstand. Kein Aufbäumen. Was hätte ich auch tun sollen? Sie waren zu dritt. Ich war allein.
Und tief in mir wusste ich längst: Egal wie stark du dich wehrst.. manche Kämpfe sind von Anfang an verloren.
Als sie merkten, dass ich keinen Widerstand leistete, dass ich nicht

weinte, nicht fluchte, nicht zusammenbrach, sondern einfach nur da saß wie ein kaputtes Spielzeug, wurde ihnen langweilig. Ihr Spott versickerte, ihre Gesten wurden fahrig, ihr Interesse schwand. Sie gaben auf. Drehten sich um. Lachten noch ein bisschen, als hätten sie gerade einen besonders schlechten Witz gehört. Und ich stand da. Spürte, wie mein Gesicht brannte. Spürte, wie mein Herz nur noch in gebrochenen Takten schlug. Und ich wusste in diesem Moment, mit einer bitteren, eisigen Klarheit:
Die Hölle endet nicht am Zaun des Heims.
Sie hört nicht an der Tür der Außenwohngruppe auf. Sie ist überall. In den Straßen. In den Gesichtern. In der Luft, die man atmet. Es gibt keinen Zufluchtsort. Nur andere Arten von Schmerz. Sie ist überall. Überall. Vielleicht ziehe ich die Scheiße an wie ein Magnet, oder ich habe einfach nur Pech. Vielleicht bin ich einfach nur falsch. Ich weiß es nicht.

*

Und irgendwann, an einem dieser grauen, kalten Nachmittage kam ich nicht mehr zurück. Nicht in die Gruppe. Nicht ins Heim. Nicht zu den Betreuern, nicht zu den Regeln, nicht zu den Schlägen, nicht zu der leeren Versprechung von Besserung. Ich war wieder auf der Flucht. Nicht vor mir selbst. Nicht, weil ich leben wollte. Sondern, weil ich nicht mehr zurück konnte in das, was hinter mir lag.
Ich hatte die Entscheidung getroffen. Ich werde nicht mehr zurrückgehen. Ich war den Helenenberg hochgelaufen, atemlos, aber getrieben von etwas, das stärker war als jede Müdigkeit: dem Wunsch, einfach nicht mehr zurück zu müssen! Nicht mehr zurück in das Haus. Nicht mehr zurück in dieses Leben.
Oben auf dem Helenenberg setzte ich mich mitten in ein Feld, zwischen kniehohes Gras und vertrocknete Disteln, die im Wind klapperten wie kleine, morsche Knochen. Der Boden war noch warm von der Sonne, die langsam hinter den Hügeln verschwand. Ich hatte von hier aus einen weiten Blick über das ganze Dorf. Die kleinen, engen Straßen von Welschbillig. Die wenigen Lichter, die schon brannten. Und auch das Haus der Außenwohngruppe, das zwischen den anderen Gebäuden saß wie ein riesiges, träges Tier. Ich wartete. Saß einfach da, die Knie angezogen, die Arme um sie geschlungen. Ich wollte nichts denken, nichts fühlen. Nur ab-

warten. Nur verschwinden.

Irgendwann, als der Himmel bereits von Blau zu einem tiefen, staubigen Grau kippte, sah ich, wie sich unten etwas bewegte. Der große, weiße Ford-Transporter der Gruppe, der Bus, mit dem sie uns zu Terminen oder auf Ausflüge karrten, setzte sich in Bewegung. Zu einer Uhrzeit, zu der er sonst immer stillstand. Ich wusste sofort, was das bedeutete.

Sie suchten mich. Sie fuhren los, auf gut Glück, die Wege ab, von denen sie dachten, dass ich sie vielleicht genommen hätte. Ich drückte mich tiefer ins Gras, bis es mich fast verschluckte, und beobachtete, wie der Bus die Straße hochfuhr, genau auf den Helenenberg zu.

Mein Herz schlug schneller, aber ich wusste: Sie würden mich nicht sehen. Ich hatte mich klug versteckt, weit genug entfernt, außer Sichtweite. Der Bus kurvte durch das Dorf, bog auf die kleine Landstraße ab, rollte wieder Richtung Bundesstraße. Sie fuhren mehr oder weniger im Kreis.Immer wieder sah ich das weiße Flackern der Scheinwerfer zwischen den Bäumen aufblitzen, hörte das ferne Brummen des Motors, der wie ein hungriges Tier in der Dunkelheit schnaufte. Sie gaben nicht sofort auf. Immer wieder tauchte der Bus auf, fuhr vorbei, kehrte zurück. Wie ein Schatten, der einen jagt, selbst wenn man sich nicht bewegt.

Ich wusste genau, was passieren würde, sollten sie mich erwischen. Es wäre schlimmer als sonst. Das Wissen, dass ich „abgehauen" war, würde ihnen einen Vorwand geben, alles noch enger zu ziehen, die wenigen Freiheiten, auf die ich ergeben gewartet, die ich mir mühsam zurückerkämpft hatte, wieder zu nehmen.

Also wartete ich. Geduckt. Unsichtbar.

Ich wartete, bis es dämmerte. Bis die Nacht so dicht wurde, dass selbst die Bus-Scheinwerfer nur noch kleine, hilflose Lichtinseln schufen, die weit unter mir über den Asphalt flimmerten. Und schließlich, nach einer Ewigkeit, sah ich, wie der Bus wieder am Haus der Außenwohngruppe parkte. Die Türen schlugen zu. Keine Bewegung mehr. Sie hatten aufgegeben.

Vermutlich hatten sie wieder die Polizei verständigt. Vermutlich

saß einer der Betreuer jetzt drinnen und füllte zum zehnten Mal ein Formular aus: „Vermisstenanzeige für ein Kind aus staatlicher Obhut."
Aber das war mir egal. In diesem Moment war ich frei. Zumindest ein bisschen. Zumindest für diese eine Nacht. Ich schlich mich von meinem Versteck am Helenenberg fort, als die Nacht endgültig alles unter sich begraben hatte. Kein Plan, keine Richtung, nur der dumpfe, flache Instinkt, dass ich weiter musste.
Dass ich weg musste.

*

Ich lief über die Felder, entlang der Hauptstraßen, aber immer dicht am Rand, so nah an den Gräben und Böschungen, dass ich manchmal beinahe hineinstolperte.
Es war stockdunkel. Nur ab und zu fegte ein Auto an mir vorbei, seine Scheinwerfer zerschnitten die Dunkelheit wie Messer, und jedes Mal drückte ich mich tiefer ins Gestrüpp, presste mich gegen den Boden, hielt den Atem an. Jeder Lichtkegel, jedes Motorengeräusch ließ mein Herz rasen. Ich dachte immer: Jetzt haben sie mich. Jetzt kommt der Bus, oder die Polizei.
Aber es kam niemand. Ich weinte, während ich lief. Nicht laut, nicht dramatisch. Einfach stumm, die Tränen liefen wie von selbst, so als würde mein Körper weinen, nicht ich. Ich fühlte mich nirgends sicher, nicht auf der Straße, nicht auf den Feldern, nicht einmal mehr in mir selbst.
Ich war mein eigener Feind geworden.
Trier war ein Name, ein Punkt irgendwo auf der Landkarte in meinem Kopf. Keine Heimat. Keine Hoffnung. Nur ein Ziel, hinter dem das Versprechen stand: Wenn ich da bin, kann ich in die Mosel springen. Einfach aufhören. Einfach Schluss. Aber erstmal musste ich den Weg finden.
Erstmal musste ich laufen.
Egal wie lange, egal wie weit.

*

Irgendwann kam ich an einen kleinen Parkplatz im Wald. Er lag verlassen da, von Bäumen eingekesselt, Matsch und Müll auf dem Boden. Zwischen aufgerissenen blauen Müllsäcken lag etwas, das im Licht des Mondes kurz aufblitzte: ein kaputter, nasser Teddybär.

Eins seiner Knopfaugen war halb abgerissen, das Fell schmutzig und verfilzt, ein leiser Gestank nach Moder umgab ihn.
Aber irgendwas an ihm ließ mich nicht weitergehen. Ich hob ihn auf. Obwohl er eklig war. Obwohl er stank. Vielleicht, weil er genauso aussah, wie ich mich fühlte:
Zerfetzt. Vergessen. Übersehen.
Ich drückte ihn an mich, spürte, wie der nasse Stoff meine Jacke durchweichte, aber das war egal. Ich stopfte ihn in meinen Ärmel, versteckte ihn dicht an meinem Körper.
Ich wollte ihm einen Namen geben.
Und irgendwann dachte ich: Jessica.
Vielleicht, weil ich immer selbst so heißen wollte.
Vielleicht, weil es egal war. Aber irgendwie passte es. Also war der kaputte Bär jetzt Jessica. Und ich war nicht mehr ganz allein.
Ich lief weiter. Stundenlang. Der Himmel blieb schwarz, die Straßen leer. Meine Füße brannten, meine Hände waren taub vor Kälte, und irgendwo in mir hatte sich eine Müdigkeit eingenistet, die nichts mit Schlaf zu tun hatte. Nur mit der Frage, warum ich überhaupt noch weiterlief. Ich fühlte mich wie ein Geist, der die Welt durchstreift.
Unsichtbar. Unbemerkt. Überflüssig.
Und irgendwann kam ich an eine große Tankstelle, irgendwo an einer dieser endlosen Bundesstraßen. Neonlicht tauchte den Platz in ein hässliches, kaltes Weiß. Ein paar Autos standen herum, Motoren liefen, fremde Gesichter hinter Fenstern, niemand sah mich an. Niemand achtete auf mich.
Ich stand da, die Hände tief in den Taschen vergraben, Jessica an mich gedrückt, und fühlte mich, als könnte ich jeden Moment einfach umfallen und niemand würde es merken. Selbstzweifel fraßen sich durch meinen Kopf. Was sollte ich schon sein?
Ein Heimkind, das keiner wollte.
Ein Weglaufkind, das zu feige war, richtig wegzulaufen. Ein Junge mit einem kaputten Teddybär in der Jacke, der dachte, er könnte irgendwo dazugehören, wenn er nur weit genug läuft. Aber es gab keinen Platz für mich. Nirgends.

*

Irgendwann kam ich auf die vielleicht dümmste Idee meines

Lebens: Ich fing an, Leute an der Tankstelle einfach zu fragen, ob sie mich nach Trier mitnehmen könnten. Ich hatte keine bösen Absichten, wollte niemandem etwas tun, ich wollte einfach nur weg, nur raus aus dieser Nacht, aus diesem Leben.
Trier war nur ein Name, irgendein Ziel. Bitburg, Luxemburg, Koblenz - egal. Es hätte überall hin sein können, Hauptsache weit weg. Aber die paar Gesichter, die ich ansprach, reagierten wie auf einen schlechten Witz.Ein Mann mittleren Alters in einem grauen Wagen sah mich nur kurz an, schüttelte sofort energisch den Kopf und stieg ein, ohne ein Wort zu sagen.
Eine Frau in einem Kleinwagen, die gerade einen Becher Kaffee an der Zapfsäule in der Hand hielt, machte eine abwehrende Handbewegung, als hätte ich ihr angedroht, ihr Portemonnaie zu klauen. Ein dritter, ein älterer Typ mit schütterem Haar, sah mich nur kurz an und wandte sich dann mit diesem Gesichtsausdruck ab, als hätte ich ihn nach einer Niere gefragt.

3. Buch 2004-2005

Ein Lkw, ein Mann und der Tod in meinen Augen

Ich fragte mich, was sie wohl in mir sahen. Einen kleinen, heruntergekommenen Jungen mit verquollenen Augen? Einen Straßenjungen? Einen Junkie? Einen Bettler? Vielleicht hatten sie die Angst in meinen Augen gesehen, die Verzweiflung, die feuchten Spuren der Tränen, die ich mir nicht mehr aus dem Gesicht gewischt hatte.
Vielleicht spürten sie, dass irgendetwas an mir nicht richtig war, kaputt, gefährlich. Es war ihnen egal. Sie wollten mich nicht.
Niemand wollte mich.
Und vielleicht hatten sie damit auch Recht. Als ich gerade wieder dabei war, über eine Leitplanke zu klettern, um weiter an der Bundesstraße entlang zu laufen, hielt ein großer LKW mit Sattelauflieger an einer der Zapfsäulen. Das Brummen seines Motors dröhnte in der Nachtluft, und ich sah, wie ein Mann aus dem Führerhaus kletterte. Er war dick. Nicht einfach ein bisschen übergewichtig: Er war richtig dick, speckig und schwerfällig, als würde jede Bewegung ihn Kraft kosten.
Sein verschwitztes T-Shirt spannte sich über seinen massigen Bauch, der bei jeder seiner Bewegungen unter dem Stoff hervorlugte. Er trug Hausschuhe, als wäre ihm völlig egal, wo er war oder was irgendwer von ihm dachte. Die Haare unter seinen Armen waren feucht und grau, seine Stirn glänzte unter der Tankstellenbeleuchtung.
Er trottete müde und schwerfällig auf die Zapfsäule zu, mit einem Gesichtsausdruck, der sagte: Scheiß drauf, alles egal. Ich stand da, mein Herz hämmerte gegen meine Rippen. Und irgendetwas an diesem verschwitzten, abgekämpften Mann ließ mich Mut fassen. Vielleicht, weil er so aussah, als wäre er auch irgendwann mal einfach stehen geblieben im Leben.
Vielleicht, weil er wirkte wie jemand, der nichts mehr erwartet, weder von anderen noch von sich selbst.
Also schluckte ich die Angst runter, drückte Jessica, den kaputten Teddybär, tiefer in meinen Ärmel, und ging auf ihn zu, während er die Zapfpistole in den Tank steckte. Jeder Schritt fühlte sich an, als würde ich gegen einen Sturm anlaufen.

Aber ich musste es tun. Ich musste irgendetwas tun. Ich fragte ihn, ob er mich mitnehmen könnte. Er reagierte erst gar nicht. Vielleicht hatte er mich nicht gehört. Vielleicht hatte er mich ignoriert. Also sagte ich es lauter: „Entschuldigung, können Sie mich mitnehmen?" Da drehte er sich um. Sein Blick blieb an mir hängen, eine Spur zu lange. Eine Mischung aus Abschätzung und Überlegung lag in seinen Augen, als ob er innerlich eine Liste durchging: Risiko gegen Gelegenheit.

Aufwand gegen Desinteresse. Ich spürte, wie meine Kehle eng wurde. Ich schaute mich hektisch um, immer wieder. Jede Minute rollte ein neues Auto an die Zapfsäulen. Und jedes Mal krampfte sich mein Magen zusammen. Was, wenn es die Polizei war?

Was, wenn es ein Betreuer war, einer, der von einem Heimdienst kam, wo er nicht übernachten musste, und beauftragt worden war, die Straßen abzufahren? Was, wenn sie mich fanden? Meine Beine wollten weglaufen, aber ich zwang mich, stehen zu bleiben. Ich musste hier weg. Egal wie.

Der dicke Mann ließ mich nicht aus den Augen. Schließlich schnaubte er einmal durch die Nase, wie jemand, der eine Entscheidung getroffen hat, die er nicht zurücknehmen wird. Er sagte nur: „Setz dich rein. Ich tanke nur eben fertig."

Ein Satz, der für ihn vielleicht bedeutungslos war. Für mich klang er wie die Öffnung einer Tür in eine andere Welt. Ich rannte fast zur Beifahrerseite des riesigen LKWs. Die Tür war schwer, ich musste mich mit beiden Händen daran hängen, um sie aufzukriegen. Die Stufen nach oben waren steil, wie eine kleine eiserne Leiter, und ich hatte Mühe, mich hinaufzuziehen. Meine Beine waren schwer und zittrig von der Anspannung und der langen Flucht. Oben angekommen saß ich endlich auf dem Beifahrersitz.

Erst jetzt fiel mir auf, wie riesig der Innenraum war. Es roch nach altem Schweiß, nach abgestandenem Kaffee, nach kaltem Rauch, nach Öl und nach einer Art süßlichem Geruch, den ich nicht zuordnen konnte. Eine Welt aus müder Männlichkeit und verrauchter Einsamkeit. Auf dem Boden lagen zerknüllte Fastfood-Verpackungen, leere Kaffeebecher, eine alte Zeitung.

Hinter den Sitzen spannte sich ein schmaler Schlafbereich mit einem ausgebleichten Bettlaken, einem kleinen Fernseher, der auf

wackligen Konsolen montiert war, und einem Minikühlschrank, der leise vor sich hin summte. Es wirkte, als würde dieser Mann mehr in diesem LKW leben als irgendwo sonst.
Ich hörte, wie er draußen den Tankverschluss wieder zuschraubte. Dann kam er keuchend zurück, kletterte schwerfällig ins Fahrerhaus, ließ sich in seinen Sitz fallen, startete den Motor, ohne sich anzuschnallen. Der ganze Truck vibrierte leise unter meinen Füßen. Dann rollten wir los, raus aus der Tankstelle, raus in die Nacht.
Ich lehnte mich gegen die Tür, fühlte das Vibrieren durch die dünne Türverkleidung bis in meine Knochen. Ich sagte nichts. Er auch nicht. Nur der gleichmäßige, monotone Brummton des Motors füllte den Raum zwischen uns. Und irgendwo dazwischen saß ich: Klein, verloren, und wieder einmal mehr Passagier in einem Leben, das nicht in meiner Hand lag.
Der Motor brummte unter uns wie ein entferntes, monotones Herzschlagen, während die Nacht draußen am Fenster vorbeizog, schwarz und gleichgültig. Er sagte lange nichts. Nur das gelegentliche Knarzen seines Sitzes und das leise Schmatzen seiner feuchten Lippen waren zu hören, wenn er sich bewegte.
Ich starrte aus dem Fenster, zählte die vorbeihuschenden weißen Fahrbahnmarkierungen, als könnte ich mich in ihnen verlieren. Dann, irgendwann, begann er zu reden. Erst waren es belanglose Fragen, gestellt in einer zu lässigen, zu interessierten Art: „Wie alt bist du überhaupt?“ „Was machst du denn mitten in der Nacht alleine hier draußen?“ „Läuft daheim was schief oder bist du einfach nur auf der Flucht?“
Ich antwortete kaum. Murmelte irgendwas. Schaute weiter aus dem Fenster. Aber ich spürte seinen Blick auf mir, schwer und tastend, als würde er mit den Augen jede meiner Bewegungen abtasten. Dann wurden seine Fragen schärfer, eindeutiger:„Hast du einen Freund“ „Schon mal was mit nem Typen gemacht?“
Mir gefror der Atem. Ich wich noch ein Stück näher an die Tür. Aber da war nichts als der Asphalt, der unter uns hinweg raste, schneller als ich jemals hätte laufen können.
Keine Ausfahrt. Keine Haltemöglichkeit. Nur die endlose, dunkle Bundesstraße. Er schwieg einen Moment, als wolle er mir Zeit

lassen, um seine Worte sacken zu lassen.
Dann sagte er, ganz ruhig, fast beiläufig, während er mit einer Hand den LKW steuerte, und die andere locker auf seinem Bauch ruhen ließ: „Ich sag's dir ganz ehrlich, Kleiner. Entweder du revanchierst dich ein bisschen… oder du steigst aus. Jetzt. Sofort."
Er lachte ein kurzes, kehliges, trockenes Lachen, das mehr wie ein Husten klang. „Ist ja nicht so, dass ich dich gezwungen hätte, oder?"
In seinem Ton lag eine widerliche Mischung aus Spott und Berechnung. Er wusste genau, was er tat. Wusste genau, dass ich auf dieser Bundesstraße keine Wahl hatte. Wusste, dass ich keine Chance hatte, einfach zu verschwinden.
Ich starrte ihn an. Für einen Moment schien die Welt sich zu verlangsamen.
Nur das gleichmäßige Brummen, das gelegentliche Blinken der Leitpfosten draußen, sein schwerer Atem neben mir. Mein Kopf fühlte sich an, als würde er in Watte stecken. Meine Hände krallten sich unbewusst an den Gurt, den ich gar nicht angelegt hatte. Ich wusste nicht, was ich tun sollte.
Alles in mir schrie, raus hier, weg hier, lauf einfach...aber wohin? Die Tür aufreißen, auf die Fahrbahn springen? Sterben, zerfetzt werden von anderen Autos? Oder irgendwo in einem Graben verrecken? Ich war gefangen. In diesem LKW, in dieser Nacht, in diesem Körper, der sich anfühlte wie ein billiger, wertloser Gegenstand.
Ich spürte, wie mir die Tränen in die Augen stiegen, heiß und scharf, aber ich zwang mich, sie runterzuschlucken. Ich durfte ihm das nicht zeigen. Nicht zeigen, wie hilflos ich war. Wie gebrochen.
Er schaute immer wieder von der Straße zu mir, schnalzte ungeduldig mit der Zunge.
Ich weiß nicht, wie lange ich zögerte. Vielleicht waren es Sekunden. Vielleicht Minuten. Aber irgendwann spürte ich, dass ich mich entschieden hatte. Oder besser gesagt: dass entschieden worden war.
Nicht weil ich wollte. Sondern weil ich keine Wahl hatte. So wie die Welt mir nie eine Wahl ließ. Ich weiß nicht, wann genau ich innerlich aufgab. Vielleicht war es nicht einmal eine Entscheidung.

Vielleicht war es einfach der Punkt, an dem es egal wurde, was mit mir geschah. Er sagte nichts weiter. Er deutete nur mit einer fahrigen Bewegung seiner Hand an, dass ich näher rutschen sollte. Zögerlich schob ich mich auf dem Beifahrersitz ein Stück nach links, als würde allein die Bewegung meinen ganzen Körper verraten.
Er lenkte weiterhin mit einer Hand, während der mit der anderen seine Hose runterschob, bevor er grob in meinen Nacken fasste. Er übte erst kaum Druck aus, eher wie ein Befehl, den ich freiwillig ausführen sollte, damit er nicht fester werden musste.
Aber als ich nicht sofort nachgab, drückte er meinen Kopf langsam und unmissverständlich nach unten, Richtung seiner Schenkel. Ich spürte den Stoff seiner Jogginghose, dünn und klamm vor Schweiß, unter meiner Stirn. Spürte die Vibrationen des Motors, die sich durch den Sitz in meinen Körper fortsetzten.
Spürte seinen schweren, drängenden Atem, während ich da hockte, die Hände in meinem Schoß verkrampft, unfähig, irgendetwas zu tun außer zu gehorchen.
Die Lichter der entgegenkommenden Autos blitzten in kurzen, kalten Intervallen durch die Fahrerkabine, warfen harte Schatten über das Lenkrad, über seine Hände, über meinen zitternden Körper. Er sagte Dinge. Leise. Roh. Eindeutig. Worte, die ich nicht wiederholen möchte. Worte, die sich anfühlten, als würden sie sich in mein Inneres brennen wie Brandzeichen.
Und ich tat, was er von mir wollte. Nicht weil ich es wollte. Nicht weil ich irgendetwas dabei empfand, außer einen tiefen, kalten Abscheu gegenüber allem, ihm, mir selbst, dieser Welt, die mich an diesen Punkt gebracht hatte.

Ich ließ es über mich ergehen, wie ich alles immer über mich ergehen ließ. Wie ich gelernt hatte zu überleben: indem ich unsichtbar wurde. Indem ich aus meinem Körper wich, ihn zu etwas anderem machte, zu etwas, das man benutzen konnte.
Ich spürte den Druck seiner Hand, sanft, aber unerbittlich, und wusste, dass es keinen Widerstand gab, der hier etwas ändern konnte. Ich starrte auf seine Jogginghose, auf die fleckigen, abgegriffenen Nähte, und ein Brechreiz stieg in mir auf, den ich kaum

unterdrücken konnte.
Draußen zog die Welt vorbei, die Welt, die sowieso nie für mich dagewesen war. Lichtpunkte, Leitplanken, dunkle Silhouetten von Bäumen, verschwommen durch Tränen, die ich nicht zuließ, nicht zulassen durfte. Ich blinzelte sie weg, zwang mich still zu bleiben, mich nicht zu wehren, weil ich wusste: Jeder Widerstand würde alles nur noch schlimmer machen.In mir war nichts mehr. Kein Zorn, keine Angst, keine Hoffnung.
Nur noch Leere. Nur noch das Gefühl, etwas in mir zerbricht, langsam, aber endgültig. Seine Hand drückte weiter unbeirrt, während der LKW durch die Nacht rollte. Für dieses eklige Verbrechen an einem 14jährigen gab es nicht mal einen definierbaren Ort. Und ich verstand endgültig, dass es überhaupt keinen sicheren, keinen definierbaren Ort für mich gab. Nirgends.
Nicht draußen. Nicht hier. Nicht einmal mehr in mir selbst.

*

Nachdem ich getan hatte, was er wollte, war eine seltsame Stille zwischen uns. Es war merkwürdig, als wir nebeneinander im Lkw fuhren, der Motor brüllte in der Dunkelheit, und die Straßenlichter zogen an uns vorbei. Ich war nicht geschlagen worden - und dennoch war ich mich mehr gedemütigt als je zuvor. Ich fühlte mich wie ein Fremder im eigenen Körper. Und nicht nur das : Ich hatte auch noch einen fremden, widerlichen Geschmack im Mund.
Schließlich fragte ich ihn, ob er etwas zu trinken für mich hätte. Er öffnete den kleinen Kühlschrank neben sich, und ich sah, dass er Bier hatte. Er sagte, ich dürfte eins haben, aber es kam kurz, knapp und rau. Ohne weitere Worte reichte er mir eine Flasche.
„Wir sind bald in Trier," sagte er dann, ohne mich anzusehen. „Ich lasse dich am Hafen raus, aber dann muss ich weiter. Ich suche noch einen Parkplatz. Wir sind fertig."
Es war, als würde er es so schnell wie möglich hinter sich bringen wollen. Der Deal war für ihn erledigt. Das Gefühl, dass er jetzt, wo er bekommen hatte, was er wollte, keine Verwendung mehr für mich hatte, kam sofort. Keine Entschuldigung, kein Interesse daran, mich weiter mitzunehmen, er hatte sein Ziel erreicht, und ich war nichts mehr als ein Zwischenstopp.

Es war, als würde der Moment, der uns noch verbunden hatte, plötzlich zusammenbrechen und vergehen, während der LKW weiter die Nacht verschlang. Es war ein seltsames Gefühl, als ich dann bald darauf aus dem Lkw stieg und die kalte Nachtluft mich schlagartig umfing, so als würde sie sich sofort an mich klammern, als wolle sie mich nicht mehr loslassen.
Der Motor brummte noch ein wenig nach, ein tiefes, gedämpftes Grollen, bevor er endgültig verstummte, und für einen Moment war es, als würde mit seinem Verklingen auch der letzte Rest von Wärme aus meiner Welt entweichen.

Zwischen Müll und Graffiti

Der Hafen lag vor mir, tot und stumm, eine Kulisse aus dunklem Beton, rostigen Zäunen und Gebäuden, die aussahen, als wären sie schon vor Jahrzehnten verlassen worden.
Fenster wie blinde Augen, Türen halb aus den Angeln gerissen, Mauern, an denen die Farbe in dicken Schichten abblätterte.
Der Wind kroch zwischen den Lagerhallen hindurch und brachte den Geruch von feuchtem Holz, altem Metall und abgestandenem Wasser mit sich.
Durchdringend und süßlich. Ein Geruch, der sich mir in den Rachen legte und Erinnerungen hervorrief, die ich lieber vergessen wollte.
Ein paar schmale Kähne dümpelten träge an den maroden Anlegestellen, kaum mehr als Silhouetten im dunklen Wasser. Sie lagen da wie verlorene Seelen, regungslos, unfähig, sich zu rühren, als hätten sie sich selbst längst aufgegeben.
Ich stand da, auf dem rissigen Asphalt, den Blick ins Nichts gerichtet, und in meiner Hand die Flasche Bier, die ich in einer Mischung aus Trotz und Verzweiflung mitgenommen hatte, mehr aus Reflex als aus wirklichem Wollen.
Es fühlte sich alles so falsch an, so irreal, als wäre ich aus meinem eigenen Leben gefallen. Kein Plan, kein Ziel, nichts, woran ich mich hätte festhalten können. Nur diese endlose, kalte Dunkelheit und das Dröhnen in meinem Kopf, das kein richtiges Geräusch war, sondern eher ein dumpfes Bewusstsein davon, dass ich existierte.

Auch wenn sich das nicht mehr wie ein Leben anfühlte.
Der Wind strich über mein Gesicht, scharf wie winzige Nadeln und erinnerte mich für einen flüchtigen Moment daran, dass ich noch einen Körper hatte, dass ich noch atmete. Aber der Schmerz in meiner Brust, dieses dumpfe, bohrende Etwas, machte das bloße Atmen zu einer mechanischen, bedeutungslosen Bewegung.

Ich hob die Flasche an, betrachtete sie in dem schummrigen Licht, das irgendwo von einer kaputten Laterne herübersickerte und fragte mich, ob ich damit wirklich etwas ändern könnte.
Vielleicht konnte ich mich einfach wegtrinken. Vielleicht würde das Brennen im Hals, das der erste Schluck verursacht hatte, wenigstens für einen Moment lauter sein als die Stimmen in meinem Kopf. Vielleicht würde das Gewicht in meiner Brust leichter werden, wenn ich es nur schaffte, mich weit genug zu betäuben.
Also setzte ich die Flasche an und trank, gierig, fast hastig, als könnte ich mit genug Bier all das hinunterspülen, was sich in mir festgesetzt hatte. Der Geschmack war bitter, fast metallisch, und er hinterließ ein Brennen in der Kehle, aber es war nicht stark genug, um die Leere zu füllen.
Ich trank weiter, trotz des Ekelgefühls, das sich langsam in meinem Magen ausbreitete. Der Druck in meiner Brust veränderte sich nicht. Er blieb, schwer und unbeweglich, wie eine Faust, die sich tief in mein Inneres gekrallt hatte.
Der Alkohol konnte ihn nicht wegwaschen, so wenig, wie er die Gedanken vertreiben konnte, die mich von innen heraus zerfraßen. Ich wusste es. Ich wusste, dass das hier nichts half, dass ich mich selbst nur noch tiefer in ein Loch schob, aus dem es kein Zurück mehr gab.
Aber ich hatte nichts anderes. Keine Hoffnung. Keine Kraft mehr, etwas anderes zu versuchen. Die Flasche war fast leer, und ich drehte sie gedankenverloren in der Hand, spürte das kalte Glas an meinen Handflächen, hörte das leise Glucksen der letzten Tropfen.
Alles in mir wollte sie einfach wegwerfen, irgendwo in die Dunkelheit schleudern, mit einer Wut, die ich nicht mehr spürte. Aber meine Finger hielten sie fest, als wäre sie das Einzige, was mir

noch geblieben war.
Und während ich da stand, am Rand dieses toten Hafens, mit der leeren Flasche und dem Wind, der mir die Haut von den Knochen zu pusten schien, wurde mir klar: Ich konnte nirgends mehr hin. Ich war schon angekommen. Ganz unten. Und ich war zu müde, zu leer, um noch dagegen anzukämpfen.

*

Ich verbrachte die Nacht in einem verlassenen Gebäude in der Nähe der Mosel, in einem alten Lagerhaus, das wohl schon lange niemand mehr betreten hatte. Keine richtigen Wände mehr, keine Türen. Nur ein Dach, das halbwegs dicht hielt und ein paar rostige Stahlträger, die in den Himmel ragten wie gebrochene Knochen.
Der Boden war nicht einmal betoniert, bloß nackter, kalter Dreck, feucht vom Regen, der in der Nacht gefallen war.
Aber es schützte mich wenigstens ein bisschen vor dem Wind, der draußen über die Straßen peitschte.
In meiner Jackentasche, tief vergraben, trug ich nichts außer diesem alten, zerfledderten Teddybären. Sein halb abgerissenes Knopfauge schimmerte matt im schmutzigen Licht, das durch die zerbrochenen Fenster drang.
Aber er war warm. Durch meine eigene Körperwärme hatte er sich aufgewärmt, und das war mehr, als ich von den meisten Dingen in meinem Leben behaupten konnte. Er hatte Glück gehabt, dachte ich.
Er hatte die Szene im Lkw nicht mit ansehen müssen, eingeklemmt tief in meinem Jackenärmel. Er hatte nichts mitbekommen. Er war einfach da.
Ich kauerte mich an eine Wand, direkt neben einem Haufen Müll, und betrachtete die Graffitis an den bröckelnden Mauern.
Bunte Zeichen, Namen, verzweifelte Botschaften, Kritzeleien voller Wut, Hoffnung und Einsamkeit. Es fühlte sich fast an, als würde jemand mit mir reden. Als wäre ich nicht wirklich allein. Irgendwo da draußen hatte es mal Menschen gegeben, die genau wie ich hier saßen, kalt, verloren, auf der Suche nach irgendwas.
Vielleicht nach gar nichts Bestimmtem. Einfach nur weg. Mit diesen Gedanken schlief ich irgendwann ein, eingekauert in meiner Jacke, die Finger um den kleinen Bären gekrallt, als wäre er

das Einzige, was zwischen mir und dem völligen Verschwinden stand.
Am nächsten Morgen weckte mich das Geräusch von Schritten und Stimmen. Regen hatte eingesetzt, leichter, feiner Nieselregen. Ich rappelte mich auf, die Knochen schwer, der Kopf leer, der Körper müde von einer Nacht voller halb geträumter, halb durchfrorener Albträume.
Dann machte ich mich auf den Weg, stolperte durch den langsam dichter werdenden Fußgängerverkehr, fragte mich durch. Niemand sah mich wirklich an, höchstens flüchtige, genervte Blicke. Ab und zu schaffte ich es, ein paar Münzen zu ergattern, eine Zigarette. Man musste nicht viel tun, um Mitleid zu bekommen. Man musste nur traurig genug aus-sehen.
Und dafür musste ich mich nicht mal anstrengen.
Mein Ziel war klar: der Bahnhof. Irgendwie nach Landstuhl. Hauptsache weg von hier, wo ich gestern noch in die Mosel springen wollte. Offenbar hatte mein Lebenswille gesiegt. Oder die Gewohnheit. Oder wieder mal die Feigheit? Egal.
Vielleicht konnte ich bei Langfinger Joe unterkommen, vielleicht würde ich auch Johannes wieder treffen. Vielleicht würden wir einen Bruch landen, einen richtig großen, der uns endlich rausholte aus diesem Dreck. Wir hatten ja nicht nur die Bibliothek und das Rathaus „besucht,“ bevor mich der schicksalhafte Zufall wieder nach Welschbillig verschleppt hatte. Wir hatten auch etliche kleinere Brüche gemacht, die ich hier gar nicht beschreiben will. Aber jeder Bruch hatte nicht nur bestätigt, wie einfach so etwas sein kann - er hatte uns auch professioneller gemacht. Und irgendwann musste das ja auch mal für was richtig Lohnendes ausreichen.
Falsche Pässe kaufen. Eine Wohnung irgendwo mieten, wo uns niemand kennt. Den ganzen Tag Playstation zocken, Bier und Schnaps trinken. Zigaretten rauchen, kiffen. Ha, das wäre was. Ein richtiges Leben. Unser eigenes.
Als ich schließlich am Bahnhof ankam, sah ich sofort ein Handicap: Die Bundespolizei hatte ihre Direktion direkt neben dem Gleis, an dem ich einsteigen musste. Keine Fahrkarte, zerschlissene Klamotten, halb am Ende.

Ich musste irgendwie unauffällig bleiben. Ich behielt die Wache im Auge. Sah, wie Polizisten kamen und gingen, wie sie in ihren Büros verschwanden, Akten trugen, Kaffee tranken. Sie wirkten nicht, als würden sie nach jemandem suchen. Noch nicht.

*

Von dem Kleingeld, das ich zusammenschnorren konnte, kaufte ich mir am Automaten einen Schokoriegel und eine Capri-Sonne. Kleines Frühstück. Nicht viel, aber immerhin etwas Süßes, etwas, das mich daran erinnerte, dass ich noch etwas fühlen konnte.

Die Bahnhofsuhr zeigte kurz nach sieben. Die Müdigkeit kroch mir die Knochen hoch, die Erschöpfung saß wie eine zweite Haut auf mir. Aber ich riss mich zusammen, tauchte unter zwischen den Pendlern, den Schülern, den Arbeitern, die alle zu müde waren, um genau hinzusehen.

Als der Regionalexpress einrollte, war ich bereit. Ich schlüpfte zwischen die Menschenmengen, hielt meinen Blick gesenkt, meine Schritte ruhig. Und dann war ich drin. Im Zug.

In Richtung irgendetwas, das sich vielleicht wie Hoffnung anfühlen könnte.

Die Zugfahrt war eine einzige Anstrengung, ein ewiges Versteckspiel zwischen mir und dem Schaffner. Schon kurz, nachdem der Regionalexpress sich in Bewegung gesetzt hatte, hielt ich nervös Ausschau. Immer wieder linste ich vorsichtig um die Sitzreihen, achtete auf das Klacken der Stiefel auf dem Boden, das leise Quietschen, wenn jemand eine Tür aufzog.

Ich wusste, wenn er mich erwischte, würde ich nicht nur eine Anzeige wegen Schwarzfahrens kassieren, ich würde wahrscheinlich direkt der Bundespolizei übergeben und zurückverfrachtet werden. Zurück nach Welschbillig. Zurück in dieses gottlose, verrottete Stück Welt, das ich um jeden Preis hinter mir lassen wollte.

Also blieb ich wachsam. Immer wieder, wenn wir einen Bahnhof erreichten, stieg ich aus. Ich tat so, als würde ich genau hier hinwollen, schlenderte mit den anderen Passagieren hinaus, zündete mir draußen eine geschnorrte Zigarette an, atmete den kalten, feuchten Morgen ein und wartete.

Ich beobachtete genau, wo der neue Zug stand, sah, wo der

Schaffner ausstieg, wie er zum Lokführer ging, mit einem kleinen, blechernen Pfiff die Weiterfahrt signalisierte.

Erst dann, wenn ich sicher war, dass er weit vorne war, stieg ich hinten ein. So weit wie möglich weg. So unsichtbar wie möglich. Manchmal lief ich durch mehrere Waggons nach hinten, sobald sich der Zug in Bewegung gesetzt hatte. Aber die Wagons wurden weniger, die Züge kleiner, die Fluchtwege enger.
Es war eine mühsame, nervenzerfressende Reise. Aber ich hatte keine Wahl. An den Bahnhöfen, an denen ich unfreiwillig strandete, war ich wie ein Geist zwischen den Menschen.
Ein bisschen Kleingeld hier, eine Zigarette dort. Ich war genau das, was sie sahen: Einer, der nichts hatte. Und nichts mehr wollte außer einfach nur weg. Mit jedem Bahnhof, den ich hinter mir ließ, mit jedem kleinen Erfolg, nicht aufzufallen, vergaß ich ein bisschen mehr, was in der Nacht davor passiert war.
Was der Lkw-Fahrer mir angetan hatte. Wie ich mich danach gefühlt hatte, auf dem kalten Asphalt, mit nichts als einer Flasche billigen Biers in der Hand, und einem Loch im Bauch, das nie mehr ganz heilen würde.
Jetzt zählte nur noch eines: Ankommen.
In Landstuhl.
Bei Langfinger Joe vielleicht.
Bei Johannes vielleicht.
Vielleicht ein Bruch, vielleicht genug Kohle, um für eine Weile irgendwo zu verschwinden.
Ich hoffte auf ein vielleichtes Leben... Gab es das Wort überhaupt? Jedenfalls klang es unsicher und schön gleichzeitig.

Inmitten der Menschen auf dem Weg zur Arbeit, Männern in Anzügen, Frauen mit Coffee-to-go-Bechern, Jugendliche mit Rucksäcken verlor sich mein trauriges Gesicht in der Masse. Niemand roch den Schweiß und den Rauch, der mir aus allen Poren stieg. Keiner beachtete die zerschlissene Jacke, die breiten Augenringe oder die Hände, die wie von Erde und altem Blut gezeichnet wirkten.
Vielleicht fiel höchstens der Gestank auf. Vielleicht meine Schuhe.

Meine Nike-Schuhe, die ich Wochen zuvor von unserem Einbruch in das Rathaus in Homburg gekauft hatte, teuer damals, neu, fast ein kleiner Traum von einem besseren Leben.
Jetzt wirkten sie, als hätten sie schon Jahre auf der Straße hinter sich. Verdreckt, aufgeplatzt an den Seiten, von Wasser und Matsch durchweicht. Kaum mehr zu erkennen, dass sie mal etwas Besonderes gewesen waren. So wie ich. Aber es war egal. Noch ein, zwei Umstiege, noch ein bisschen mehr Tarnung, noch ein paar kalte Zigaretten, und ich würde da sein.

Landstuhl Tag & Nacht

Als ich aus dem Zug stieg, schlug mir die kalte Luft ins Gesicht. Meine Beine fühlten sich an wie Gummi, mein Kopf war dumpf und leer. Zwischen all den Pendlern, den frühen Arbeitern, fiel ich kaum auf, außer vielleicht durch meinen Gestank. Eine Frau in einem roten Mantel drückte mir ein Brötchen in die Hand, ohne ein Wort zu sagen. Ich nahm es, ohne zu danken. Das Leben schuldete mir nichts. Und ich dem Leben erst recht nichts.
Ich ließ den Bahnhof schnell hinter mir, tauchte in die Straßen ein. Alles wirkte nach den letzten 8 Monaten fremd und bekannt zugleich. Hinter den Gleisen, auf dem großen Parkplatz blieb ich kurz stehen. Hier hatte ich geses-sen nach dem Bruch ins Rathaus, die Taschen voll mit Geld, zu-sammen mit Johannes.
Von hier aus waren wir nach Homburg gefahren, unschlagbar, unantastbar. Ich schmeckte den Moment fast auf der Zunge, obwohl er so weit weg war, als hätte er zu einem anderen Leben gehört.
Mein erster Gedanke war der Grosso-Spielplatz. Ich lief dorthin, vorbei an Zäunen, Mülltonnen, Straßen, die kaum ein Mensch kannte, wenn er hier nicht aufgewachsen war. Doch der Spielplatz war leer. Keine Spur von Johannes. Keine Spur von irgendwem. Nur verlassene Schaukeln, die der Wind sanft in Bewegung hielt. Weiter zum Stadtpark. Abkürzungen, die nur wir kannten. Versteckte Bänke, die damals unser Zuhause gewesen waren.
Nichts. Keine vertrauten Gesichter. Nur Jogger und Mütter mit Kinderwagen. Ich lief weiter. Auf Schleichwegen, die Atzel

hinauf. Weiherstraße, vorbei am Dönerladen, an dem wir oft gestanden und unsere letzten Münzen für irgendwas zu essen geopfert hatten.
Dann den Wald hoch, Richtung Kirchberg, Bismarckturm. Immer weiter, die Schuhe schwer, der Rucksack leer, der Kopf voller leerer Hoffnungen. Über die Straße, rein in den gegenüberliegenden Wald.
Da war dieser kleine Pfad, kaum zu erkennen, der direkt in die Berliner Straße führte. Und da stand sie, die Hausnummer 45. Langfinger Joes Zuhause. Mein Herz schlug schneller. Ich stürmte zur Tür, hämmerte auf den Klingelknopf.
Keine Reaktion. Noch einmal. Nichts. Nur das leise Summen der Neonbeleuchtung im Hausflur. Scheiße. Ich schlich um den Block herum, zum Hinterhof, wo die alten Gärten lagen, verwildert und halb zerfallen. Dort stand noch immer der Baum. Dieser Baum, unter dem Johannes und ich früher gespielt hatten, damals, als wir Langfinger Joe kennen gelernt hatten.
Die Äste hingen tief, die langen, dichten Nadeln reichten bis auf den Boden. Ein perfektes Versteck. Bevor ich mich darunter verkroch, warf ich noch einen Blick durch das Fenster seiner Wohnung. Die Rolläden waren offen wie immer, keine Vorhänge, nichts. Man konnte alles sehen: dreckiges Geschirr, leere Bierflaschen, ein verrottetes Sofa. Ein muffiger Gestank quoll durch das gekippte Fenster nach draußen. Ich hätte es aufdrücken können, einsteigen, aber ich ließ es.
Zu viele Balkone, zu viele Blicke, zu viele Risiken, dass jemand die Bullen ruft. Also kroch ich unter die Zweige des Baumes, hockte mich auf die feuchte Erde. Hier war ich wenigstens unsichtbar. Hier hatte ich wenigstens die Erinnerungen an bessere Tage.
Ich schlief nicht wirklich. Ich döste, dämmerte, wartete. Die Stunden zogen sich endlos. Und als die Sonne langsam unterging und der Himmel in rostige Farben zerfloss, sah ich es: In Langfinger Joes Wohnung ging Licht an. Mein Herz schlug mir bis zum Hals. Vielleicht, nur vielleicht, war noch nicht alles verloren.
Langfinger Joe war da. Ich sah ihn durch die Scheibe seiner Balkontür, wie er sich gerade ein Bier aufmachte, so ein billiges

Pennerbier. Das schmeckt schon nach Pisse, bevor man es überhaupt auf der Zunge hat. Er stand da, in seinem verlotterten Wohnzimmer, das Bier zischte leise beim Öffnen. Ich klopfte an die Scheibe. Er zuckte leicht zusammen, drehte sich um. Sein Blick blieb einen Moment leer, dann erkannte er mich.
„Denny?“
Seine Stimme klang rau, fast überrascht. „Was machsten du hier?“ Er ließ mich rein, ohne zu zögern, und in dem Moment, als ich die Schwelle überschritt, fing ich an zu heulen. Einfach so. Die ganze Scheiße der letzten Tage, der ganze Druck, alles lief mir in einem Moment aus den Augen.
Aber vor Langfinger Joe schämte ich mich nicht. Ich weiß nicht warum. Vielleicht weil er selbst kaputt war, auf eine Weise, die ich nie verstand. Ich bat ihn um eine Kippe und um ein Bier.
Er nickte nur, griff mit seinen vergilbten Fingern nach Tabak und Blättchen. Seine Hände zitterten leicht, als er mir eine Zigarette drehte. Die war durchtränkt von seinem Speichel, sie klebte schon fast an seinen Lippen, bevor er sie mir reichte.
Es war ekelhaft. Aber mir war alles egal. Alles in dieser Wohnung war eine Mischung aus fremd und vertraut. Die kaputte Couch, der ranzige Geruch nach altem Rauch und Schweiß, der viel zu volle Aschenbecher auf dem Tisch.

Ich sagte ihm nichts davon, dass ich aus dem Heim abgehauen war. Dass ich auf der Flucht war, vor der Polizei, vor diesem gottverdammten System. Die Angst, dass er mich sonst bittet, zu gehen, war zu groß. Als er kurz verschwand, den Hausflur hoch an seinen Briefkasten, schlich ich durch die Wohnung. An seiner Tür hing immer noch das alte Schild: "BETRETEN VERBOTEN".
Irgendwann mal von seinem Betreuer da drangeklatscht, nachdem Johannes und ich bei einer Eskapade die Bude halb auseinandergenommen hatten. Komisch, dass das Schild immer noch da war. Als er zurückkam, fragte ich ihn, ob er was von Johannes gehört hätte. Joe schüttelte den Kopf. Er sagte, Johannes sei ein paar Mal da gewesen, ohne mich. Und natürlich hatte er wieder Mist gebaut, ihm ein Messer geklaut, der Vollidiot. Ich schluckte die Enttäuschung runter und hoffte einfach, dass Joe

mir nicht ansah, wie kaputt ich wirklich war.
Dass er mich nicht wegschickte. Dass ich wenigstens für ein paar Tage hier untertauchen konnte. Ich erzählte ihm irgendeine Geschichte. Dass meine Eltern im Urlaub seien, dass ich allein daheim geblieben wäre, und mir die Decke auf den Kopf gefallen sei. Dass sie erst in ein paar Wochen zurückkämen.
Ich log ihm die Sicherheit hin, die ich selber dringend brauchte. Wir tranken zusammen. Ein Bier, dann noch eins, und noch eins. Mit jedem Schluck wurde alles ein bisschen dumpfer, die Welt ein bisschen langsamer. Irgendwann, nach sechs oder sieben Bieren, merkte ich, wie mir die Augen zufielen. Langfinger Joe murmelte irgendwas, dann brachte er mir eine Decke. Alt, muffig, aber warm. Ich zog sie mir über den Kopf und schlief ein. Endlich irgendwo, wo mich keiner sah.

Unverhofft kommt oft

Keine Ahnung welcher Wochentag es ist. Ich greif nach meinem letzten Bier, nehm einen tiefen Schluck, spüre das Sprudeln. So fühlt sich Freiheit an: Fett im Rachen, Metall im Kopf. Langfinger Joe murmelt, rollt sich um und pennt weiter. Sein Gesicht bleibt ausdruckslos, als hätte er's geahnt und wüsste, dass die echten Dinge immer in der Dunkelheit passieren.
Ich sitze auf der abgewrackten Couch, die Sprungfedern piepsen bei jeder Bewegung. Auf der anderen Seite liegt Langfinger Joe ausgestreckt auf seinem Bett, seine Schnarcherei klingt wie ein rostiges Tor, das von einem Sturmwind angetrieben wird.
Plötzlich: Ein Schlag ans Fenster, knallend, so laut, dass meine Hand zittert und das Glas der Scheibe vibriert. Ich zuck zusammen, klimpere mit der Flasche, dann springe ich auf.
Wer zur Hölle…? Ich spüre das Blut in den Ohren hämmern, während ich ans Fenster stolpere. Draußen steht Johannes, die Jacke halb offen, das T-Shirt verknittert, Augen brennend wie Kohle.
Er hämmert nochmal gegen die Scheibe: „Denny!“ Sein Ton reißt mich aus jedem Rausch. Ich ziehe die Luft ruckartig ein. Auf der Couch kullert mein Bier, spritzt über den Fleckenteppich.

Langfinger Joe rührt sich im Halbschlaf, setzt sich auf, sein Blick ist weggetreten, als spüre er, dass etwas passiert. Ich reiße die Balkontür auf, der Wind fegte leise runtergefallene Zigaretten-Papers durch den Raum.
Johannes kippt herein: Er ist hier. Wirklich hier.
Und bald platzte es aus mir raus, alles auf einmal, ohne Vorwarnung, ohne Plan. Ich erzählte. Von allem. Vom Heim. Wie sie mich geholt haben. Wie die Tür hinter mir zuging, als wär ich aus der Welt gefallen.
Das Geschrei in den Zimmern, die viel zu dünnen Decken, das Dauerflackern der Neonröhren, die Nächte voller Angst, weil man nie wusste, wer einem als Nächstes auf die Fresse haut. Ich erzählte von den Erziehern, die nichts sahen, nichts hören wollten. Von den Schlägen, dem Stumpfwerden, dem Gefühl, dass dein Körper irgendwann nicht mehr dir gehört, sondern einfach nur durchhält, weil aufgeben keine Option ist.
Ich erzählte von Mühlkorb, dem Erzieher mit seinem verdammten „Therapiekonzept," der mich quer durch den Raum schubste. Von kleineren Fluchtversuchen und wie sie mich zurückgezerrt haben, als wär ich ein streunender Hund, und niemand gefragt hat, warum.
Ich redete und redete, stundenlang, ohne zu stoppen, ohne Luft zu holen, und ich merkte, dass es das erste Mal war, dass ich es überhaupt laut sagte.
Und Johannes?
Der hörte zu. Keine Sprüche, kein Lachen, kein „Komm runter". Nur Nicken. Stille. Dazwischen mal ein „Alter..." oder ein „Heftig". Und dann fing er an.
Er erzählte von sich. Von seiner Mutter, die ihn anschrie, weil er wieder Kippen aus der Handtasche geklaut hatte. Vom Streit, vom Rumgeschubse, vom Tellerwerfen.
Wie sie abends weinend in der Küche saß, während er draußen rauchte, als wär das Normalität. Wie sein Bruder Peter ihm ständig sagte, er sei nichts wert, ein Nichtsnutz, ein Parasit. Und Fritz? Der war abgehauen. „Wohnt jetzt irgendwo in Sachsen", sagte Johannes und lachte trocken, „in so'nem Drecksnest, wo keiner weiß, wer er ist."

Dann erzählte er vom Umzug. Weiherstraße. Altbau, feucht, kalt, die Tapete löst sich ab, es riecht nach Schimmel und nassem Hund, aber wenigstens fragt da keiner, wo er war, wenn er mal drei Tage weg ist.
Und wir redeten weiter. Stundenlang. Ohne Pausen. Ohne Filter. Kein Thema war zu dreckig, kein Schmerz zu peinlich. Wir spuckten alles raus, was sich in den letzten Monaten, aber auch in den Jahren zuvor aufgestaut hatte. Und inmitten von Bier, Asche und Schatten war da plötzlich dieses Gefühl: Nicht mehr allein zu sein.

„Mal was anderes…“, sagt Johannes und grinst. Er greift in seine Jackentasche und zieht zwei Dosen Whiskey raus. Eine drückt er mir in die Hand. Wir stoßen an, und der erste Schluck zieht sich wie lauwarmes Metall den Hals runter. „Sie wollen mich auch ins Heim stecken“, murmelt er. Ich verdrehe die Augen, sage aber nichts.
Er schaut geradeaus, nimmt noch einen Schluck und stellt die Dose neben seine Füße. „Ich bin schlecht in der Schule. Also richtig schlecht. Mathe kapiere ich nicht, Deutsch ist mir egal, und der Rest… läuft halt irgendwie mit.“
Er spricht langsam, fast beiläufig, als würde er das zum ersten Mal laut sagen. „Ich schreib meinen Namen manchmal falsch, absichtlich. Damit die merken, dass ich nicht mehr mitspiele.“
Ich schau ihn kurz an, sage wieder nichts. Er spricht weiter. „Egal, was ist, ich bin es immer gewesen. Die Klos sind verstopft, Johannes war's. Die Wand ist beschmiert, Johannes war's. Einer hat im Klo geraucht? Klar, ich. Ich weiß gar nicht mehr, wann ich das letzte Mal wirklich was gemacht hab, wofür ich angeschrieen wurde.“
Er lehnt sich zurück, zieht die Schultern hoch, als würde er gleich einschlafen. Dann greift er nach der Kippe, die neben ihm auf dem Boden liegt, steckt sie sich zwischen die Lippen und zündet sie an.
„Ich klau meiner Mutter die Kippen. Meistens nachts. Ich warte, bis sie pennt. Dann geh ich in ihre Tasche, nehm zwei raus, nie mehr. Sie merkt's trotzdem. Schreit mich dann am nächsten Tag an und ruft den Typ von der Familienhilfe an. Der Typ, der immer mittwochs kommt. Dauerwelle wie so nen Hippie, Jeans, Hemd.“

Ich nehme einen weiteren Schluck, der Fusel schmeckt inzwischen abgestanden, aber besser als nichts. Johannes macht eine Pause, als würde er überlegen, ob er den nächsten Teil wirklich erzählen will. „Der zieht immer die Schuhe aus, wenn er reinkommt. Hat mal gesagt, das ist Respekt vorm Zuhause. Als ob da irgendwas wär, das Respekt verdient."
Er nimmt noch einen Zug, bläst den Rauch zur Decke. „Letzten Mittwoch hab ich in seine Schuhe gepisst. Einfach so. War nicht mal geplant. Ich war wütend, keine Ahnung. Hab gewartet, bis er im Wohnzimmer saß, bin ins Bad, dann die Tür auf und direkt rein in seine Schuhe. Keine Sekunde gezögert."
Er grinst, aber es ist ein stilles Grinsen, das in seinem Gesicht hängen bleibt, ohne dass er es genießt. „Er hat sie wieder angezogen. Ist damit wieder raus gelaufen, hat sogar noch gemeint, der Boden klebt heute so komisch."
Dann zuckt er mit den Schultern. „Hat's nicht gemerkt. Oder er hat's gemerkt, und wollte nicht drüber reden. Kann auch sein."
Er schaut mich an. Ich nicke nur. Nicht wegen der Aktion, sondern weil ich genau weiß, wie sich das anfühlt, wenn man nur noch irgendwo hin pinkeln kann, um sich lebendig zu fühlen.
Ich schau ihn an, lange, dann sag ich leise: „Hast du eigentlich mal wieder Bock, ins Rathaus zu gehen?" Er hebt eine Augenbraue, sagt nichts, aber ich seh das Zucken in seinem Mundwinkel. Wir wissen beide, was das heißt. Nicht wegen Briefmarken oder Bürgerbüro, wir meinen das andere Rathaus. Das von damals. Die Hintertür, das gekippte Fenster, der Flur mit dem Linoleum, das so eklig nach Putzmittel riecht.
„Klar", sagt er.
Mehr nicht. Kein Grinsen, kein großes Ding draus machen. Einfach klar. Ich lehn mich zurück, fühl mich für einen Moment fast ruhig. So wie früher, bevor alles kompliziert wurde.
Bin froh, dass er wieder da ist. Auch wenn ich's nicht sag. Johannes ist so was wie Familie für mich. Nicht wie die, die man hat, sondern wie die, die man sich aussucht, weil man sonst an gar nichts mehr glaubt. Wie ein Bruder, der mitzieht, wenn man Mist baut, und die Fresse hält, wenn es drauf ankommt.

Ich bin müde. Nicht körperlich, sondern irgendwo tiefer. Müde von Gesprächen, die sich leer anfühlen, von Blicken, die mir sagen wollen, was ich bin. Mit Johannes ist das anders. Wir müssen nicht viel reden. Wir machen einfach.
Und meistens geht's dabei schief, aber das ist egal.
Hauptsache, wir sind nicht allein, wenn's kracht.

Ich sagte ihm, dass noch Bier in der Küche ist, unterm Spülbecken - von Langfinger Joe, der immer alles hortet, was irgendwo stehenbleibt. Johannes grinste. „Geil. Ich hab eh keinen Jacky mehr. Den hab ich von Peter geklaut. Wenn der das mitbekommt, bin ich am Arsch. Aber scheiß drauf – bin eh nicht mehr da." Er stand auf, ging in die Küche, kramte im Schrank rum und kam mit vier Flaschen zurück. „Da is noch eine für Langfinger Joe drin. Für morgen. Dann sind sie leer."
Er ließ sich wieder neben mich auf die Couch fallen, hielt mir eine Flasche hin und riss seine eigene mit den Zähnen auf. Ich schaute ihn an und sagte nur: „Du bist behindert."
Er grinste, nippte an der Flasche. Ich nahm mein Feuerzeug, öffnete meine, und dann sagten wir erst mal nichts mehr. Der Fernseher lief, irgendeine miese Quizsendung auf 9 Live, einer rief immer wieder an und lag trotzdem dauernd daneben.
Wir saßen einfach da, halb versackt, halb wach, tranken unsere Flaschen leer, ließen den Abend passieren wie einen alten Film, den man schon tausendmal gesehen hat. Es war ruhig. Und für einen Moment war alles okay. Irgendwann schliefen wir ein.

*

Am nächsten Morgen weckte uns die Stimme von Langfinger Joe. Kratzig, müde, aber nicht böse. „Johannes? Was machst du denn hier? Wann bist du gekommen?" Er stand in vergilbter Feinripp-Unterhose und einem ausgeleierten ARMY-Shirt vor uns an der Couch, auf der wir sitzend eingeschlafen waren. Die Kippe hing ihm aus dem Mundwinkel, der Blick irgendwo zwischen überrascht und belustigt.
„Ich bin gestern gekommen", murmelte Johannes verschlafen. „Hab an die Scheibe geklopft. Du warst kurz wach. Weißt du nicht mehr?"

„Ne“, antwortete Joe nur, drehte sich um und verschwand im Bad. Kurz darauf die üblichen Kotzgeräusche. Ich nahm sie kaum noch wahr, zu lange ist seine Couch schon Teil meines Lebens. Aber Johannes verzog das Gesicht, als würde er gleich mitkotzen. Als Joe wieder rauskam, rieb er sich die Augen, zog sich langsam eine Jogginghose über den schiefen Arsch und sagte im Gehen: „Baut keine Scheiße, bitte. Ich fahr nach Lautern, ins Zack Zack. Krieg heute vielleicht 'n bisschen Geld.“ Er blieb nochmal in der Tür stehen. „Bitte, echt jetzt. Nicht so wie damals. Ich hab keinen Nerv.“
Ich versuchte, ihn zu beruhigen. „Keine Angst. Wir räumen ein bisschen auf. Machen das Geschirr sauber.“ Das schien ihn zu beruhigen. Er nickte, zündete sich im Flur eine neue Kippe an und ging dann raus.

Es ist schon eine merkwürdige Freundschaft, die uns mit Langfinger Joe verbindet, dachte ich. Irgendwie ist er wie ein abgefuckter großer Bruder, der nie gelernt hat, wie Verantwortung aussieht. Aber trotzdem lässt er uns bleiben. Immer wieder. Auch wenn wir's eigentlich nicht verdient haben.

Rathaus, wir sind wieder da

Diesmal würden wir nicht darauf warten, bis das Rathaus schließt, das war nicht mehr nötig. Wir würden bewusst erst gegen 22 Uhr losgehen, wenn sicher alles dicht ist.
Und dann schauen wir, was passiert. Johannes und ich verließen bei Einbruch der Dämmerung die Wohnung von Langfinger Joe. Der Tag hatte sich langsam zurückgezogen und die Dunkelheit kroch unaufhaltsam durch die Straßen, legte sich über Dächer, Laternen, Bäume.
Es war der perfekte Zeitpunkt, um sich ungesehen zu bewegen, im Schutz der Nacht, ohne Fragen, ohne Blicke. Der Weg war klar: Richtung Landstuhl. Kein Zögern. Kein Umweg.
Hin und wieder warf Johannes mir einen Seitenblick zu, vielleicht war es die Nervosität, die sich ihren Weg zu kleinen Neckereien suchte. Ich sagte nichts. Wir gingen einfach weiter.

Als wir schließlich am Rathaus ankamen, war es vielleicht 22 oder 23 Uhr. Die Uhrzeit spielte keine große Rolle – nur das Gefühl zählte. Und das sagte: Es ist spät. Die Straßen waren schwach belebt. Ein paar vereinzelte Autos glitten gemächlich durch die Stadt, meistens Taxen, wie in jedem Ort, wenn es dunkel wird.
Einige wenige Fußgänger waren noch unterwegs. Manche rauchten, andere telefonierten. Niemand achtete auf uns.
Wir hielten uns zurück, liefen ein paar Mal um das Rathaus herum, so unauffällig wie möglich. Es war nicht das erste Mal, dass wir diesen Ort so betrachteten, aber vielleicht würde es das letzte Mal sein.

*

Wir suchten mit den Augen die Fassade ab, Ecken, Eingänge, kleine Vorsprünge, auf der Suche nach einer Alarmanlage oder irgendeiner Veränderung. Doch alles sah aus wie damals. Alt, unverändert, unberührt. Sogar der Teppichladen gegenüber wirkte wie ein eingefrorenes Bild aus einer anderen Zeit. Die gleichen Teppiche im Schaufenster wie vor Jahren, dieselben verblassten Farben, dieselbe Staubschicht, die sich langsam auf das Glas gelegt hatte. Irgendwie traurig.
Die Melancholie kam plötzlich. Wie ein kalter Windhauch, der von innen weht. Ein kurzer Stich in der Brust, eine Erinnerung, die nichts Konkretes wollte, nur anwesend sein.

Ich blieb kurz stehen, ließ den Moment zu. Aber Johannes riss mich schnell wieder raus. „Ich denke, die haben diesmal das Geld weg gemacht“, sagte er.
Ich sah ihn an. „Wie kommst du darauf?“ Er zuckte mit den Schultern. „Meinst du, die sind so dumm und legen uns das Geld da wirklich nochmal hin?“ „Keine Ahnung“, antwortete ich. „Aber wo wollen sie es sonst hinmachen? Wenn die zumachen, haben die Banken auch zu. Und solange die geöffnet haben, müssen sie flüssig sein. Wenn jetzt jemand kommt, der kurz vor Schluss noch etwas bezahlen muss, brauchen sie Wechselgeld. Mindestens. Das kannst du nicht einfach komplett wegräumen.“ Ich merkte, wie er nachdachte. Meine Erklärung schien für ihn Sinn zu ergeben. Er sagte nichts mehr, aber sein Blick wurde ruhiger, konzentrierter.

Wir blieben noch eine Weile stehen, warfen einen Blick hinüber zum Teppichladen, der im matten Licht wirkte wie ein stillgelegter Moment aus einer anderen Zeit. In der Ferne brummte gleichmäßig ein Motor, kaum hörbar, wie ein entferntes Murmeln.
Plötzlich zuckte ein Blaulicht durch die Dunkelheit. Ein Rettungswagen. Für einen Augenblick leuchtete die Rathaustreppe in kaltem Blau auf, als würde die Nacht selbst den Atem anhalten. Ein kurzer Schockmoment, ohne erkennbaren Grund. Dann, verzögert, das Martinshorn. Schrill, eindringlich, durchbrach es die Stille und wurde mit jedem Meter schwächer, verlor sich irgendwo in den Ausläufern der Stadt. Arme Seele, dachte ich, irgendwo da draußen wartet jetzt jemand verzweifelt auf Hilfe. Trotzdem lag über der Stadt eine eigenartige Ruhe.
Nicht leer, nicht tot, eher so, als würde sie für einen Moment innehalten, bevor etwas passiert. Es war die Art von Nacht, in der sich Dinge verändern konnten.
Leise. Unauffällig. Aber endgültig.
Johannes flüsterte: „Rathaus. Wir sind wieder da.“ Ich sah ihn an, zog eine Braue hoch, als wollte er wirklich eine Reaktion vom Gebäude. Ein seltsamer Moment, fast ehrfürchtig, aber nicht feierlich. Ich grinste und sagte leise: „Na dann, schauen wir mal, ob du wieder etwas Feines für uns hast, im Namen des Herrn Bürgermeisters.“
Wir lachten, zu laut, zu offen, mitten in der Stille, fast schon trotzig. „Oops“, murmelte ich dann, „wir müssen bei der Sache bleiben.“
Wir gingen alles nochmal durch, jeden Schritt, den Ablauf, als wär's ein Ritual. Stein durch die Scheibe, rein durchs Toiletten-fenster, die Tür auf wie gehabt, Geld nehmen, raus, selber Weg zurück. Ich dachte kurz, als würden wir das jeden Tag machen, aber ich sagte nichts. „Das Einzige, was jetzt noch fehlt, ist Glück... und ein Stein“, meinte Johannes. Ich fluchte: „Scheiße ja, an alles gedacht, nur daran nicht.“
Also gingen wir los, suchten in den Vorgärten rund um den Parkplatz hinterm Rathaus. Es dauerte nicht lang, bis wir was fanden. Ein Pflasterstein, grau, nicht zu groß, nicht zu klein, schwer genug für Wirkung.
Ich wog ihn in der Hand, spürte das Gewicht, sagte: „Wenn wir die

Scheibe mittig treffen, könnte es reichen."
Wir gingen in Stellung, ich schickte Johannes an die Straße, damit er mir per Husten Bescheid gibt, falls jemand kommt, Auto oder Fußgänger, egal. Ich stellte mich vor das Fenster, kannte es zu gut, mein Blick blieb an der Mitte der Scheibe hängen. Mein Herz schlug schneller, aber ich hielt die Nerven, zählte leise.
Eins...
zwei...
dann hustete Johannes. Warnsignal.

Ich hörte ein Auto, wartete, bis der Motor auf meiner Höhe war, und warf. Die Scheibe zersprang beim ersten Wurf, ein klirrendes Splittern, sofort gefolgt vom dumpfen Knall des Steins, der im Inneren auf den Boden polterte.
Ich zuckte kurz zusammen, und lief los, direkt zu Johannes, der mir entgegenrief: „Bist du bescheuert?! Ich hab doch gehustet!" „Ich weiß! Aber ich hab den Wagen gehört, der Motor war laut genug, das hat den Knall vielleicht geschluckt" rief ich im Laufen zurück. „Vielleicht?! Das war verdammt laut!"

*

Ich war schnell außer Atem, keuchte, mein Puls hämmerte, Johannes war mir ein paar Schritte voraus wie immer, er war schon immer sportlicher gewesen, ich dagegen war pummelig, nie besonders schnell, schon gar nicht im Sprint.
Wir bogen in die Seitenstraße an der Stadthalle ab, ließen uns neben einer Mülltonne fallen, von der aus wir die Hauptstraße im Blick hatten. Dort würden wir sofort sehen, wenn Polizeiwagen mit oder ohne Blaulicht anrauschen sollten, falls doch jemand den Lärm gehört hatte.
Ich versuchte ruhig zu atmen, aber mein Herz pochte immer noch wie verrückt, mein ganzer Körper vibrierte von Adrenalin. Johannes sagte nichts mehr, auch er lauschte, konzentriert, angespannt. Noch war nichts zu hören. Keine Sirenen, keine Schritte, keine Türen.
Vielleicht hatten wir Glück. Vielleicht war es genau der richtige Moment gewesen. Vielleicht. Aber sicher war nichts. Wir hielten Augen und Ohren offen. Die Augen nach Taschenlampen die etwa

das Gebäude begutachteten und nach einem Schaden suchten, und die Ohren nach heranrasenden Autos aus allen Richtungen.

Wir saßen dort eine gefühlte Ewigkeit lang, regungslos, wortlos, eingesunken in diese starre Dunkelheit, die sich anfühlte wie ein schweres Gewicht auf unseren Schultern. Ich hatte längst jedes Gefühl für Zeit verloren. Keine Ahnung, wie viele Minuten vergangen waren. Es mussten viele gewesen sein. Autos fuhren vorbei, einzeln, in unregelmäßigen Abständen. Einige langsam, wie im Halbschlaf, andere mit aufgedrehter Musik.
Bässe, die für Sekunden durch die Stille wummerten, dann wieder verebbten, als wären sie nie da gewesen. Ab und zu ein Taxi, gleichgültig, weiterziehend, als ob es keinen Unterschied machte, ob da zwei Gestalten am Straßenrand in der Dunkelheit saßen oder nicht. Sogar ein weiterer Rettungswagen kam vorbei, diesmal aber ohne Blaulicht, ohne Martinshorn. Leise. Fast beiläufig. Er fuhr in Richtung Atzel, vermutlich zum St.Johannes-Krankenhaus.
Ich fragte mich einen Moment, ob es der gleiche Wagen war wie zuvor, aber der Gedanke verflüchtigte sich, weil ich sofort wieder bei der Sache war, als Johannes flüsterte:„Komm, wir laufen mal hin und schauen."
Keine Diskussion. Nur der Satz, und wir wussten beide, was zu tun war. Wir gingen los, wechselten die Straßenseite, ruhig, wie normale Fußgänger. Kein hastiges Rennen, kein Schleichen. Einfach ein langsamer Gang, fast gleichgültig. Wir hielten unsere Augen auf das, was vor uns lag. Das war der Parkplatz hinter dem Rathaus, und die Häuser dort. Vielleicht hatte jemand Licht angemacht, vielleicht auch nicht. Es war mehr Instinkt als Plan. Alles war still. Wir kamen aus der Deckung, Schritt für Schritt, und es fühlte sich an, als würde die ganze Welt uns beobachten, auch wenn wir genau wussten, dass da draußen niemand zu sehen war.
Kein Mensch. Kein Geräusch, außer den vereinzelten Autos, die in der Ferne vorbeizogen. Die Fenster der Häuser um uns herum waren dunkel, oder mit Rolläden verdeckt. Hinter den wenigen offenen schimmerte kein Licht.

Keine Bewegung. Nichts. Tot. Alles war so ruhig, als wäre die ganze Stadt ausgestorben, als hätten alle sich gleichzeitig abgewendet. Wir liefen an der Post vorbei, langsam, mit Blick zum Rathaus auf der linken Seite. Das Gebäude lag still da, wie eine Kulisse, wie ein Ort, der uns schon kannte. Auch der Parkplatz dahinter war gut zu sehen. Keine Autos. Kein Licht. Keine Stimmen. Nur in der Ferne das gelbe Blinken einer Ampel. Monoton, regelmäßig, das einzige, was sich noch rührte.

Wir bewegten uns an der Rathausfassade entlang, langsam, Seite an Seite, lautlos. Kein Wort. Nur unsere Schritte auf dem Asphalt, gleichmäßig, vorsichtig.

Dann standen wir vor dem Toilettenfenster. Von draußen konnte man nicht hineinsehen, aber von innen fiel durch die Straßenlaternen genug Licht, um zu erkennen, was vor uns lag. Das Fenster war völlig zerstört, wie wir es erwartet hatten. Kein Splitter mehr im Rahmen. Ein leerer Ausschnitt, als hätte man ein Stück aus der Wand geschnitten. Ohne Worte zogen wir uns die Jacken über die Hände und kletterten hinein.

Johannes zuerst. Beim Aufkommen knirschte das Glas unter seinen Füßen, laut, roh, aber es kümmerte niemanden.

Ich stieg hinterher. Und dann standen wir wieder dort, mitten in der Nacht, im schwachen Licht der Straßenlaternen, die durch das kaputte Fenster fielen.

*

Das Foyer sah aus wie immer, jedenfalls wie damals. Nichts deutete darauf hin, dass wir jemals hier gewesen waren. Ich ging direkt zur Tür, die in den Raum mit der Kasse führte. Sie war ersetzt worden, wirkte stabiler.

Ohne Zögern trat ich dagegen, wieder und wieder. Jeder Tritt war mehr als nur Gewalt, es war Wut, Frust, das ganze Erlebte, das ganze Verlorene. Ich trat so lange, bis die Tür endlich nachgab, aus dem Rahmen brach, nach vorne fiel, und mit einem dumpfen Knall am Boden aufschlug. Als würde sie aufgeben. Als würde sie sagen: „Dann geh eben rein. Nimm's dir. Und verschwinde."

Ich stand noch immer da, als Johannes mit lauten Schritten über die kaputte Tür stapfte. Die Kasse musste irgendwo in der Schublade sein, wie beim letzten Mal. Aber die Schublade war wieder ver-

schlossen. Diesmal schien es, als würde Johannes nicht nur die Schublade aufbrechen wollen, sondern auch all die Wut, die sich über die letzten Wochen, Monate, vielleicht sogar Jahre aufgebaut hatte. Jeder Ruck, den er an der Schublade machte, schien einen Teil dieser Wut freizusetzen. Ich konnte sehen, wie er sich darauf konzentrierte, als ob es der einzige Weg wäre, etwas davon loszuwerden.
Und schließlich: mit einem lauten, empörten Knacken gab die Schublade nach. „Jackpot", hörte ich ihn sagen, und in seiner Stimme lag ein Hauch von Erleichterung und triumphalem Stolz.
Es war eine große, schwere Geldkassette, die in der Schublade lag. Wie beim letzten Mal. Johannes griff danach und betrachtete sie einen Moment, als ob er in ihr mehr als nur das Gewicht des Geldes spürte. „Du hattest recht", sagte er leise. Die Worte klangen wie ein Zwang, als ob er sich mit etwas abfinden musste, was ihn selbst überraschte.

Gerade als Johannes die Kasse in den Händen hielt, durchbrach ein greller Lichtstrahl die Dunkelheit. Eine Taschenlampe. Der Strahl war direkt auf das Fenster gerichtet, an dem Johannes gerade stand. Das Fenster war mit einem Rolladen verhangen, also konnten wir nicht sehen, wer draußen stand.
Aber in diesem Moment spürte ich es, mein Magen zog sich zusammen, und eine kalte Welle schlich sich durch meinen Körper. Ich wusste, es war die Polizei. Nicht, weil wir etwas gehört hatten, sondern weil wir es ahnten. Es war fast, als könnte uns der Lichtstrahl durch die Wände hinweg enttarnen. Es war unerbittlich hell, schneidend und gewalttätig. Ich hatte das Gefühl, dass dieser Moment, dieser einzelne, grelle Strahl das Ende für uns bedeuten könnte. Wir hatten gerade noch Glück, dass das Fenster durch den Rolladen abgedunkelt war,. Vielleicht war es das einzige, was uns einen Moment länger verschonte.
Doch der Strahl, der dort draußen unaufhaltsam weiterzog, war alles, was wir jetzt wahrnahmen. Ich konnte mir förmlich vorstellen, wie er uns entlarvte, uns aus der Dunkelheit zog und in den Fokus des Lichts stellte.

*

„Scheiße“, flüsterte ich, meine Stimme war nur ein Hauch. „Die Polizei ist da.“
Johannes reagierte sofort. Ohne ein weiteres Wort zu verlieren, packte er die schwere Geldkassette und wir machten uns auf den Weg zurück zur Toilette, von der wir gekommen waren.
Schnell und leise, wie Schatten bewegten wir uns, als ob jede Bewegung genau berechnet und jedes Geräusch abgeschirmt werden musste. Unsere Schritte hallten nicht, keine Eile. Es war ein instinktiver Reflex, wir mussten jetzt einfach durch die Toilette raus, und das so schnell wie möglich.
Der Lichtstrahl war immer noch vor dem Gebäude, und unser Ausgang durch das Fenster lag dahinter. Also hatten wir noch die Gelegenheit, unentdeckt zu bleiben. Wir rannten so schnell wie wir konnten durch die Gänge. In dem Moment, in dem wir den Toilettenraum erreichten, spürte ich die Zerbrechlichkeit des Moments. Ich trat vorsichtig auf die Scherben, die den Fußboden bedeckten, gelangte ans Fenster und sprang mit einem Satz hinaus.
Das war der Moment, in dem alles in mir aufhörte zu denken. Nur noch das Ziel zählte: Weg hier. Ich hörte in der Ferne die Geräusche anhaltender Autos und Türen, die laut zuschlugen, dann war Johannes auch am Fenster, die Kasse in der Hand.
Er reichte sie mir, ohne ein Wort zu sagen. Dann sprang auch er aus dem Fenster. Wir rannten, so schnell es ging, aber auf Zehenspitzen in Richtung des Parkplatzes, die Dunkelheit war unser einziger Verbündeter. Hinter uns sahen wir Blaulicht in der Ferne, ein blinkendes, immer heller werdendes Signal, das sich schnell näherte.
Doch kurz bevor es das Rathaus erreichte, schalteten sie das Blaulicht aus.
Wir bogen nach rechts ab, in Richtung des Grosso-Spielplatzes und damit aus dem direkten Sichtfeld des Rathauses. Aber auch jetzt waren wir noch lange nicht in Sicherheit. Wir rannten weiter, mit der schweren Geldkassette in der Hand.
Der Lärm des Geschehens war inzwischen in den Hintergrund geraten. Alles, was jetzt zählte, war der Abstand, den wir zwischen uns und die Gefahr bringen mussten. In diesem Moment war der Lärm der Kasse egal, wir waren weg. Und das war alles, was zählte.
Knapp der Polizei entkommen, kletterten wir über den Zaun der

AU Grundschule. Wir wussten, dass in der ganzen Stadt nach auffälligen Personen gesucht werden würde. Wir wollten nicht riskieren, als Silhouetten in der Nacht aufzufallen und als potenzielle Täter kontrolliert zu werden.
Zu wenige Menschen waren noch unterwegs, und jeder, der sich auf den Straßen zeigte, würde sofort verdächtig wirken. Daher verbrachten wir die ganze Nacht in unserem Versteck. Das Rathaus rund 150 Meter Luftlinie entfernt. Hätten wir den dichten Busch, der den stabilen Eisenzaun der Schule begleitete, nicht gehabt, hätten wir die Rückseite vom Rathaus sogar sehen können.
Die Stunden verstrichen, und wir sahen immer mehr Blaulichter in Richtung des Rathauses fahren. Die Streifenwagen drehten ihre Runden, und irgendwann verschwanden sie wieder ohne Blaulicht in verschiedene Richtungen. Wir blieben, lauerten, unsere Sinne auf Höchstleistung.
Jedes Geräusch, sei es eine Katze oder ein leichter Luftzug, ließ uns zusammenzucken. In unseren Köpfen spielten wir immer wieder die Szene durch,wie die Polizei über den Zaun sprang, ihre Waffen zog und uns aufforderte, die Hände hinter den Kopf zu legen. Doch das passierte nicht.
Das Adrenalin hielt uns wach. Nicht wie ein klarer Gedanke sondern wie ein Zittern, das tief im Körper saß. Unsere Kleidung war feucht vom nächtlichen Tau, der kalte Beton unter uns zog die Wärme aus den Gliedern. Wir hockten unter dem Vordach der Schule, draußen.
Jede Bewegung dort hätte uns verraten. Jedes Husten hätte uns entlarven können. Nach einer Zeit hörten wir die Welt langsam aufwachen. Nicht friedlich, sondern gnadenlos nüchtern. Irgendwo ging eine Tür auf, ein Auto fuhr vorbei. Stimmen, kurz, abgehackt, wie aus einer anderen Realität. Die Polizei war nicht mehr überall, aber sie war sicher noch da.
Mein Körper tat weh vom Stillhalten. Die Knie steif, der Nacken gespannt. Und trotzdem wagten wir es kaum, uns zu rühren. Dann: das metallische Klacken des Schlüssels im Tor. Der Hausmeister.
Das war der Moment, auf den wir gewartet hatten. Mit einem Blick verständigten wir uns, keine Worte, nur ein kurzes Nicken. Langsam, wie in Zeitlupe, kamen wir unter dem Vordach hervor.

Die Beine zitterten vom Warten. Wir passten den Moment ab, in dem der Hausmeister gerade zur anderen Seite des Schulhofes lief. Unsere Rucksäcke auf dem Rücken, der Blick leer, wie zwei Schüler, die zu früh zum Unterricht erscheinen. Der Zaun lag links von uns. Direkt dahinter das Gebüsch, das sich wie eine Wand zwischen uns und der Straße aufbaute. Wir liefen durch das gerade geöffnete Tor und dann standen wir wieder auf der Straße. Auf der Rückseite vom Rathaus standen noch zwei zivile Wagen. Und davor: eine Gestalt in weißem Overall. Spurensicherung.
Kamera in der Hand, Fokus auf den Fensterbereich hinter dem Gebäude. Wir liefen daran vorbei. Wir sahen aus wie zwei Schüler. Für einen Sekundenbruchteil kreuzte ihr Blick unseren, oder war das nur Einbildung?
Wir gingen weiter. Ruhig. Nicht zu langsam, nicht zu schnell. Keine Blicke zurück. Jeder Schritt war ein Kraftakt, als würden wir gegen das Gewicht der eigenen Angst anlaufen. Aber unser Ziel war klar. Nicht mehr das Rathaus. Unser Ziel war die steile Treppe neben der Zehntenscheune. Schmal, feucht, zwischen Moos und glitschigem Stein. Sie führte nach oben, zur Burg. Dahinter der Wald.
Der einzige Ort, wo wir unbeobachtet waren.

*

Erst dort, verborgen unter Bäumen, wagten wir es, die Geldkassette aus dem Rucksack zu ziehen. Die Hände zitterten noch, als wir sie gegen den Stamm eines Baumes schleuderten. Der erste Aufprall war dumpf. Die Kassette prallte gegen den Baum, rutschte ab, landete im feuchten Laub. Zweiter Wurf, härter. Ein hässliches Knacken.
Beim dritten Mal löste sich ein Scharnier, und dann, beim vierten sprang sie auf. Das Metall schlug auf, und dann lag es da. Das Geld. Neunhundertachtzig Euro. In Zehnern, Zwanzigern, ein paar Fünfziger. Zitternd, zerknittert, echt.
Wir starrten es an. Eine Sekunde lang bewegte sich nichts. Kein Wind, kein Vogel, kein Gedanke. Nur dieser offene Kasten voller Scheine mitten im Wald. Dann lachten wir. Laut. Unkontrolliert.
Mit einer Wucht, als würde sich alles entladen, was die letzten Stunden in uns angestaut hatten. Johannes fiel nach hinten ins

Laub, die Hände über dem Gesicht, der ganze Körper vibrierte vor Lachen. Ich warf meinen Rucksack weg, schrie auf, einfach so, aus purer Erleichterung. Es war kein schönes Lachen, es war dreckig, atemlos, fast schon schmerzhaft. Aber es war echt.
Wir lagen zwischen Bäumen, im Dreck, und lachten, weil wir es geschafft hatten Der ganze Druck, die ständige Angst, das lauernde Risiko, plötzlich war alles weg. Für einen Moment waren wir wirklich Könige. Zwei Jungs, verdreckt, müde, abgefuckt, aber mit Geld in der Hand, das uns niemand mehr nehmen konnte.
Und doch wussten wir: Wir waren noch nicht durch. Der Wald war ein Versteck, kein Zuhause. Wir konnten nicht ewig hier bleiben. Das Geld half uns nichts, wenn wir nicht wussten, wohin damit. Es musste weitergehen. Wir teilten das Geld untereinander auf und liefen Richtung Atzel. Jeder Schritt auf dem weichen Waldboden klang jetzt wieder lauter. Wir hatten gelacht, aber jetzt hörten wir wieder.
Unsere Herzen.
Die Vögel.
Die Welt.

Man gönnt sich ja sonst nichts

Das Geld vom Rathaus war schnell aufgebraucht – ein paar Einkäufe, ein paar Zigaretten, einige Tüten Gras, ein paar Fluchten vor der Realität. Es war nie genug. Nie lange.
Also begannen wir, immer wieder loszuziehen. Wir wurden besser. Geschickter. Leiser. Dreister. Und wir merkten, dass es da draußen viele Orte gab, die nachts niemand schützt. Keine Kameras, keine Bewegungsmelder, keine Nachbarn, die aufpassten. Arztpraxen waren perfekt. Wer will schon in eine Praxis einbrechen?
Das dachten wir am Anfang auch. Aber dann merkten wir: Zehn Euro Praxisgebühr – jeder Patient muss zahlen. Und die kommen alle. Morgens, mittags, nach Feierabend. Hunderte am Tag, in den größeren Praxen. Und irgendwo lag dieses Geld. Wir fanden heraus: In den meisten Fällen in einer simplen Metallkassette hinterm Empfang.

Unversteckt, leicht zugänglich. Wer denkt schon, dass da jemand reingeht? Wir beobachteten vorher. Schauten uns die Gebäude an, die Eingänge. Meistens waren es ältere Häuser mit kleinen Hinterhöfen. Abends alles dunkel, niemand da. Ein Fenster offen gelassen für Frischluft, oder ein gekipptes Klofenster. Leichte Beute. Und wenn wir drin waren, dauerte es keine zehn Minuten. Rein, Taschenlampe an, einmal durch die Anmeldung, die Schubladen durchwühlen. Manchmal fanden wir nur Kleingeld, manchmal zwei, dreihundert Euro. Es kam vor, dass wir am selben Ort zwei-, dreimal waren, nie ist jemand auf die Idee gekommen, eine Alarmanlage zu installieren.
Wir wurden sicherer. Zu sicher. Es war fast wie ein Spiel. Manchmal flüsterten wir schon vorher: „Wetten, da ist wieder 'ne graue Geldkassette?“ Und meistens lag sie genau da. Wir nahmen, was da war, machten kaum Lärm, ließen keine Spuren. Und wenn es einmal länger dauerte, weil die Tür klemmte oder wir nicht auf Anhieb den Lichtschalter fanden, dann rannten wir einfach.
Wir kannten die Wege, wussten, wo die Polizei nicht fährt, wo es keine Kameras gibt. Wir hatten unsere Stadtkarte im Kopf, wie andere Kids in ihrem GTA Spiel.
Und dann war da dieser eine Abend. Johannes war nicht da, ich hatte nichts im Magen, keinen Tabak, keine Kraft.
Ich wusste nicht so recht, wohin. Also bin ich einfach los. Allein. Zum Burgrestaurant. Nicht wegen Geld. Oder, na ja – nicht nur. Ich hatte Hunger. Der richtige Hunger, der dir den Kopf leer macht. Ich war drin, kam rein über ein Seitenfenster. Nichts zu holen. Keine Kasse, kein Safe. Nichts.
Aber in der Küche: ein halbleerer Topf Jägersauce im Kühlschrank. Pommes in der Gefriertruhe. Ich konnte nicht anders. Ich machte mir das Essen warm, setzte mich hin, aß. Ganz ruhig, fast feierlich. Danach nahm ich mir noch ein paar Flaschen Hochprozentiges mit. Nicht, weil ich's brauchte – sondern weil's ging. Ein paar Tage später lag das Wochenblatt im Briefkasten von Langfinger Joe Titel: „Hungrige Einbrecher kochen sich selbst ihr Abendessen“.

Ich stand da, mit meinem Bier in der Hand, und musste lachen.
Ich dachte nur: Wenn die wüssten...

Hochmut, ein weiterer Einbruch und andere Fälle

Irgendwann, während alles schon zur Routine verkommen war, standen wir wieder vor der AU Grundschule in Landstuhl. Für uns war das kein besonderer Ort mehr, nur ein weiterer Punkt auf unserer gedanklichen Karte der Möglichkeiten. Dabei hatten wir genau hier, unter dem Vordach draußen auf dem Schulhof, nach dem Rathaus-Einbruch stundenlang gehockt, wie eingefroren.
Stumm, lauschend, versteckt zwischen Straße und Zaun, nur ein paar Büsche trennten uns vom Scheinwerferlicht der Welt. Damals war es Zuflucht gewesen. Jetzt war es Ziel. Vielleicht war es genau dieses Gefühl von Sicherheit in der Erinnerung, das uns dazu brachte, wieder herzukommen.
Vielleicht auch einfach nur die Tatsache, dass wir nichts mehr anderes wussten. Wir hatten alles durch.
Das Rathaus, zweimal. Die Stadtbücherei, zweimal. Zahnarzt, Allgemeinmediziner, Physiotherapiepraxen, wir hatten eine ganze Liste „abgearbeitet". Und ich war oft auch allein unterwegs, wenn Johannes mal wieder weg war. Ich kannte die Wege, die Schlupflöcher, die stillen Fenster. Wir sprachen kaum noch darüber. Es war einfach unser Leben geworden. Kleinkriminell, jugendkriminell - und das alles im Dunstkreis meiner Pflegeeltern, die ich aber jetzt seit über einem Jahr nicht mehr gesehen hatte.

Diesmal also: die Schule. Unser Ziel war einfach, vielleicht Klassenkassen, irgendwo versteckt in Lehrerzimmern oder Schreibtischschubladen. Oder der kleine Kiosk des Hausmeisters, der tagsüber belegte Brötchen und Capri-Sonnen verkaufte. Irgendwas würde schon da sein. Es ging längst nicht mehr darum, ob sich ein Einbruch „lohnt". Es ging ums Machen. Um das Zerbrechen. Um das Nicht-Nachdenken-Müssen.
Wir hatten keine Moral mehr. Kein inneres Zögern, kein schlechtes Gewissen. Richtig und falsch war nicht mehr Teil unseres Vokabulars. Und schon gar nicht unseres Handelns.
Es zählte nur noch das Danach - die Betäubung. Bier, Schnaps, Gras – alles willkommen. Hauptsache, es knallt, Hauptsache, es dämpft, Hauptsache, es drückt die Welt weg.

Langfinger Joe war längst nicht mehr der Grund für unsere Streifzüge. Der war nur noch Beifang. Ein Typ mit einem Wohnzimmer, der mittrank und uns manchmal dort schlafen ließ. Mehr nicht. Wir torkelten durch die Nacht wie ferngesteuert. Kein Plan, keine Übersicht. Nur die Leere im Bauch und der Druck im Kopf.
Und so kam es, wie es kommen musste: Wieder einmal stand einer von uns mit einem Stein in der Hand vor einer Scheibe. Und wieder einmal fiel sie, brach mit diesem kurzen, scharfen Knall, der uns fast schon vertraut war. Wie ein Weckruf. Oder ein Startsignal. Wir kannten das Geräusch. Es war das Zeichen, dass wir wieder da waren. Dass wir wieder alles aufs Spiel setzten - für ein paar Münzen, für ein paar Minuten raus aus uns selbst.

Aber dieses Mal sollte es anders laufen. Noch während das Glas auf dem Boden zersplitterte, fühlte sich irgendwas nicht richtig an. Kein Licht, kein Alarm, aber die Luft war anders. Angespannter. Dicker. Vielleicht lag es an uns. Vielleicht hatten wir zu viel getrunken.
Vielleicht auch zu wenig geschlafen, zu wenig gegessen. Vielleicht war es aber auch einfach Zeit, dass uns die Nacht mal etwas nicht durchgehen ließ.
Was dann passierte, werde ich nie vergessen. Es war kein klassisches Scheitern. Es war ein Zusammenbruch. Irgendwas in uns hatte keinen Bock mehr. Vielleicht war es die Schule selbst, dieser Ort aus Vergangenheit und Disziplin. Vielleicht die Stille, die plötzlich so laut wurde. Vielleicht das dumpfe Echo unserer Schritte in den Fluren, leer und nach Reinigungsmittel riechend. Wir standen da, umgeben von Tischen, Stühlen, abgedeckten Whiteboards - und fanden nichts. Keine Kassette, kein Kiosk, nichts, was nach Geld roch. Nur unsere eigenen Schatten auf dem Boden. Wackelnd. Schräg. Wir hatten nichts gefunden, und selbst wenn - es hätte sich nicht anders angefühlt.
Ich erinnere mich an den Moment, in dem Johannes einfach nur auf einen Stuhl sank, sein Gesicht in die Hände presste und leise lachte. Nicht fröhlich. Sondern müde. Wahnsinnig vielleicht.
Wir setzten unsere Suche fort und traten mit bloßer Gewalt jede verschlossene Klassenzimmertür auf. Ohne Zögern, ohne Rück-

sicht. Es war, als wollten wir das Gebäude zertreten. Der Knall jeder Tür, die unter unseren Tritten nachgab, muss durch die dicken Wände bis weit nach draußen gedrungen sein. Wir hörten es nicht, wollten es nicht hören.
Nur der Lärm, nur das Rauschen, nur das Krachen. Dann zuckten plötzlich Lichtkegel durch die unteren Flure. Kein fahles Straßenlicht, keine Bewegung von draußen: Kar und gleichmäßig: Taschenlampen. Taktisch geführt. Unser Magen zog sich zusammen. Da stimmte etwas nicht.
Und dann: ein Geräusch. Erst nur ein dumpfes Grollen, weit weg, kaum greifbar. Dann plötzlich klarer. Bellen. Tief, kurz, aggressiv. Das war kein Straßenköter. Kein Haushund. Das war Ausbildung, Abrichtung, Zugriff.
„Hunde“, flüsterte ich. Johannes drehte sich zu mir um. Starr. Leer. „Meinst du...?“ Ich nickte. Wir wussten beide, was das bedeutete. Keine Streife. Kein Zufall. Das hier war Einsatz. Wir schlichen zum Fenster im zweiten Stock. Und dann sahen wir sie. Blaulichter in der Ferne, die plötzlich wieder erloschen, als würden sie ihre Ankunft verbergen wollen. Motoren heulten auf. Grelles Xenonlicht, das die Straße abschnittsweise ausleuchtete. Kein Routineeinsatz.
Keine Warnung. Sie waren längst da. Dann das Klacken. Metallisch. Unverkennbar. Ein Schlüssel im Tor - genau das Tor, das damals der Hausmeister geöffnet hatte, als wir uns nach dem Rathaus-Einbruch hier versteckt hielten.
Dasselbe Quietschen der Scharniere. Aber diesmal kein Versteck. Diesmal keine Flucht. Ein ziviler Wagen rollte auf den Hof. Dann ein zweiter. Auf dem Dach nur ein kleines, flackerndes Blaulicht – diskret, aber unmissverständlich. Wir standen regungslos am Fenster, kein Wort kam über unsere Lippen. Unten auf dem Hof rollte langsam ein großer, dunkler Bus ein.
Keine Aufschrift, kein Logo, kein Kennzeichen, das man sich hätte merken können. Nur eine massive Karosserie, die sich mitten auf dem Schulhof zum Stehen brachte, als wäre dieser Platz für ihn gemacht. Ein Mann stieg aus. Seine Uniform leuchtete grell im Licht der Scheinwerfer – neongelb, mit reflektierenden Streifen, wie man sie bei Spezialkräften sieht, nicht bei Streifenpolizisten.

Er ging langsam, fast gemessen, nach hinten zum Fahrzeug, und mit einem schweren Ruck öffnete er die Kofferraumtür. Drinnen: Gitter. Dunkle Silhouetten. Dann ein leises Scharren. Und plötzlich das Bellen, das wir vorher schon gehört hatten. Jetzt war es laut, nah, aggressiv - das Drohen der Hunde, das durch die Luft schnitt wie ein Messer.
Kein Zögern. Kein Zieren. Die Hunde waren bereit. Bereit für Zugriff. Kein Zweifel mehr. Sie waren wegen uns hier. Und sie kamen nicht zum Reden. Das Bellen wurde lauter, fordernder, drängender. Die Tiere wussten längst, dass sie gebraucht wurden. Sie wollten raus. Und sie würden rausgelassen, wenn wir nicht sofort irgendetwas taten. Dann hallte es durch das Gebäude. Keine Sirene. Keine Durchsage. Nur eine klare Männerstimme, die keinen Raum für Diskussion ließ: „Polizei! Verlassen Sie sofort das Gebäude! Legen Sie sich auf den Boden, Hände sichtbar! Wenn Sie sich nicht zeigen, setzen wir Diensthunde ein!"
Johannes bekam Panik. Seine Schritte schlugen hart auf dem Linoleumboden auf, er wusste nicht wohin. Ich konnte kaum atmen. Ich sah zu dem Fenster, durch das wir eingestiegen waren. Direkt darunter: Schatten, Bewegung, Licht. Alles verriegelt. Wir waren gefangen. Und draußen warteten Zähne. Im Bruchteil einer Sekunde zog mein ganzes verkorkstes Leben an mir vorbei. Szene für Szene, wie ein abgeranzter Film. Alles, was schiefgelaufen war. Alles, was ich falsch gemacht hatte. Und plötzlich war da nur noch Leere. Eine innere Kälte, die sich ausbreitete wie Frost unter der Haut. Ich weiß nicht warum, aber der Gedanke kam einfach: Vielleicht wäre es besser, jetzt einfach zu sterben. Als krönender Abschluss dieser ganzen Scheiße.
Vor meinem inneren Auge rannte ich auf einen Polizisten zu, die Hand unter der Jacke - da war nichts außer meinem Feuerzeug, aber es sollte aussehen, als wäre ich bewaffnet. Sie müssten auf mich schießen, dachte ich. Sie hätten keine Wahl.
Dann dieses bellende, fiese Kläffen – es riss mich aus der Szene. "Scheiße, Mann, was machen wir?" fragte Johannes neben mir. Ich erstarrte. Hunde. Fuck. Wenn sie mich nicht erschießen, zerreißt mir vielleicht eine dieser abgerichteten Bestien das Gesicht. Ich würde überleben.

Vielleicht.
Aber wozu?

*

Aus der Resignation wurde Angst. Johannes packte mich, rüttelte mich. „Wir haben verkackt", sagte ich ihm. In seinen Augen sah ich die blanke Enttäuschung. Ich hatte keinen Plan mehr. „Die laufen unten rum," flüsterte ich, „am Fenster, durch das wir rein sind. Wir kommen hier nicht raus." Er wiederholte meine Worte: „Wir kommen hier nicht raus."
„Ich sag dir was", begann ich, „wir gehen an eines der Fenster, zeigen die Hände, rufen, dass wir unbewaffnet sind, und dann sehen wir, was passiert."
Johannes starrte mich an, als hätte ich den Verstand verloren. „Willst du, dass uns ein Hund zerfetzt?" fragte ich ihn entsetzt. Doch dann tat er es.
Er riss das Fenster zum Innenhof auf. Die Beamten unten starrten erschrocken nach oben. Einige zogen sofort ihre Waffen, zielten auf uns. Alles ging schnell. Johannes rief: „Wir sind hier! Wir wollen uns ergeben! Wir machen nichts!"

Noch immer waren mehrere Pistolen auf uns gerichtet. Ein Polizist sprach hektisch in ein Funkgerät. Wir verstanden kein Wort. Vielleicht war es der Lärm. Vielleicht einfach der Schock. „Wie viele seid ihr?", rief einer von unten.
„Nur ich und ein Freund!" brüllte Johannes zurück. „Wir wollen keinen Ärger!" Ich streckte ebenfalls die Hände aus dem Fenster, ließ die Szene einfach passieren. Es war zu spät für alles andere.
„Lasst die Hände da, wo wir sie sehen können!", rief der Polizist scharf. „Es kommt jetzt jemand zu euch. Wenn ihr euch bewegt, werdet ihr erschossen."
Es ging schneller, als wir dachten. Und langsamer, als wir es brauchten. Erst ein Bellen. Dann ein zweites. Näher.
„Polizei! Bleiben Sie, wo Sie sind!" sagte plötzlich jemand hinter uns, eine Stimme, laut, klar, befehlsgewohnt. Kein Rufen mehr, kein Fragen, kein Bitten. Nur Befehl. Wir zuckten zusammen, wie erstarrt, die Hände halb in der Luft, die Köpfe verdreht Richtung Klassenzimmertür.

Dann, wie aus dem Nichts, ein harter Schlag in die Rippen. Ich keuchte auf. Ein Schlagstock, ohne Vorwarnung, traf mich in der Seite. Ich kippte gegen die Wand, verlor die Orientierung, spürte, wie mein Körper wegsackte. Hände griffen nach mir, drehten mich um, pressten mich mit dem Gesicht auf den kalten Boden.
Knie im Rücken, grobe Stimmen, metallisches Klicken - Handschellen. Johannes neben mir brüllte auf, nicht vor Schmerz, sondern aus Wut. „Ihr Wichser! Ihr dreckigen Wichser!" Er bekam sofort die Quittung. Ein Beamter drückte seinen Kopf mit dem Stiefel gegen den Boden. Ich hörte ein kehliges Knurren, dann wieder das metallene Schnappen der Handschellen. Wir lagen auf dem Boden wie Kadaver, unsere Kleidung wurde hektisch abgetastet. Taschen geleert.
Ich hörte das Knirschen meiner Zigarettenschachtel, irgendwas fiel zu Boden, vermutlich Johannes' Feuerzeug. Dann: Funkdurchsagen. „Gebäude gesichert. Zwei Personen in Gewahrsam. Keine weiteren Täter."
Jemand antwortete mit einem knappen „Verstanden." Dann wurde es still. Keine Schritte mehr. Kein Knallen, kein Bellen. Nur noch unsere flachen Atemzüge und das leise Surren eines Funkgeräts. Kurz darauf wurden wir grob hochgezogen. Zwei Beamte zerrten mich aus dem Flur, während Johannes in die entgegengesetzte Richtung geführt wurde.
Ich versuchte, mich aufzubäumen, zu ihm rüberzusehen, aber sofort wurde mein Kopf nach unten gedrückt. „Guck auf den Boden", knurrte einer. „Kein Theater, sonst gibt's gleich noch einen Grund für den Bericht."
Draußen warteten mehrere Fahrzeuge. Keine spektakulären SEK Transporter, sondern schlichte Streifenwagen. Einige davon in Zivil. Ich wurde in einen silbernen VW Bus der Polizei gesteckt, Johannes offenbar in einen anderen Wagen gebracht. Im Inneren des Busses roch es nach Plastik, Gummi, Schweiß. Zwei Sitze, eine Trennwand, Gitter. Ich sackte auf den Platz und fühlte den Schmerz in meinen Rippen pochen.
Die Fahrt dauerte keine zehn Minuten. Ich erkannte die Strecke. Durch die halbdunkle Stadt, über die Eisenbahnstraße, runter Richtung Bahnhof. Dann eine scharfe Kurve - das Polizeirevier

gegenüber. Ich kannte es. Früher war ich drin gewesen, als ich meinem Pflegevater Geld gestohlen hatte und die Schule darüber die Polizei informiert hatte. Jetzt als Einbrecher. Der Bus stoppte. Türen auf, wieder Hände, wieder Druck. Ich wurde ausgeladen, an die Mauer geführt, dann hinein durch eine Nebentür. Keine Worte mehr. Nur Schritte auf Linoleum, Stimmen hinter Türen.
Ich wurde nach rechts geführt, durch einen engen Gang, vorbei an Büros, in einen kleinen Raum mit Tisch, zwei Stühlen, Lampe. Das Fenster ging auf die Straße raus, ich konnte das Bahnhofsgebäude sehen. Ich wurde auf den Stuhl gedrückt. Die Handschellen klickten erneut - diesmal wurden sie vorne aufgeschnallt. Meine Hände waren taub. Ein Beamter setzte sich mir gegenüber, legte eine Mappe auf den Tisch. Er sah mich an. Kein Lächeln. Kein Zögern. Nur dieses professionelle, kalte Warten. Schließlich fragte er: „Wie alt bist du?"
Ich schwieg. Nicht aus Trotz. Nicht, weil ich nicht reden wollte – ich konnte einfach nicht. Mein Hals war trocken, mein Kopf leer. Ich hörte irgendwo drüben, dumpf durch die Wand, Johannes' Stimme. Laut. Aufgebracht. Fluchend. Ich wusste, er beleidigte sie. Traf die falschen Töne. Und ich wusste in diesem Moment: Wir sind am Arsch. Der Beamte starrte mich an, als er meine Antwort nicht bekam. Er griff nach der Mappe, blätterte ein paar Seiten um, schien zu suchen. Dann, als ob er die Geduld verloren hatte, sah er wieder auf. „Wart ihr das mit dem Rathaus?" fragte er plötzlich.
Ich schaute ihn an, mein Kopf schien in Zeitlupe zu arbeiten, der Raum dreht sich leicht. Ich wusste, was er meinte: Die Sache mit den eingeschlagenen Fenstern und den eingetretenen Türen, diese Dinge, die irgendwo in den letzten Wochen und Monaten die Runde gemacht hatten.
„Nein", antwortete ich leise, „das waren nicht wir." Aber ich wusste, dass meine Antwort wie eine leere Floskel in der Luft hing. Der Beamte blätterte weiter. „Wart ihr in der Bücherei? Wart ihr im Ärztehaus?" fragte er dann.
„Nein", wiederholte ich, „auch nicht." Ich fühlte mich, als würde ich mich in endlosen Wiederholungen verstricken, aber es war alles, was ich sagen konnte. Er legte die Mappe mit einem lauten

Knall wieder auf den Tisch und schaute mich von oben bis unten an. „Die Dinger sind aber alle gleich“, sagte er dann, als ob er plötzlich ein Muster entdeckte. „Überall Scheibe eingeworfen, Türen eingetreten, als würde ich hier ein Konzept erkennen können.“
Ich wollte schon herausbrüllen, dass wir in der Bücherei keine Fenster eingeschlagen und keine Türen eingetreten haben, aber ich wusste, das würde uns sofort verraten. Ich konnte das gerade noch so zurückhalten. Ich glaube, auf diese Art wollte der Polizist ein Geständnis provozieren. Er lehnte sich zurück, fast als wollte er sich die Luft aus der Brust holen. Dann fing er an, mit den Fingern auf die Mappe zu tippen, als ob er die Antwort in den Seiten suchen würde. „Könnte noch ein wenig dauern, bis wir das alles durchhaben. Bis dahin würde ich empfehlen, die Wahrheit zu sagen.“
Ich wollte etwas erwidern, irgendetwas, das mich in irgendeiner Form entlastet hätte, aber ich konnte nur auf den Blick des Polizisten zurückstarren.
Ich wusste, dass er mich für einen Lügner hielt. Dass er schon eine Vorstellung hatte. Und diese Vorstellung war nicht gut. Die Stille war drückend. Jeder Moment, der verstrich, war wie ein weiterer Nagel in meinem Sarg.

*

Der Beamte wartete auf meine Reaktion, doch ich hatte nichts zu sagen. Ich spürte, wie sich die Luft immer schwerer anfühlte. Der Raum schien enger zu werden. Schließlich stand der Polizist auf, legte die Mappe zur Seite und ging zur Tür, die hinter ihm ins Schloss fiel. Ich saß da, starrte auf den Tisch, auf die Wand, auf das Fenster. Jedes Geräusch von draußen schien tausendmal lauter als es war.
Der Polizist kam kurze Zeit später wieder herein. Müdigkeit lag in seinen Augen, und es war offensichtlich, dass er mitten in der Nacht aus dem Schlaf gerissen worden war. Kein Streifenpolizist, sondern ein Bürohengst, der in einem hellen Hemd und normalen Hosen da saß.
Doch die Waffe an seinem Gürtel und die Handschellen, die an ihm hingen, zeugten davon, dass er mehr war als der lahme Bürokrat, der er vorgab zu sein. Er schaltete den Computer an, der Bildschirm flackerte, als er seine Programme öffnete und begann, meine

Aussagen zu dokumentieren.
„Ich belehre dich jetzt“, sagte er monoton, als ob er diese Worte jeden Tag unzählige Male aussprechen musste.
„Du bist beschuldigt, Straftaten begangen zu haben. Du hast das Recht, die Aussage zu verweigern oder dir einen Anwalt zu nehmen. Hast du das verstanden?“
Die Worte kamen wie aus der Ferne, hallten in meinem Kopf nach, als wären sie nicht für mich bestimmt. Wie ein Echo, das nicht enden wollte. Ich nickte, obwohl es mir schwerfiel, einen klaren Gedanken zu fassen. Das Gefühl, hier nicht rauszukommen, fraß sich tiefer in meinen Kopf.
„Möchtest du zur Beschuldigung etwas sagen?“ Seine Stimme war kalt, ohne Mitleid, ohne Interesse an einer echten Antwort. Ich nickte wieder, obwohl ich wusste, dass es nichts änderte.
Alles, was ich sagte, wurde aufgeschrieben, das wusste ich. Er stellte eine Reihe von Fragen, die er vermutlich schon tausendmal gestellt hatte. Jedes Wort, das er sagte, war wie eine weitere Klinge, die mich tiefer in den Abgrund stieß.
Dann ging er hinaus und ließ mich mit der quälenden Stille zurück. Der Monitor flimmerte weiter, die Geräusche aus dem Raum drangen dumpf an meine Ohren. Als er wiederkam, grinste er auf eine Art, die mir einen Schauer über den Rücken jagte.
„Du kannst ruhig alles auspacken, dein Kumpel hat uns eh schon alles erzählt.“ Ich spürte, wie sich der Magen zusammenzog. Johannes – hat er mich wirklich verraten? Der Gedanke nagte an mir wie ein Kratzer, der nicht heilen wollte. Doch ich konnte es mir nicht vorstellen.
Johannes war nicht der Typ, der mich im Stich ließ. Doch was, wenn doch? Der Zweifel, der sich in meinem Inneren ausbreitete, ließ mich fast wahnsinnig werden. Aber ich blieb ruhig, zumindest nach außen hin.
Nachdem er alles aufgenommen hatte, und ich jede Schuld von mir gewiesen hatte, setzten sie mich in ein anderes Büro. Ein weiterer Zivilpolizist war da. Er machte Fotos von mir, nahm Fingerabdrücke, maß mich, schrieb jede Narbe auf – als ob ich nichts weiter war als ein Fall in einer Akte.
Schließlich brachten sie mich in den Keller. Die Zelle war kalt und

dunkel, wie ein schwarzes Loch, das mich verschlingen wollte. Es gab keine Toilette, dafür aber ein Loch im Boden.
Ein nacktes Holzbrett auf einem Betonfundament. Keine Decke, kein Kissen. Ich musste mich bis auf die Unterwäsche ausziehen – keine Schuhe, kein Gürtel, nur Socken und Unterhose. Der kalte Beton ließ meinen Körper schaudern, während ich auf dem harten Brett lag und versuchte, nicht völlig zu zerbrechen. Kein Licht, kein Geräusch, nur die Stille und das Gefühl, in der Dunkelheit zu verfallen.

*

Die Nacht war unendlich...
Ich lag da, auf dieser harten Pritsche unter der kratzigen Decke, und mein Kopf drehte sich im Kreis. Ich war mir sicher, dass der nächste Morgen mich entweder zurück auf den Helenenberg oder direkt ins Gefängnis bringen würde, und beides war beschissen. Nur wusste ich in diesem Moment nicht, was schlimmer wäre. Vielleicht war es der Hochmut, vielleicht war's Resignation, aber ein Gedanke setzte sich fest: Lieber Knast als noch mal dahin.
Lieber Gitterstäbe und kalte Mauern als wieder in dieses Heim zurück, das vorgab, Schutz zu sein, aber sich jedes Mal weg drehte, wenn ich geschlagen wurde. Ich war verloren in diesen Gedanken, und in mir breitete sich eine Leere aus, die fast schon beruhigend wirkte.
Irgendwann, ein paar Stunden später vermutlich - Zeit war da drin eh nur ein Gefühl - öffnete sich mit einem dumpfen Geräusch die schwere Stahltür.
Sie hatte so eine Durchreiche, wie man sie aus Knastfilmen kennt, und einen kleinen Spion darüber. Ein Polizist stand draußen. Uniformiert. Fremd. „Na los, zieh dich an“, sagte er. Aber nicht so kalt wie der andere Bulle in der Nacht. Seine Stimme war nicht freundlich, aber sie klang… menschlicher. Nicht so abgestumpft.
Ich wusste nicht, was jetzt kommt, aber ich rechnete mit dem Schlimmsten. Als ich meine Sachen anzog, sah ich aus dem Augenwinkel zwei Zellen weiter Klamotten auf dem Boden vor einer Tür liegen. Scheiße. Johannes.
Ich war mir nicht sicher, wie ich auf ihn reagieren sollte, wenn wir uns sahen. Hatte er mich verraten? Oder war das hier nur ein Trick?

Ein Versuch, mich weichzuklopfen, damit ich irgendwas gestehe, was ich nicht gestehen wollte? Keine Ahnung.
Ich blieb bei meiner Version. Sagte, wir haben beim Vorbeigehen Geräusche gehört, wollten nur nach dem Rechten schauen. Ich gab mich ahnungslos. Natürlich glaubte man mir das nicht. Aber was hatte Johannes wohl gesagt? Hatte er dichtgehalten? Der Polizist führte mich durch sterile Gänge nach oben.
Doch statt mir Handschellen anzulegen oder mich in irgendeinen Transportbus zu setzen, stand da jemand im Vorraum, mit dem ich überhaupt nicht gerechnet hatte: Mein Pflegevater.

*

Sein Blick traf mich härter als jede Ohrfeige. Nicht laut. Nicht wütend. Nur enttäuscht. Ich fragte leise: „Fährst du mich jetzt zurück ins Heim?“ Er schüttelte nur den Kopf. „Sie haben dich rausgeworfen“, sagte er dumpf. „Du wohnst jetzt wieder bei uns.“
Ich wusste nicht, ob ich lachen oder heulen sollte.
Es fühlte sich nicht echt an. Nichts davon.

Verraten und verloren

Wieder zuhause. Die ersten Tage und Wochen fühlten sich an, als würde ich durch Nebel laufen. Alles war irgendwie da, aber nichts davon wirkte real. Ich blieb drinnen, ging kaum raus. Kein Wort mit Johannes. Kein Treffen.
Als hätte diese Nacht eine Schneise gezogen, die nicht mehr zu überbrücken war. Zurück in meine alte Schule, die Friedrich-Ebert-Hauptschule, durfte ich nicht - zu auffällig, zu viel passiert, zu sehr mein Revier geworden.
Ich hatte mir da einen Namen gemacht, aber keinen guten. Man meldete mich an der Dualen Oberschule in Ramstein an. Eine Gesamtschule, die auch Hauptschulklassen hatte. Ich war raus aus Landstuhl, raus aus der Friedrich-Ebert-Schule, wo mein Name inzwischen mehr Spinde füllte als die Tafel Kreide. Es war gut so. Mir war eh alles egal. Die neue Schule hätte auch in Sibirien sein können.
Ramstein - ein kleiner Ort direkt neben Landstuhl. Bekannt wegen der US-Airbase, den Militärflugzeugen und dem riesigen

Flugfeld. Wenn man oben auf der Burg Nanstein steht, kann man gut rüberschauen über das flache Land, auf diese ganze fremde Welt da unten, mit ihren Hubschraubern und Jets. Da, wo alles kontrolliert scheint – nur mein Leben nicht.
Mein Schulweg war wie ein täglicher Spaziergang durch alte Geister. Ich musste den Hörnchenweg runterlaufen, zur Bushaltestelle. Vorbei an den alten NATO-Blöcken, in denen Johannes früher mal gewohnt hatte. Vorbei an Erinnerungen, die mich in den Bauch traten: Kindheitssommer, Waldspiele, der Waldbrand, den wir aus Versehen ausgelöst hatten. Nächtliche Streifzüge, Abstürze, unsere ersten Zigaretten, das Geklaute, das Gesoffene, das Gekiffte. Alles lag auf diesem Weg.
Und ich ging ihn jeden Morgen. Dann stieg ich in den Stadtbus nach Landstuhl, zum Bahnhof, und von da aus weiter mit dem nächsten Bus nach Ramstein.
Die DOS. Neuer Ort, neue Gesichter. Aber ich blieb der Alte. Und obwohl sich eine Art Routine einschlich, war es kein Alltag. Nicht wirklich.
Zu Hause war Schweigen angesagt. Meine Pflegeeltern redeten kaum noch mit mir, seit nach und nach rauskam, was Johannes und ich alles auf dem Kerbholz hatten. Ich war ständig auf der Polizeiwache. Belehrungen. Beschuldigtenvernehmungen. Mal hier unterschreiben. Mal da erzählen.
Ich machte mir keinen Kopf - wozu auch? Was mich aber mehr beschäftigte als die Verhöre war der Umstand, dass ich Stellung beziehen sollte zu Dingen, die ich alleine getan hatte.
Dinge, bei denen niemand dabei war. Wie der Einbruch ins Burgrestaurant, ich war da allein, ich wusste es. Niemand hätte wissen dürfen, dass ich es war. Aber Johannes wusste es. Ich hatte es ihm erzählt. Bei Langfinger Joe, in dieser Nacht, als wir auf dem Boden lagen, kein Geld, keine Zigaretten, kein gar nichts. Ich hab geredet, weil reden leichter war als weinen.
Ich hab erzählt, weil ich dachte, es bleibt unter uns. Aber es war nicht unter uns geblieben. Ich hab ihm alles erzählt, so wie man es tut, wenn man denkt, jemand ist dein letzter Mensch. Und es war überall. Man spürt, wenn man verraten wurde. Man fühlt es. So, wie man spürt, wenn jemand über einen redet, bevor man den

Raum betritt.
Ich begann, alles zu hinterfragen. Die Freundschaft, unsere Gespräche, jede Erinnerung wurde brüchig. Ich wusste nicht mehr, was echt war. Ob überhaupt irgendwas je echt gewesen war. Und selbst wenn – es war jetzt kaputt. Für immer. Ich fing an, Gespräche zu rekonstruieren. Satz für Satz. Wo hatte ich was gesagt? Hatte ich einen Fehler gemacht? Vielleicht doch mit jemand anderem darüber geredet? Nein. Es war Johannes gewesen.
Immer nur Johannes. Ich sah ihn nicht mehr. Seit jener Nacht nicht. Und es war besser so. Ich ging nicht raus. Ich redete mit niemandem. Die Tage vergingen, als hätte man sie auf Pause gedrückt, während alles in mir rannte, rannte, rannte...
Und in all dem versank ich. Nicht spektakulär. Nicht dramatisch. Sondern leise. So leise, dass es niemand hörte. Nicht mal ich selbst. Manchmal dachte ich, mein ganzes Leben sei eine Lüge. Als hätte man mich in einen Körper gesetzt, der nie meiner war, und mir dann gesagt: „Mach was draus."

*

Der Alltag ging irgendwie weiter. Ich stand morgens auf, lief denselben Weg zur Schule, saß in den selben Bussen, blickte in dieselben leeren Gesichter – aber nichts davon fühlte sich echt an. Und während draußen die Welt funktionierte, als sei nichts, lag in mir drin ein dumpfes, müdes Nichts.
Der Alltag brachte alltägliche Gedanken zurück. Gedanken an Dinge, die ich lange unterdrückt hatte. Dinge, die in Nächten voller Flucht, voller Suff und Polizeisirenen irgendwo untergegangen waren. Aber sie kamen zurück. Nicht plötzlich. Eher wie ein Geschwür, das schleichend wächst. Man merkt es erst, wenn es zu spät ist. Wenn alles wieder wehtut. Ich spürte es in der Leere, die in mir wohnte. Und dann erinnerte ich mich plötzlich wieder an Jessica, den Teddybären. Ich hatte ihn unterwegs gefunden, auf einem dreckigen Waldstück, als ich auf der Flucht war.
Jemand hatte ihn weggeworfen. Ich weiß es nicht. Aber für mich war er plötzlich wichtig. Ich nahm ihn mit. Ich redete mit ihm, wenn ich nachts nicht wusste, wohin. Er war bei mir, als ich im LKW Dinge machen musste, die ich selbst heute kaum greifen kann. Nur um irgendwie rauszukommen.

Raus aus dem Heim. Raus aus allem. Und irgendwo auf dem Weg blieb Jessica liegen. Ich weiß nicht mehr wo. Vielleicht war es besser so. Vielleicht hätte ich es nicht ertragen, diesen Bären zu verlieren, wenn ich gewusst hätte, wo er geblieben ist.
Ich vermisste ihn. Und ich vermisste mich. Ich vermisste, ich selbst zu sein - nicht dieser „Dennis ist ein starker Kerl"-Typ, den alle in mir sehen wollten. Und auch sollten. Denn wenn man einmal zum Fußabtreter der verdammten Welt geworden ist, dann muss man sich halt irgendwie behaupten, oder? Dann erwarten alle, dass man hart ist. Dass man austeilt. Dass man sich nichts gefallen lässt. Dass man nicht mehr weint. Nicht mehr fragt. Nicht mehr bittet. Aber was, wenn man einfach nur müde ist? Wenn man das alles gar nicht will?
Ich habe noch nie in meinem Leben jemanden geschlagen. Nicht, bis ich nach Trier kam. In dieses Heim. In diesen Käfig voller Wut, voller Gewalt, voller Kinder, die selbst schon längst keine Kinder mehr waren. Da wurde ich gezwungen, mich zu wehren. Ich musste. Weil niemand kam, wenn ich schrie. Weil Schwäche sofort roch wie Blut. Und man aus mir ein Monster machte. Eins, das nachts durch die Straßen schlich. Stehlend. Lauernd. Nicht weil ich es wollte. Sondern weil ich musste. Weil es irgendwann kein Zurück mehr gab.
Ich habe andere beklaut. Ich hab sie belogen. Hab mir für ein paar beschissene Euro den letzten Rest an Liebe zu mir selbst versoffen. Ein paar Cent auf der Zunge, ein paar Minuten Stille im Kopf. Mehr war das nicht. Ich bin es so leid. Jeden verdammten Tag mein Gesicht zu sehen. Nicht, weil ich es hasse. Sondern weil es nicht meines ist. Weil ich in diesen Spiegel schaue und da jemand ist, der ich nie war.
Nie sein wollte. Nie sein konnte. Ich bin nicht Dennis. Ich bin nicht der, den sie aus mir gemacht haben. Und ich bin auch nicht der, den sie wollten. Ich bin nichts von dem. Ich bin einfach... nicht dafür gemacht, Menschen zu verletzen. Nicht dafür, zu lügen, zu klauen, zu täuschen. Und trotzdem ziehe ich diesen Schatten hinter mir her.
Als würde mein ganzes Leben darin eingewickelt sein. Wenn ich an meine Pflegeeltern denke... sie wollten doch nur mein

Bestes. Das sagen sie. Das glauben sie. Aber was ist das Beste für jemanden, der gar nicht sein darf? Ich hab ihnen Geld gestohlen. Viel. Und ja, vielleicht hatte ich deshalb alles verdient, was danach kam. Vielleicht. Aber was ist mit dem Mädchen in mir, das jeden Abend leise in sein Kissen geschrien hat: „Hört mir zu. Ich bin kein Junge. Ich will das nicht. Ich bin das nicht."
Was ist mit ihr? Was war mit mir? Sie haben dieses „Anderssein" nie akzeptiert. Nicht mal verstanden. Sie wollten „den Jungen wieder auf Spur bringen".
Wieder gerade ziehen, was in ihren Augen „verrutscht" war.
Aber ich war kein Junge, der verrutscht war. Ich war ein Mäd-chen, das zerbrach, weil niemand ihm half. Weil niemand glaubte, was es sagte.
Weil niemand sah, wie sehr es sich in diesem Körper verlor, Tag für Tag. Und niemand wollte es sehen.
Ich hab sie alle belogen. Meine Pflegeeltern, die Lehrer, die Heimleiter, die Freunde, die keine waren. Und ich wünschte so sehr, ich hätte nicht lügen müssen. Ich wünschte, ich wäre einfach geboren worden wie ich bin. In dem Körper, der sich nicht wie eine Zwangsjacke anfühlt. Ich wünschte, ich hätte nicht jeden Tag kämpfen müssen, nur um überhaupt gesehen zu werden.
Es hätte so vieles anders gemacht. Vielleicht wäre ich dann geblieben. Vielleicht hätte ich dann keine Angst gehabt, jemandem die Wahrheit zu sagen. Vielleicht hätte ich dann irgendwann einfach in den Arm genommen werden dürfen, ohne dass man vorher fragt: „Was stimmt mit dir nicht?"
Und selbst wenn ich diesen Körper nicht ändern hätte können, wenn ich wenigstens Hilfe bekommen hätte. Damals, als ich sagte: „Mama, ich will kein Junge sein."
Als ich weinend da stand, mit einem Kleid in der Hand und sagte: „Ich bin das. Nicht das da, was ihr mich nennt."
Aber es kam nichts. Nur Kopfschütteln. Nur Kälte. Nur dieses „Reiß dich zusammen"... Und irgendwann reißt es dich eben auseinander.
Ich bin so voll von diesen Gefühlen. Voll von Wut. Von Trauer. Von Scham. Und vor allem von dieser Frage, die mich seit Jahren auffrisst: Warum? Warum ich? Warum so? Warum das? Warum

durfte ich nicht einfach sein?
Und manchmal ist es, als würde ich mich selbst in einem Flur voller Spiegel suchen – aber in keinem davon bin ich. Nur verzogene Fratzen, nur Lügen, nur Projektionen. Ich will raus aus dieser Haut. Ich will raus aus diesem „Du musst halt kämpfen"-Ding. Ich will einfach nur einmal ankommen. Atmen. Und sein dürfen. Ohne Maske. Ohne Angst. Aber vielleicht ist das zu viel verlangt in einer Welt, die lieber an Lügen glaubt als an Menschen...

Das Beste kommt zum Schluss

Ich hab schon lange keine Einbrüche mehr gemacht, aber dieser Drang, mich besaufen zu müssen, krallt sich trotzdem in mir fest. Wie ein Krampf, der einfach nicht lockerlässt - echt. Nicht zum Spaß, nicht aus Langeweile. Sondern weil da diese Scheiß-Gefühle sind, die einfach nicht aufhören. Die immer da sind.
Es passiert manchmal, dass ich morgens vor der Schule einfach wach werde und weine. Ohne Grund. Oder vielleicht gerade mit zu vielen davon. Ich glaube, ich bin einfach zu nüchtern für diese Welt. Meine Pflegeeltern geben mir jeden Tag ein bisschen Geld für Essen mit. Sie haben selbst kaum noch was. Ich seh's ihnen an. Sie sparen, wo sie können. Früher standen Kisten voller Coca-Cola in der Küche, heute ist es das billige Zeug von Freeway. Damals kam das Brot vom Bäcker, heute ist es das Günstigste aus dem Lidl. Und trotzdem sitzen wir da, unter einem Dach, wie Fremde. Jeder lebt für sich, obwohl wir eigentlich eine Familie sein sollten. Mein Pflegevater schläft nicht mehr im gemeinsamen Ehebett mit meiner Pflege-mutter, sondern auf der Couch.
Ich weiß nicht genau, wann das passiert ist. Vielleicht hab ich zu viel verpasst. Oder ich bin an ihnen vorbeigelaufen, während sie versucht haben, mich zu erreichen. Ich weiß es einfach nicht.
Von dem Geld, das ich mitbekomme, kauf ich mir morgens am Bahnhof zwei Flaschen Bier. Die helfen mir, durch den Tag zu kommen. Nicht weil sie gut schmecken. Sondern weil sie alles ein bisschen leiser machen. Aber sie machen auch Lust auf mehr. Auf dieses Mehr, das nicht kommt. Ich bin es leid zu lügen. Ich bin es

leid zu stehlen. Und trotzdem – fast jeden Tag liegen wieder Briefe im Flur. Polizei und Staatsanwaltschaft. Diese grau-gelben Umschläge, die aussehen wie alles andere im Leben: fremd, kalt, behördlich abgestempelt.
„Von der Verfolgung dieser Tat wurde gemäß § 154 Absatz 1 Strafprozessordnung abgesehen, da bereits eine Verurteilung zu einer schwereren Strafe vorliegt und die zu erwartende Strafe für die hier vorgeworfene Tat daneben nicht ins Gewicht fallen würde.“ So steht's da. In jeder zweiten Zeile. Als wär mein Leben schon abgegolten. Als hätt jemand nen Haken gemacht und gesagt: Reicht jetzt, der is eh durch. Und fast immer steht da auch irgendwo: „...wird durch die Aussage von Johannes S. überführt.“
Johannes. Immer wieder Johannes. Ich les das, falte den Brief, schmeiß ihn weg. Und dann sitz ich da. Noch immer zu nüchtern für diese Welt.

In der Schule läuft es nicht. Sagen wir's, wie es ist: es läuft beschissen. Ich bin Außenseiter. Komplett. Die Gerüchte über mich, über meinen Namen, über das, was war, sind längst auch in Ramstein angekommen. Ich spür's in den Blicken. Man tuschelt hinter meinem Rücken, flüstert Dinge, die eigentlich niemand wissen dürfte, aber irgendwie weiß es doch jeder. Es heißt: „Der da, schau mal... das ist der, der in Landstuhl eingebrochen ist... der hat das und das gemacht...“
Verdammt, ja. Als hätte jemand meine Vergangenheit auf Flugblätter gedruckt und sie verteilt. Aber ganz ehrlich? Ich geb einen Fick darauf. Sollen sie doch.

*

Irgendwo zwischen Selbstaufgabe und Selbsthass, zwischen dem staubigen Weg der leeren Dosen und dem Bussteig, von dem der letzte Bus zurück nach Landstuhl fährt, hab ich sie getroffen. Einfach so. Nur ein Moment. Eine Bank. Drei Menschen. Und ich. Verlorene Seelen, mitten am Tag. Ramstein, Busbahnhof. Kein Ziel. Kein Lächeln. Kein Plan.
Sie saßen da wie ein Protest gegen alles, was Takt, Ordnung oder Lebenslauf hieß. Tranken Wodka aus der Flasche. Lachten laut. Schrieen manchmal. Redeten, wie's kam. Ungefiltert. Direkt.

”

Ich hatte mir diese Hülle gebaut.
Musste sie bauen. Musste sie aufrechterhalten. Jeden Tag. Jede Stunde. Und das nicht, um jemand zu täuschen, sondern um jemanden zu schützen. Um Jessica zu schützen.
Drinnen – da war ich jemand anderes.
Da war ich sie.

Ein Mädchen. Zart, fragend, fühlend. Voller Wut. Voller Sehnsucht. Voller Angst.
Und still. Immer still. Weil sie nicht sprechen durfte. Weil ich sie verstecken musste. .

”

Dreckig ehrlich. Abgefuckt frei. Und in meinem Kopf war's, als würde nach Jahren endlich wieder jemand das Licht anknipsen.
Ich ging einfach hin. Keine Überlegung. Kein Zögern. Nur das Gefühl: Das hier - das ist meine Sprache. Nicht, weil ich sie kannte. Sondern weil ich sie fühlte. Zwischen ihnen saß eine Frau. Älter als ich. Zerlebt, ja. Aber präsent. Sie soff wie die anderen. Ohne Zurückhaltung. Kein Versteckspiel. Keine Scham.
Und zum ersten Mal dachte ich: Ich bin nicht die Einzige. Ich bin nicht kaputt. Ich bin nicht mehr allein. Ich sprach sie an. Nicht die Frau. Die ganze Gruppe. „Habt ihr was gegen Gesellschaft?“ - das war alles. Sie schauten hoch. Kurzer Blick. Einer grinste. Nicken. Keine Fragen. Keine Musterung. Keine Angst in den Augen. Nur Platz auf der Bank. Und ein Flaschenhals, der mir entgegengestreckt wurde. So einfach war das. Und so schwer war alles andere bis dahin gewesen.
Ich sagte: „Ich bin Je... Dennis.“ Sie sagten: Esther. Tobias. Tim. Und ich wusste in dem Moment mehr über sie als über all die, mit denen ich die letzten Jahre verbracht hatte.
Esther – rot wie Zorn, rot wie Feuer. Lächelte schief. Augen wie nasses Glas. Tobias - groß, laut, weich. Einer, der austeilt und einsteckt, im selben Atemzug. Und Tim – zu leise für diese Welt. Schlaksig. Kapuze über den Kopf gezogen. Sagte wenig. Was mich getroffen hat wie 'ne Ohrfeige: Es war ihnen scheißegal. Scheißegal, wer da vorbeiging. Scheißegal, ob Nonnen, Herren im feinen Anzug, Schüler. Scheißegal, ob jemand angewidert glotzte, wenn sie aus derselben Flasche tranken. Sie lebten sich. Ohne Maske. Ohne Rolle. Ohne Rücksicht.
Und genau deshalb war's echt. Und genau deshalb hat's mich gekriegt. Die Flasche war offen. Von tausend Mündern geküsst. Ich nahm sie, und hab keine Sekunde gezögert. Kein Ekel. Kein „Was denken die anderen". Nur ein Schluck. Und ein Gefühl, das mehr Umarmung war als alles, was ich je von Menschen bekommen hatte.
Ich war angekommen. Nicht als Pflegekind. Nicht als Schulversager. Nicht als der mit der Akte. Einfach nur: Ich.

*

Am nächsten Tag in der Schule: Blicke wie Messer. Einer: „Was machst du eigentlich mit diesen Busbahnhofspennern?“ Ich: „Das sind keine Penner. Das sind Menschen. Vielleicht sogar ein bisschen mehr Mensch als du.“

Und von da an – jeden Tag. Manchmal ließ ich die Schule komplett. Mit dem Bus von Landstuhl nach Ramstein. Dann ging ich aber nicht zur Schule, ich blieb sitzen. Direkt am Busbahnhof. Rauchte. Wartete. Kälte? Egal. Uhrzeit? Scheiß drauf. Esther. Tobias. Tim. Wenn sie auftauchten, war's wie Luft holen nach zu langem Tauchen.

Die Tage verschwammen. Mittwoch? Dienstag? Kein Plan. Kein Interesse. Wichtig war nur: vergessen. Pflegeeltern? Akten? Briefe vom Gericht? Alles wegspülen. Wodka rein. Kopf aus. Der erste Schluck brannte wie 'ne Erinnerung, die schreien will. Danach: dumpf. Warm. Wie Watte. Wie Ruhe. Ich trank weiter. Damit das Dröhnen im Kopf lauter war als das Schluchzen innen. Ich hab nicht gemerkt, wie sehr ich wieder verschwinde. Wie ich mich selbst rausschneide - aus allem, was mich hätte halten können.

Aber ich dachte: Ich gewinn grad. Nicht Freunde. Nicht Heimat. Aber Freiheit. Kaputte Freiheit. Aber wenigstens meine. Mein Vertrauen in die Menschheit war längst tot. Johannes hatte es mitgenommen. Vertrauen war eine zersplitterte Flasche - du kannst versuchen zu greifen, aber du schneidest dich.

Ich hab's gelassen. Aber ich mochte sie. Esther, Tobias und Tim. Ich mochte sie so sehr, dass es wehtat.

Nicht, weil sie gut zu mir waren. Sondern weil sie mich einfach sein ließen. Kein Mitleid. Kein „Was ist los mit dir?". Ich war einfach da. Und sie auch. Und das war mehr, als ich sonst noch hatte. Wir tranken. Wir lachten. Wir schrieen manchmal in den Himmel, einfach so. Wir saßen auf der Bank wie Könige ohne Krone.

Der Bahnhof war unser Palast. Der Himmel unser Gegner. Ich bettelte. „Haste mal 20 Cent fürs Telefon?“ Schon mit diesem Satz konnte man an manchen Tagen innerhalb einer Stunde zwanzig Euro zusammenschnorren. Es war eine einfache Formel, die ich perfektioniert hatte. Die Leute gaben, manchmal aus Mitleid, manchmal aus Gewohnheit.

Es reichte für ein paar Dosen Pennerbier und manchmal auch für härtere Sachen, die mich für einen kurzen Moment in eine andere Welt versetzten. Aber das war nie genug. Ich wollte mehr. Ich wollte dazugehören, ohne ständig das Gefühl zu haben, dass ich am Rande stehe. Also sammelte ich Pfandflaschen. Bringt was, dachte ich mir. Es waren keine großen Beträge, aber es machte den Unterschied. Jeder Cent zählte. Und irgendwann wurde ich ein Teil von dem Ganzen. Ich war nicht mehr nur der, der immer nach Kleingeld fragte, nach dem, was übrig blieb. Ich war jemand, der da war. Jemand, den sie kannten, der dazugehörte. Und dann war da noch dieses Gefühl, das mich immer wieder übermannte: Die Nähe, die ich hier fand. Diese Menschen, die sich, ohne Vorurteile, ohne Fragen, einfach umarmten.

Immer. Wenn ich kam, wenn ich ging. Keine Berührungsangst, keine Distanz. Diese Nähe war neu für mich, etwas, das ich so nie gekannt hatte. Und sie tat weh, weil sie so gut war. Es war wie ein Hauch von Wärme in einer Welt, die mich sonst immer nur abstoßend berührte.

*

Tobias hatte mich vor einiger Zeit gefragt, ob ich anschaffen ginge. Da käme ja noch was richtiges dabei rum, zumal ich in einem interessanten Alter wäre. Und ne Stimme hätte, die auch zu nem Mädchen passen würde. Er meinte, es gäbe da Typen, die einfach nur dumm pervers wären und sich ihr Hobby auch was kosten ließen. Die würden Jungs nackt fotografieren oder sich einfach nur anfassen lassen. Oder die Jungs beim Wichsen filmen. Oder sich auch mal ein bisschen quälen lassen „Sicher ist da auch mal einer drunter, der dich ficken will, aber..."

Er zuckte mit den Schultern, als wolle er sagen, das gehöre zum Geschäft. Und nen Arsch hätte ich ja wohl. Ich verneinte empört und musste an mein Erlebnis mit dem LKW-Fahrer denken.

Am Tag drauf sah ich aber auf RTL einen Beitrag über ein SMS-Chat-Programm, mit dem Männer Kontakt zu Kindern aufzunehmen versuchten. Und umgekehrt. Ich staunte, wie einfach das wohl alles sein sollte.

Naja, ne halbe Stunde im Auto sitzen und dafür 30 oder sogar mehr Euro kassieren - es war bei aller Abscheu doch irgendwie verlockend. Auch wenn ich selbst meinen Penis absolut nicht leiden konnte - wenn ältere Männer ihn leiden konnten...?

Ich knüpfte Kontakt zu einem Mann, der sich offenbar für Jungs im Teenageralter interessierte. Er nannte mir einen Termin, zu dem wir uns am Bahnhof treffen sollten.

„Na? Willste mal in einem tollen BMW fahren? Haste bestimmt noch nicht. Komm, ich nehm dich ein Stück mit" hatte er zu mir gesagt, als ich unten am Bahnhof gestanden hatte. Chic sah er schon aus, der BMW, dunkelblau, mit echten Ledersitzen. Und auch er selbst sah einigermaßen gut aus. Gut gekleidet, ein Mann irgendwo zwischen 40 und 60 - so genau konnte ich das nicht unterscheiden. Für mich mit meinen 15 Jahren war er einfach nur ein älterer Mann.

Als wir irgendwo außerhalb der Stadt waren, fuhr er in einen Seitenweg und stellte den Motor ab.

Er öffnete seine Hose und holte seinen Penis heraus, schaute mich an und meinte: „Na los! Hol mir einen runter!"

Ich griff hinüber und begann, ihn mit der Hand zu befriedigen. Aber nach kurzer Zeit befahl er mir ungeduldig, seinen Schwanz in den Mund zu nehmen.

Ekelhaft! Ich hatte mit einem enormen Würgereiz zu kämpfen. Ich wollte kotzen. Weglaufen. Schreien.

Alles. Nur nicht dieses ekelhaft schrumpelige, behaarte Teil in den Mund nehmen. Aber der Mann hielt mich fest. Er hatte meine Haare brutal im Griff und drückte meinen Kopf in seinen Schoß.

„Jetzt mach endlich", zischte er in einem unheilvollen Ton. „Sonst findet man morgen deine Leiche irgendwo, Bürschchen."

Ich tat, was er wollte. Als er dann in meinen Mund kam, musste ich mich sofort übergeben. Ich kotzte alles voll. Seine Hose, den Sitz seines tollen BMW...

Ich konnte mich nicht dagegen wehren, dass das wenige, das ich in meinem Magen hatte, raus wollte. Zusammen mit seinem Ejakulat, das noch in meinem Mund war.

Er schrie auf „Was ist das de.... bist du... Hey!!!" Er nahm die Hand von meinen Haaren und drückte meinen Kopf weg. Ich schaute ihn durch einen Schleier an. Er sah nur erstaunt aus - eigentlich nicht einmal wütend. Sondern erschrocken, geschockt,

paralysiert. Und in dem Moment wusste ich, was ich zu tun hatte.
Ich drückte die Beifahrertür seines tollen BMW auf und sprang hinaus. Irgendwie merkte ich noch, dass eine Hand mir über den Zipfel meiner Jacke wischte, aber er traute sich wohl nicht, sich zu weit hinüberzubeugen, um mich festzuhalten. Dann hätte er nämlich auch noch seinen Beifahrersitz versaut. Den von seinem tollen BMW, in dem er jetzt mit seiner schönen vollgekotzten Kleidung saß. Er überlegte sich vielleicht, was er wohl seiner Frau sagen würde. Wenn er überhaupt verheiratet war.
Aber ich meinte, ich hätte einen Ehering an seiner rechten Hand gesehen. Ich lief, was das Zeug hielt und versteckte mich erst mal.
Kein Geld in der Tasche, aber den festen Vorsatz im Herzen, in Zukunft die Finger von sowas zu lassen. Dieser Vorsatz hielt aber nicht ewig. Der nächste Kunde wollte mich tatsächlich nur fotografieren.
Und im Laufe der darauffolgenden Wochen lernte ich, dass ich mit meinem verhassten Penis durchaus Geld verdienen konnte. Und die Schmerzen des ersten Analverkehrs hatte ich fast schon vergessen, als ich dafür 30 Euro in der Hand hielt. So lernte ich die Begierden und geheimen Wünsche von Männern kennen, die sich selbst für echte Männer hielten. Obwohl sie für mich nichts anderes als Schwächlinge waren, die sich an Kindern und an Bedürftigen austobten. Die dafür zahlten, dass sie gesellschaftlich eigentlich geächtet gehörten.
Mir halfen sie jedenfalls, ein Stückchen Freiheit bezahlen zu können, die ich gern mit der Freiheit von Esther, Tobias und Tim teilte. Jedoch - auch wenn die mich mal in ihren Armen hielten, war es nicht genug, um den Schmerz, den ich tief in mir trug, zu lindern. Es war ein flüchtiger Trost, aber der einzige, den ich kannte.

*

Irgendwann kippt jede Freiheit. Auch die kaputte.
Ich hatte gedacht, ich wäre unsichtbar geworden. So sehr zwischen allem verschwunden, dass keiner mehr hinsieht. Dass ich einfach machen kann. Trinken. Wegbleiben. Lügen. Noch ein paar Cent erbetteln. Noch ein paar Stunden taub sein. Doch die Welt - die reale Welt - vergisst nicht. Und sie wartet nicht. Sie rechnet ab. Irgendwann.

Es war ein Freitagmorgen, einer von diesen grauen, die irgendwie schon von Anfang an merkwürdig wirken. Ich war am Abend zuvor viel zu spät nach Hause gekommen, benebelt, durch, zu lange draußen gewesen, zu viele Gedanken im Kopf, zu viel Leere im Bauch.
Ich hatte vielleicht zwei Stunden geschlafen, höchstens. Mein Kopf war schwer, mein Körper schwankte irgendwo zwischen Traum und Albtraum. Und dann diese Stimme. Die Stimme meines Pflegevaters, die durch die Tür drang wie ein Messer durch nasses Papier.
„Steh auf. Mach dich fertig." Kein Guten Morgen. Kein fragender Ton. Befehl. Klar. Hart. Ich kannte das. Ich war's gewohnt, gerade aus dem Heim. Befehl war Alltag. Aber diesmal war da etwas anderes in seiner Stimme. Etwas Unruhiges, etwas Gehetztes. Ich hörte, wie er in der Tür stehen blieb. Er ging nicht weg, wie sonst. Er wartete. Ich blinzelte ins Halbdunkel meines Zimmers, mein Hirn klebte noch an der Nacht. Ich murmelte: „Ich hab die erste Stunde frei."
Gelogen. Natürlich gelogen. Irgendwie gehofft, dass er mich dann einfach lässt. Aber nein, er blieb.
Hartnäckig. Beharrlich. Fast nervös. Ich richtete mich langsam auf, wankte noch im Sitzen. Seine Stimme wieder: „Da warten zwei Freunde auf dich."
Freunde? Ich spürte, wie in meinem Kopf ein Schalter umgelegt wurde. Wach. Plötzlich. Kein Plan, wie man diesen Moment nennt, wenn dein System plötzlich alles scannt. So eine Art instinktive Alarmbereitschaft. Wie ein Tier, das merkt, dass es gleich gejagt wird. Freunde?
Wer?
Johannes?
Aber der war längst Geschichte. Schon seit Monaten kein Kontakt. Meine Pflegeeltern glaubten das nie. Dachten immer noch, wir hängen heimlich ab. Aber da war nichts mehr. Johannes war weg. Fertig.
Und Esther, Tobias und Tim? Klar, mit denen hatte ich oft gesoffen, aber die wussten nicht, wo ich wohnte. Ich hatte höchstens mal nebenbei erwähnt, dass ich irgendwo auf der Atzel bin,

Pflegefamilie, aber nie eine Adresse, keinen Namen, nichts Greifbares.
Also wer zur Hölle sollte da auf mich warten? Ich stand auf. Widerwillig. Der Kopf brummte. Kater, scharf wie ein Schlag in die Schläfe. Ich schwankte Richtung Tür, die Gedanken rotierten, die Wut kam langsam hoch. Ich war geladen, bereit, jedem, der es wagte, mich um halb sieben morgens zu belästigen, die Meinung zu geigen.

Ich war auf Krawall gebürstet. Ich war müde, kaputt, leer, und wütend auf alles. Ich dachte an eine Haustür, die aufgeschlagen wird. An zwei Idioten, die lachen oder labern oder irgendwas von „Komm, wir gehen kiffen“ faseln. Ich dachte an eine Szene, in der ich losschreie: „Was zur Hölle fällt euch ein?!“
Aber das, was ich sah, als ich aus meinem Zimmer trat, war eine ganz andere Bühne. Meine Pflegemutter stand da. Vor ihrer Schlafzimmertür. Im Nachthemd. Sie weinte. Sie hielt sich die Hand vor den Mund, als wollte sie verhindern, dass die Tränen rausbrechen. Aber es war zu spät. Ihre Augen rot, ihr Gesicht fahl, irgendwas zwischen Schock und Schmerz.
Mein Herz setzte aus. Fuck, dachte ich. Was ist passiert?
Dann sah ich sie. Zwei Männer im Flur. Beide in Zivil. Einer hielt einen rosafarbenen Zettel in der Hand. Kein Lächeln. Kein „Hallo“. Nur diese ernste, professionelle Ausstrahlung. Ich sah auf ihre Gürtel: Pistolen. Handschellen. Scheiße. Polizisten.
Mein Pflegevater stand mit dem Rücken zu mir, drehte sich nicht zu mir um, sagte nichts. Er stand einfach da. Still. Fast so, als wollte er nichts mehr damit zu tun haben.
Einer der Männer trat einen Schritt vor. Kurzer Blickkontakt. „Guten Morgen. Mein Name ist Herr Metz, das ist mein Kollege Herr Weber. Wir sind von der Kriminalpolizei Kaiserslautern.“ Er zeigte kurz seinen Ausweis, aber ich starrte nur auf den rosafarbenen Zettel in seiner Hand.
Ich sagte nichts. Ich fühlte mich plötzlich leer. Als hätte mir jemand den Stecker gezogen. Dann kam der Satz: „Wir sind hier, weil ein Haftbefehl gegen dich vorliegt.“
Ein... was? „Ein Haft... was?“, fragte ich, benommen. Ich hörte

meine eigene Stimme kaum. Alles war dumpf. Wie unter Wasser. Metz hielt mir den Zettel hin. Ich nahm ihn nicht. Ich starrte nur darauf. Da stand mein Name. Mein Geburtsdatum. Mein kompletter Name. Handschriftlich, mit Stempel. „Haftbefehl". Schwarz auf Rosa.
„Hast du etwas Scharfes einstecken?" Herr Weber sprach jetzt, seine Stimme fest, sachlich. Ich riss die Augen auf. „Wollt ihr mich verarschen?! Ich bin gerade erst aufgewacht, Mann! Ich hab zwei Stunden geschlafen! Was soll ich schon dabei haben außer einem Feuerzeug und ein paar Zigaretten?!"
Keiner lachte. Sie blieben ruhig und durchsuchten trotzdem meine Hosentaschen. „Wir müssen Sie jetzt mitnehmen", sagte Metz. „Zum Amtsgericht Landstuhl. Der Haftrichter wird entscheiden, was mit Ihnen passiert." Ich realisierte es immer noch nicht. Ich dachte nicht an Gefängnis. Noch nicht. Aber der Blick meiner Pflegemutter sagte mir alles. Sie wusste es. Sie wusste es längst. Und sie weinte nicht, weil sie Angst hatte.
Sie weinte, weil sie wusste, dass das hier kein Irrtum war. „Zieh dir Schuhe an", sagte einer der beiden. „Dann kommst du mit." Ich ging zurück in mein Zimmer. Mein Herz hämmerte. Ich dachte an Flucht. An den Balkon. Zweiter Stock. Runterspringen? Irgendwie über den Zaun? Ich trat an die Tür, griff nach dem Griff, aber dann hörte ich ihn hinter mir. Weber.
Er war mir gefolgt. Stand in der Tür. Beobachtete mich. Kein Zweifel - ich würde keine Sekunde alleine gelassen. Scheiße. Ich hatte keine Wahl. Ich zog meine Schuhe an. Schwarze Nike Airs, alt, durchgelaufen, aber mit Geschichte. Die hatte ich nach dem Einbruch im Rathaus behalten. Damals, noch mit Johannes. Damals, als alles noch irgendwie... einfacher war.
Wenn auch genauso kaputt. Ich wusste damals noch nicht mal, dass ich aus dem Heim geflogen war. Sonst hätte ich mir den Mist gespart.

*

Wir gingen. Ich wurde von den beiden begleitet. Keine Handschellen, noch nicht. Draußen parkte ein Zivilfahrzeug. Ein Opel. Diesmal kein Corsa. Ein Kombi, silber. Im Kofferraum lagen Aktenkoffer, Warnwesten. Auf der Rückbank, wo ich mich

hinsetzen sollte, lagen weitere Akten - mit meinem Namen drauf. Ich setzte mich. Metz saß neben mir, Weber fuhr.
„Was passiert jetzt?“ fragte ich irgendwann. Meine Stimme war leise. Brüchig. Keine Antwort. Metz blickte geradeaus. „Das wirst du gleich sehen“ sagte er nur. Nüchtern. Kalt. Kein Mitleid. Kein Hass. Einfach... professionell. Ich lehnte mich zurück. Mein Kopf rauschte. Ich war müde. Ich war wach. Ich war nichts. Irgendwo in mir war noch Restalkohol. Der Gedanke, dass das hier gerade wirklich passiert, wollte nicht greifen.
Ich sah die Straßen vorbeiziehen. Die Welt draußen war einfach. Autos, Laternen, Häuser. Aber mein Inneres war ein Strudel. Und ich hatte keine Ahnung, wie tief er mich noch reißen würde.
Die Fahrt von der Atzel nach Landstuhl war nicht lang, aber jeder Moment schien sich zu dehnen, als wäre er in Zeitlupe. Das Auto rollte ruhig über die Straßen, und ich starrte aus dem Fenster, während mein Kopf schwer wie ein Stein auf meinen Schultern lastete.
Der Blick in die Welt draußen schien gleichzeitig fremd und vertraut. Der Alltag ging weiter, Menschen standen an Bushaltestellen, Schulkinder schlurften müde zur Schule, aber ich war längst aus allem herausgerissen worden. Ich dachte an Johannes. Er war der Grund, warum ich jetzt hier saß, warum ich in diesem Auto fuhr, warum die Polizei mich mitnahm. Er hatte mich verraten.
Ich hatte es geahnt, aber irgendwie nicht wirklich geglaubt. Und doch war ich hier, unterwegs zu einem Ort, der über meine Zukunft entscheiden sollte. Die Fahrt zog sich. Es war wie eine Ewigkeit in mir.
„Warum hast du das getan, Johannes?“, fragte ich mich immer wieder, doch keine Antwort kam. Der Kopf war leer, nur das Rauschen der Straße und das Dröhnen des Motors begleitete mich, während ich immer tiefer in diese Nacht hinein fuhr. Nach etwa 15 Minuten erreichten wir das Amtsgericht in Landstuhl. Das Gebäude ragte aus den grauen Straßen wie ein Bollwerk aus braunen, dicken Backsteinen.
Es war keine monumentale Architektur, aber die massiven Mauern gaben ihm eine kalte, abweisende Präsenz. Ich kannte dieses

Gebäude. Ich hatte schon oft von hier gehört, hatte es von außen gesehen. Aber jetzt war ich auf der anderen Seite - der Seite derer, die nicht mehr durch die Türen hineingehen durften, sondern hinausgeführt wurden.
Der Wagen hielt vor dem Eingang. Einer der Polizisten stieg aus, der andere blieb hinter mir, die Hand fest auf meiner Schulter.
„Wenn du irgendwas versuchst, bekommst du Handschellen“, sagte der Polizist, der hinter mir stand, mit ruhiger, aber bestimmter Stimme. Ich nickte stumm, fühlte mich hilflos und gleichzeitig widerspenstig. Ich war festgefahren, ohne Ausweg, und trotzdem flammte in mir ein Widerstand auf. Aber ich hatte keine Wahl.
Der Polizist vor mir machte den ersten Schritt, und ich folgte ihm langsam. Der andere ging hinter mir. Als ich die Tür des Wagens öffnete, fiel mir auf, wie der Schlüsselmoment gekommen war, wie der Plan, abzuhauen, in den Hintergrund rückte. Es war alles zu spät.
Ein Moment, der für immer in meinem Kopf bleiben würde. „Komm“, sagte der Polizist vor mir. Ich hatte keinen weiteren Plan. Keinen weiteren Gedanken. Ich war in einem Tunnel, und dieser Tunnel führte ins Ungewisse. Der Gang durch den Parkplatz zum Gebäude wirkte wie der Übergang in eine andere Welt. Der Geruch von Abgasen, die kahlen Wände der Polizei, die flimmernde Stille des Morgens – es fühlte sich an wie der Übergang von der Freiheit in eine Zelle, auch wenn ich mich noch nicht ganz so fühlte. Doch als wir die schweren Türen des Amtsgerichts hinter uns schlossen, wusste ich, dass es hier kein Zurück gab. Das Amtsgericht selbst war ein drückendes, schweres Gebäude. Die Wände aus großen braunen Backsteinen, dick und alt, schienen sich mit der Geschichte des Ortes zu verbinden.
Jedes Mal, wenn wir durch einen Flur gingen, knirschte der Boden unter unseren Füßen. Wir gingen an einem Pförtner vorbei. Die Polizisten grüßten ihn, als ob sie ihn schon kennen würden. Er trug eine grüne Uniform mit Rheinland-Pfalz Wappen, über dem in goldener gestickter Schrift das Wort Justiz prangte.
Der Gang, in den wir gingen, war jedoch leer, nur der leise Klang unserer Schritte hallte wider.

Der Polizist vor mir führte mich ruhig, aber bestimmt weiter. Der andere blieb stets hinter mir, als ob er mir die Flügel stutzen wollte, falls ich versuchte zu fliegen.Ich wusste nicht, was mich hier erwartete.
Der Raum, der Gerichtssaal, der Vorraum, der Haftrichter, all das war mir fremd. Ich war die Angeklagte, ich war der Fall, aber die Bedeutung des Moments rutschte in mir ab, als könnte ich es noch nicht begreifen. Ich fragte mich immer wieder: Warum war das alles passiert? Warum war ich hier? Doch keine Antwort kam. Im Warteraum angekommen, wurde ich zu einer Bank gebeten. Die Polizisten setzten sich in den Hintergrund. Ihre Blicke ließen mich keine Sekunde los, doch es war nicht nur die Überwachung, die mich beschäftigte.
Es war diese dichte, schwere Atmosphäre, die mich erdrückte. Jeder Moment, jede Sekunde schien sich hinzuziehen, als wollte mir das Gebäude selbst sagen: Du gehörst hierher. Die Minuten verstrichen. Ich starrte auf den Boden, versuchte, ruhig zu bleiben, aber in meinem Kopf wirbelten die Gedanken wild umher.
Was würde jetzt kommen? Was passierte hier? In mir brodelte etwas. Etwas, das wie ein Funken in einem Berg voller Asche war. Aber ich wusste, dass ich nichts tun konnte. Ich musste warten. Der Polizist an meiner Seite sagte nichts, aber es war diese leise Präsenz, die mich nicht losließ.
Ich konnte die Blicke der beiden Polizisten spüren, die mich wie einen Gefangenen betrachteten. Es war nicht nur die Tatsache, dass sie mich begleiteten, dass sie mich überwachten, sondern auch, dass ich wusste, dass alles, was ich noch zu verlieren hatte, jetzt in den Händen dieser Menschen lag, die hinter einer dieser Türen auf mich warteten.
Es vergingen sicher 10 Minuten. Dann ging die Tür auf, klackte gegen die Wand, nicht laut, aber entschieden, und ich wurde in einen Raum geführt, der irgendwie zu sauber wirkte für das, was ich mir unter einem Gericht vorgestellt hatte.
Es roch nach Kaffee und Akten. Die zwei Polizisten – Metz hinter mir, Weber voraus – steuerten mich zielstrebig auf einen Stuhl vor einem Schreibtisch zu. Dahinter saß ein Mann, mittleres Alter, leicht graue Schläfen, Halbglatze, randlose Brille, der sich mit

ruhiger Stimme vorstellte: „Ich bin Richter Pock."
Er klang nicht unfreundlich, aber auch nicht wie jemand, der lange Zeit für Smalltalk hatte. Neben ihm saß eine Frau, tippsend auf einer Tastatur, blonde Haare zu einem Pferdeschwanz gebunden, Blick starr auf den Bildschirm gerichtet. Ich wusste nicht mehr, wie sie hieß, wenn ich's überhaupt richtig gehört hatte. Justizsekretärin irgendwas, egal.
Ein weiterer Mann stand auf, als ich mich setzte. Grauer Anzug, dünnes Lächeln, kein Blickkontakt. Er streckte mir die Hand entgegen. „Ich bin Ihr Pflichtverteidiger." Ich sagte nichts. Nie von ihm gehört. Er nahm mich kurz zur Seite, flüsterte irgendwas von Akteneinsicht und dass er mich in der JSA besuchen komme, sobald er sich in alles hineingelesen habe. Ich nickte nur, wie man halt nickt, wenn man schon weiß, dass man nix mehr zu melden hat.
„Setz dich", sagte der Richter, ich setzte mich wieder. Dann begann er, meine Personalien zu überprüfen. Name, Geburtsdatum, Adresse - alles stimmte. Ich sagte nichts, nickte wieder nur, wie ein billiger Wackeldackel. Und dann begann er zu lesen. Anklageschrift. Das Wort allein klang schon wie ein Urteil.
Er las laut und deutlich. Eine Seite. Zwei Seiten. Drei. Jede einzelne traf mich wie ein Schlag. Nicht, weil ich schockiert war, dass ich all das getan hatte - sondern weil sie wirklich alles wussten. Alles. Mit Johannes. Ohne Johannes. Dinge, die ich längst verdrängt hatte, und Sachen, die ich in irgendeiner Suffnacht nur beiläufig erwähnt hatte, vielleicht mal aufm Schulhof oder bei einer Flasche Korn in einem Hinterhof. Das Burgrestaurant, klar. Aber auch die Arztpraxen, Läden, der abgefuckte Einbruch in enem Hundeplatz, den ich schon fast vergessen hatte. Zehn Anklageschriften. Nicht zehn Taten. Sondern zehn verfickte Anklageschriften. Mit jeweils mehreren Fällen. Das war kein Witz mehr.
Ich starrte auf den Tisch, fühlte mich wie durchgekaut, ausgespuckt und dann nochmal zertreten. Ich sah auf meine Hände, wusste nicht mehr, wohin mit meinem Blick.

*

Und dann sagte der Richter, mit einer Stimme, in der weder Wut noch Mitleid lag: „Da haben Sie sich ja einiges zu Schulden

kommen lassen. Möchten Sie etwas dazu sagen?" Ich schüttelte den Kopf, leise, wie jemand, der schon weiß, dass's nix mehr bringt. Kein Wort kam über meine Lippen. Ich war leer, müde, traurig vielleicht – aber mehr noch: wütend. Auf Johannes. Auf mich. Auf die ganze verdammte Welt. Darauf, dass der Richter mich mal duzte, mal siezte.
Der Richter nickte, schrieb was auf. Dann sagte er die Worte, vor denen meine Pflegemutter wahrscheinlich schon beim Aufstehen Angst hatte:„Sie werden in die Jugendstrafanstalt Schifferstadt überstellt. Es besteht Wiederholungsgefahr, Verdunkelungsgefahr, Fluchtgefahr. Der Haftbefehl bleibt bis zur Hauptverhandlung aufrecht. Ich wünsche Ihnen alles Gute."
Er sagte das so, als wär's eine Erkältung. Als würde er mir gute Besserung wünschen nach einer Mittelohrentzündung. Ich hätte lachen können, wenn ich nicht so tief in meinem eigenen Sumpf versunken gewesen wäre.
Metz und Weber machten eine Geste. Zeit zu gehen. Diesmal legten sie mir Handschellen an. Nicht brutal. Aber auch nicht zärtlich. Ich fühlte mich wie ein Schwerverbrecher. Ein Mörder. Dabei hatte ich doch nur geklaut. Eingebrochen. Gut, nicht nur einmal. Nicht nur zweimal. Zehn fucking Anklageschriften. Aber trotzdem. Ich war fünfzehn. Und jetzt stand ich da, Metall um die Handgelenke, als wär ich Pablo Escobar in Turnschuhen.
Auf dem Weg zum Auto nahm mir Metz die Handschellen wieder ab. Vielleicht, weil er wusste, dass es eh keinen Sinn hatte, mich fester zu machen. Ich stieg ein. Wieder auf die Rückbank. Wieder der große Opel-Kombi. Wieder Akten neben mir. Akten über mich.

*

Wir fuhren auf die Autobahn, Richtung Mannheim, bogen dann aber irgendwann ab, bei Speyer vorbei. Irgendwo da in der Nähe lag Schifferstadt. Ich wusste nicht viel über die JSA. Nur, dass man da nicht freiwillig hinging. Und dass es keine Wochenendbesuche mit Kuchen geben würde.
Ich dachte nach. Über alles. Johannes, dieses Arschloch. Ich hatte ihm vertraut. Und er? Er hatte mich verraten. Anders konnte es nicht sein. Woher hätten die das alles sonst wissen sollen? Ich konnte mir selbst nicht mehr in die Augen sehen. Nicht, weil ich so

ein schlechter Mensch war. Sondern weil ich so dumm gewesen war, zu glauben, jemand wie Johannes hätte auch nur ansatzweise sowas wie Loyalität in sich. Und das war kein Film.
Nach ca. einer Stunde fuhren wir auf einen Parkplatz vor ein Tor. Groß. Grau. Kalt. Ein Schild. „Jugendstrafanstalt Schifferstadt". Weber stieg aus, langte nach dem Klingelknopf. Metz drehte sich zu mir, sah mich an. Und dann sagte er - als wär er doch noch irgendwo ein Mensch: „Willst du noch eine rauchen?" Ich nickte. Wortlos.
Und da stand ich dann, auf dem Parkplatz vor dem Knast, mit zitternden Fingern und einer Fluppe im Mund. Tief zog ich den Rauch ein. Ich hätte weinen können, aber selbst dafür war ich zu müde.
Dann klingelte Weber. Die Tür brummte, ging auf. Metz klopfte mir auf die Schulter. „Los jetzt." Ich trat durch das Tor. Ohne zurückzusehen. Ohne irgendwas zu sagen. Nur ein Gedanke noch in meinem Kopf, während ich die ersten Schritte in die Anstalt machte: Dumm nur, dass ich mir vor ein paar Tagen die Fußnägel lackiert habe.

4. Buch 2006

Willkommen im System.
Willkommen in der Hölle aus Beton.

Eine dicke graue Stahltür neben dem großen Tor öffnete sich mit einem kurzen, mechanischen Surren. Diese Tür war mir zuvor gar nicht aufgefallen. Oberhalb des Eingangs ragte ein kantiges Fenster aus der Wand, wie ein Auge, das beobachtete, aber selbst nicht zu erkennen war.
Die Scheiben waren verspiegelt, man konnte nicht hinein-sehen, nur ahnen, dass da jemand auf der anderen Seite saß und uns beobachtete, mich beobachtete, wie ich dastand – gefangen zwischen zwei Polizisten in Zivil – wie ein Stück Fleisch vor der Schlachtung. Metz stand direkt hinter mir. Nicht zu nah, aber nah genug, um mir jede Hoffnung zu nehmen.
Der wusste genau, wie man das macht – wie man durch bloßes Stehen eine Mauer baut. Bedrohung ohne Worte.
Ich hätte nirgends hinlaufen können, selbst wenn ich es gewollt hätte. Wir waren auf dem Weg hierher an verlassenen Industrieanlagen vorbeigefahren, Fertigungshallen, Baustellen, kahle Flächen, ein paar Bäume, irgendwo ein Waldstück – das hier war nicht irgendwo in einer Stadt. Das hier war Schifferstadt, aber es hätte auch Niemandsland heißen können.

Isoliert. Vergessen. Und ganz in der Nähe: die Autobahn. Das ewige Rauschen von Autos, die vorbeifuhren, ohne zu wissen, welches Leid sie da gerade umspült haben. Oder wussten sie es? Spürt man das, wenn man an einem Ort wie diesem vorbeifährt, wo Freiheit stirbt? Ich wusste nichts mehr. Weber, der andere Polizist, reichte dem Justizbeamten hinter der Glasscheibe ein paar Ordner und ihre Dienst-ausweise – vermutlich auch den ganzen bürokratischen Dreck – und meinen Haftbefehl. Ich stand dazwischen wie ein Möbelstück, das abgegeben werden musste.
Lagerplatz Knast.

Die Schleuse war nüchtern, fast steril. Rechts an der Wand: Spinde. Die Polizisten legten dort ihre Dienstwaffen und Handys ab – keine Gewaltmittel hinter den Gittern. Die Regeln ändern

sich, sobald die Tür ins Schloss fällt. Dann ist man nicht mehr Mensch und nicht mehr frei. Dann ist man nur noch: Insasse.
Man bat mich, mich hinzusetzen. Metz und Weber verschwanden in irgendeinem Raum, um den Rest zu klären. Ich saß da auf einer kalten Bank und fühlte mich wie auf dem Präsentierteller. Ich wollte nicht auffallen, aber ich war es schon. Ich war der Neue. Frischfleisch.

*

Irgendein Beamter kam zu mir – Mitte dreißig vielleicht, kurze Haare, sportlich, trainiert. Harte Gesichtszüge. Kein Grinsen, aber auch kein Hass in den Augen – eher dieser gleichgültige, abgeklärte Blick, den man hat, wenn man sowas jeden Tag macht. „Hast du schon mal gesessen?“, fragte er, als würde er Smalltalk führen. „Nur im Heim“, antwortete ich, meine Stimme zitterte.

Er lachte. Trocken. Ohne Zynismus, eher wie jemand, der weiß, dass die Antwort immer gleich ist. „Dann kennst du das ja schon. Ist fast das Gleiche hier, nur mit Mauern.“
Fast das Gleiche. Klar. Nur ohne Rausgehen. Ohne Hoffnung. Ohne Möglichkeit, davor weg zu laufen. „Das hier ist eine Jugendstrafanstalt“, sagte er dann mit diesem Tonfall, der keine Fragen zuließ. „Hier gibt's klare Regeln. Die werden dir später erklärt. Du kommst jetzt erstmal mit. Wir machen die Aufnahme.“
Aufnahme. Was für ein Wort. Als würden sie mich in einen Club aufnehmen.
Willkommensgruß im Club der Gescheiterten. Der Knackis. Der kaputten Seelen. Wir gingen durch einen schmalen Flur. Von außen hätte man nie gedacht, dass hier noch so viel Raum dahinter lag. Alles war aus Beton, grau, kantig. Keine Fenster. Keine Farben. Nur Neonröhren und Schatten. Wir hielten an einer offenen Tür – dahinter ein kahler Raum, eine Bank an der Wand, mehr nicht. Fast wie eine Zelle. Kalt. Zwecklos. Ich dachte an die Zelle im Keller der Polizei in Landstuhl, in die Johannes und ich nach dem Einbruch in die Schule gesteckt wurden. Da gab's gar nichts. Nur ein Loch im Boden, ein Holzbrett auf einem Betonvorsprung. Hier war es minimal besser. Aber nur minimal. Immerhin kein Loch, was mir zeigte, dass ich hier nicht schlafen

müsse. Der Beamte bedeutete mir mit einem Nicken, hinein zugehen. Dann kam der Satz. „Ausziehen“, sagte er. Nicht laut. Nicht aggressiv. Einfach sachlich. Aber sein Grinsen war schmal und faulig. Ich erstarrte. Mein Herz schlug mir gegen die Rippen. Meine Hände zitterten. „Na los, da rein da und ausziehen“, wiederholte er. Ich ging rein. Die Tür blieb offen. Ich drehte mich um, sah ihn an.
Er sah mich an wie einen Haufen Müll. Kein Mitleid. Kein Ekel. Kein Interesse. Nur der nächste Punkt auf seiner To-Do-Liste. Ich stand in diesem kahlen Raum, der kaum mehr war als eine Zelle ohne Fenster. Eine Bank. Kalter Betonboden. Weiße Wände, die flackerten, weil die Neonröhre an der Decke manchmal zuckte. Es roch nach abgestandener Luft. Ich fühlte mich wie ein Tier, das gleich auf seinen Fleischwert geprüft wird. Wie ein Produkt. Verpackung runter, gucken, was drin ist. Ich zögerte. Meine Finger griffen zögerlich nach dem Reißverschluss meiner Jacke.
Ich wollte nicht. Nicht so. Nicht vor ihm. Nicht überhaupt. Aber ich tat es.
Was hätte ich auch tun sollen? Ich zog die Jacke aus. Legte sie langsam auf die Bank. Dann das T-Shirt. Mein Herz pochte so laut, dass ich es in meinen Ohren hören konnte. Ich stand oberkörperfrei da. Der Beamte sah mich an, als wäre ich nicht mal ein Mensch. Einfach irgendein Junge. Aber das war ich nicht.
Ich fühlte mich wie eine Lüge in meinem eigenen Körper. Meine Arme wollten automatisch hochgehen, meine Brust bedecken. Aber ich tat es nicht. Ich zwang mich. Ich starrte geradeaus, versuchte, den Blick des Beamten nicht zu treffen. Ich wollte weinen, aber ich zwang mich, es nicht zu tun. Ich konnte hier nicht schwach sein. Nicht jetzt.

Ich dachte an Schwimmbäder. Daran, warum ich sie meide. Ich kann ja als Junge in einem Schwimmbad schlecht einen Bikini tragen. Ich erinnerte mich, wie ich einmal nachts mit Johannes über den Zaun vom Azur in Ramstein geklettert bin. Wir wollten schwimmen.
Einfach so, mitten in der Nacht, nur wir zwei. Niemand da, niemand der uns sieht. Da war es okay. Da konnte ich sein, wie ich

war. Kein Lärm. Kein Befehlston. Keine Augen, die mich ausziehen wollten, ohne es zu sagen. Nur das Wasser, der Mond und Johannes. Er kannte er mich. Kannte mich besser als alle, die meinten, mir helfen zu wollen. Er wusste von den Schlägen im Heim.
Von den Nächten auf der Straße. Von der Kälte, die in einem bleibt, auch wenn es Sommer ist. Von dem Hunger, der nichts mit Essen zu tun hat. Und er wusste, dass ich auf manche Dinge nicht antwortete, nicht weil ich stumm war, sondern weil es zu viel war. Weil es weh tat. Und er hat's akzeptiert. Keine Fragen. Kein Bohren. Nur Stille, manchmal ein Nicken, ein Blick. Und das hat gereicht. Er hat von meinem Inneren nichts geahnt. Und trotzdem war er der Einzige, bei dem ich nicht wegrennen musste. Vielleicht weil er selbst so viele Dämonen hatte. Vielleicht weil wir beide wussten, was es heißt, allein zu sein. Nicht das „ich will meine Ruhe“-allein, sondern das „wenn ich jetzt falle, merkt es keiner“-allein. Und für ein paar Stunden in dieser Nacht, im leeren Schwimmbad unter dem Mond, hat das Wasser alles ausgeblendet. Die Vergangenheit. Die Schmerzen. Die Fragen. Da war nur Stille. Und in der Stille war Frieden.

Aber hier war alles anders. Der Beamte trat einen Schritt näher. „Na los jetzt, wir haben nicht den ganzen Tag. Hose und Unterhose auch.“ Sein Ton wurde schärfer.
Ich riss mich aus meinen Gedanken. Die Realität schlug mir ins Gesicht. Ich öffnete den Gürtel. Meine Finger zitterten. Ich bückte mich, zog die Hose runter. Dann die Unterhose. Mein Blick fiel auf meinen Fuß. Durch ein kleines Loch in meinem Strumpf blitzte der rote Nagellack meines großen Zehs hervor. Fuck.
Ich hatte vergessen, dass ich den noch drauf hatte. Mein Magen zog sich zusammen. Meine Beine glatt rasiert. Der Nagellack. Die Scham brannte wie Feuer unter meiner Haut. Ich wollte verschwinden. Einfach weg. Ich wollte, dass der Boden aufbricht und mich verschluckt. Ich wollte nicht, dass jemand das sieht. Nicht er. Nicht irgendwer.
Ich stand da. Nackt. Offen. Entblößt. Und so allein wie nie. Ich fühlte mich nicht einfach nur nackt, sondern seziert. Wie ein Stück

Fleisch auf einem kalten Tisch. Er sah mich an. Kein Kommentar. Keine Reaktion. Nichts. Vielleicht war das noch schlimmer. Diese Gleichgültigkeit.
Diese Professionalität, die nichts mehr mit Menschlichkeit zu tun hatte. Mir liefen Tränen über die Wangen. Ich merkte es kaum. Erst als die Tropfen meine Brust berührten, nahm ich sie wahr. Ich hätte schreien können. Ich hätte mich auf den Boden werfen und toben wollen. Aber ich tat nichts. Ich stand einfach da.
Es war der Moment, in dem mal wieder etwas in mir zerbrach. Nicht mit einem großen Knall. Sondern still. Lautlos. Wie ein feines Haar, das reißt. Ich hatte keine Kontrolle mehr über meinen Körper. Über mein Leben. Über gar nichts.
Und während ich da stand, nackt, bloßgestellt, weinend, wusste ich: Das hier war der Anfang vom Ende. Mit einem Blick auf meine Füße sah ich das Rot des Nagellacks auf meinem großen Zeh.
Scheiße!

Und ich hatte mir die Beine rasiert, gestern erst. Was dachten sie, als sie das sahen? Was dachte er? Er hatte ja keine Ahnung, wer ich war, was ich fühlte, was in mir vorging. Und doch musste er sich jetzt über mich stellen, musste mir noch mehr Scham aufbürden, damit ich mich noch kleiner fühlte, noch zerbrochener.
„Bist du schwul oder was?“ fragte er plötzlich. Der Ton war ein Mix aus Neugier und Abscheu. Ich hätte schreien können. Hätte mich wehren können. Aber ich tat nichts. Ich stand da und ließ alles über mich ergehen, wie ein Schatten, der zu schwer war, um ihn abzuschütteln.
Ich antwortete nicht, konnte nicht antworten. Was hätte ich auch sagen sollen? Dass ich mich selbst nicht verstand, geschweige denn jemand anderem erklären konnte, was da in mir vorging? Dass ich mich in meiner eigenen Haut nicht mehr wohlfühlte, dass ich hier war, weil mir niemand geholfen hatte, weil mir niemand geglaubt hatte?
Der Pfortenbeamte, der zuerst mit den Polizisten die Formalitäten geregelt hatte, stand plötzlich wieder da. Er hörte wohl das Gelächter seines Kollegen.

Er warf mir einen Blick zu, dann wandte er sich ab. Der erste Beamte, der sich mein Verhalten anscheinend genau angeschaut hatte, ging kurz zurück in den Flur. Er kam mit einer Kamera zurück. Ich wusste, was er wollte. Ich wusste, was er jetzt tat.
„Jetzt schau mal her", sagte er, als er die Kamera hochhielt. Ich starrte auf das Objektiv, das alles von mir einfing, was ich nicht zeigen wollte. Zuerst machte er ein Foto aus der Tür, dann näherte er sich, als würde er die Distanz zu meinem Schmerz messen wollen. Und dann war er direkt vor mir, stand nur einen Schritt entfernt und hielt die Kamera auf meine Füße, auf den Nagellack, den ich mir vor nicht allzu langer Zeit aus Gewohnheit drauf gemacht hatte.
Ich fühlte mich wie ein Tier, das in die Enge getrieben wurde, ein Stück Fleisch, das man einfach nur dokumentierte, ohne dass es noch irgendetwas zu sagen hatte. Keine Antwort mehr. Keine Flucht. Nur der kalte Blitz des Fotografen und das rasche Zischen des Auslösers. Und mit jedem Foto brach ein weiterer Teil von mir zusammen.

*

Ich wollte einfach nur verschwinden. Wünschte mir, die Erde würde sich auftun und mich verschlingen. Aber ich war hier, gefangen in einer Welt, in der ich keine Kontrolle hatte, in der ich nichts mehr war als das Bild, das er von mir aufnahm. Der Moment dehnte sich aus, wurde größer, und mit ihm wuchs mein Gefühl des Zerbrechens. Als er endlich aufhörte, stand ich da – immer noch nackt, immer noch bloßgestellt. Meine Tränen waren getrocknet, aber der Schmerz war in mir. Die Scham war in mir. Und ich wusste, dass ich nie wieder die Person sein würde, die ich einmal war. Als der Pfortenbeamte grinsend wieder an seinen Platz ging und vor mir verschwand, ging die Prozedur weiter.
Wie als wäre nichts gewesen. Kein Vorfall, kein nichts, aber ich stand noch immer da, ausgezogen. Nicht nur körperlich, sondern vor allem selisch. Der Beamte schaute auf seine Armbanduhr, welche unter seiner dunkelblauen Uniform-jacke ein wenig herausragte und dann sagte er fast schon hektisch „Arme heben".
Ich gehorchte. „Umdrehen." – „Husten." Ich gehorchte. Ich gehorchte allem. Weil ich wusste, dass Widerstand nichts mehr

bringt. Weil alles in mir längst still war. Ich war kein Mensch mehr. Nur noch eine Hülle, die Befehle befolgte. Kein Rest. Nur Schatten.
Nachdem er sich vergewissert hatte, dass ich nichts mehr bei mir trug, wies er mich an, meine Kleidung in eine Tüte zu stopfen. Auch mein T-Shirt, meine Hose, meine Socken. Mein Feuerzeug. Die Zigaretten. Dinge, an denen ich mich irgendwie noch festhielt – nicht weil sie viel wert waren, sondern weil sie mein waren. Weil sie nach draußen rochen. Nach Straße. Nach mir. Jetzt lagen sie in einer durchsichtigen Plastiktüte, versiegelt. Weggenommen. Abgeschnitten. Ich durfte nichts behalten. Kein Feuerzeug. Kein Atem. Kein Ich.

Der Beamte reichte mir eine graue Plastikkiste, in der sorgsam gefaltet eine Garnitur lag - roter Jogginganzug, Feinripp-Unterhemd, Feinripp-Unterhose. Alles roch nach billigem Waschmittel. Die Kleidung sah getragen aus. Ich erkanne sofort, dass die dicken Wollsocken bereits geflickt waren. Vermutlich schon mehrfach.
Die Kleidung eines Menschen, der jetzt nicht mehr frei war. „Probier, ob's passt", sagte er, als würde es irgendeine Rolle spielen, ob ich mich darin wohlfühlte. Ich zog das Unterhemd über, spürte das kratzige Material auf meiner nackten Haut. Dann die Unterhose – viel zu groß. Der Jogginganzug hing schlaff an mir herunter. Wie das Kostüm einer Rolle, die ich nicht gewählt hatte. „Hier." Er reichte mir einen grauen Parka. Groß, schwer, unpersönlich. Kein Wort, kein Blick.
„Wir gehen jetzt weiter zum Arzt, der soll nach dir schauen."
Ich konnte nichts erwidern. Voller Scham, mit gesenktem Blick, folgte ich ihm. Wir verließen den Raum, nicht durch den Eingang, durch den ich hereingekommen war.
Weber und Metz waren längst Vergangenheit. Sicher standen sie inzwischen irgendwo an einer Raststätte, tranken aus Pappbechern ihren Kaffee, erzählten sich Geschichten über den Tag, vielleicht lachten sie auch. Vielleicht auch nicht.
Egal. Ich war ihnen egal.

Feinripp in der Hölle

Der Beamte führte mich durch den Pfortenbereich, vorbei an kahlen Türen, kahlen Wänden. Dann standen wir an einer anderen Tür, am rückseitigen Ausgang. Er griff an seinen Gürtel, nahm sein Funkgerät ab und drückte die Sprechtaste. „Klaus, hörst du? Hier ist Michael. Hab nen Neuzugang. Stehen an der Pforte. Kommst du ihn holen und bringst ihn zu F5?“

F5? Was war das? Ich konnte kaum noch denken. Alles in mir war dumpf, ausgehöhlt. Der Restalkohol vom Abend zuvor hatte langsam seine Wirkung verloren.
Ich kam an. In der Wirklichkeit. In meinem neuen Zuhause. Der Beamte, Michael, schloss die Tür auf. Einen großen merkwürdig aussehenden Schlüssel sah ich an seinem Schlüsselbund, welcher mit einem dünnen Draht an seiner Hose befestigt war, fast schon wie ein Diebstahlschutz, wie man ihn bei Mediamarkt an teueren Smartphones kennt.
Es waren noch mehr Schlüssel daran, aber es war dieser eine große, welcher mir direkt ins Auge fiel.
Er schloß die Tür auf, und ich hob den Kopf. Vor mir: ein Verwaltungsgebäude aus braunem Ziegelstein, vier Stockwerke. Weiße Türen, vergitterte Fenster. Kameras an allen Ecken. Jedes Fenster ein Auge. Jedes Auge ein Urteil. Ich spürte, wie sich etwas in meinem Magen zusammenzog.
Rechts davon ein anderes Gebäude, mit einem großen weißen Schild: F6 U-Haft. Als wäre das eine Hausnummer. Doch die Bedeutung war eine andere...
Es war ruhig. Ungemütlich ruhig. So eine Stille, die nicht leer ist, sondern vollgestopft mit Erwartung, mit Kontrolle, mit Gewalt im Wartestand. Das Gelände wirkte riesig, viel zu weit für einen Ort, an dem man sich nicht frei bewegen durfte.
Es war eingepfercht in Mauern, die nicht einfach Mauern waren – es waren Monumente aus Beton, dick, hoch, erbarmungslos. Die Dinger hatten keine Risse. Kein Moos. Kein Leben. Nur Zweck. Nur Grenze.
Und als ob das nicht reichte, gab es vor den Mauern noch mehr.

Noch eine Sicherungslinie. Einen weiteren Zaun aus schwerem Metall, massiv wie ein verdammter Panzerzaun. Und was ihn krönte, was alles überragte, waren die Rollen Stacheldraht. Nur, dass es kein gewöhnlicher Stacheldraht war.
Kein rostiger, verblichener Draht, wie ich ihn kannte von alten Zäunen irgendwo draußen, bei einer dieser Ruinen, in die ich mit Johannes mal eingebrochen war, nur zum Spaß, um zu kiffen, um dem Leben zu entkommen. Der hier war anders. Der hier war kein Draht mehr. Es war eine Waffe. Er hatte keine stumpfen Stacheln. Es waren Klingen. Scharf wie Rasiermesser. Jede Windung sah aus wie eine mechanische Bestie, bereit, dich zu zerfetzen, sobald du dich näherst. Diese Dinger schienen sogar im Wind zu flüstern. Kein „Bleib weg" - sondern:„Versuchs, ich fress dich bei lebendigem Leib."
Und sie lagen überall. Oben auf der Mauer, nebeneinander, übereinander, wie ein Nest aus Klingen, das niemals schlafen würde. Und davor, auf dem Boden, dieselben Rollen, ausgebreitet wie ein Spinnengeflecht, das darauf wartete, dass irgendwas dumm genug war, hineinzugeraten.
Dazwischen stand dieser verdammte Zaun... so hoch, dass selbst der Gedanke ans Klettern wehtat. Überzogen mit Sensoren, Bewegungsmeldern, allem, was man brauchte, um einem endgültig klarzumachen: Du bist nicht mehr Teil der Welt da draußen. Du bist Beute, Eigentum des Staates.

*

Ich starrte auf dieses Höllensystem, und dann fiel mir dieser beschissene Satz wieder ein, den der Beamte Michael im Pfortenbereich gesagt hatte. „Hier ist es wie im Heim, nur mit Mauern."
Ich spuckte den Gedanken innerlich aus. Fick dich, fick dein „wie im Heim". Im Heim gab es Schläge. Ja. Im Heim gab es Einsamkeit... Aber das hier... das war was anderes.
Das hier war kalt organisiert. Hier hatte alles System. Hier war die Grausamkeit nicht willkürlich, sie war geplant. Sie war Architektur. Sie war Routine. Hier ist es nicht wie im Heim. Hier ist die Hölle. Und ich war mittendrin. Mit Feinripp auf der Haut, einem roten Jogginganzug am Leib und einer Übelkeit, die sich anfühlte

wie ein Tier, das sich in meinem Bauch eingenistet hatte.
Hinter diesem F6 Gebäude entdeckte ich einen weiteren eingezäunten Platz. Darauf eine Tischtennisplatte aus Beton. Grau. Kalt. Unverwüstlich. Daneben ein Basketballkorb. Ohne Netz. Auch aus Metall. Hart. Hoch. Alles hier war gebaut, um nicht kaputtzugehen, außer den Menschen. Kameras auch dort, an jedem Winkel. Sogar die Laternen rund um den Hof waren bestückt mit kleinen Objektiven.
Alles sah. Alles hörte. Alles merkte sich. Ich fühlte mich nackt. Noch immer. Vielleicht mehr denn je. Nicht, weil ich keine Kleidung trug - die hatte ich ja inzwischen. Sondern, weil ich erkannt hatte, dass ich von nun an nichts mehr verbergen konnte. Nicht mich. Nicht meine Gedanken. Nicht einmal mehr meinen Schmerz.
Mir wurde übel. So richtig. Nicht nur dieses flaue Gefühl im Bauch. Es war, als würde mir die Kotze schon auf der Zunge liegen. Bitter. Scharf. Aber mein Körper weigerte sich.Ich glaube, er hatte Angst vor den Konsequenzen. Angst davor, auch das noch falsch zu machen. Auch damit noch aufzufallen. Ich schluckte runter. Runter in den Magen, wo alles langsam gärte - Scham, Angst, Ekel.
Willkommen im System. Willkommen in der Hölle aus Beton. Ich stehe reglos an der schweren Stahltür, das kalte Metall hinter meinem Rücken wie ein stummes Urteil. Draußen summt die Welt weiter, doch hier herrscht eine bleierne Stille, die jeden Laut erstickt, bevor er entstehen kann. Von mir dringt kein Ton nach außen, keine Antwort auf die Befehle, keine Widerworte auf die Fragen, die man mir stellt.
Aber in meinem Kopf tobt ein Wasserfall: „Schwul. Nagellack. Wie im Heim…“ Diese Worte stürzen in endlosen Schleifen aufeinander, verweben sich, sprudeln hervor, reißen mich auseinander und fügen mich zugleich wieder zusammen – ein Chaos aus Scham und Zorn und Verzweiflung.
Es kommt mir vor, als stünde ich ewig dort, bis neben dem Verwaltungsgebäude ganz in der Nähe ein weiterer Mann auftaucht, der diese Szenerie besiegeln soll: Ein kleiner, älterer Beamter, etwas dicklich, mit faltigem Gesicht und einem Funkgerät am Gürtel.

Doch anstatt weiterzugehen, bleibt er einige Schritte entfernt stehen - als hätte ihn die Müdigkeit des Ortes selbst eingeholt, als würde jeder weitere Schritt in dieses System ihn selbst zu viel kosten. Er wirkt, als sei er es leid, noch näher zu treten, als hätte er verstanden, dass hier drinnen jeder Schritt einer zu viel ist.
Er hebt kurz die Hand, ein knappes Zeichen, mehr für meinen Aufpasser gedacht als für mich. Und der neben mir stehende Beamte, reagiert sofort.
Er streckt mir wortlos einen schmalen Ordner entgegen, leicht, fast zerbrechlich, und sagt: „Hier. Geh zu dem Kollegen da vorne. Gib ihm das."
Seine Stimme ist leise, beinahe vertraulich, als würde er mir etwas ganz Banales anvertrauen. Dann, nachdem ich den Ordner genommen habe, fügt er hinzu: „Und renn bloß nicht. Das sehen wir hier nicht gern."

Rennen? Ich? Neben all diesem Stacheldraht und den Betonmauern, die um uns herum in den Himmel ragen? Ich muss fast über diese Vorstellung lachen, so absurd ist sie. Nicht, weil ich mich für clever halte, sondern weil ich längst resigniert habe. Resigniert, als sie den Nagellack auf den Zehennägel meiner Füße sahen, und mich zwangen, mich wie in einem Tierkäfig auszustellen, während sie drückten und klickten: Fotografie um Fotografie. Niederträchtig und gleichgültig. Ich war nicht mehr ein Mensch, sondern nur noch Objekt. Ein „Fall", den man abarbeitete.
In meinem Kopf dröhnte Nirvana, „Here we are now, entertain us…" Kurt Cobain, der sich dem Treibstoff all dieser Erwartungen entzog, indem er einfach… Schluss machte. Ich hatte ihn bewundert um sein Recht, den Aus- Knopf zu drücken, den Mut, zu sagen: „Leckt mich am Arsch, ich bin raus." Aber ich habe keinen Aus-Knopf.
Ich bin hier, an diesem grauen Flickenteppich aus Asphalt und Beton, und der einzige Weg, der mir bleibt, führt zu diesem verdammten Mann, der mich nun zu F5 begleiten wird, in die Ungewissheit, zu irgendeinem Arzt, der meine Akte lesen, und mich von Kopf bis Fuß sezieren wird.

Ich nehme den Ordner, spüre, wie mein Puls gegen meine Schläfen hämmert. Die dünnen Seiten, zwischen denen all meine Daten, Vermutungen, und Straftaten einsortiert sind, pressen sich an meinen Unterarm.
Die Mappe ist fast zerbrechlich, als könnte sie bei der kleinsten Berührung auseinanderfallen. Aber sie hält – wie ich. Ich schiebe den Arm eng an den Körper, als wäre die Akte etwas, das mich stützt und zugleich erdrückt.
Dann nicke ich kurz, kaum merklich, und setze mich langsam in Bewegung. Der Weg zum anderen Beamten fühlt sich an wie eine Ewigkeit. Der Boden unter meinen Füßen knirscht kaum hörbar, aber in meinem Inneren hallt jeder Schritt wie ein Urteilsspruch.
Der ältere Beamte wartet, unbewegt, nimmt mir die Mappe nicht sofort ab. Erst als ich direkt vor ihm stehe, ohne Blickkontakt, ohne Worte, dreht er sich um und führt mich wortlos weiter in diese Hölle hinein.

Wir gehen über das weitläufige Gelände, vorbei an dem Verwaltungsgebäude, vorbei an einem Biotop, das einen großen Teich umschließt – ein beinahe groteskes Idyll inmitten dieser Welt aus Beton, Stacheldraht und abgestuften Grautönen.
Der Teich liegt still da, als hätte man ihn vergessen, wie ein Überbleibsel aus einer Zeit, in der man sich hier vielleicht noch um Schönheit bemühte, oder zumindest so tat. Auf der spiegelglatten Wasseroberfläche ziehen Enten mit ihren Küken sanfte Bahnen, manche liegen träge am Ufer, andere heben mit schwerem Flügelschlag ab und verschwinden in den Himmel, als sei es das Selbstverständlichste der Welt.
Welch eine traurige Ironie, denke ich, dass ausgerechnet mitten in dieser Gefangenschaft jene Wesen frei sind, die man sonst in Parks füttert oder in Käfige sperrt. Die Vögel kommen und gehen, wann immer ihnen danach ist – frei im Kopf, frei im Körper.
Und ich? Ich vegetiere hier, wie ein eingesperrtes Tier, dem man seine Bewegungsfreiheit, seine Entscheidungen, ja, seine Würde geraubt hat. Hier drin sind nicht die Tiere die Gefangenen – hier ist der Mensch das Tier.

Das Leben auf Pause gedrückt.

„Da drüben ist der Sportplatz“, sagt der Beamte und streckt den Arm aus. Ich folge seinem Finger. Rechte Seite, ein umzäuntes Feld mit verblassten Linien, leere Tore. „Und dahinter“, fährt er fort, „die Werkstätten. Metall, Holz, Produktion.“ Seine Stimme ist ruhig, beinahe andächtig, als würde er mir etwas wirklich Bedeutendes zeigen. Ich lasse den Blick schweifen - flache, sachliche Bauten, ein bisschen Dampf aus einem Rohr, irgendwo das Rattern einer Maschine. Weiter hinten, halb verborgen von einem Maschendrahtzaun, sehe ich Gewächshäuser. „Auch 'ne Gärtnerei gibt's. Für die, die lieber mit Blumen arbeiten als mit Lärm.“ Er sagt das nicht mit Stolz, nicht direkt. Aber irgendetwas in seinem Tonfall verrät: Das hier bedeutet ihm etwas. Diese geordnete Welt aus Stahl, Erde, Schweiß und geregelten Pausen. Ein System, das die Leute beschäftigt hält. Vielleicht, damit sie nicht durchdrehen. Vielleicht auch, weil sie's sonst würden.
„Da kann man was verdienen“, sagt er. „Nicht viel. Aber besser als nichts.“
Ich antworte nicht. Was soll ich damit? Ich will dieses Wissen nicht. Ich will keine Gärtnerei, keine Maschinen, keine Holzsplitter unter den Nägeln. Ich will raus. Aber er redet weiter, als hätte ich gefragt: „Arbeiten dürfen nur Strafgefangene. Und auch nur die, die sich nichts zu Schulden kommen lassen." Ich blicke ihn an, zum ersten Mal wirklich.
Die Worte setzen sich in meinem Schädel fest wie Spreißel. „Und wenn das alles nur für Straf… dings ist“, sage ich leise, „was bin dann ich?“ Ich zögere. Er schaut mich an, als hätte ich eine seltsame Frage gestellt.
Dann zuckt er mit den Schultern. „Du bist in Untersuchungshaft. Vorne bei der Verwaltung. F6.“ U-Haft. Das Wort klingt nach Schwebezustand, nach Nichts und Niemand.
„Untersuchungshäftlinge dürfen nicht arbeiten“, sagt er nüchtern. „Theoretisch gibt's einen Hausarbeiter. Einen einzigen. Aber der Platz ist besetzt. Und auch nur die werden das, die sich das verdienen, ohne aufzufallen.“
Ich spüre, wie mir kalt wird. Nicht von außen.

Von innen. Als hätte er gerade den Satz gesagt, der mir endgültig klar macht, dass ich hier nicht mal dazugehören darf. Nicht mal zur Maschine. Nicht mal zum System. Wir gehen weiter.
Ich trotte hinter ihm her, über betonierte Wege, zwischen Bau und Begrenzung. Der Boden ist sauber, fast steril, aber alle paar Meter stehen diese tonnenschweren Aschenbecher herum – grau, klobig, mit schmalen Schlitzen im Deckel wie zugenähte Münder. Mülleimer mit Nikotingenehmigung. Hier raucht man im Gehen – oder gar nicht. Ich schiebe den Gedanken weg, bevor er zu lang wird. Wir kommen an weiteren Backsteingebäuden vorbei. Solide, kantig, ohne Ambitionen. Nichts an ihnen ist schön, aber auch nichts will einem wehtun. Sie stehen einfach da, so wie der Ort selbst - als hätte jemand das Wort „genügend" in Beton gegossen.
Die Fenster sind vergittert. Schweres Metall, grob verschweißt, kein bisschen Symbolik, nur Zweck.
Dahinter: Leben auf Pause. Einige Fenster stehen offen, als wollten sie atmen. Aus einem dröhnt dumpfer Bass, Rap auf zu vielen Höhen, irgendwo aus einem Radio, oder CD-Player. Zwei Fenster weiter mischen sich orientalische Klänge darunter, etwas Türkisches, vielleicht Arabisch. An manchen Gittern hängen Handtücher, ausgebleicht von der Sonne, andere haben Stofffetzen hineingeklemmt, als Sichtschutz oder zum Trocknen.
Auf einigen Fensterbänken stehen Milchpackungen, penibel in den Schatten geschoben als improvisierte Kühlschränke für den Morgen oder die vergangene Nacht. Zwischen den Stäben Spuren von Alltag. Spuren von Leuten, die sich eingerichtet haben, ohne irgendwohin zu gehören.
„Dort rechts, das ist F1", sagt er, ohne stehen zu bleiben. „Für Strafgefangene mit kurzen Haftzeiten - bis zu einem Jahr. Kurzstrafen. Neben F1 liegt F3. Langzeitstrafen. Die bleiben länger, manche deutlich länger."
Ich nicke nur, mein Blick gleitet nach links. Auch dort zwei identische Bauten: F2 und F4. Alles scheint gespiegelt, fast symmetrisch angeordnet. Dazwischen ein niedriger, länglicher Bau, flacher als die anderen.
Er deutet darauf. „Die Kantine", sagt er knapp.

Ich sehe, was er meint: Das Gebäude liegt zentral, von allen Seiten gut erreichbar. Es grenzt direkt ans Biotop – seltsam lebendig. Irgendetwas an der Szenerie erinnert mich an ein Lokal an einem See, wie man sie an Ausflugsorten findet. Ein Bild blitzt auf: Ich, wie ich versuche, in so ein Lokal einzubrechen. Am Silbersee, zwischen Landstuhl und Kindsbach.
Ein versuchter Einbruch, eine dieser dummen Nächte, an die man sich nicht gerne erinnert - und doch immer wieder. Die Welt hier fühlt sich seltsam an. Wie ein Modell, das man zu lange betrachtet hat und dem plötzlich jede Tiefe fehlt. Wir gehen weiter. Vor uns, nahe an der äußeren Mauer, liegt F5. Der Ort, zu dem ich gebracht werde. „Da ist dein Bereich“, sagt der Beamte. Keine Spur von Spott in seiner Stimme, nur sachliche Feststellung. F5 liegt mittig zwischen F3 auf der rechten und F2 auf der linken Seite. Die Gebäude stehen nicht direkt nebeneinander, aber in einer klaren Linie. Genug Abstand, um Trennung zu markieren, nicht genug, um sich vergessen zu können.
Dann stehen wir vor F5. Ein weiteres Backsteingebäude, aber dieses hier wirkt älter, müder, beinahe verbraucht. Die Fassade ist stumpf, als hätte sie zu viele Winter gesehen, zu viele Blicke, die sich daran wundgerieben haben. Ich spüre es sofort: Wer hier landet, ist endgültig drin. Keine Zwischenstation. Kein Vielleicht. Hier beginnt der Ernst. „Hier ist die Krankenstation drin“, sagt der Beamte.
„Außerdem werden hier die Zu- und Abgänge bearbeitet.“

Bearbeitet.
Das Wort hängt in der Luft wie Rauch. Es schmeckt nach Büro, nach kalten Fingern auf Formularen, nach Knopfdruck und Stempel. Menschen, die „bearbeitet“ werden – wie Pakete, wie Datenmengen, wie Mängelberichte.
Ich sage nichts dazu. Ich denke es nur. Und das reicht schon, dass mir erneut flau wird. „Wir gehen zuerst rauf zum Arzt“, fährt er fort, als wär's der logischste Ablauf der Welt. „Der checkt dich durch. Danach kommen wir wieder runter – du brauchst noch Bettwäsche, Klamotten, Hygieneartikel…“ Ich höre die Worte, aber sie prallen ab.

Ich weiß nicht, wonach mir ist.
Nach Schreien, nach Verstummen. Mein Körper läuft einfach mit, während mein Kopf irgendwo anders ist – vielleicht hinten am Teich, bei den Enten, die kommen und gehen, wann immer sie wollen. Vielleicht auch nirgendwo. Vielleicht häng ich längst in der Luft, wie eine Frage ohne Satzzeichen. Als er mit dem Schlüsselbündel an der weißen Metalltür hantiert, fällt mein Blick nach links. Neben dem Gebäude - ein separater Bereich, umzäunt. Noch ein Zaun. Noch eine Grenze. Ich frage: „Was ist das da? Warum ist da noch ein Zaun drumherum? Sind hier nicht schon genug Zäune?“ Er schaut nicht zu mir, antwortet einfach, als hätte er das schon hundert Mal sagen müssen.
„Das Gebäude ist nicht nur Krankenstation und Aufnahme. Hier kommen auch Schub-Gefangene unter. Aus anderen JVAs. Die bleiben hier nur kurz, paar Tage, vielleicht 'ne Woche. Dann geht's weiter. Mit dem Bus. Zurück in ihre Anstalten. Oder wohin auch immer.“
Gehen. Er sagt „geht es weiter“, als hätten sie eine Wahl. Als wäre das hier ein Zwischenstopp auf einem Roadtrip und nicht ein systemischer Transit durch die Grauzonen der Freiheit.
Ich merke, wie seine Stimme abbricht. Nicht abrupt, nicht unangenehm, aber leiser. Kürzer. Seine Schultern verraten es – das Gespräch wird ihm zu lang. Vielleicht zu persönlich. Vielleicht zu öffentlich. Vielleicht will er nicht, dass jemand sieht, wie er mit einem Häftling redet, nicht so.
Nicht mit dieser Offenheit, diesem Tonfall. Und ich verstehe ihn irgendwie. Genau so fühlt es sich an: als würden zwei alte Bekannte durch eine fremde Stadt laufen, in der der eine sich auskennt und der andere nicht.

Einer zeigt, wo die guten Cafés wären, wenn es hier welche gäbe. Wo man besser nicht alleine langgeht, als ob man irgendwohin dürfte. Als würde es dunkle Ecken geben, obwohl hier alles grau ist. Und ich, der stille Tourist, der einfach nur versucht, sich nicht zu verlieren.
Er erklärt mir diese Welt wie jemand, der sie nie wirklich wollte – aber jetzt Teil von ihr ist. Ich spüre es in seinem Gang, seinem

Blick, seinem Schweigen. Vielleicht war er mal anders. Vielleicht ist das hier sein eigenes Gefängnis. Nur eben ohne Gitter. Und trotzdem: Ich kann ihn verstehen. Auf eine Art, die mehr mit Müdigkeit zu tun hat als mit Mitgefühl.

Der stille Tod von Jessica.

Die erste Tür quietschte, als der Beamte sie aufschloss. Schweres Metall, schweres Geräusch. Alles hier war System. Dahinter ein kurzer Gang. Linoleum, alt, ausgebleicht, die Ecken aufgeraut vom Schrubber
Der Boden war kalt, mein Blick war leer. Und dann kam der Geruch - sofort, ohne Warnung. Desinfektionsmittel. Staub. Und etwas anderes, das man nicht benennen konnte.
Irgendwo zwischen Krankenhaus, feuchtem Keller und abgestandener Bürokratie.Ein Geruch, der nicht verschwinden wollte. Der in den Ritzen sitzt, und in der Lunge hängen bleibt. Ich stand in der Tür. Kurz.
Dann trat ich ein. Nicht freiwillig. Aber ich trat ein. „Oben ist die Krankenstation“, sagte der Beamte beiläufig, während er vorausging. „Und hier unten werden die Zu- und Abgänge bearbeitet.“

Bearbeitet.

Das Wort kratzte in meinem Kopf. Es hatte mich vorhin schon angegriffen. Es hatte vorhin schon weh getan. Ich dachte an Maschinen, an Förderbänder, an Sortieranlagen. Nicht an Menschen. Aber ich war wohl kein Mensch mehr, nur ein Zugang. Ein Aktenzeichen. Ein Fall.
Wir gingen durch noch zwei weitere Türen, dann eine Treppe nach oben, und eine weitere Tür. Jedes Mal schloss er sorgfältig hinter uns ab. Kein Entkommen. Kein Irrtum. Alles kontrolliert. Alles sicher.
Dann standen wir vor einem Raum. Der Beamte öffnete ein letztes Mal, schob mich hinein - und ließ mich allein. Es war das Wartezimmer. Oder besser gesagt, eine Wartezelle, die völlig

leer war. Zwar hatte sie Fenster, die auch von außen vergittert waren, aber keine Griffe, um sie zu öffnen. Der Raum war etwa sechs mal sechs Meter groß. An den Wänden waren Metallsitzbänke mit Holzlatten in einem Dreieck angeordnet, fest im Boden verschraubt.
Das war das Erste, was mir auffiel. Aber es war nicht das Letzte. In die Wände, in die Latten, überall waren Namen eingeritzt. Daten. Sprüche. Zeichen eines stummen Widerstands oder bloßer Verzweiflung.
„Jochen war hier – 2001."
„Fuck the system."
„ACAB."

Immer wieder Namen, dazu Zahlen. Beginn und Ende.
Lebensabschnitte, eingekratzt in lackiertes Holz und kaltes Metall. Kleine Monumente derer, die vor mir hier waren. Die gegangen sind. Oder geblieben.
Ich fuhr mit dem Finger über die Rillen, tastete sie, als könnte ich durch sie verstehen, was sie gefühlt haben. Zwischen manchen Zahlen lagen Jahre. Drei, vier. Andere nur Monate. Aber das meiste waren Jahre. Und plötzlich hatte ich Angst. Wirklich Angst. Die längste Spanne, die ich sah, waren sechs Jahre. Sechs Jahre und vier Monate.
Wie kann man das aushalten? fragte ich mich. Wie kann man in einem Raum wie diesem, in einer Welt wie dieser, in einem Leben wie diesem… überleben? Ich war gerade einmal anderthalb Stunden hier. Ausziehen, Anziehen, Fotografieren, Warten. Anderthalb Stunden. Und es fühlte sich schon jetzt an wie ein Monat. Wie ein Jahr. Ich hatte keine Vorstellung, wie ich das hier überstehen sollte.
Und nun saß ich in diesem Raum, umgeben von Namen, die niemand mehr rief, von Daten, die keiner mehr erinnerte, von Wörtern, die vermutlich nie jemand wirklich gelesen hatte. Und ich fühlte mich – klein. Erdrückt. Und irgendwie… verbunden.
Denn diese Kratzer erzählten mir etwas.
Sie sagten: Du bist nicht der Erste. Du wirst nicht der Letzte sein. Aber auch du wirst hier Narben hinterlassen. Ich wollte etwas

einritzen. Wollte auch etwas sagen.
Aber ich hatte keine Worte und nichts, mit dem ich es einritzen hätte können. Ich war einfach nur fassungslos.
Die Zeit die ich hier verbrachte, schien endlos zu sein, aber plötzlich öffnet sich dann schließlich doch wieder diese Tür. Das Knacken des Schlosses wirkt fast zart im Vergleich zu dem, wie ich mich innerlich fühle. Der Mann, der eintritt, trägt einen weißen Kittel – darunter jedoch normale Kleidung.
Zivil. Jeans, dunkles Hemd, ein Funkgerät am Gürtel, fast versteckt unter dem Kittel. Er sieht nicht aus wie ein typischer Arzt, aber auch nicht wie ein Beamter.
Vielleicht ist er beides. Oder keines von beidem. Ich kann es nicht einordnen. Alles in mir ist zu durcheinander, zu müde, zu voll von diesem Tag, um noch irgendetwas sauber trennen zu können. Beamtenarzt? Arztbeamter? Mir ist schlecht.
„Komm mit“, sagt er knapp, aber nicht unfreundlich. Ich folge ihm durch einen kurzen Flur, dessen Wände von dicken, massiven Zellentüren gesäumt sind - sie wirken wie Mauern aus einer anderen Zeit, als wolle man mit roher Architektur sagen: Hier endet der Mensch.
Am Ende des Flurs betreten wir einen Raum, dessen Tür erstaunlich gewöhnlich aussieht – kein Stahl, kein Sichtfenster, einfach Holz mit einer Klinke. Für einen Moment wirkt es fast zivilisiert.
Der Raum dahinter sieht aus wie eine normale Arztpraxis, nur kälter. Steriler. Reduzierter.
Ein Schreibtisch mit Computer.
Eine Liege. Ein Medikamentenschrank.
Kein Bild an der Wand. Kein Kalender. Keine Spuren von Leben.
Und da – auf dem Tisch – meine Akte. Die Mappe, die ich weiterreichen sollte, hat sich offenbar schon wieder ein neues Zuhause gesucht. Dieses Dokument macht hier drinnen mehr Meter als ich. Wie eine taiwanesische Wanderhure, denke ich – sarkastisch, bitter, angeekelt von allem, selbst von meinen eigenen Gedanken.
Der Arzt oder Beamte, oder was auch immer er ist schließt die Tür hinter uns. Das Geräusch ist leise, aber endgültig. Dann setzt er

sich auf einen Hocker ohne Lehne, mit kleinen Rollen, die kaum über den Boden gleiten. Ich sehe ihn jetzt besser.
Vielleicht Mitte fünfzig. Graue Haare, hohe Stirn, tiefe Linien im Gesicht. Geheimratsecken. Sein Blick ist nicht hart, aber müde.
Wie der eines Mannes, der zu viel gesehen hat, was er lieber vergessen hätte. Seine Stimme ist klar, nicht zu dunkel, beinahe ruhig. Eine dieser Stimmen, die nichts mehr erschüttert, weil sie längst alles gesagt haben.
Er öffnet die Akte. Der rosafarbene Zettel liegt obenauf. Ich sehe meine Anklageschriften darunter, meine ganze Geschichte aufgelistet in nüchterner Beamtensprache.
Dinge, die ich getan habe. Dinge, von denen nicht alle wussten. Dinge, die jemand verraten hat...
Ich denke nicht weiter darüber nach. Was bringt es? Ich kann es nicht ändern. Er reicht mir den Stapel. „Das kannst du später zu deinen Akten packen", sagt er beiläufig. Ich nehme die Blätter, halte sie fest. Sie fühlen sich schwer an. Wie Schuld.
Dann beginnt die Prozedur: Wiegen. Messen. Lunge abhören. Fragen, die gestellt werden müssen: „Hast du Allergien?" – „Trinkst du Alkohol?" – „Rauchen Sie?" Die Frage nach dem Alkohol ignoriere ich. Aber beim Rauchen – da sage ich „Ja".
Zu schnell.
Zu heftig.
Fast gierig.
„Kettenraucher. Vierzig, fünfzig Stück am Tag."
Ich weiß nicht, ob es stimmt. Aber ich weiß: Ich will rauchen. Jetzt. Bald. Ich will etwas in den Fingern halten, das brennt, das kratzt, das wärmt. Ich will etwas Echtes. Etwas, das mir niemand nimmt.
„Wie alt bist du?" fragt er. Ich sage: „Fünfzehn."
„Du darfst noch nicht rauchen" sagt er, fast beiläufig. „Rauchen ist erst ab sechzehn erlaubt."
Und da ist er - der nächste beschissene Schock. Noch einer. Polizisten, die mich aus dem Bett holen. Pflegeeltern, die mich nicht davor schützen können. Ein Haftrichter, der mir viel Glück im Knast wünscht.
Beamte, die mich sezierend betrachten, mich verspotten.
Ein System, das mich entkleidet, erniedrigt, entmenschlicht. Ich

habe nichts mehr. Nicht mal Kleidung, die mir gehört.
Ich trage kratzenden Feinripp, ausgelatschte Socken, die geflickt wurden. Unterhosen, die vor mir schon hundert andere getragen haben - vielleicht sogar reingeschissen oder reingewichst haben. Ich habe nichts. Gar nichts. Nur die Aussicht auf eine Zigarette. Und jetzt das?
Ich könnte ausrasten. Könnte schreien. Könnte einfach umfallen. Aber ich tue nichts. Ich starre ihn nur an. Und dann, ganz plötzlich – Hoffnung.
Ein Funkeln. Etwas Unerwartetes. Er blättert noch einmal in der Akte, schaut auf das Deckblatt. „Du wirst am 8. Februar sechzehn?“ fragt er. Obwohl er es schwarz auf weiß vor sich hat.
„Ja“, sage ich. Heute ist der 25. Januar 2006. Er nickt, leise, mehr zu sich selbst. Dann sagt er: „Unter diesen Umständen… mache ich mal eine Ausnahme. Aber nur, weil du eh bald sechzehn bist.“
Mein Herz rast. Ein Strahlen bricht durch die Dunkelheit meines Brustkorbs. Ich könnte lachen. Könnte aufspringen. Könnte ihn umarmen. Aber ich tue nichts.
Ich bin starr vor Erleichterung. Geil. Einfach nur geil. Endlich mal Glück. So seltsam das klingt - Glück in der Hölle. Ich bekomme eine Zigarette. Er steht auf, geht zu einem Schrank, öffnet ihn mit einem Schlüssel, greift hinein. Dreht sich um. Und dann legt er es auf den Tisch. Wie ein Altar. Wie eine Opfergabe für ein verlorenes Kind. Ein Beutel. Dreißig Gramm Tabak. Ein Päckchen Blättchen. Und ein orangenes Einwegfeuerzeug. Billig. Durchsichtig. Und es ist das Schönste, was ich je gesehen habe. Ich starre darauf, als wäre es Gold.

*

Ich kann es kaum glauben. Ich nehme es langsam, fast ehrfürchtig. Der Tabak fühlt sich weich an, feucht, genau richtig. Ich drücke den Beutel gegen meine Brust. Ich kann ihn riechen. Diese Mischung aus Erde, Rauch und Verheißung.
Ich nehme das Päckchen mit den Blättchen. Reibe es zwischen meinen Fingern. Es knistert. Und das Feuerzeug – ich drücke es testweise. Die Flamme springt auf. Ich könnte weinen.
Ich halte das Feuerzeug in der einen, den Tabak in der anderen Hand. Ich habe alles verloren. Alles. Aber jetzt… habe ich etwas.

Ich habe eine Zigarette in der Zukunft. Ich habe Wärme. Ich habe Kontrolle über etwas. Etwas, das mir gehört.
Und das macht mich glücklich. Auf eine verdrehte, kranke, abartige Art – aber es ist Glück.

Ich denke nicht an die Welt draußen. Nicht an das Urteil. Nicht an F6. Nicht an die Kameras, nicht an die Mauern, nicht an die scheiß Klingen auf dem Zaun. Ich denke nur an das, was bald in meinen Händen liegen wird: eine Zigarette. Mein Rauch. Mein Moment. Und plötzlich ist da etwas in mir, das flackert – wie die Flamme dieses Feuerzeugs.
Klein. Verletzlich. Aber lebendig. Vielleicht ist das alles, was ich gerade brauche. Der Mann im Kittel trat einen Schritt näher. Ich dachte er würde mich nun wieder nach draußen begleiten, hinein in diese Wartezelle. Aber das tat er nicht.
Er kam näher, sprach: „Die Beamten an der Pforte haben mir von deinem Nagellack erzählt."
In mir explodierte etwas. Erst ein Schock, wie ein Stromschlag. Dann diese Welle – heiß, brennend, brüllend laut in meinem Innersten. Scham. Wut. Trauer. Verlorenheit. Alles gleichzeitig.
Die kleine Freude über den Tabak, den ich eben noch in Händen hielt ist verflogen. Fortgerissen wie Staub im Wind.
Ich fiel zurück, hart und gnadenlos, in die Realität dieser Welt aus Beton und Kontrolle. Hier gab es keinen Platz für Farbe. Kein Platz für mich.
Er sah mich nicht einmal wirklich an, während er sprach. Und doch durchbohrten seine Worte mich wie Pfeile. „Das kann dich hier drin den Hals kosten."
Keine Drohung. Kein erhobener Zeigefinger. Es war eine nüchterne Feststellung. Eine Realität, die mir den Atem raubte. Ich saß da, stumm, starr, gefangen in meinem eigenen Körper, während sich in meinem Innersten alles verkrampfte. Was war das hier für ein Ort? Was waren das für Menschen, mit denen man mich hier wegsperrte?
Tiere, dachte ich,
Raubtiere.
Ich war Beute.

Und der letzte Rest, der mich daran erinnerte, wer ich wirklich war, war jetzt in Gefahr. Wegen ein bisschen Farbe. Wegen Rot auf meinen Zehen. „Setz dich da auf die Liege und zieh Schuhe und Socken aus. Ich seh, was ich machen kann.“

Ich gehorchte. Mechanisch. Wie ferngesteuert.

Nicht, weil ich es wollte, sondern weil ich wusste, dass Widerstand zwecklos war. In mir tobte ein Sturm, doch äußerlich war ich stumm, bewegungslos, gefangen in der Angst, in der Gewissheit, was gleich folgen würde. Ich wusste, was er meinte. Ich wusste, was mir genommen werden sollte.

Er wandte sich ab, ging zu seinem Schrank. Kramte herum. Ich hörte das Klicken von Metall, das Rascheln von Verpackungen.

Dann drehte er sich wieder um – in der einen Hand Wattepads, in der anderen eine Flasche mit steriler Lösung. Er setzte sich auf einen Hocker vor mich, ohne ein Wort. Tränkte die Pads mit Alkohol. Der beißende Geruch brannte sich in meine Verzweiflung. Dann begann er zu reiben. Zuerst vorsichtig. Dann energischer. Kreisende Bewegungen, immer und immer wieder. Der Rotton, den ich so geliebt hatte, verschwand Stück für Stück von meinen Zehnägeln.

Mit jedem Pigment, das er entfernte, starb ein Teil von mir. Jessica! Ich wollte schreien. Weinen. Ihm die Hände wegschlagen. Aber ich tat nichts. Ich saß nur da, stumm, und spürte, wie mein Innerstes zu zerbröseln begann. Wie ein Kartenhaus, das einst so zart gebaut war und nun in sich zusammenfiel. Er wischte mir nicht nur Farbe von den Füßen: Er riss mir meine letzte Identität, meinen letzten Schutz, meine letzte Verbindung zu mir selbst aus dem Herzen. Denn dieser Lack, diese heimliche Farbe,war kein modisches Accessoire.

Kein Spiel. Es war mein Anker. Mein stummer Schrei. Meine letzte Möglichkeit, im Verborgenen zu sein, wer ich wirklich war.

Niemand sah es.

Niemand wusste davon.

Es war mein Geheimnis, mein stiller Widerstand gegen eine Welt, die mich zwang, jemand zu sein, der ich nicht bin. Doch jetzt war es vorbei. Der Lack verschwand.

Und mit ihm Jessica.

Ich hatte sie heimlich am Leben gehalten, in all den Jahren, in denen ich „der Junge" war, den alle sehen wollten.
Ich hatte sie versteckt, beschützt, hinter Farben, die ich unter Socken und Lügen vergraben hatte. In Schubladen voll Nagellack – Rot, Pink, Lila, Schwarz – hatte ich sie sicher geglaubt. In winzigen Akten des Trotz. In Momenten, in denen ich heimlich meine Nägel lackierte, um mich selbst daran zu erinnern: Du bist nicht, was sie sagen.
Du bist mehr. Du bist du.
Aber nun wischte ein fremder Mann diesen Glauben einfach weg. Ohne Wut. Ohne Bosheit. Nur aus Pflichtgefühl. Weil er glaubte, mir damit zu helfen. Weil er dachte, ich würde sonst verletzt werden.
Dabei verletzte mich genau das. Nicht körperlich. Nicht durch Schläge oder Schmerzen. Sondern tiefer. Unsichtbar. An einer Stelle, die kein Pflaster, kein Verband heilen kann: an meiner Seele.
Ich weinte. Leise. Die Tränen liefen einfach, ohne dass ich es kontrollieren konnte. Ich spürte sie nicht einmal auf meiner Haut. Nur die Leere. Nur den Verlust.
„Ist besser so", sagte er. Leise. Vielleicht wollte er mich trösten. Vielleicht glaubte er, das Richtige zu tun. Doch seine Worte hallten in mir nach wie ein Todesurteil. Besser? Für wen? Für mich war nichts mehr besser.
Meine Nägel waren sauber, meine Füße frei von Farbe. Doch in meinem Inneren war alles dunkel geworden. Kalt. Still. Wie ein Raum, in dem das Licht erloschen war. Das Mädchen in mir.. Jessica, Sie war gestorben. Stück für Stück, mit jedem Kreis, den das Wattepad zog. Niemand hätte es verstanden.

Meine Tür. Mein Raum.

Ich saß wieder im Wartezimmer, das sich anfühlte wie ein Vorhof zur völligen Entpersönlichung. Es war alles still. Ich hatte für ein paar Minuten nur mich und diese kalte Luft, die sich anfühlte, als hätte sie jeden Gedanken erstickt.
Irgendwann kam eine scharfe Stimme aus dem Nichts: „Hier drin

ist Rauchverbot!“
Der Satz knallte wie eine Ohrfeige in den Raum, kurz, laut, unpersönlich. Ich zuckte nicht mal zusammen.
Statt dessen, und vielleicht gerade deshalb, freute ich mich umso mehr, als sich die Tür öffnete und der Beamte wieder auftauchte. Der, der mich hier hergebracht hatte. Ich warf ihm einen kurzen Blick zu, drehte mir auf dem Schoß eine Zigarette, hielt das Feuerzeug bereit. Bereit für meinen Weg zurück. Bereit für den kurzen Weg nach draußen. Bereit für meine erste Zigarette seit… keine Ahnung, irgendwann letzte Nacht vielleicht, als ich betrunken durch die Straßen getaumelt war, viel zu spät nach Hause kam, viel zu spät überhaupt irgendwas begriffen hatte.
Doch bevor wir raus konnten, ging es noch in die Kleiderkammer.
Erdgeschoss. Lager. Verwaltung der Dinge, die dir gehören sollen, aber nie dir gehören werden. Dort bekam ich sie: meine Grundausstattung: Teller. Tasse. Besteck – wenn man es so nennen wollte.
Das Besteck war aus so dünnem, verbogenem Blech, dass es sich schon beim Anblick zusammenrollte wie ein trauriges Stück Alufolie. Das Messer hatte eine rote Plastikgriffschale und eine stumpfe Metallfläche, die nichts schnitt, vermutlich nicht mal eine Banane.
Vielleicht war es symbolisch. Hier drin schneidet man nichts. Nicht Brot, nicht Wege, nicht die eigene Zukunft.
Vielleicht war das Teil nur da, um dich zu erinnern: Du bist entwaffnet. Ich bekam eine Zahnbürste. Ein Stück Seife. Zwei Handtücher. Noch mehr Garniturwäsche. Diesmal sogar einen Jogginganzug in Blau. Feinripp-Unterhemden. Feinripp-Unterhosen.
Hausschuhe.. braun, unförmig, und sie sahen aus, als hätte Fußpilz darin gelebt, sich verliebt, geheiratet und Nachwuchs gezeugt.
Es war dieser Farbton… dieses matschige Braun, das mich an Durchfall erinnerte, den ich mal hatte. Als ich betrunken bei Langfinger Joe einen Döner, den ich mal mitgebracht, und vergessen hatte, unter seinem Sofa gefunden und trotzdem gegessen hatte.
Drei Tage alt. Danach hab ich drei Tage lang geschwitzt und

geschissen. Und genau so sahen die Schuhe aus.
All das wurde in einen grauen Plastikkorb gepackt. Meine Anklageschriften obendrauf. Den rosa Haftbefehl, als würde er das Ganze krönen. Wir gingen zurück, dieselbe Strecke. Vorbei an den Stationen des Ausgeliefertseins. Dann bogen wir links ab, neben der Verwaltung.

*

Mein neues Zuhause: F6. Jugenduntersuchungshaft.
Der Grund, warum ich bis dahin keinen einzigen Gefan-genen gesehen hatte, war der: Sie waren entweder arbeiten, in der Schule oder einfach noch in ihren Zellen. Jetzt war es Mittag. Oder schon danach. Ich wusste es nicht. Aber da, im Hof von F6, sah ich sie.
Menschen. Häftlinge. In roten und blauen Jogginganzügen. Einige mit rotem Oberteil und blauer Hose. Andere umgekehrt. Einige mit dem grauen Parka. Sie spielten Tischtennis. Warfen Basketball.
Liefen im Kreis entlang des Zauns. Sie waren da. Der Boden war frostig, und die Luft war kalt. Und ich war es auch.
Ich - der Neue. Der Frischling. Das Frischfleisch.
Ich fühlte ihre Blicke. Neun, zehn, vielleicht elf junge Männer. Alle drehten sich um. Alle registrierten mich. Ich war jetzt Teil davon. Ob ich wollte oder nicht. Ein Beamter stand im Hof. Aufmerksam. Wachsam. Kein Lächeln.Kein Gruß. Nur Kontrolle. Seine Augen verfolgten jede Bewegung.
Auch meine. Der Beamte, der mich begleitete, grüßte knapp. Wir gingen weiter. Kein Anhalten. Keine Worte. An der Tür angekommen, trat er vor mich, schloss die große blaue Tür auf. Auch sie sah aus wie eine Zellentür. Nur mit Panzerglasfenstern. Kalt. Funktional. Die Tür öffnete sich schwer. Und da war es: das Erdgeschoss von F6.
Direkt vor mir ein Schild: WG1.
Das Haus hatte vier Etagen. WG1 bis WG4.
Ich kam in WG4. Ganz oben. Der letzte Stock. Das Ende der Kette. Der Beamte schloss die Tür der WG auf. Ich trat ein. Der Flur erinnerte mich an die Arztpraxis – steril, nüchtern, unheimlich.

*

Links eine Holztür: Büro. Weiter links:eine Küche, durch Glaswände abgetrennt. Dahinter ein Raum mit Fernseher. Klein. Billig. Davor ein paar Stühle, wie in einem Wartezimmer. Der Flur machte einen Knick. Erst rechts, dann wieder links. Wie ein Z, das sich schämte.
Auf der linken Seite: Putzkammer. Dahinter: Dusche.
Ich warf im Vorbeigehen einen Blick hinein. Gemeinschaftsduschen. Natürlich. Darin stand ein junger Kerl. Dünn, groß. Er wischte den Boden. Wischmopp in der Hand. Seine Augen trafen meine. Ein Blick. Kein Wort. Er war Häftling. Hausarbeiter. Seine Zelle war offen. Ich sah sie. Erste Tür rechts. Darin: ein Metall-Doppelbett mit nur einer Matratze. Kaffeemaschine. Wasserkocher.
Eigenes TV-Gerät. CD-Player. Wie eine kleine Wohnung. Ich fragte mich, wie er das alles bekommen hatte. Aber ich fragte nicht laut.
Ich ging weiter. Meine Zelle: 419. Vorletzte Tür rechts.
420 war die letzte.
418 die Zelle neben mir. Der Beamte schloss die Tür auf. Ich trat ein. Mein Raum. Meine neue Welt. Einzelzelle. Keine Bilder. Kein Radio. Kein Fernseher. Nur ein festgeschraubter Tisch, ein Metallbett mit dünner Matratze. Kein Bezug. Keine Farbe.
Nur ein Blatt Papier an der Wand:
HAUSORDNUNG.
Natürlich. Auf dem Tisch eine Teekanne. Aus Blech. Der Beamte ließ die Tür offen. „Richte dich ein“, sagte er. „Wenn du fertig bist, kommst du bitte vorne ins Büro. Erste Tür rechts.“

*

Und da stand ich. Mit meinem Korb. Mit meinem ganzen Leben in einer Plastikkiste. In einer Zelle, die so leer war, dass sie wie ein Echo klang. Kein Poster. Kein Geräusch. Kein Geruch. Nichts. Nur Beton, Stahl und die Erkenntnis: Ich beziehe meine erste eigene Wohnung. Und sie hat Gitter vor dem Fenster. Das erste, was ich gemacht habe, war die gedrehte Zigarette zu rauchen welche schon seit der Wartezelle in F5 sehnlichst darauf wartete, von mir geraucht zu werden.
Ich packte die Kiste aus. Wobei – es war ja gar nicht meine Kiste.

Nichts daran gehörte mir. Sie war ein Standardstück, eine dieser Plastikwannen, wie sie sie hier jedem Neuankömmling vor die Füße stellen.
Ich nahm nicht etwa jedes Teil vorsichtig heraus, ich schüttete den Inhalt einfach auf das nackte, nicht bezogene Bett. Ein Haufen fremdbestimmter Dinge ergoss sich auf die Matratze – Kleidungsgarnituren in merkwürdigen Größen, graue Handtücher, Seife in einem durchsichtig weißen Plastikbeutel, eine Zahnbürste...
Zwischen all dem lag auch Bettwäsche. Die war blau-weiß kariert, so wie früher diese Tischdecken im Vereinsheim. Es gab nur eine Garnitur davon.
Einen Überzug für eine schmale, kaum gefüllte Bettdecke, die schon im Wandschrank lag – und ein passender Bezug für das, was sie hier wohl Kopfkissen nannten. Aber es war kein Kissen. Es war ein vergilbter, bröseliger Schaumstoffklumpen. Ein Hauch von nichts. Der Stoff an den Rändern riss bereits ab. Fussel, Haare, braune Flecken…
Ich roch nicht daran. Ich traute mich nicht. Es war definitiv nicht mein Dreck. Dann fiel mir die graue Wolldecke auf. Grob gewebt, kratzig, und mit einem Schriftzug.
„JSA SCHIFFERSTADT“.
Der Name war nicht einfach aufgedruckt – dafür war er zu tief eingewirkt ins Gewebe, fast Teil der Struktur. Das war eingewebt, mit Absicht. So wie Brandzeichen ins Fleisch. Du wusstest beim Anblick dieser Decke genau: Du bist jetzt hier.
Ich ließ mich auf das harte Bett fallen, mein Blick wanderte zum Fenster. Diesmal war es anders. Es hatte einen Griff. Ich konnte es öffnen. Der Blick ging direkt auf den Hof. Ich sah die jungen Männer, die ich schon beim Reinbringen bemerkt hatte. Einige gingen auf und ab, andere standen einfach nur da, rauchend, mit gesenktem Blick, als würden sie über irgendetwas Wichtiges nachdenken, obwohl hier drin wohl selten etwas wirklich wichtig war.

*

Während ich so hinausstarrte, betrat plötzlich jemand den Raum. Ich erkannte ihn sofort – der Typ aus dem Bad. Der, an dem ich

beim Vorbeigehen kurz hängen geblieben war. Er hatte irgendwas an sich. Nicht Bedrohliches, aber Wachendes. Vielleicht lag's an seinen Augen, oder an seiner Stimme. „Hi, ich bin Christian", sagte er, „der Hausarbeiter." Fast so, als müsste ich in aller Selbstverständlichkeit wissen, was das bedeutet.
Ich zögerte kurz. „Ich bin Je… Dennis."
Beinahe wäre es mir rausgerutscht. Fast automatisch, als wäre es selbstverständlich. Aber ich fing mich gerade noch rechtzeitig. Es war nicht der Moment, Dinge zu erklären. Noch nicht.
„Warum bist du hier?" fragte er direkt. Ohne Umweg, ohne Spielchen. Keine Smalltalk-Einstiegssätze. Einfach: warum bist du hier? Ich fühlte mich für einen Moment nackt. Nicht ängstlich, nicht panisch – aber irgendwie durchbohrt. Als würde jemand eine Frage stellen, deren Antwort mehr Gewicht hatte als alles andere in diesem Raum. Ich fragte mich gleichzeitig, warum er hier war.
Vielleicht war er ein Mörder? Ein Vergewaltiger? Doch er sah nicht so aus. Nicht, dass man das immer sehen konnte. „Einbruch", sagte ich trocken. „Viele Einbrüche." „Wie viele?" Ich zuckte mit den Schultern. „Ich kann sie nicht mehr zählen."
Ich deutete auf das Bett. Dort lag noch alles aus der Kiste, darunter auch mein Haftbefehl und die Anklageschriften. Viele Blätter. Keine zwei oder drei. Ein ganzer Stapel an Papier. Denn jede dieser Anklagen war nicht nur eine einzelne Tat – sondern ein ganzer Strauß davon. Einmal Klauen? Nein. Zehnmal. Einmal Einbruch? Nein. Dreißig. Und so ging das durch. Am Ende waren es zehn Anklageschriften, und jede mit mehreren Fällen. Das summierte sich.
Christian ging hin, griff sich die Papiere, blätterte durch. Er starrte sie an, fast so, als würde er sie wirklich lesen. Nicht wie jemand, der neugierig war - sondern wie jemand, der was darüber wissen wollte. Dann lachte er. Laut. Nicht höhnisch, eher überrascht. Ich verstand es nicht sofort. „Du bist am Arsch", sagte er dann. „Sowas von am Arsch." Ich runzelte die Stirn. „Wie meinst du das?"
„Sowas hab ich hier noch nie gesehen. Die hier drin, klar, haben alle Anklageschriften - wie ich auch. Aber du? Zehn Stück? Und so dick? Bruder… du bist geliefert. Drei, vier Jahre mindestens. Ohne Bewährung."

*

Es traf mich wie eine Wand aus Beton. Ich hatte mich nie wirklich mit Konsequenzen beschäftigt. Ich lebte im Moment. Handeln, reagieren, weitermachen

Aber jetzt stand da jemand, der es mit dieser beiläufigen Klarheit aussprach: Du bleibst hier. Lange. Ich versuchte, mir nichts anmerken zu lassen. „Ich hab einen guten Anwalt", sagte ich, und dachte an den Typen, der heute Morgen auch mit in dem Raum beim Haftrichter saß und mir erklärte, er würde mich vertreten.

„Den wirst du auch brauchen", sagte Christian nur. Dann wandte er sich ab. Ich ließ ihn stehen, ging wortlos aus meiner Zelle, die leere Plastikkiste in der Hand. Zurück den Flur entlang, vorbei an den verschlossenen Türen. Nur Christians Tür stand offen, wie eine klaffende Wunde im ansonsten verriegelten Körper dieses Flügels. Eine Metapher für ihn selbst vielleicht.

Offen, aber gefährlich. Offen, aber beobachtend „Stell die Kiste da hin", sagte der Beamte, und zeigte in eine Ecke neben der Tür. „Setz dich." Er reichte mir ein Formular. „Hier, lies dir das durch und unterschreib." Ich schaute nicht. Ich unterschrieb. Nicht wie jemand, der weiß, was er da tut – sondern wie jemand, der einfach akzeptiert hat, dass sein Leben jetzt woanders stattfindet. Es fühlte sich an wie ein Mietvertrag für ein Zimmer in der Hölle.

Dann reichte mir der Beamte zwei kleine, silberfarbene Schlüssel. Einer war etwas größer als der andere. „Der große ist für deine Zellentür", sagte er.

Ich runzelte die Stirn. Ich konnte meine Tür selbst auf und zuschließen? „Während der Freistunde kannst du deine Zelle zuziehen", erklärte er. „Mit dem Schlüssel kommst du dann wieder rein – aber richtig abschließen geht nicht. Es ver-hindert nur, dass jemand einfach so reinkommt."

Ein seltsames Gefühl. Kein echtes Schloss, keine echte Sicherheit. Nur eine Art Illusion von Privatsphäre. Aber in einer Welt wie dieser zählte jeder Schein von Kontrolle.

*

Mein Herz zog sich kurz zusammen. Christian. Ich hatte ihn in meiner offenen Zelle zurückgelassen. Panik stieg auf – doch ich tastete schnell in meine Jogginghosentasche. Tabak, Feuerzeug,

Blättchen – alles noch da.
„Heute ist es zu spät fürs Mittagessen. Hast du Hunger?“ Ich schüttelte den Kopf. Hunger war das Letzte, was ich fühlte. Ich war einfach nur müde. Vom Tag. Von der Situa-tion. Von allem.
„Freistunde ist täglich vor dem Mittagessen. Hofgang ist Pflicht. Aufschluss ist von 17 bis 20 Uhr. Dann kannst du in den Gruppenraum, Fernsehen oder in die Küche. Die Kühlschränke dort sind abschließbar – eines der Fächer gehört dir. Der kleine Schlüssel passt dazu. Ich bring später deinen Namen an.“
Ich nickte mechanisch.
„Am Wochenende ist Freistunde von 12 bis 16 Uhr. Sonntags ist um zehn Uhr Kirche, halb zwölf gibt's Mittagessen.“ Er redete weiter, und ich speicherte die Informationen, ohne groß darüber nachzudenken.
„Wenn du Umschläge, Papier oder Teebeutel brauchst, sag Bescheid. Kugelschreiber haben wir auch. Briefmarken musst du kaufen – oder beantragen, wenn du kein Geld hast. Telefon gibt's keins.
Du kannst aber ein Sozialradio beantragen. Gibt nicht viele, aber vielleicht hast du Glück. Der Pfarrer vergibt sie.“ Ich fragte sofort danach. Musik war nicht einfach Unterhaltung. Musik war Rettung. Halt. Leben.
„Ich bring dich jetzt zurück in deine Zelle. Aufschluss ist um 17 Uhr.“ Ich folgte ihm den Flur entlang, zurück zu meiner Tür. Christian war verschwunden. Die Tür stand offen, und ich sah es jetzt ganz deutlich: Über dem eigentlichen Schloss war ein kleines mechanisches Element angebracht – nicht mehr als ein Riegel, den nur mein Schlüssel lösen konnte. Kein Schutz im eigentlichen Sinne. Kein Abschließen. Aber es war mein Schlüssel. Meine Tür. Mein Raum... so sehr es hier überhaupt ein „mein“ geben konnte.

Regeln, Macht & Resignieren.

Nachdem sich die Zellentür hinter mir geschlossen hatte und dieses dumpfe Klacken noch kurz in der Stille nachhallte, stand ich einen Moment wie angewurzelt da.

Es war diese Art von Moment, wo man eigentlich etwas tun müsste, aber der Kopf einfach kurz nicht mitkommt. Dann setzte ich mich auf die Bettkante, starrte auf das zerstreute Zeug, das ich vorhin auf das Bett geworfen hatte, und begann, es langsam zu sortieren. Ich machte das nicht aus Ordnungsliebe, eher aus dem Versuch, mich irgendwie zu beschäftigen, irgendwas zu strukturieren, während drinnen und draußen alles gleichzeitig in mir zerbröselte. Ich bezog das Bett. So wie man es eben bezieht, wenn man keine Wahl hat. Decke, Laken, Bezug für das vergilbte Schaumstoffteil, das sie hier Kopfkissen nannten.

Das Ding roch alt, und obwohl ich versuchte, es nicht zu beachten, wusste ich: Das war schon durch viele Nacken gegangen. Ich dachte kurz darüber nach, den Bezug doppelt drumzuwickeln, ließ es dann aber bleiben.

Ich legte die Papiere auf den Schreibtisch, sortierte meine wenigen Habseligkeiten in das kleine Regal neben dem Bett, das - wie der Tisch und der Stuhl - fest mit dem Boden oder der Wand verschraubt war, als müsse man selbst vor Möbeln geschützt werden.

Draußen hörte ich, wie die Gefangenen vom Hofgang zurückkehrten. Metall klirrte, Stimmen wurden lauter, vereinzeltes Lachen. Nicht fröhlich, sondern dieses angespannte, etwas zu laute Lachen, das wie ein Alibi dafür klingt, dass man noch atmet.

Dann hörte ich Schritte vor meiner Tür. Es klopfte.„Ey, was hast'n gemacht?“ „Warum bist du hier?“„Ey Bruder, was geht, was haste gemacht, wie lange?“

Fremde Stimmen. Fremde Gesichter, die ich nicht sehen konnte, aber die sich an meiner Tür wie Raubvögel sammelten, die Beute witterten.

Ich antwortete jedes Mal gleich, knapp, emotionslos: „Einbruch. Diebstahl.“ Das reichte ihnen nicht, sie hätten am liebsten die Tür aufgerissen, mich durchleuchtet, ausgefragt, auseinandergepflückt. Doch bevor das eskalierte, kam die rettende Störung: Der Beamte, der mit ihnen vom Hof ge-kommen war, rief laut in den Flur.

„Alle in ihre Zellen!“

Kurz darauf hörte ich, wie die großen Schlüsselbunde klirrten.

Einer nach dem anderen wurde wieder eingeschlossen. Ein Schließen, ein Klicken, ein Weitergehen. Immer im gleichen Rhythmus. Zelle, Tür, Schlüssel. Und dann war wieder Ruhe.
Ich saß auf meinem Bett, zurückgelassen mit mir selbst. Zu müde, um alles zu realisieren, aber gleichzeitig zu wach, um zur Ruhe zu kommen. Mein Kopf war überfüllt mit Eindrücken, Gedanken, Bildern, Geräuschen, Fragen. Schlafen war keine Option, also griff ich zur Hausordnung, die auf dem Schreibtisch lag und begann sie zu lesen.

Hausordnung

-Nach dem Wecken ist das Bett zu machen.

-Das Liegen auf dem Bett ist tagsüber nicht gestattet.

-Die Zelle ist sauber und ordentlich zu halten.

-Keine Gegenstände dürfen aus dem Fenster geworfen oder hinausgereicht werden.

-Die Sprechanlage und der Notrufknopf dürfen nur im Notfall betätigt werden.

-Musik ist nur in Zimmerlautstärke erlaubt.

-Bilder, Poster und Wanddekorationen dürfen nur am vorgesehenen Brett angebracht werden.

-Kein Lärm, kein Herumschreien, keine Randale.

-Das Pendeln ist verboten.

05:30 Uhr	***Lebendkontrolle.***
06:00Uhr	***Wecken.***
06:00 - 06:30 Uhr	***Aufschluss.***
06:30 Uhr	***Einschluss.***
07:00 Uhr	***Frühstück.***
10:30 Uhr	***Hofgang.***
11:30 Uhr	***Mittagessen.***
17:00 - 20:00 Uhr	***Freizeit/Aufschluss.***
20:00 Uhr	***Einschluss.***

‚Pendeln', dachte ich. Was zur Hölle ist ‚Pendeln'? Ich stellte mir vor, wie jemand von einer Zelle zur nächsten rennt wie ein wild gewordenes Uhrpendel, das an den Gittertüren klopft. Vielleicht meinten sie aber auch einfach nur: Klopf nicht, sprich nicht mit anderen durch Wände, bleib in deiner Zelle wie ein gutes Schaf. Vielleicht war Pendeln das letzte bisschen Kontakt, das hier verboten war. Ich wusste es nicht. Aber ich wusste: Auch diese Regel würde mir irgendwann klarer werden. Ich überflog die restlichen Vorschriften.

Die Sprache war trocken. Maschinenartig. Unverhandelbar.

Ich saß noch immer an dem festgeschraubten Schreibtisch. Der Stuhl darunter ließ sich nicht bewegen. Alles hier war fixiert, eingepasst, funktional, kein Raum für Veränderung, kein Raum für einen eigenen Abdruck.

Mein Blick wanderte durch die Zelle. Die Zellentür war blau gestrichen, stumpf, und hatte eine kleine Luke - eine sogenannte Futterluke. Von außen verschließbar mit einem Schloss, das nur die Beamten bedienen konnten. Von innen sah man nur die Kante davon.

Darüber ein Spion, aber kein Spion, durch den man von innen rausschauen konnte. Nein. Nur von außen nach innen.

Kontrolle in eine Richtung. Links von der Tür war die Nasszelle, ein kleines, fensterloses Abteil hinter einer nicht abschließbaren Holztür. Darin: ein graues Klo, ein kleiner Wasserhahn aus Metall, aus dem nur kaltes Wasser kam, und zwei Haken an der Wand für Handtücher.

Sobald das Licht anging, sprang automatisch eine kleine Lüftung an – die rauschte monoton, so wie alles hier irgendwie brummte oder surrte oder klirrte. Nichts war still, aber nichts sprach.

An der Außenwand, neben der Tür: Ein Knopf, kein richtiger Schalter, sondern nur ein Druckfeld. Drüber eine Gegensprechanlage – eingelassen in einen Metallkasten, darunter ein roter Knopf mit der Aufschrift SOS. Er wirkte alt, berührt, benutzt. Als hätte er zu viele Geschichten gehört und keine erzählt.

Die Wände waren leicht vergilbt. Nicht schlimm, nicht dreckig – aber alt. Spuren von Leben, das hier nicht mehr war. Über dem Bett

hing ein schmales Korkbrett - das einzige Stück Wand, an dem man etwas aufhängen durfte.
Ein Bild, ein Zettel, ein Stück Identität.
Alles andere: verboten.
Ich goss kaltes Wasser aus dem Hahn der Nasszelle in meine Blechkanne, in der ein Früchte-Teebeutel lag. Kein Zucker, kein Geschmack, keine Wärme – aber es war etwas, das ich tun konnte.
Ich setzte mich wieder an den Tisch. Die Neonlampe summte. Die Lüftung rauschte. Und ich wartete auf 17 Uhr.

Carlo und andere Probleme.

Als es schließlich 17 Uhr wurde und draußen bereits tiefste Dunkelheit herrschte, tauchten die grellen Hoflaternen das Gelände vor meinem vergitterten Fenster in ein kaltes, künstliches Licht.
Ihre Strahlen warfen scharfe Schatten auf die hohen Mauern ringsum, als hätten sie den Tag zurückgeholt, der längst vergangen war.
Das monotone Brummen des Stromkastens draußen vermischte sich mit dem entfernten Summen eines Radios irgendwo im Haus.
Plötzlich durchbrach ein metallisches Klicken die Stille, diese typischen, hohl klingenden Geräusche von schweren Schlüsseln, die in noch schwerere Schlösser eingeführt und gedreht wurden.
Dann wieder Gelächter. Es schwappte durch den Flur, getragen von jugendlicher Energie und dieser auffälligen Mischung aus Langeweile und Übermut.
Ich hörte die Schritte des Beamten näher kommen. Erst klirrte der Schlüsselbund bei der vorletzten Zelle, dann war meine dran. Er schloss nicht nur auf - er öffnete die Tür einen Spalt und ließ sie einfach offenstehen.
Ohne ein Wort ging er weiter zur letzten Zelle. Dasselbe Spiel dort. Mir war sofort klar, was das bedeutete: Die Tür war jetzt Einladung und Falle zugleich.
Ich fühlte mich zur Schau gestellt, ausgeliefert. Ich wusste, dass gleich diese Typen, die mittags nach dem Hofgang wie Aasgeier an meiner Tür hingen, nun freien Zugang zu meinem Raum hatten.
Und wie erwartet, ließen sie sich nicht zweimal bitten. Sie kamen

einfach rein - ohne zu fragen, ohne zu zögern. Einer setzte sich selbstverständlich auf mein Bett, ein anderer auf den Stuhl am kleinen Tisch. Einige blieben in der Tür stehen, lehnten sich an den Rahmen, musterten mich, als wäre ich ein neues Tier im Zoo. Ich war der Neue. Die Tagessensation. Es waren Jungs in meinem Alter, vielleicht zwischen 15 und 19. Alle hier drin warteten wie ich auf ihre Verhandlung.
Ein Zwischenreich. Zwischen Freiheit und Knast, zwischen Hoffnung und Schmerz. Und über mein weiteres Schicksal würden jetzt andere entscheiden. Nicht ich. Sie durchforsteten neugierig meine Anklageschriften, stellten Fragen, wollten wissen, was ich gemacht habe, wie lange ich schon hier bin, wie alt ich bin, ob ich Familie habe.
Irgendwann verzogen sich die meisten wieder, verschwanden lautlos in ihre Zellen, in den Gruppenraum, in die Küche oder in die Gemeinschaftsdusche, aus der Gelächter und das Rauschen von Wasser drang.
Nur einer blieb. Ein pummeliger Typ, kleiner als ich, mit schwarzem Dreitagebart. Achtzehn sei er, sagte er und stellte sich als Carlo vor. Er sei mein direkter Nachbar, seine Zelle lag links neben meiner. Die Fenster unserer Zellen seien so gebaut, erklärte er mir, dass man sich Dinge durchreichen könne. Er zeigte es mir mit einer Zigarette, die er durch einen kleinen Spalt zwischen Fenster und Gitter schob.
Dann lud er mich ein, sich seine Zelle anzuschauen. Sein Raum war genauso karg eingerichtet wie meiner: Bett, Tisch, Regal. Aber seine Wand war nicht leer: Er hatte ein paar Fotos seiner Familie dort aufgehängt, ein Brief seiner Freundin, einer von seiner Mutter. Und ein kleines Radio, auf dem gerade irgendein Regionalsender lief.
Verkehrsnachrichten aus Rheinland-Pfalz: Stau hier, Unfall da, stockender Verkehr auf der A6. Ich hörte zu und konnte nicht anders, als mir vorzustellen, dass Weber und Metz, die beiden Polizisten, die mich am Morgen hierher gebracht hatten, vielleicht genau in einem dieser Staus steckten. Ich wünschte ihnen nichts wirklich Schlimmes. Keine Verletzungen. Aber einen ordentlichen Totalschaden an ihrem schäbigen Opel Kombi, das hätte ich ihnen

gegönnt. Mit ihren knallgelben Warnwesten und diesem verdammten Blaulicht. Ich wollte einfach, dass sie sich an diesen Tag erinnern mussten.
Dass irgendwas an ihnen kleben blieb. Aber ich wusste, sie würden es nicht tun. Für sie war das Alltag. Für mich war es das Gegenteil.
Der Gedanke verflog schnell, und Carlo ging mit mir in Richtung Küche. „Mach deine Zelle zu," sagte er noch, als wir den Flur betraten. Ich tat es. Er wusste offensichtlich, warum. Wir liefen an offenen Zellen vorbei. Jugendliche saßen auf ihren Betten, spielten Karten, hörten Musik.
Die Tür zur Dusche war nur angelehnt, dicker Wasserdampf quoll heraus und beschlug die Scheiben im Gang. Drinnen lautes Lachen, Stimmen, die sich überlappten. Carlo zeigte mir die kleine Küche. Es gab ein paar Unterschränke, einen alten Herd mit zwei Platten, einen Backofen, der bessere Tage gesehen hatte. In einer Pfanne brutzelte gerade Brot in Butter – zwei Jungs standen davor und rührten, lachten, während ein dritter Brotscheiben mit Salami und Käse belegte und sie in den Ofen schob. Carlo erklärte mir, dass man alle zwei Wochen in der Kantine einkaufen konnte: Fertiggerichte, Nudeln, Wurst, Käse, Teepulver, Getränke, Zigaretten, Tabak, Zahnpasta, Seife -sogar Softcore-Pornos und billige Zeitschriften. „Ich hab selbst kein Geld dafür", meinte er nüchtern. „Aber wenn was übrig bleibt, geben dir manche was ab. Nudeln mit Sucuk. Oder gebratener Reis mit Wurst. So was halt."

Er erzählte weiter, dass es abends gegen 18 Uhr immer sechs Scheiben Brot gäbe. Beiläufig fuhr er fort:„Die sechs Scheiben Brot sind Abendessen und Frühstück zusammen. Wir kriegen die nur einmal, abends. Du kannst drei abends essen und drei morgens. Oder vier abends und zwei morgens. Oder du machst es wie die meisten hier und schmeißt es aus dem Fenster und fütterst die Enten."
Carlo lachte.
Dazu ein paar Scheiben billige Wurst, manchmal Fisch aus der Dose, manchmal Käse, ganz selten sogar Brie.
„Freitags gibt's manchmal Toastbrot", sagte er, fast ehrfürchtig. „Richtiges, frisches Toastbrot. Nicht dieses alte Graubrot, das

nach Schimmel schmeckt.“ Seine Augen leuchteten bei dem Gedanken. „Und Kakao oder Milch dazu. Das steht uns zu. Du musst drauf bestehen.“ Ich nickte, versuchte, all das irgendwie zu sortieren. Es war so viel auf einmal. Du bekommst auch eine Packung Margarine und ein Glas Marmelade. Einmal pro Woche. Freitags musst du beides mit in die Kantine nehmen. Dann kannst du die alten Packungen gegen neue eintauschen. Aber pass auf deine Sachen auf, wenn du das Glas oder die Packung verlierst, gibt es keinen Ersatz. Die tauschen nur alt gegen neu. Und das meinen die ernst.“ Er grinste kurz.
„Ach ja, meistens gibt's Pflaumenmus. Wahrscheinlich kriegen die irgendwo Sonderrabatt drauf. Wenn's Pflaumenmus gibt, tauscht fast keiner sein leeres Glas gegen ein volles. Das wächst einem hier schnell aus den Ohren. Aber manchmal...“
Er senkte die Stimme ein bisschen, als würde er ein Geheimnis verraten. „Manchmal gibt es Nutella. Nicht das Gute, nicht die Marke. Dieses billige nachgemachte, aber auch das hier drin ist wie Gold. Dafür kriegst du Zigaretten... manche rühren sich sogar Kakao damit an. Wenn Nutella da ist, ändert sich hier alles.“ Diese fremde Welt, diese Regeln, die Gerüche, das Geräusch von tropfen-dem Wasser irgendwo in der Wand.
„Komm, wir gehen ins Büro“, sagte Carlo plötzlich und zog mich mit. Wir gingen zu einem Raum, dessen Tür offen stand. Drinnen diskutierte ein Beamter mit einem anderen Jugendlichen. „Der Dennis hat noch kein Duschgel,“ sagte Carlo laut in den Raum. Offenbar hatte er gemerkt, dass ich keins hatte, wahrscheinlich schon vorhin, als alle in meiner Zelle hockten.
Der Beamte schob eine Schranktür auf, griff in ein Fach und zog ein durchsichtiges Duschgel hervor. Die Plastikhülle war stumpf und ausgeleiert, man sah, dass sie schon zigmal nachgefüllt worden war. Er reichte es mir kommentarlos.
„Wenn du dir kein Duschgel leisten kannst, kriegst du von denen eins“, erklärte Carlo. „Du kannst auch deine leeren Flaschen zum Auffüllen geben. Riecht halt wie billiges Geschirrspülmittel.“
Ich nahm das Gel, nickte, sagte nichts. Wir gingen wieder zurück in Richtung Zellen. Ich hatte plötzlich das Gefühl, dass sich meine neue Realität langsam um mich zusammenzog – mit jedem Schritt,

mit jedem Detail, mit jeder Stimme in diesen Fluren.

*

Pünktlich um 18 Uhr begann es. Es war ein Laut, den man nicht beschreiben konnte, wenn man ihn nie selbst gehört hatte. Kein richtiges Poltern, ein Rollen wie ein Einkaufswagen auf Asphalt, kein Klirren wie Geschirr in der Küche, es war etwas Eigenes.

Ein leises Dröhnen, ein metallisches Dämmern, begleitet von einem kaum hörbaren Quietschen der alten Rollen, das sich aus den unteren Stockwerken langsam nach oben fraß, wie eine Welle, die sich durchs Haus schob. Erst war es nur ein fernes Echo, ein vibrierendes Raunen unter den Füßen, kaum mehr als ein Schatten in den Ohren. Doch dann stieg es auf, Stufe um Stufe, Stockwerk für Stockwerk. Und schließlich war es da, bei uns.

Da war er wieder. Christian, der Hausarbeiter. wie eine Maschine mit Herzschlag. Er schob den Servierwagen vor sich her, zwei große Plastikboxen darauf, beide randvoll mit geschnittenem Graubrot, nicht frisch, nicht weich, einfach nur Brot.

Die andere Box war gefüllt mit Wurstscheiben, manche von undefinierbarer Herkunft, fettig glänzend, billig. Und dann noch eine kleine Extra-Box, für die muslimischen Jungs: keine Schweinewurst, sondern Rindfleischsalami oder Geflügelwurst.

Die WG kam in Bewegung. Es war, als hätte jemand unsichtbar einen Schalter umgelegt. Türen öffneten sich, Stimmen hallten durch den Flur, Schritte eilten herbei. Obwohl Christian von einem Beamten begleitet wurde, wurde es unruhig, fast nervös.

Niemand wollte die kleinen Endstücke vom Brot haben. Jeder wollte die dicken, die „guten" Schnitten, so gut Brot hier eben sein konnte. Der Beamte hob die Hand, verschaffte sich mit einem knappen „Alle der Reihe nach!" etwas Respekt.

Langsam kehrte Ordnung ein, einer nach dem anderen trat vor, als hätte man sich mit einem Mal daran erinnert, dass hier alles nach Regeln lief.

Christian arbeitete sich von Zelle zu Zelle. Einen weißen Plastikhandschuh an der Hand, ging er die Türen ab. Sechs Scheiben Brot und eine kleine Wurstration. Für die, die gerade nicht in den Zellen waren, vielleicht waren sie duschen, vielleicht in irgendeiner Zelle, öffnete der Beamte die Türen, und Christian

trat mit einem kurzen, fast ehrfürchtigen Nicken ein, um die Rationen drinnen zu deponieren.
Schließlich kam er zu uns. Carlo und ich standen an unseren Türen, Schlüssel in der Hand, wie zwei Kinder, die auf den ersten Advent warten. Wir schlossen auf, ein leises Klicken, ein kaum hörbarer Atemzug zwischen Gitter und Wand.
Ich spürte, wie mein Herz schneller schlug, warum auch immer, vielleicht war es die Sehnsucht nach einem kleinen Stück Normalität, nach dem Ritual, das mich für einen Moment vergessen ließ, wo ich war. Christian kam näher, griff in einen Karton unter dem Servierwagen. Ich wusste nicht, was genau er da holte, aber es war für mich. Er reichte mir eine Packung Margarine, schmierig, billig, aber immerhin etwas.
Und, ach, welch Wunder, ein Glas Pflaumenmus. Ich nahm es fast zaghaft entgegen, als wäre es etwas Besonderes, etwas Kostbares, obwohl ich wusste, dass hier bald niemand mehr Pflaumenmus wollte. Dann bekam auch ich meine sechs Scheiben Brot und ein paar wenige Scheiben Mortadella.
Ich drehte mich um, legte alles in mein Regal, das über dem Schreibtisch an der Wand montiert war. Ein Stück Holz, das wie ein Relikt aus einer Zeit wirkte, in der hier drinnen noch jemand gedacht hatte, Menschen bräuchten Ablagen für ihre Dinge.
Ich hörte, wie Christian weiterging, zu Carlo, hörte das Knarzen des Wagens. Dann war es vorbei. Christian verschwand mit seinem Wagen und dem Beamten, und ich blieb zurück.
Ich wusste, was ich wollte. Ich wollte nicht in meine Zelle. Noch nicht. Ich würde noch lange genug darin sitzen. Also ging ich zu Carlo. Einfach so. Setzte mich zu ihm in die Zelle, ließ mich auf die Kante seines Bettes fallen, als wäre es das Normalste der Welt.
Wir spielten Karten. Schweigend, ab und zu mit einem kurzen Nicken, manchmal einem kleinen Lachen. Zwischendurch drehten wir uns eine Zigarette und rauchten.
Es war nicht wichtig, wer gewann, nicht wichtig, welche Karten wir legten. Wichtig war nur, dass wir sie legten. Dass wir irgendetwas in den Händen hielten, was nicht ein Schlüssel war, nicht eine Schüssel, kein Stück Papier, das über unser Leben entschied. Etwa eine halbe Stunde vor Einschluss, als draußen das

Getrampel in den Duschen langsam nachließ, sagte Carlo plötzlich: „Kommst du mit duschen?“ Es traf mich wie ein Schlag. Duschen. Mit jemand anderem. Mein Körper erstarrte. Ich spürte, wie mein Gesicht heiß wurde, wie mein Herz mir in die Kehle schlug. Ich hatte Angst. Ich wollte nicht. Ich konnte nicht. Mein Körper war männlich, ja, aber mein Inneres rebellierte gegen den Gedanken, mich vor jemandem nackt zu zeigen. Nicht schon wieder.

Ich schüttelte den Kopf, murmelte leise: „Ich war heute morgen schon… bevor die Bullen mich abgeholt haben.“
Meine Stimme war kaum mehr als ein Flüstern. Carlo sah mich an, lange, dann nickte er. Ich wusste, dass er es verstan-den hatte. Und doch spürte ich, dass es ihm nicht um Nähe ging, nicht um das Teilen eines Moments, es ging ihm darum, nicht allein zu sein. „Wenn jemand dabei ist, passiert mir nichts“, hätte er sagen können.
Aber er sagte es nicht. Ich spürte, dass er wie ich war. Ein Außenseiter. Keiner, der sich zu den anderen an den Tisch setzte, keiner, der mit ihnen lachte, stritt, Fernsehen schaute. Er war am Rand. So wie ich. Und vielleicht, dachte ich, hatten wir uns gefunden, ohne einander gesucht zu haben. Vielleicht war das hier, inmitten all des Schmerzes, ein kleiner Wink des Schicksals. Doch ich wusste nicht, ob ich ihm trauen konnte.
Nicht wirklich. Nicht jetzt. Nicht hier.
Während er in seinem Spind kramte, nach Handtuch, Unterwäsche, Feinripp, sagte ich leise, fast entschuldigend: „Ich geh in meine Zelle. Ich bin müde.“ Carlo sah mich an, als wollte er etwas sagen, dann nickte er. „Wenn was ist, klopf an die Wand“, murmelte er. „Ich komm ans Fenster. Dann können wir reden, wenn du Bock hast.“ Ich nickte. Ganz leicht. Dann drehte ich mich um. Mein Herz pochte. Ich hörte, wie flurweit vor mir die Türen zuschlugen, wie Stimmen leiser wurden. Ich spürte die Kälte, die aus den Gemeinschaftsduschen zog, die Feuchtigkeit, die in den Wänden hing. Nach zwei Schritten erreichte ich meine Zelle.
Ich steckte den Schlüssel ins Schloss. Drehte ihn. Das Klicken war leise, fast intim. Ich trat ein, zog die Tür hinter mir zu.

Und dann... dann kam es. Dieses Gefühl. Dieses unbarmherzige, gnadenlose Gefühl.
Ich stand in meiner Zelle. Allein. Die Tür war zu. Ich wusste, dass sie gleich kommen würden, mit dem großen Schlüssel, um sie endgültig abzuschließen, sodass mein kleiner Schlüssel nichts mehr bedeutete. Aber noch war es nicht so weit. Ich drückte das Licht aus, setzte mich ans Fenster. Öffnete es. Die Januarkälte schlug mir entgegen, biss sich in meine Haut, füllte den Raum mit einem Hauch von Außenwelt.
Draußen begann es zu schneien. Kleine, zarte Flocken, die in der Dunkelheit tanzten, als würden sie eine andere Welt berühren, eine Welt, die ich nicht mehr erreichen konnte. Ich dachte an meine Pflegemutter. An den Morgen. An die Tränen in ihren Augen. An das Nachthemd, das zu groß war, an meinen Pflegevater, an die Polizisten, an die Szene, die wie ein Film in meinem Kopf ablief, wieder und wieder, bis die Bilder sich auflösten.
Ich dachte an meine Ankunft hier. An das „Bist du schwul?“. An die roten Fußnägel. An die Beamten, die mich auslachten, mich fotografierten, mich sezierten. An den Moment, als Jessica... die Jessica in mir im Zimmer dieses Arztes still gestorben war, als er mir mit Alkohol und Wattepads den Lack von den Zehen rieb. Es war zu viel. Es war alles zu viel.

Ich drehte mir eine Zigarette. Meine Finger zitterten. Ich zündete sie an. Der Rauch füllte den Raum, kratzte in meinem Hals, brannte sich in meine Lungen. Und dann brach es aus mir heraus. Ich begann zu weinen. Zuerst nur leise. Zitternd. Ein paar Tränen, die über meine Wangen liefen, fast schüchtern, als wollten sie fragen, ob sie hier willkommen waren. Dann mehr.
Dann brach der Damm. Ich weinte, wie ich nie zuvor geweint hatte. Lautlos, aber heftig. Ich weinte, bis die Zigarette in meinen Fingern erlosch. Die Glut erstickte an meinen Tränen. Ich weinte, bis mein Körper zitterte, bis mein Kopf schwer wurde, bis meine Hände sich um das ranzige Kopfkissen klammerten, das nichts war als ein Überbleibsel unzähliger fremder Nächte.Ich weinte in mein Kissen, drückte mein Gesicht hinein, schluckte die Laute, die aus mir herausbrechen wollten, damit niemand sie hörte.

Ich weinte, als wäre es das Einzige, was mir noch gehörte. Und irgendwo in all diesem Weinen, in all diesem Zittern und Schluchzen, in all dieser Einsamkeit, war ich wieder Jessica. Nicht die Jessica, die in den Akten stand, nicht die, die sie hier aus mir herausgerissen hatten, nicht die, die unter Alkohol und Wattepads verblasst war. Sondern die Jessica, die nur ich kannte. Die Jessica, die nur ich fühlen konnte. Und für einen Moment war das genug. Für einen winzigen Moment.

Der Tag danach.

Die Nacht war eine Aneinanderreihung von kurzen, zer-stückelten Schlafphasen. Immer wieder aufgewacht, immer wieder wegen mir selbst. Mein eigenes Weinen riss mich raus. Kein fremdes Geräusch, kein Lärm von draußen - nur ich. Ich war mein eigener Alarm. Irgendwann bekam ich Kopfschmerzen davon. Die Augen brannten, rot und geschwollen. Geschlafen hatte ich kaum. Alles ging mir durch den Kopf, ein endloser Film aus Vorwürfen, Bildern, Sätzen, Geräuschen.
Und doch, ich war leer. Als würde mein Kopf platzen vor Dichte und gleichzeitig nichts darin sein. Leer wie eh und je. Tot ohne tot zu sein.
Um 5:30 Uhr kam die Lebendkontrolle. Ein metallisches Klacken, die Luke der Zellentür öffnete sich. „Lebend-kontrolle." Ich blinzelte ins grelle Neonlicht. Ich war noch hier. Der Albtraum war kein Albtraum.
Ich lag nicht in einem Bett, irgendwo draußen. Ich lag in dieser Zelle. Das hier war echt. Ich bin noch immer drin. Kein Entkommen.
Seit dem Moment war ich wach. Hab das Bett gemacht, so wie ich's in der Hausordnung gelesen hatte. Ich saß auf dem Stuhl, unbeweglich, starrte aus dem Fenster. Der Schnee vom Vorabend hatte sich wie ein grauer Film auf den Hof gelegt. Darauf: Fußspuren. Von den Beamten, die nachts ihre Runden liefen.
Ihre Schritte hatten Spuren hinterlassen, während ich drinnen durch mein eigenes Schluchzen zerfiel. Um 6 Uhr wurde die Tür

geöffnet. Carlo steckte den Kopf rein. „Was war los gestern? Ich hab noch an deine Wand geklopft nach Einschluss. Dachte, vielleicht noch eine rauchen am Fenster..."
Ich log. Sagte, ich sei müde gewesen, gleich ins Bett gefallen. Er musterte mich. „Siehst aber nicht aus, als hättest du viel gepennt." Ich sagte nichts. Ich wollte nicht zugeben, dass ich kaum geschlafen hatte.
Dass das die Augen eines gebrochenen Menschen waren. Eines resignierten Menschen. Eines Menschen, der aufgibt. Carlo begann, seine Zelle aufzuräumen. Holte Besen und Kehrschaufel aus der Putzkammer.
„Du musst das auch machen. Die Bullen hier stehen auf saubere Zellen. Wenn du nix machst, kriegst du sofort Disziplinar." Er sprach, als hätte er Erfahrung. Klar hatte er. Er wusste, was ging und was nicht. Er erzählte mir, dass der Hausarbeiter Christian auch die Mülltüten leert. Täglich. Dass er mittwochs die Wäsche einsammelt. Dass sie im Keller gewaschen wird. Dass er sie zurückbringt. Ich dachte laut: „Also ist der das Mädchen für alles." Dann stockte ich. Mädchen. Für alles. Mädchen. Ein Wort, das mir im Hals stecken blieb. Ein Schlag in die Magengrube.
„Haste wenigstens was gegessen?" fragte Carlo. Ich verneinte. Er grinste: „Wenn du mal was übrig hast, kannst es mir ruhig geben." Er lachte, aber ich spürte, er meinte das ernst.
Ich ging ans Regal. Das Brot war steinhart. Die Wurst grau, schmierig, fettglänzend, mit einem ranzigen Geruch, der mir Übelkeit bescherte. So sieht Verwesung aus, dachte ich. Fett, das sich wie ein schleimiger Film auf der Oberfläche absetzt. Ein modriger Gestank, metallisch, süßlich. Nur noch Müll. Ich brachte es zur Putzkammer. Warf es weg.
Erst jetzt fiel mir auf, dass die Zelle schräg gegenüber deutlich größer war. Drei Namen an der Tür: Levi, Axel, Tailan. "Wieso sind die zu dritt?" fragte ich. "Wenn du dich mit Leuten gut verstehst, kannst du in ne Doppelzelle. Oder halt in so ne Dreimannzelle wie die." Ich schaute wieder hin. Die Zelle doppelt so groß wie meine. Aber mir wurde übel bei dem Gedanken, mit zwei Fremden den Raum zu teilen. Einer war mir schon zu viel. Selbst bei Carlo hatte ich ein mulmiges Gefühl.

Nach einer halben Stunde wieder Einschluss. Kein Kaffee. Kein warmes Getränk. Nichts. Ich hätte mir Wasser auf dem Herd kochen können, für den Früchtetee, den mir der Beamte aus dem Büro gegeben hatte. Aber wozu? Ich hasste Tee. Früchtetee noch mehr. Es war die Mühe nicht wert. Nicht mal das Wasser zu kochen, um es dann in meine Blechkanne zu füllen.
Ich setzte mich wieder ans Fenster. Carlo hörte Musik über sein Radio. Ich lauschte mit. Es war eisig. Wir rauchten. Ich schrieb einen Antrag. An den Gefängnispfarrer. Ich bat um ein Sozialradio. Und um Briefmarken. Ich wollte schreiben. Meinen Pflegeeltern. Dem Haftrichter vom Amtsgericht Landstuhl. Ich war wütend. Gebrochen. Ich wollte, dass er es weiß. Dass es ein Fehler war, mich hier reinzustecken.
Ich starrte nach draußen. In Gedanken versunken. Carlo hatte sein Fenster längst geschlossen. Keine Musik mehr. Ich weinte wieder. Nicht so laut wie gestern. Aber Tränen waren da. Ich war fertig. Einfach fertig mit der Welt.
Die Zellentüren öffneten sich. Hofgang. Ich war gespannt. Wie ein Tier auf seinem ersten Weg in den Käfig. Ich zog den grauen Parka an, der an einem festgeschraubten Haken hing. Die schwarzen Knastschuhe, eine Nummer zu groß, klobig, schwer. Ich wartete. Als unsere Tür als letzte aufgeschlossen wurde, spürte ich die Blicke. Sie musterten mich. Klar – am Vorabend neu, jetzt wieder da. Jeder wollte wissen, ob mich die Nacht gebrochen hatte. Ob man's mir ansah.
Ich sah aber auch: Viele Gesichter wirkten leer. Traurig. Der 26. Januar. Weihnachten lag vier Wochen zurück. Viele hatten's hier verbracht. Ohne Familie. Ohne Freunde. Nur diese Wände. Diese Routine. Ich merkte: Ich war nicht allein mit dem Schmerz. Aber ich sprach es nicht aus. Die Gruppe der WG4 aus dem U-Haft-Gebäude F6 setzte sich in Bewegung. Richtung Hof. Es waren zu wenige, dafür, wie groß das Haus war.
Carlo erklärte mir: Jede WG hat eigene Hofzeiten. Es gehen nie alle gemeinsam auf zum Hofgang. Zu riskant. Draußen fiel mir auf: Die Fenster der WG1 – unten – hatten zusätzlich zum Gitter noch ein Lochblech. Carlo sagte: "Das ist die Sicherheits-WG. Wenn du da landest, bist du gefickt. Kein Radio, kein Fernseher, vielleicht ne

Bibel. Die sind 22,5 Stunden am Tag eingesperrt." Ich fragte: „Und das Lochblech?" „Damit du nix von oben kriegst. Keine Kippen, kein Futter. WG3 ist drüber. Die könnten was runterwerfen." Ich fragte: „Runterwerfen?“
Er grinste: „Pendel. Du nimmst Unterhemden, machst ne Schnur, beschwerst sie, wirfst sie hoch oder runter. Dann kann dir einer was anhängen. Ein Päckchen. Irgendwas.“ Ich verstand. Pendeln. Verboten. Aber Alltag.
Carlo und ich liefen im Kreis. Immer wieder. Wie Hunde im Zwinger. Es hielt uns warm. Es war Bewegung. Eine Illusion von Freiheit. Für eine Stunde. Dann war es vorbei. Sammeln zum Mittagessen.

*

So geordnet, wie wir in den Hof gingen, so liefen wir auch in einer Reihe durch die Kälte Richtung Kantine. Unter offenem Himmel, über graue Steinplatten, vorbei am Biotop, das still in der Ecke lag wie ein vergessenes Stück Natur zwischen Beton.
Dort, wo gestern noch die Enten ihre Runden im eiskalten Wasser gedreht hatten. Heute war es leer. Kein Laut, nur Wind, der das Schilf am Rand des Wassers zum Zittern brachte.
„Weißt du, was es heute zu essen gibt?“ fragte ich Carlo. Er zog an seiner selbstgedrehten Kippe, hielt die mit zwei Fingern wie etwas, das ihm ein bisschen Würde. Die andere Hand vergraben in der Tasche seines grauen Parkas, der genauso aussah wie meiner. Uniformierte Kriminelle.
„Keine Ahnung. Aber Morgen gibt es irgendwas mit Fisch. Oder wenn kein Fisch, dann Ei oder sowas. Samstags gibt's immer Suppe.“ Er sprach langsam, beiläufig, als wär's egal. Als wär alles hier egal. Fuck, dachte ich. Das klingt wie damals im Heim. Genau dieselbe beschissene Routine. Wenn wir da aus der Schule kamen, rein in die große Kantine vom Helenenberg, immer der gleiche Ablauf, die gleichen Gerüche, das gleiche fade Zeug auf dem Teller. Samstags Suppe. Freitags Fisch und Kartoffeln.
Das hier... das ist echt wie Heim. Nur mit Mauern. Und Kameras. Und Zellentüren. Und Zäunen. Und tödlichem Stacheldraht. Und ohne Möglichkeit abzuhauen.
Ich musste wieder an den Beamten denken, an der Pforte gestern.

Wie er mir mit seinem auswendig gelernten Lächeln ins Gesicht sagte: „Hier drin ist es wie im Heim, nur mit Mauern." Und ich ihn innerlich dafür verfluchte.
An der Kantine angekommen, sahen wir, wie die Jungs aus der Strafhaft gerade rausströmten. Ein Strom aus grauen Jacken, gesenkten Blicken, kurzen Rufen. Einige aus unserer U-Haft-Gruppe erkannten Gesichter. Brüder vielleicht. Freunde. Kollegen. Riefen Namen. Schrien sie fast. Ein kurzer Moment Hoffnung, Verbindung.
„RUHE JETZT! Noch ein Ton und du hast heute Einschluss!"
Der Beamte, der uns begleitete, knallte seine Stimme in die Luft wie eine Waffe. Die Rufe brachen ab. Nur die Blicke blieben. Wütend. Frustriert. Gefangen.
„Kein Kontakt", sagte Carlo leise zu mir. „Weder zu den Strafgefangenen hier, noch zu irgendwem nach draußen. Unsere Briefe gehen erst zum Richter. Und von da aus, wohin du willst. Kann bis zu zwei Wochen dauern, bis was ankommt. Oder du was bekommst." Ich starrte ihn an. „Ernsthaft?"„Steht in der Hausordnung", antwortete er stumpf. Und zog wieder an seiner Kippe.

Ich schluckte. Ich hatte die Hausordnung wohl nur halb gelesen. Vieles war einfach untergegangen. Wie betäubt war ich durch diese Tage geschwankt, die Details entglitten mir. Selbst, dass das Biotop auch Teil eines Hofes war, hatte ich erst jetzt wirklich verstanden. Wege zogen sich hindurch, gepflastert, in verschlungenen Linien. Hier und da standen Bänke, Aschenbecher auf Ständern. Ich deutete mit dem Kinn in Richtung des Weges.„Ist das deren Hof?", fragte ich. Carlo nickte. „Die haben da Hof oder hinten auf dem großen Sportplatz."
„Der ganze Sportplatz gehört denen?", fragte ich, ungläubig
„Ja. Aber nur die aus einem Haus gehen zusammen raus. Meistens sind's fünfzig Leute oder mehr. Alle zusammen."
Es ergab plötzlich Sinn. Ein riesiges, offenes Gelände, leicht überwachbar, keine Bäume, keine Ecken. Besser als hier im Biotop, wo Büsche, Bäume und verschlungene Wege Sichtlinien unterbrechen. Sicherheit bedeutete Übersicht. Nicht Gnade. Wir liefen weiter zur Essensausgabe.

Lange Tische, blanker Boden, kahle Wände. Alles hallte.
Wir stellten uns in eine Schlange, Carlo und ich. Am Anfang holte man ein Tablett, dann bekam man von ein paar Jungs in weißen Kitteln das Essen gereicht. Auch Gefangene. Auch Knackis. Die in der Küche arbeiteten.Wieder versuchten ein paar aus unserer Gruppe mit denen zu reden, irgendwas zu sagen, ein Zeichen vielleicht. Aber der Beamte war sofort da. „RUHE!“ Dieselbe Leier. Dieselbe Gewalt im Ton.
Als wir dran waren, bekam ich einen Teller. Kartoffelpüree, eine kleine Bratwurst, Rahmporree vielleicht. Schwer zu sagen. Besteck. Ein Becher Joghurt
Es roch fade, aber vertraut. Wie bei Langfinger Joe früher - billiger Tütenfraß, einfach mit heißem Wasser angerührt. Der Geschmack war fast gleich. Nur billiger. Und trauriger. Wir suchten einen Platz. Carlo ging vor. „Du kannst dich hier nicht überall hinsetzen“, sagte er.
„Da ist besetzt, da auch. Wir gehen da hinten. Da ist frei.“ Man merkte, wie alles gruppiert war. Die Jungs aus der Dreimannzelle blieben unter sich. Der Rest unserer WG bildete ebenfalls kleine Gruppen. Maximal zwei, oder drei jeweils an einem Tisch. Carlo und ich bildeten jetzt unsere eigene kleine Einheit.
Nur einer saß ganz alleine. Abseits. Komplett. Nicht nur an einem eigenen Tisch, er saß fast schon in einem ganz anderen Teil der Kantine. Die anderen sahen ihn nicht mal richtig an. Und wenn doch, dann nur mit Hass.
„Warum sitzt der da so allein?“ fragte ich. „Halt dich von dem fern“, sagte Carlo ruhig. „Wenn du mit dem redest, bist du vor den anderen hier eine Zielscheibe.“
„Zielscheibe?“ fragte ich „Ja. Das ist ein Kiwi. “ Ich riss die Augen auf, „Kiwi?“„Hat elf Kinder missbraucht.“ Ich schluckte. „Sexuell?“ Carlo nickte. „Ja.“
Ich sagte nichts mehr. Konnte nichts mehr sagen. Alles in mir zog sich zusammen. Die Kantine, das Essen, der Raum, alles plötzlich stickig.
Ich beugte mich über meinen Teller. Und aß wortlos. Es war die erste warme Mahlzeit seit zwei Tagen, und mir ging durch den Kopf, dass dieser Typ, der da hinten allein saß, einfach nicht

aussah wie einer, der… solche Dinge tut.
Er war klein. Vielleicht 1.60m groß. Kleiner als ich. Kleiner als die meisten hier. Kurze hellblonde Haare, ein rundes Gesicht, fast kindlich.
Nichts an ihm schrie nach Gefahr, nichts an ihm nach Vergewaltiger oder so. Und trotzdem saß er da. Christoph, wie ich später erfuhr. Ein Name, der nichts bedeutete, aber trotzdem hängen blieb.
Carlo sagte irgendwann leise, fast beiläufig, während wir unseren Nachtisch aßen: „Sogar die Beamten verachten ihn. Wegen dem, was er getan hat. Die sind härter zu ihm als zu allen anderen. Ich hab mal Anträge von ihm im Büro im Mülleimer gesehen... zerrissen. Weißt du, das dürfen die eigentlich nicht. Jeder Antrag muss bearbeitet werden. Auch wenn du hier ne Badekappe beantragst, kriegst du wenigstens nen Stempel mit ‚abgelehnt' darauf, und das Ding wandert dann in deine Akte. Aber dem sein Zeug? Das wandert manchmal einfach in den Müll, je nachdem welcher Beamte gerade im Büro sitzt, Verstehst du?“

Ich verstand. Nicht sofort. Aber irgendwas in mir wusste, dass es hier Regeln gab, die nicht auf Papier standen. Ich hatte ihn schon mal gesehen. Heute früh. Als ich mein Brot und meine Wurst, diese schimmlige, zusammengeklebte Masse, die man hier Frühstück nennt, wegwarf - da sah ich ihn.
Er stand da mit einem Lappen in der Hand, putzte irgendeine Zelle. Nicht seine. Einfach irgendeine. Ich dachte ich mir nichts dabei. Natürlich nicht. Wer denkt sich morgens nach einer Nacht voller Kissen-Tränen und Zellen-Stille schon irgendwas?
Wer nimmt noch wahr, was in diesen Fluren geschieht? Man ist damit beschäftigt, nicht zusammenzuklappen, nicht zu schreien, nicht zu sterben. Und man schaut weg. Immer. Aber jetzt, wo ich ihn hier sah, allein auf der Bank, eingeknickt in sich selbst, da wurde mir übel. Nicht von ihm. Sondern von dem, was ich fühlte.
Von diesem Moment, in dem du begreifst, dass man es den Menschen nicht ansieht. Dass es keine Gesichter für das gibt, was sie getan haben. Dass nichts sie verrät. Und gerade das macht es so unheimlich.

Ich sagte nichts. Sah nur rüber. Und dann hörte ich Carlo. „Weißt du, warum jeder hier wissen wollte, weshalb du hier bist?" Ich sah ihn an. Atmete durch. Er fragte das, als hätte er die Antwort schon im Blick. „Was meinst du?", fragte ich.
„Ich meine…", und ich grinste schief, mein Blick fiel auf ihn, „… meinst du den Moment, als ihr alle wie die Stasi in meine offene Zelle gestürmt seid, um meine Anklageschrift zu studieren wie ein Facharzt an der Uni Homburg?"
Er lachte. Kurz. Nicht laut, aber ehrlich. Vielleicht sogar ein bisschen verlegen. „Ja. Genau das."

Ich drehte mich leicht zur Seite, lehnte mich gegen die Wand. „Machen die das bei jedem?" Carlo nickte. „Immer. Bei jedem Neuen. Die warten nur drauf, dass jemand frisch reinkommt. Dann stürmen sie los. Du hast keine Zeit, irgendwas zu verstecken. Keinen Anklagebogen im Klo runterspülen, kein Deckblatt unterm Bett. Nichts. Die kommen sofort. Und das Erste, was die hier von dir wissen wollen, ist: Warum bist du hier."
Er sagte das so, als hätte er diesen Satz schon hundertmal ausgesprochen. Vielleicht hatte er das. „Die wollen Beweise. Keine Geschichten. Kein Rumgelaber. Beweise. Und du…" Er grinste. ... du hast geliefert."

Ich sagte nichts. „Mit deinen tausend Anklageschriften", fuhr er fort, „da gab's nichts mehr zu fragen. Da war alles offen. Schwarz auf Weiß.."
Ich nickte langsam. Tausend war übertrieben. Aber es fühlte sich so an. Ein ganzes Buch, sagte man. Ein Scheißroman voller Dreck und Fehler und Schmerz, von dem ich keine einzige Seite mehr umschreiben konnte.

„Glaubst du, sie haben Respekt?", fragte ich irgendwann. Carlo zuckte mit den Schultern. „Keine Ahnung. Vielleicht. Vielleicht auch nicht. Vielleicht ist es Mitleid. Oder Neugier. Oder wirklich ein bisschen Respekt, dass du keiner von denen bist." Er deutete mit dem Kopf nach hinten, zu Christoph.
„Wenn du einer von denen bist, dann bist du hier erledigt. Dann

brauchst du dir gar nichts mehr aufzubauen. Dann bist du fertig. Ganz unten. Noch unter der untersten Schublade. Dann lebt man hier nicht mehr. Dann… existiert man nur noch."
Ich hörte ihm zu. Ließ die Worte sacken. Sie fühlten sich nicht neu an. Aber jetzt klangen sie anders. Echtes Wissen hat immer diesen bitteren Nachgeschmack. Als hätte es zu viel gekostet, um es einfach so zu sagen. Nach dem Mittagessen, nach dem Hochpunkt des Tages, stellten wir unsere Tabletts in diese Edelstahlgestelle, ein zackiges Klackern, jeder wusste, wohin. Vor der Kantine, beim Rückweg, bemerkte ich, wie einige ihre Joghurts aus den Taschen zogen. Heimlich. Wie kleine Trophäen. Und sie tauschten sie gegen Zigaretten. Zwei Löffel Vanille gegen eine halbe Lunge. Ich bereute, dass ich meinen einfach so gefressen hatte. Mein Tabak ging langsam zur Neige. Dreißig Gramm sind ein Witz in diesem Drecksloch. Kein Mensch kommt damit aus. Nicht, wenn er täglich runterkommen muss, um nicht durchzudrehen.

*

Zurück in F6. Zurück in der WG. Unsere kleine Kolonne zog durch den Flur. Einer nach dem anderen. Immer die gleiche Reihenfolge. Immer das gleiche Knarren der Schuhe, das leise Klacken der Schlösser, das dumpfe Brummen der Stimmen hinter Türen.
Carlo und ich hatten die letzten Zellen ganz am Ende des abknickenden Ganges. Ich war der vorletzte, er der letzte. Irgendwie fühlte sich das gut an. Nicht allein. Nicht mit einem Arschloch als Nachbarn. Sondern mit jemandem, der sprach. Der hinsah. Und vielleicht sogar verstand.
Zum Glück war es nicht Christoph, der in der Zelle neben mir schlief. Ich glaube, seine war weiter vorne. Absichtlich. Damit man ihn „im Auge behalten" konnte. Aber als ich an heute früh dachte an den Lappen in seiner Hand, an die fremde Zelle, da wurde mir klar, dass im Auge behalten hier drin auch bloß ein anderes Wort für vergessen war.
Man sieht ihn. Und lässt ihn wischen. Wie einen Schatten, der nicht mal mehr Angst macht.
Wir wurden eingeschlossen. Carlo und ich als letzte. Das Mittagessen war vorbei. Der Tag gekippt.
Und der Rest… war Stille.

Pisse und ein Happy Birthday.

Die Tage vergingen, langsam, quälend langsam, als würde die Zeit selbst hinter Gittern sitzen. Das bedeutete nicht, dass ich weniger weinen musste. Oft saß ich abends nach dem Einschluss einfach nur in meiner Zelle, das Gesicht im Kissen vergraben, reglos, leer, nichts denkend, nichts fühlend. Anfangs hatte ich mich vor diesem Kissen noch geekelt, es war schmutzig, voller Fusseln, Haare von Fremden, durchtränkt vom Schweiß und den Tränen derer, die vor mir darin geweint hatten.
Inzwischen ist es wie ein bester Freund für mich geworden.
Vielleicht hatten andere mit den Fäusten darauf eingeschlagen, wütend, frustriert, verloren wie ich, und dieses Kissen war das Einzige, an dem sie noch etwas loswerden konnten...
Draußen im Hof hatten die Jungs aus WG 1 und 2 - unabhängig voneinander, ohne Absprachen - in ihren Freistunden einen Schneemann gebaut, als Mahnmal vielleicht, als stilles Zeichen, dass selbst hier noch irgendetwas entstehen kann. Irgendein Arschloch hat ihn später zertreten, ohne ersichtlichen Grund, vielleicht war es auch einfach sein Weg, mit der Aggression klarzukommen, die sich in den Körpern wie heiße Lava anstaut.
Wenn ich abends aus dem Fenster sah, sah ich nur noch die Überreste, vom Licht der flackernden Laternen angeleuchtet, und meine Tränen liefen lautlos über mein Gesicht. Manchmal klopfte Carlo ans Fenster - ein dumpfes, eindringliches Pochen, das wie ein kleiner Riss durch meine innere Leere ging.
Manchmal redete ich mit ihm, manchmal auch nicht, aber allein sein Klopfen war ein Zeichen, dass ich noch irgendwie existierte. Oft ignorierte ich es dennoch, ließ ihn klopfen, in der Kälte meiner Gleichgültigkeit. Aber Carlo klopfte weiter, unbeirrt, hartnäckig, bis die Stimmen durch die Flure hallten, müde, zornig: „Alter wer klopft da, hör auf, ich will pennen!“ oder drohender: „Wenn ich dich erwisch, brech ich dir die Zähne raus, du Wichser!“ Keiner wusste, woher das Klopfen kam - nicht die Etage, nicht die Zelle, und das war Carlos Schutz.
Ich log morgens, ohne zu zögern wenn mich jemand fragte, ob ich weiß, von dem das Klopfen kam: „Kam bestimmt von WG 2.“

antwortete ich, und diese Lüge wurde unser Band.
Etwas, das vielleicht Freundschaft war oder zumindest ein wortloses Bündnis zwischen zwei Jugendlichen, die hier versuchten, nicht zu zerbrechen.
Der Knast wurde Routine, aber nicht Gewohnheit. Ich gewöhnte mich nicht an die Wände, aber an den Ablauf: Lebendkontrolle, Aufschluss, Einschluss, Hofgang, Mittagessen, Einschluss, Aufschluss, Einschluss. Immer wieder, in endloser Schleife.
Dann war da Christoph, der Junge, der schlimme Dinge getan hatte, um hier zu landen, der putzen musste... nicht nur eine Zelle, wie ich anfangs dachte, sondern viele. Er rannte durch die Flure, während wir kaum die Augen aufbekamen.
Wenn er Widerworte gab, bekam er Schläge in die Magengrube, dort, wo man es nicht sah. Vielleicht war er dankbar, dass es nicht schlimmer war. Aber schlimmer kam es.
Ich duschte immer zuletzt, wartete, bis alle fertig waren, beeilte mich, weil ich mich nicht nackt zeigen wollte. Anfangs wusch ich mich nur heimlich am Waschbecken, mit Kernseife und kaltem Wasser, aber das blieb nicht unbemerkt. Also passte ich meinen Rhythmus an, schlich rein, wenn die Duschen leer waren. Manchmal war ich allein, manchmal nicht. Wenn doch jemand kam, war ich sofort fertig, wickelte mir ein Handtuch um und verschwand.
Aber an einem Abend, kurz vor meinem sechzehnten Geburtstag, war alles anders. Ich war gerade unter der Dusche, noch 45 Minuten bis zum Einschluss, als plötzlich lautes Lachen und dumpfe Stimmen durch die Gänge hallten. Der Beamte, der sonst immer wachend in seinem Büro saß, war weg.
Die WG unbeaufsichtigt. Ich hörte, wie sie Christoph in die Dusche zerrten, die Jungs aus der Dreimannzelle und auch andere. Christoph schrie, bettelte, flehte: „Ich hab doch nichts falsch gemacht, ich hab das Klo geputzt wie du gesagt hast..." Doch sie hörten nicht zu. Einer rief: „Du hast nichts falsch gemacht? Willst du sagen, du bist unschuldig?"
Christoph stammelte: „Ich meinte nicht..." „Zieh dich aus!" „Nein... bitte nicht..." Doch es war längst zu spät. Sie rissen ihm die Kleidung vom Leib, zerrten ihn in die hinterste Ecke der

letzten Dusche auf der linken Seite, wo das Licht flackert und das Wasser aus einem rostigen Duschkopf tropft wie aus einer offenen Wunde. Zwei von ihnen, es waren zwei aus der Dreimannzelle, zogen ihre Hosen herunter, hielten ihn fest, lachten, und pissten ihn an. Ich stand wie versteinert unter dem Wasser, das längst kalt war, und starrte auf dieses Bild, das sich in mich reinfraß. Ich bewegte mich nicht. Ich sagte nichts.

Und das Wasser lief weiter. Doch damit war es nicht vorbei. Es wurde schlimmer. Andere kamen dazu, nicht nur die üblichen Gewalttäter, nicht nur Ramon oder die, die immer laut waren. Auch jene, die ich bisher für ruhig gehalten hatte, beinahe unsichtbar auf der Wohngruppe, nie auffällig, nie gewalttätig. Auch sie reihten sich ein, schienen plötzlich aufgewacht zu sein aus ihrer schweigenden Existenz,

Einer von ihnen rief „Fick ihn! Fick ihn doch, den Kinderficker!" Sie alle waren getrieben von etwas Dunklem, das über uns alle wie ein Schatten lag.

Einer nach dem anderen. Carlo war nicht unter ihnen. Sie zwangen Christoph, sich mit ihrer Pisse zu waschen. „Pisse statt Seife, du Wichser", rief einer und lachte dabei wie irre.

Christoph saß heulend in der Ecke, den Rücken an die kalten Kacheln gepresst, die Knie angezogen, die Hände vor dem Gesicht. Aber einige gaben sich nicht damit zufrieden, auf ihn zu pissen. Sie waren offensichtlich so erregt - wohl auch von den „Fick-ihn"-Rufen, dass sie sich vor ihn stellten und auf ihn ejakulierten.

Und während er dort kauerte, verängstigt wie ein verprügelter Hund, pisste fast die ganze Wohngruppe auf ihn. Die wenigen, die nicht mitmachten, standen regungslos im Raum. Manche kicherten, manche sahen einfach nur zu. Niemand schritt ein. Niemand sagte etwas. Und ich war kein bisschen besser. Ich hatte keinen Mut. Ich war schwach, gebrochen, innerlich längst aufgelöst in dieser Welt, in der das Grauen so alltäglich wurde, dass man es fast nicht mehr bemerkte. Vielleicht war da auch noch dieser widerliche Rest von Abscheu in mir, Abscheu vor dem, was Christoph getan hatte, um überhaupt hier zu landen. Ich weiß es nicht, ich hasste mich in diesem Moment fast genauso sehr wie sie

ihn. Ich bahnte mir schweigend einen Weg durch Pfützen aus Urin, wickelte mir das Handtuch um die Hüfte und ging. Einfach nur raus. Ohne ein Wort. Ohne einen Blick zurück.
Erst in meiner Zelle, noch tropfend, noch mit Seifenschaum in den Haaren, trocknete ich mich hastig ab, zog mir meine blaue Jogginghosen-Garnitur über, als würde sie mich schützen können vor all dem, was ich gesehen hatte - oder vor dem, was ich dabei nicht getan habe...

*

Auch an diesem Abend reagierte ich nicht auf das dumpf klingende Klopfen von Carlo an meiner Wand. Ich war viel zu sehr mit mir selbst beschäftigt, gefangen in diesem chaotischen Durcheinander in meinem Kopf, das einfach nicht zur Ruhe kommen wollte. Ich versuchte, irgendwie zu begreifen, was in der Gemeinschaftsdusche passiert war.
Es machte mich traurig, was sie mit Christoph gemacht hatten. Nicht, weil ich für ihn Partei ergriff, ich wusste ja, dass er Kindern schlimmes angetan hatte, wahrscheinlich war es sogar noch schlimmer, als das, was man sich untereinander erzählt hatte. Es war kein Mitleid mit ihm als Person. Es war dieses dumpfe Gefühl, dass hier drinnen einfach niemand verschont blieb, egal, wer er war oder was er getan hatte.
Die Mauern, die Zäune, die kalten Wände, das gleichförmige Grau, das sich über alles legte, das war schon Strafe genug. Aber dazu kam noch das andere: Diese jungen Typen, die irgendwas beweisen mussten, die ihren Frust loswerden wollten, und zwar so, dass alle es mitbekamen. Ich wusste, das wäre so oder so passiert. Aber die beiden aus der Dreimannzelle hatten es angeheizt. Und dann, es ging erschreckend schnell, stand plötzlich fast die ganze WG im Bad. Ohne dass sie jemand rufen musste. Sie kamen einfach. Als wäre es das Selbstverständlichste auf der Welt. Sie haben gelacht. Nicht, weil sie sich als Rächer der Gerechtigkeit gefühlt haben. Sie haben es genossen. Es ging ihnen nicht nur um Christophs Verbrechen. Es ging um etwas, das hier drin ständig in der Luft lag: Wut, Angst, Überforderung.
ch war erst ein paar Tage hier, aber ich spürte: Das war nicht das erste Mal, dass sowas passierte, und es würde nicht das letzte Mal

sein. Und irgendwann verstand ich, warum mir der Arzt am ersten Tag hinter diesen Mauern den roten Nagellack von meinen Zehen geholt hatte.
Aber jetzt fragte ich mich nur noch: Was wäre gewesen, wenn er es nicht getan hätte? Wenn sie das gesehen hätten? Ich lag da, dachte nach, immer wieder dieselben Gedankenschleifen. Es machte mich fertig. Ich weinte... Ich spürte, dass das hier nicht nur ein Ort war, an dem man eingesperrt wurde. Es war ein Ort, an dem es unberechenbar war. Ein Ort, an dem man nie wusste, ob die Tür, die einen einschloss, einen wirklich schützte. Ich fragte mich, wo verdammt noch mal dieser Beamte gewesen war, als das alles passiert ist. Wieso hatte niemand gemerkt, was sich da zusammenbraute? Oder hatte man es rechtzeitig bemerkt - und rechtzeitig die Augen geschlossen?

*

Der 8. Februar 2006 rückte näher, mein Geburtstag. Ein Mittwoch. Funfact: Auch an einem Mittwoch war ich hier angekommen. Die Tage verschwammen ineinander. Mein Geburtstag war am Ende einfach nur ein Tag wie jeder andere. Kein Brief. Kein Gruß. Keine Nachricht. Ich hatte mir nicht eingebildet, dass jemand kommt oder mir einen Kuchen schickt. Aber irgendwie hatte ich gehofft, dass wenigstens ein Brief kommt.
Ein Lebenszeichen. Ich redete mir ein, dass meine Pflegeeltern bestimmt geschrieben hatten und dass der Brief einfach noch nicht angekommen war. Ich wollte nicht glauben, dass sie mich hassten. Ich dachte eher, dass sie überfordert waren. Dass sie nicht wussten, wie sie mit mir umgehen sollten. Ich war nicht mehr wütend auf sie. Nicht wie früher.

*

Ich war eher enttäuscht. Enttäuscht, dass sie damals nicht mehr getan hatten. Dass sie nicht irgendwo Hilfe geholt hatten. Nicht aus Bosheit, eher, weil sie sich geschämt hatten. Oder weil sie Angst hatten, etwas falsch zu machen. Oder weil sie gar nicht wussten, dass man so etwas auch machen kann. Und weil ihr Kind ihnen gesagt hatte, dass er kein Junge war. Sondern ein Mädchen.
Und als ich so dachte, dieser Tag würde einfach so vorbeiziehen,

ohne irgendetwas besonderes darin, kam ein Beamter in meine Zelle.
Am Morgen zwischen Einschluss und Hofgang. Er sagte, ich solle mich fertig machen. Ich bekäme Besuch. Ich dachte sofort an den Anwalt. Als der Beamte mich am Pfortenposten abgab und durch die ganzen Türen schleuste, spürte ich zum ersten Mal seit Langem etwas wie Erleichterung. Da war ein Mensch, der wusste, wo ich war. Der sich an mich erinnerte.
Aber als ich in den Besuchsraum geführt wurde, blieb mir fast das Herz stehen. Da war kein Mann in einem schicken Anzug. Da war kein Anwalt. Da standen sie. Meine Pflegemutter. Mein Pflegevater. Mitten in diesem kahlen Raum, zwischen diesen kleinen Tischen mit der Scheibe drauf, die aussahen wie kleine schlecht gemachte Tischtennisplatten mit Stühlen davor.
Ein komisches Gefühl überfiel mich, als ich sie sah. Es war, als wäre ein Schatten zwischen uns, hauchdünn, durchsichtig, und doch spürbar auf meiner Haut, in meinen Knochen, zwischen meinen Rippen.
Ich freute mich, sie zu sehen, wirklich... aber es war eine Freude, die weh tat. Wie eine Umarmung, die zu fest drückt. Wie ein Lächeln, das die Tränen kaum zurückhalten kann. Ich wusste nicht, wie ich es beschreiben sollte.

Fremdheit mischte sich in die Freude, ein Gefühl, das ich nicht abschütteln konnte. Wir haben uns voneinander entfernt. Nicht nur von den Kilometern, die uns voneinander trennten. Nicht so, wie man sich nach einem Urlaub oder einem Umzug fremd wird, sondern tiefer, schmerzhafter... so, wie man sich fremd wird, wenn die Zeit Wunden reißt, die keiner mehr schließen kann. Meine Pflegemutter weinte, als sie mich sah. Schon wieder.
Diese Tränen hatten mich früher gerührt, irgendwann auch genervt, jetzt ließen sie mich einfach leer. Mein Pflegevater stand steif neben ihr, gab mir die Hand, als würde ich ein entfernter Bekannter sein, nicht der Junge, der in ihrem Haus aufgewachsen war. Der Junge, der heimlich nachts an den Kühlschrank geschlichen war, um Schokoladenpudding zu essen, der mit 8 oder 9 schon heimlich Zigaretten geraucht hatte.

Der Junge, der irgendwann kaputtging. Weil das Mädchen in ihm nicht genügend erkennbar war. Und weil er genau dieses Mädchen verheimlichte, für sich behielt. Ich.

„Du hast abgenommen", schluchzte meine Pflegemutter, ihre Finger klammerten sich um meinen Arm, als könnte sie mich mit bloßem Griff wieder aufpäppeln. „Ja, vielleicht ein wenig", murmelte ich, während wir uns alle an diesen merkwürdigen Tisch setzten. So nah, und doch so fern. Jede weitere Berührung war ab jetzt verboten.

„Das Essen hier ist nicht so…" Ich stockte. Ich wollte nicht, dass sie sich Sorgen machte. „Das Essen hier ist gut. Ich hab nur manchmal keinen Hunger." Sie wusste, dass es gelogen war. „Wie geht es dir hier drin?" Ihre Stimme war leise, zaghaft, als hätte sie Angst vor der Antwort. Ich schluckte. „Es geht. Die sind alle nett hier. Ist wie im Heim."

Wir wussten beide, dass es nicht stimmte. Aber ich spielte es herunter. Immerhin war das hier kein Ort, an dem man die Wahrheit auspackte. Nicht hier, nicht vor ihr.

„Wir durften dir leider keinen Kuchen mitbringen", sagte sie und wischte sich über die Augen. „Und das Geschenk, das wir dabei hatten, durften wir auch nicht mit reinnehmen. Aber der Mann an der Pforte hat gesagt, wir dürfen dir hier für 15 Euro Zigaretten oder Süßigkeiten kaufen. Möchtest du was Süßes haben?"

Ich spürte, wie meine Augen aufleuchteten. Erst jetzt fiel mir der Automat auf, der hinter mir an der Wand stand, neben dem Schreibtisch des Beamten, der mit verschränkten Armen saß und alles beobachtete. Ich versuchte, mir nichts anmerken zu lassen, aber mein Herz schlug schneller.

„Ja, klar, gern, aber nichts Süßes" sagte ich, aber ich zögerte kurz. Ich wusste, was ich wollte, Tabak. Mein eigener Tabak war nur noch ein paar Krümel, gestreckt mit Stummeln, eklig und trocken.

Aber ich schämte mich. Ich wusste, was meine Pflegemutter davon hielt. Sie hatte es mir tausendmal gesagt, noch bevor ich ins Heim kam „Rauch nicht, das macht dich kaputt", hatte sie gesagt. „Das frisst dich auf." Lungenkrebs, Herzinfarkt, Emphyseme.. sie konnte ganze Abende füllen mit Geschichten darüber, wie

Rauchen einen zugrunde richtet. „Würdest du mir zwei Päckchen Tabak holen? Und Papers?“ fragte ich leise, fast schüchtern.
Ich sah den Widerwillen in ihrem Gesicht, als sie 15 Euro aus ihrer Jackentasche zog und sie meinem Pflegevater gab. „Norbert, gehst du mal eben da hinten an den Automaten.“
Ich wusste, dass es ihr nicht um das Geld ging. Es ging darum, dass sie mir damit einen Sargnagel kaufte. Dass sie mir dabei zusah, wie ich mich ein Stückchen weiter zerstörte. Aber sie tat es trotzdem.
Vielleicht, weil es das Einzige war, was sie mir in diesem Moment geben konnte.
Der grelle Ton zerriss die ohnehin brüchige Atmosphäre im Besuchsraum. Es war ein abruptes, scharfes Sirren, als hätte jemand mit einem rostigen Messer durch ein gespanntes Seil geschnitten.
Ich sah, wie der Beamte am Tisch zusammenzuckte, sein Funkgerät vom Gürtel zog, das kleine Gerät nah ans Ohr hielt. Verzerrte Stimmen krächzten daraus: „…Schlägerei… Hof… Kantine… Verstärkung…“
Meine Pflegemutter hob erschrocken den Kopf, die Augen weit aufgerissen. „Was… was war das?“ Sie klang klein, fast kindlich in diesem Moment, und es zerriss mir kurz das Herz.
„Alles okay,“ murmelte ich, automatisch, wie ein Reflex. „Das ist hier normal… kleine Rangeleien.“
Ich setzte ein schiefes Lächeln auf, das mir selbst fremd vorkam. „Mach dir keinen Kopf, hier drin ist's nicht so schlimm.“ Meine Pflegemutter war erschrocken, mit welch einer Selbstverständlichkeit und Normalität ich ihr das vermittelte. Der Beamte erhob sich, drückte eine Taste am Funkgerät, sagte kurz was hinein, das ich nicht verstand, und nickte dann knapp zu uns herüber.
„Verabschieden bitte.“ Sein Tonfall war sachlich, doch hart, wie ein kalter Riegel, der vor unsere letzten Minuten geschoben wurde. Ich spürte, wie meine Pflegemutter in sich zusammensank. Die Tränen, die sie noch tapfer zurückgehalten hatte, schossen wieder hoch. Sie fiel mir um den Hals, klammerte sich fest, als könnte sie mich mit bloßer Kraft aus diesen Mauern reißen.
Ich hielt kurz den Atem an, legte die Arme um sie, roch ihr Parfüm, ein vertrauter Geruch von früher, gemischt mit etwas, das ich als Angst roch. Mein Pflegevater stand steif daneben, nickte mir zu,

reichte mir die Hand. Sein Händedruck war kurz, fest, fast zu fest, so als müsste er mir etwas mitgeben, das nicht in Worte passte.
Als meine Pflegemutter mich noch einmal fester drückte, trat der Beamte näher. „Kein Körperkontakt. Umarmen ok, aber nur kurz. Das hier ist ein Gefängnis."
Der Satz traf wie ein Schlag. Meine Pflegemutter zuckte zusammen, löste sich hastig, strich mir mit zitternder Hand durchs Haar. „Pass auf dich auf, hörst du? Bitte." Ihr Blick bohrte sich in mich, während der Beamte mir leicht am Oberarm bedeutete, mitzukommen.
Ich drehte mich noch einmal um, sah, wie sie mir zuwinkte, bevor sie den Kopf senkte, die Schultern bebten. Mein Pflegevater legte ihr den Arm um die Schultern, führte sie Richtung Ausgang.
Der Gang zurück war lang. Es kam mir vor, als würde ich durch eine dicke Wand aus Watte gehen. Die Stimmen, das Klacken der Schlüssel, das Knallen der Türen – alles klang dumpf, gedämpft. Ich spürte das Gewicht der zwei Beutel Tabak in meinen Händen, das Knirschen der Papers zwischen den Fingern, als wäre das alles, was mir von diesem Tag blieb.
Zurück in F6 wartete schon ein anderer Beamter, den ich bisher nicht gesehen hatte. Er war größer, breitschultrig, das Gesicht kantig, fast wie aus Stein gemeißelt.
„Mitkommen," sagte er nur knapp und führte mich in den Keller. Ich hatte Angst. Die Luft dort war kühl, und roch nach feuchtem Beton. Ich fühlte, wie sich mir die Härchen im Nacken aufstellten.
„Leg deine Sachen hier hin. Trockendusche." Ich wusste, was das bedeutete. Ich hatte es von anderen gehört. Ohne zu zögern zog ich mich aus, Stück für Stück, mechanisch, wie eine Maschine.
Hose, Shirt, Unterwäsche. Meine Finger zitterten kaum merklich, doch innerlich war ich wie eingefroren. Ich dachte nicht mehr daran, meinen Körper zu bedecken. Wozu auch? Für sie war ich nur eine Pflicht, die abgehakt werden musste.
„Umdrehen. Bücken. Pobacken auseinander. Husten." Die Worte kamen wie Schläge. Aber Ich tat, was man mir sagte, fühlte mich dabei beschämt. Ich zog mich wieder an, schnappte mir meine Sachen. Auf dem Rückweg warf ich einen kurzen Blick zu den schweren, weißen Türen mit der Aufschrift ‚Besonders gesicherter

Haftraum‘. Ein kaltes Schaudern lief mir den Rücken hinab, und ich wandte hastig den Blick ab.
Zurück auf meiner Zelle legte ich die Tabakbeutel vorsichtig zwischen die sauber gefalteten Feinripp-Unterhemden und Unterhosen.

*

Ich wusste, ich durfte nicht auffallen. Die Jungs hier waren schlau, die rochen sofort, wenn einer was hatte. Ich zog die Schublade zu, gerade als ich die ersten Schlüssel hörte. Draußen im Flur klackten die Türen, eine nach der anderen. Stimmen, Gelächter, ein schmaler Streifen Alltag, der mit den Jungs vom Mittagessen hereinschwappte.
Dann wieder das Klacken der Schlösser, das dumpfe Zuknallen der Zellentüren, das immer lauter wurde und schließlich immer näher kam.
Meine Tür sprang auf. Ohne große Worte drückte mir Christian, der Hausarbeiter, einen Teller in die Hand. Ein Plastikdeckel wackelte obendrauf, darauf ein Joghurt - fehl am Platz in diesem grauen Beton.
„Ey, hier, haben dir was mitgebracht.“
Seine Stimme war leise, fast beiläufig, als wolle er nicht zugeben, dass so ein kleines Stück Normalität hier Bedeutung hatte. Ich nickte nur, murmelte ein kaum hörbares „Danke“ und spürte für einen Moment so etwas wie Wärme in den Händen, als ich den Teller an mich nahm.
Kaum war Christian verschwunden, tauchte Carlo auf. Schiefes Grinsen, Hände in den Hosentaschen, der Blick immer ein bisschen zu neugierig.
„Ey, haste Besuch gehabt?“ fragte er und zog eine Augenbraue hoch. Ich nickte, wollte gerade Luft holen, um ein paar Worte zu verlieren, da fiel die Tür schon wieder mit einem metallischen Krachen ins Schloss. Mit einem Krachen, das jedes Gespräch zerschlug Durch die Luke kam noch der zynische Kommentar des Beamten: „Beredet das in eurem Aufschluss, nicht jetzt.“
Kurz darauf klopfte es an meiner Wand. Carlo. Ich ging ans Fenster, schob es auf, lehnte mich hinaus. Ich erzählte ihm ein bisschen vom Besuch. Aber ich ließ das meiste weg, verschwieg

die Tränen meiner Pflegemutter, das angespannte Schweigen meines Pflegevaters, die Enge in meiner Brust. Ich sprach nur vom Kuchen, den sie nicht mitbringen durften und von den vielen Fragen, die sie gestellt hatten, als wollten sie begreifen, was man von draußen sowieso nicht verstehen konnte.
Zwischendurch, fast beiläufig, fragte Carlo: „Ey, hast du dir Tabak geholt? Kannste mir ein bisschen geben?“ Ich zögerte kaum, ging kurz an meinen Schrank, kramte unter dem Feinripp ein Päckchen hervor, zog etwas ab, machte es in einen Briefumschlag und reichte ihn durchs Fenster rüber. Vielleicht war es Dummheit. Vielleicht war es der Wunsch, irgendwo dazuzugehören. Vielleicht hatte ich einfach noch nicht gelernt, dass hier drinnen jedes Gramm Tabak, jedes Wort, jedes kleine Nachgeben Teil vom Überleben war, aber auch, dass man sehr genau überlegen musste, wem man etwas gab, und wem nicht.
Ich ließ mich irgendwann verbotenerweise aufs Bett fallen. Das Fenster war längst wieder geschlossen, und Carlo hörte über sein Radio Musik. „Happy Birthday, Je... Dennis“, murmelte ich in Gedanken, der Name stockte mir in der Stille.

Großer Alltag, kleines Glück.

Irgendwann fühlt sich jeder Tag an wie der andere, jeder Moment wie in Endlosschleife, als hätte jemand das Band meiner Zeit genommen, auseinander gezogen und verknotet, bis Anfang und Ende nicht mehr zu unterscheiden waren.
Irgendwann öffnete sich mal wieder meine Tür. „Mitkommen“, hieß es. Was war jetzt wieder los? Ich erhob mich langsam, fast mechanisch, folgte dem Beamten den Flur entlang, vorbei an Türen, deren Bewohner ich nur von dumpfen Stimmen kannte.
Mein Herz schlug etwas schneller, nicht aus Angst, nicht wirklich, eher aus diesem Unbehagen, aus diesem nicht enden wollenden Gefühl, dass jeden Moment etwas Unangenehmes geschehen könnte
Wir kamen in ein Büro. „Setz dich“, sagte der Beamte und ich ließ mich vorsichtig auf den Stuhl sinken. Die Tür hinter uns blieb offen, ein Detail, das mir sofort auffiel.

Es würde also nichts Schlimmes werden. Die wirklich unangenehmen Gespräche finden immer hinter verschlossenen Türen statt.
Der Hausarbeiter schlurfte im Flur vorbei. Er war immer unterwegs, hatte immer irgendeine scheinbare Aufgabe, fegte hier ein bisschen, wischte da ein bisschen, redete mit den anderen durch die Zellentüren.
„Kannst du das mal zu dieser Zelle bringen? Gib das dem und dem." Er tat es, unter einer Tür wurde ein flachgedrückter Umschlag mit Tabak durchgereicht, unter der nächsten Tür verschwand er wieder. Alltag.
Sein Alltag. Nicht meiner. Obwohl... doch, inzwischen auch meiner. Die Beamten wussten von diesen Geschäften, die natürlich auch stationsübergreifend stattgefunden hatten.
Denn nicht jede WG hatte ihren eigenen Hausarbeiter, sondern lediglich jedes Haus hatte für sich einen einzigen. Christian war also für das ganze Haus zuständig, und immer irgendwo auf den Fluren der verschiedenen Wohngruppen innerhalb F6 unterwegs.
Irgendwie. Komisch war nur zu wissen, dass er jederzeit an meiner Zelle stehen könnte, belauschend, beobachtend, durch den Spion, durch den man nur von außen hineinsehen konnte. Ich mochte diesen Gedanken nicht, aber es war, wie es war.
Der Beamte im Büro zog ein Formular hervor. „Das hier bitte unterschreiben." Ich nahm den Stift, überflog den Text: Ich bestätigte damit, ein Gerät überlassen zu bekommen, befristet, nicht mein Eigentum, ich haftete dafür, solange es in meinem Besitz war.
Ich unterschrieb. Danach griff er in eine Schublade, holte es hervor. „Hier", sagte er mit einem kleinen Lächeln, „viel Spaß damit."
Ein kleiner Radiowecker. Sozialradio. Klein, schäbig, unscheinbar. Und doch bedeutete es mir alles. Es war meine Rettung. Musik. Gesellschaft. Ein bisschen Welt da draußen. Ich bedankte mich mehrmals, fast peinlich berührt, fast wehmütig.
Der Beamte lächelte verlegen, als hätte er für heute seine gute Tat vollbracht, und begleitete mich wieder zurück in meine Zelle. Er schloss mich ein. Klack. Und wie hellhörig es hier war!

Jeder wusste, wenn eine Tür auf- oder zuging. Jeder wusste, wer gerade wo war. Kaum war ich drin, klopfte Carlo an die Wand. „Ey! Warum warst du weg? Was wollten die?“ Ich lachte leise. „Warte kurz“ rief ich. „Worauf soll ich warten?“ kam es zurück. Ich steckte das Radio in die Steckdose, das rotfarbene Display sprang auf 0:00 und blinkte.
Ein leises Rauschen erfüllte den Raum, ein Geräusch, das mir wie Musik vorkam, bevor überhaupt Musik lief. Ich suchte den Schieberegler, drehte vorsichtig am Rädchen, wie früher in den 90ern.
Meine Pflegemutter hatte auch so ein Radio am Nachttisch gehabt, größer, weiß, klobig. Meins war schwarz, klein, kompakt.
Und dann… da war er. Ein Sender. 107,6. Mir schossen die Tränen in die Augen. Zum Glück konnte es niemand sehen.Ein Gänsehautmoment. Ich hatte Musik. Ich war nicht mehr allein.
„Du hast ein Sozialradio bekommen?“ rief Carlo durch die Wand. „Das ist ja geil! Da hast du echt Glück gehabt. Manche warten ewig.“ Ich nickte, obwohl er es nicht sehen konnte. „Jede Stunde ohne Musik ist wie eine Ewigkeit“ sagte ich leise.
Carlo seufzte. „Ja, hast recht.“ Wir rauchten eine am Fenster. Dann sagte ich ihm, ich lege mich hin. „Lass dich nicht erwischen“, sagte er noch.
Es war mir egal. Ich legte mich aufs Bett, ließ mich vom Rauschen und der Musik einlullen. Nur die Moderatorinnen störten mich. Jedes Mal, wenn Nachrichten kamen, verfluchte ich die Stimmen, die mir von draußen erzählten, was ich verpasst hatte.
Freiheit. Leben. Doch sobald wieder Musik kam, war der Ärger verflogen. Ich konnte abschalten. Runterkommen.
Von nun an lief das Radio 24 Stunden am Tag. Bei der nächsten vollen Stunde, als die Nachrichten kamen, stellte ich die Uhrzeit ein. Ich stellte sie ein paar Minuten vor, um mich besser auf Hofgang, Mittagessen, Aufschluss vorzubereiten.

*

Ich war vorbereitet. In den kommenden Tagen kam Post. Ein Brief von meinen Pflegeeltern. Der Umschlag war bereits geöffnet. Briefmarken lagen bei, zehn Stück. Zehn kleine Zeichen von Verbundenheit. Meine Pflegemutter hatte in feiner, aufrechter

”

Verlorene Seelen, mitten am Tag. Am Busbahnhof. Kein Ziel. Kein Lächeln. Kein Plan.
Sie saßen da wie ein Protest gegen alles, was Takt, Ordnung oder Lebenslauf hieß. Tranken Wodka aus der Flasche. Lachten laut. Schrieen manchmal. Redeten, wie's kam. Ungefiltert. Direkt. Dreckig ehrlich. Abgefuckt frei.
Und in meinem Kopf war's, als würde nach Jahren endlich wieder jemand das Licht anknipsen.

”

Schreibschrift geschrieben. Sie schrieb, wie sehr sie mich vermisste, wie sehr ich ihr fehlte, wie leer das Haus ohne mich war. Sie schrieb, dass ich das alles als Wendepunkt sehen sollte, als Chance, mein Leben zu ändern. Sie erzählte von zu Hause, vom Alltag, von Trauer, von Schmerz, von Sehnsucht. Und dann schrieb sie, dass sie über das Gericht einen Besuchstermin vereinbart hatten.

An meinem Geburtstag. Der war schon vorbei. Ich legte den Brief auf den Tisch, schloss die Augen, atmete tief durch. Sie wollte, dass ich stark bleibe. Ich sollte mich an die Regeln halten. Ich sollte mich nicht mit den falschen Leuten einlassen. Sie schrieb, ich könne jederzeit wieder nach Hause kommen.

„Bleib stark. Wir vermissen dich. Liebe Grüße auch von Paula und Angelique." Ich faltete das Papier langsam zusammen, als hätte es einen Herzschlag.

Es tat gut, das zu lesen. Diese Zeilen berührten mich zutiefst. Und mit den Briefmarken konnte ich ihnen antworten. Die Anträge, in denen ich Briefmarken beantragt hatte, waren ins Leere gelaufen. Jetzt war ich nicht mehr angewiesen. Außerdem wurde auf dem Brief vermerkt, dass 50 Euro darin waren.

Dieses Geld wurde mir auf mein Gefangenenkonto gutgeschrieben. Ich konnte also beim nächsten Einkauf am Freitag etwas kaufen. Ich hatte bisher nur einmal mitbekommen, wie das ablief. Die Schlange an Häftlingen vor dem Kiosk, ein kleines Fenster, ein Beamter dahinter, der Coca-Cola, Eisteepulver, Fertignudeln, Zeitschriften und Pornohefte ausgab. Ich hatte sie beneidet. Dieses Stück Normalität. Aber jetzt durfte ich auch einkaufen.

Und ich tat es. Am Freitag war ich aufgeregt. Ich freute mich unendlich. Ich stand in der Schlange, hörte das leise Murmeln, spürte die ungeduldige Unruhe. Als ich an der Reihe war, bestellte ich: eine Dose Tabak, Papers, zweimal Zitronenteepulver, einen Marmorkuchen. Mein Herz klopfte schneller. Der Beamte erklärte mir, dass der Einkauf auf 25 Euro begrenzt war.

Von den 50 Euro waren mir außerdem der Zugangstabak, die Papers, das Feuerzeug abgezogen worden. Ich hatte noch etwas mehr als 44 Euro auf meinem Konto.

Es war mir egal.
Ich hatte Tabak.
Ich hatte Tee.
Ich hatte Kuchen.
Ich hatte kleine Inseln des Glücks in einem Meer aus Beton und Stacheldraht.

Zurück in meiner Zelle packte ich alles aus, drehte mir eine Zigarette, setzte mich ans Fenster. Carlo sprach am Fenster. „Na, läuft bei dir, was?" Ich gab ihm etwas ab, denn Carlo hatte keinen Einkauf gehabt.
Wir rauchten zusammen, tranken kaltes Wasser, rührten das Zitronenteepulver ein, fühlten uns fast wie in einem anderen Leben. Es war nicht perfekt. Es war nicht Freiheit.
Aber es war etwas. Immerhin.

*

Die Tage vergingen. Das Radio lief. Ich lernte die Sender auswendig. Ich lernte die Moderatorinnen und Moderatoren hassen und lieben. Ich schrieb Briefe an meine Pflegeeltern, manchmal mit zitternden Händen, weil ich nicht wusste, wie ich die richtigen Worte finden sollte.
Ich lernte, wie man hier überlebt. Wie man sich unsichtbar macht. Wie man seine kleine Welt schützt. Es war kein Leben, das ich mir ausgesucht hatte. Aber es war mein Leben. Zumindest jetzt. Und ich hielt daran fest. Mit jeder Note, die aus dem kleinen Radio kam. Mit jedem Schluck Zitronentee. Mit jedem Stück Marmorkuchen, den ich in so kleinen Stückchen aß, als wäre er der letzte auf Erden.
Manche Tage weckten den Eindruck, als würde ich in Watte gepackt durch sie hindurchschweben. Ich saß lange einfach nur da, hörte Musik, lauschte den Stimmen im Radio, manchmal den gedämpften Stimmen auf dem Flur.
Carlo klopfte zwischendurch, manchmal redeten wir, manchmal nur ein „Alles gut" durch die Wand. Ich schlief ein mit Musik in den Ohren, schlief durch wie ein Stein.
Am nächsten Morgen wachte ich mit einem leisen Lächeln auf. Ich reckte mich, sah den Radiowecker, hörte schon das sanfte

Geplapper aus dem Lautsprecher.
Musik, Nachrichten, Verkehrsmeldungen... alles vermischte sich zu einem Klangteppich, der mir sagte: Die Welt da draußen läuft weiter. Es war fast tröstlich. Ich stand auf, zündete mir eine Zigarette an, nippte an kaltem Wasser, rührte etwas von meinem Zitronenteepulver an.
Beim Hofgang war ich noch leicht, fast beschwingt. Die Sonne warf helle Flecken auf den Beton, und ich dachte: Vielleicht kann ich es aushalten. Vielleicht wird es gehen. Ich plauderte mit Carlo, teilte eine Zigarette, hörte ihm zu, wie er sich über irgendeinen anderen Häftling aufregte.
Ich lachte sogar kurz. Es fühlte sich an wie ein Ausrutscher, so ein Lachen, als hätte ich es mir nicht erlaubt, aber es war einfach passiert.
Zurück in der Zelle, das Mittagessen gerade hinter mich gebracht, drehte ich das Radio wieder lauter, sortierte meine Sachen, schrieb einen Brief an meine Pflegeeltern.
Ich schrieb lange, fast zärtlich, über alles, was ich gerade fühlte, auch wenn ich die dunkleren Gedanken wegließ. Ich wollte stark wirken, wollte nicht, dass sie sich Sorgen machten.
Tage danach – ein kleiner Stich. Ein Lied, das gerade lief, war eines, das ich mit draußen verband. Mit Sommerabenden, mit Bier auf dem Spielplatz, mit schmutzigen Schuhen und schmutzigem Lachen. Ich spürte es in der Brust, so ein Ziehen, fast unmerklich. Ich schaltete nicht aus. Ich ließ es laufen, ließ es wehtun, ein bisschen.

*

Wieder ein paar Tage später spürte ich es deutlicher. Da war dieses Gefühl, als würde mir jemand langsam die Decke wegziehen. Der Radiowecker war nicht mehr nur Trost, sondern auch Mahnung. Die Stimmen erinnerten mich daran, was ich verpasst hatte. Die Musik brachte nicht nur Wärme, sondern auch Wehmut. Ich rauchte meine Zigaretten kürzer, sprach weniger mit Carlo, weil ich merkte, dass mir Worte ausgingen.
Der Hofgang fühlte sich schon schwerer an. Ich spürte das Pflaster unter den Schuhen, die Gitter um mich herum, als wären sie jetzt erst richtig da. Die Gespräche um mich herum rauschten vorbei,

und ich stand dazwischen, nickte ab und zu, lachte seltener. Ich dachte an meinen Brief, den ich an meine Pflegeeltern geschrieben hatte, und fragte mich im Inneren, ob ich zu sehr beschönigt hatte. Abends ließ ich das Radio immer wieder laufen, aber auf einmal störten mich die Stimmen, die ich darin hörte.
Ich sehnte mich nach einem Knopf, der nur die Musik durchließ und den Rest abschaltete. Ich lag dann da oder rauchte am Fenster, hörte Carlo auf der anderen Seite murmeln, aber konnte mich nicht aufraffen, um zu antworten. Ich fühlte mich, als würde ich auslaufen, wie ein Glas, das jemand langsam, fast liebevoll umkippt, und du kannst nichts tun, außer zusehen, wie der Inhalt über den Tischrand läuft.
Nach zwei, drei Wochen dann: Der Kuchen war längst aufgebraucht. Das Teepulver leer. Das Radio plapperte vor sich hin, die gleichen Moderatoren, die gleichen Songs, die gleichen Nachrichten. Es war nicht mehr Gesellschaft. Es war Tapete. Hintergrund. Carlo rief manchmal, aber oft lag ich nur auf dem Bett, starrte die Decke an und dachte daran, wie schnell sich das alles doch abnutzt. Ich merkte, wie die Mauern wieder näher rückten. Wie die Freude sich aus meinen Fingern verzog, wie die Musik leiser wurde, obwohl ich sie nicht leiser stellte.

Es war dieses langsame Versickern, bis nur noch Alltag übrig war. Ein schwerer, grauer Alltag.

Vergangenheit. Wo warst du so lange?

All das täuschte nicht über eine Sache hinweg. Jeder Tag, an dem mich dieser gefängnisgraue Alltag ein Stück mehr verschlang, riss neue Löcher in mich. Und je stiller die Flure nachts durch die Wände erschienen, desto lauter schrie es in meinem Kopf: Jessica!!!
Jessica, die ich seit meiner Ankunft hier tief in mir beerdigt hatte, fing an zu atmen. Nicht als Hunger nach Nähe, nicht als Körper, nicht als Stimme... sondern als bloße, tiefgreifende Traurigkeit. Als blanke Erinnerung an alles, was ich je verloren, verraten oder verfehlt hatte.

Und sie kam nicht, um mir Gesellschaft zu leisten. Sie kam, um mich zu spiegeln. Jene Reflexionen, die ich wegzuwischen versuchte, brannten sich nur tiefer in die Haut der Gedanken in meinem Kopf ein.
Es war, als ob die Stille nachts unter der Tür hindurchkroch, mich ans Bett fesselte, mir ins Ohr flüsterte, was ich alles nicht war, nicht bin, niemals sein werde.. Diese Stille übertönte sogar die Musik aus dem kleinen Radiowecker.

Und da saßen sie dann: die Depressionen. Still, geduldig, unbestechlich. Sie nahmen Platz am Fußende meines Bettes, falteten die Hände, sahen mir beim Atmen zu, als hätten sie alle Zeit der Welt, mich von innen her auszuhöhlen.
Und ich? Ich tat, was ich immer tat: Ich lächelte gegen den Lärm in meinem Kopf an... so lange, bis die Gesichtsmuskeln brannten. Bis niemand mehr merkte, wie laut es in mir war.
Aber auch sie merkten es irgendwann: Die Mithäftlinge, die Beamten. Und als es an einem dieser Tage so weit war, fühlte ich mich verlorener als je zuvor.
Es begann leise. Wie immer. Weil immer alles leise beginnt. Nicht mit einem Schlag ins Gesicht, mit keiner Faust in die Rippen. Nein... es begann mit einem Blick. Christian, der Hausarbeiter, der sonst nie mehr tat, als mit stumpfem Blick das Essen zu verteilen, während Beamten die Türen aufschließen, die Gemeinschaftsdusche zu putzen oder am Abend nach Zelleneinschluss die Abteilung zu fegen... schaute wirklich hin. Durch den Türspion. Sah mich dort sitzen, klein, zusammengeklappt auf dem Bett, die Knie ans Kinn gezogen, die Arme wie Klammern darum, das Gesicht vergraben.
Sah die Schultern zucken. Sah das leise, erbärmliche Zittern. Und irgendwann wusste es die ganze Wohngruppe. Wie ein Schwefelhauch zog es sich durch die Flure, entflammte in den Köpfen, eine Nachricht, ein Gerücht, ein unsichtbares Etikett auf meiner Stirn: Der heult. Der zerbricht. Der ist weich...
Die Mauern blieben dieselben. Kalt, grau, stumpf. Die Gesichter auch. Doch die Blicke mir gegenüber änderten sich. Wo vorher Gleichgültigkeit war, eine Art dumpfer Respekt vielleicht vor der

schieren Masse meiner Anklageschriften, da kroch jetzt etwas anderes hinein: ein Glimmen, ein Schimmern, etwas Raubtierhaftes.
Sie rochen es. Den Schmerz. Den Riss in der Rüstung. Sie rochen ihn, wie Hunde Blut riechen, wie Hyänen einen verletzten Körper wittern, lange bevor das Auge die Wunde sieht.
Zuerst waren es nur Schubsereien. Kleine, beiläufige Stöße im Flur, ein Ellenbogen, der zu lang an meiner Seite verweilte, ein Fuß, der mir im Essensraum plötzlich in den Weg rutschte.
Ich fiel nicht. Ich zuckte nicht. Ich stand nur da, spürte die dumpfen Berührungen, spürte das Aufblitzen ihrer Augen, das Abwarten, das Testen. Sie wollten sehen, ob ich zurückschlage. Ob ich mich wehre. Doch ich tat es nicht. Ich war kein Kämpfer.
Nicht so. Ich konnte Worte wie Messer schleudern, konnte verachten, ignorieren, abwerten, aber das hier war eine Welt, in der Worte abglitten, in der Ignoranz wie ein Leuchtsignal war: Ich bin schwach. Ich bin Freiwild.
Über Tage spann sich das Netz enger. Aus Schubsereien wurden kleine Hiebe. Jemand schlug mir das Tablett aus der Hand. Ein anderer nahm mir den Stuhl weg, kurz bevor ich mich setzte.
Im Gruppenraum schmiss mir einer ein Stück Brot an den Kopf, ein harmloser Spaß, ein „Ey, nix für ungut, Dennis“, aber immer begleitet von diesem Grinsen, das nichts Gutes meinte.
Und ich saß da, lächelte matt, tat, als würde es mir nichts ausmachen, als wäre ich über diesen Dingen. Ich wusste, wie es war, zu überleben, indem man so tat, als würde man nicht berührt. Es waren ihre Augen...
Diese Augen. Wie sie mich ansahen, wie sich in ihnen etwas formte, das immer gieriger wurde. Wie ein Rudel, das sich einigt. Die Mauer ringsum war plötzlich nicht mehr aus Beton, sie war aus Atem, aus Blicken, aus Zähnen, die sich nur noch nicht ins Fleisch gebohrt hatten.
Ich schlief schlechter. Jede Nacht. Ich lag da, lauschte dem Knarren auf dem Gang, hörte die Schritte der Beamten, wenn sie ihren Rundgang machten, die anhielten, lauschten, was gerade in den Zellen um sie herum vorgeht. Am Tag hörte ich bellendes Lachen hinter Türen, das Rascheln, wenn jemand aufstand, um

leise in meiner Nähe vorbeizuschleichen. Ich zog die Decke über den Kopf, wie ein Kind, das Monster abwehren will, und wusste doch, dass sie längst unter meinem Bett lagen.

Als ich zum Hofgang ging, klatschte mir jemand auf den Hinterkopf. Ich drehte mich nicht um. Im Gruppenraum stellte mir einer den Fuß, ich fiel, der Boden war kalt, das Lachen war heiß, ich stand wieder auf. Ich sagte nichts.

Ich war immer noch Dennis, der Junge, von dem man nicht wusste, was er dachte. Der, von dem niemand ahnte, dass er sich seit Jahren als Mädchen fühlte. Dass er Nächte lang in diesem Zwiespalt zerschmolz, ohne dass jemand es bemerkte. Doch jetzt wussten sie etwas anderes: dass ich nicht zurückschlug. Und das reichte.

Es wurde ein Spiel. Ein grausames, geduldiges Spiel. Sie warfen mir Bälle zu, die ich nicht auffing. Sie gaben mir Spitznamen, erst harmlos, dann schärfer. „Heulsuse." „Prinzessin." „Mädchen."

Es war, als könnten sie riechen, was ich verbarg. Als könnten sie es aus meinen Poren lecken. Ich lernte, leise zu atmen. Ich lernte, mich kleiner zu machen, als ich war. Aber es nützte nichts. In der Nacht hörte ich, wie sie über mich redeten. Über den „Dennis, der anfangs nicht mal duschen ging.", der sich aber mit Worten schlug wie ein Profi.

Und jetzt? Ein Häufchen Elend. Ein Gespenst. Etwas, das man auseinandernehmen konnte, nur um zu sehen, wie es sich wieder zusammenkrümmte.

*

An einem Abend stand ich im Flur, wollte nur in meine Zelle, als Levi mir die Schulter streifte. Nur leicht, fast freundlich. Ich wich nicht aus. Und dann kam der nächste. Und der nächste. Ich stand da, eingekesselt, ein Rudel, das dicht an mir vorbeistrich, das schnupperte, das die Lefzen hob. Ich sah nicht hoch. Ich sah nie hoch. Ein Stoß, härter als sonst. Ich taumelte. Kein Schlag. Noch nicht. Nur ein Stoß. Ich fing mich. Ging weiter.

In der Zelle saß ich auf meinem blau-weiß karierten Bett, hörte das Lachen durch die Wände, hörte meinen Namen, hörte "das Mädchen", hörte das Kichern. Ich schloss die Augen.

Ich atmete ein. Ich atmete aus. Ich fühlte die Hände an meinen Knien. Ich fühlte, wie die Zeit sich dehnte. Wie der Tag endlos

wurde. Wie die Nacht ein offenes Maul war, das mich verschluckte, langsam, genüsslich, ohne Hast.
Und am nächsten Morgen war alles noch schlimmer. Als hätte die Nacht nicht gereicht, um sie zu sättigen. Sie kamen näher. Sie schnappten nach mir, in kleinen Bissen, in kleinen Reißern. Ich lernte, noch ein wenig weniger zu sein. Noch stiller. Ich aß schneller, ich sprach kürzer, ich hielt den Kopf tiefer. Doch jeder Versuch, zu verschwinden, machte mich sichtbarer.
Die Mauern blieben dieselben. Doch die Welt darin war gekippt. Ich lebte jetzt im offenen Käfig, und sie alle hatten die Schlüssel.
Ich spürte ihre Augen auf meinem Nacken, ich spürte sie an meinen Händen, an meinen Füßen, ich spürte sie in meinem Kopf, wo sie sich einnisteten wie Parasiten, die ihre Eier legten, aus denen der Zweifel schlüpfte, der mich zerfraß.
Ich ließ mich beim Zellenaufschluss immer weniger blicken. Ich saß in meiner Zelle, nahm das Abendessen entgegen und verschwand wieder darin.
Manchmal, wenn Christian und der Beamte kein Bock hatten zu arbeiten, stellten sie einfach nur die Kisten mit dem Brot in die Küche und ließen die Gefangenen sich selbst bedienen. An solchen Tagen aß ich dann nichts zu Abend, und am nächsten Morgen auch nichts zum Frühstück.
Heute war einer dieser Tage. Ich saß auf meinem Bett, den Rücken an die kalte Wand gelehnt, die Knie angezogen, starrte auf den grauen Boden, hörte das entfernte Murmeln aus dem Flur, das leise Scheppern von Tellern, ein vereinzeltes Lachen, dann Stille.
Diese klebrige, schwere Stille, die sich wie ein schmutziges Tuch über alles legte. Ich hatte mich an sie gewöhnt. Ich war fast dankbar dafür. Dann klopfte es an meiner Tür. „Du hast dein Abendessen noch nicht, hier, ich hab's dir gebracht. Machst du kurz auf?“ Christian, der Hausarbeiter.
Seine Stimme war gedämpft, fast beiläufig. Ich zögerte, wusste, ich war nicht naiv, ich war nicht hungrig, aber warum sollte ich ihm nicht vertrauen? Ich stand auf, die Gelenke knirschten, ich schloss meine Tür mit meinem eigenen kleinen Zellenschlüssel auf, öffnete einen Spalt. Und sie waren da.
Sie waren alle da, fast alle, nur Carlo und Christoph fehlten.

Sie stürmten in meine Zelle, die Tür schlug gegen die Wand, Hände griffen, Arme packten, Stimmen überschlugen sich, Gelächter, Atem, Schweiß, ein Wirbel aus Körpern, aus Lauten, aus Gerüchen, und das in meiner kleinen Einzelzelle. Sie hatten mich gewittert, und sie würden nicht eher ruhen, bis sie alles aus mir herausgeholt hatten, was noch zuckt, was noch atmet, was noch nicht kaputt war.
Es war nur eine Kleinigkeit. Ein Detail, das an mir klebte wie Dreck an der Schuhsohle. Etwas, das ich schon fast vergessen hatte, verdrängt, weggeschoben, und doch war es plötzlich überall.
„Alter, stimmt das, dass deine Fußnägel lackiert waren, als du hier angekommen bist?"
Die Worte schnitten durch das Chaos, sie standen mitten im Raum, schwer und spitz, und ich spürte, wie mir der Boden unter den Füßen wegzog, wie mir die Luft knapp wurde, noch bevor ich antworten konnte, noch bevor ich überhaupt den Gedanken fassen konnte, dass es keinen Ausweg mehr gab.
Es war laut gesagt, nicht schreiend, aber so, dass alle es hören konnten, die im Flur und meiner Zelle standen. Und es hallte. In meinem Kopf hallte es noch viel länger. Ich stand da, mitten im Gang, mitten zwischen diesen Körpern, die immer größer schienen, je kleiner ich wurde, und wusste nicht, was ich sagen sollte.„Ja", hätte ich sagen können, „ja, das stimmt." Aber es kam nichts. Keine Worte, keine Verteidigung, kein Lächeln, nicht einmal ein Achselzucken. Ich war leer.
„Das is' 'ne Schwuchtel" kam es von irgendwo dahinter. Ein Echo, ein Refrain, ein Satz, der nicht mal gezielt sein musste, um zu treffen. Er war einfach da, als wäre er schon immer Teil der Luft gewesen, die hier drin zirkulierte. Entblößt.
Es war ein Moment, in dem ich nackt dastand, obwohl ich angezogen war. Ein Moment, in dem nicht die Kleidung fehlte, sondern die Haut darunter. Und ich tat nichts. Ich sagte nichts. Ich stand nur da, resignierend, die Schultern etwas tiefer, die Hände in den Hosentaschen vergraben, als könnte ich mich darin verstecken, als könnte ich darin verschwinden.
Und ich erinnerte mich an ein paar Wochen davor. An das Duschen am Abend in der Gemeinschaftsdusche. An das nicht enden

wollende Kreisen in meinem Kopf, als ich Christophs sah, wie sie sich auf ihn stürzten, wie er versuchte, sich zu wehren, und wie ich wusste, dass es nur eine Frage der Zeit war, bis dieses Rudel, diese Gier, sich umdrehte. Auf mich stürzte.
Und jetzt war es so weit. Das System hier war ein eigenes Biest. Von außen sah es harmlos aus, fast langweilig, eine große Mauer, irgendwo am Rand eines Industriegebiets. Von weitem hätte es auch eine Fabrik sein können, irgendein anonymer Zweckbau, wenn da nicht „JSA Schifferstadt“ in großen Buchstaben am Tor gestanden hätte. Besucher kamen hinein, gaben Ausweise ab, gingen durch Schleusen, setzten sich in den Besucherraum, der fast gemütlich wirkte, wenn man nicht wusste, was hinter der Tür lag, die von dort abging.
Aber sobald diese Tür ins Schloss fiel, hörte der Besuch auf, hörte die Außenwelt auf, und das Leben begann wieder. Ein Leben, in dem die Mauern nicht nur aus Beton und Stacheldraht waren, sondern aus Regeln, aus Blicken, aus unausgesprochenen Gesetzen.
Ein Leben, in dem ich jetzt ganz unten angekommen war, ohne dass ich es aktiv herbeigeführt hatte. Nur durch das, was ich war. Ich musste keine Zellen putzen. Nicht die der anderen, nur meine eigene. Niemand zwang mich, ihre Schuhe zu binden, ihr Essen zu holen, ihre Wäsche zu falten.
Aber ich spürte es in jeder Bewegung, in jedem Blick: Viel tiefer ging es für mich nicht mehr. Unter mir war nur noch Christoph, und selbst der hielt sich manchmal besser über Wasser, weil er zumindest brüllte, weil er sich wenigstens noch sträubte. Ich tat nichts. Ich stand nur da. Ich existierte einfach, und das reichte.

Carlo hielt sich raus. Immer. Er war anders, und ich glaube, er wusste, dass er anders war. Vielleicht sah er in mir ein Spiegelbild, eine Art Warnschild: So schnell konnte es gehen. Vielleicht hatte er Angst, dass man ihn mit mir in Verbindung brachte, wenn er zu oft mit mir sprach, zu lange bei mir stand, zu offen hinsah. Er war ängstlich. Nicht aus Feigheit, sondern aus Überlebensinstinkt.
Und ich nahm es ihm nicht übel. Ich verstand ihn zu gut.

Der Nagellack war nur ein Detail. Aber es wurde zum Symbol. Zum Schlachtruf. Zum Gerücht des Tages. Irgendein Beamter hatte es einem anderen erzählt, beiläufig, vielleicht als Witz, vielleicht als Anekdote: „Wusstest du eigentlich, der da, der hatte rote Fußnägel, als er eingeliefert wurde?“ Und Christian hatte es aufgeschnappt, irgendwo im Schatten, in einem dieser Gänge, wo immer einer lauerte, wo immer einer zuhörte, auch wenn man dachte, man sei allein.
Von da an war es nicht mehr zu stoppen. Ich hörte es flüstern, aus Flüstern wurde Grinsen, aus Grinsen wurde ein Spruch, aus einem Spruch ein Urteil.
Ich hörte es in der Dusche, im Hof, beim Essen, beim Einschluss. Ich hörte es in den Atempausen, in den Sekunden, in denen gerade keiner sprach, weil es schon in der Luft hing, als müsste man es gar nicht mehr aussprechen. Und ich war müde davon. So müde. Ich war müde, mich zu erklären, müde, zu tun, als würde es mich nicht berühren, müde, zu glauben, ich könnte noch irgendetwas daran ändern. Ich wusste, dass es in einer Welt wie dieser nicht darum ging, was wahr war, was erfunden, was wichtig. Es ging nur darum, was kleben blieb. Und der Lack auf meinen Nägeln klebte wie Blut, das nicht mehr abzuwaschen war.

Die Hölle in der Hölle

Ich begann, leiser zu atmen. Ich begann, mich noch kleiner zu machen. Ich zog mich zurück, so weit es ging, ohne dass es auffiel. Ich ging dem Hofgang aus dem Weg, so oft ich konnte. Das brachte dann Disziplinarmaßnahmen mit sich. Als Strafe bekam ich Zelleneinschluss. Ich mied die Gemeinschaftsräume am Morgen, schob mich am Rand entlang, als könnte ich an den Wänden verschwinden. Doch es nützte nichts. Die Mauern hielten mich fest, hielten uns alle fest, und je mehr ich versuchte, ihnen zu entkommen, desto fester drückten sie mich zurück in den Kern, dorthin, wo alle Blicke zusammenliefen.
Es war nicht der Schlag, vor dem ich Angst hatte. Nicht der Tritt. Nicht die Faust. Es war der Moment davor. Der Moment, in dem alle wussten, dass ich wusste, dass sie wussten...

Die Beamten sahen, wie sich die Schlinge um meinen Hals langsam, aber stetig zuzog. Ich erschien nicht mehr zum Hofgang, Ging manchmal auch nicht zum Mittagessen, lag morgens regungslos im Bett und verweigerte den Hofgang. Nicht aus Trotz oder Rebellion, sondern weil jeder Kontakt, jede Begegnung, jede Stimme mir ein Stück Würde nahm. Ich zog mich zurück, mied jede Berührung mit der Welt, selbst mit der, die hinter Gittern lag.
Und doch drohte man mir mit Disziplinarmaßnahmen, als würde ich etwas absichtlich zerstören. Aber was wollten sie mir nehmen? Ich hatte mich selbst doch längst verloren.
Einige Beamte schienen geradezu darauf zu warten, jemanden bestrafen zu dürfen. Sie durchwühlten jedes Detail, fanden in jeder noch so kleinen Abweichung einen Vorwand, uns zu disziplinieren. Andere ließen auch mal fünfe gerade sein – nicht aus Schwäche, sondern aus Menschlichkeit. Sie wussten, dass niemand in dieser Umgebung heil bleibt.
Wieder andere hatten erkannt, dass eine verschlossene Zelle für mich kein Ort der Strafe war, sondern ein Rückzugsort. Dass sie mir damit eher einen Gefallen taten als mich zu brechen. Also nahmen sie mir das Radio. Es war gezielt. Musik war das Letzte, was mich hielt. Sie war meine Decke, mein Schutz, meine Flucht. Auch wenn es jeden Tag dieselben Lieder waren, die sich endlos wiederholten, als gäbe es nur noch drei Songs auf der Welt – sie hielten mich. Sie übertönten das, was in mir schrie. Sie überdeckten mein Weinen.
Ohne Musik blieb nur noch Stille. Und in dieser Stille war ich allein mit mir. Und da begann ich wieder, mich zu ritzen. Der Schmerz war keine Inszenierung, sondern nur ein Moment in dem ich sicher war, noch zu fühlen. In mir wuchs ein dunkler Schmerz, so tief, dass selbst meine Tränen sich manchmal verstecken mussten.
Ich hängte nasses Toilettenpapier vor den Türspion, damit niemand sah, wie ich weinte. Nicht, weil ich mich schämte, sondern weil ich nicht wollte, dass daraus wieder etwas gemacht wird. Dass meine Schwäche die Runde macht, dass man über mich spricht, mich zerredet, mich reduziert. Auch dafür wurde ich diszipliniert.

Als ein Beamter bei der morgendlichen Lebendkontrolle meinen blutenden Arm sah, war es vorbei. Ich wurde nicht geweckt, die Station blieb verschlossen. Die Gefangenen wurden unruhig, randalierten, schrieen - aber der eigentliche Sturm tobte in meiner Zelle. Sie führten mich zum Arzt. Er desinfizierte meine Wunden. Einige leicht angeritzt an der Hautoberfläche, andere so tief, dass sie ins Fleisch gingen. Von dort in den ‚besonders gesicherten Haftraum'.

Diese Zelle hier war größer als die Zelle der Polizeiwache in Landstuhl, größer sogar als die Dreimannzelle auf meiner Wohngruppe. Dieser Raum hier hatte sogar zwei Türen als Zugang. Als ich vor ein paar Wochen nach dem Besuch meiner Pflegeeltern in dem Vorraum davor stand, und diese Türen bemerkte, dachte ich, es wären zwei Zellen. Es erschien mir nur logisch, aber was bedeutet hier schon Logik. Die Zelle war warm und leer. Nackt. Überall kleine weiße Fliesen. An den Wänden, dem Boden, nur die Decke war Kahl und weiß. Zwei Kameras in den Ecken, verborgen unter dunklen Glaskuppeln. Auch hier, ein Loch im Boden als Ersatz für die Toilette. Kein Klopapier.

Ich hatte nichts an außer einer dünnen Unterhose aus teebeutelähnlichem Material - so fragil, dass sie beim nächsten Furz hätte zerreißen können. Ich war nicht nur entkleidet - ich war vollständig entblößt. Seelisch, körperlich, ohne Schutz. Ohne Würde.

Ich weiß nicht, wie lange ich dort war. Es war ständig hell. Das Licht löschte jedes Gefühl für Zeit aus. Jede Stunde öffnete sich eine der Futterluken. Ein Blick. Dann wieder zu. Auch nachts. Dann kam die Taschenlampe. Wenn ich auf dem Boden lag, halb bewusstlos, halb schlafend, befahl mir eine Stimme, mich zu bewegen - um sicherzugehen, dass ich mir mit der Nichts-Unterhose nicht doch irgendwie die Pulsadern aufgeschnitten hatte. Aber das war nicht mein Ziel. Ich wollte nicht sterben. Nicht bewusst. Unterbewusst vielleicht.

Ich wollte aufhören zu sein. Einfach verschwinden.

Aber ich hatte Angst, dass ich überleben würde. Dass man mich retten würde, wie so oft. Dass ich alles überleben würde - sogar mich selbst. Ich glaube, ich war zwei Tage dort drin. Vielleicht drei. Vielleicht vier. Vielleicht nur einen.

Ich weiß es nicht. Ich weiß nur, dass ich dort war. Und dass ich dort blieb. Zumindest ein Teil von mir.

*

Da sich das Ganze an einem Feiertag ereignet hatte, war niemand da, der mich hätte aus dieser Situation befreien können. Kein Seelsorger, kein Psychologe, kein Mensch, der auch nur im Ansatz dafür zuständig gewesen wäre, das, was in mir passierte, aufzufangen.

Die Tage danach waren Wochenende. Zwei weitere Tage, in denen ich nichts war außer ein Aktenzeichen, ein Problem, das man isolieren musste. Ich vermute, ich war von Freitag bis Sonntag im besonders gesicherten Haftraum. Hofgang gab es nicht mehr. Vorher hatte ich mich geweigert, jetzt hätte ich ihn mir gewünscht. Nur einen Hauch frischer Luft, ein bisschen Himmel.

Statt dessen: Belegte Brote zum Mittag, wie morgens und abends auch. Keine warme Mahlzeit. Kein Besteck. Alles war fertig belegt, damit man direkt reinbeißen konnte. Keine Kanne Tee, kein Pappbecher, nicht einmal ein Becher aus Plastik.

Wenn ich etwas trinken wollte, musste ich über die Gegensprechanlage darum bitten. Aber ich wollte nichts trinken. Weil es bedeutet hätte, mich später unter den Augen der Kameras in der Hocke über ein Loch im Boden zu setzen. Ich war zwar ein Junge, leider, aber ich pinkelte immer im Sitzen. Jetzt sollte ich so urinieren, entblößt, bloßgestellt. Ich stellte mir vor, wie die Beamten vor ihren Monitoren sitzen und sich darüber kaputtlachen. Also trank ich nichts. oder jedenfalls nicht genug.

Irgendwann begann mein Kopf zu schmerzen, und selbst mein Körper hatte zu wenig Wasser in sich, um noch weinen zu können. Ich zitterte. Nicht vor Kälte, der Raum war beheizt, wahrscheinlich unter den Fliesen im Boden. Luxus in einem Raum, in dem man nackt auf den blanken Fliesen schlafen musste. Es war die Entbehrung, die Nervosität, die Sucht nach Nikotin, die mir unter die Haut kroch. Ich war nervös, fahrig, innerlich aufgekratzt, ohne Ausweg, ohne Halt.

Dann, irgendwann am Morgen, öffnete sich eine der Türen. Ein Mann trat ein. Der Anstaltspsychologe. Groß, ordentlich gekleidet, freundlich, aber eben ein Mann. Und ich dachte nur:

Toll. Wir redeten. Ich erklärte ihm, dass die Schnitte auf meiner Haut kein Selbstmordversuch waren. Dass es nicht darum ging, zu sterben, sondern darum, überhaupt noch etwas zu fühlen. Der Schmerz als letzte Verbindung zu mir selbst.
Er glaubte mir. Und gerade deshalb, weil er mir glaubte, durfte ich den besonders gesicherten Haftraum verlassen. Ich dachte, ich würde zurück auf meine Wohngruppe kommen. Zurück in mein Bett, zurück in meine Ecke.
Doch dem war nicht so. Vor der Tür lagen meine Kleidungsstücke ordentlich gefaltet. Ich zog mich an - und kaum hatte ich die Schuhe gebunden, legten mir zwei Beamte Handschellen an.
Als wäre ich ein Schwerverbrecher. Der Psychologe verschwand wortlos. Die Beamten sagten nichts. Sie gingen einfach los - jeder an einer Seite meines Armes. Sie führten mich durch den Gang von F6 hinaus, vorbei am Verwaltungsgebäude, an der Kantine, am kleinen Biotop, das von außen so friedlich wirkte - und brachten mich in das Nachbarhaus: F5, die Krankenstation. Als ich fragte, ob ich rauchen dürfe, sagte der Beamte: „Das entscheidet der Arzt." Seine Stimme war nüchtern, fast gleichgültig. Dann fügte er hinzu: „Aber der ist schon wieder weg."
Ich sah ihn an, kurz, aber lange genug, um zu verstehen, dass es keinen Sinn hatte, weiter zu fragen, oder eine Diskussion zu starten. Also nickte ich bloß. Wortlos. Es fühlte sich an wie ein Reflex, nicht wie Zustimmung.

*

In F5 bekam ich eine andere Zelle. Eine richtige diesmal. Kleidung war erlaubt. Die Wände grau, gestrichen in einem Farbton, der die Jahrzehnte nicht mehr verstecken konnte. Die Matratze durchgelegen, das Bettgestell aus Metall, das irgendwann mal weiß gewesen sein musste. Es roch nicht muffig, aber auch nicht sauber. Steril war es - auf eine erschöpfte, leere Art. Kahl. Ich hatte eine Decke, einen Bettbezug - das war alles. Kein Schrank, kein Tisch. Nur diese beiden Dinge.
Und ein altes System in der Wand, eine Art Gegensprechanlage, die auch als Radio diente. Sie war vermutlich uralt, ein Überbleibsel aus einer Zeit, in der man glaubte, Musik könne helfen.

Die Lautsprecher waren verrauscht, der Empfang brüchig, und doch: es kam Musik. Leise, monoton, durchsetzt von Rauschen, fast wie durch Wasser gehört. Aber es reichte. Es war genug, um mir das Gefühl zu geben, nicht ganz verloren zu sein. Diese Stimmen, kaum hörbar, gaben mir Trost, den sonst niemand geben konnte.

Auf F5 gab es einen Hausarbeiter aus der Strafhaft. Kein Typ, der auffiel. Er bewegte sich leise zwischen Kleiderkammer, Krankenstation und Flur – fast wie ein Schatten. Die Beamten schienen ihm zu vertrauen. Vielleicht, weil er nie viel sagte. Ich hatte ihn nie gesehen. Aber ich hörte seine Schritte.

Langsam, gleichmäßig, näherkommend. Dann ein Rascheln vor meiner Tür. Ich hielt den Atem an. Dann ein Klopfen. Kein Wort. Als ich hinsah, lag da Tabak. In Papier gewickelt, sauber, vorsichtig. Ich hockte mich hin, starrte es an.

„Warum ...?" murmelte ich, eher zu mir selbst.

Dann sagte ich laut, zur Tür: „Ich hab nix zum Anzünden ..." Eine Sekunde Stille. Dann hörte ich seine Stimme. Ganz leise, fast brüchig: „Schieb was drunter durch."

Ich riss ein Stück Toilettenpapier ab, faltete es und schob es zögernd unter der Tür hindurch.

Ein Kratzen. Dann zog ich es zurück zu mir. Glimmend. Ich zündete meine Zigarette an, langsam, mit zittrigen Fingern, solange ich noch Glut hatte. Der Rauch kratzte. Aber er tat gut. Er war echt.

„Danke", flüsterte ich. Er antwortete nach einer kleinen Pause: „Manchmal reicht das." Ich nickte, obwohl er es nicht sehen konnte. Ich wollte noch etwas sagen, aber mir fiel nichts ein. Ich sah ihn nie. Aber ich werde nie vergessen, dass er da war.

Ich saß oft auf der Fensterbank, die Beine durch die Gitterstäbe nach draußen geschoben. Mein Fenster offen, der Hof still unter mir.

An einem Tag spazierte unten im Hof von F5 eine Frau langsam auf und ab. Eine ältere, ruhige Gestalt. Sie musste auf Schub sein, dachte ich. Auf der Durchreise. Strafhaft. Aus den Fenstern von F2, welche ebenfalls den Hof von F5 einsehen konnten riefen die Männer ihr hinterher. „Ey Süße, komm mich mal besuchen!" oder

„Zieh mal blank, Baby!“ – billige, plumpe Sprüche, die fielen, weil jemand mit Brüsten durch den Hof ging.
Aber sie reagierte nicht. Nicht einmal ein Zucken im Gesicht. Ihre Schritte blieben gleichmäßig, ihr Blick geradeaus. Ich konnte sie gut sehen. Mein Fenster ging direkt zum Hof, und von hier oben störte kein Zaun die Sicht. Manchmal, sehr selten, blickte sie hoch - auch zu mir. Und manchmal trafen sich unsere Blicke. Nur für Sekunden. Aber lang genug.
Da war nichts Aufgesetztes in ihrem Gesicht. Kein Trotz. Kein Stolz. Nur dieser Blick. Leer, leise, müde. Vielleicht sah ich darin denselben Ausdruck, den ich selbst trug. Und vielleicht erkannte sie etwas in mir, das ich sonst niemandem zeigen konnte. Wir sprachen nie.
Wahrscheinlich hatte man ihr gesagt, sie solle sich nicht mit männlichen Gefangenen unterhalten. Wahrscheinlich dachte sie, ich sei einer von ihnen. Ich beneidete sie. Nicht um ihren Körper, nicht einmal um ihre Ruhe. Ich beneidete sie um ihr Frau sein. Darum, dass sie einfach sein konnte, wie sie war. Dass niemand es ihr abspricht. In ihrem Anblick lag etwas Tröstliches.
Ich fühlte mich weniger allein, und ich begriff, dass auch Frauen im Gefängnis landen. Dass Gefängnis kein Stempel der Männlichkeit ist. Dass es nichts mit Geschlecht zu tun hat, wenn man fällt. Vielleicht war es das, was mich am meisten bewegte: Die Erkenntnis, dass mein Dasein hier nicht bedeutete, dass ich ein Mann war, oder je einer gewesen sein musste. Dass es auch dann passiert wäre, wenn ich von Anfang an ich selbst hätte sein dürfen.
Am nächsten Tag war sie weg. Einfach so.

*

Ich bin jetzt drei Tage hier. Die Zelle öffnet sich. Kein Hofgang. Kein Tablett mit dem lauwarmen Essen, das nach Metall schmeckt. Diesmal ist es anders. Diesmal habe ich Besuch. Mal wieder. Der Beamte von der Strafhaft, der mir bisher nicht feindselig begegnet ist, sagt mir ruhig, dass er mir Handschellen anlegen muss. Ich starre ihn an. „Warum denkt jetzt auf einmal jeder, ich sei gefährlich?“ „Anordnung vom Psychologen“, antwortet er. Aber er sagt es nicht kalt. Er sieht mich dabei an, als hätte er noch sowas wie ein Gewissen in sich.

Und mir ist alles egal. Sollen sie denken, ich sei gefährlich. Sollen sie glauben, man müsse mich fesseln, weil ich jeden Moment ausrasten könnte. Vielleicht hält das ein paar von ihnen auf Abstand, wenn ich wieder zurück nach F6 komme. An der Verwaltung angekommen, übergibt mich mein Begleiter einem anderen Beamten. Der bringt mich in einen Raum, der neben dem eigentlichen Besuchsraum liegt. Kein kleiner Tisch, keine dünne Plexiglasscheibe diesmal.

Der ganze Raum ist durch eine dicke Scheibe getrennt. Ich sitze auf der einen Seite, wie ausgestellt. Ein Monster hinter Glas.

Als meine Pflegemutter und mein Pflegevater durch die Tür auf der anderen Seite des Fensters treten, bricht sie in Tränen aus. Nur ein Anblick - und alles in ihr zerbricht. Ich darf mich setzen. Die Handschellen bleiben. Die ganze Zeit. Sie sieht, dass ich abgenommen habe. Kein Pummel mehr. Nur noch ein schmaler Körper mit eingefallenen Wangen. Mein Pflegevater sieht es auch. Ich versuche, die Situation zu beruhigen. „Hör ma, die sind dumm hier“, sage ich. „Ich hab niemandem was getan.“ Aber sie sieht nur die Fesseln und glaubt, ich sei der Schläger, der Ausraster, das Problem. „Warum musst du diese Dinger dann tragen?“ fragt sie und zeigt auf meine Handgelenke.

Ich zeige auf meinen Arm. „Ich hab mich geritzt“, sag ich. Sie wusste es schon aus dem Heim, war auf das Schlimmste vorbereitet.

„Junge, warum tust du sowas nur?“, sagt sie. „Ich hab dir doch geschrieben: Du sollst nicht auffallen.“ Dieses Wort - „Junge“. Ich schlucke es runter. Immer wieder dieses Wort. Ich sage nichts dazu. Nur: „Du weißt doch, es ist nicht so einfach. Und außerdem hab ich niemandem weh getan.“ Diesmal sagt sie nichts mehr. Sie schaut mich nur an. Und schweigt.

Sie fragt mehrmals, was passiert ist. Mein Pflegevater auch. Aber er bleibt leise, wie immer. Zurückhaltend. Lässt es geschehen. Vielleicht fährt er sie nur hierher, weil sie ihn sonst nicht in Ruhe lässt. Weil er weiß, wie sehr sie an mir hängt. Für ihn wirkt das hier alles irgendwie gleichgültig. Für sie ist es der Zusammenbruch. „Mach dir keine Sorgen“, sag ich. „Ich werd hier nicht untergehen.

Die Handschellen sind nicht für immer. Es kommen wieder bessere Zeiten." Aber meine Worte prallen an ihr ab wie Regen auf Beton. Sie hört mich nicht. Oder sie kann mich nicht mehr hören.
„Wir haben dir noch Zigaretten geholt", sagt sie dann, „mussten sie aber dem Beamten geben. Der gibt sie dir nachher." Und sie sagt auch, sie hätten wieder einen Brief mit fünfzig Euro an der Pforte abgegeben. Für mich. Ich sehe es in ihren Augen - diesen Schmerz, den ich ihr angetan habe. Dieses unsichtbare, schwere Etwas zwischen uns, das sich nicht mehr wegerklären lässt.
„Danke, Mutter", sage ich. Ich nenne sie immer so - Mutter und Vater. Nie Mama und Papa. Seit dem Tag, an dem sie mir gesagt haben, dass ich ein Pflegekind bin, haben sich diese Worte falsch angefühlt. Fremd. Ich verspreche ihr, dass ich schreiben werde. „Sobald ich kann."
Dann ist die Besuchszeit vorbei. Sie verlässt weinend den Raum, dreht sich noch mehrmals um, als könne sie nicht glauben, was sie da sieht. Mich. In Handschellen.
Wieder abgeführt. Ich höre ihr Weinen noch durch die Tür. Und plötzlich fließen auch bei mir Tränen übers Gesicht. Ich versuche, sie zurückzuhalten. Ich weine nicht laut. Aber ich kann es nicht mehr verbergen.
Auf dem Rückweg nach F5 hält der Beamte zwei Schachteln Marlboro in der Hand. „Hat deine Mutter dir mitgebracht", sagt er. Wahrscheinlich wusste er nicht, dass ich eigentlich nicht rauchen darf. Ich sag nichts. Ich nehme sie. Hauptsache wieder was zum Rauchen. Nur Feuer fehlt mir noch.
In der Zelle steht mein Mittagessen schon auf dem Tisch. Ein Teller mit Plastikdeckel, daneben ein Joghurt. Und ein Löffel – ein richtiger. Na ja, ein Blechlöffel halt. Ich frage den Beamten, ob er mir noch schnell eine Zigarette anzünden kann, bevor er mich einsperrt. Und er tut es.
Ein kleines Stück Menschlichkeit. Ich setze mich auf mein Bett, ziehe den Teller zu mir und esse... nichts. Mir ist schlecht. Ich hab Hunger. Richtigen Hunger. Aber ich krieg keinen Bissen runter. Ich denke an meine Pflegemutter. An all die Male, in denen ich sie angeschrieen hab, belogen hab, zurückgestoßen hab. Ich denke an meinen Pflegevater, der immer daneben stand und nichts sagte. Ich

denke daran, wie sehr sie mich trotzdem lieben - auf ihre Art. Und in diesem Moment bereue ich jede verdammte Sekunde, in denen ich ihnen Unrecht tat. Jede.

*

Die nächsten vier Tage verbrachte ich dort. Sie zogen sich wie Kaugummi, nur schmeckten sie schlechter. Ab und zu kam ein Beamter vorbei, öffnete die Futterluke und schaute rein. Wenn ich Glück hatte, ließ er sich erweichen, mir eine Zigarette anzumachen. Manche taten es, manche nicht. Die einen waren Nichtraucher und hatten kein Feuer, die anderen waren Raucher, aber einfach Arschlöcher. Es gibt auch Arschlöcher im Vollzug, dachte ich mir. Das war sicher keine bahnbrechende Erkenntnis.

Als ich aus der Krankenstation rauskam, durfte ich wieder zurück auf F6. Aber Normalität kehrte nicht ein.

Ich sollte meine Zelle räumen. Sie war noch immer so, wie ich sie verlassen hatte: Das blutige Bettlaken, ein paar Tropfen geronnenes Blut auf dem Fußboden vor meinem Bett, die mir unbewusst aus dem Arm gelaufen waren. Und da stand ich nun, in meinem "Zuhause“ und sollte packen.

Die Dreimannzelle neben der Gemeinschaftsdusche wurde aufgeschlossen. Es war jetzt keine Dreimannzelle mehr, es war nun eine Viermannzelle. Zwei Doppelbetten boten jetzt Platz für vier Straftäter. Mir wurde kotzübel.

Aber ich hatte keine Wahl. Wollte ich mich auflehnen und riskieren, wieder in den ‚Besonders gesicherten Haftraum‘ gesperrt zu werden? Wieder keine Klamotten? Keine Zigaretten?, Keine Luft zum Atmen? Oder wollte ich meine Privatsphäre begraben und mich mit genau denen einsperren lasse, die mit dafür verantwortlich waren, dass ich überhaupt an diesen Punkt kam, der mich in den Keller gebracht hatte. Diese drei Typen, die mich bis vor Kurzem noch hassten, schauten mich an, als wäre ich ein streunender Hund, den man mitleidig aufgenommen hatte.

Ich kannte es aus Knastfilmen, die manchmal im Gruppenraum in Welschbillig liefen, in amerikanischen Knästen stritten sich immer alle Häftlinge darum, das obere Bett eines Doppelbettes zu bekommen. Hier war es umgekehrt. Jeder wollte unten schlafen. Und ich war der neue in dieser Zelle. Also musste ich das Obere

Bett nehmen. Wie auf der Spitze eines beschissenen Berges, von wo aus mich jeder beobachten konnte.
Die Tür fiel ins Schloss. Levi sah mich an. „Warum hast du das gemacht, Junge?“ fragte er. Axel und Tailan musterten mich, mit einem Blick irgendwo zwischen Mitleid und Abscheu.
„Ich... Ich musste wissen, ob ich noch lebe“, sagte ich. Keine Silbe von den Demütigungen. Ich wollte nicht zugeben, wie sehr mich alle hier mit ihren kleinen Nadelstichen zerbrochen hatten, und ich wollte auch niemandem die Schuld dafür geben. Ich glaube, sie spürten trotzdem, was ich meinte. Zwischen den Zeilen lasen sie es. Und es gefiel ihnen. Sie wussten, was sie getan hatten. Es gab eine Art Genugtuung in ihren Blicken.
Vorteil dieser Zelle: Christoph putzte sie morgens. Er machte auch meinen Dreck weg. Ich hatte ihn nie darum gebeten. Er tat es auch nicht etwas aus Angst vor mir. Sondern weil er Angst vor Levi hatte, und dieser ihm befahl, jeden Morgen diese Zelle zu putzen, als sie noch zu dritt hier lebten.
Levi war ein Holländer, 19 Jahre alt und Anführer unserer WG, wenn nicht sogar des ganzen Hauses. Er saß wegen Drogenschmuggels. 1,5 Millionen Ecstasypillen. Selbst sein Vater saß deshalb irgendwo anders in einer Erwachsenen- JVA ein. Levi war klug, kühl und angsteinflößend.
Er war stark. Ich meine nicht nur stark, sondern vielmehr durchtrainiert. Jeden Abend machte er Sport in der Zelle.
Sit-ups, Liegestütze, er hob sogar die Metallbetten, nachdem er die Schrauben gelöst hatte. Levi war gefährlich. Und er wusste es.
Axel war groß, Deutscher. Warum er einsaß, wusste ich nicht. Aber er hing mit Levi ab. Auch er machte Kraftsport. Sie waren ein eingespieltes Team. Dann war da noch Tailan, ein kleiner Türke, den ich mit einem Schlag hätte umhauen können. Aber das war egal. Das Gefährliche an ihm war nicht seine Statur. Es war seine Herkunft. Er hatte viele Verbündete hier. Also abgesehen davon, dass sie hier in dieser Zelle sowieso ein Team für sich waren. Man legte sich besser nicht mit der alten Dreimannzelle an. Und ich... ich war jetzt Teil davon. Zumindest rein rechnerisch. Vier Mann, weil man dachte: In Gesellschaft bringt er sich schon nicht um.
Die ersten paar Tage funktionierte das halbwegs. Christoph putzte

die Zelle jeden Morgen. Er machte auch meinen Dreck weg. Ich hatte ihn nie darum gebeten. Er tat es nicht aus Angst vor mir. Sondern weil er Angst vor Levi hatte, und dieser ihm befohlen hatte, jeden Morgen diese Zelle zu putzen, schon damals, als sie noch zu dritt hier drin lebten.
Christoph putzte nicht nur hier. Manchmal riefen ihn auch andere Häftlinge in ihre Zellen, aber unsere kam immer zuerst dran. Ich hatte irgendwann aufgehört, mich zu wundern. Es war so. Und jeder hier schien das normal zu finden. Christoph war ein schlaksiger Typ mit einem eingefallenen Gesicht. Seine Haut war blass, seine Augen müde, als würden sie nie ganz aufgehen.
Wenn er putzte, sprach er nur, wenn er etwas gefragt oder ihm etwas neues befohlen wurde. Er wischte über den Boden, klopfte die Betten ab, räumte Zigarettenstummel weg, sortierte den Müll. Es war, als wäre er Luft, ein Schatten, der sich durch die Zelle bewegte.
Aber wehe, er war nicht gründlich genug, wehe, Levi entdeckte Staub unter dem Tisch oder einen vergessenen Filter auf dem Boden. Dann knallte es. Levi schlug ihn nicht oft ins Gesicht, das wäre zu auffällig gewesen, sondern gegen die Rippen, die Oberarme, manchmal in den Magen. Manchmal reichte auch ein drohender Blick, ein Schnalzen mit der Zunge, und Christoph duckte sich schon, zog den Kopf ein, murmelte „Sorry, Mann“, und wischte noch einmal von vorne. Ich sah das alles. Ich sah es jeden Tag. Und jeden Tag fragte ich mich, warum ich nicht einfach irgendwas sagte. Aber ich wusste, warum.
Es blieb nicht bei Schlägen. Levi hatte eine sadistische Ader. Einmal, ich werde das nie vergessen, befahl Levi ihm, sich selbst zu würgen. Erst dachte ich, das sei irgendein kranker Scherz. Aber Christoph gehorchte.
Er legte die Hände um seinen Hals, drückte zu, das Gesicht wurde rot, die Augen quollen hervor. Ich konnte nicht wegsehen. Ich wollte wegsehen, aber es ging nicht. Levi schaute zu, grinste, Axel lachte, Tailan zündete sich eine Kippe an. Christoph sank auf die Knie. Er röchelte, er zitterte, sein Körper zuckte, und dann fiel er einfach um, knallte mit der Schulter gegen das Bettgestell und schlug schließlich mit dem Kopf auf dem Boden auf.

Ein Moment der Stille. Niemand sagte etwas.
Ich saß oben auf meinem Bett, presste die Nägel in meine Handflächen, spürte, wie mir schlecht wurde. Ich dachte, er wäre tot. Wirklich. Einfach so. Tot.
Für ein paar Sekunden starrte ihn jeder nur an. Dann ging Risto rüber, schnappte sich eine Wasserflasche, schüttete ihm den halben Inhalt ins Gesicht. Nichts. „Scheiße, Mann", murmelte Axel. Risto holte aus, schlug Christoph mit der flachen Hand gegen die Wangen, erst links, dann rechts. Wieder Wasser. Noch ein Schlag. Plötzlich ein Röcheln, ein Zucken, ein Keuchen. Christophs Augen flatterten, er japste nach Luft, rollte sich zusammen.„Na also", sagte Risto, grinste, als wäre es ein verdammtes Partyspiel gewesen. „Geht doch."
In den nächsten Tagen zog ich mich immer mehr zurück. Nicht, dass ich mich in eine Zelle hätte zurückziehen können – das war ja das Absurde. Ich war gezwungen, unter diesen Monstern auszuharren. Wem hätte ich überhaupt etwas sagen sollen?
Carlo, mit dem ich manchmal wieder sprach, hatte mir schon am Anfang einmal gesagt, als er mir den Knast in einfachen, kalten Worten erklärte:„Veräter werden hier fast noch schlimmer behandelt als Vergewaltiger." Ich konnte nur erahnen, was das bedeutete, aber schon diese Ahnung reichte, um mir das Blut in den Adern gefrieren zu lassen. Ich war gebrochen. Ich war selbst am Ende.
Ich wollte sterben. Und mir all das noch mit ansehen zu müssen, ohne dass überhaupt irgend jemand etwas dagegen unternahm, zeigte mir nur eins: Es gab keinen Ausweg. Kein verdammtes Schlupfloch. Wohin hätte ich gehen sollen, wenn ich einem Beamten etwas gesagt hätte? Wo hätte ich Schutz gefunden? Wer hätte mich beschützt, wenn sie schon Christoph nicht schützen konnten - Christoph, der sich schon in Luft aufgelöst hatte, der sich schon selbst zur Aufgabe gemacht hatte? Was hätten sie verdammt nochmal mit mir getan?
Ich begann, auch hier weniger zu reden. Ich funktionierte. Ich war da. Ich atmete, aß, stand auf, legte mich hin. Aber ich war kein Teil der Gemeinschaft. Kein Teil von „denen". Ich war ein Körper, der sich durch den Alltag schleppte, ohne noch irgendein Ziel, ohne

Verbündete, ohne Stimme. Noch immer machten sie sich im Hof über meine rot lackierten Fußnägel lustig. Ich hörte die Sprüche, die Blicke, das dreckige Lachen. Ich hörte, wie sie flüsterten, grinsten, tuschelten. Und ich wusste, was passieren würde, wenn ich auch nur eine Sekunde versuchte, zurückzuschießen. Aber ich musste nun in den Hof. Ich hatte keine Wahl mehr. Einschluss für mich bedeutete jetzt, dass ich während der Freistunde in der Dreimannzelle eingeschlossen wurde - allein.

Und das bedeutete im Umkehrschluss, dass die anderen Jungs keinen Zugang mehr zu ihrem „Zuhause" hatten. Sie konnten nicht mehr rein und raus, nicht mehr Sachen holen zum Kochen, nicht duschen, nicht einfach nur irgendwohin, um sich zu bewegen, zu reden, zu atmen. Einmal hatte ich es gewagt, nicht in den Hof zu gehen. Ich hatte gedacht, ich könnte mir einfach diesen einen Tag nehmen, um meine Ruhe zu haben. Ich hatte gedacht, es würde vielleicht einfach untergehen.

Aber es war nicht untergegangen. Es war eskaliert. Als am Abend wieder Einschluss war, und die Zelle aufgeschlossen wurde und die Jungs zurück kamen, kam die Strafe. Ich bekam die Schläge meines Lebens. Von allen drei. Es war kein Ausrutscher, kein „du hast Pech gehabt" - es war ein Exempel. Ein Warnschuss. Seit diesem Tag sprach ich mit keinem dieser Monster mehr.

Ich senkte den Kopf, ging meinen Weg, verschwand so sehr in mir selbst, dass ich manchmal das Gefühl hatte, ich würde mich von innen heraus auflösen. Ich war nur noch eine Hülle.

*

Als es anfing, dass mein Rechtsanwalt mich besuchte, leuchtete etwas in mir auf, das ich fast vergessen hatte: Hoffnung!

Er sagte mir, dass der Richter sich darauf einlassen würde, mir eine Haftstrafe zu geben, die er aber zur Bewährung aussetzen würde.

Ich müsse nur eins tun: alle mir vorgeworfenen Straftaten zugeben.

Ich hatte mir aber die Anklageschriften in vielen langen Nächten schon als ich in meiner Einzelzelle lag, immer und immer wieder durchgelesen, manchmal so oft, dass mir die Worte irgendwann verschwammen.

Und während ich da saß, mit diesem Stapel Papier auf den Knien,

wurde mir erneut klar: Die meisten Vorwürfe basierten darauf, dass Johannes mich verraten hatte. Es stand ja sogar schwarz auf rosa dabei. Überall dieser verdammte Satz: „...wird durch die Aussagen von Johannes S. überführt". Ich hätte fast darüber lachen können, wenn es nicht so absolut zum Heulen gewesen wäre.
Aber es gab auch diesen anderen Teil. Den, der mich im Innersten zerfressen hat. In diesen Anklageschriften standen Dinge, Taten, die ich nicht begangen hatte. Johannes hatte nämlich in seinen Nächten, in denen er weder bei mir noch bei Langfinger Joe war, munter weitergemacht, seine eigenen kleinen Raubzüge, weil er allein eben auch Geld, Kippen und Alkohol brauchte. Und als er mich schließlich verriet, da verriet er nicht nur das, was wir zusammen durchgezogen hatten, nicht nur das, was ich alleine gemacht und ihm später anvertraut hatte.. nein, er packte noch seine eigenen Einbrüche und Diebstähle darauf.
Nur zugeben. Dieses „nur" hallte daher in meinem Kopf nach. Nur das. Als wäre es leicht, als wäre es einfach, als wäre es kein Akt des endgültigen sich -selbst-Verlierens...

Die Wochen vergingen. Die Anwaltsbesuche wurden häufiger. Und mit jedem Gespräch, mit jedem nüchternen Wort aus seinem Mund, spürte ich es deutlicher: Die Tage hier neigten sich langsam dem Ende zu.
Niemand ist in der Regel länger als sechs Monate in Untersuchungshaft. Die meisten bekommen ihre Hauptverhandlung in dieser Zeit oder werden vorher gegen Auflagen freigelassen. Aber ich - ich war jetzt schon über vier Monate hier. Vier Monate in diesem Sumpf aus Gewalt, Angst und zermürbendem Warten.
Ich merkte, dass sie wohl diese kompletten Monate ausnutzen würden, um den Krieg gegen mich vorzubereiten. Ich spürte es nicht nur. Ich wusste es.
Ich lag oft nachts wach, während um mich herum das Schnarchen, Flüstern, Husten und gelegentliche Auflachen der anderen wie ein Gift durch die Dunkelheit sickerte .Ich dachte darüber nach, was es hieß, wenn der Anwalt sagte: „Gib's zu, dann bist du draußen."

Ich dachte darüber nach, was das für mich bedeutete.

Dass draußen nicht unbedingt frei hieß. Dass draußen nicht unbedingt sicher hieß. Aber es hieß: weg von hier. Weg von Levi. Weg von Christophs flehenden Augen. Weg von Carlo, der nur noch ein Schatten seiner selbst war. Weg von den Schlägen, den Demütigungen, dem stillen Sterben, das hier jeden Tag passierte, während draußen die Welt weiterlief, als wäre nichts. Ich dachte oft darüber nach, ob ich noch ein Mensch war. Und ich wusste, dass ich es nicht mehr wusste.

Keine Chance für Christoph

Wann es genau war, weiß ich nicht mehr - irgendwann am Abend, während der Freizeit, als ich an Christophs Zelle vorbeikam. Die Tür stand einen Spalt offen... nur ein winziger Spalt, gerade so viel, dass ein Schatten hindurch schlüpfen konnte. Und genau in dem Moment, als ich hinsah, knallte die Tür zu. Schnell, brutal, ohne Schlüssel. Kein Beamter weit und breit. Ich hatte es gesehen, den kurzen Moment, als jemand hastig hineinschlüpfte, ein Schatten, ein hastiger Ruck, so flüchtig, dass man es kaum fassen konnte, wenn man nicht genau hinsah. Ich blieb stehen. Nicht aus Mut, nicht weil ich irgendetwas tun wollte. Nein, ich blieb stehen, weil in mir etwas erstarrte. Eine Ahnung, ein kaltes, klares Wissen: Hier geschah gerade wieder etwas, das nicht gesehen werden durfte. Etwas, das niemand je erfahren sollte. Langsam, fast lautlos, trat ich näher an die Tür. Vorsichtig. Spürte das Flackern der Neonröhre über mir, roch den abgestandenen Schweiß, der sich im Flur sammelte. Hörte nur meinen eigenen Atem – kein Geräusch sonst. Dann beugte ich mich vor, sah durch den Türspion.

Und alles in mir vereiste. Christoph lag auf dem Boden. Halb aufgerichtet, halb zusammengebrochen, gegen die Wand gepresst wie ein verletztes Tier, das keine Chance mehr hatte. Levi stand über ihm, der Typ, dessen Präsenz allein Angst ausstrahlte. Seine Statur, sein Blick, zynisch, grausam, voller Verachtung und kalter Lust, die niemals hätte existieren dürfen. Ich sah, wie er sprach, Worte zischten durch die Luft, voller Spott und Drohung. Er neigte den Kopf, als wäre Christoph nichts weiter als ein Spielzeug, eine Beute, mit der man sich vergnügt. Dann holte Levi aus.

Seine Faust traf Christoph mitten ins Gesicht, der Körper fiel wie ein Bündel Knochen zur Seite, schlug hart auf den Boden. Kein Schrei. Kein Widerstand. Nur ein dumpfer, fleischiger Aufprall. Ich wollte wegsehen, doch ich war gefesselt, gebannt an diesen Türspion, als hätte mich jemand gezwungen, hinzusehen. Und vielleicht verdiente ich genau das – die grausame Wahrheit zu sehen, die niemand hier aussprach.

Levi trat nach, einmal, zweimal: Rippen, Bauch, unter die Schulter. Christoph krümmte sich, hob die Arme, ein hilfloser Reflex, erbärmlich, zerbrechlich, menschlich. Dann packte Levi ihn, zog ihn grob hoch, drehte ihn um und presste ihn mit voller Wucht gegen die Wand.

Keine Sekunde Pause. In einem Zug zog er Christoph die Hose ein Stück runter. Es ging schnell, zu schnell, als dass ich noch wahrgenommen hätte, was um mich herum geschah, aber niemand war da, niemand kam. Levi öffnete seine Hose, drang brutal in Christoph ein und packte ihn gleichzeitig mit der anderen Hand am Hals - ein fester, kalter Griff, der jede Bewegung im Keim erstickte. Ohne jede Spur von Mitleid oder Zurückhaltung vergewaltigte Levi den panischen und wehrlosen Christoph. Dessen Gesicht war eine verzerrte Maske aus Qual und Hilflosigkeit, die Augen suchten hektisch einen Ausweg. Der Raum füllte sich mit den Geräuschen von schwerem Atmen, gedämpften Keuchen und dem unaufhörlichen Rhythmus der Gewalt.

Christophs Körper krampfte, seine Schultern zitterten, während Levi ihn mit kalter Härte und unnachgiebigen Stößen missbrauchte.

Ich konnte nichts tun. Ich musste hinschauen, konnte mich aber dann doch von diesem grausamen Anblick losreißen. Meine Knie versagten fast, als ich zu meiner Zelle wankte. Ich schloss die Tür hinter mir. In mir wurde es still, eisig still. obwohl vor meinem geistigen Augen eine ganze Hölle voller gequälter Kreaturen schrie, brüllte, heulte und wimmerte. Meine Gedanken blockierten, meine Gefühle versiegten. Es war, als wäre ich von einer unsichtbaren Mauer umgeben, die mich vom Schmerz abschirmte und mich davor bewahrte, daran zu zerbrechen.

In diesem Knast, einem Ort, an dem sie dich für einen Vergewaltiger halten und dich deshalb systematisch quälen, schien die Gewalt unaufhaltsam zu sein. Doch was besonders brutal war: Hier wurdest du nicht nur beschimpft oder gedemütigt - hier wurdest du selbst zum Opfer. Malträtiert und vergewaltigt von denen, die dich verachten, gequält von denen, die dir nichts verzeihen, obwohl du längst nichts mehr sagen konntest, nichts mehr denken, nichts mehr fühlen wolltest.

Als ich später noch einmal aus der Zelle kam, sah ich Christoph wieder. Seine Augen waren rot und geschwollen, die Wimpern verklebt von Tränen und Verzweiflung, die er nicht mehr verbergen konnte. Er ging breitbeinig, fast humpelnd, in die Putzkammer, wahrscheinlich um Putzmittel oder Lappen zu holen, ein mühsamer Versuch, wenigstens für einen Moment etwas Kontrolle über seine Umgebung zu gewinnen. Sein Gesicht war bleich, eingefallen, als hätte der Schmerz jedes bisschen Leben aus ihm herausgesogen. Die Haut spannte über die scharfkantigen Knochen, und man konnte jeden Schatten von Erschöpfung und Angst darin lesen.

An diesem Abend, nach Zelleneinschluss versuchte Christoph, sich das Leben zu nehmen.
Bei der letzten Lebendkontrolle am Abend hat ein Beamter ihn wohl am Fenster hängen sehen und konnte ihn „retten“, zumindest aber vor dem Tod bewahren, soweit mir bekannt ist. Weil wir aber alle schon eingeschlossen waren, konnten wir uns kein eigenes Bild von der Situation mehr machen. Ob das Weiterleben für Christoph wirklich mit einer „Rettung“ gleichgesetzt werden sollte, weiß ich nicht.

Ich habe seitdem nichts mehr von Christoph gehört.

Sie wollen mich umbringen !

Ich weiß nicht, wann es genau anfing, dass mein Leben sich nicht mehr wie Leben anfühlte. Vielleicht war es schleichend, vielleicht passierte es einfach irgendwann, still. Der Alltag wurde zu einer Last, die sich wie Blei auf meine Schultern legte. Ich funktionierte nur noch.
Die letzten Wochen ließen mich stumpf zurück - ich ließ geschehen, was geschehen musste. Ich sah weg, wenn ich wegsehen musste, und zu oft hin, wenn ich es nicht sollte. Albträume rissen mich aus dem Schlaf, wenn ich überhaupt schlief. Oft lag ich stundenlang wach, starrte die Decke an, während in unserer Zelle der Fernseher leise flackerte oder jemand fluchte. Ich weiß es noch, In den Wochen vor meiner Verlegung auf F5 lebte ich in einer Art Zwischenwelt – alleine in der Einzelzelle, gefangen zwischen Stille und innerem Lärm.
Ich weinte nachts so leise und verzweifelt, dass ich das Radio aufdrehte, um mich selbst nicht zu hören. Aber selbst das half nichts. Die Traurigkeit in mir wich nicht mehr.
Sie saß in mir wie ein Knoten, der sich nicht lösen wollte. Anfangs war es Leere, dann wurde es Angst, als ich in diese Zelle zog, und erlebte, wie diese Bestien mit Christoph umgingen. Man könnte vielleicht meinen, dass er es aufgrund der Schwere seiner Taten genau so verdient hatte, so behandelt zu werden. Ich bin aber kein Richter, und es steht mir nicht zu, über andere zu urteilen.
Was aber ist mit mir? Habe ich nicht schon genug Scheiße erlebt und einfach hinunterschlucken müssen? Ja, ich bin eingebrochen. Ja, ich habe gestohlen. Aber Nein, ich habe es nicht aus Bosheit getan. Nicht weil ich irgend jemandem schaden wollte. Ich habe es getan, um nicht zu sterben. Um zu überleben.

Auf der Flucht vor genau dem hier.
Und nun sitze ich nicht nur deswegen in Haft, denn da ist etwas viel Schlimmeres als nur Mauern, die mich umgeben. Es ist Angst, die mich ständig begleitet.
Ich schlief kaum noch, lag nur da, starrte ins Dunkel und wartete auf Geräusche, Bewegungen, Bedrohungen.

Meine Augenringe wurden dicker, schwärzer. Ich schrak bei jedem Schatten zusammen. Und als Christoph zusammengeschlagen wurde, fast getötet, verstand ich endgültig, dass hier nichts sicher war. Er lag reglos am Boden. Sie hatten um ihn herumgestanden, gelacht. Und Levi? Hatte ihn vergewaltigt, vielleicht sogar getötet?

Sie waren nicht immer so gewesen zu mir. Anfangs hatten sie Mitleid. Vielleicht wegen dem Ritzen. Vielleicht, weil ich ruhig war, kaputt, verletzlich. Axel, Levi, Tailan - sie holten mich in ihre Zelle, versuchten mich zum Sport zu animieren, machten Witze, reichten mir Essen. Ich glaube, sie wollten, dass ich dazugehöre.

Aber ich konnte nicht. Nicht, nachdem ich gesehen hatte, wie sie Christoph behandelten. Und erst recht nicht, nachdem ich gesehen hatte, wie Levi sich an ihm befriedigte. Das war kein sexuelles Abreagieren gewesen. Das war eiskalte, aufgeilende Demonstration von Macht, von Willkür.

Ich konnte kein Teil von etwas sein, das Schmerz verursacht. Ich bin nicht so. Ich bin nicht jemand, der anderen wehtut. Ich bin jemand, dem es wehtut, das zu sehen.

Vielleicht, weil ich selbst einmal so war wie Christoph. Nicht wegen derselben Taten, ich habe nie einem Kind wehgetan, aber weil ich immer der Außenseiter war. Im Heim war ich der Jüngste, der Schwule, der Andersartige. Aber im Heim reichte schon eine helle Stimme oder die falsche Hautfarbe, um ausgestoßen zu werden.

Ich kannte dieses Gefühl, wenn alle gegen dich sind und keiner da ist, der dich schützt.

Im Heim schauten die Betreuer weg. Hier die Beamten. Als die drei merkten, dass ich mich innerlich entfernte, dass ich nicht dazugehörte – weil ich sie verachtete, da kippte etwas. Ich wurde ihnen fremd. Unangenehm.

Erst war ich nur still. Dann war ich verdächtig. Dann wurde ich zur Bedrohung für ihr Selbstbild. Ich wurde ihnen unbequem, und das ließen sie mich spüren.

Levi machte sich lustig über mich, Axel wurde aggressiv, Tailan zynisch. Sie provozierten mich, zwangen mich zu Dingen, die ich nicht wollte. Nicht mit Worten, sondern mit echter Gewalt. Sie drohten mir, schlugen mich, redeten mich vor anderen schlecht. „Ich hätt ihm aufs Maul gehauen“, sagten die anderen, „den hätt ich mit'm Kopf ins Klo gedrückt.“ Sie taten so, als sei ich arrogant. Aber meine Schweigsamkeit war keine Attitüde, sie war Schutz, sie war Überleben.

*

Und dann kam dieser Morgen. Ich wusste es schon, bevor einer von ihnen den Mund aufmachte. Ich spürte es. Die Luft war schwer. Nicht wie sonst. Nicht dieses dumpfe Gefühl von Ablehnung oder Bedrohung - es war konkreter.
Eiskalt.
Final.

Ich saß auf meinem Bett und Axel war der Erste, der im Vorbeigehen zu mir sprach. Er grinste nicht, nicht wie sonst dieses provozierende, überhebliche Grinsen. Er schaute mich direkt an, ohne Flackern im Blick. Und dann sagte er es einfach. Ganz ruhig. Fast beiläufig, wie jemand, der erzählt, was es gleich zum Frühstück gibt: „Wir bringen dich heute um. Wir werden dich aufhängen. An der Toilettentür."
Ich starrte ihn an. Ich wollte lachen, als wäre es ein schlechter Scherz, aber da war nichts, worüber ich hätte lachen können. Er meinte es ernst. Ich sah es in seinen Augen. Und Levi, der am Tisch saß und alles klar mithören konnte, drehte sich nicht mal um. Weil er es auch wusste. Weil er eingeweiht war. Weil sie es abge-sprochen hatten. Tailan knabberte an seiner Zigarette wie immer. Gleichgültig, aber ruhig.
Und das war das Schlimmste - diese Ruhe. Diese Sicherheit, dass sie es durchziehen würden. Ich stand auf. Irgendwie. Ich zitterte nicht mal. Ich war einfach nur leer. Alles in mir war ausgeschaltet, nur ein Gedanke blieb: Ich muss überleben. Ich darf sie mich nicht nehmen lassen. Ich darf mir mein Ende nicht von ihnen diktieren lassen.

*

Stunden nach dem Aufschluss am Morgen vergingen, dann kam der Hofgang. Ich wusste, es war meine einzige Chance. Ich hatte keine Beweise, kein Vertrauen, niemanden, der auf meiner Seite

war. Ich wollte nicht reden. Ich wollte keinen verraten. Ich wollte einfach nur raus – oder wenigstens gehört werden.
Und als wir rausgingen, der Himmel so grau wie meine Gedanken, da lief ich nicht wie sonst einfach stumm im Kreis, sondern ging direkt zu dem Beamten, der gerade Aufsicht hatte und hinter dem Zaun vor mir auf der anderen Seite stand.
Ich kannte seinen Namen nicht. Aber ich sah seine Augen, sah die Müdigkeit, die Gleichgültigkeit. Ich sagte ihm ruhig, aber eindringlich, dass ich mit ihm reden musste.
Dass es ernst war. Als er abwinkte, sagte ich ihm laut und klar, - denn ich wusste, ich musste ihn zwingen, hinzuhören: „Ich will mit Ihnen reden. Jetzt. Und wenn nicht - dann bring ich mich heute noch um. Ich schwöre es."
Ich wusste, so etwas durfte ich nicht sagen. Nicht so. Nicht direkt. Nicht nach meinem Ritzen und den Nächten in diesem ‚Besonders gesicherten Haftraum'. Aber es war mir egal. Vielleicht was das der Moment, in dem der Beamte mich endlich ernst nahm. Weil er wusste, ich habe keine Skrupel damit, mich selbst zu verletzen. Ich wollte nicht in den Bunker. Aber ich wollte auch nicht sterben. Nicht durch diese Monster aus meiner Zelle.

Wenn ich sterbe, dann selbstbestimmt. Nicht an einer Klotür hängend, nicht mit ihrem Gelächter im Ohr. Ich sah dem Aufseher in die Augen. Hart. Flehend. Und ich sah, wie seine Miene sich veränderte. Zum ersten Mal hatte ich das Gefühl, dass ich durchdrang. Nur ein wenig. Aber es reichte.
Der Beamte drehte sich wortlos um und bedeutete mir, mitzukommen. Keine Fragen, keine Eile. So, als würde er einen Befehl befolgen, den er nicht hinterfragt. Vielleicht war es Routine. Vielleicht war es ihm egal. Aber immerhin - er reagierte.
Kurz darauf saß ich wieder beim Psychologen. Dieses mal nicht im Besonders gesicherten Haftraum im Keller, sondern in seinem Büro, während alle anderen noch im Hof waren.
Er war der einzige Mensch, der eine Schweigepflicht hatte, und damit der Einzige, bei dem ich alles sagen konnte, ohne Angst vor Konsequenzen zu haben. Ich sagte ihm alles. Die Drohungen. Die Gewalt. Die Angst.

Und dass ich mir nicht sicher war, ob ich die kommende Nacht überhaupt überleben würde. Ich heulte wieder, dieses Mal bitterlich, einfach aus Reflex, als würde mir mein schäbiges Leben auf einmal doch etwas bedeuten.
Er sagte wenig. Aber er hörte zu. Ganz. Ich glaube, das war in dem Moment mehr, als ich erwartet hatte. Und er handelte. Noch am selben Tag wurde ich zurückverlegt - in meine Einzelzelle. Niemand erklärte etwas. Die Beamten sagten nichts, stellten keine Fragen. Für sie war ich einfach wieder da, wo ich hergekommen war. Und die drei - Axel, Levi, Tailan - blieben unbehelligt. Keine Konsequenzen, keine Befragung, keine Strafe, kein Wort.
Wieder auf mich allein gestellt, konnte ich meinem gewohnten Alltag nachgehen. Ich blieb während dem Zellenaufschluss meist in meiner Zelle, ließ mich einsperren. Ging nicht mehr zum Hofgang, bekam Disziplinarstrafen dafür, was bedeutete, dass meine Zelle während dem Aufschluss am Abend leider ebenfalls geschlossen blieb.
Naa, nicht leider. Es war gut so. Es war fast so, als würde ich die wenigen Momente der Freiheit, die man mir hier gewährte, gar nicht mehr haben wollen.
Ich redete abends wieder öfter mit Carlo am Fenster, er war der Einzige, der überhaupt noch mit mir sprach. Oft hörte ich die anderen aus der WG, wie sie zu ihm sagten, er solle auf mich scheißen, er solle doch nicht mit mir reden, aber er ließ sich nicht davon beirren. Er blieb einfach bei mir, fast so, als würde er spüren, dass mir genau das ein kleiner Halt war.

*

Von dem Geld, das mir meine Pflegemutter beim letzten Besuch mitgebracht, und dieses mal direkt an der Pforte abgegeben hatte, ging ich zum Einkauf, deckte mich erneut mit Tabak ein, Papers, Zitronentee.
Zwar hatte ich nun kein Sozialradio mehr, das mir die Stunden mit Geräuschen gefüllt hätte, aber zumindest Tabak, um diese schreckliche Zeit etwas in kaltem Rauch verschwinden zu lassen. Das hört sich komisch an, aber selbst dieser Geruch gab mir ein wenig zurück, ein wenig Identität, ein kleines Stück Normalität,

das mir sonst völlig genommen war.
Manche der Insassen auf unserer WG legten besonderen Wert darauf, dass ihre Zelle gut roch.
Sie nahmen Nasensprayflaschen, die sie sich vom Arzt oder Sanitäter verschreiben ließen, machten diese leer und füllten das kleine Glas mit einer Mischung aus Weichspüler, Mandarinenschale und Sonnenblumenöl. So hatten sie ihren eigenen Raumduft. Sie versprühten ihn am Tag, stellten es davor in die Sonne, oder rieben es stundenlang in ihren Händen, damit er besonders intensiv roch. Beinahe jede Zelle verströmte diesen Duft. Es roch sogar sehr gut, fast wie kleine Inseln von Sauberkeit und Duft inmitten all des Beton, der Kälte, der Gewalt. An manchen Tagen lag der Duft überall im Flur, vor allem dann, wenn es mal wieder Mandarinen, oder Orangen zum Nachtisch gab. Dann roch es fast ein bisschen wie Weihnachten, wie ein Zuhause, das wir alle hier längst verloren hatten.

Aber ich kapselte mich selbst davon ab, wollte kein Teil davon sein, wollte mich nicht in diese Gemeinschaft einfügen, nicht dazugehören. Bei mir das genaue Gegenteil: Gestank nach Nikotin, beinahe wie in einer verrauchten Kneipe, Gestank nach Aschenbecher. Das war nicht schön, das war nicht angenehm, aber das war mein Geruch, meine Art zu zeigen: Ich kann wie ihr sein, aber ich will es nicht. Ich bin hier, aber ich gehöre hier nicht hin. Ich kann den Regeln folgen, aber ich werde nicht einer von euch werden.

*

Der Termin für die Hauptverhandlung wurde festgelegt. Am 26.06.2006 sollte sie sein. Ich hatte nun weniger als zwei Wochen, um mich seelisch und moralisch darauf vorzubereiten.

Es stellte sich keine Frage mehr in mir, ob ich alle Taten zugeben würde, die mir vorgeworfen wurden. Natürlich würde ich das tun, gleich wissend, dass Johannes einige davon alleine und ohne mein Wissen begangen hatte. Aber ich würde wohl auch einen Mord gestehen, den ich nicht begangen hätte, nur um hier rauszukommen, nur um diese Wände, diese Türen, diese Blicke, dieses ewige Geliefertsein hinter mir zu lassen.

Die letzten Tage sprach ich viel mit Carlo. Er war wie die anderen der Meinung, dass ich aufgrund der Masse an Anklageschriften deswegen niemals Bewährung bekommen würde.
Er sagte: „Du, hör ma, ich mein das nicht böse, aber an deiner Stelle würde ich mir keine Hoffnungen machen.“ Und das brachte mich zum Nachdenken. Nicht nur, weil es schmerzte, sondern weil ich spürte, dass er recht hatte.
Er meinte nämlich auch, dass hier schon junge Kerle auf ihre Verhandlung gewartet hätten, die weitaus weniger auf dem Kerbholz hatten als ich, und sie dennoch zu einer Haftstrafe ohne Bewährung verurteilt worden waren.
Ich versuchte, nicht darüber nachzudenken, versuchte, mich abzulenken, aber es war, als würde dieser Gedanke nachts auf mich warten. Sobald es dunkel wurde, sobald die Gespräche am Fenster verstummten, kam er, kroch mir in den Kopf und drehte sich dort im Kreis. Ich lag dann wach, starrte die Decke an oder drehte mich zur Wand, hörte, wie draußen auf dem Flur Schritte hallten, wie irgendwo jemand husten musste, wie eine Tür ins Schloss fiel oder eine Toilettenspülung betätigt wurde.
Auch wenn ich versuchte, mich um diese Überlegung zu drücken, quälte mich aber der Gedanke doch sehr, nagte an mir, ließ mich nicht schlafen. Ich merkte, wie ich dünnhäutiger wurde, gereizter...
Und doch sprach ich weiter mit Carlo, suchte sein Fenster auf, so oft ich konnte. Ich weiß nicht, ob er verstand, was er mir damit gab, mit seinem Dableiben, seinem Zuhören.

Es war nicht viel, aber es war genau das, was ich in diesem Moment brauchte: jemanden, der mich nicht einfach wegen dieser Sache mit dem Nagellack verurteilte, der mich nicht deswegen beschimpfte, nicht erniedrigte, nicht im Vorbeigehen schlug. In diesen Tagen zählte jedes kleine Gespräch, jedes Wort. Es war, als würde ich mich an winzigen Splittern festhalten, um nicht ganz zu zerbrechen..

Hexenjagd

Es war Montagmorgen, und das Wochenende war lang gewesen. Verdammt lang. Ich wusste nicht einmal genau, wie ich es überstanden hatte. Es fühlte sich an, als würden sich die Stunden dehnen und zu Tagen werden, und je mehr ich darauf hinfieberte, dass es vorbei war, desto langsamer verging die Zeit. Als wäre sie auf einmal mein größter Feind hier drinnen, als würde sie mit allen Mitteln versuchen, mich festzuhalten, hinter diesen Mauern, in diesem Käfig voller Raubtiere um mich herum.

Dieses Sprichwort, dass Zeit alle Wunden heilt - ich hasste es. Denn hier drinnen bedeutete es eher, dass die Zeit die Wunden aufhält, Salz hineinstreut und mit einer dreckigen Gabel darin herumstochert.

Oft, wenn der Hofgang vorbei war, setzte ich mich wie in F5 auf die Fensterbank und hielt meine nackten Beine nach draußen. Die Nachmittagssonne kam direkt auf mein Fenster, warm und intensiv. Es tat gut, irgendwie Vitamin D zu tanken, während ich ansonsten über 23 Stunden am Tag in meiner Zelle eingesperrt war. Ich zog mir sogar eines dieser Feinripp-Unterhemden an und knotete es mir am Bauch zu einem Top zusammen.

Doch sobald ich hörte, dass das Abendessen ausgeteilt wurde, löste ich den Knoten wieder. Für viele Beamte war ich sowie-so nur der aufmüpfige Häftling, der sich nicht an Regeln hielt. Ich hatte mit meinen ständigen Disziplinarmaßnahmen dafür gesorgt, dass meine Zellentür verschlossen blieb, und inzwischen wusste es fast jeder Beamte: Man konnte mich mit Einschluss nicht bestrafen.

Einer jedoch.. ein einziger Beamter weigerte sich, mich weiterhin einzuschließen. Er war etwas älter, hieß Michalke. Mir waren die Namen der Beamten nie wirklich im Gedächtnis geblieben. Man sprach sie ohnehin nur mit „Sie“ an.

„Hören Sie mal, dies …“, „Könnten Sie mir bitte eine Kopfschmerztablette …“, „Darf ich ein paar Teebeutel …“, „Könnten Sie mir einen Antrag …“

Es war nicht wirklich eine Umgebung, in der es sich lohnte, sich

die Namen seiner Peiniger zu merken. Es machte keinen Sinn. Aber Michalke war anders. Ihn konnte ich mir merken. Er war älter, kurz vor der Rente, denke ich. Er war grimmig und immer unfreundlich. Er wurde auch mal laut, und ließ sich nichts gefallen. Er verteilte Einschluss und Disziplinarmaßnahmen bei jeder Gelegenheit, nur bei mir nicht.
Immer wieder, wenn er Dienst hatte, meine Zelle aufschloss und mir Christian meine sechs Scheiben Brot und Wurst für Abendessen und Frühstück reichte, lächelte er. Und ich sah in seinen Augen dieses Fragezeichen: Warum tut sich das jemand freiwillig an? Warum verzichtet jemand freiwillig auf seinen Aufschluss? Wie hält der das da drin aus, 24/7, und das nicht nur über Tage oder Wochen, sondern Monate?
Vielleicht erkannte er auch, dass in einer Welt voller Monster nicht jeder Schatten eine Gefahr ausstrahlt. Vielleicht erkannte er in mir, dass es Menschen gibt, die einfach keine Lust auf Gewalt haben, keine Lust auf Gruppenhetze gegen andere. Keine Lust auf irgendwas.

Jedenfalls, an diesem Samstag vor meiner Verhandlung war es wieder so weit: Die Disziplinarmaßnahme der Tage davor war beendet und Michalke hatte Dienst. Als er mir meine Zelle zur Freizeit aufsperrte, wieder mit diesem müden, aber freundlichen Lächeln in den Augen, bat ich ihn darum, mich eingesperrt zu lassen. Er schaute mich nur an und sagte einfach „Nein“.
So, wie man jemandem, der nach zwanzig Cent fragt, ein kaltes Nein gibt. „Aber ich hab …“, stotterte ich. „Mein Bett nicht gemacht, schauen Sie, es ist unordentlich, und ich hab auch den ganzen Tag darin geschlafen“,
versuchte ich mich zu rechtfertigen, um eine Disziplinarmaßnahme zu provozieren. Er schaute mich an, Carlo klopfte schon nervös an seiner Zellentür: „Haben Sie mich vergessen? Es ist Freizeit, ich will raus!“
Michalke rief gereizt zurück: „Ich komme.“ Dann sagte er zu mir in einem Ton, der keinen Widerspruch duldete: „Deine Zelle bleibt offen, du hast jetzt Freizeit.“
Im Flur standen schon andere Häftlinge, auch die aus der

Dreimannzelle. Sie standen in der Tür und schauten ungläubig zu. Michalke ging weiter, schloss Carlos Zelle auf und verschwand in sein Büro. „Dennis, is' ma schön, dich zu sehen“, sagte er noch, aber es prallte ab.
Ich ging zurück in meine Zelle, zog die Tür hinter mir zu, holte meinen Zellenschlüssel aus dem Schreibtischregal, den ich sowieso fast nie gebrauchte... und ging wieder raus. In den Flur.

*

Alle starrten mich an, als hätten sie die Jungfrau Maria per-sönlich gesehen.
Niemand sprach ein Wort.
Keine Beleidigung, kein dummer Spruch, nichts.

Ich weiß nicht warum, aber sie waren wohl überrascht, mich nach Wochen wieder auf dem Flur stehen zu sehen. Ich schloss meine Zelle hinter mir ab und ging zum Büro, in dem Michalke saß. Ich setzte eine ernste Miene auf, bat um Ein-tritt, und er deutete mir, reinzukommen.
Ich begann mit ihm zu diskutieren. Während andere Gefan-gene um Teebeutel baten, um Briefumschläge, um näher an der Situation zu sein, um zu lauschen, schrie Michalke sie alle weg.
Ich diskutierte mit ihm, als hätte man mir Unrecht getan, nur aus der Tatsache heraus, dass ich nicht bestraft wurde. Ich konnte es nicht fassen und war wütend. „Deine Zelle bleibt aufgeschlossen, basta!“ fauchte er, als plötzlich ein anderer Beamter hereinkam. Vielleicht war er aus der Wohngruppe unter uns, vielleicht aus WG1 oder WG3? Jedenfalls stand da ein neuer, jüngerer Beamter.
Einer mit Enthusiasmus, einer, der sich noch beweisen wollte. Ich nutzte die Chance. Er stand in der Tür, die er gerade hinter sich geschlossen hatte.
Ich sagte zu ihm: „Wissen Sie, ich bin gerade hergekommen, um zu gestehen.“ „Was denn gestehen?“, fragte er. „Ich hab den ganzen Nachmittag die Enten, die an meinem Fenster vorbeiliefen, mit Brot gefüttert.“
Und ich wusste, dass das verboten war, sowas von verboten.. Ich fuhr fort: „Dann hab ich meinen Hausschuh verloren, als ich

meine Beine durchs Gitter hielt und habe dann ein Unterhemd zerrissen und mir ein Pendel aus der Schnur zu bauen, um meinen Schuh wieder rauf zu angeln."
Der Beamte staunte. Das waren alles Verbote, die hart be-straft wurden. Nicht nur mit einem Tag Disziplinarmaß-nahme, sondern normalerweise mit mindestens einer Woche, wenn nicht sogar zwei.
Ich sah das Blitzen in den Augen des jungen Beamten. Michalke stand regungslos da. Es hatte ihm die Sprache verschlagen.
Aber was sollte er tun? Er musste handeln. Bei so einem Geständnis von Regelverstößen konnte er mich vor seinem jungen Kollegen nicht ungestraft lassen. Der neue Beamte fuhr fort: „Es ist schön, dass du das alles gesagt hast, aber dafür muss ich dir leider eine Disziplinarstrafe geben. Du hast gegen die Hausordnung verstoßen, Anstaltskleidung zerstört, gependelt, die Enten gefüttert. Zeig mir, wo deine Zelle ist, du hast erstmal Einschluss."

*

Von draußen, hinter der Bürotür, hörte ich sie lachen. Nicht schadenfroh über mich, sondern über den kleinen Sieg über Michalke. Mir tat er inzwischen ein wenig leid.
Ich wollte ihn nicht bloßstellen, nicht in Verlegenheit bringen. Ich wollte nur, dass meine Zellentür verschlossen war. Auch wenn die Gefangenen sie von außen ohnehin nicht hätten öffnen können, schon merkwürdig irgendwie, aber ich hatte dennoch Angst, solange die Tür nicht durch den dicken Beamtenschlüssel abgesperrt war.

Und so brachte mich der junge Beamte aus dem Büro zurück in meine Zelle. Einige der Gefangenen auf dem Weg dorthin lachten laut über Michalke, als ich aus dem Büro kam. Und dann stand da Carlo, klatschte, grinste mich an. Er wusste, dass ich in diesem Moment meinen eigenen kleinen Krieg gegen das System gewonnen hatte.
So absurd es klingt, aber so fühlte es sich an. Und als die kalte Zellentür hinter meinem Rücken mit einem dumpfen Knall zufiel,

sich der Schlüssel des Beamten herumdrehte und ich hörte, wie das Schloss einrastete, war ich glücklich. Ich war zufrieden. Ich war sicher.

*

An diesem Montagmorgen wurde ich, noch zufrieden von meinem kleinen Sieg gegen das System, gegen sieben Uhr aus meiner Zelle geholt und nach F5 in eine Schubzelle bei der Krankenstation gebracht. Ich bekam eine weiße Plastiktüte, ein so genanntes Lunchpaket. Darin lag ein kleines Tetrapak Eistee mit Strohhalm und zwei belegte Brote. Belegte Brote, wie ich sie schon im ‚Besonders gesicherten Haftraum‘ bekommen hatte.
Aber hier im Gefängnis ist ein belegtes Brot nicht einfach ein belegtes Brot. Wenn ich mir damals bei meinen Pflegeeltern nachts heimlich am Kühlschrank ein belegtes Brot gemacht hatte, dann sah das so aus: Eine Scheibe Brot, darauf eine dünne Schicht Butter, dann Salami, darauf Käse, zwei dünne Scheiben Salatgurke, zwei Spritzer Remoulade, ein Blatt Salat, schließlich der Deckel, manchmal sogar ein Radieschen oben drauf.
Das war meine Art, ein belegtes Brot zu machen. Und die belegten Brote hier?
Eine Scheibe altes, nach Schimmel schmeckendes Graubrot, darauf dick Margarine - aber ekelhaft ranzig schmeckende Margarine, als würden sie von den leeren Margarinepäckchen, die wir freitags leer gegen voll tauschten, die Reste herauskratzen und auf ihre Brote schmieren und dann diese zwischen ihren Arschbacken reiben. Bäh.
Darauf: undefinierbare Wurst, die nach Achselschweiß roch und auch nicht besser schmeckte. Dann wieder eine Scheibe nach Schimmel schmeckendes Graubrot als Deckel.
Das Ganze „appetitlich“ in Papier gewickelt. Das war deren Art, ein belegtes Brot zuzubereiten. Guten Appetit.
Man könnte meinen, dieses Lunchpaket sei nichts Besonderes gewesen - schon gar nicht bei dem Ekel, den es allein durch seinen Anblick und Geruch verbreitete. Aber nein, es bedeutete mir in diesem Moment die Welt. Es gab mir etwas zu tun, etwas zum Nachdenken.
Insgeheim war ich nervös, weil ich nicht wusste, was heute auf

mich zukommen würde, was der Tag bringen würde. Ich dachte an den Anwalt - meinen Anwalt, meinen Pflichtverteidiger, der mir gesagt hatte: „Wenn du alles zugibst…“
Ja, wenn ich alles zugebe. Ich werde alles zugeben. Und dann diese Angst: „Du bekommst mindestens drei oder vier Jahre, ohne Bewährung“, wie Christian, dieser hinterfotzige Haus-
arbeiter, mir am ersten Tag hier um die Ohren geknallt hatte, als er meine Anklageschriften gelesen hatte.
Ich saß also mit meinem Lunchpaket in dieser Schubzelle, drehte mir nervös Zigaretten mit dem Tabak, den ich dabei hatte. Ich blickte rauchend immer wieder auf die grauen Wände um mich herum.
Die Zeit zog sich. Ich nahm einen Bissen von dem Brot, kaute, obwohl mir der Geschmack Übelkeit bereitete. Es war weniger Nahrung als eine Beschäftigung, ein Versuch, die Minuten zu füllen, nicht völlig in Gedanken zu versinken.
Meine Knie wippten, die Finger trommelten nervös auf meinen Oberschenkeln. Immer wieder dachte ich daran, was gleich passieren würde. Was der Richter sagen würde, und ob der Pflichtverteidiger wirklich sein Bestes geben würde, oder ob das hier längst entschieden war.
Der Eistee schmeckte erfrischend, aber das Brot wurde mit jedem Bissen schwerer. Ich lehnte den Kopf an die kalte Wand, schloss kurz die Augen, hörte die Schritte draußen im Gang, das Klirren von Schlüsseln, das Rufen der Beamten. Ich wusste, irgendwann würden sie auch zu mir kommen, mich rausholen, mich vorführen.
Die Ungewissheit nagte an mir, während ich kaute, schluckte, trank, wieder kaute. Ich hielt mich an diesem Lunchpaket fest wie an einem Anker.

*

Dann ging meine Zelle auf. Zwei Beamte standen in der Tür. Einer davon sah aus wie ein Bodybuilder - klein, Glatze, brutal, aber mit diesem rechtschaffenen Blick, den man viel-leicht eher bei einem Anwalt als bei einem Justizbeamten vermuten würde.
Er war mindestens so breit wie hoch, aber kein Gramm Fett, pure Muskeln. Ich hatte schon mal von ihm gehört.
Er hatte Nachtdienst gehabt, und als Carlo und ich abends an

unseren Fenstern standen, rauchten und redeten, sahen wir ihn draußen am Zaun, wie er mit einem anderen Beamten sei-nen Rundgang machte. Das war irgendwann im Februar, als es noch kalt war. Carlo sagte mir: „Siehst du den da hinten? Der war mal auf'nem Titelblatt von so 'nem Muskelmagazin."
Okay, dachte ich mir damals noch, nicht ahnend, was in den kommenden Monaten noch auf mich zukommen würde. Und jetzt stand er da. Vor mir. Mit einem Bündel Fesseln in der Hand. Neben ihm ein weiterer muskulöser Beamter, so ein sportlicher Typ, braune Haare, Mitte vierzig, der eher wie der kleine Bruder wirkte, der es nie ganz an den Erfolg des großen herangeschafft hatte. Ich kannte die Prozedur von Handschellen anziehen schon. Doch diesmal war es anders. Erst kamen Handschellen, dann Fußfesseln. Und dann noch einmal Fesseln, die die Handfesseln mit den Fußfesseln verbanden.
Sie waren mächtig schwer. „Muss das sein?" fragte ich vorsichtig. Ein kühles, knappes „Ja, das muss sein" vom Muskelprotz war die einzige Antwort.
Sie durchsuchten mich. Ich hatte mir in der Schubzelle ein paar Zigaretten vorgedreht und eingesteckt, samt Feuerzeug. Ich durfte es tatsächlich behalten. Sonst hatte ich nichts in meiner Jogginghose. Wir gingen zum Ausgang von F5, wo ein grüner VW-Bus stand, mit der Aufschrift „Justiz" und dem Landeswappen von Rheinland-Pfalz.

*

Die Scheiben verdunkelt, aber trotzdem konnte man von außen erkennen, dass innen alles vergittert war. Der Wagen lag schwer auf den Achsen. Man führte mich durch die Seitentür hinein. Drinnen war nicht nur Gitter, wie ich angenommen hatte, sondern ein Käfig. Ein Käfig mit Tür, ähnlich wie die Boxen, in die man Hunde sperrt, wenn man sie im Auto mitnimmt.
Ich kannte sowas noch von früher, als ich mit meinem Vater zum Hundeplatz gefahren bin. Manche hatten so etwas im Kofferraum. Und jetzt, Jahre später, saß ich selbst in einem. Mein Käfig war etwas größer, bot aber gerade genug Platz, dass er den Sitz, diese harte Plastikschale, auf der ich saß, umschloss.
Bewegen konnte man sich darin nicht. Ich wurde angeschnallt,

bevor die Käfigtür zuknallte und abgeschlossen wurde. Zwischen meinem Käfig und dem Fahrerbereich vorne war ebenfalls noch einmal Gitter, und an den Fenstern selbst – nur Fahrer, Beifahrer und Windschutzscheibe waren frei.
Ich war beeindruckt, aber fragte mich gleichzeitig, ob das alles wirklich nötig war. Ich fühlte mich wie Staatsfeind Nummer eins, versuchte im Kopf meine Taten abzuwägen, um irgendeinen Sinn zu finden, der solche Maßnahmen rechtfertigen würde.
Aber ich fand keinen. Ich wusste, meine Taten waren falsch, ich wusste, ich würde dafür bestraft werden, und ich wusste, dass ich die Strafe verdient hatte.
Also, die Strafe selbst, nicht die Schläge, Demütigungen, Morddrohungen, aber das Eingesperrtsein, ja, das verstand ich. Was ich nicht verstand, war, warum ich hier saß wie Osama bin Laden. Ich dachte, selbst der würde wohl weniger gesichert transportiert werden, würde man ihn zum Gericht fahren.
Ich verlor mich in Gedanken und bemerkte kaum, dass wir schon losgefahren waren. Dann war ich wieder da - an der Schleuse. Die große Schleuse. Ich selbst war ja nur durch die kleine Tür daneben hereingekommen, und jetzt saß ich in einem Auto mitten in der Schleuse.
Das Tor hinter mir schloss sich. Es wurde dunkel. Das Tor vor mir war noch zu. Ich bemerkte Spiegel überall, viele Spiegel und Kameras. Nachdem ein Beamter der Schleuse irgendwelche Papiere vom Muskelprotz, der jetzt Beifahrer war, gezeigt bekam, ging es weiter, und das Tor vor uns öffnete sich.
Zum ersten Mal sah ich die Freiheit wieder. Obwohl mir am Anfang alles so grau und trist vorgekommen war, als die Polizisten Weber und Metz mich hergebracht hatten und sich seither nichts verändert hatte, nahm ich jetzt Farben wahr,
Farben, die mir davor gar nicht aufgefallen waren, als ich vor der Tür noch meine letzte Zigarette in Freiheit geraucht hatte. In mir war jede Angst verflogen, und ich klammerte mich in meiner Ungewissheit an das Vertrauen zu meinem Anwalt – den ich nicht öfter als drei- oder viermal überhaupt gesehen hatte, und dessen Namen ich ständig vergaß. Aber ich hielt mich an seinen Worten fest: ‚Wenn du alles zugibst, kommst du raus.‘

Das war der Moment, in dem ich mich in meinem Käfig entspannen konnte. Auf der ganzen Fahrt - die Autos auf der Autobahn, die komischen Blicke der Autofahrer, wenn sie diesen Bus sahen, ja sogar einige Mittelfinger in unsere Richtung, obwohl sie mich nicht einmal sehen konnten - ich genoss es.

*

Ich hatte zum ersten Mal eine Art inneren Frieden, seit ich im Knast war. Ich freute mich darauf, meine Pflegeeltern zu sehen, sollte ich wirklich freikommen. Sie hatten ja gesagt, sie würden mich wieder aufnehmen. Und ich nahm mir fest vor, nichts mehr zu machen. Keine Straftat, kein gar nichts.
Ich würde zur Schule gehen, mein Zimmer aufräumen, Hausaufgaben machen, nicht mehr saufen, Langfinger Joe den Rücken kehren. Ich würde einfach versuchen, mich von allem fernzuhalten. Ich nahm mir das ganz fest vor...

In Landstuhl angekommen. Die Stadt kam mir seltsam unbekannt vor. Wir fuhren von der Autobahn ab, vorbei am McDonald's. Wie sehr ich jetzt einen Cheeseburger essen könnte, dachte ich.
Dann über die Eisenbahnbrücke, unter der ich ein paar Mal geschlafen hatte, zusammen mit einem obdachlosen Mann, Ali, der sich darunter aus Sperrmüll und gefundenen Dingen eine Art Haus gebaut hatte. Wenn ich irgendwo eingebrochen war und Langfinger Joe mich nicht bei sich schlafen ließ, kam ich hierher, gab ihm das ganze Kleingeld, und er freute sich jedes Mal darüber. Er war so dankbar, dass er sich immer wieder freute, wenn wir uns sahen - zufällig in der Stadt, oder wenn ich wieder nicht wusste, wohin.
Ich schlief nicht in seiner Hütte, ich schlief davor, auf dem nackten Boden, während Züge an mir vorbeirasten, bei Wind und Kälte, aber Ali kümmerte sich um mich, gab mir Decken, wenn es kalt war, gab mir eine große blaue Plastikplane, wenn es regnete.
Es war, als wären wir so etwas wie eine zweckgebundene Gemeinschaft geworden. Ich erzählte nie jemandem von ihm, aber manchmal, wenn ich mit Johannes durch die Stadt lief und ich ihn sah, grüßte ich ihn, nickte oder winkte ihm heimlich, sodass Johannes es nicht mitbekam, und ging dann weiter.

Ich spuckte den Gedanken innerlich aus.
Fick dich, fick dein „wie im Heim".
Im Heim gab es Schläge. Ja.
Im Heim gab es Einsamkeit...
Aber das hier... das war was anderes.
Das hier war kalt organisiert.
Hier hatte alles System.
Hier war die Grausamkeit nicht willkürlich,
sie war geplant.
Sie war Architektur. Sie war Routine.
Hier ist es nicht wie im Heim. Hier ist die Hölle.
Und ich war mittendrin.

Wir fuhren auf die Kaiserstraße, am Rathaus entlang, in das ich mit Johannes eingebrochen war. Mir fiel sofort auf, dass am Eingang vorne nun ein rotes Licht prangerte - so eine Alarmanlage, ein Blinklicht mit Sirene daran.
Ich wusste, dass es wegen uns war, wegen unserer Einbrüche darin. Und kurz hinter dem Rathaus, gegenüber dem Ärztehaus, neben der Bücherei, in denen wir ebenfalls drin waren: … das Amtsgericht.
Ich wurde wehmütig, als mir klar wurde, wo wir überall eingebrochen waren. Es schien mir, als wären wir schon in der halben Stadt eingebrochen, und mir wurde damit klar, dass dieser Bus, diese Fesseln, dass das alles wohl doch nicht ohne Grund war.
Wir fuhren auf die Rückseite des Gebäudes, da, wo mich Weber und Metz auch ausgeladen und dem Haftrichter vorgeführt hatten, damals weniger gefesselt, aber nicht weniger bewacht.

Der Wagen stoppte dicht am Hintereingang, und als der Muskelmann die Seitentür des Wagens öffnete, das Metallschloss meines Käfigs klackte und er mich herauszog, als wäre ich nur ein dünner Hauch Luft, stand ich da und atmete die frische Luft ein.
Zu meinen Hand- und Fußfesseln und der Fessel, die beides miteinander verband, bekam ich nun auch noch eine zusätzliche Fessel an meinen Arm, das andere Ende in der Hand des Beamten.
„Mach bloß keine Dummheiten“, murmelte er und schaute mich mit bösem Blick an. Wehmütig und nervös, unter der Angst, nicht zu wissen, was da auf mich zukam, sagte ich ihm leise: „Ich werde nichts machen.“
Sie klingelten am Hintereingang, schauten in die kleine Kamera, die sich oben drüber befand, und wir betraten das Gebäude als ein schwaches Summen die Tür freigab und gingen einige Treppen hoch hinauf zum Pförtner.
Auch der bekam Papiere. Er sah die Beamten freundlich an und sagte ihnen, dass die Verhandlung im ersten Stock stattfinde, dass der Gerichtssaal sich dort befindet. Mich sah er verachtend und herabwürdigend an.
Ich sagte „Guten Morgen“, bekam aber nicht mal eine Antwort. Dann ging es weiter in den ersten Stock. Ich sah an offenen Türen

Büros, wo Sekretärinnen saßen. Im Flur oben, wo wohl mehrere Gerichtssäle waren, hielten sich Menschen auf, vielleicht Zeugen. Vielleicht sogar Zeugen gegen mich selbst, und warteten darauf, dass sie aufgerufen werden.
Ich sah die Anspannung in ihren Augen, als sie mich sahen, bewacht von zwei muskelbepackten Beamten und all den Fesseln. Aber wir gingen an ihnen vorbei, bogen in einen schmalen Gang ab ‚Wartezelle'. Da stand es an der Wand. Und diese Tür war nicht wie die anderen hier im Gebäude, es war eine richtige Zellentür, sogar mit dieser typischen Futterluke, wie ich sie ja inzwischen nur zu gut kannte. Der Beamte von der Pforte kam herauf, als wir davor warteten. Die zwei Muskelprotze, die mich begleiteten, wurden schon ungeduldig. Der Justizbeamte des Gerichts schloss die Zelle auf. Als mir die ganzen Fesseln abgenommen wurden, sagte der Muskelprotz: „Hier musst du warten, wir holen dich, wenn du dran bist." Ich nickte.
„Wo ist dein Lunchpaket?" fragte er noch. „Hast du das vergessen?" Ich sagte: „Nein, ich hab das schon in F5 gegessen, aus Nervosität."
Er zuckte mit den Schultern, sagte: „Selbst dran schuld, das hier kann dauern" und die Tür fiel zu.

*

Die Wartezelle selbst war groß, hell. Es war auch hier eine Sitzbank aus Metall, aber auch sie war festgeschraubt.
Insgesamt wirkte der Raum kalt und trostlos. Gestrichen in einer mattgelben Farbe. Dieser Raum hatte ein Fenster, auf das ich in den Hinterhof auf den Parkplatz schauen konnte, und ankommende oder wegfahrende Autos sah.
Auch hier waren Gitter. Die waren nicht so massiv wie die Gitter in den Zellen von Schifferstadt, aber massiv genug, sie nicht durchbrechen und einfach abhauen zu können. Ich bemerkte, dass es in diesem Raum einen Aschenbecher gab und erinnerte mich daran, dass mir Zigaretten und Feuerzeug nicht abgenommen worden waren.

Ich setzte mich hin, nahm eine der selbstgedrehten Zigaretten aus der Tasche, die schon richtig verknickt war und aus der der Tabak

vorne herausfiel, und zündete sie an.
Danach lief ich im Kreis, blieb immer wieder am Fenster stehen, ging wieder einige Runden. Irgendwann klopfte ich an die Tür, bat um Wasser und bekam von einem anderen Beamten dieses Gebäudes selbst einen Pappbecher mit Wasser überreicht.
Nicht freundlich, eher gleichgültig. Ich spürte, wie mir die Spucke immer mehr wegblieb und mein Herzschlag immer intensiver wurde. Auch hier zog sie sich hin, diese verfluchte Zeit. Irgendwann, eine gefühlte halbe Ewigkeit später, wurde die Zellentür aufgeschlossen.
Mein Anwalt trat ein. Mein Pflichtverteidiger. Er setzte sich neben mich, nickte mir zu, wünschte mir einen guten Morgen. Dann redete er ruhig, sachlich: Ich habe eben noch einmal mit dem Richter gesprochen. Die Absprache, von der ich dir in Schifferstadt erzählt habe, die steht.
Du wirst heute frei sein, wenn du, wie besprochen, die Taten zugibst.

*

In diesem Moment riss etwas in mir auf, wie ein Lichtschacht nach oben. Ich war so erleichtert, so froh, ich konnte gar nicht anders, als mich tausend Mal bei ihm zu bedanken. Er lächelte nur, klopfte an die Zellentür und sagte beim Hinausgehen: Du wirst gleich geholt. Keine Zigarettenlänge später, ich konnte nicht mal zu Ende rauchen, ging die Tür wieder auf. Handschellen klickten, ich wurde hinausgeführt. Draußen standen Stühle, wie in einem Wartezimmer beim Arzt. Über der Tür hing eine Lampe, darauf in großen Buchstaben: NICHT ÖFFENTLICH. Neben der Tür ein Metallkasten, wie vor einem Biergarten. Aber kein Bier, keine Speisekarte, nur Namen und Uhrzeiten der heutigen Gerichtsverhandlungen. Ich saß vielleicht eineinhalb Meter entfernt, konnte das Fettgedruckte gerade so lesen. Ja, mein Name stand dort. Alles andere verschwamm.
Dann kam sie. Eine Frau ganz in Schwarz. Ihr Blick traf mich wie ein Peitschenhieb, kalt, verächtlich, ein Hauch von Genugtuung in ihrem Mundwinkel. „Ich bin vom Jugendamt," sagte sie, die Stimme scharf wie ein Messer.
„Wenn es nach mir ginge, würdest du im Knast verrotten."

Ich starrte sie an, kleinlaut, erstarrt. „Was ihr damals gemacht habt. Auf dem Bauernhof. Mit dem Hochdruckreiniger.“
Ihre Stimme war wie Gift, das langsam in meine Adern kroch.

Ich wusste nicht, was sie meinte, wollte gerade den Kopf schütteln, als es mir wieder einfiel. Damals. Heim. David. Der Hof bei Welschbillig, hinterm Helenenberg. Der Hochdruckreiniger, der Unsinn. Und dann, das Gerücht. Dass wir ein Schwein damit aufgepumpt hätten, bis es platzte.
Und sie meinte das wirklich? Das? Ich?
Mit 11 oder 12 Jahren ?
Mir wurde schlagartig übel. Schon der Gedanke daran war absurd. Als ob ein Schwein stillhalten würde. Als ob das überhaupt möglich wäre.
Warum gab es dann keine Anzeige, keine Ermittlungen, keine Zeugen? Weil es nie passiert war. Weil ich diese erfunden Story damals in die Welt gesetzt hatte. Weil ich wollte, dass man mich in Ruhe lässt. eil ich wollte, dass die anderen Kinder Angst haben und mich nicht mehr schlagen. Ich hatte nie gedacht, dass ausgerechnet dieses Märchen den Weg in eine Akte findet, während all das, was mir angetan wurde, die Schläge, die Qualen, die Misshandlungen, unsichtbar blieb.
Und jetzt stand sie da. Diese Frau, diese Amtshexe. Kein Interesse an der Wahrheit. Nur daran, sich zu erhöhen, zu richten, zu verachten.
„Das ist niemals passiert“ begann ich leise. „Das war nur ein Gerücht, ich....“
„Lüg doch nicht", schnitt sie mir das Wort ab. „Du bist krank. Verdorben. Ein Monster".
Mit jedem Versuch, mich zu erklären, wurde ihre Stimme lauter. Als würde sie wollen, dass der Richter selbst ihre sinnlosen Worte hört, und seine Entscheidung, mich auf Bewährung rauszulassen, doch noch einmal überdenkt. Kein Respekt. Kein Zuhören. Kein Funken Anstand. Ihr eigenes Urteil war längst gefallen, als sie deses Gerücht in irgendwelchen Akten las. Ein Gerücht. Was sie selbst aber falsch gemacht, übersehen, oder sogar bewusst gedeckt hatten, spielte keine Rolle. Ich hörte auf zu reden.

Ließ sie ihr Gift über mich schütten, hörte weg, spürte, wie mein Inneres verhärtete. Ich sah sie noch, wie sie im Gerichtssaal verschwand.
Der Beamte, welcher die ganze Zeit neben mir stand, und auf mich aufpasste, schwieg. Aber auch in seinem Blick sah ich wie unlogisch er es empfand, dass ein 12 Jahre altes Kind ein ausgewachsenes Schwein mit einem Hochdruckreiniger zum Platzen bringt. Ich war sauer.

*

Als schließlich mein Name aufgerufen wurde, begleitete mich der Beamte in den Gerichtssaal. Drinnen sah ich meine Pflegeeltern auf den Zuschauerplätzen sitzen. Meine Pflegemutter freute sich, als sie mich sah - ich fragte mich, wie lange sie wohl schon gewartet hatten.
Doch kaum erblickte sie mich in Handschellen, begann sie erneut zu weinen. Ich wurde zu einem Tisch auf der rechten Seite des Saals geführt. Neben mir saß mein Anwalt in schwarzer Robe. Gegenüber, auf der anderen Seite des Raumes, ebenfalls ein Mann in schwarzer Robe. Mein Anwalt erklärte mir, dass es der Staatsanwalt sei.
Daneben saß diese bösartige Frau, die mir noch im Flur hatte klarmachen wollen, dass mein schäbiges Leben nichts wert sei. Eine wahre Hexe, dachte ich.
Und sie vertritt das Jugendamt? Eine Institution, die eigentlich Jugendlichen helfen sollte? Ich konnte mir nicht vorstellen, wie so ein Mensch für so eine Aufgabe geeignet sein konnte. Aber genau wegen Leuten wie ihr landen Menschen wie ich genau da, wo ich jetzt bin: auf der Anklagebank.
Ich möchte meine Taten nicht entschuldigen. Ich weiß, dass ich aus freiem Willen gehandelt habe. Niemand hat mich gezwungen, einzubrechen oder zu stehlen. Aber das alles wäre nie passiert, hätte sie ihre Arbeit gemacht, hätte sie dafür gesorgt, dass man als der Schwächste im Heim Schutz bekommt. Dass man nicht unter 16- und 17-Jährigen leidet, geschlagen und gequält wird.
Dass man als zwölfjähriges Kind keine Knochenbrüche und ständig neue blaue Flecken davonträgt. Das war ihr Versagen, nicht meins. Aber sie sah nur die Fehler anderer.

Und sie stürzte sich darauf wie eine tollwütige Hyäne.

Der Richtertisch war noch leer. Hinten, bei meinen Pflegeeltern, saß noch ein anderer Mann, den ich nicht kannte.
Schließlich kam der Richter herein. Aber nicht nur er. Mit ihm auch einige Schöffen, wie mein Anwalt mir erklärte, und eine Frau, die an ihrem Computer alles protokollierte.
„Ich eröffne die Hauptverhandlung gegen Dennis Aaron Braunschweiger“ sagte der Vorsitzende Richter Pock mit ruhiger, gefasster Stimme. Seine Augen huschten über das Blatt vor ihm.
„Geboren am 8. Februar 1990 in Kaiserslautern, derzeit wohnhaft in der Jugendstrafanstalt Schifferstadt, Untersuchungshaft seit 25.01.2006.“

Ich spürte, wie mein Herz schneller schlug. Die nüchterne Art, in der er diese Daten verlas, ließ mein Leben klingen wie eine Statistik. Nichts Persönliches, nichts Menschliches, nur Fakten auf Papier.
„Anwesend sind der Pflichtverteidiger des Angeklagten, Herr Rechtsanwalt Tobias Merten, der Vertreter der Staatsanwaltschaft, Herr Dr. Henrik Voss, sowie Frau Judith Seidel von der Jugendgerichtshilfe.“ Er hob kurz den Blick und fuhr dann fort: „Ebenfalls anwesend: die Pflegeeltern des Angeklagten, Herr und Frau Arndt, sowie Herr Markus Kehl von der Jugendhilfeeinrichtung in Oberelz.“

Der Richter räusperte sich leicht. „Da es sich um ein Verfahren nach dem Jugendgerichtsgesetz handelt und der Angeklagte zum Tatzeitpunkt noch nicht volljährig war, ist die Öffentlichkeit von der Verhandlung ausgeschlossen.“
Ich hörte, wie meine Pflegemutter leise die Luft einzog. Mein Blick blieb auf den Tisch vor mir gerichtet. Ich wollte niemandem in die Augen sehen, und schon gar nicht dieser bösen Hexe vom Jugendamt.
Richter Pock sah nun direkt zu mir. Seine Stimme war ruhig und sachlich. Weder hart noch freundlich, einfach kontrolliert.
„Herr Braunschweiger, ich möchte Sie fragen, ob wir, mit

Zustimmung aller Beteiligten, auf die förmliche Verlesung der Anklageschrift verzichten können. Die Vorwürfe sind dem Gericht, der Staatsanwaltschaft und der Verteidigung bekannt. Eine Verlesung würde die Hauptverhandlung unnötig in die Länge ziehen. Stimmen Sie dem zu?"
Es fühlte sich an, als würde mir jemand die Kehle zuschnüren. Die Augen im Raum - alle auf mir. Ich zögerte, spürte, wie mir die Scham in den Nacken kroch. Dann nickte ich leicht und sagte leise: „Ja."
„Gut", sagte Richter Pock und machte sich eine Notiz.

Die Verhandlung begann...

„Frau Seidel, Sie sind bei der Jugendgerichtshilfe Kaiserslautern tätig", sagte Richter Pock und sah zur linken Seite des Saals. „Bitte schildern Sie dem Gericht Ihre Einschätzung des Angeklagten und seines bisherigen Entwicklungsverlaufs."
Sie stand langsam auf, zog ihre Jacke glatt, als würde sie sich für ein Bewerbungsgespräch vorbereiten. Ihre Stimme klang neutral, routiniert, wohl wie immer, wenn es nicht um sie ging.
„Dennis Braunschweiger ist dem Jugendamt seit seinem sechsten Lebensmonat bekannt. Er wurde früh in Pflege gegeben, aber nie adoptiert. Die Aktenlage ist entsprechend umfangreich."
Ich spürte, wie mein Kiefer sich spannte. Als würde sie über ein altes Möbelstück sprechen.
„In seiner Kindheit und Jugend gab es mehrere Heimunterbringungen, zuletzt in der Einrichtung Don Bosco Helenenberg bei Trier, in einer intensivpädagogisch geführten Außenwohngruppe in Welschbillig. Auch dort gestaltete sich der Verlauf zunehmend problematisch. Es kam zu wiederholten, teils mehrtägigen Abgängen. Nach dem letzten längeren Fernbleiben wurde der Jugendliche schließlich aus der Einrichtung ausgeschlossen."
Bei diesen Worten hob ich langsam den Kopf. Mein Blick brannte sich durch sie hindurch. Sie redete, als hätte ich einfach keinen Bock gehabt. Als wär ich zu bequem gewesen, in dieser angeblichen Betreuung zu bleiben.
„Aus Sicht der Jugendgerichtshilfe", fuhr sie fort, „zeigt sich bei

Herrn Braunschweiger eine deutliche Verfestigung von delinquentem Verhalten, gepaart mit massiver Impulskontrollstörung und fehlender Einsicht. Erziehungsmaßnahmen wurden in der Vergangenheit in verschiedensten Kontexten versucht, aber leider ohne nachhaltigen Erfolg.“
Mir wurde heiß. Meine Fingernägel bohrten sich in meine Handfläche unter dem Tisch. Es war, als würde ich platzen. Diese Frau stand da und redete über mich wie über einen Systemfehler. Als hätte ich mir das alles ausgesucht. Als wäre ich der, der versagt hatte..
Vor meinem inneren Auge tauchten sie dann wieder auf. Die Gesichter, die mich im Heim begleitet hatten...
Richard, der mich immer wieder schlug, weil er dachte, ich sei schwul. Es war nicht nur ein Schlag. Es waren hunderte, die mich immer wieder trafen, wie ein unaufhörlicher Strom. Und die anderen, die nur zuschauten, weil er es so wollte. Die mich ab da nur noch "Schwuchtel" nannten. Jerome, der mich wie ein Stück Dreck durch die Luft warf, als wäre ich nichts.
Er schlug mich so hart gegen Dome, dass ich hörte, wie es in meinen Knochen krachte, und meine Hand zerbrach, und der Schmerz, der alles andere übertönte.
Und dann Michael, der in seinem Wahn immer wieder Deo und Haarspray auf meinen Unterarm sprühte, auf genau eine Hautstelle, bis meine Haut blau wurde. Ich fühlte die Kälte, als es immer weiter brannte... und sich meine Haut zu schälen begann wie Papier, während ich wie ein stummer Beobachter daneben stand, unfähig, etwas zu tun.
Dann Niklas, der mitten im Flur heftig auf mich einprügelte, während ich versuchte, mit meiner Pflegemutter zu telefonieren. Alles nur, weil ich ihm ein Päckchen Zucker gestohlen hatte. Ein einfaches kleines Tütchen Zucker, das er als Anlass nahm, mich zu schlagen, als wäre es das Schlimmste, was man tun konnte. Die Schmerzen brannten nicht nur körperlich. Die Demütigung brannte tiefer, viel tiefer, während meine Pflegemutter am anderen Ende der Leitung am Telefon alles live mithörte.
Und dann war da Mühlkorb... Der Betreuer. Derjenige, der eigentlich dafür da war, uns zu schützen. Doch er schmiss mich

quer durch mein Zimmer, als ich es wagte, ihm Widerworte zu geben...
Ich war der Schwule. Der Schwächste. Die Zielscheibe. Im Sportunterricht wurde ich mit Fußbällen so hart beschossen, dass mir die Luft wegblieb, ich zu Boden ging, und dachte, meine Lunge wäre geplatzt...
Und Frau Hack? Die andere Betreuerin dieser „intensivpädagogischen" Einrichtung?? Die sah einfach weg. Nannte es einen „Sportunfall."
.Keiner griff ein. Nie.
Und dann steht da diese Frau, die all das hätte wissen müssen, die hätte hinschauen sollen, und erklärt kalt und seelenlos, dass ich „nicht erziehbar" sei.
Ich schluckte die Wut runter. Schwer. Laut. Mein Blick war auf den Tisch gerichtet, aber innerlich schrie ich. Nicht erziehbar?! Ich war erziehbar gewesen. Ich habe geschrieen, gebettelt, geweint. Man hat mich einfach nur nie gehört, weil das Wegsehen einfacher war!

Richter Pock nickte leicht. „Danke, Frau Seidel. Herr Merten – möchten Sie dazu Stellung nehmen?"
Mein Anwalt erhob sich ruhig, kontrolliert.
„Ja, Herr Vorsitzender. Ich werde mich im weiteren Verlauf noch ausführlicher äußern. Vorab möchte ich allerdings betonen, dass mein Mandant mehrfach versucht hat, innerhalb der Einrichtung mit Betreuern über körperliche Misshandlungen zu sprechen. Er hat deutlich gemacht, dass er geschlagen wurde, dass es Übergriffe durch andere Jugendliche gab, und dass diese nicht nur geduldet, sondern in Teilen von einzelnen Betreuern sogar geduldet oder gar aktiv ausgeübt wurden. Hinzu kommt, dass seine Pflegeeltern mehrfach sichtbare Spuren dieser Misshandlungen festgestellt haben und bereit sind, das vor Gericht zu bezeugen."
Frau Seidel verzog kaum das Gesicht. Vielleicht zuckte ihr Auge, vielleicht auch nicht. Aber in mir brannte alles. Das war der Moment, in dem ich begriff: Sie hatten mich längst abgeschrieben. Lange bevor ich überhaupt hier saß.
Dann stellte Richter Pock mir Fragen. Nicht viele, dafür aber eindringliche.

Ob ich die Taten bereue. Ob ich wisse, wie oft ich andere verletzt habe, nicht nur durch das, was ich getan, sondern auch durch das, was ich nicht getan habe. Ich antwortete, so gut ich konnte.

Ich sagte ja, dass ich bereue. Dass ich weiß, dass das, was ich getan habe, falsch war. Dass ich niemandem die Schuld daran geben will. Auch wenn es vieles gab, was falsch gelaufen ist, waren es am Ende meine Entscheidungen. Ich wollte ehrlich sein.
Er fragte nach den Einrichtungen, nach Don Bosco in Trier, nach den Abgängen, nach den Heimaufenthalten, und ich spürte, wie mir dabei der Hals trocken wurde. Ich versuchte, ruhig zu bleiben. Ich erklärte, dass ich nicht mehr zurückging, weil ich einfach nicht mehr konnte. Weil ich dort nicht überleben konnte, ohne kaputtzugehen.
Er fragte nicht weiter nach. Vielleicht hatte er verstanden. Vielleicht hatte er längst aufgegeben, nach mehr zu suchen.

Dann war Pause.

Der Sitzungssaal leerte sich, der Richter und die Schöffen zogen sich zurück. Ich blieb sitzen. In Handschellen. Auf dem Stuhl, der plötzlich größer wirkte als ich selbst. Mein Anwalt, Herr Merten, lehnte sich zu mir rüber. Sprach leise, fast vorsichtig.
„Es sieht nicht schlecht aus. Der Staatsanwalt bleibt bei Bewährung. Und die Jugendgerichtshilfe kann dir zwar keine zweite Chance aufzwingen, aber sie wird eine anbieten. Du hast noch Optionen. Du hast nicht alles verloren.“

Ich nickte, aber glaubte ihm nicht. Oder nicht ganz. Zu oft hatte ich Sätze gehört wie diesen, und war danach trotzdem gefallen. Ich sah meine Pflegeeltern, hinten in der Bank. Meine Pflegemutter hatte die Hände gefaltet. Mein Pflegevater starrte auf den Boden.
Irgendwann öffnete sich die Tür. Richter Pock trat wieder ein, die Schöffen hinter ihm.
Alle setzten sich. Niemand sagte etwas. Doch man spürte, dass es jetzt ernst wurde. Das letzte Stück Weg, bevor das Urteil gesprochen würde, und plötzlich ging alles sehr schnell.

Richter Pock ließ den Blick noch einmal durch den Saal schweifen, dann senkte er ihn auf die Unterlagen vor sich. Es wirkte, als wolle er den Rest jetzt schlicht und sachlich abhandeln. Mein Anwalt beugte sich leicht zu mir und flüsterte: „Jetzt aufstehen."
Ich stand auf, etwas steif, unsicher. Im selben Moment erhoben sich auch alle anderen im Saal.

„Im Namen des Volkes ergeht folgendes Urteil: Der Angeklagte Dennis Aaron Braunschweiger, geboren am 8. Februar 1990 in Kaiserslautern, wird wegen Einbruchs und Diebstahls in mehreren Fällen, teilweise in besonders schweren Fällen, teilweise in Tateinheit mit Hausfriedensbruch und Sachbeschädigung, zu einer Jugendstrafe von zwei Jahren verurteilt. Die Vollstreckung der Jugendstrafe wird zur Bewährung ausgesetzt, die Bewährungszeit wird auf drei Jahre festgesetzt."
Er sprach ruhig, aber bestimmt weiter:
„Auflage ist die sofortige Aufnahme in die intensivpädagogische Betreuung der Jugendhilfeeinrichtung in Oberelz, unter enger Begleitung durch die Jugendgerichtshilfe. Darüber hinaus wird der seit dem 25. Januar 2006 gegen den Angeklagten bestehende Haftbefehl mit sofortiger Wirkung aufgehoben."

Ein kurzer Moment der Stille.. Dann fuhr er fort, diesmal mit mehr Nachdruck:„Die bisherige Pflegestelle in der Pflegefamilie wird aufgehoben, da der Jugendliche sich den erzieherischen Maßnahmen wiederholt widersetzt hat und eine Rückführung in das familiäre Umfeld daher nicht mehr in Frage kommt."
Ich spürte, wie Frau Seidel sich neben dem Staatsanwalt leicht aufrichtete. Man sah ihr an, dass sie mich lieber für Jahre im Knast gesehen hätte. Sie konnte sich nicht zusammenreißen. Ihr Blick traf mich mit dieser kalten Mischung aus Abscheu und Enttäuschung – als hätte ich ihr persönlich das Leben versaut.

*

Der Richter schloss die Akte. Kein Hammer, kein symbolischer Knall. Nur das Klicken der Scharniere. „Die Sitzung ist damit geschlossen."
Der Justizbeamte trat hinter mich, nahm mir die Handschellen ab.

Ich rieb mir die Handgelenke. Kein Stahl mehr. Keine Kette.

Ich durfte mich noch von meinen Pflegeeltern verabschieden. Sie standen schon bereit. Meine Pflegemutter hielt eine große schwarze Reisetasche in den Händen. Sie hatten sie gepackt – schon bevor das Urteil gesprochen war.
Sie wussten, dass ich nicht mehr zu ihnen zurückkonnte. Und trotzdem hatten sie an mich gedacht. In der Tasche waren frische Klamotten, Duschgel, ein paar Snacks.
Und mein alter CD-Player. „Ich hab auch noch die alten Eminem-CDs gefunden“, sagte sie, „ich weiß doch, dass du sie magst.“ Ich konnte nichts sagen.
Nicht mal nicken. Ich war einfach nur überwältigt. Nach allem. Sie waren immer noch da. Wir versprachen, zu telefonieren. Sie sagten, sie würden mich besuchen, sobald es ging.
Dann trat er zu mir. Der Typ, der die ganze Verhandlung lang still im Zuschauerbereich gesessen hatte. Jetzt stellte er sich als Markus vor, Betreuer der neuen Wohngruppe in Oberelz. Groß, kräftig, ordentlich gekleidet. Seine Stimme war ruhig, nicht herablassend. Fast freundlich. Aber ich konnte nicht anders - irgendwas in mir blieb kalt. Ich hatte das Vertrauen in Männer, die sagen „Ich will dir helfen,“ längst verloren.
Gemeinsam gingen wir nach unten ins Erdgeschoss. Beim Pförtner standen die beiden Justizbeamten, die mich vorher in Handschellen in den Saal gebracht hatten. Jetzt saßen sie da mit Kaffeebechern, sahen aus wie zwei Kerle aus einer Baukolonne. Sie hatten darauf gewartet. Auf mich gewartet für den Fall, dass ich zu einer Haftstrafe verurteilt werde.
„Braunschweiger!“ sagte der eine. Ich drehte mich um. „Viel Glück. Mach was draus, ja?“ Der andere hob nur den Becher.„Ich hoffe, wir sehen dich nie wieder.“
Ich sagte nichts. Aber ich nickte. Dann gingen Markus und ich hinaus - raus aus dem Amtsgericht, rein ins Ungewisse. Aber nicht mehr als Angeklagter. Nicht mehr mit Handschellen. Nicht mehr mit einem Haftbefehl über dem Kopf.
Es war vorbei.

"Freiheit" und andere Lügen...

Die Fahrt nach Oberelz zog sich. Wie alles, was sich in letzter Zeit zog. Vor dem Aufbruch durfte ich noch eine rauchen, doch Markus hatte mir klar gemacht, dass in der Gruppe alles Nichtraucher sind und im Haus nicht geraucht werden dürfe. Nebenbei erwähnte er dann, dass es sich bei dieser „Wohngruppe“ um eine Art pädagogisches Projekt handelt, in dem er und seine Frau Ariane Jugendliche wie mich aufnehmen und betreuen. Eine Art Welschbillig, aber ohne Helenenberg und mit weniger Jugendlichen. Meine innerliche Vorfreude darauf... naja, die hielt sich in Grenzen..
Die Fahrt selbst war totenstill. Ich war total leer, innerlich wie äußerlich, meine Wahrnehmung fühlte sich an, als ob ich durch einen Schleier blickte.
Ich hatte noch nie so wenig gespürt. Wenn ich an die Fahrt vom Gefängnis zum Gericht in Landstuhl denke, war ich viel aufmerksamer, als würde mein Gehirn alles aufsaugen wie vertrocknete Erde den ersten Regen.
Aber hier, das war anders. Ich hatte gehofft, dass ich wieder bei meinen Pflegeeltern sein könnte. Ich wollte beweisen, dass ich es besser machen kann, ich wollte die Chance haben, einiges wieder gut zu machen. Doch diese Chance wurde mir verweigert. Die Worte der Frau vom Jugendamt, dieser Hexe, bohrten sich tief in mich hinein. Sie taten weh, viel mehr als ich es für möglich gehalten hätte.
Ich hatte gedacht, nach all dem, was mir in den letzten Wochen und Monaten zugestoßen war, könnte mich nichts mehr schockieren. Aber diese Frau, ihre Blicke, ihr Tonfall, all das traf mich richtig tief. Sie hielt mich für das Schlechteste auf Erden, für eine perverse Abnormalität.
Hätte ich damals einer Frau wie ihr mein Innerstes offenbaren können? Hätte ich ihr anvertrauen können, dass ich anders bin, kein Junge? Dass ich mich nie als ein Junge fühlte? Hätten meine Pflegeeltern mich als Kind zu dieser Frau gebracht, hätte ich ihr all das gesagt im Alter von fünf oder sechs Jahren?
Hätte sie überhaupt unterscheiden können zwischen weiblicher und männlicher Empfindung? Sie kam mir eher wie ein

geschlechtsloser Karrieremensch vor, der zufällig in einer fraulichen Hülle steckte. Diese Hexe hätte mich eiskalt in eine Kinder -und Jugendpsychiatrie gesteckt.
Fertig. Aus. Basta. Nächster Karriereschritt.
Da bin ich mir sicher. Diese Frau trug nur Böses in sich, und obwohl ich niemandem wirklich Schlechtes wünsche, hatte ich in diesem Moment den sehnlichsten Wunsch, dass sie die Welt aus meinen Augen sehen würde, dass sie erlebte, was ich durchgemacht habe.
Es war, als wollte ich ihr das alles zurückgeben. Ich war mir sicher, dass jemand wie sie, der diese Welt nur aus seiner Perspektive sieht, bei der Hälfte schon aufgegeben hätte, Vermutlich wäre sie vom Dach Ihres Jugendamtgebäudes gesprungen, weil sie es nicht ertragen hätte.

Markus - mit dem konnte ich nicht wirklich warm werden. Seine Freundlichkeit war so aufgesetzt, so künstlich. Ich konnte fühlen, dass auch er durch das, was im Gericht gesagt worden war, ein anderes Bild von mir hatte. Sie hatten ihm vermutlich erzählt, dass er einfach einen Problemjugendlichen aufnehmen würde, der keine Perspektive hat.
Und dann hörte er im Gerichtssaal, wie sie aus mir, einem gebrochenen Kind, einem verletzten Jugendlichen, ein Monster, eine tickende Zeitbombe machten, die jederzeit explodieren könnte.

*

Mir wurde klar, was wir hier gerade erlebten, Markus und ich. Wir hatten uns diesen Tag beide ganz anders vorgestellt. Er versuchte immer wieder, mich ins Gespräch zu verwickeln. Mal erzählte er irgendwas, das angeblich lustig war, ich lachte nicht.
Dann versuchte er es ernst, wieder keine Reaktion von mir. Es war klar, er spielte ein Schauspiel, nur ich hatte leider keinen Oscar für ihn. Der größte Fehler, den die Leute machen, ist zu denken, nur weil jemand anders ist, denkt er nicht, oder ist dumm. Aber das Gegenteil ist der Fall.

Ich bin nicht dumm, ich denke nur zu viel, zu oft, in alle Richtungen. Mein Kopf ist wie ein verzweigtes System, das sich

immer wieder in alle Richtungen verliert. Ich versuche, die vielen Gedanken zu ordnen, aber die enden alle irgendwo in einem Wirrwarr.
Man gibt mir einen Apfel. Ich schäle ihn gedanklich, analysiere die Schale, jede Delle. Dann schneide ich ihn in Stücke, messe, wiege, nehme die Kerne auseinander, um zu verstehen, was da drin ist, woher der Apfel kommt. In meinem Kopf geht das so weiter: Wie viele Hände hat der Apfel schon durchlaufen? Wie wurde er transportiert? War er behandelt? Mit Pestiziden, was auch immer?
Es ist eine endlose Schleife von Gedanken, die immer wieder neue Fragen aufwirft, bis mit dem Apfel plötzlich keine Frucht mehr vor mir liegt, sondern ein Sammelsurium aus Gedanken, Bruchstücken, Fragmenten, Zweifeln, Lösungen und weiteren Fragen.
Und das ist das Problem. Es wird immer komplizierter, weil ich versuche, alles zu verstehen, bis es nicht mehr zusammenpasst, bis ich nichts mehr erkenne. Und während all das in meinem Kopf passiert, schauen andere mich an und denken: „Was ist mit dem los? Warum ist der so still?“ Ja, ich bin still, ich denke nach. Und während ich in meinem Kopf den Apfel seziere, frage ich mich, was ich noch aus all diesen Gedanken machen soll.

*

Schließlich kamen wir in Oberelz an. 500 Einwohner. Mitten in der Vulkaneifel, irgendwo hinter Mayen, eingebettet zwischen endlosen Bergen und Tälern.
Eine einzige Hauptstraße führte durchs Dorf, flankiert von ein paar unbedeutenden Nebengässchen, die eher wie Zufahrten wirkten als wie Straßen.
Das Haus von Markus und Ariane stand direkt an dieser Hauptstraße. Es war aus braunen Backsteinen gebaut, ähnlich wie die Gebäude der Jugendstrafanstalt in Schifferstadt, nur etwas heller.
Von außen sah es aus wie ein großes Mehrfamilienhaus. Aber das war nicht neu für mich. Auch dem Haus der Wohngruppe in Welschbillig hatte man von außen nicht angemerkt, was sich dahinter verbarg. Alles in allem erinnerte mich dieser Ort doch noch ziemlich an ein Gefängnis, nur dass es keine Mauern gab, keine Gitter, keine Zellentüren.

Aber die brauchten sie hier vermutlich auch gar nicht. Die eigentliche Mauer war der dichte Wald, der dieses kleine Dorf umgab. Wohin hätte man schon fliehen sollen? In die Wildnis? In die Kälte? Weg vielleicht, ja, aber wohin?
Mir wurde mein Zimmer gezeigt. Ich lernte Ariane kennen. Ariane war eine kleine, schlanke Frau mit unverkennbarem Akzent. Sie war Russin - man hörte es, man sah es, man fühlte es. Und sie war die Ehefrau von Markus.
Ihre Art war mir etwas unheimlich. Sie sprach wenig, hatte aber dieses aufgesetzte Lächeln, das ich bereits von Markus kannte. Ein seltsames Lächeln, wie eine Maske, die vorgibt, alles sei in Ordnung, obwohl man spürt, dass darunter etwas anderes brodelt.
Russinnen, dachte ich mir, die sind hübsch, hübscher als viele andere Frauen. Und obwohl ich wusste, dass dieser Gedanke klischeehaft war, konnte ich ihn in dem Moment nicht abschütteln.
Mein Zimmer lag direkt rechts neben der Eingangstür und hatte ein Fenster zum Garten hinaus. Es war bereits möbliert, ein frisch bezogenes Bett, ein Kleiderschrank, leer, aber bereit, mit meinen wenigen Sachen gefüllt zu werden.
Ich stellte meine Tasche, die mir meine Pflegemutter im Gericht überreicht hatte, neben das Bett, und holte den großen klobigen CD- Player heraus.
Ich hatte ihn fast vergessen. Es war ein besonderes Gerät. Man konnte drei CDs gleichzeitig einlegen, und während die Musik lief, leuchteten sie in bunten Farben. Der Klang wirkte irgendwie lebendig, als würde das Ding die Musik nicht nur abspielen, sondern atmen lassen. Ich hatte dieses Teil als Kind schon geliebt.
Zwischen den CDs, die meine Pflegemutter mühsam aus meinem alten Zimmer zusammengesucht hatte, waren ein paar von den Böhsen Onkelz.
Und sogar von Outkast das Album Aquemini. Was für ein musikalischer Widerspruch, dachte ich. Aber das war mir egal. Ich hörte Musik nie wegen eines bestimmten Genres, sondern wegen der Texte. Wegen der Geschichten, die sie erzählten. Mal Deutschrock, mal Hip-Hop, manchmal sogar Techno oder Trance, besonders dann, wenn ich keine Stimmen ertrug, aber eine Melodie

brauchte, die mich hielt, trug, oder sonst irgendwie auffing.
Als ich mein Zimmer soweit eingerichtet hatte, rief Markus mich zum Essen. In der Gruppe lebten noch ein anderer Junge und ein Mädchen. Ich war überrascht, dass man uns hier nicht nach Geschlechtern getrennt hatte.
Das Mädchen hieß Katrin, und der Junge hieß Sven. Sven war etwa ein Jahr älter als ich, aber von der Statur her wirkte er, als hätte er mit acht Jahren aufgehört zu wachsen. Beide schienen Angst vor mir zu haben.
Oder war es Respekt? Misstrauen?

Vielleicht hatte Markus mit Ariane über das Gericht gesprochen, und die Gruppe wusste Bescheid, was ich war, oder vielmehr, was sie in mir sahen: Einen Straftäter, kriminell, aus dem Knast. Es lag jedenfalls etwas in der Luft. Nicht Spannung, nicht Schweigen, eher eine bedrückende Stille, die sich nicht greifen ließ.
Nach dem Essen fragte ich Markus, ob ich aufstehen und zur Toilette gehen dürfe. Er sah mich verwundert an. „Wieso fragst du?“ fragte er. Ich starrte ihn mit großen Augen an. „Du musst hier nicht fragen, ob du aufstehen darfst“, sagte er. „Auch nicht, wenn du aufs Klo willst.“ Ich nickte nur stumm. „Okay“, sagte ich leise.
Ich war es einfach gewohnt, um alles bitten und betteln zu müssen. Im Knast musste man für die kleinsten Dinge einen Antrag stellen: für Radio, Briefmarken, Taschentücher. Formulare ausfüllen, abgeben, unterschreiben lassen.
Und dann: warten. Warten auf etwas Selbstverständliches. Diese Strukturen steckten noch in mir, wie ein Echo, das nicht verstummt.
In der ersten Nacht schlief ich schlecht und wachte immer wieder auf. Es war zu ruhig. Keine Lichter, die durchs Fenster flackerten, kein Lärm anderer Insassen, kein Carlo, der klopft und eine rauchen möchte.
Es war so still, selbst auf der Hauptstraße fuhr kaum ein Auto. Diese Stille war so laut, dass sie mich weckte. Und dann waren da noch die Albträume. Immer wieder kam in meinem Kopf diese Szene, wie Axel mir drohte. Wie er sagte, sie würden mich aufhängen. Oder der Arzt, der mir mit Wattepads den Nagellack

von den Fußnägeln rieb, als wäre es eine Krankheit. Als wäre etwas an mir falsch. Obwohl er es nur zu meinem Schutz tat.
Man sagte mir, ich sei jetzt frei. Aber in Wahrheit trug ich die Gitter noch unter der Haut. Ich lief durch eine Welt, die mir plötzlich offenstand, doch sie fühlte sich an wie eine Kulisse, nicht wie ein Versprechen.
Kein rebellischer Aufschrei vibrierte in mir, kein ‚Hey, ich war im Knast und jetzt gehört mir die Welt'. Statt dessen war da dieses dumpfe Echo, ein Schweigen hinter den Rippen, das sich nicht vertreiben ließ. Ich war draußen, ja.. aber die Kälte des Betons, das Klirren der Schlüssel, die stummen Regeln, das Bitten um Erlaubnis. All das ging mit mir. Freiheit... dieses große Wort hallte in mir nach, aber es fühlte sich leer an.
Ich war draußen, ja. Mein Körper hatte die Gitter hinter sich gelassen und bewegte sich jetzt durch offene Straßen, durch Türen, die nicht mehr abgeschlossen waren.
Und doch war da etwas, das nicht mitgekommen war. In meinem Kopf blieben die Türen verschlossen. Ich spürte diese Enge, diese bleierne Schwere, die sich nicht abschütteln ließ. Angst, Scham, Zweifel. Sie klebten an mir wie ein Schatten. Es war, als wäre ich ein Irrtum in meinem eigenen Leben. Fehl am Platz, falsch geschrieben, irgendwo mitten im Satz verloren gegangen.
Vielleicht hatte sie doch recht, diese Hexe vom Jugendamt? Mein Körper war nicht meiner. Ich lebte in einer Hülle, die mich nicht widerspiegelte, nicht beschützte, sondern einsperrte.
Wie eine Frau, die man für etwas verurteilt hatte, das sie nie getan hatte. Lebenslänglich. Doch mein Gefängnis war nicht aus Beton und Stahl, sondern aus Fleisch, aus Haut, aus Blicken.
Mein Spiegelbild fühlte sich an wie eine Strafe. Ein Urteil, das ich nie ausgesprochen hatte, aber jeden Tag neu spürte. Ich fühlte mich verloren. Nicht nur wegen der Erinnerungen, die nachts wie kalte Hände nach mir griffen. Nicht nur wegen der Vergangenheit, die sich in meine Gedanken gefressen hatte. Ich war verloren, weil ich in mir selbst keinen Halt fand. Weil ich zwar raus war - aber nie wirklich rausgekommen bin.
Draußen, aber nicht frei. Mir wurde klar: Erst als ich wirklich hinter Gittern saß, spürte ich, was Gefangenschaft bedeutet. Paradoxer-

weise war es genau dort, im physischen Gefängnis, wo mir klar wurde, dass ich schon mein ganzes Leben lang eingesperrt war. Nicht in Beton und Stahl, sondern in Rollen, in Körper, in Erwartungen, in einem Ich, das nie meins war
Die wahre Haft begann nicht mit der Untersuchungshaft - sie war schon immer da. Und ich brauchte Mauern um mich herum, um zu erkennen, wie viele Mauern in mir selbst standen.

il carcere sotto la pelle.

Die ersten Tage fielen mir nicht leicht. Ich blieb so oft es ging in meinem Zimmer, das ich leider nicht abschließen konnte. Ich hatte keinen Schlüssel. Ich zog den Rollladen nach unten, so tief wie möglich, bis nur zwei, drei Reihen dieser kleinen Löcher Licht durchließen.
Dann hörte ich Musik. Einfach nur Musik. Eine alte DreamDance CD war es, die mich abschalten ließ. Ich lag im Bett, mitten am Tag, bei strahlendem Sonnenschein. Oft, eigentlich jeden Tag.
Ich kam nur raus, wenn ich gerufen wurde, antwortete nur, wenn man mich etwas fragte, sagte nur etwas, wenn ich musste und ging ansonsten wieder zurück in mein Zimmer. Ich hatte kein Interesse, mich zu bewegen.
Die Haustür stand mir offen, sogar nachts, nichts war verschlossen. Ich hätte jederzeit rausgehen können, einfach laufen, spazieren. Sven hat manchmal schüchtern an meine Tür geklopft und gefragt, ob ich mit ihm rausgehe, auf den Spielplatz, Fußball spielen, einfach nur draußen sein. Aber ich wollte nicht.

Anfangs sagten Markus und Ariane nichts. Ich denke, sie wollten mir Zeit lassen, dass ich mich an alles gewöhne. Aber irgendwann, nach ein paar Tagen, kam Markus immer wieder in mein Zimmer und zog den Rollladen hoch. Als würde es ihn langsam nerven. Aber ich hatte zu knabbern. An allem. Am Knast. An Welschbillig. An der Straße selbst, die oft einfach nur grausam zu mir war. An meinen Pflegeeltern. Aber vor allem an mir selbst.
Aber das schien ihn nicht mehr groß zu interessieren. Ich will nicht sagen, dass man mich gezwungen hat. Ich hätte mich sicher

verweigern können, einfach stur in meinem Zimmer bleiben. Wäre wahrscheinlich sogar damit durchgekommen, aber sagen wir's so: Ich wurde sanft, aber spürbar gedrängt.
Nicht direkt. Eher so unterschwellig. Erst von Markus, dann von Ariane. Und irgendwann sogar von Katrin und Sven.Ich sollte rauskommen. Mich zeigen. An Aktivitäten teilnehmen.
Ich, der kaum die Kraft hatte, morgens aus dem Bett zu kriechen. Der sich jeden Tag neu aufraffen musste, diesen inneren Hund zu besiegen, der einfach nur liegen bleiben wollte. Musik hören, verschwinden, nichts fühlen...
Aber sie zogen mich raus. Und irgendwann war ich tatsächlich dabei, bei einer verdammten Fahrradtour. Ich fuhr mit, obwohl ich nach zehn Minuten fix und fertig war. Keine Kondition, kein Wille. Sie merkten es und nahmen Rücksicht. Irgendwie.
In den nächsten Tagen redete ich ein bisschen, dann wieder gar nicht. Kam kurz aus mir raus und verzog mich gleich wieder. Und dann, in einem Moment, in dem ich kurz nicht aufpasste, sagte ich zu Markus, dass ich gerne koche. Einfach so. Ein Nebensatz, ein Fehler. „Super", grinste er, „dann kannst du ja mal für die Gruppe kochen."
Und in dem Moment, in dem er das aussprach, habe ich schon bereut, überhaupt den Mund aufgemacht zu haben. Aber irgendwo wollte ich auch zeigen, dass ich bereit war. Dass ich mich integrieren will.. oder es zumindest versuche.
Ich durfte mir dann ein Gericht aussuchen, das ich am nächsten Tag kochen würde. Das bringt mich wieder zu meinem Beispiel mit dem Apfel. Ich dachte nach. Zu viel. Und einfachste Dinge wurden plötzlich wieder kompliziert. Ich haute das Erstbeste raus, was ich zwischen den Fäden in meinem Kopf greifen konnte: Maracujasteak mit Kartoffeln und Käsesoße.

Keine Ahnung warum. Aber in meinem Kopf … naja, das Apfel-Beispiel sollte es erklären. „Klingt ungewöhnlich", sagte Markus. „Das mag ich. Können wir gerne morgen probieren."
Ich verfluchte mich. Warum hatte ich nicht einfach Lasagne gesagt? Oder Spaghetti Bolognese. Oder Fischstäbchen. Scheiße. Warum musste es sowas sein?

Sowas offensichtlich …Unlogisches? Ich tat es trotzdem. Ich bereitete es am nächsten Tag zu. Steak mit Maracujastückchen, Kartoffeln und Käsesoße. Und es schmeckte wirklich allen - so ziemlich gar nicht.
Und mir selbst am wenigsten. Aber wir nahmen es mit Humor. Irgendwie. Es gab dann halt was anderes zu essen danach. Markus meinte mit seiner gespielten Laune:„Naja, man muss alles mal probiert haben“, und grinste dabei. Aber ich denke, in seinem Kopf hat er sich bestimmt gedacht, dass ich einfach einen Schaden hab.

*

Später beim Abendessen: Markus brachte etwas beiläufig zur Sprache. Zwischen zwei Gabeln Obstsalat, als wäre es irgendeine Kleinigkeit. Er legte die Gabel kurz beiseite, lehnte sich leicht nach vorne und sagte mit diesem gespielten Enthusiasmus in der Stimme: „Was haltet ihr davon, wenn wir in den Sommerferien eine Woche nach Italien fahren? Zelten. Sonne, Meer, bisschen Abstand von allem.“

Er versuchte, es beiläufig klingen zu lassen. Locker. Als wäre das eine spontane Idee, und Sven, der kindliche Junge, reagierte sofort. „Echt jetzt?“ Seine Augen blitzten. „So richtig mit Zelten und Lagerfeuer und so?“ Markus nickte, nahm wieder einen Bissen. „Ja, rauskommen, Tapetenwechsel, bisschen Urlaub.“
Und Sven grinste. Er war gedanklich schon unterwegs. Für ihn war das das pure Abenteuer. Hauptsache raus. Hauptsache irgendwohin.
Katrin saß ihm gegenüber, stocherte in ihrem Essen. Ein Hauch von Lächeln zuckte über ihr Gesicht, fast unmerklich. In ihren Augen lag für einen Moment etwas, das wie Vorfreude aussah – aber es war schnell weg. Überdeckt von dieser typischen Gleichgültigkeit, die sie immer umgab. Als würde sie alles wahrnehmen, aber nichts sie mehr erreichen. Auch Ariane begann damit, uns das ganze schönreden zu wollen, als wäre es das Beste, was uns passieren konnte.
Bei Sven war das gar nicht mehr nötig. Der bohrte schon aufgeregt bei Markus nach: Wie weit ist das überhaupt? Wo genau in Italien? Wie kommen wir da hin? Seine Stimme kippte irgendwann ins

Nervöse, fast Hysterische, sodass Markus ihn mit einem beruhigenden Lächeln und diesem typischen „Komm, atme mal durch" Tonfall etwas einfangen musste.
Ariane versuchte derweil, Katrin zu ermutigen. „In Italien gibt es Sonne. Und Eis. Viel schönes Wasser", sagte sie mit ihrem russischen Akzent, weich und betont freundlich. Während sie das sagte, sprach sie zwar zu Katrin, aber ihr Blick streifte immer wieder mich. Beiläufig. Flüchtig.
Aber gerade so, dass es nicht auffiel, jedoch oft genug, dass ich es merkte. Sie wusste es längst. Und ich wusste, dass sie wusste, dass es längst entschieden war. Markus redete von „Was haltet ihr davon", aber das war Theater. Pädagogisches Schauspiel. Der Plan stand. Die Frage war nur, wer mitspielte, und wer nicht.

Ich konnte Sven kaum noch ertragen. Dieses Kindliche an ihm, das mich fertig machte. Wie ein hyperaktives Kind, dem man die ganze Welt erklären musste. Immer laut, immer aufgeregt, immer am Plappern.
Ich hatte keine Kraft für so etwas. Und auch Ariane blieb mir unheimlich, zu durchschauend, irgendwie still gefährlich.
Und Katrin? Sie war wie Nebel. Man sah sie, aber nie ganz. Keine Chance, irgendwo anzuknüpfen. Ich stocherte in meinem Abendessen, während Markus über Teamgefühl sprach, über Zusammenhalt, über Erlebnispädagogik.
Ich hörte nur Bruchstücke. In meinem Kopf war Italien ein leerer Ort. Ein Ort, an dem ich höchstens dabei wäre, aber nie wirklich drin. Eine weitere Kulisse.
Dieser ganze Haufen hier, diese ganze gespielte Idylle war für mich einfach nur eine Seifenblase. Nach außen hin schön. Aber von innen trostlos. Markus und Ariane gaben sich Mühe, irgendwie. Aber es fiel mir schwer, die beiden ernst zu nehmen. Ich war noch immer der Meinung, dass sie Masken trugen. Und das hielt das Misstrauen in mir am Leben.

*

Schließlich kamen sie doch. Die Tage, auf die ich als Kind immer gewartet hatte. Sommerferien. Früher bedeuteten sie Freiheit, Sonne, und draußen sein bis es dunkel wird. Jetzt waren sie

einfach da. Grau, still, und schwer. Sie wirkten wie Tage, die im Schatten anderer Tage lebten. Nicht hell, nicht besonders, nur irgendwie dazwischen, zwischen dem Davor und dem Danach.
Markus war in diesen letzten Tagen oft unterwegs, weil er beim Jugendamt Kleidergeld für mich beantragte. Irgendwann war es wohl allen aufgefallen - dass ich fast jeden Tag dasselbe trug. Dass es kaum wechselte. Dass mein Körper jeden Stoff nur wie eine Hülle trug.
Die Sachen, die meine Pflegemutter mir aus meinem alten Zimmer mitgebracht hatte, waren wenige. Zwei alte Jeans, ein paar T-Shirts, Unterhosen, Socken.
Mehr war da nicht. Die guten Sachen, die, die ich damals mit gestohlenem Geld gekauft hatte, die teuren, Markenklamotten, in denen ich mich wenigstens ein bisschen wie jemand fühlen konnte, waren verschwunden. Auf dem Helenenberg geblieben.
Im Knast trug ich Anstaltskleidung. Hier trug ich Reste. Eigentlich hatte ich gar nichts mehr. Und ich legte auch keinen Wert mehr darauf, irgendetwas zu besitzen. Ich hätte eh nie das kaufen dürfen, was ich mir eigentlich gewünscht hätte.
Nie das tragen, was sich endlich wie ich angefühlt hätte. Aber Markus bestand darauf. „Du brauchst Kleidung“, sagte er. „Ordentliche.“
Eines Tages fuhr er mit mir nach Mayen. Einfach so, ohne viel Erklärung. Ich wusste, es ging um Kleidung, aber mehr auch nicht. Es war Sommer, die Sonne brannte nicht, aber sie lag wie ein Gewicht auf allem. Die Fahrt war ruhig. Markus sprach kaum.
Ich starrte aus dem Fenster, zählte die Bäume, einen nach dem anderen, als könnte ich mir damit irgendeinen Sinn zusammenrechnen. Ich fragte mich, wohin das alles noch führen sollte. Diese Fahrt, dieses Leben, diese Zwischenstation, die sie „intensivpädagogisch betreutes Wohnen“ nannten.

Mayen. Ein Ort, von dem ich schon gehört hatte und der sich schon beim ersten Blick falsch anfühlte.
Die Häuser wirkten, als wären sie teilweise aus einem anderen Jahrhundert, irgendwie alt, irgendwie grau, irgendwie bemüht. Und dann war da diese Sprache, dieses verdammte Eifel-Platt, das

mir sofort ins Ohr stach, mir Gänsehaut über den Rücken jagte. Sie sprachen hier wie Herr Jesske aus der Gruppe in Welschbillig. Dieser Tonfall, dieses genuschelte, verwaschene Deutsch, das mehr wie ein Rülpser als wie eine Sprache klang.
Ich konnte das nicht hören, ohne innerlich zusammenzuzucken. Es klang nach Vergangenheit, nach Beklemmung, nach Enge. Nach allem, was ich hinter mir lassen wollte. Aber es holte mich wieder ein. Schon wieder.
Wir hielten an einer Bushaltestelle nahe der Fußgängerzone.
Dann, ohne große Einleitung, sagte er: „Du, wir haben vom Jugendamt 900 Euro Kleidergeld für dich bekommen."
Ich drehte meinen Kopf zu ihm. Nicht schnell. Ganz langsam. Als müsste ich erst verarbeiten, was diese Worte bedeuteten. Neunhundert Euro. Für mich. Kleidung. Und dann kam das, womit ich am wenigsten gerechnet hatte. Er reichte mir das Geld. Einfach so. Ein dicker Umschlag.
„Ich geb dir das jetzt mal mit. Vertrauensvorschuss, weißt du?"
Ich nahm ihn, als wäre er heiß. Nicht weil ich gierig war, nicht weil ich mich freute, sondern weil ich es nicht glauben konnte. Ich spürte die Schwere des Papiers, das Rascheln, das mir sagte: Sie beobachten dich jetzt.
Vielleicht war das ein Test. Vielleicht provozierte er. Vielleicht wollte er sehen, ob ich das Geld nahm und einfach verschwand. Zum Bahnhof. Weg von allem. Vielleicht wäre das sogar eine Erleichterung gewesen. Vielleicht war das die eigentliche Botschaft: Dass sie mich nicht mehr wollten. Nicht in der Gruppe. Nicht in Italien. Nicht hier...
„Kauf dir was. Was du brauchst. Die Zettel hebst du bitte auf, und in zwei Stunden treffen wir uns wieder hier, an der Ecke da drüben." Er deutete auf eine andere Bushaltestelle gegenüber der Fußgängerzone.

*

Ich stieg aus, mit dem Umschlag in der Tasche, und sah ihn noch kurz durch das Autofenster. Dann war ich allein. Allein in dieser Stadt, allein in einer Fußgängerzone, die mir fremder nicht hätte sein können.
Ich wusste, was man jetzt von mir erwartete. Dass ich in irgend-

einen Laden ging mit der Selbstverständlichkeit eines normalen Jugendlichen, der sich T-Shirts kauft, eine Jeans, ein paar Unterhosen, Socken, irgendwas.
Sklavenkleidung, dachte ich. Kleidung, die ich nie wollte, die nie mir gehörte. Kleidung für eine Rolle, die ich spielen musste. Jungskleidung. Kleidung, die sich anfühlte wie diese schwarz-weiß gestreiften Anzüge in den alten Bildern von Arbeitslagern. Egal, was ich mir aussuchen würde, es war alles falsch.
Ich war eine Verpackung, die eine Verpackung kaufen sollte. Eine Hülle, die sich neu einkleiden musste, um zu funktionieren. Ich fühlte mich wie ein Produkt, das man kurz auffrischen wollte, damit es besser in die Regale passte.

Ich ging mechanisch in die ersten Geschäfte. H&M. New Yorker. Irgendwo noch ein Sportladen. Ich nahm T-Shirts in Schwarz. Weiß. Nichts dazwischen. Keine Farben. Keine Muster. Ich wusste nicht, ob ich sie tragen würde. Ich wollte nur, dass es vorbei war. Dass niemand etwas sagte. Ich wollte nur funktionieren.
Die Verkäuferin im dritten Laden fragte mich, ob ich Hilfe bräuchte. Ich schüttelte den Kopf. Ich wollte keine Hilfe. Ich wollte kein Gespräch. Ich wollte kein Lächeln. Ich war nicht hier, um mich einzukleiden. Ich war hier, weil ich es musste.
Weil ich nichts hatte. Weil ich nicht mehr war als jemand, der mit Anstaltskleidung und einer Tasche voll mit "Nichts" kam und jetzt irgendwie wieder brauchbar gemacht werden sollte.

Ich hob jeden Kassenzettel auf. Faltete ihn ordentlich, steckte ihn zurück in den Umschlag und ging weiter. Noch ein Laden. Noch ein T-Shirt. Nichts, was zu mir passte.
Nichts, was mich zeigte. Ich wollte Röcke. Ich wollte Tops. Ich wollte das, was mich frei gemacht hätte - aber das durfte ich nicht. Das war nicht vorgesehen. Das war nicht Teil der Rolle, die man mir zugedacht hatte.

*

Ich hatte knapp 150 Euro ausgegeben. Nicht mehr, nicht weniger. Als ich zurück zum vereinbarten Treffpunkt kam, stand Markus schon da. Lehnte am Bus, die Arme locker vor der Brust verschränkt. Vielleicht täuschte ich mich, aber sein Blick wirkte, als hätte er tatsächlich nicht damit gerechnet, dass ich zurückkommen würde.

Kein Vorwurf, kein Lob, einfach nur ein kurzer, abtastender Moment. Ich sah weg, sagte nichts, und stieg einfach ein. Markus stieg ebenfalls ein. Er startete den Motor, und für ein paar Minuten war es einfach nur ruhig. Die Stadt zog an uns vorbei, Menschen schlenderten mit Einkaufstüten die Straße entlang.

Dann fragte er mit dieser bemüht beiläufigen Stimme: „Na, alles gefunden, was du brauchst?“ Ich nickte kaum merklich. „Ja.“ „Das ist ja ordentlich was, was du bekommen hast. Konntest du dich gut zurechtfinden?“

„Geht schon.“ Meine Stimme war leise, kaum hörbar. Ich spürte, wie er versuchte, ein Gespräch anzustoßen. Smalltalk vielleicht. Oder einfach nur prüfen, wie es mir ging. Aber ich konnte nicht. Ich wollte nicht.

Ich war müde, nicht körperlich sondern von der ganzen Welt, von der Rolle, die ich da draußen wieder spielen musste. Vielleicht verstand er das. Vielleicht auch nicht. Vielleicht war es ihm egal. Oder vielleicht hatte er wirklich gehofft, ich würde mit dem Geld einfach abhauen. Tausend „vielleichts“. Jedenfalls fragte er nichts mehr. Der Rest der Rückfahrt blieb schweigsam.

Die Tage krochen dahin, und der vermeintlich großartige Campingurlaub in Italien rollte wie ein unausweichlicher Zug auf uns zu.

Sven wurde mit jedem Tag aufgeregter und anstrengender. Seine kindliche, ungeduldige Art, die manchmal irgendwie niedlich war, wurde zu etwas sehr Nervigem.

Er sprach von nichts anderem mehr. Immer wieder hörte man ihn spekulieren, fantasieren, laut davon träumen, wie es sein würde: das Zelt, das Grillen am Lagerfeuer, das Meer, das Eis. Und wir alle mussten daran teilhaben. Es war, als hätte er einen eigenen Radiosender in Dauerschleife im Kopf, und wir alle waren dazu verdammt, zuzuhören.

Markus und Ariane versuchten immer wieder, ihn in ruhigem Ton zu bremsen, ihm gut zuzureden, seine Euphorie in erträgliche

Bahnen zu lenken. „Sven, atme mal durch." „Wir fahren doch bald los, es ist alles organisiert." „Denk an was anderes, komm, hilf mal in der Küche."
Aber es half nichts.
Sven war wie ein aufgezogener Spielzeugaffe mit Trommeln in den Händen. Und niemand hatte den Schlüssel, um ihn abzuschalten. Irgendwann, so ganz nebenbei, erfuhr ich, dass Sven tatsächlich ADHS hatte. Manchmal sah ich, wie er Tabletten nahm. Ich hatte mir nie Gedanken darüber gemacht. Vielleicht, weil ich dachte, er sei eben einfach nur so. Vielleicht, weil ich mich zu sehr mit meinem eigenen Chaos beschäftigt hatte.

*

Es war ein kühler Donnerstagmorgen, fast noch Nacht, als der Bus endlich losfuhr. Die Straßen lagen dunkel und still, als ob sie den Atem anhielten, während wir aufbrachen. Markus hatte alles minutiös durchgeplant, wie ein Feldherr vor einem Aufbruch ins Ungewisse.Jeder Rucksack, jede Kühlbox, jedes einzelne belegte Aufback-brötchen für die Pausen hatte seinen Platz.
Es war, als wolle er die Unordnung, die ein Campingurlaub zwangsläufig mit sich bringt, im Voraus kontrollieren. Der Bus war vollgestopft, nicht nur mit Gepäck, sondern auch mit einer Stimmung, die irgendwo zwischen flirrender Vorfreude und nervöser Unruhe pendelte.
Das Abendessen am vorigen Abend war wie eine letzte Szene in einem chaotischen Theaterstück: laut, verwirrend, ein wenig zu eng, zu erwartungsfroh.
Aber als ich schließlich allein in meinem Zimmer stand, nur begleitet vom gedämpften Geräusch des laufenden Geschirrspülers aus der Küche und fernen Stimmen, fühlte sich das alles plötzlich ruhig an. Es war wie die Ruhe vor dem Sturm. Später, als das Haus endlich still war, schlich ich mich noch einmal hinaus. Ich öffnete leise die Tür, trat barfuß auf die kalten Steinplatten vor der Haustür, und zündete mir eine Zigarette an.
Ein fast ritueller Moment. Markus hatte mir das Rauchen vor dem Haus zwar erlaubt, aber trotzdem tat ich es heimlich. Nicht aus Rebellion, sondern wegen Sven. Ich wollte nicht, dass er mich hört. Nicht, weil ich ein schlechtes Gewissen hatte, sondern weil

ich nicht wieder in ein Gespräch verwickelt werden wollte.
Sven stellte Fragen, endlose Fragen über Italien, über Dinge, von denen ich selbst keine Ahnung hatte: „Wie wird das Wetter sein? Sprichst du Italienisch? Was isst man da eigentlich?“ Seine Worte hingen noch lange in der Luft, nachdem er sie ausgesprochen hatte. Ich konnte ihm nichts wirklich antworten, aber das hielt ihn nicht ab mir die selben Fragen immer, und immer wieder zu stellen. In diesen Momenten wäre es einfacher, einfach nicht da zu sein.
Jetzt, am Morgen, war alles anders. Es war noch dunkel, als Markus durch den Flur stapfte und uns weckte. Sven war sofort hellwach. Er sprang durch den Flur, redete ohne Punkt und Komma, stellte neue Fragen, erzählte Witze, überdrehte.

Katrin hingegen schien, als hätte sie die ganze Nacht nicht geschlafen. Im Bus angekommen, welcher schon wartend auf der Hauptstraße vor dem Haus stand, zog sie sich sofort ihre Kapuze über den Kopf und legte sich quer auf zwei Sitze. Sie schlief innerhalb weniger Minuten ein. Sie hatte das Talent, in jedem Lärm eine Art Stille zu finden. Ich beneidete sie darum.
Ich zog mich nach ganz hinten in den Bus zurück, ein Versuch, Abstand zu gewinnen. in der Reihe vor mir, Sven. Die Reihe vor ihm: Katrin. Davor im Fahrerhaus Markus und Ariane. Der Bus war bis zur Decke vollgestapelt: Zelte, Schlafsäcke, Koffer. Die ersten Stunden waren wie ein Rausch.

*

Wir ruckelten in der Morgendämmerung durch die Eifel, passierten Luxemburg, dann Frankreich. Die Landschaften wechselten wie auf einem Filmstreifen, und ich döste immer wieder weg. Schlaf kam in Schüben, durchzogen von halb-wachen Momenten, in denen ich durch beschlagene Fenster blickte und mich fragte, wie weit wir wohl schon gekommen waren.
Sven aber war nicht müde zu kriegen. Seine Energie war eine Art Naturgewalt, die alles mitriss. Er sang Lieder. Schrille, alberne Kinderlieder, und nach einer Weile sangen Markus und Ariane mit. „Alle Vögel sind schon da“, „Bruder Jakob“, diese alten Melodien, die sich in den Kopf bohrten.
Es entstand eine Art absurde Busgemeinschaft, ein Chor aus ver-

schlafenen Stimmen. Ich sang nicht mit. Sven forderte mich auf, lächelte, klopfte mir auf die Schulter, doch ich konnte nicht. Es war nicht meine Musik. Ich wollte auch nicht Teil davon sein.
Ich wollte einfach nur sitzen, sehen, denken oder gar nichts fühlen. Dann kam ein Tunnel. Er war lang. Unendlich lang. Ein dunkler Schlund, durch den wir mit gleichmäßiger Geschwindigkeit glitten. Die Lichter an der Decke flackerten in monotonem Rhythmus, das Dröhnen des Motors wurde dumpfer, die Stimmen verstummten. Ich schwitzte plötzlich. Mein Atem ging schneller.
Der Tunnel schien sich zu strecken, als ob die Zeit darin anders funktionierte, und ich verlor das Gefühl für Bewegung, als ob wir nicht fuhren, sondern schwebten, ohne Richtung, ohne Ziel.
Die Enge wurde körperlich. Ich musste meine Hände an den Sitzlehnen verkrampfen, um nicht das Gefühl zu verlieren, noch da zu sein. Ich atmete flach und versuchte, an etwas anderes zu denken. Es ging vorbei. Irgendwann. Aber als wir wieder ins Licht traten, war es, als wäre ein Teil von mir dort geblieben – in der Dunkelheit, in der Stille.
Sven empfand das anders. Für ihn schien dieser Tunnel wie ein langer Abenteuerspielplatz. Aber auch er wurde ruhiger, als er bemerkte, wie sehr sich dieser Tunnel in die Länge zog.
Auf der anderen Seite war die Sonne grell, fast schmerzhaft. Es war inzwischen Tag geworden. Vielleicht sogar schon Mittag, oder Nachmittag.
Die Schweiz zog vorbei: malerisch, zu perfekt, zu ruhig. Ich rauchte mehr als sonst, bei jedem Halt. Setzte mich abseits, zog tief, ließ den Rauch durch die Finger gleiten. Es war wie ein Ventil, wie ein Weg, die inneren Schatten zu besänftigen. Schlaf, Pause, Snack, wieder Schlaf. Die Zeit dehnte sich, verlor ihre Kontur.

Der letzte Halt war kurz vor der italienischen Grenze. Der Nachmittag schien sich hinzuziehen. Ich war erschöpft, nicht nur körperlich, sondern auf eine seltsame, innere Weise leer. Durchgeschüttelt von der Reise, der Enge, den Stimmen, den langen Kilometern.
Als wir schließlich nach Italien rollten, langsam, fast ehrfürchtig, wusste ich: Jetzt beginnt etwas Neues. Nicht spektakulär, nicht

filmreif, aber echt. Der Bus fuhr in die Sonne, die schon wieder unterzugehen schien, und ich hatte das Gefühl, ein kleiner, aber nicht unwichtiger Teil der Gruppe zu sein.

Mittlerweile lag eine eigentümliche Stille über dem Bus. Sven, der den gesamten Weg über unermüdlich geredet, gesungen und gelacht hatte, war plötzlich eingeschlafen. Sein Kopf lehnte leicht zur Seite, sein Mund war halb geöffnet, und ein kaum hörbares Schnarchen erfüllte den Raum.

Es war das erste Mal, dass ich ihn still erlebte. Markus bemerkte es sofort. Er beugte sich leicht zu Ariane rüber und sagte halblaut, aber bestimmt: „Wenn der jetzt schläft, dann ist er heut Nacht hellwach." Seine Stimme war ruhig, doch jeder im Bus wusste, was das bedeutete. Auch Ariane drehte sich zu Sven, Katrin rüttelte sanft an seiner Schulter.

"Komm schon, Sven, wir sind gleich da. Aufwachen." Es war wie ein kleiner Weckmarathon. Wir alle versuchten, ihn aus dem Schlaf zu holen, nicht aus Sorge, sondern aus purer Notwendigkeit. Niemand wollte sich in der ersten Nacht mit einem hyperaktiven Sven herumschlagen, der stundenlang über Delfine, italienisches Eis und die Frage, ob es im Meer Haie gebe, reden würde.

Doch er schlief weiter, murmelte nur undeutlich. Ich war erschöpft und hätte ihn am liebsten weiterschlafen lassen, aber ich verstand die Konsequenzen.

Draußen veränderte sich die Landschaft. Anfangs fuhren wir durch leere, staubige Gegenden, die mehr an eine aus-getrocknete Wüste erinnerten als an das, was ich mir unter Italien vorgestellt hatte. In der Ferne glaubte ich, ein Gefängnis zu sehen, hohe Mauern, Wachtürme, alles irgendwie bedrohlich. Ich fröstelte kurz. Aber das Bild verschwand, und langsam wurde die Umgebung lebendiger. Mehr Häuser, mehr Menschen, mehr Bewegung.

Das Geräusch der Autobahn wich den engeren Straßen kleiner Städte. „Wir sind ganz in der Nähe vom Meer" sagte Markus beiläufig, während wir durch enge Gassen fuhren. Ich konnte ihn kaum hören, aber Ariane nickte. Die Städte wirkten fast wie aus einem Reiseprospekt: bunte Häuser, flatternde Wäsche über Balkonen, der Duft von Lavendel und altem Stein.

”

Aber nun wischte ein fremder Mann, ein Arzt, diesen Glauben einfach weg. Weil er glaubte, mir damit zu helfen. Weil er dachte, ich würde sonst verletzt werden.
Dabei verletzte mich genau das. Nicht körperlich. Nicht durch Schläge oder Schmerzen. Sondern tiefer. Unsichtbar. An einer Stelle, die kein Pflaster, kein Verband heilen kann: an meiner Seele.
Meine Nägel waren ohne Farbe - kein Lack mehr.
Doch in meinem Inneren war alles dunkel geworden.

”

Und dann, endlich, erreichten wir den Campingplatz. Er war größer, als ich erwartet hatte. Und irgendwie schöner. Das Meer lag nur ein paar Hundert Meter entfernt. Man konnte es riechen. Salz, Wind, Sonne. Die Luft war anders hier. Markus parkte den Bus nahe einer offenen Fläche, um die sich Bäume und Hecken zogen. „So, Leute! Ausladen und aufbauen!" rief er.
Markus und Ariane hatten ein riesiges Zelt, fast schon ein Haus. Zwei getrennte Schlafbereiche - einer für Katrin allein, der andere für die beiden. In der Mitte ein kleiner Eingangsbereich, wie ein winziger Flur.
Es war beeindruckend. Fast gemütlich. Ich musste mein Zelt mit Sven teilen. Natürlich.
Typisch. Ich dachte: Wieder eine Zelle, äh, ein Zelt, mit einem Jungen. Aber ich sagte nichts. Ich nahm es hin. Beneidete Katrin still darum, dass sie ein eigenes Reich hatte, auch wenn sie dadurch Markus und Ariane ganz nah war. Vielleicht war das nicht immer ein Vorteil.

Der Aufbau dauerte etwa 45 Minuten. Jeder schleppte Taschen, rollte Schlafsäcke aus, sortierte Dosen, packte aus, räumte ein. Markus war dabei, die Feuerstelle zu kontrollieren, eine runde Stelle mit Steinen umrissen, mittig auf dem Platz. „Hier kommt der Grill hin" sagte er, mehr zu sich selbst als zu uns. Dann holte er Würstchen und Steaks aus einem kleinen Kühlschrank, der mit (inzwischen aufgetauten) Kühlakkus betrieben wurde.
„Gib mal das Feuerzeug", murmelte er. Ariane reichte es ihm kommentarlos.
Ich saß währenddessen auf meinem Schlafsack und beobachtete, wie sich Rauch in die Luft hob.
"Wer hat Hunger?" fragte Markus dann laut, als die ersten Flammen loderten. Sven, inzwischen wach, sprang auf. "Ich! Ich will zwei Würstchen!" Katrin verdrehte die Augen. "Du isst doch eh nie auf, Sven."
Wir saßen um die Feuerstelle. Sven erzählte irgendeine Geschichte von einem Delfin, der in einem See gefunden wurde, Katrin kicherte in sich hinein, Ariane legte die Servietten aus. Ich sagte wenig, hörte mehr zu. Die Stimmen mischten sich mit dem

Zischen des Grills, dem Knacken des Feuers. „Schmeckt gut", sagte ich irgendwann leise, mehr aus Pflichtgefühl als aus echtem Genuss. Markus nickte zufrieden.
„Morgen holen wir frisches Brot. Und vielleicht Fisch. Direkt vom Hafen." Als die Sonne langsam tiefer sank, machten wir uns auf zum Strand. Der Weg führte aus dem Campingplatz hinaus, vorbei an kleinen touristischen Geschäften: ein Fahrradverleih, ein Laden für Taucherbrillen, einige Imbissstände.
Ich lief etwas hinter den anderen, meinen Blick auf die Düne gerichtet, die sich langsam vor uns auftat. Dahinter - das Meer.

*

Und dann standen wir da. Das Mittelmeer vor uns, in voller Weite. Das Wasser funkelte, Kinder spielten im Sand, Erwachsene standen knietief in den Wellen. Markus zog sich sofort die Schuhe aus. "Kommt!" rief er. "Kommt ans Wasser!" Er lief mit Ariane Hand in Hand Richtung Ufer.
Ich sah, wie sie lachte, zögerte, dann doch mitlief. Sie sprangen in die Wellen, klatschten sich gegenseitig nass."Es ist warm! Kommt rein!" rief Markus,
Ich ging ebenfalls ins Wasser. Dankbar, dass ich meinen Oberkörper nicht zeigen musste.
Markus hatte sein Hemd inzwischen ausgezogen und auf den Strand geworfen, aber Ariane trug noch ihr Top. Auch Katrin zog nur ihren Pullover aus und stand im ärmellosen Shirt da.
Sven kam nicht weiter als bis zu den Knöcheln in das Wasser. „Ist mir zu kalt!" sagte er, aber sein Gesicht leuchtete. Er war glücklich. Ich glaube, er hatte noch nie ein richtiges Meer gesehen. Dieses salzige Wasser, die unendliche Weite, und die Sonne, die langsam im Horizont versank.
Ich ging weiter, bis mir das Wasser um den Hals schlug. Der Wind streifte mein Gesicht. Und zum ersten Mal, seit wir losgefahren waren, spürte ich so etwas wie Freiheit.
Echt.
Ungefiltert.
Ich atmete tief durch. In diesem Moment war alles gut. Einfach gut.

*

Wir gingen zurück. Setzten uns vor unsere Zelte in aufgeklappte

Campingstühle und ließen den Abend verstreichen. Nach dem Ausflug zum Strand und dem Grillen war ich erschöpft, doch nicht erschöpft genug, um Ruhe zu finden.
Sven hingegen war voller Eindrücke, aufgewühlt von allem Neuen um ihn herum. Er redete ununterbrochen, stellte Fragen, schwärmte, kommentierte jede Kleinigkeit. Es dauerte ewig, bis er zur Ruhe kam.
Und selbst, als er irgendwann in seinem Schlafsack auf einer Isomatte eingeschlafen war, blieb sein Atmen unregelmäßig. Als würde er auch im Schlaf nicht loslassen können. Ich lag still daneben auf meiner Isomatte, die Arme über dem Kopf verschränkt, und starrte in die Dunkelheit des Zeltes. Irgendwann muss ich eingenickt sein.
Aber mitten in der Nacht schreckte ich auf. Einer meiner vielen Albträume hatte mich geweckt. Mein Herz schlug zu schnell, mein Atem war flach, ich fühlte mich eingeklemmt. Ich brauchte Luft. Ich musste raus. Leise, um Sven nicht zu wecken zog ich mir meine Schuhe an, öffnete den Reißverschluss des Zeltes und schlich hinaus in die Nacht.
Der Campingplatz lag still unter dem samtigen Nachthimmel. Die Luft war noch immer warm, angenehm warm, es war gegen zwei oder drei Uhr morgens. Die Grillstelle glomm nur noch schwach vor sich hin.
In der Ferne hörte ich vereinzelte Stimmen, Musik, Lachen. irgendwo schien das Leben weiterzugehen. Ich ging langsam Richtung Ausgang des Platzes, vorbei am Tor des Campingplatzes, durch das wir am späten Nachmittag mit dem Gruppenbus hineingefahren sind. Ein Pförtner auf einem klapprigen Plastikstuhl saß da und schaute fern, in so einer Art Gartenhütte. Er nickte mir zu, als ich vorbeiging, musterte mich aufmerksam, aber ohne Argwohn. Ich nickte zurück, wortlos.
Italienisch sprach ich nicht, also hielt ich mich an Gesten. Die Wege hinunter Richtung Strand waren fast menschenleer. Vereinzelt sah man die stumme Silhouette eines Urlaubers, der betrunken in Richtung Zeltplatz wankte. Ansonsten war niemand mehr unterwegs.
Die kleinen Läden, die tagsüber mit Taucherbrillen, Postkarten und

aufblasbaren Gummitieren gefüllt waren, lagen im Schatten der Nacht, verschlossen, stumm. Nur aus der Ferne drang noch Musik. Ich spürte eine Mischung aus Unruhe und Trost, ging aber weiter, über die Düne, und setzte mich schließlich in den Sand.
Vor mir das Meer. Die Wellen rollten träge an den Strand, gleichmäßig, beruhigend. Der Himmel war so klar, wie ich ihn noch nie erlebt hatte.
Die Sterne funkelten, und der Mond spiegelte sich silbern auf der Wasseroberfläche. Der salzige Geruch, das leise Rauschen, alles war fremd und zugleich seltsam vertraut.
Es war friedlich und unheimlich zugleich. Ich saß da eine Weile, regungslos, und ließ es auf mich wirken, als plötzlich eine Hand meine Schulter berührte.
Ich zuckte zusammen. Es war Katrin. „Ich hab gehört, wie du gegangen bist," sagte sie leise, fast flüsternd. „Da wollte ich nur schauen, wo du hin bist." Ich schaute sie fragend an. „Weiß Markus, dass ich weg bin?" Sie schüttelte den Kopf. „Nein. Ich glaub nicht. Ich hab nur gehört, wie du den Reißverschluss geöffnet hast. War nicht schwer."
Sie lächelte schwach, und ich wusste nicht, ob es ein echtes Lächeln war. Dann sagte sie: „Komm. Lass uns näher ans Wasser gehen."
Erstaunt darüber zog ich meine Schuhe aus und ging barfuß über den kalten, feuchten Sand. Auch Katrin schlüpfte aus ihren Sandalen. Wir setzten uns so nah ans Wasser, dass die Wellen manchmal unsere Füße, und manchmal sogar unsere Beine umspülten.
Es war, als würde das Meer mit uns spielen. Mal näherkommen, mal wieder zurückweichen. Wir schwiegen eine Weile. Die Atmosphäre lag spürbar zwischen uns, aber nicht unangenehm. Eher so, als würde sie etwas in uns lösen.
„Was bedrückt dich?" fragte sie irgendwann. Ihre Stimme war ruhig, aber klar. Sie sah mich direkt an, große, ernste Augen. Ich konnte dem Blick kaum standhalten.
Ich zögerte. „Warum fragst du das jetzt?" Meine Stimme war brüchig. Ich traute der Situation nicht. Es war so... ungewohnt. „Hat Markus dich geschickt?"

Sie schüttelte nur den Kopf. „Nein. Ich bin nur neugierig, und du bist... so still immer."
Ich zögerte wieder. Dann sagte ich leise: „Es ist einfach... alles zu viel. Ich hab Dinge gesehen, weißt du? Dinge, über die ich nicht reden will. Ich will nicht, dass die Erinnerungen mich hier einholen."
Sie sagte nichts. Sie nickte nur. Akzeptierte es einfach. Ich wagte einen Blick zu ihr. „Und du? Warum bist du immer so... ruhig? Immer wie in Nebel gehüllt?"
Sie lächelte kaum merklich. „Weil es bei mir genauso ist wie bei dir." Mehr sagte sie nicht. Und das genügte. Es war, als hätten wir uns in diesem kurzen Austausch näher kennengelernt als in all den Tagen davor.
Es war ein stilles Verstehen.

*

Ich überlegte, ob Kathrin möglicherweise so etwas wie eine Freundin werden könnte. Irgendwie erinnerte sie mich an Sabrina, die ich voriges Jahr mal getroffen hatte. Wir hatten uns im Stadtpark beim Saufen kennen gelernt und uns gut unterhalten. Ich hatte nach kurzer Zeit bei ihr schon das Gefühl, möglicherweise einen Menschen gefunden zu haben, dem ich vertrauen konnte. Aber ich hatte zu mir selbst viel zu wenig Zutrauen, um ganz aus mir herauszugehen. Dennoch sollte Sabrina das erste weibliche Wesen sein, dem ich etwas näher kam.
Johannes und ich hatten an zwei Abenden hintereinander versucht, in das Restaurant am Silbersee einzubrechen.
Am ersten Abend fehlte uns das passende Werkzeug und am zweiten Abend lauerte wohl die Polizei schon in der Nähe. Auf jeden Fall mussten wir schnellstens die Flucht ergreifen. Von Sabrina wusste ich, dass sie mit ihren Schwestern und ihrem Vater in der Nähe wohnte.
Es war tief in der Nacht, als ich durch Steinchenwerfen versuchte, sie ans Fenster zu locken. Irgendwann gelang es mir: „Kann ich kurz rein? Ich hab echt Scheiße gebaut" hatte ich gekeucht.
Sie ließ mich rein und bot mir auch einen Platz in ihrem Bett an. Es war ein schönes Gefühl, neben ihr zu liegen und sie später sogar in den Arm zu nehmen. So schliefen wir ein, bevor ich am Morgen

früh genug wieder abgehauen bin.

Katrin war wohl ähnlich gebaut wie Sabrina und hatte eigentlich auch ein schönes Gesicht, in dem aber sehr abwesende und oft auch abweisende Augen nicht unbedingt signalisierten, dass dahinter ein warmes Zuhause zu finden war.
Deshalb verwarf ich den Gedanken an eine mögliche Freundschaft sehr schnell wieder und beschloss, sie als nicht mehr zu betrachten, was ich auch war: Ein intensivpädagogischer Problemfall für Markus und Ariane.

*

Der Himmel begann, heller zu werden. Die ersten Anzeichen der Morgendämmerung zeichneten sich am Horizont ab. Katrin stand auf. „Komm. Wir müssen zurück. Bevor jemand merkt, dass wir weg waren."
Sie hatte recht. Leider. Wir gingen zurück. Den Weg über die Düne, vorbei an den stummen Geschäften, zurück zum Platz. Der Pförtner war in seiner kleinen Gartenhütte eingeschlafen, sein flimmernder Schwarz-Weiß-Fernseher flackerte vor ihm. Alles war still.
Zurück am Zeltplatz schlich ich in mein Zelt. Sven lag auf seiner Isomatte, halb aus seinem Schlafsack gerutscht. Er hatte sich die Füße freigestrampelt. Ich hörte, wie der Reißverschluss von Katrins Zelt sich schloss, leise, vorsichtig. Aber aus dem Zelt daneben ein Räuspern. Markus. Wach. Ein Räuspern, das klang wie ein stummes "Ich weiß, dass ihr weg wart.“
Kein Wort, kein Vorwurf, nur dieses eine Geräusch. Ich legte mich wieder hin, drehte Sven den Rücken zu, und hoffte, er würde noch ein paar Stunden schlafen. Ich war jetzt müde. Unendlich müde.

Am nächsten Tag war alles wieder wie immer. Die gewohnten Gespräche, das ständige Bemühen von Markus und Ariane, mich zu irgendetwas zu animieren, und Sven, der augenblicklich hellwach war, als hätte jemand einen Schalter umgelegt - wie ein Sportwagen, der von null auf hundert beschleunigt. Auch Katrin war wieder ganz sie selbst: still, zurückhaltend, distanziert - nicht nur mir gegenüber, sondern eigentlich gegenüber allem. Markus

erwähnte mit keinem Wort die vergangene Nacht. Nicht als wir frühstückten, nicht als wir nebeneinander auf unseren klapprigen Campingstühlen saßen, rund um den aufgeklappten Tisch vor dem Zelt von Markus, Ariane und Katrin. Stattdessen sprach er über den heutigen Plan, als wäre nichts gewesen. „Was wollen wir heute unternehmen?“ fragte er in die Runde, routiniert, gut gelaunt, fast wie ein Lehrer, der seine Klasse motivieren will.
Noch bevor jemand antworten konnte, sprang Sven begeistert auf:„An den Strand! An den Strand!“ Markus lächelte mild. „An den Strand kommen wir noch oft genug. Aber wenn wir schon in Italien sind, dann wollen wir auch was sehen, oder?“
Da war er wieder, der Pädagoge. Der Mann mit dem Bildungsauftrag. Zusammen mit Ariane beriet er sich, warf Orte in den Raum, Sehenswürdigkeiten, historische Städte. Es war schnell klar, dass man nicht alles an einem Tag schaffen würde.
Schließlich fiel die Entscheidung: Wir würden nach Pisa fahren. Dorthin, wo der berühmte Schiefe Turm steht.
Sven war sofort Feuer und Flamme. Katrin hingegen zuckte nur mit den Schultern. Und ich? Ehrlich gesagt hätte ich den Tag lieber am Strand verbracht. Allein.
Dann fiel auf, dass ich sowieso keine Badehose dabeihatte, also spielte es keine große Rolle, ob ich nun mit nach Pisa fuhr, oder nicht.
Das Frühstück verlief ruhig, fast geordnet. Danach verschwanden Markus und Ariane Richtung Sanitärbereich zum Duschen. Kurz darauf gingen auch Katrin und Sven. Ich blieb. Nicht, weil ich keine Dusche gebraucht hätte, sondern weil ich Sven nicht nackt sehen wollte. Und auch sonst niemanden.
Ich genoss die letzte Ruhe dieses Tages, als alle mit Handtüchern über der Schulter um eine Ecke des Platzes verschwanden. Ich rauchte. Ich wartete.
Etwa eine halbe bis dreiviertel Stunde später kamen sie zurück... lachend, lebendig, gelöst.
Auch Katrin lachte, neckte Sven, machte kleine Scherze mit ihm.
Als ich sie so sah, wie sie da gemeinsam zurückkamen, hätte man sie für eine kleine Familie halten können. Markus und Ariane als das junge, moderne Elternpaar, Katrin als ihre stille, zarte Teenager

Tochter, und Sven der lebhafte kleine Bruder.
Dieses Bild brannte sich mir ein. So sehr es schmerzte, ich konnte nicht anders, als zu realisieren: Ich gehörte nicht dazu. Ich wusste nicht, wie lange Sven und Katrin schon Teil dieser merkwürdigen pädagogischen Konstellation waren, aber sie wirkten eingespielt. Vertraut. Ihre Rollen schienen klar verteilt, ihre Dynamik eingeübt. Und Katrins Zurückhaltung, dieses dauerhaft Nebelhafte um sie herum, erklärte ich mir in diesem Moment nicht mehr als Gleichgültigkeit, sondern als schlichte Tatsache: Ich war außen vor. Als sie bei mir ankamen, endete das Lachen. Die Wärme. Die Lebendigkeit. Es wurde wieder ruhig. Nur Sven sprudelte weiter, natürlich.
Aber selbst bei Markus und Ariane bemerkte ich es - diesen Unterschied. Dieses Anderssein, das sie ausstrahlten, wenn ich dabei war. Als würde meine bloße Anwesenheit etwas verändern. Etwas dämpfen.
Und genau dieses Gefühl, das niemand ausspricht, das aber in der Luft lag, das nagte an mir. Ich wusste ja, dass ich ruhig bin. Dass ich mich manchmal zu sehr abkapsele. Aber hier, inmitten dieser Menschen, die mich begleiten sollten, wurde mir deutlicher denn je: Sie waren anders zu den anderen, als sie es zu mir waren.
Und das ließ mich nicht los.

*

Die Fahrt nach Pisa begann früh. Der Himmel war noch blass, als wir alles Nötige ins Auto verstauten. Markus saß am Steuer, Ariane daneben, und hinten auf den Rückbänken verteilt: Sven, Katrin und ich.
Ich ganz hinten alleine, Sven und Katrin zwei Reihen vor mir, nebeneinander. In der Mitte die Reihe blieb leer. Sven plapperte los, kaum dass der Motor lief: von schiefen Türmen, von Pizza, von allem, was ihm einfiel.
Markus ließ ein italienisches Radioprogramm laufen, das nicht zu verstehen war, aber einen Rhythmus gab. Irgendwann wechselte er auf eine CD. Irgendwas mit Gitarre, leicht melancholisch, aber nicht schwer. Musik, die man auf langen Strecken hört, wenn keiner so genau weiß, worüber er reden soll.
Katrin lehnte am Fenster, die Stirn fast an die Scheibe gedrückt, die

Augen halb geschlossen. Der Fahrtwind bewegte einzelne Strähnen ihres Haares, die sich aus dem Zopf gelöst hatten. Ich sah, wie sie mit dem Finger unbewusst Kreise auf das Glas malte.
Sven hatte sich irgendwann zur Seite gedreht, halb an Katrin geschmiegt, weil er müde wurde, und murmelte noch irgendwas von einer Schildkröte, die er gestern gesehen hatte. Ich saß hinten, Schultern leicht eingezogen, sah aus dem Fenster auf die vorbeiziehende Landschaft. Hügel, Olivenbäume, Städte in der Ferne.
Ich sagte nichts. Ich war da, aber nicht dabei. Niemand versuchte, mich in ein Gespräch zu ziehen. Ich war einfach Teil des Wagens, wie das Reserverad.
In Pisa stieg Sven als Erster aus dem Auto, rannte ein paar Schritte voraus und drehte sich dann mit großen Augen zu uns um, als hätte er Angst, wir könnten uns auflösen.
Markus rief ihm hinterher, er solle langsamer machen, aber Sven rannte weiter, von einem Souvenirstand zum nächsten, von einem Brunnen zum nächsten Fotomotiv. Als wir an den Platz mit dem Turm kamen, verlor er sich kurz in der Menschenmenge. Ich sah nur noch seine roten Shorts, wie sie zwischen Fotografierenden verschwanden.
Markus fluchte leise, dann setzte er sich in Bewegung. Ich blieb zurück, beobachtete, wie Katrin neben Ariane stehen blieb, den Kopf leicht zur Seite geneigt, während sie Markus nachsahen. Sie hatte die Arme verschränkt, das Gesicht ruhig, beinahe teilnahmslos.
Nach ein paar Minuten kam Markus mit Sven zurück. Er hatte ihn an der Hand, wie ein Vater einen zu wilden Sohn. Sven grinste nur. Dann wollte Markus ein Foto machen. Das klassische Touristenbild mit dem Turm im Hintergrund. Er baute ein Stativ auf, stellte den Selbstauslöser ein, winkte alle heran.

„Komm auch“, sagte er zu mir, ohne mich anzusehen. Ich trat ein paar Schritte näher, blieb dann aber am Rand stehen. Gerade noch im Bild, aber nicht mittendrin. Als das Foto gemacht war, fragte niemand, ob ich es mir anschauen wolle. Alle betrachteten das Display, lachten, Sven sprang herum, weil seine Hand so aussah, als würde sie den Turm stützen. Ich stand daneben, rauchte eine

Zigarette. Nicht aus Langeweile, sondern um mir eine Rolle zu geben. Wenn man raucht, darf man still sein. Niemand fragt dann, warum man nicht redet.
Der Tag zog sich noch viele Stunden lang. Viel Herumlaufen, viel Sonne, viele Menschen. Markus erklärte Dinge, die ich nicht hören wollte. Ariane machte Notizen, Katrin schien zu allem nur mit den Schultern zu zucken. Ich hatte irgendwann das Gefühl, dass wir alle verschiedene Filme spielten.
Zwar auf derselben Bühne, aber mit anderen Drehbüchern. Ich war ein Statist. Immerhin wusste ich das. Nach dem Foto liefen wir weiter, vorbei an Souvenirläden, Eisdielen und den unzähligen Touristen, die sich wie ein lebendiger Strom durch die Gassen von Pisa bewegten. Irgendwann, als niemand mehr viel Energie hatte, schlugen Markus und Ariane vor, an einer der Imbissbuden haltzumachen. So ein Stand, mit einem riesigen, flachen Tresen, auf dem verschiedenste Pizzastücke lagen. Manche mit Pilzen, andere mit Artischocken oder dünn geschnittenem Schinken, alles auf außerordentlich dünnem Boden.
Kein Vergleich zu dem, was man bei uns „Pizza“ nannte. Diese war frisch, heiß und einfach unglaublich gut. Der Teig war so dünn, dass er fast schon knusprig war, die Aromen so intensiv, dass der Geschmack noch lange nachhallte, auch nachdem der letzte Bissen längst verschlungen war.

*

An fast jeder Ecke in Pisa gab es solche Stände, die mit duftender Pizza Touristen anlockten. Und immer, wenn man sich in eine dieser Gassen begab, fand man irgendwo diesen kleinen Snack, der perfekte Energiekick inmitten der sightseeingmüden Masse.
„Das ist wirklich anders als bei uns,“ sagte Sven begeistert, während er ein weiteres Stück in sich hineinschaufelte. „Viel besser!“ „Ja, das schmeckt wirklich gut,“ stimmte Ariane zu und wischte sich mit der Serviette über die Lippen. Markus nickte nur, mehr mit sich selbst beschäftigt, und Katrin starrte einfach in die Ferne, ihre Pizza fast vergessend in der Hand.
Nachdem wir die Pizza genossen hatten, machten wir uns auf den Weg zurück zum Auto. Der Himmel begann sich zu verfärben, das goldene Licht des Nachmittags schwand und der Abend brach

langsam an.
Auf der Rückfahrt zum Campingplatz war es ruhiger als am Morgen. Sven war erschöpft, plapperte aber trotzdem noch, als hätte der Tag ihn gleichzeitig ausgelaugt und aufgedreht. Ariane saß vorne, scrollte auf ihrem Handy, während Markus fuhr. Die Straßen waren leerer, und ich konnte die späten Sonnenstrahlen im Rückspiegel sehen, die von den Windschutzscheiben der anderen Autos reflektiert wurden.
Irgendwann bemerkte ich einen Blick von Markus, der kurz im Rückspiegel aufflammte. Nicht lang, aber eindeutig. Es war fast ein kurzer Moment der Stille, als er mich anschaute, als ob er wusste, was in der Nacht davor geschehen war, dass ich schon am Strand war und Katrin sich mir dort angeschlossen hatte. Vielleicht war es der späte Blick eines Pädagogen, der einfach spürte, dass etwas nicht ganz in Ordnung war.
„Heute Abend gehen wir alle gemeinsam an den Strand“ sagte er dann, den Blick auf die Straße gerichtet. Sven rief freudig: „Jaaaa, Strand!“, wie ein Kind, das sich auf das nächste Abenteuer freut.
„Ich hab keine Badehose,“ antwortete ich, mehr um die Sache zu beenden als aus wirklichem Interesse. Markus schien kurz darüber nachzudenken, doch anstatt darauf einzugehen, schob er mir plötzlich einen weißen Umschlag durch die Reihe nach hinten „Da ist der Rest. Kleidergeld. Wenn du willst, kannst du dir eine kaufen.“
Ich nahm den Umschlag an, spürte, wieder wie schwer er sich in meinen Händen anfühlte. Aber etwas an diesem Moment war merkwürdig, als ob er mir etwas zugestehen wollte, was ich eigentlich nicht wollte.
„Hast du nicht gesagt, wir gehen später zum Strand?“ fragte ich mich still. Sie hätten auch mit mir zusammen etwas kaufen können, gerade jetzt mit dem Auto, auf dem Rückweg. aber er sagte nichts mehr und fuhr weiter.
Der Umschlag steckte jetzt in meiner Hosentasche und fühlte sich immer weniger wie eine Chance an, sondern mehr wie eine Erinnerung daran, dass ich nie wirklich dazugehören würde.
Als wir endlich zurück zum Campingplatz fuhren und jeder sich

damit beschäftigte, seine Strandausrüstung zusammenzustellen, Handtücher, Badeanzüge, Sonnenschutz, saß ich da und überlegte Ich wollte eigentlich nicht mit ihnen an den Strand gehen. Irgendwie zog mich die Idee, in der Nacht einfach alleine schwimmen zu gehen, mehr an.
Die Vorstellung, den Rest der Gruppe einfach hinter mir zu lassen, allein zu sein, ungestört, war verlockend. Also ließ ich sie ziehen, mit dem Hinweis, dass ich bald nachkommen würde. „Ich kenne den Weg“ murmelte ich. Kurz darauf folgte ich dem Pfad, der Richtung Strand führte. Doch anstatt in einem dieser überteuerten Läden nach einer Badehose zu suchen, zog mich wieder der Klang von Musik und Stimmen wieder in seinen Bann. Doch diesmal gab ich nach. Ich wollte wissen, woher das kam. Die Geräusche drangen aus einem der touristischen Straßenabschnitte, dort, wo die Leute lachten, tranken, sich unterhielten.
Ich setzte mich an eine der vielen, mit Touristen überfüllten Kneipen. Die Kellnerin kam mir direkt entgegen, und ich zeigte auf ein Glas Bier, das ein Tourist ein paar Tische weiter in der Hand hielt.
Der Auftrag war klar: „Das gleiche“, nur ohne dabei ein Wort zu verlieren. Sie nickte, ohne zu fragen, und brachte mir das Bier. Ich bezahlte sofort und bar, mit dem Kleidergeld aus meinem Umschlag, ohne dass jemand auch nur nach meinem Alter fragte.
Es schien niemanden zu interessieren. Ich war einfach ein weiterer Fremder, der in diesem Land mit den vielen fremden Klängen nach etwas Vertrautem suchte. Etwas, das ich schon kannte. Alkohol.
Der erste Schluck war nicht der beste, aber er setzte ein. Es schmeckte nicht gut, kein Bier, das ich je getrunken hatte, konnte mit dem von Langfinger Joe mithalten. Ratskrone. Ewig nicht mehr getrunken, am Anfang gehasst, doch dann irgendwann war es besser als nichts, und dann das Beste. Es schmeckte nach Pisse, aber es machte seine Arbeit.
Hier in dieser Kneipe wurden aus einem Bier dann trotzdem zwei, dann drei, dann fünf. Die Sonne brannte immer noch schwach, als ich mir den Rausch etwas weiter anzog. Das Bild verschwamm aber langsam. Die Menschen um mich herum wurden nebensächlich, die Gespräche leiser. Der Moment verwischte sich, als

wäre alles nur noch ein Hintergrundgeräusch.

Es dauerte nicht lange, da wurde es dunkler, und die Touristen begannen langsam zu verschwinden. Die Kneipe leerte sich langsam, und ich setzte mich auf einen Barhocker, direkt vor der Kellnerin, die jetzt ihre Routine mit einem gelangweilten Lächeln abspulte. Sie stellte mir eine Getränkekarte hin. Sie war voll mit Bildern von Cocktails, die so farbenfroh und vielversprechend aussahen, dass ich es kaum glauben konnte. Ich hatte nie in meinem Leben einen Cocktail getrunken,

Aber ich dachte mir: Jetzt ist es eh zu spät. Markus würde ohnehin merken, dass ich das Geld anstelle für Kleidung für etwas anderes ausgegeben habe. Und sie mussten auch schon längst bemerkt haben, dass ich nicht an den Strand gekommen bin. Was also sollte es noch groß bringen?

Ich bestellte mir daher einen Cocktail. Und noch einen. Und noch einen. Dazwischen immer wieder ein Bier. Und dann wieder Cocktails. So drehte sich der Moment weiter, je betrunkener ich wurde.

Der Suff tat seine Arbeit, und das Rauschen der Bar und die Stimmen verschmolzen zu einem einzigen Klang. Ich verlor langsam die Kontrolle. Ich wollte nicht gehen, aber irgendwann schloss selbst diese Kneipe. Ein letzter Blick auf die leere Fläche, dann war ich draußen. Es war mitten in der Nacht. Ich taumelte im Kreis, versuchte irgendwie, gerade zu bleiben, aber der Boden unter meinen Füßen war unbeständig.

Ich lehnte mich an eine Laterne, suchte Halt - und kotzte. Laut, heftig, als hätte mein Körper beschlossen, dass jetzt Schluss ist. Es war das erste Mal in dieser Nacht. Es sollte aber nicht das letzte Mal bleiben. Es fühlte sich gut an, irgendwie befreiend. Immer, wenn ich mich übergab, schien ein Stück der letzten Monate von mir abzufließen

Ein Teil von Schifferstadt, ein Teil von Welschbillig, ein Teil von allem, was mich drückte. Aber es half nicht. Der Rausch nahm mir alles, was ich brauchte, und ließ nichts zurück.

*

Als ich auf dem Campingplatz ankam, war es spät. Ich hatte immer

wieder den Überblick in den engen Gassen verloren, aber fand irgendwann den Weg dann doch wieder, und ging Richtung Campingplatz.
Mein Zelt stand noch da. Ebenso das von Markus, Ariane und Katrin. Das war lustig. Als ich den Zeltbereich erreichte, stolperte ich ein paar Mal lachend im Dunkeln. Ich war mir sicher, dass meine Geräusche den ganze Campingplatz aufweckten. Ich machte den Reißverschluss meines Zeltes auf und kroch hinein.
Der muffige Geruch von alten Klamotten, von Sonnencreme und Svens stinkenden Käsesocken, der in der Luft lag, überkam mich wie aus heiterem Himmel. Und in diesem Moment konnte ich es nicht mehr halten. Ohne Vorwarnung kotzte ich lautstark in das Zelt.
Der Ekel war kaum zu fassen, als ich mich entschuldigte, aber meine Worte waren nur unverständliches Gemurmel. Es war ein wirres Durcheinander. Sven schreckte hoch, war noch im Halbschlaf, und starrte mich an, während ich stammelte:„Es tut mir leid.“ Aber bevor ich noch etwas sagen konnte, riss Markus mich aus dem Zelt.
Es war, als ob er mich von allem wegreißen wollte, von der Schuld, von dem Chaos. „Komm, Sven, du schläfst bei Katrin“ sagte er mit einem ernsthaften Blick, den ich so von ihm nie gesehen hatte.
Ich versuchte, Worte zu fassen, doch alles, was ich herausbrachte, war gestammelter Unsinn. Ich lachte über mich selbst, über die Situation, über alles, was passiert war. „Komm, Sven, du schläfst bei Katrin“ sagte Markus erneut, als er ihn in Richtung Katrins Zelt schob.
Katrin starrte mich aus ihrem Zelt an, ungläubig, während ich durch die Dunkelheit schwankte. Als Markus mich losließ, als Sven sicher in seinem neuen Zelt bei Katrin war, drehte er sich zu mir und sagte: „Darüber sprechen wir morgen. Gute Nacht“, und verschwand in seinem Zelt.
Der Blick, den er mir zuwarf, war etwas, das ich noch nie von ihm gesehen hatte. Ein echter Zorn, ein Blick, der mir zeigte, dass es nicht nur um den Moment ging, sondern auch um etwas Grundsätzliches.
Ich war stockbesoffen, aber ich wusste: Was auf mich zukommen

würde, wird nichts gutes bedeuten. Es war nicht die Art von Reaktion, die ich von Markus erwartet hatte, aber sie war nun da. Ich schaffte es, in mein Zelt zu fallen. Mein Zelt, das inzwischen ganz von dem Gestank meiner eigenen Kotze durchzogen war. Ich konnte nicht einmal den Reißverschluss hinter mir schließen, als ich in einem vollkommen betrunkenen Zustand in den Schlaf fiel.

*

Es war erst der zweite Tag dieser einwöchigen Reise, und doch war dies der Moment, in dem die Stimmung ihren ab-soluten Tiefpunkt erreichte. Als ich am nächsten Morgen aus meinem Zelt kroch, verkatert, mit flauem Magen, voller Scham und einem gelungenen Filmriss, begrüßte mich Markus nicht wie sonst mit einem knappen, aber wohlwollenden „Guten Morgen".
Stattdessen zischte er mich an, kaum dass ich den Reißverschluss geöffnet hatte: „Wo ist der Umschlag mit dem Kleidergeld?"
Ich suchte meine Hosentaschen ab. Vergeblich. Zog mich dann zurück ins Zelt, kroch tiefer hinein, während davor inzwischen schon Sven und Katrin beim Frühstück saßen.
Beide wirkten verstört, Ariane versuchte angestrengt, sie abzulenken, zu distanzieren, nicht nur von dem Vorfall selbst, sondern auch von mir.

Ich suchte den Umschlag weiter in meinem Zelt. Irgendwo musste er doch sein, dachte ich. Irgendwo. Doch ich fand ihn nicht.
Und mir war noch immer übel, und ich hatte Kopfschmerzen. Ich blieb im Zelt, im Mief von Erbrochenem, Käsesocken und Sonnencreme, zwischen zerwühltem Schlafsack, den Schuhen und mehreren vollgekotzten T-Shirts, die ich mir erst vor dieser Reise von einem Teil meines Kleidergeldes neu gekauft hatte.
Auch Markus saß inzwischen bei den anderen. Ich hörte sie miteinander reden. Ich spürte seine Blicke nicht, aber ich wusste: Wenn ich jetzt den Kopf aus dem Zelt stecken würde, erwartete man, dass ich den Umschlag präsentiere.
Irgendwann, nach endlosem Wühlen, fand ich ihn doch. Und ich öffnete ihn, mit klopfendem Herzen. Von den 750 €, die für Kleidung bestimmt gewesen waren, waren kaum noch mehr als 450 € übrig.

Ich hatte es übertrieben. Aber dass 300 € fehlten? Ich verstand es nicht. Fragmente der letzter Nacht tauchten auf. Ich erinnerte mich an fremde Touristen, mit denen ich irgendwann gesoffen haben musste, an Einladungen, an Lachen, an den Moment, als ich bezahlte, und großzügiges Trinkgeld gab.
Oder war das eingebildet? Hatten sie mich übers Ohr gehauen? Hatte man mir mehr berechnet, als ich überhaupt konsumiert hatte? Ich wusste es nicht. Ich wusste gar nichts mehr. Ob real oder geträumt, alles verschwamm.
Ich zog einen 50 €-Schein aus dem Umschlag. Es würde ohnehin keinen Unterschied machen. Ob nun 300 oder 350 € fehlten, war egal. Von dem Geld wollte ich mir heimlich Zigaretten kaufen.
Aber ab diesem Moment gab es kein „heimlich" mehr. Ab da wurde ich beobachtet wie ein Kind, wie ein Verdächtiger. Selbst Sven, der in seiner Art so kindlich-naiv war, wurde nicht so beäugt wie ich.

*

Die restlichen Tage fühlten sich an wie in Schifferstadt. Es wurden Sehenswürdigkeiten abgeklappert, jeden Tag eine. Ich musste mit, teilnehmen durfte ich aber nicht wirklich. Es war, als hätte man mich aus der Gruppe ausgestoßen. Niemand wollte, dass ich noch auf einem Foto zu sehen war. Ich kapselte mich erneut ab, diesmal nicht aus Trotz, sondern weil ich wusste: Ich war das fünfte Rad am Wagen. Und sie ließen es mich spüren.
Am Ende der Woche stand der krönende Abschluss an. Ein Ausflug in einen Wasserpark. Und dort wurde endgültig auf mich verzichtet. Ich wurde nicht mehr beobachtet, nicht mehr gemaßregelt, ich war einfach nicht mehr Teil des Ganzen. Markus, Ariane, Katrin und Sven tobten im Wasser, rutschten, lachten, waren wieder diese fröhliche Familie. Ich lag auf der Wiese, daneben. Nicht dabei. Nur da.
Rundherum glückliche Familien, fröhliche Touristen, grelle Stimmen, quietschende Rutschen und ich isoliert. Ja, ich hatte einen Ausrutscher, einen Rückfall. Aber dass man mich deswegen so behandelte? Es war, als wäre der Pädagoge zum Wärter geworden, und ich dachte mir: Vielleicht war das die Maske, die ich die ganze Zeit unter den Gesichtern von Markus und Ariane

vermutet hatte. Als hätten sie nur auf einen Grund gewartet.
Dass man mich straft, das hatte ich verstanden. Dass man mir manches verwehrt, ebenfalls. Aber dass man mich vollständig ausschloss, dass man mich wie einen Störfall behandelte, als hätte ich den Anspruch auf Menschlichkeit verwirkt, das war zu viel für meine Gedanken.
Niemand sprach mehr mit mir. Auch Katrin nicht. Und wieder dachte ich an die erste Nacht am Strand. Als sie kam, mich von hinten mit ihrer Hand berührte.
Vielleicht hatte Markus sie ja doch geschickt, als er hörte, dass ich aufstand und heimlich mein Zelt verließ. Vielleicht hatte er wirklich leise gesagt „Katrin, bist du noch wach? Geh mal bitte dem Asi hinterher und schau, dass er keine Scheiße baut.“ So malte ich es mir aus.
Sven hatte nach dem Vorfall regelrecht Angst vor mir. Es tat mir weh. Es tat mir leid, aus tiefstem Herzen. Ich hatte ihn nicht erschrecken wollen. Nicht traumatisieren. Ich war nicht aggressiv gewesen, nicht bösartig Ich war betrunken gewesen, weil mir alles zu viel geworden war.
Ich wollte ihren Urlaub nicht zerstören, ich hatte ihn nur nicht mehr ausgehalten. Aber die schlimmste Strafe war nicht das Schweigen.
Es war, dass ich keine zweite Chance bekam. Keine Gelegenheit, zu sagen „Hört mal, das war unter aller Sau, ich weiß das. Aber es tut mir leid.“ Ich wollte es wieder gutmachen. Diese Chance bekam ich nicht. Statt dessen behandelten mich Markus und Ariane wie ein Monster. Der Vorfall in der zweiten Nacht führte zur Verurteilung am dritten Tag, und ab dem vierten wurde das Urteil vollstreckt. Jeden Tag.
Ich wurde nicht mehr gefragt, ob ich mitessen wollte. Ich durfte nichts mehr mitentscheiden. Man beschloss, und warf mir sinnbildlich die Reste hin.

Auch beim letzten Restaurantbesuch am Abend vor der Abfahrt wurde ich nicht gefragt. Ich musste mit, ja, aber das war alles. Vielleicht glaubte Markus, ich hätte noch mehr Geld beiseite geschafft. Vielleicht wollte er einfach sicherstellen, dass ich

keinen neuen Exzess starte.
Aber das hatte ich längst nicht mehr vor. Ich hatte verstanden, dass das, was ich getan hatte, falsch war. Ich hätte es gezeigt, hätte alles dafür getan. Sogar auf Tabak verzichtet, obwohl es mich innerlich auffraß, dass ich seit jener Nacht nicht mehr geraucht hatte. Ich behielt den 50 € Schein. Aus Trotz. Nicht, weil ich nicht bereute. Sondern weil sie mich ohnehin alle nur noch wie Luft behandelt haben. Weil sie von da an alle auf mich geschissen hatten.
Die Rückfahrt am nächsten Morgen war das Gegenteil der Hinfahrt. Wir fuhren wieder genauso früh los, in Richtung Heimat. Aber diesmal ohne Enthusiasmus. Von niemandem. Auf dem Hinweg hatte sich bei allen noch so etwas wie Freude breitgemacht, vereinzelt war sogar gesungen worden, gelacht, miteinander. Jetzt Stille. Keine gespannte, keine gereizte, aber eine leere, eiskalte. Jeder in sich. Ich am meisten. Wie immer irgendwie, aber doch anders.
Ich saß da wie ein blinder Passagier im eigenen Leben, nicht mehr als ein leises Gewicht auf der Rückbank. Sven und Katrin saßen wieder gemeinsam auf der vordersten, genau hinter der Fahrerkabine von Markus und Ariane.
Dieses Bild sprach für sich. Der Bus zog sich durch die Landschaft, Kurve um Kurve, Kilometer um Kilometer. Es fühlte sich nicht an wie Heimweg, eher wie Rücktransport.
Als wir das erste Mal hielten, eine dieser typischen Raststellen irgendwo zwischen Italien und der Schweiz, stieg Markus aus, und ging wortlos zu einer der Zapfsäulen. Er betankte dieses Trauerschiff. Ich stieg ebenfalls aus, langsam, stumm, lief in die Tankstelle hinein und kaufte mir eine Stange Zigaretten. Kein Versteckspiel. Kein Zögern. Ich nahm die billigsten, die kratzigsten, die nach Kamelhaaren schmeckten.

Es war egal. Ich bezahlte mit dem Schein, den ich behalten hatte. Nicht weil ich noch irgendetwas beweisen wollte, ich habe in diesem Moment einfach etwas in der Hand gebraucht, das Gewohnheit war.
Als ich zurück zum Bus ging, die Zigaretten unter dem Arm, sah Markus mich. Sein Blick war wie ein Schuss, ein Hieb, ein Stich.

Hätte er gekonnt, er hätte mich dort gelassen, zwischen Dieselgeruch und Autobahnschildern. Einfach stehen lassen. Und ich hätte es verstanden. Nicht akzeptiert. Aber verstanden.
Von da an rauchte ich bei jeder Rast. Eine. Dann zwei. Manchmal gleichzeitig, als müsste ich mir irgendetwas reinstopfen, das die Leere in mir zudeckt
Bis mir schwindlig wurde. Katrin sah mich an, als hätte ich den Verstand verloren. Vielleicht hatte ich das. Vielleicht war da wirklich ein Teil von mir weggebrochen in diesen Tagen.
Nicht durch das, was passiert war, sondern durch das, was danach nicht mehr kam. Seit ich in der Gruppe angekommen war, hatte ich immer wieder mal darüber nachgedacht, wie ich mit ihnen reden könnte. Oder ob überhaupt.
Ich hatte nach Wegen gesucht, mich zu erklären, nach Momenten, in denen ich den Mut fassen könnte, ihnen zu zeigen, wer ich wirklich bin. Doch jedes Mal, wenn ich es beinahe geschafft hätte, ließ mich ihre Art zurückweichen. Immer dann, wenn ich gerade ansetzen wollte, blieb mir das Wort im Hals stecken.
Dabei wollte ich reden. Ich hatte es wirklich gewollt. Mit Markus, mit Ariane. Ich hatte ganze Nächte manchmal damit verbracht, durchzudenken, wie ich es sagen würde. Wie ich erklären könnte, was in mir los ist. Dass es Zeiten gibt, in denen ich mich selbst kaum halten kann, weil es in mir tobt wie ein Sturm.
Ich wollte ihnen sagen, dass ich es ernst meine. Dass ich nicht der Mensch bin, der absichtlich alles zerstört, was anderen wichtig ist. Nur dieser kalte Panzer, den keiner mehr durchbrechen wollte - der machte es mir schwer. Zu schwer.
Ich war verstoßen, ja abgestoßen. Aus der Gruppe gedrückt wie ein Makel. Mit jedem Kilometer wurde mir klarer: Es würde auch kein Gespräch mehr geben. Keine zweite Chance. Nicht mal ein Versuch.
Dieser Abend, dieser dumme, hilflose Absturz.
Der Rest der Fahrt verschwamm, und die Zeit verging seltsam schnell. Ich sah ihre Blicke, vor allem den von Markus. Als würde der Zorn Gottes über mir aufziehen. Unter all meinem Trotz und der Wut war ich traurig. Richtig traurig.
Weil ich gewollt hatte, dass es klappt.

EUCH reicht es???
M I R reicht es !!!

Wieder in Oberelz angekommen, fühlte sich erneut alles ganz fremd an. Irgendwie abweisend fremd. So, als hätten sich auch die Architektur, die Einrichtung, die Umgebung von mir abgewandt. Wie an dem Tag, als ich nach meiner Gerichtsverhandlung mit Markus hierher kam, und zum ersten Mal diese Räume hier betrat. Die Küche war fremd, das Wohnzimmer, der Garten hinter meinem Zimmer. Die Einfahrt. Das Badezimmer. Alles war anders. Seltsam anders. Und ich hatte keine Ahnung, ob Markus mich zurück in den Knast schicken würde oder nicht. Die Blicke aller hier warfen mir Fragen zu. Sie stellten sie nicht laut, aber sie waren da. In ihren Augen: „Wie konntest du nur?" oder „Warum hast du das gemacht?“
Und für mich fühlte sich inzwischen selbst der Gang zur Toilette an, als wäre es ein Verbrechen. Dann diese ungewisse Leere, in der ich nicht wusste, ob am nächsten Morgen nicht wieder zwei Polizisten vor mir stehen würden. Mit ihrem ekelhaften Eifel-Platt-Dialekt. Bereit, mir Handschellen anzulegen und mich wieder mitzunehmen.
Ich beschloss, abzuhauen. Nach all dem. Ich wollte alles hinter mir lassen. Auch diesen Dennis, der ich war. Ich wollte ihn in dieser intensivpädagogischen Gruppe, bei all diesen Gesichtern, zurücklassen.
Weil ich nicht mehr konnte. Weil mich diese innere Leere zerriss. Weil mich der Gedanke, nicht sein zu dürfen, wer ich bin, in den Wahnsinn trieb. Ich hatte keine Lust mehr auf diese Rolle, in der ich eh jedes Mal versagen würde. Denn je mehr ich mich in diesen Jungen presste, den alle in mir sehen wollten, desto brutaler schlugen die Erwartungen auf mich ein... und mein Scheitern war keine Frage mehr, sondern ein Ablaufdatum.
Es ist, als würde man gezwungen, einen Mathetest abzulegen, ohne jemals Mathe gehabt zu haben. Vollkommen unvorbereitet, ohne die nötigen Werkzeuge, um zu verstehen, was überhaupt von einem verlangt wird.
Jedes verdammte Mal, wenn ich Mädchen in meinem Alter sah.

Ihre Aura. Diese Art, sich für nichts entschuldigen zu müssen, was doch einfach normal war.

Verletzlichkeit... Zerbrechlichkeit...
DAS IST KEINE SCHWÄCHE!!!

Ich wusste, all das war in mir. Aber meine Hülle verriet es nicht. Sie schrie: Kerl! Mein Aussehen sagte: Junge!
Aber nur, weil ich es sein musste. Weil niemand da war, dem ich es hätte sagen können. Damals dachte ich, ich sei krank. Weil man mir als Kind sagte, das ist nicht normal. Das ist pervers. Aber ich wollte nichts Böses. Ich wollte ICH sein.
Ich wollte nicht stehlen, nicht einbrechen. Ich wollte Hilfe. Ich wollte raus aus diesem Gefängnis, das ich schon spürte, als ich fünf oder sechs Jahre alt war.
Immer wieder hieß es: „Der ist bestimmt schwul." Aber wisst ihr was? Ich bin nicht schwul. Ich hab nie gesagt, dass ich schwul bin. Ich mag Jungs, ja, aber nicht, weil ich schwul bin, nicht weil irgendwer mir das aufgedrängt hat. Ich mag Jungs, weil es für mich normal ist.
Weil es für mich die einzige Realität ist, die ich in diesem Körper und in diesem Kopf finden kann. Aber was niemand begreifen will und was keiner sehen will ist, dass ich nicht als der hier stehe, den alle als „schwul" bezeichnen. Ich bin nicht der, den ihr in diese Schublade steckt, weil das so einfach für euch ist.
Ich bin nicht der, den ihr von außen seht. Ich bin eine Frau. Eine verdammte Frau. Und das wisst ihr alle!

Oder besser gesagt: Das wisst ihr alle nicht. Weil ihr mich nicht sehen wollt. Ihr seht nur das, was in euer Weltbild passt. Ihr seht das Bild, das ihr gezeichnet habt, den Jungen, den ihr seht, der mit seinen verdammten Rollen und Erwartungen umgehen soll.
Und wenn ich mich weigere, in diese verdammte Rolle zu schlüpfen, dann werdet IHR aggressiv. Ihr nennt mich „schwer erziehbar", „zu anders", „nicht normal". Aber was ist schon normal? Was ist normal, wenn ich von klein auf versuche, mich in die Form zu zwängen, die ihr mir auferlegt habt?

Das hat nichts, aber auch GAR NICHTS mit schwul zu tun. Und wenn ihr es trotzdem so sehen wollt, dann seid ihr einfach zu dumm, um zu begreifen, was hier wirklich abgeht. Ich liebe Pink. Ich liebe Rot. Ich liebe Lila. Aber ihr habt nie verstanden, dass das für mich nicht nur Farben sind, das ist ein Ausbruch. Ein Aufbegehren gegen all das, was ihr mir vorgehalten habt.

Es ist mein Körper, meine Seele. Und verdammt, warum soll ich mich dann für euch verstecken? Warum soll ich mich ver-stellen, weil ihr nicht in der Lage seid, etwas anderes zu akzeptieren, als das, was eure blinden Augen sehen können? Ich will tragen, was ICH will. Nicht das, was ihr für mich als „angebracht" haltet.
Nicht das, was ihr mir aufzwängen wollt, nur weil es in euer Bild von mir passt. Ich will ICH sein, in all meiner Authentizität, in allem, was ich wirklich bin.. und wenn ihr das nicht hinbekommt, dann liegt das an euch!
Nicht an mir!
Ich will nicht mehr ständig auf der Flucht vor mir selbst sein müssen. Dieses Doppelleben zerreißt mich. Diese Lüge ins eigene Gesicht. Gebt mir Medikamente, gebt mir Hormone...
Nehmt mir diesen scheiß Penis weg, den ich nie wollte.

Seht ihr dann, was ich bin? Ich bin es leid. Einfach leid. Müde davon, niemanden zu haben. Keine beste Freundin, mit der ich über all das reden kann. Nicht mal irgendeine Freundin, oder auch nur einen Freund, dem ich es auch nur andeuten könnte.
Carlo aus der U-Haft war loyal, ja. Aber wie hätte er reagiert? Johannes hat mich verraten, aber eine Zeit lang war er alles für mich. Mein Halt. Meine Kraft. Der Einzige, der mir zeigte, dass es auch noch andere Menschen gibt. denen es schlecht ging.
Aus ganz anderen Gründen, ja. Aber ich war zumindest damit nicht alleine. Aber was, wenn er den wahren Grund gekannt hätte? Nicht die offensichtlichen, nein.
Ich meine meine inneren Schreie. Diese seelischen. Mein Herz hat nie jemand hinterfragt. Nicht meine Eltern. Nicht die Betreuer im Heim. Während ich mich als Kerl behaupten

musste und dabei als Mädchen innerlich zerbrach. Heim. Knast. Straße.
Immer in Umgebungen, in denen es tödlich gewesen wäre, es jemandem anzuvertrauen. Im Knast hat mir der Arzt den Nagellack von den Füßen geschrubbt.
Warum??? Weil es fatal gewesen wäre, wenn die anderen es gesehen hätten. Und dann kam es doch raus. Und mein Leben wurde zur Hölle.
Und ich musste wieder stark sein. Stärker als ich es in Wirklichkeit war. Ich bin tausendmal zerbrochen. In mir. Außerhalb. Ich habe geweint. In mir. Nach außen. Immer wieder kam ich in Situationen, in denen ich alles sein musste, was man von mir verlangte. Aber nie das sein durfte, was ich bin.

Dieser starke, asoziale Dennis-Typ da, er hat nichts anderes getan, als Jessica zu beschützen. Wenn er gestorben wäre, wären sie beide tot. Und dann ist Jessica gestorben, als man mir im Knast das letzte Stück Farbe nahm, das mich an sie erinnerte. Und dann ist auch Dennis gestorben. Als das, was ich war. Und der, den ich vorgab zu sein, war nur ein Resultat von allem. Von jedem. Von jedem beschissenen Betreuer, der mich je angesehen hat.
Von jedem Drecks-Jugendamts-Mitarbeiter, der mich für schwer erziehbar hielt, ohne zu fragen:

WARUM MACHST DU DAS?
WARUM TUST DU, WAS DU TUST?

Nicht, weil ich etwa gerne unter Brücken schlafe. Oder meinen Körper im Alter von nur 14 Jahren gerne an einen schmierigen, stinkenden, alten LKW Fahrer verkaufte, nur um von Gewalt und Misshandlung weg zu kommen. Das alles ist, weil ihr einfach gottlos versagt habt.
Weil Wegsehen einfacher war. Weil Körperverletzung als Sportunfall durchging. Weil die Schläge wegen einer winzigen Tüte Zucker mit „Der hat halt manchmal Aggressionen" entschuldigt wurden. Und ich? Ich war nicht „aggressiv“. Ich war nicht „unbeherrscht.“

Ich war zerstört.
Ein Mensch am Ende. Am Ende eines Marathons, den ich nie laufen wollte, nie gewählt hab, aber den ihr mir trotzdem aufgezwungen habt. Barfuß. Durch Scherben. Ohne Ziel, ohne Wasser, ohne Halt. Immer und immer wieder.
Ich hab nicht die Kontrolle verloren. Ihr habt sie mir nie gegeben. Ihr habt mir nie eine Wahl gelassen. Und was ihr „Flucht" nennt, war in Wirklichkeit Selbstschutz. Was ihr „Unangepasstheit" nennt, war mein letzter Versuch, zu überleben.
Wenn jedes „Hilfe" gegen Wände prallt. Wenn jede Grenze überrannt, jeder Schmerz verharmlost, jede Wunde lächerlich gemacht wird. Ihr habt mir kein Etikett einfach nur gegeben. Ihr habt es mir in die Haut gebrannt.

Ihr sagt, ich sei schwer erziehbar?
Aber keiner von euch hat je versucht, mich wirklich zu erziehen, denn Erziehung heißt auch, zuzuhören, Verständnis zu haben, zu verstehen, oder es wenigstens zu versuchen. Erziehen heißt, Fehler nicht einfach zu bestrafen, sondern versuchen zu wollen, es auch zu begreifen, warum ein Mensch Fehler macht.
Warum haut er ab? Wovor läuft er weg? Warum ritzt er sich? Was zum Teufel löst diese verdammten Gefühle aus? Warum besäuft er sich, bis nichts mehr geht?
Was wurde wann zu viel?
Das ist Erziehung. Nicht das, was ihr mir gebt.
Nicht mehr mit der Gruppe zur Schule mitgenommen zu werden, oder mit der Gruppe aus der Schule abgeholt zu werden, stattdessen laufen zu müssen.
Mir mein Radio wegzunehmen, das nichts macht, außer Musik zu spielen, während ich sonst nichts, wirklich gar nichts mehr hatte...
Mich aus Gruppenaktivitäten auszuschließen, mich mit Ignoranz zu strafen. Als ob das irgendwas erziehen würde. Ihr nennt es „Erziehung" , ich nenne es emotionale Verwahrlosung.
Ich bin nicht die, die hier versagt hat, IHR wart es!
Alle!
An jedem verdammten Tag!

Und genau deshalb hab ich keine Lust mehr.
NICHT ICH hab es nicht verdient, hier zu sein.
IHR habt nicht verdient, MICH hier zu haben...

*

Ich bin in der ersten Nacht nach unserer Ankunft aus der Gruppe in Oberelz geflohen.
Noch in dieser ersten verdammten Nacht. Alle waren müde nach der Fahrt, erschöpft, ausgelaugt, und auch ich war es. Aber der Drang in mir war lauter, größer, unaufhaltsam. Es war dieser Aufschrei in mir, der alles zerriss, was ich noch zusammenzuhalten versuchte. Ich wollte es einfach hinter mir lassen, ohne Plan, ohne Ziel, einfach nur weg.
Ich war mir der Konsequenzen nicht wirklich bewusst, nicht in diesem Moment. Vielleicht war es mir auch egal, vielleicht war mir einfach alles egal, weil ich innerlich tot war. Ich glaube, ich war seit meiner Entlassung nicht wirklich anders, als ich es während meiner Haft in Schifferstadt schon war.
Oder davor, in Welschbillig. Es war immer das selbe Muster. Wenn ich dachte, es könnte nicht mehr schlimmer kommen, kam es schlimmer. Nicht nur ein bisschen. Nicht nur ein kleiner Schlag ins Gesicht, sondern direkt drauf, mit dem Hammer.
Es war, als würde mich das Elend verfolgen. Als hätte sich das Pech wie ein Schatten an mich gekettet.
Und dann redete ich mir immer wieder ein, wie viel Glück manche Menschen haben. Und ich meine nicht dieses oberflächliche Glück, nicht Lottogewinne oder Traumautos zu besitzen.
Ich meine Glück, das viel banaler, viel tiefer war..
Ein Dach über dem Kopf zu haben. Einfach sein zu dürfen, ohne ständig hinterfragt, angesehen und taxiert zu werden. Nicht auf der Flucht sein zu müssen. Dieses Glück, zufrieden zu sein mit dem, was man hat, auch wenn es nicht viel ist. Dieses Glück fehlte mir.
Mir fehlte alles, und ich hatte nichts mehr. Da war nichts mehr, worauf ich mich freute, oder was mich antrieb. Und immer, wenn irgendwo versprochen wurde, dass es besser wird, wurde es schlimmer. Dachte ich auf der Straße, es wäre schlimm gewesen, kam ich auf den Helenenberg, und es wurde schlimmer.

Kam ich wieder auf die Straße...schlimmer.
Wieder Helenenberg, wieder schlimmer.
Schlimmer noch als es davor war. Dann Knast, Heim, Gruppe, noch ein Heim. Und nun wieder Flucht.
Flucht vor diesen Eifelplatt redenden Leuten, die sich aufführten, als seien sie die Heiligen in Person. Sie haben nie Fehler gemacht, nie versagt, sind nie gestrauchelt.

Natürlich nicht. Aber ich strauchelte.
Und warum das alles? Wegen ein bisschen Kleidergeld. Wegen dem verdammten Saufen. Einmal saufen, und Markus war so eisig, als hätte ich ihm persönlich seine Seele aus den Taschen gezogen. Als hätte ich die Reisekasse geplündert und damit allen ihren tollen Urlaub versaut.
Dabei war es Geld vom Jugendamt, für mich bestimmt. Für Kleidung. Freundlich gesponsert von einer Gesellschaft, die mir Wochen davor noch ins Gesicht gesagt hatte, was für einen Scheißwert ich in ihren Augen habe.
Ich wurde verachtet, mit Blicken erstochen, mit Worten niedergemacht. Man trat auf mich ein, während ich noch versuchte, mich zu erklären. Es kam mir nicht nur so vor, als hätte sich die Welt gegen mich verschworen, nein, ich wusste es einfach.
Und alles, was ich berührte, verwandelte sich in Scheiße. In Hundescheiße.
Es ist, glaube ich, unnötig zu erwähnen, dass endlose Tränen mich auf dieser nächtlichen Wanderung begleitet haben. Vier Stunden lief ich. Landstraßen, Felder, wieder Landstraßen. Rechts und links die dunklen Silhouetten weiterer Felder, manchmal ein Bauernhof in der Ferne, der matt erleuchtet war, manchmal nur der Himmel über mir, grau, sternlos.
Ich lief und lief, und irgendwann war mir klar: Sie würden mich nicht suchen. Selbst wenn sie gemerkt hätten, dass ich weg ging. Markus hätte seiner Ariane sicher nur gesagt, ach komm, scheiß drauf. Scheiß auf ihn.
Ich fragte mich, ob es anders gewesen wäre, wäre ich damals direkt zu ihnen gekommen, statt zuerst nach Trier und dann in den Knast.

Aber was heißt schon „anders“? Ich hätte nicht gewusst, dass es hier besser ist als da, hätte ich nicht zuerst das andere erlebt. Und besser... was ist schon besser, wenn dein Inneres dieselbe zerfetzte Masse bleibt?
Ich wäre vielleicht nicht so ein Wrack gewesen, klar. Es wurde erst so richtig kompliziert, als ich nach Welschbillig kam. Und das hat mich dann nach Schifferstadt gebracht.

Vorher war ich einfach nur ‚schwer erziehbar‘, ein Stempel, den man mir aufgeklebt hatte, ohne wissen zu wollen, warum ich anfing zu trinken, warum ich klaute, warum ich abdriftete
Niemand wollte den Schmerz sehen. Und dann kam ich dahin, wo man mich zur „Heimschwuchtel“ erklärt hatte, wo ich nicht nur seelisch, sondern auch körperlich zerbrochen wurde.
Und was ruft das hervor? Einen Fluchtreflex. Wie bei Tieren. Nur war ich kein Tier. Ich war ein kaputtes Kind, das Scheiße gebaut und das Gefühl hatte, niemand wolle es verstehen..

...immer an den Ort der Tat zurück.

Am Morgen, in der Dämmerung, kam ich in Mayen an. Ich streifte ziellos durch die Straßen, an den Schaufenstern vorbei, über die Gehwege, durch kleine Gassen. Schulkinder liefen an mir vorbei, viele, alle Altersklassen. Ich versuchte, nicht aufzufallen, aber ich war müde, zerrissen, erschöpft.
Die lange Fahrt aus Italien, die Anspannung im Bus, das lieblose Ankommen in Oberelz, all das hatte sich wie eine Schicht Kälte auf mich gelegt. Was ich in den letzten Wochen, Monaten, Jahren gesucht habe, war nichts weiter als Liebe. Keine körperliche, keine sexuelle.
Einfach ehrliche Liebe. Jemand, der mich fragt, wie es mir geht. Jemand, der mich in den Arm nimmt, wenn ich sage „Ich fühl mich nicht gut.“
Ein Therapeut, ein Arzt, jemand, der helfen kann, das innere Gefängnis zu öffnen. Aber auch ein wenig Liebe.
Dieses Mal hatte ich einen Rucksack dabei. Darin, T-Shirts, die ich vor der Fahrt nach Italien gekauft hatte, einige davon noch

mit Kotze besprenkelt, aber tragbar.
Und belegte Aufbackbrötchen. Die, die Markus und Ariane extra für die Rückfahrt vorbereitet hatten, damit wir unterwegs bei den Pausen etwas zu essen hätten. Ich hatte sie mir einfach aus dem Kühlschrank genommen.
Ich sah es nicht als Stehlen an. Sie waren schließlich für alle da gewesen. Ich selbst hatte aus Trotz auf der Rückfahrt nichts gegessen, nur geraucht, mich stur geweigert, auch nur einen Bissen anzufassen.
Und so lagen diese Brötchen, die keiner mehr gewollt hatte, zuerst im Kühlschrank der Gruppe und jetzt in meinem Rucksack. Ich aß sie unterwegs. Vier Stück, schlicht, Butter und Salami. Aber sie schmeckten geil. Salami aus Italien...
Pizza und Salami, das konnten sie. Bier nicht. Ich lachte kurz, als mir der Gedanke durch den Kopf ging.

Irgendwann kam ich an einer Schule vorbei. Ich wusste nicht, ob es eine Grundschule war oder eine weiterführende. Es war mir auch egal. Ich weiß nur noch: Ein Streifenwagen fuhr an mir vorbei. Die Polizisten darin warfen mir im Vorbeifahren einen flüchtigen Blick zu. Vermutlich sahen sie in mir nur irgendeinen Schüler auf dem Weg irgendwohin.
Aber sofort schossen die Bilder in mir hoch. Polizei. Eifel-Platt. Handschellen...
Ich war müde, mir war kalt, meine Beine schmerzten. Um weiteren Streifenwagen aus dem Weg zu gehen, hielt ich mich fern von allem, was auch nur entfernt nach Schule aussah und mied die großen Hauptstraßen.
In einer Seitenstraße sah ich dann irgendwann ein leerstehendes Haus. Verfallen, verwildert, der Vorgarten ein einziges Gestrüpp. Ich dachte: Da finde ich Ruhe. Das Haus wirkte verlassen, tot, als würde hier schon lange niemand mehr wohnen. Die Fenster waren blind, der Putz blätterte von den Wänden, das Gebüsch im Vorgarten stand wild und hoch, als hätte es sich jahrelang ungestört ausbreiten dürfen. Ich stand da, sah auf die dunkle Tür, spähte um das Haus herum, suchte nach einem Eingang, nach einem Weg hinein. Aber es war verschlossen.

Ich machte mir längst keine Gedanken mehr über Einbrüche. Ich wollte so etwas nicht mehr tun. Ich hatte keinen Nerv, keine Energie, und vielleicht zum ersten Mal seit Langem auch keinen Wunsch mehr, in fremden Räumen herumzuwühlen.
Wenn es eine richtige Ruine gewesen wäre, dann wäre ich ohne zu zögern reingegangen. Einfach, weil man da keinen stört, weil da niemand mehr ist.
Aber so? In ein verschlossenes Haus? Nein.
Ich trat durch das hüfthohe Gestrüpp des Vorgartens, kämpfte mich durch Dornen und verfilzte Zweige, bis ich halbwegs verborgen hinter den Büschen stand.
Der Boden war feucht vom Tau, der Rasen weich, aber kalt. Ich packte meine Sachen aus dem Rucksack, breitete sie auf dem Boden aus als notdürftige Unterlage gegen die Nässe, und deckte mich mit weiteren T-Shirts ein wenig zu. Als würde es irgendetwas bringen. Dann legte ich mich einfach hin.
Unter freiem Himmel.
Da, wo mich keiner sah, da, wo es egal war, ob ich da lag oder nicht. Ich hörte Autos in der Ferne, Schüler, die an den Büschen vorbeiliefen, hinter denen ich lag. Stimmen, Lachen. Aber all das klang nicht bedrohlich.
Zwischen dem Unkraut und Gestrüpp sah mich niemand. Die Geräusche waren wie ein ferner, sanfter Strom, der mich langsam in den Schlaf trug.

Ich war so kaputt. Körperlich, seelisch, alles. Als ich die Augen schloss, war es gerade hell geworden. Ich denke, es war vielleicht sieben Uhr am Morgen. Ich schlief einfach ein, als wäre ich nur ein Stein, der da lag. Und ich wachte nicht auf, bis der Nachmittag schon längst über mir war.
Als ich aufwachte, war mein ganzer Körper nass und klamm. Der Tau hatte sich in allem gesammelt. Die T-Shirts, die ich unter mich auf das hohe, feuchte Gras gelegt hatte, halfen überhaupt nicht, und auch die Kleidung an meinem Körper fühlte sich kalt und schwer an.
Jeder Luftzug, jeder noch so schwache Windhauch kroch mir in die Knochen, obwohl es eigentlich noch Sommer war.

Ich spürte diese Kälte tief in mir, so, als käme sie von innen. Als ich die Augen aufschlug, wusste ich erst gar nicht, wo ich war. Was war passiert? Warum lag ich hier? Wo war ‚hier' überhaupt? Für einen Moment war da nur Leere, nur ein verschwommener Blick in einen fremden Himmel, und dann kamen die Erinnerungen zurück, langsam, stückweise, wie ein Film, der erst nicht richtig anlaufen will.

Ich erinnerte mich, warum ich hier war, auch wenn ich längst vergessen hatte, welche Wege mich hergeführt hatten, welcher Straßen ich mich bedient hatte, um hierhin zu kommen.

Mein Rucksack diente mir als Kopfkissen, das fiel mir als Erstes wieder ein. Ich griff danach, zog ihn näher an mich heran, öffnete ihn. Viel war nicht mehr drin – nur noch sieben Packungen Zigaretten, die ich von dem Geld gekauft hatte, das ich Markus nicht zurückgegeben hatte.

In meinen Hosentaschen nach meinem Feuerzeug tastend fand ich dann auch noch etwas Kleingeld. Ich zog es raus, zählte es in der Handfläche, knapp vier Euro. Genug, um mir irgendwo etwas zu trinken und vielleicht sogar etwas zu essen zu holen, dachte ich.

Ich hatte schlimmen Durst, meine Kehle war rau, und mein Magen schrie nach etwas anderem als nur Luft und Rauch, und außerdem wollte ich mich irgendwo in einem Laden aufwärmen, ein paar Minuten die Wärme spüren, das Gefühl von drinnen.

*

Nachdem ich zwei Zigaretten im Schneidersitz auf meinen T-Shirts geraucht hatte, machte ich mich auf den Weg, Richtung Bahnhof. Ich meine mit Markus an Bahnschienen vorbeigefahren zu sein, als er mich um Kleider zu kaufen schon mal in diese Stadt gefahren hatte.

Unterwegs kam ich an einem Pennymarkt vorbei, und ging rein. Ich griff eine Packung Toastbrot, eine Packung Fleischwurst und eine Flasche Apfelsaftschorle.

Das Geld reichte sogar noch für etwas Süßes. Ich freute mich, als ich sah, dass die Haribo-Goldbären im Angebot waren. Vielleicht würde mir der Zucker ein bisschen Energie geben.

Ich bezahlte, steckte alles in meinen Rucksack, und ging aus dem Laden. Als ich wieder draußen war, setzte ich mich etwas abseits

der Parkplätze an eine Laderampe für LKW. Dort begann ich hektisch, das Brot mit den Wurstscheiben zu essen. Ich kaute gierig, als wäre ich seit Tagen nicht mehr satt geworden.
Dann bemerkte ich die Blicke. Menschen, die vorbeigingen, sahen mich an. Vielleicht dachten sie, ich wäre obdachlos, verloren, jemand, der nicht wusste, wo er hingehört. Ich ignorierte sie.
Ich bemerkte auch, dass immer wieder Mitarbeiter vom Penny herauskamen, Mülltüten in die großen schwarzen Tonnen warfen, die auf der Laderampe standen. Bunte Verpackungen, Kartons, Sachen, die ich nicht genau erkennen konnte. Ich fragte mich, Schmeißen die da wirklich Essen weg?
Als gerade niemand zu sehen war, ging ich vorsichtig zu einer der Tonnen, zog den Deckel hoch, und traute meinen Augen kaum. Lebensmittel... Obst. Bananen, die zwar außen schon braune Stellen hatten, aber immer noch lecker aussahen. Es roch ein bisschen faulig, wie Müll eben riecht, aber vieles darin war noch original verpackt, nicht mal abgelaufen oder höchstens kurz davor.
Ich fragte mich, warum sie das nicht mehr verkaufen konnten, oder warum sich nicht mal die Mitarbeiter darüber hermachten.
Ich bereute sofort meinen Einkauf. Mit einem fast schon gierigen Gefühl wühlte ich mich durch den Inhalt der Tonne, nahm Schokoladentafeln, Kekse, sogar ein paar Packungen Eistee heraus.
Ich stopfte meinen Rucksack voll, und es kam mir vor, als wäre das hier ein kleines Zeichen. Ein Zeichen, das mir sagte: Du musst nicht einbrechen, um klarzukommen. Es geht auch anders.
Klar, von meinen Einbrüchen früher konnte ich mir Döner leisten, McDonald's, Pizza, alles, worauf ich Lust hatte. Aber das hier? Das war besser als nichts, viel besser, dachte ich mir. Und irgendwie fühlte es sich nicht falsch an.
Zufrieden, mit einem vollgestopften Rucksack, machte ich mich wieder auf den Weg durch die Stadt. Ich bemerkte, dass die Sachen in meinem Rucksack alle ein bisschen nach Müll rochen, und wahrscheinlich zog ich die Fahne davon hinter mir her. Aber das machte mir keine Sorgen.
Unterwegs aß ich ein paar der Bananen, deren Schalen schon

weich und braun waren, aber das Fruchtfleisch darin war süß und lecker.
Irgendwann am Bahnhof angekommen wusste ich aber plötzlich nicht mehr, wohin ich eigentlich fahren sollte. Mir war klar: Ich musste schwarzfahren.
Ich wusste auch, dass ich hier nicht bleiben wollte. Die Dialekte, die ich hier hörte, erinnerten mich zu sehr an Welschbillig, an alles, wovon ich wegwollte. Ich musste raus.
Ich schaute auf die Schilder an den Bahngleisen. Andernach, Koblenz. Spontan entschied ich mich, auf einen Zug Richtung Koblenz zu warten. Also setzte ich mich ans Gleis, rauchte, aß aus meinem mit Müll vollgestopften Rucksack und beobachtete die Züge, die ein- und ausfuhren.
Als sich schließlich ein Zug auf meinem Gleis näherte, spitzte ich nochmal aufmerksam die Augen und scannte den Bahnsteig.
Als der Zug vor mir hielt, sah ich keinen Schaffner, keinen, der draußen dem Lokführer Signale gab. Dann stand ich auf, zog meinen Rucksack fester an mich, atmete tief durch, und stieg ein. Irgendwohin. Irgendwie in Richtung Koblenz..

*

Eine Durchsage des Zugführers kündigte den Fahrgästen an, dass unsere Reise nach Koblenz bald enden würde. Er wünschte allen eine gute Weiterreise und verabschiedete sich freundlich.
Seine Stimme klang sehr sympathisch, und ich versuchte mir in Gedanken ein Bild von ihm zu machen. Vielleicht hatte er ein hübsches Gesicht, vielleicht einen leichten Dreitagebart, der seine Gesichtszüge betonte, ein freundliches Lächeln, das man zwar nicht sah, aber irgendwie hörte.
Sein Tonfall, seine Art zu sprechen, das klang fast so, als würde er sich selbst gerade auf seinen wohlverdienten Feierabend freuen. auf das Nachhausekommen, vielleicht zu seiner Frau und seinem Kind.
Wie sehr wünschte ich mir in diesem Moment, einfach die Frau von irgend jemandem zu sein. Zu Hause die Kinder zu hüten, meinem Mann das Essen zuzubereiten, während ich auf ihn warte, bis er von seinem langen Arbeitstag nach Hause kommt. Ich stellte mir vor, wie ich dort stehe, in einer wunderschön eingerichteten Küche,

mit langen Haaren, in einem schönen Kleid, mit einer Schürze am Herd. Unsere Kinder mir helfend beim Knödelrollen. So wie ich es damals bei meiner Pflegemutter getan hatte, während mein Pflegevater an Sonntagen auf dem Hundeplatz war. Wie sehr wünschte ich mir einen Mann, der seine Hände schützend über mich hielt, jede Gefahr von mir abwendete, irgendwie, notfalls auch mit Gewalt.
Sich mit den Justizbeamten prügelnd, mit der Polizei, die mich verhaften wollte, und mir zurufend: „Jessica, mein Schatz, lauf! Ich halte sie auf!" Alles wirre Gedanken, die sich in andere Gedanken verwickelten, bis ich schließlich durch den Ruck des Stillstands aus meinen Träumen gerissen wurde. Ich musste raus...

Irgendwann stand ich dann auf einem Bahngleis, umgeben von hektischen Menschen, die an mir vorbeihuschten, mich anrempelten, alle auf dem Weg irgendwohin. Sie wollten ans nächste Gleis oder aus dem Bahnhof hinaus, hinein in die Stadt.
Ich aber stand da und empfand nur Leere. All diese Menschen wussten, wohin sie gehen werden. Ob sie nun in einen anderen Zug stiegen, der sie woanders hinbringen sollte, oder ob sie hinaus aus dem Bahnhof mussten. Sie alle hatten eine Richtung, einen Weg.
Nur ich wusste nicht, wohin. Ich suchte mir eine Sitzmöglichkeit, und fand eine graue Bank irgendwo am Gleis, umgeben von Glas und Fahrplänen.
Die Durchsagen am Bahnhof erinnerten mich mehr an eine Abflughalle als an einen Bahnhof. Sie hagelten auf mich ein, und vermischten sich ineinander.

Bis eine weitere Durchsage mich aufschreckte: Regionalexpress 17, Richtung Homburg/Saar. Ich erstarrte kurz. Homburg? Das war doch da, wo Johannes und ich… Homburg war nicht weit von Landstuhl entfernt. Und in Landstuhl war Langfinger Joe.
Ich dachte, das ist der Plan. Nicht irgendwie nur ein Plan, sondern mein Plan. Ich bekam wieder ein Ziel. Hier konnte ich ohnehin nicht bleiben. Ich würde irgendwann auffallen, wenn ich zu lange hier sitzen und in keinen Zug steigen würde.
Also ging ich auf Gleis 6, auf welchem die Durchsage den Zug

”

Paradoxerweise war es genau dort, im physischen Gefängnis, wo mir klar wurde, dass ich schon mein ganzes Leben lang eingesperrt war. Nicht in Beton und Stahl, sondern in Rollen, in Körper, in Erwartungen, in einem Ich, das nie meins war.

Die wahre Haft begann nicht mit der Untersuchungshaft - sie war schon immer da. Und ich brauchte Mauern um mich herum, um zu erkennen, wie viele Mauern in mir selbst standen.

”

nach Homburg angekündigt hatte. Ich hoffte, dass mich das Glück, aber kein Schaffner diesen Zug begleiten würde.
Am Gleis angekommen fuhr etwa 10 Minuten später der Zug nach Homburg ein. Der Regionalexpress 17.
Aus diesem Zug stieg ein Schaffner aus und ging einfach. Wie viel Glück kann man haben? Der Zug hatte einen Schaffner an Bord gehabt, aber anstelle zu kontrollieren, stieg er aus und ging.
Innerlich lachte ich über diesen geilen Zufall, und stieg in den letzten Waggon ein. Von meinem Sitzplatz aus konnte ich einen großen Teil des langen Waggons überblicken.
Direkt nach der Abfahrt war es noch ziemlich voll. Leute, die sich durch die engen Gänge schoben, auf der Suche nach einem freien Platz, Taschen in die Ablagen stopften, genervt mit Koffern hantierten.
Doch nach ein paar Minuten beruhigte sich das Gewusel. Die meisten hatten sich hingesetzt, manche standen noch telefonierend im Durchgang, oder lehnten an den Türen. Ich saß relativ weit hinten, nah an der Toilette, und hatte dadurch einen guten Überblick nach vorne. Ich konnte sehen, ob jemand den Gang entlangkam. Sollte ein Schaffner auftauchen, würde ich es rechtzeitig merken. Dann könnte ich schnell auf die Toilette verschwinden oder bei einem der nächsten Zwischenhalte einfach aussteigen, um es mit dem nächsten Zug zu versuchen.
Aber ich konnte ungehindert mitfahren, und nach schließlich drei Stunden war ich dann in Homburg. Endlich.
.Ich dachte nicht, dass die Fahrt so lange dauern würde. Aber dieser Gedanke verflog schnell. In Homburg kannte ich mich inzwischen schon etwas aus, und ich wusste, dass der Transregio, diese kleine Bimmelbahn, wirklich fast nie einen Schaffner hatte.
Oft bin ich mit ihm hierher gefahren, mit Johannes, die Taschen voller Geld. Wir hatten immer Fahrkarten gekauft, aber nie wurden wir kontrolliert. Der Zug stand auch schon an Gleis 1 und wartete.
Es war ein kleiner Zug, ein Triebwagen, der keine separate Lok hatte. Einfach ein einziger kurzer Wagen mit Führerständen an beiden Enden. Man konnte gemütlich am Bahnsteig entlanglaufen und durch die großen Fenster schauen, um zu sehen, wie viele

Fahrgäste schon drin saßen oder ob irgendwo ein Schaffner zu erkennen war.
Ich ging bis ganz nach vorne, klopfte vorsichtig ans Seitenfenster des Lokführers, um zu sehen, ob er allein war oder ob vielleicht noch ein zweiter Bahnmitarbeiter mit ihm sprach, der nach Abfahrt rauskommen könnte, um durch den Zug zu gehen. Ich fragte ihn, wie lange es noch bis zur Abfahrt dauerte, ob ich mir vielleicht noch schnell eine Zigarette anzünden könnte.
Er lächelte kurz und sagte: „Nee, wir fahren in zwei Minuten los. Wenn du mit willst, steig lieber gleich ein, für eine Zigarette reicht's nicht mehr."
Ich blickte mich um wie ein neugieriger Teenager, der das Pult dahinter betrachten wollte. Und auch da war kein wei-terer Mitarbeiter. Nur der Zugführer, der den Zug im 30-Minuten-Takt zwischen Homburg und Kaiserslautern hin und her fuhr.
Also stieg ich ein, ein weiteres Mal ohne Fahrkarte, aber mit Vorfreude, bei Langfinger Joe mit etwas Glück für heute zumindest einen warmen Schlafplatz zu haben. Inzwischen war es auch schon fast wieder dunkel, und ich dachte mir, Wenn ich schon durch Landstuhl laufen müsste, würde ich im Schutz der Dunkelheit wenigstens nicht weiter auffallen, ganz so wie früher.
Und wenn es damals geklappt hatte, wieso dann nicht auch heute? Ich machte mich auf den Weg, auf der Suche nach etwas Vertrautem, zu jemandem, der mich nie verurteilt hatte, bei dem ich vielleicht schlafen durfte. Die Lichter der Stadt schimmerten mir entgegen, als ich aus dem Zug stieg und den Bahnhof Landstuhl betrat. In mir kribbelte es, eine Mischung aus Nervosität und Hoffnung, dieses Gefühl, wenn man etwas wagt, obwohl man genau weiß, dass es jederzeit schiefgehen könnte. Während ich losging, und in Richtung Atzel lief, fragte ich mich, ob irgendwo auf der Welt gerade jemand an mich dachte.
Ob irgendwo jemand war, der sich fragte, wo ich wohl gerade bin? Ob es jemandem auffiel, dass ich fehlte? Aber vielleicht war das auch egal. Vielleicht war jetzt nur wichtig, dass ich wusste, wohin ich wollte. Und ich wollte hoffen, dass ich wenigstens für eine Nacht einen Platz hätte, einen Ort, wo ich mich ausruhen konnte, bevor ich wieder los müsste.

*

Ich ging durch die Straßen, jeder Schritt schwer, als ob der Asphalt meine Sohlen festhalten wollte. Alles erinnerte mich an früher, an die Zeit, als ich schon einmal auf der Flucht gewesen war.
Nur dass damals das Wort „Flucht“ noch eine ganz andere Bedeutung hatte. Damals waren es Betreuer, die nach mir suchten. Das Schlimmste, was mir damals hätte passieren können, war, dass sie mich zurück ins Heim stecken würden. Und auch wenn ich das hasste, wusste ich, dass ich von dort sowieso wieder abhauen würde.
Es war ein Katz-und-Maus-Spiel gewesen, bei dem der größte Einsatz meine Freiheit war, die sich aber am Ende immer nur auf ein paar Nächte, vielleicht ein paar Wochen beschränkte, bis sie mich wieder einfingen.
Aber jetzt war es anders. Jetzt waren es nicht mehr Betreuer mit besorgten Gesichtern, die mich suchten, jetzt waren es Polizisten, die mich mit kalten Handschellen jagen würden. Sie jagten nun keinen Ausreißer mehr. Sie jagten einen Verbrecher.
Einen, der in die Mühlen der Justiz gefallen war, der jetzt nicht nur Schläge und Demütigungen im Heim zu befürchten hatte, sondern die kalte, harte Realität des Gefängnisses, in dem ich jeden Tag ums Überleben kämpfen müsste.
Dieser Gedanke ließ mir Gänsehaut den Rücken hochkriechen. Aber er machte mich auch wachsam. Er ließ mich hinter jeder Ecke, jeder Scheibe, jedem Schatten Gefahren wittern.
Trotzdem schlichen sich auch alte Erinnerungen in meinen Kopf, nagten an mir, quälten mich, während ich die Straßen entlangging. Erinnerungen aus Kindertagen, als ich noch klein auf der Rückbank bei meinen Pflegeeltern im Auto saß. Wenn wir zum Einkaufen fuhren oder mein Vater mich mitnahm auf den Hundeplatz. Dort, wo die Luft nach Wald roch und die Hunde bellten, die Ohren spitzten, wenn wir ankamen.
Diese Erinnerungen lenkten mich ein wenig ab, hielten mich fern von den Gedanken an die Gebäude, an denen ich jetzt vorbeilief. Gebäude, in die ich schon einmal eingebrochen war, die ich längst kannte wie meine Westentasche.
Es zog sich endlos hin, bis ich endlich auf der Atzel war.

*

Ich war traurig. Über alles, was schiefgelaufen war, über alles, was sich so erbärmlich entwickelt hatte. Auf dem Weg durch den dunklen Wald dachte ich einige Male daran, wie es wohl gewesen wäre, hätte ich mein verdammtes Kleidergeld in Italien nicht versoffen. Hätten Markus, Ariane und ich einen Weg zueinander gefunden?
Oder wäre es sowieso irgendwann zerbrochen?
Wäre es vielleicht etwas anderes gewesen, nicht das Geld, nicht die Art, wie sie mich behandelt hatten, das mich am Ende zum Abhauen getrieben hatte?
Ich wusste es nicht. Ich dachte daran, wie blöd ich gewesen war, dass ich nicht wenigstens den ganzen Rest des Kleidergelds behalten hatte.
Aber immerhin hatte ich jetzt einen Rucksack voller Müll. Zeug zum Essen, Kleinkram, und ich dachte, wenigstens Langfinger Joe würde sich darüber freuen.
Ich klopfte, um mich bemerkbar zu machen, und war so froh, dass er da war. Zuhause. Als ich an die Scheibe klopfte, schreckte er auf. Er trug eine Jeanshose und ein vergilbtes Shirt, darüber eine alte Jeansjacke mit Mickey-Mouse-Motiv. Es kam mir schon gar nicht mehr merkwürdig vor, er war eben einfach… anders. In seinem Kopf ein Kind geblieben, obwohl sein Körper längst etwas anderes sagte.

Ich kannte das Gefühl, wenn auch aus anderen Gründen. Nicht kindlich geblieben, aber mein Körper zeigte trotzdem nicht das, was ich war. Als er aufstand, kam er nicht wie sonst zur Tür, sondern sprach durch das Fenster zu mir, als er bemerkte, wer da geklopft hatte.
„Dennis, was machst du hier? Du kannst nicht hier bleiben, die Polizei war ein paar Mal da, hat dich gesucht“, sagte er. Mir war sofort klar, auch das musste Johannes der Polizei damals verraten haben.
„Na toll“, dachte ich. „Hör mal, das ist ewig her, die suchen mich nicht mehr“, versuchte ich ihn zu beruhigen. „Das waren alte Sachen. Ich hab Johannes auch schon ewig nicht mehr gesehen“,

sprach ich entmutigt, flehte ihn an, mich reinzulassen.
„Nein, das geht nicht, bitte geh … ich hab keine Lust auf die Polizei“, sagte er. Ich blickte in seine Wohnung, sah, dass er auf seinem Tisch wieder Stummel aufgedreht hatte.
Ich war mir nicht sicher, ob es klappen würde, aber ich setzte alles auf eine Karte. „Ich hab Zigaretten. Ich geb dir 'ne Schachtel. Und Essen hab ich auch dabei.“
Das war schließlich das Argument, das Langfinger Joe überzeugte. Er zögerte kurz, wägte ab, vielleicht in Gedanken, vielleicht aus Misstrauen.
„Okay, komm rein. Aber nur für heute Nacht“ meinte er. Voller Vorfreude und auch Erleichterung sprang ich über das Geländer und ließ mich nach unten fallen. Die Glastür seiner Terrasse öffnete sich nun, und ich durfte rein.
Ich setzte mich auf dieselbe ranzige, siffige Couch, auf der ich schon viel zu oft geschlafen hatte, auf der Flucht vor Polizei und Betreuern.
Dann verschaffte ich mir auf dem kleinen, klebrigen Fliesentisch vor mir etwas Platz und begann, meinen Rucksack zu leeren. Kekse, Bananen, Schokolade, Eistee-Packungen, noch mehr Kekse, sogar ein Päckchen Reis, das ich gar nicht bemerkt hatte, als ich es eingesteckt hatte. Vermutlich nur deshalb, weil dessen Verpackung so bunt war. Naja, jetzt war es da. Und schließlich: eine Schachtel Zigaretten.
Ich hielt sie ihm hin, und voller Vorfreude nahm er das Päckchen an sich, öffnete es hastig, und zog sich eine raus. „Woher sind die?“, fragte er skeptisch, als er sich die Schachtel ansah.
„Aus Italien“, sagte ich. „Da war ich im Urlaub.“ „Echt? Wo warst du? Was hast du dort gemacht?“ löcherte er mich neugierig. Und ich begann ihm zu erzählen… alles. Naja, fast alles. Das mit dem Kleidergeld und dass ich danach abgehauen war, das verschwieg ich ihm.
Aber ansonsten erzählte ich ihm alles. Vom Campingplatz, vom Meer, von den Dünen, vom Strand, von den klaren Nächten, von den Sternen, vom schiefen Turm von Pisa... Er wollte alles wissen, wie ein kleines Kind, dem du gerade vom Osterhasen erzählst.

*

Natürlich blieb es nicht bei nur einer Nacht. Mir war das klar, ihm war das klar, und so war es dann auch. Langfinger Joe lebte weiterhin seinen Rhythmus. Aufstehen, rauchen, Bier trinken, am späten Vormittag mit dem Zug nach Kaiserslautern fahren, ins Zack Zack.

Dort ein paar Fanta trinken, das Geld, das ihm sein Vater gab, in die Automaten schieben, hoffen, verlieren, zurückfahren. Ich nutzte die Zeit, in der er weg war, um ein bisschen Ordnung in seine Wohnung zu bringen. Spülte das schimmelige Geschirr, das sich in der Spüle türmte, kehrte den Boden, wischte den Tisch ab.

Die überquellenden Aschenbecher leerte ich gewissenhaft in eine leere Tabakdose, denn man weiß nie, wann man wieder auf Stummel zurückgreifen muss, und dann ist es besser, die eigenen Stummel zu rauchen als irgendwelche aus fremden Mülltüten, die nach Katzenfutter und Hundescheiße stinken.

Jedes Mal, wenn Langfinger Joe nach Hause kam und sah, dass wieder irgendwas sauberer war, freute er sich ehrlich. Er bedankte sich mit echter Wärme, aber ich merkte, dass es ihm auch peinlich war. „Du musst das doch nicht machen", sagte er dann, und ich antwortete „Ich weiß. Ich mach's trotzdem gern."

Er fragte nie, wie lange ich noch bleiben wolle, oder wann ich wieder gehe. Ich war einfach da. Nur mittwochs musste ich verschwunden sein, bevor sein Betreuer kam, um nach dem Rechten zu sehen.

*

Mit der Zeit wurde das Essen knapp. Langfinger Joe bekam mittwochs so etwas wie Taschengeld, aber das ging fast vollständig für Tabak und Bier drauf. Essen blieb auf der Strecke.

ich hatte trotz meines Erlebnisses mit dem „tollen BMW"-Fahrer irgendwann doch wieder Kontakt zu Männern gesucht und hatte dabei einiges Geld verdient. Dabei hatte ich gelernt, was sich Ehemänner, Familienväter, angesehene Typen und Angeber alles so wünschten. Der eine wollte, dass ich ihm eine Nadel durch die Brustwarzen stecke, der andere wollte es mit der Hand, der nächste wollte nur an mir herumspielen und sehen, wie er mich zum Abspritzen bringt.

Und auch schmerzhafte oder weniger schmerzhafte Penetrationen

hatte ich inzwischen kennen und ertragen gelernt. Die Aussicht auf Geld für Tabak, Gras und Alkohol machte viele solcher Dinge erträglicher. Und ich hatte gelernt, das alles ohne innere Anteilnahme zu ertragen und zu erdulden. Dass es mein Körper war, den sie benutzten - ja, das war mir klar, aber sie gingen damit meistens sorgsamer um als die Jungs im Heim oder im Knast.
Ich hatte auch in Oberelz noch Kontakte gehabt. Aber in letzter Zeit meldeten sich weniger Männer - das Geschäft lief nicht ganz so, wie es hätte laufen können. Und deshalb kam mir die Idee mit den Mülltonnen sehr clever vor.
Es war kein großer Plan, eher ein Impuls, aber ich dachte an diesen Frischemarkt auf der Atzel, erinnerte mich vage an eine Rampe hinter dem Laden. Ob es da auch Mülltonnen gab? Keine Ahnung, aber es war einen Versuch wert. Ich erzählte Joe davon und fragte, ob er mitkommen wollte. Er zuckte die Schultern, sagte „klar“, und so zogen wir an einem Nachmittag los. Wir gingen zu Fuß.
Hinter dem Frischemarkt angekommen, entdeckten wir tatsächlich mehrere große Müllcontainer neben einer niedrigen Betonrampe. Keine Kamera, kein Mitarbeiter in Sicht. Also gingen wir hin. Die Tonnen waren überraschend geordnet. Eine Biotonne mit Obst- und Gemüseresten, eine für Verpackungen, eine große schwarze für Restmüll.
Wir öffneten den Deckel der großen schwarzen Tonne. Gleich obenauf lagen eingeschweißte Brote, noch weich, nur ein wenig angedrückt. Zwei Tüten Nudeln, deren Mindesthaltbarkeitsdatum erst am Vortag abgelaufen war. In der Biotonne fanden wir ein Netz mit schrumpeligen Kartoffeln, ein paar angeschlagene Zucchini, ein paar Äpfel mit Druckstellen, aber nichts, was wirklich ungenießbar aussah. Und dann, weiter unten: Marmeladengläser, Käse, Joghurt, abgepackte Butter.
Die Kühlkette war natürlich längst unterbrochen, aber die Verpackungen sahen noch gut aus, nichts aufgebläht oder ausgelaufen. Ganz anders bei den Fleischprodukten. Schweinekoteletts in aufgequollenen Plastikschalen, Würstchen in glitschigem Eigenwasser. Der Geruch war süßlich-faul, schon durch die Verpackung. Überall waren Fliegen.
Wir ließen alles liegen, was auch nur annähernd ungenießbar zu

sein schien.
Ich begann, alles einigermaßen Brauchbare in meinen Rucksack zu packen, aber der war schnell voll. Der Reißverschluss ließ sich schon nicht mehr schließen. Langfinger Joe schaute mich an, dann seine leere Bierflasche. Er nahm auch meine an sich, und ging dann wortlos zur Vorderseite des Ladens, und gab sie ab.
Kurz darauf kam er mit einer Plastiktüte zurück. Vom Pfand bezahlt. „Sonst kriegen wir den Rest nicht mit", sagte er und hielt sie auf. Wir packten weiter. Marmelade, Käse, Joghurt, ein halber Laib Brot. Alles, was irgendwie noch zu retten war, nahmen wir mit.
Und dann machten wir uns auf den Rückweg, die Tüte zwischen uns hin- und herschwingend, der Rucksack schwer auf meinem Rücken. Keine Beute im klassischen Sinn, aber für uns war es Essen für ein paar Tage.

5. Buch 2006-2008

Bürgerliches Kurzglück

Vielleicht war es die Gewohnheit, die sich langsam eingeschlichen hatte. Dieses leise, trügerische Gefühl von Sicherheit, als könnte alles so bleiben, wie es war. Ich hatte mich daran gewöhnt, bei Langfinger Joe zu leben, im Verborgenen, untergetaucht, aber frei. Zumindest fühlte es sich so an.
Tief in mir wusste ich, dass es nicht ewig so weitergehen konnte. Es musste irgendwann etwas passieren, irgendetwas musste sich ändern. Vielleicht hatte ich gehofft, dass man die Suche nach mir einfach irgendwann einstellen würde. Dass ich in der Anonymität verschwinden könnte. Aber das war Wunschdenken. Ich lag falsch.
Ich war mir sicher, dass die Behörden davon ausgingen, dass ich wieder straffällig geworden war. Dass ich irgendwo eingebrochen war, vielleicht etwas gestohlen hatte. So wie vorher. Aber allein der Gedanke daran, nochmal so etwas zu tun, löste in mir Panik aus. Seit der Untersuchungshaft war alles anders. Ich hatte Dinge erlebt, die ich nie wieder erleben wollte. Man sagt, der Jugendknast soll abschrecken.
Und ja, genau das hatte er bei mir bewirkt. Alles was hinter diesen Mauern passiert ist, es hat sich eingebrannt. Ich hatte nicht den Hauch eines Gedankens daran, jemals wieder in diese Welt zurückzukehren. Deshalb war ich vorsichtig geworden. Ich machte nur noch das Nötigste. Mülltonnen nach Essbarem durchsuchen, mich verstecken.
Selbst das fühlte sich wie ein Risiko an.
Ich hoffte einfach nur, dass diese kleinen Dinge nicht ausreichen würden, um mich wieder einzusperren. Aber manchmal, wenn es bei Langfinger Joe still war, fragte ich mich: Wie lange noch?
Dann, eines Abends, klopfte es an der Tür. Nicht hektisch, nicht laut. Es war dieses ruhige, aber bestimmte Klopfen, das sofort klar machte, es war ernst.
Ich wusste im selben Moment, in dem es klopfte, dass es die Polizei war, und Langfinger Joe öffnete. Der Ausdruck in seinem Gesicht wechselte augenblicklich vom Gewohnten ins Erschrockene. Der Anblick zweier Uniformierter traf ihn sichtbar.

Er war wie erstarrt, warf mir, der ich noch immer auf dem Sofa saß, einen Blick zu, überrascht, genauso wie ich. Zwei Polizisten standen vor ihm, drängten sich schon ein Stück in die Wohnung, sahen sich um, prüfend, suchend.
„Ist er da?“ fragten sie. Und Langfinger Joe, überrumpelt, verunsichert, sagte schließlich: „Ja.“ Vielleicht hatte er selbst nicht mehr damit gerechnet, dass sie wirklich noch nach mir suchen würden.
Vielleicht hatte er gedacht, es hätte sich längst verlaufen. Aber die Realität stand jetzt vor ihm - in Form von zwei Beamten in Uniform. Ich glaube, in dem Moment bekam er Angst. Nicht um mich. Um sich selbst. Angst vor möglichen Konsequenzen.
Ich konnte ihr plötzliches Auftauchen nur mit Johannes erklären. Es war sein Verrat damals, der alles ins Rollen brachte. Er muss der Polizei auch gesagt haben, dass ich oft hier schlief. Dieses Arschloch. Aber das hier war kein Einsatz, wie man ihn aus Filmen kennt. Kein Geschrei. Keine Waffen. Keine Handschellen. Kein Zwang.
Sie haben mich nicht richtig abgeführt. Ich stand einfach auf und ging mit. Weil ich wusste, dass ich es musste. Begleitet von den Beamten stieg ich in den Streifenwagen und nahm auf dem Rücksitz Platz, während einer der beiden hinten zu mir stieg. Der Wagen stand ruhig vor dem Haus, ohne Blaulicht, ohne Warnblinker, einfach unauffällig zwischen den anderen Autos geparkt. Ich starrte aus dem Fenster, während sich der Wagen in Bewegung setzte und die Straßen langsam an mir vorbeizogen.
„Warum bist du dort abgehauen?“, fragte der Beamte, der sich neben mich setzte, mit freundlichem Ton. Auch der Fahrer warf mir einen fragenden Blick zu.
„Das würdet ihr nicht verstehen“ antwortete ich, resigniert. Ich wusste nicht, wohin sie mich bringen würden oder was dort auf mich wartete. Die Polizisten jedenfalls waren anders, als ich es erwartet hatte. Nicht hart, nicht kalt.

Auf der Wache angekommen bot mir ein weiterer Beamter ein Glas Wasser an. Später reichte er mir sogar etwas aus seiner Brotdose.
Ich lehnte ab, mein Magen drehte sich ohnehin. Die letzten Tage

bei Joe waren ruhig gewesen. kein Stress, keine Angst, keine Flucht. Ich hatte mich fast sicher gefühlt. Fast.
Ich fragte die Polizisten unentwegt, muss ich zurück in den Knast? Doch niemand gab mir eine Antwort. Stattdessen brachte man mich in eine Ausnüchterungszelle.
Keine Gewalt, keine Handschellen. Nur ein kurzer Gang durch den Flur, hinunter in den Keller der Wache. Ich kannte die Zellen ja schon. Kannte den Geruch, den Beton. Dann musste ich meine Schuhe ausziehen.
Man gab mir eine Decke und ein Kissen. Beides aus dem gleichen Teebeutel-Stoff wie die Unterhose, die ich im gesicherten Haftraum in Schifferstadt getragen hatte. Diese Erinnerung reichte. Ich war müde. Nicht vom Tag, sondern vom Ganzen.
Ich legte mich hin, aber ich schlief nicht. Ich konnte nicht. Einmal klopfte ich an die Zellentür, als ich einen Schatten unter der dicken Tür sah. Ich bat um Wasser und bekam tatsächlich eine ganze Flasche, die ich in meiner Zelle behalten durfte.
Warum waren sie hier nur so merkwürdig freundlich zu mir? Ich dachte an den Einbruch in der Schule, als sie wahrscheinlich alle mit gezogenen Waffen auf dem Schulgelände standen und auf mich zielten. Wussten sie, wer ich war?

Erkannten sie mich als den, der ich damals war? Ich versuchte, mir Erklärungen zu suchen, nach Antworten zu greifen, doch je mehr ich darüber nachdachte, desto mehr Fragen tauchten auf. Am Morgen öffnete sich die Tür.
Kein „Aufstehen!“, kein scharfer Befehlston. Man bat mich einfach, mitzukommen. Ich trat aus der Zelle und folgte einem jungen Beamten, der wohl gerade erst zum Frühdienst gekommen war, den Gang entlang und hoch in sein Büro. Die Beamten vom Vorabend und der Nacht waren nicht mehr da. Auch der, der mir ein Stück seines Brotes anbieten wollte, lag vermutlich schon nach seiner anstrengenden Nachtschicht zuhause in seinem Bett und schlief...
Der Polizist bat mich, Platz zu nehmen. „Willst du einen Kaffee?“, fragte er. Es war seltsam. Auf dieser Polizeiwache in Landstuhl hatte mir noch nie ein Polizist einen Kaffee angeboten – und ich

war oft hier gewesen, zu Verhören wegen verschiedenster Delikte, ob ich sie begangen habe, oder nicht...
Aber ich hatte schon so lange nichts Warmes mehr zu mir genommen, dass ich reflexartig „Ja“ sagte. Und tatsächlich – kein Scherz. Er verließ kurz das Büro und kam mit einer dampfenden Tasse zurück. Er stellte sie vor mich, dazu ein Tütchen Zucker und ein kleines Kännchen Milch, dann setzte er sich wieder gegenüber, sah mich ernst an und sagte ruhig: „Du wurdest aus deiner Gruppe ausgeschlossen.“

Mir blieb die Luft weg. Irgendwie hatte ich es geahnt, aber dass es so schnell und so endgültig kam, traf mich doch. In Trier hatten sie wenigstens noch versucht, mich zurückzunehmen – obwohl ich dort kaum war. Aber Oberelz? Markus? Klar, die hatten wohl endgültig genug von mir.
Ich war schockiert, nicht überrascht. Aber es traf. Ich wartete auf das Wort „Schifferstadt“, darauf, dass er sagen würde ich käme zurück in den Jugendknast. Doch es kam anders. Er sagte: „Wir bringen dich ins Kinderheim hier in Landstuhl.“
Ich sah ihn an, fassungslos. Landstuhl? Kinderheim? Kein Knast? Ich kannte das Heim. Einige aus meiner alten Schule waren auch dort gewesen, Lebten sogar da. Kein Ort für schwere Jungs. Keine geschlossenen Gruppen
Ein ganz normales Heim - für Kinder, die niemand mehr hatten. Waisen. Verlassene. Und ich? Ich sollte da hin?
Man brachte mir meinen Rucksack. Leer. Die Zigaretten, das bisschen Essen - alles weg. Ich hatte ihn vier Wochen lang bei Langfinger Joe dabei gehabt. Vier Wochen, die sich wie ein anderes Leben angefühlt hatten. Und jetzt war ich auf dem Weg in ein Heim. Kein Knast. Ein Heim. Ein Heim für normale Kinder und Jugendliche, kein Heim für „schwer erziehbare".

*

Ich war so überwältigt davon, dass mir die Tränen kamen. Nicht aus Trauer. Aus Erleichterung. Ich musste nicht zurück nach Oberelz, wo sie mich eh alle gehasst haben. Nicht in die Zelle, nicht in den Beton, nicht in die Angst nach Schifferstadt. Ich bekam eine neue Chance. Ohne Gewalt. Ohne Zwang.

Ich wurde nicht gestoßen, nicht angeschrieen. Man bat mich einfach, im Wagen Platz zu nehmen, und ich stieg ein. Ganz ruhig. Als wir zu dem Kinderheim fuhren, erkannte ich die Straßen. Ich war vor ein paar Wochen noch nachts hier vorbeigeschlichen, auf dem Weg auf die Atzel. Jetzt war ich legal hier. Ohne Angst. Ohne Fluchtgedanken.
Diese Stadt, die mir einst so viel bedeutet hatte und dann nichts mehr, empfing mich wie ein Ort der Rückkehr.
Wir hielten vor dem Heim. Ein großes Gebäude, mehrere Etagen.
Wir gingen hinein und stiegen die Treppe hinauf. Jeder Schritt hallte in mir nach. Oben, auf dem Flur, der nach frischer Farbe roch, war der Eingang zu meiner neuen Gruppe. Die Polizisten übergaben mich einer jungen Erzieherin, die mich freundlich empfing - ohne Mitleid, ohne Vorbehalte.
Ich spürte sofort, dass sie mich nicht als Stempel sah, nicht als Problemkind. Das war so ungewohnt, dass es mir fast die Kehle zuschnürte. Ich wollte ihr etwas sagen, wollte mich bedanken, doch ich brachte kein Wort heraus.
Die Gruppe selbst war leer. Alle waren in der Schule. Ich stand allein da, zwischen fremden Betten, fremden Gerüchen, fremden Spuren von Leben.
An den Wänden hingen Gruppenfotos. Ich trat näher, betrachtete sie, als könnten sie mir etwas über diesen Ort verraten. Die Jugendlichen auf den Bildern wirkten gelöst, fast fröhlich. Kein Hass, keine Härte. Vielleicht war hier kein Ort, an dem man sich ständig verteidigen musste. Vielleicht waren das hier einfach Jugendliche, die wie ich vom Leben aus der Spur geraten waren.

Die Erzieherin zeigte mir mein Zimmer. Es war geräumig, die Wände schlicht weiß, das Fenster ließ sich öffnen. Kein Gitter. Auf einem Regal stand ein Radio. Ich setzte mich aufs Bett, fuhr mit der Hand über die Matratze. Weich. Kein Plastikbezug, keine Kamera über mir. Ich schluckte hart.
Zum ersten Mal seit Langem fühlte ich mich nicht wie ein Fall, nicht wie jemand, den man einfach nur abschiebt. Ich fühlte mich angekommen.
Dieses vorsichtige, leise Gefühl, irgendwo zu sein, wo man

vielleicht bleiben darf. Wo man nicht rennen muss. Wo man keinen Druck spürt. So fühlte es sich an, wenn eine zu lange, zu harte Reise vielleicht ein Ziel findet. Ich wagte kaum zu atmen, aus Angst, dass dieser fragile Moment zerbrechen könnte.
Als die Polizisten sich verabschiedeten, als wären wir alte Bekannte, hörte ich die Erzieherin meinen Namen rufen.
Ich zog die Tür meines Zimmers hinter mir zu, ging in ihr Büro und setzte mich ihr mit klopfendem Herzen gegenüber. Ruhig erklärte sie mir, wie das hier läuft. Die Gruppe, die Regeln - nichts Strenges, kein Korsett wie damals in Welschbillig.

*

Ich hörte zu, sog jedes Wort auf, als würde ich darin einen Schlüssel finden, der mir die Tür zu einem neuen Leben öffnete.
Keine Zigaretten im Zimmer, um zehn Uhr abends zurück sein, wenn man rausgeht. Normale Regeln. Keine, die mir das Gefühl gaben, gefangen zu sein.
Ich atmete ein wenig auf. Sie bat mich freundlich, bei den anderen Jugendlichen nicht zu erwähnen, dass ich bereits in Haft gewesen war. Dass ich aus mehreren Einrichtungen geflogen war.
Ich versprach es ihr. Endlich mal eine Frau, die wusste, was sie tat. Eine, mit der man reden konnte. Nicht wie Ariane, diese blöde Frau von Markus, deren einzige Aufgabe es zu sein schien, sich aus allem herauszuhalten. Bei ihr hatte ich nie das Gefühl, reden zu können.
Aber hier war es anders. Das spürte ich sofort. Und ich spürte, wie tief ich mich danach sehnte, dass es auch so bleiben würde.
Ich blieb oft draußen auf der Treppe vor dem Heim, genoss diesen Moment, nicht mehr rennen zu müssen. Ich beobachtete bekannte Gesichter aus meiner alten Hauptschulklasse, Kinder von damals, jetzt Jugendliche. Mit manchen kam ich ins Gespräch, mit anderen nicht. Ich merkte, wie sich in mir etwas zusammenzog. Das, was ich versprochen hatte – nichts zu erwähnen –, war ohnehin hinfällig.

*

Sie kannten mich hier. Gerade die aus meiner alten Schule wussten, wie mich damals die Polizei aus dem Klassenzimmer abgeführt hatte. Es wurde getuschelt. Hier eingebrochen, dort eingebrochen.

Ich spürte die Blicke. Ich spürte, wie meine Vergangenheit wie ein Schatten über mir hing wie ein Schleier, durch den alle hindurchsehen konnten.
Ich schnorrte mir bei ein paar bekannten Gesichtern hin und wieder eine Zigarette, lief zum Bahnhof, schaute, ob ich Langfinger Joe auf dem Weg nach Kaiserslautern abfangen konnte. Ich wusste, sein Betreuer war mittwochs bei ihm, dann bekam er Taschengeld, und er gab mir was ab. Kein Geld, dafür aber Tabak und Papers. Ich hatte keinen Grund zu klauen, keinen Grund, Angst zu haben.

Und doch war da dieses leise, nagende Gefühl.. wie lange würde das halten?
Ich war dabei, alles, was passiert war, in mir drin aufzubereiten, an mir zu arbeiten. Ich hatte vor, mir Hilfe zu suchen, einen Psychologen, einen Bezugsbetreuer, eine Erzieherin, eine Frau, der ich mich anvertrauen könnte. Aber ich wusste auch, dass das nicht einfach war. Dass man nicht einfach hingeht und sich öffnet, als würde man ein Fenster aufreißen.

*

Ich durfte bei Spieleabenden mitmachen, Filme mit ihnen anschauen. Ich hatte sogar mal für die ganze Gruppe gekocht. Keine Experimente. Lasagne. Und sie war fein.
Aber ich musste nicht zur Schule, hatte nicht dieselben Verpflichtungen. Gruppengespräche wurden ohne mich geführt, und ich hatte keinen Psychologen, keine Erzieherin, der ich mich hätte öffnen können.
„Du bist hier zum Übergang, bis man weiß, was weiter passiert“, sagte mir ein anderer Erzieher, als ich fragte, warum ich nicht einfach dazugehören kann.
Und da war sie wieder: die Angst, die Ungewissheit. Ich dachte mir, im Hintergrund würden sie schon nach anderen Heimen suchen, nach Einrichtungen für schwer erziehbare Dreckskinder wie mich.
Und seitdem ging es mir wieder schlechter. Ich spürte, wie ich mich abkapselte, wie ich mich - obwohl ich es nicht wollte – emotional entfernte.
Was man nicht hat, kann einem nicht wehtun. Wenn man kein Teil

von etwas ist, kann man auch nicht herausgerissen werden.
Wenn sie mich nicht wollen, dann dränge ich mich ihnen nicht auf. Ich redete mir das ein. Aber tief in mir wusste ich, ich wollte dazugehören.
Ich versuchte irgendwie durchzustehen, mich an Regeln zu halten, stark zu sein. Ich bekam Taschengeld, konnte mir Zigaretten kaufen, hatte mir sogar Rasierer gekauft, und wieder Nagellack. Dieses Mal hatte ich Lila. Für bunte, grelle Farben war ich zu traurig. Lila ist ja nichts anderes als Rot und Blau und ein bisschen Schwarz, dachte ich. Ich empfand es als passend zu dem, was ich fühlte, wie es mir ging. Ich dachte immer wieder, komm, Jessica, morgen früh, lila Fingernägel, hau es einfach raus. Lass sie reagieren, wie sie reagieren müssen.

An diesem Wochenende, halb dazugehörend und halb nicht… versuchte ich mir den Alltag so gut wie möglich zu gestalten. Hier in diesem Heim waren auch andere Mädels, und ich kam hin und wieder mit ihnen ins Gespräch. Ich denke, es hätten vielleicht Freundschaften entstehen können, wenn man mir hier nur eine Chance geben würde. Denn für mich war dieser Ort einer der wenigen überhaupt, an denen ich mich sicher fühlte.

Nicht mal bei Langfinger Joe konnte ich mehr sicher sein, nachdem Johannes der Polizei gesagt hatte, dass ich mich regelmäßig bei ihm aufhielt. Langfinger Joe war inzwischen viel mehr als nur eine Möglichkeit, mich bei ihm zu verstecken. Er war Gesellschaft, er war jemand, der nichts hinterfragte, mich nicht hinterfragte, der vielleicht auch einfach nur froh war, wenn er jemanden hatte, der ihn nicht beklaute, mit dem er reden und lachen konnte, so sein konnte, wie er war.
Langfinger Joe war für mich jemand, den ich vermissen würde, sollte er mal nicht mehr Teil meines Lebens sein. Und ich denke, jetzt, nachdem mich die Polizei bei ihm herausgeholt hat, nachdem sie vorher irgendwann schon mal da gewesen sind, wegen mir, nach dem Tipp von Johannes, jetzt würde er mich eh nicht mehr hereinlassen … niemals mehr.
Irgendwann bekam ich mit, dass man mich in einer Schule

anmelden wollte. Dass man eine Schule suchte, die mich aufnahm. Und ich empfand das als gutes Zeichen, als ein Zeichen, vielleicht doch irgendwann irgendwie mal zu der Gruppe dazuzugehören. Der Knast in Schifferstadt, die Mauern, der Stacheldraht, all das was ich dort erlebt hatte… ich träumte oft davon, aber ich dachte nun nicht mehr daran, dass ich wieder … es war in weite Ferne gerückt.

*

Es war Freitagnachmittag. Ich lag in meinem Zimmer auf dem Bett, hörte Musik über das alte Radio, das schon da gewesen war, als ich ankam. Ich starrte an die Decke, die Hände hinter dem Kopf verschränkt, und für einen Moment fühlte es sich fast normal an. Ich dachte an nichts Schlimmes, nur daran, dass es ein friedlicher Tag war. Ich wusste nicht, dass dieser Tag alles verändern würde. Dann klopfte es. Laut, hart, fordernd. Kein zaghaftes Anklopfen, kein "Darf ich reinkommen?", wie man es von einer Erzieherin kannte. Es war ein Geräusch, das einem sofort klar machte: Hier geht es nicht mehr um Höflichkeit. Ich sprang auf, drehte das Radio leiser, hielt den Atem an. Schritte im Flur. Stimmen. Erstaunte, aufgeregte Stimmen. Dann ging die Tür auf. Die Erzieherin stand da, blass, ihre Augen weit.

"Dennis, komm bitte raus. Die Polizei ist da.“
Ihre Stimme zitterte leicht. Als würde sie selbst nicht glauben, was sie gerade gesagt hatte. Mir zog es den Boden unter den Füßen weg. Die Polizei? Wieder? Ich war doch hier. Ich hatte doch nichts gemacht. Ich hatte mich an alles gehalten. Ich stand da wie festgenagelt, mein Herz raste, mein Magen krampfte sich zusammen. Ich ging in den Flur. Und da standen sie schon. Zwei Polizisten, die ich noch nie gesehen hatte. Groß, ernst, keine Miene zu viel. Einer von ihnen sprach, ruhig, aber mit dieser Schwere in der Stimme: "Du musst mit uns kommen, wir müssen dich einem Richter vorführen."
Keine Erklärung, kein Warum.
Die Erzieherin stand daneben, völlig überrumpelt. "Aber... wieso? Was ist denn..."
Die Polizisten schüttelten nur die Köpfe. Einer sprach bereits in

sein Handy, nannte Namen, Aktenzeichen, Städte. Ich hörte "Landstuhl", ich hörte "Zweibrücken", ich hörte "Bereitschaftsrichter". Ich hörte alles und nichts. Ich verstand nur: Ich muss weg. Jetzt. Sofort. „In Landstuhl ist heute niemand mehr verfügbar", sagte der eine Beamte, als er sein Telefonat beendet hatte. „Aber da es sich um eine Vorführung zum Haftrichter handelt, und das Gesetz das verlangt, fahren wir nach Zweibrücken. Dort ist heute ein Richter in Bereitschaft." In der Wohngruppe herrschte plötzlich diese unnatürliche Stille. Einige Jugendliche saßen noch im Gemeinschaftsraum, spielten Karten, lehnten sich mit verschränkten Armen auf den Tisch. Jetzt starrten sie. Andere kamen aus den Zimmern, schauten durch die Türrahmen, sprachen kein Wort.

Man legte mir keine Handschellen an. Vielleicht, weil man dachte, das würde die anderen zu sehr erschrecken. Vielleicht auch, weil ich einfach ging. Ich wollte nicht noch mehr Aufmerksamkeit. Ich wollte nicht auffallen. Im Streifenwagen saß ich hinten, direkt hinter dem leeren Beifahrersitz. Der Fahrer sprach leise in sein Funkgerät, als wäre ich Luft. Neben mir saß der andere Polizist. Kein Blickkontakt, aber plötzlich sagte er leise: "Mach dir nicht zu viele Sorgen, Dennis. Der Richter in Zweibrücken, zu dem wir fahren, ist bekannt dafür, sich wirklich Zeit zu nehmen. Der hört zu. Du kannst ihm erklären, wie's in Landstuhl war. Sag ihm, dass du dich an die Regeln gehalten hast." Ich drehte langsam den Kopf zu ihm. "Aber… ich hab doch wirklich nichts gemacht. Ich war doch nur hier. Ich bin nicht abgehauen. Ich hab mich bemüht." Der Fahrer nickte leicht. "Das wissen wir. Sonst wärst du nicht hier, sondern abgeholt worden, wie einer, der richtig Mist gebaut hat. Vertrau drauf, dass er das auch erkennt."
Ich presste meine Stirn gegen das kalte Fenster, der Atem beschlug das Glas. Draußen zog die Welt vorbei. Asphalt, Bäume, graue Häuser. Mein Magen verkrampfte sich. Ich zitterte leicht. Ich redete mir ein: Vielleicht geht es wirklich nur um ein Missverständnis. Vielleicht kann ich ihm alles erklären. Ich habe doch keine Scheiße gebaut. Ich habe doch alles richtig gemacht. Als wir am Gerichtsgebäude in Zweibrücken ankamen, lag der späte

Nachmittag schwer über der Stadt. Keine Dämmerung, noch kein Abend, aber das Licht war schon fahl. Das Gebäude war groß, kantig, abweisend. Es wirkte nicht wie ein Ort der Gerechtigkeit – sondern wie ein Ort der Endgültigkeit. Ich starrte es an, spürte, wie mir die Knie weich wurden. Drinnen war es still. Zu still. Ein Justizbeamter saß am Empfang, sah kaum auf. Nur ein Nicken. Dann gingen wir durch Flure, die sich endlos zogen. Die Wände waren grau, die Türen metallisch, alles hallte. Meine Schritte klangen zu laut. Ich fühlte mich wie auf dem Weg zu einer Hinrichtung. Sie führten mich ohne ein Wort ins Büro des Richters.

Der saß hinter einem massiven Schreibtisch. Dunkler Anzug. Starres Gesicht. Keine Begrüßung. Kein Blick. Nur das Rascheln von Papier, als würde jedes Blatt ein Urteil fällen. Ich sah, wie seine Augen über Zeilen glitten – Zeilen über mich. Eine Stimme irgendwo neben mir sagte:„Setz dich."

Ich setzte mich. Mein Blick blieb gesenkt. Ich hörte das Blättern. Das scharfe Kratzen eines Stifts auf Papier. Dann fiel mein Name. Laut. Fremd. Meine Vergangenheit. Daten. Aktenzeichen. Fehler. Ich schrumpfte zu einem Eintrag, zu einem Absatz. Kein Mensch, nur noch Verwaltungsmasse.

Dann sprach er. Der Richter. Seine Stimme war kalt, glatt, ohne jede Regung. „Die Freiheitsstrafe von zwei Jahren aus dem Urteil vom 26.06.2006 wird gemäß § 56f Abs. 1 StGB widerrufen und ist nunmehr zu vollstrecken. Die bereits verbüßte Untersuchungshaft vom 25.01.2006 bis zum 26.06.2006 wird gemäß § 51 Abs. 1 StGB auf die Strafe angerechnet."

Es war, als würde die Luft aus dem Raum gezogen. Ich spürte, wie sich alles in mir verkrampfte. Dann die Begründung, messerscharf: „Grund: Sie haben gegen die Auflagen verstoßen. Die Bedingungen waren klar: Aufenthalt in der intensiv-pädagogischen Einrichtung in Oberelz. Regelakzeptanz, kein eigenmächtiges Verlassen."

Ich hob den Kopf. Mein Herz schlug bis in die Kehle.

„Aber… ich bin doch dann in Landstuhl geblieben! Seit Wochen! Ich bin nicht weggelaufen, ich hab..."

”

**Und da saßen sie dann: die Depressionen.
Still, geduldig, unbestechlich.
Sie nahmen Platz am Fußende meines Bettes, falteten die Hände, sahen mir beim Atmen zu, als hätten sie alle Zeit der Welt, mich von innen her auszuhöhlen.
Und ich? Ich tat, was ich immer tat: Ich lächelte gegen den Lärm in meinem Kopf an… so lange, bis die Gesichtsmuskeln brannten.**

”

Er hörte nicht zu. Er sagte nichts - weil er nichts hören wollte. Seine Stimme blieb nüchtern, abgeklärt, hart wie Beton:
„Landstuhl war nicht die gerichtlich angeordnete Einrichtung. Der Beschluss sah ausdrücklich vor, dass Sie in Oberelz verbleiben. Der Verstoß liegt in Ihrem eigenmächtigen Handeln und darin, dass Sie sich der Maßnahme entzogen haben, also abgehauen sind."
Ich riss den Mund auf. Nicht aus Mut. Aus Not. Aus einem letzten, verzweifelten Versuch, gesehen zu werden.
„Ich bin abgehauen, weil man mich ausgeschlossen hat aus der Gruppe! Weil ich einmal einen Fehler gemacht hab! Weil ich einen Teil von meinem Kleidergeld versoffen hab, als ich nicht mehr wusste, wohin mit mir, weil ich am Ende war! Weil ich traurig war! Weil ich das Gefühl hatte, einfach falsch zu sein! Weil niemand mit mir geredet hat, und auch niemand mit mir reden wollte."
Aber kein Laut kam. Meine Stimme blieb stecken. Ich wollte schreien, mit allem, was ich hatte. Aber da war nichts. Nur Stille. Nur Zittern. Ich fühlte, wie mein ganzer Körper versagte. Wie ich innerlich zu brüllen begann, ohne dass ein Ton nach außen drang. Ich sah mich selbst – wie in Zeitlupe – wie ich zusammen-brach, mir die Hände vors Gesicht schlug, weinte. Nicht einfach weinte. Ich zerfiel. Ich brach in Stücke. All die Mühe, was ich in Landstuhl versucht hatte aufzubauen: vernichtet. Nicht aus Bosheit. Aus Gleichgültigkeit. Ich war nichts mehr als ein Aktendeckel, der bald wieder geschlossen wurde.
Dann sagte er es. Mit der gleichen Kälte wie zuvor.
„Sie werden der JSA Schifferstadt überstellt."

Und in mir explodierte etwas. Nicht laut. Nicht sichtbar. Aber ich fühlte, wie alles riss. Wie etwas in mir schrie, brüllte, tobte, während ich äußerlich einfach nur dasaß. Ich hörte mein eigenes Herz wie durch Wasser schlagen. Ich fühlte, wie mein Brustkorb sich verengte, wie die Luft knapp wurde. Wie ich in einem Moment tausend Gefühle durchlebte: Wut, Verzweiflung, Angst, Scham, Ohnmacht, Trauer. JSA Schifferstadt. Wieder dahin. Wieder hinter Mauern. Wieder zurück in diesen Raubtierkäfig.
Schließlich brach ich zusammen. Im wahrsten Sinne. Ich kauerte

mich auf dem Stuhl zusammen, die Schultern hochgezogen, das Gesicht in den Händen. Ich weinte, hemmungslos, verzweifelt. Ich wollte schreien. Ich wollte den Tisch umwerfen.

Ich wollte aufstehen und rennen. Aber ich konnte nicht. Ich war wie gefesselt von diesem Moment. Der Richter sagte nichts mehr. Keiner der Polizisten sagte etwas.

Niemand rührte sich. Sie warteten nur, bis ich fertig war. Als wäre das alles Teil eines Prozesses, der längst abgeschlossen war. Es war vorbei.

Zurück in der Hölle

Die Polizisten geleiteten mich wieder hinaus. Wortlos, professionell, beinahe schon mechanisch. Der eine, der mir kurz zuvor noch mit ehrlicher Überzeugung erklärt hatte, was für ein „toller", „einfühlsamer", „gerechter" Richter dieser Mann sei, dieser Mann, der mich zerlegt hatte wie einen Aktenvorgang, dieser gleiche Beamte warf mir jetzt einen Blick zu, der beinahe einer Entschuldigung gleichkam.
Fast schämte er sich, so sah es jedenfalls aus. Als hätte er in dem Moment selbst begriffen, dass das, was da gerade passiert war, mit Gerechtigkeit nichts zu tun hatte. Zumindest nicht aus meiner Sicht. Mochte die Gesellschaft eine andere Perspektive haben: Ich hatte die jedenfalls nicht.
„Möchtest du noch eine rauchen, bevor wir los müssen?" fragte er vorsichtig, mit einer Stimme, die fast ein wenig brüchig war.
Ich sah ihn an, tränenüberströmt, zitternd, ausgelaugt. Keine Gefahr ging von mir aus. Ein Häufchen Elend stand vor ihm, kaum noch fähig, sich aufrecht zu halten. Schweigend nickte ich. „Ja, bitte", flüsterte ich, kaum hörbar. Er öffnete die hintere Tür des Streifenwagens. Nicht, um mich hinein zu zwingen, sondern um mir einen Sitz anzubieten. Nicht im Inneren, nur auf der Kante des Sitzes. in symbolischer Akt, fast menschlich. Ich setzte mich. Die beiden Polizisten stellten sich vor mich, wie eine stille Mauer,

nicht feindlich, aber bestimmt... Kein Platz für Flucht. Kein Raum für Widerstand. Aber das war auch gar nicht nötig. Ich hatte längst kapituliert.
Der Polizist, der gefragt hatte, zog eine Schachtel aus seiner Jackentasche und reichte mir eine Zigarette. Keine Dienstzigarette, keine Institution, kein Formular. Nur ein kurzer Moment Mitgefühl. Ich nahm sie dankbar an. Meine Hände zitterten, als ich sie an die Lippen führte. Der Rauch schmeckte bitter. Er kratzte im Hals.
Ich starrte auf die Glut. Wollte mir Zeit lassen. Wollte mir eine Ewigkeit rauchen. Aber ich wusste, es war eine Lüge. Die Zigarette würde bald aufgeraucht sein. Dann würde es weitergehen.
Ich zitterte. Nicht nur wegen der Kälte. Sondern weil alles in mir schrie, aber ich wusste, es hörte niemand mehr zu. Der Damm war gebrochen, aber der Fluss floss nach innen.
Als die Zigarette verglimmt war, kam der Satz, wie ein Urteilsspruch: „Na los, schnall dich an. Bringen wir es hinter uns."

Bringen wir es hinter uns.

Ich schluckte. Ein bitteres Lächeln zuckte über meine Lippen. „Hinter uns...", dachte ich. Bring du es hinter dich. Du fährst danach nach Hause. Feierabend. Vielleicht ein Bier. Ein warmes Bett. Und ich?
Ich hab 1,5 Jahre Hölle vor mir. Eine scheiß Hölle voller Angst, voller Schatten, voller Stille. Ich darf wieder Angst haben. Wieder verstummen. Wieder weinen, wo es niemand sieht. Wieder lernen zu überleben, in einem Ort, an dem man mich schon umbringen wollte.
Die Fahrt begann Richtung Schifferstadt. Erst über die Landstraßen, vorbei an Landstuhl. Dann ging es auf die Autobahn in Richtung Mannheim. Die Fahrt dauerte über eine Stunde, fühlte sich aber an wie ein kurzer Augenblick. Nur wenige Minuten schienen zu vergehen, bis wir bei Schifferstadt von der Autobahn abfuhren, denselben Weg nahmen wie damals, zurück durch das trostlose Industriegebiet.

Eine Schleife in meinem Gedächtnis. Eine Narbe, die nie verheilt war. Ich erkannte den Ort sofort.
Wieder hinein in diese öde Leere: kahle Hallen, leere Parkplätze, vergitterte Fenster. Genau hierhin hatte man mich im Januar auch gebracht. Und im Juni wieder entlassen. Was für ein Wort. Entlassen... in was denn? In eine Welt, die mich nicht wollte? In den gleichen Dreck, in das gleiche Stigma, in den gleichen Hass..

Und jetzt, dreiviertel Jahr später, kehrten wir zurück. An denselben Ort, als hätte sich nichts verändert. Als wäre all das dazwischen nur ein schlechter Witz gewesen.
In der Dämmerung durfte ich noch eine letzte Zigarette rauchen. Dann: die Klingel an der Tür neben dem Metalltor, das Summen, das mechanische Einrasten. Die Dienstwaffen verschwanden im Schrank, die Akten wechselten den Besitzer. Ich behielt einen Zettel: Haftbefehl.

Der Justizbeamte an der Pforte - ich glaubte, mich an seinen Blick zu erinnern. Eine Mischung aus distanzierter Skepsis und kaum verhohlener Abscheu lag darin, als könne er nicht fassen, dass man mich ohne Handschellen brachte.
Ohne Fesseln. Ohne sichtbare Kontrolle. Als irritiere ihn allein schon die Vorstellung, dass ich mich aus freien Stücken hierher bewegte, als wäre ich ein Mensch mit einem Rest an Würde.
Ich ließ mich führen, ohne Widerstand, ohne ein Wort. Ich hatte nichts mehr, was ich noch schützen konnte. Keine Kraft mehr, um Haltung zu wahren, keine Stimme, um Widerspruch zu formulieren. Vielleicht hatten sie das gespürt, vielleicht war genau das der Grund, weshalb alles so reibungslos verlief. Weil niemand mehr etwas in mir suchte, nicht einmal Gefahr.
Dann saß ich wieder dort. Im Zwielicht des Eingangsbereichs. Dieselben Stühle, derselbe Geruch nach abgestandener Luft, dieselben Geräusche, die dumpf durch das Metalltor drangen.
Ich fühlte mich wie ein vergessenes Paket mit beschädigtem Inhalt, adressiert an einen Ort, an dem man nichts mehr mit mir anzufangen wusste. Zurückgebracht. Abgestellt.
„Return to sender."

*

Die Minuten dehnten sich zu einer zähen Ewigkeit, während ich wartete, ohne zu wissen, worauf genau. Es gab keinen konkreten Punkt, an dem ich sagen konnte, jetzt beginnt es wieder. Es war vielmehr ein langsames, schmerzhaft vertrautes Hineingleiten in das, was ich längst kannte. Eine Rückkehr in etwas, das nie wirklich vergangen war.

Und dann war ich allein. Der Pförtner, ein anderer als damals, nickte mir knapp zu, keine Regung im Gesicht, kein Mitgefühl in den Augen. Kein Wort. Nur ein Blick, der so leer war, dass man sich fast fragte, ob er je etwas darin gespürt hatte.
Ein paar Minuten später trat ein weiterer Beamter in den Raum. Sein Gesicht kam mir bekannt vor. Er war derselbe, der mich auch im Januar aufgenommen hatte. Jener Beamte mit dem herablassenden Ton, der damals gelacht und gesagt hatte, das hier sei wie ein Heim, nur eben mit Mauern drumherum. Der mich mit unverhohlener Verachtung musterte, als er meine lackierten Fußnägel sah, und dann, voller ernster Empörung, fast angewidert, fragte: „Bist du schwul?“
Der, der ohne zu zögern Bilder von mir machte, als seien meine Fußnägel ein Beweisstück dafür. Jetzt sagte er nichts. Kein Gruß, kein Lächeln, keine Frage, kein Anschein von Erinnerung. Nur ein kurzer Blick, abwartend, prüfend, ein stummes Abtasten, als wolle er sichergehen, dass ich noch derselbe war wie damals.
Dann ein kaum merkliches Nicken in Richtung Gang. Der unausgesprochene Befehl war klar: Los. Du weißt, wohin. „Du kennst dich ja schon aus“ sagte er schließlich, in einem Tonfall, der so frei von Emotion war, dass selbst Gleichgültigkeit noch zu viel Gefühl gewesen wäre.
Und dann stand ich wieder da. Wieder dieser Raum. Kahl. Bekannte, graue Wände, offene Tür.
„Zieh deine Sachen aus“, sagte der Beamte. Es war keine Frage. Ich zog mich aus. Langsam. Ganz bewusst. Nicht aus Scham, nicht aus Trotz. Sondern weil ich genau wusste, was jetzt kommen würde. Es war nicht der Moment der Entblößung, den ich fürchtete. Es war der Blick, der auf mir ruhte. Ich wusste, dass er mich sehen

würde. Und ich wollte dieses Mal, dass er mich sah. Ganz. Alles. Ich bemerkte den kurzen Blick, den er mir zuwarf, als ich mich aus meinen Socken befreite. Es war nur ein Flackern, kaum bemerkbar, und doch war es da. Dieser Moment, der mir alles sagte.
Er hatte ihn bemerkt. Den lila Nagellack auf meinen Zehen. Sein Blick blieb einen Moment zu lang hängen - kurz irritiert, dann abgekühlt. Kein Kommentar fiel. Keine schnippische Frage. Nur diese angespannte Stille zwischen uns, die mehr sagte als jede Bemerkung.

Er hatte es registriert. Und er wusste, dass ich wusste, dass er es gesehen hatte. Statt Worte: Bewegung. Mechanisch holte er wieder die Kamera hervor. Die Szene war ihm vertraut. Mir auch. Er wollte es wiederholen.. alles, was man tun musste, um den Akt zu dokumentieren, den Körper festzuhalten, nicht den Menschen.
Doch diesmal war ich nicht bloß Objekt. Ich war nicht still und gefügig. Ich stellte mich seinem Blick. Ich wich nicht aus. Ich fixierte die Linse. Kein Zucken. Kein Zurückweichen. Ich ließ es zu, ganz bewusst. Zeigte mich nicht unterwürfig, sondern aufrecht.
Der Moment war geladen. Nicht mit Lautstärke, sondern mit Haltung. Er drückte ab. Das Klicken klang anders in meinen Ohren als im Januar. Nicht wie ein Abdruck meiner Schwäche, sondern wie ein Aufbruch.
„Los, mach schon“, sagte ich schließlich. ICH!!! Meine Stimme klang leise, aber fest. Keine Trotzreaktion, eher eine Einladung, vielleicht sogar ein Befehl. Er reagierte kaum. Aber ich spürte, dass ihn etwas daran störte. Dass meine Selbstverständlichkeit, meine Ruhe etwas in ihm aus dem Takt brachte.

*

Die Geste, mit der er mir wieder Kleidung zuwarf, war fahrig. Als wolle er etwas abschütteln, was ihm zu nah gekommen war.
Seine Worte waren leise, fast beiläufig, aber sie zielten tief. „Sieh zu, wie du das diesmal loswirst.“ Kein Vorschlag. Kein Spott. Eine kalte Absage an alles, was ich in diesem Moment war.
Ich schwieg.
Es gab nichts mehr zu sagen. Nicht an ihn. Ich zog mich an.

Mit Bewegungen, wie sie von mir erwartet wurden. Doch diesmal war etwas anders. Ich führte sie aus, aber sie gehörten mir. Jede Handlung war meine Entscheidung. Keine Geste mehr, die sich wie Unterwerfung anfühlte.
Ich übernahm. Nicht viel - aber genug, um es zu spüren. Das Foto, das er eben gemacht hatte, war ihm vermutlich egal. Doch für mich war es mehr als nur ein Foto. Es war ein Abdruck meiner Gegenwart. Ein Zeichen, dass ich existierte, auf meine Weise, in meinem Tempo, mit meiner Würde. Kein Akt war klein genug, um bedeutungslos zu sein, wenn man ihn selbstbestimmt vollzog.
Vielleicht verstand er das nicht. Vielleicht machte es ihn wütend, dass ich ihm diesen einen Moment nicht überlassen hatte. Dass ich ihm keine Macht eingeräumt hatte, mich zu definieren. Dass ich nicht zitterte. Nicht bat. Nicht fragte.
Ich war einfach da. Und vielleicht war genau das der Fehler in seiner Weltordnung.

*

Wir gingen den bekannten Weg, hinaus auf die Rückseite der Pforte, und standen für einen Moment wieder am Anfang dieses riesigen Geländes. Diesmal war niemand da, um mich abzuholen. Der gleiche Beamte wie bei der Aufnahme führte mich - wortlos, routiniert, als wäre nichts gewesen.
Es war bereits dunkel. Lange Schatten zogen sich über den Hof, getaucht in das fahl gelblich-weiße Licht der Laternen. Ich hatte den Knast noch nie aus dieser Perspektive gesehen - und nie so spät. Von hier wirkte alles noch bedrohlicher, als würde die Dunkelheit selbst zum Teil des Gefängnisses gehören.
Vor uns ragte das Verwaltungsgebäude auf - ein schwarzes Monstrum in der Dunkelheit. Die Laternen ringsum flackerten, als wollten sie die Schatten vertreiben.
Vergeblich. Rechts von mir: F6.

Eine Zelle stach mir direkt ins Auge. Die Dreimannzelle. Von dort aus konnte man direkt auf die Pforte sehen, genau dorthin, wo ich jetzt stand und den Blick zurück auf diese Zelle richtete. Die Zelle, in der sie mich beinahe hätten „hängen“ lassen. Ich erkannte sie sofort wieder, nur diesmal aus einem anderen Blickwinkel. Ein

seltsames Gefühl, diese Zelle jetzt von hier unten zu sehen.
Der Beamte führte mich nun wortlos durch die Dunkelheit. Wir durchquerten den gesamten Komplex – vorbei am Biothop, an der Kantine, an den Häusern F1 und F3.
Zellen überall.
Einige lagen im Dunkeln, andere waren hell erleuchtet. In manchen flackerte das Licht der Fernseher, aus anderen drang Musik durch geöffnete Fenster, laut und schrill, als wolle sie die ganze Stille zerschneiden.
Der Beamte wirkte wachsam, beinahe besessen - als suchte er mit seinen „Adleraugen" nach etwas, während wir an den Häusern entlang in Richtung F5 liefen. Er betrachtete die Fassaden dieser Gebäude akribisch, als witterte er Verstöße, verbotene Dinge, Insassen, die irgendetwas hin und her pendelten - irgendetwas, das die Routine durchbrechen könnte. Doch wir gingen weiter, bis wir vor F5 standen, in dem lediglich das schummrige Leuchten der wenigen Lampen im ersten Stock bei der Krakenstation zu erkennen war.
Der Beamte öffnete die dicke, weiße Tür - eine Wand zwischen drinnen und draußen. Der Mechanismus war einfach, aber in dieser Welt, in der jede Geste bedeutungslos und zugleich entscheidend sein konnte, hatte er etwas Makabres. Wir stiegen die Treppe hinauf, und als wir oben ankamen, führte er mich ohne ein weiteres Wort in die Wartezelle.
Die Gänge auf dem Weg dahin waren alle leer. Kein Hausarbeiter mehr. Keine anderen Häftlinge. Keine anderen Stimmen.
Die Zelle war kühl, düster, leer. Der Kontrast zum Lärm aus den umliegenden Häusern war fast unerträglich.
Es war, als hätte sich die Welt selbst zurückgezogen.
Ich wartete in der Zelle auf den Arzt, während der Beamte, der mich hergebracht hatte, wieder nach unten in die Kleiderkammer ging – entweder, um meine Zugangskiste vorzubereiten oder eine bereits fertige zu holen.
Ein junger, ziviler Typ holte mich aus der Wartezelle und begleitete mich in das Büro am Ende des Flurs. Er stellte sich als Sanitäter vor, doch er wirkte, als hätte er keinen Bock auf seinen Job. Kalt, kühl, abweisend.

Er musterte mich und stellte dann die typischen Fragen: „Bist du erkältet? Brauchst du Medikamente? Trinkst du Alkohol? Rauchst du?“ „Ja“, sagte ich. „Ja, ich rauche.“
Ich sagte es in der Hoffnung, wieder einen Zugangsbeutel mit Tabak zu bekommen. Vielleicht war es ein kleiner Trost, aber in dieser Welt der Entbehrung war jeder kleine Moment des „Normalen“ wie ein flimmernder Lichtstrahl in der Dunkelheit.
Ich bekam den Tabak. Ein kleines Stück Freiheit. Ein weiteres Stück Kontrolle, das ich in dieser grauen Welt noch halten konnte.
Wieder saß ich danach in der Wartezelle. Ich war nicht mehr derselbe, der schon im Januar hier gewesen war.
Als mich der Beamte kurze Zeit später aus der Wartezelle abholte, drückte er mir, nach dem Öffnen der Zelle, eine dieser Plastikkisten in die Hand.
Geschirr, Blechbesteck. Wieder dieselben abgetragenen Lederschuhe, eine Joggingmontur in Blau und Rot, eine graue Jacke und Feinripp-Unterwäsche. Jede Menge Feinripp, der schon von so vielen anderen getragen worden war. Ich legte meinen Haftbefehl oben drauf und nahm die Kiste an mich. Dann folgte ich dem Beamten in meine Zukunft, in mein neues Zuhause.

*

Der Beamte brachte mich diesmal nach F3. Ich kam nicht zurück nach F6, nicht zurück in die Untersuchungshaft. Diesmal war es F3. Direkt ins erste Gebäude rechts neben F5. Es war schon nach Einschluss, und alle Zellen waren verschlossen. Ich war alleine, aber das war das Einzige, was mir noch blieb. Alleine zu sein. Ohne die ständigen Eingriffe, ohne die ständigen Störungen.
Ich wurde in den ersten Stock gebracht, in die WG 2. Meine Zelle war jetzt nicht ganz hinten im Flur, sondern mittig. Ich bemerkte die Architektur des Gebäudes. Es war dieselbe wie in F6. Dieselben Gitter. Dieselben Wände. Dieselbe Einrichtung. Die gleiche Küche, hinter abschließbaren Glaswänden getrennt, der Gruppenraum, der Gemeinschaftsduschraum, alles war angeordnet wie in F6, nur in Rot statt Blau.
Auf dem Flur hing ein Kartentelefon. Direkt neben dem Büro des Beamten. Ich lief daran vorbei und dachte daran, meine Pflegeeltern anzurufen. Doch ich wusste, dass es nicht möglich war. Die

Zellen selbst waren ebenfalls gleich wie in F6. Die Toilette, das Waschbecken – die Nasszelle mit der Holztür davor.

Alles hier war gleich. Aber trotzdem anders. Das hier war keine U-Haft mehr, aus der man vielleicht nach ein paar Monaten wieder herauskäme. Das hier war die Strafhaft. Hier saßen die, die verurteilt wurden. Und das nicht zu Kurzstrafen.
Meine Nachbarn, die gehört hatten, das jemand in diese leere Zelle einzog, begannen sofort zu klopfen, als der Beamte mich einschloss und die Station verließ. „Ey Neuer, mach mal dein Fenster auf." „Ey Neuer, komm ans Fenster." „Ey Neuer, haste Schiss?" Das Klopfen, die Geräusche, die durch die Gitter drangen, waren unerträglich. Von der Zelle über mir hörte ich das stampfende Geräusch von Füßen auf dem Boden, als wollte man mich zwingen zu reagieren.
Um mich herum klopfte es, es wurde geschrieen, gelästert, laut gelacht - bis schließlich jemand aus einer anderen Abteilung, vor dem man wohl Respekt hatte, sein Fenster öffnete und in die Nacht brüllte: „Jetzt haltet endlich eure verdammte Fresse und hört auf mit dem Krach!"
Danach war es ruhiger. Nur noch leises Getuschel und ab und zu klopfen an meine Wände, bis schließlich auch das verstummte.

*

Meine erste Nacht in der Strafhaft verbrachte ich damit, mir mit meinem Blechmesser den Nagellack von den Fußnägeln zu kratzen. Es war nicht scharf, aber es ließ sich leicht verbiegen und passte sich daher gut an meine Fußnägel an. Nur mit dem Herunterkratzen war es nicht so leicht. Immer wieder rutschte ich ab, ritzte mir Hautstellen um meine Zehen wund und blutig. Aber was sollte ich machen? Während ich im Heim in Landstuhl noch daran gedacht hatte, es irgendwie als Zeichen zu nutzen, dass ich anders bin, in der Hoffnung, dass man mir helfen würde, konnte es mich hier wieder Kopf und Kragen kosten. Und das war mir bewusst.
Den Nagellack von meinen Fußnägeln zu schaben war mir daher zunächst wichtiger, als meine Zelle einzurichten. Die Plastikwanne, aus der die Feinripp-Unterhemden an den Seiten

herausschauten, blieb unbeachtet auf dem Boden vor der Zellentür stehen. Es war unwichtig. Ich saß auf dem unbezogenen Bett und kratzte.
Es schien die halbe Nacht zu dauern. Zweimal hörte ich, wie sie die Tür der Wohngruppe öffneten, die Beamten, wie sie ihre Rundgänge machten. Schritte auf dem Flur, Schlüssel, kurze Gespräche. Einmal öffnete sich auch meine Futterluke, und ein Beamter starrte hindurch. Hastig schmiss ich das Blechmesser unter mein Bett, auf dem ich saß, und verbarg meine Füße unter meinen Händen. „Braunschweiger?"
„Der Braunschweiger?" fragte eine Stimme. Ich blickte auf, und als ich ungläubig in das Gesicht sah, geblendet von einer Taschenlampe, erkannte ich ihn: einer der Beamten, die mich zum Gericht gebracht hatten.
Der muskulöse, der Bodybuilder. Der größére von beiden damals. Er sprach freundlich, und ihm war anzumerken, dass es ihm unangenehm war, mich wieder hier zu sehen.
„Was war los?", fragte er. „Es kam anders als gedacht", antwortete ich. „Ich bekam zur Auflage, in ein Heim zu gehen, und bin abgehauen", verkürzte ich ihm all das, was passiert war, ohne dabei in Details zu gehen. „Schade", sagte er schließlich. „Ich hoffe, dass du hier besser zurechtkommst als in F6" sprach er, bevor er mir eine gute Nacht wünschte und sich die Luke wieder schloss.
Dass ich hier besser zurechtkomme als in U-Haft? Wie kommt er darauf? Ich meine ... ich war ... doch nicht aufmüpfig oder so. Ich war einfach ... im Überlebensmodus.
Die Stimme, mit der er mir das sagte, klang wie ein Vorwurf. Als ich mit dem Lackabkratzen fertig war, stand ich auf und spürte das kalte Linoleum unter meinen nackten Füßen. Meine Finger waren wund, meine Zehen blutverkrustet von der stundenlangen Prozedur. Trotzdem war da noch diese innere Unruhe, dieses Gefühl, dass ich noch nicht einfach so liegen konnte.
Ich ging zur Toilette, wusch mir notdürftig die Hände, auch wenn das Wasser kalt und seifig war, kaum geeignet, um den klebrigen Film von Nagellackresten und Blut zu lösen. Danach begann ich, mein Bett zu beziehen. Es war eine monotone Arbeit, die mir Halt

gab. Die Matratze war dünn, die Decke kratzig, das Kissen kaum mehr als ein gepresster Schaumklotz. Aber es war besser, als nichts zu tun. Danach nahm ich mir den Schrank vor, räumte den Inhalt meiner Plastikwanne ein.
Feinrippunterhemden und Unterhosen, Socken, ein paar Hygieneartikel. Alles wirkte fremd, als gehörte es jemand anderem.
Bevor ich mich schlafen legte, hängte ich meine Hose ordentlich über die Lehne des Stuhls. Es war ein routinierter Griff, ein Überbleibsel aus anderen Orten, anderen Nächten.
Eine Mischung aus Gewohnheit und dem Versuch, etwas Normalität in diesen Raum zu bringen. Alles hier war wie eine verzerrte Version von dem, was ich aus F6 schon kannte. Dieselbe Funktion, andere Farbe. Dieselbe Kälte, aber tiefer. Dieselbe Einsamkeit, nur dichter.
Ich legte mich schließlich auf das gemachte Bett, und zog mir die kratzige Wolldecke über die Schultern. Mein Körper war erschöpft, aber mein Kopf ließ sich nicht beruhigen. Ich starrte zur Decke, während die Gedanken in mir kreisten. Immer wieder musste ich an das Gespräch mit dem Beamten denken – an seinen Blick, sein Zögern, seine Worte: „Ich hoffe, du kommst hier besser zurecht als in F6."
Was meinte er damit? Hielt er mich damals für schwierig? Oder war es einfach nur so dahin gesagt? Ein Satz ohne Gewicht für ihn. Aber hier, in diesem Raum, war nichts bedeutungslos.

Die ersten Minuten, nachdem ich das Licht ausgemacht hatte, waren die schlimmsten. Kein richtiger Schlaf kam, nur dieses Schweben zwischen Wegsacken und Wachen.
Ich lauschte. Versuchte, die leisen Stimmen an den Zellenfenstern zu erkennen. Mich zu orientieren. Wer lag nebenan? War da jemand, der mich aus der Untersuchungshaft kannte? Jemand, der auf den richtigen Moment wartete, sobald die Zellen aufgeschlossen werden?
Ich rollte mich zusammen, wie ich es immer tat, wenn ich mich schützen wollte. Irgendwann, zwischen weiteren Kontrollgängen, zwischen weiteren Gedanken, muss ich weggedriftet sein. Nicht wirklich eingeschlafen, aber weg. Für ein paar Minuten nur. Dann

klapperte es erneut an meiner Luke. Lebendkontrolle. Ich hob mühsam den Kopf, blinzelte ins grelle Licht der Taschenlampe, nickte schwach. Der Beamte sah kurz hinein und verschwand wieder wortlos. Es war ein anderer Beamter als der, der in der Nacht mit mir sprach.

.

Die Türen öffneten sich, blieben einen Spalt offen stehen. Ich stand auf, streckte mich kurz und merkte erst jetzt, dass ich gestern Abend, als ich ankam, weder Brot noch Butter bekommen hatte. Auch kein Pflaumenmus, keine Marmelade. Mein Magen war leer, aber mein Kopf voller Gedanken.

Ich zog mir langsam die Hose an, ließ mir Zeit, auch wenn jeder Handgriff nur mechanisch ablief. Im Flur hörte ich das Treiben der anderen Gefangenen.

Stimmen, Schritte, ein Murmeln von vielen. Noch ehe ich den Flur betrat, standen die ersten Jungs bereits vor meiner Zelle. Sie hatten offenbar auf mich gewartet. Kaum hatte ich den Kopf zur Tür hinausgestreckt, prasselten die ersten Fragen auf mich ein.

„Warum bist du hier?“ fragte einer. „Was hast du angestellt?“ Ich antwortete vorsichtig: „Meine Bewährung wurde widerrufen, weil ich aus dem Heim abgehauen bin.“ Doch das reichte niemandem. „Zeig mal deinen Haftbefehl“, sagte ein anderer. Sie wollten es genau wissen, wollten Beweise.

Also reichte ich ihnen das Blatt. „Steht alles drin“, sagte ich. Wort für Wort das, was ich eben erzählt hatte. Ich kannte das Urteil über mich besser, als mir lieb war. Dieses Papier war im Knast zu meiner Visitenkarte geworden, es sprach für mich, bevor ich überhaupt ein Wort sagen konnte.

Erst danach wurde es ruhiger. Die Jungs blieben zurückhaltend, vorsichtig, genau wie ich selbst. Dann fragte einer: „Warum bist du nicht ans Fenster gekommen, als wir geklopft haben?“ Ein anderer sagte: „Wir haben gemacht wie verrückt. Warum hast du uns ignoriert?“ Ich log. „Ich war bei meiner Einlieferung besoffen“, sagte ich. „Bin direkt eingepennt, kaum dass ich in der Zelle war.“ Die Ausrede wirkte. Niemand fragte weiter nach.

Ich bemerkte, dass an meiner Zelle bereits mein Name angebracht war. Von da an sprachen mich alle nur noch mit meinem

Nachnamen an.
„Ey, Braunschweiger! Kommst du nachher mit auf den Hof?“ rief mir einer zu, als ich gerade auf dem Weg zum Büro des Beamten war, um mir Schreibpapier und Teebeutel zu holen. Ich blieb stehen. „Wieso fragst du? Ich muss doch sowieso mit?“ „Nee“, sagte er, „hier in der Strafhaft musst du nicht. Das ist nur in der U-Haft so.“ Ich war überrascht.
„Echt jetzt?“ fragte ich „Ja. Hier fragt man dich, ob du willst oder nicht.“ Ich nickte, etwas erleichtert, und ging weiter. Im Büro saß der Beamte, der vorher die Türen geöffnet hatte. Er wirkte, als hätte er mich schon erwartet. Ohne aufzusehen sagte er „Mach die Tür zu und setz dich.“
Ich tat, was er sagte. Dann erklärte er mir ruhig: „Hier in der Strafhaft läuft einiges anders als drüben in der Untersuchungshaft.“ Er wusste offenbar, dass ich sechs Monate in F6 verbracht hatte.
Er reichte mir die Hausordnung. Ich sagte: „Die kenne ich doch schon, aus der U-Haft.“ Doch er winkte ab. „Hier gelten andere Regeln. Lies sie trotzdem.“
Ich nahm die Blätter entgegen und überflog sie. Auf den ersten Blick war sie tatsächlich umfangreicher als die vorherige. Als ich ihn fragte: „Könnte ich bitte etwas Schreibpapier und ein paar Teebeutel bekommen?“ reichte er mir beides ohne Kommentar. Ich konnte Wählen zwischen Früchtetee und Schwarztee.
Als ich das Büro mit Schreibpapier und Schwarzteebeuteln in der Hand wieder verlassen wollte, sagte er noch: „Bring noch deine Plastikwanne, sobald du deine Zelle eingerichtet hast. Dann bekommst du deinen Schlüssel für die Zelle und fürs Kühlschrankfach.“ Ich nickte. „Alles klar.“
Auch das erledigte ich direkt und bekam meine Schlüssel ausgehändigt. Kurz darauf war wieder Einschluss. Ich ließ mich auf den Stuhl in meiner Zelle sinken, die Hausordnung in der Hand.
Ich überflog sie nur, las hier und da etwas genauer, aber vieles nahm ich erstmal nur halb auf. Trotzdem blieben ein paar Dinge hängen:
05:30 Uhr Lebendkontrolle.
06:00 Uhr Aufschluss.
07:00 Uhr Einschluss für Nichtarbeiter und Nichtschüler.

07:00 Uhr Ausrücken zur Arbeit oder Schule.
12:30 Uhr Mittagessen.
16:00 Uhr Hofgang.
17:00 Uhr Aufschluss.
20:00 Uhr Einschluss.

Telefon im Flur:
Nur mit Guthaben und vorab genehmigten Nummern. Keine Ausnahmen. Gespräche sind ausschließlich während der abendlichen Freizeit möglich, tagsüber sind die Apparate gesperrt.

Einkauf:
Wöchentlich, bei vorhandenem Guthaben.
Bis zu 20 € Hausgeld und 20 € Eigengeld. Hausgeld für Essen, Trinken, Tabak. Eigengeld für Zeitschriften, Hygiene, CDs – falls man einen CD-Player hat. Geld von draußen wird automatisch als Eigengeld verbucht. Wenn man keine Arbeit hat, darf man einmal im Monat bis zu 50 € vom Eigengeld auf das Hausgeld umbuchen lassen. Hierfür ist ein Antrag zu stellen.
Sonstiges:
Fernseher kann man mieten, wenn man's zahlen kann: 12,85 € Miete plus 4,00 € Strom im Monat.
Pendeln zwischen Hafträumen ist verboten.
Tätowieren verboten.
Scharfe oder gefährliche Gegenstände verboten.
Kerzen.. verboten. Außer zu Weihnachten,
dann darf man eine haben,
aber nur wenn der Anstaltspfarrer sie ausgibt.
Enten oder Vögel füttern im Hof.. verboten.

Und bei allem, was verboten ist, steht darunter fett gedruckt: Disziplinarmaßnahmen bei Verstoß.

Das war nur das, was ich beim groben Durchblättern mitnahm. Dazwischen Seiten über Verhalten im Haftraum, Vorschriften für Kleidung, Umgang mit Briefen, Besuche, Sauberkeit, Postkontrolle, Gruppenvollzugsangebote, Medienregelungen, Umgang mit persönlichen Gegenständen, Regeln für Seelsorge, religiöse Veranstaltungen, Sport.. eine Liste, die kein Ende nahm. Hier drin war alles geregelt. Bis ins letzte Detail.

*

Die ersten Tage verliefen fast zu ruhig. Ich war ein offensichtlich normaler Gefangener unter anderen Gefangenen. Okay, gut, ich war zurückhaltender als andere, ich war ruhiger als andere, und ich versuchte, mich so gut es ging dem Alltag anzupassen.
Kein großer Auftritt, kein Gerede, nichts, was auffiel.
Beobachten, mitlaufen, unauffällig bleiben – das war die Devise.
Ich bekam auch meine Margarine, ein Glas Pflaumenmus, und jeden Abend meine sechs Scheiben Brot.
Man gewöhnte sich dran. Es war keine große Sache, aber es war etwas, auf das man sich verlassen konnte. Ein kleiner Rest von Struktur in einem ansonsten formlosen Tag.
Besonders in der Strafhaft war, dass nicht jede Wohngruppe einzeln zur Kantine ging etwa wie in F6, sondern immer zwei Wohngruppen gleichzeitig. Das bedeutete viele Leute, viel Bewegung, und immer wieder Spannungen. Es gab fast täglich Reibereien, manchmal auch richtige Schlägereien. Wer sich mit den Falschen anlegte, für den hieß es dann nach einer Schlägerei dann "Sicherheit". Die Leute unter "Sicherheit" wurden einfach innerhalb der Wohngruppe isoliert. Hofgang hatte man dann nur noch alleine, in Handschellen im kleinen Hof von F5.
Und damit niemand mehr was durch die Fenster reichte, wurde ein Lochblech davor angebracht. So konnte man nichts mehr sehen, nichts mehr geben, nichts mehr empfangen. Das Mittagessen wurde ihnen gebracht. Freizeit während des Aufschlusses gab es nicht mehr. Sie waren allein. Wer unter "Sicherheit" stand, hatte ein rotes Ausrufezeichen neben seinem Namen an der Zellentür. Jeder sah es dann. Man war dann 23 Stunden am Tag weggesperrt.
Nur morgens gab es 15 Minuten zum Fegen der Zelle und zum Duschen - alleine natürlich. Arbeiten oder zur Schule gehen durfte man dann auch nicht mehr. Kein Lohn, kein Tabak, kein Einkauf.
Nur sitzen. Warten. Denken.
Je schlimmer das war, was man sich geleistet hatte, desto länger dauerte die Maßnahme. Und je öfter man auffiel, desto härter wurde es.
Wer beim Pendeln erwischt wurde, also beim Weitergeben von

Sachen über eine Schnur durch Fenster, der bekam keine "Sicherheit", aber trotzdem eine Disziplinarstrafe. Erst zwei Tage Zelleneinschluss, dann vier, dann eine Woche, dann zwei... bis zu maximal vier Wochen. Die Eskalation war vorhersehbar. Und sie wirkte. Bei den meisten jedenfalls. Auch konnte man bei einer Disziplinarstrafe seinen Fernseher verlieren oder seinen CD-Player. Eigentlich konnte man alles verlieren. Man konnte sogar sein Recht auf das Einkaufen verlieren. Wenn das nichts half und man wirklich am Ausrasten war, gab es da noch den Bunker. Den besonders gesicherten Haftraum. Diesen kannte ich noch zu gut aus meiner Zeit in der Untersuchungshaft.

*

In den Hof ging ich zunächst nicht. Zu groß war die Angst, jemanden aus der Untersuchungshaft wieder zu treffen. Es war nicht auszuschließen, dass jemand, mit dem ich dort eingeschlossen war, nun auch hier in der Strafhaft landete. Vielleicht war es nur Einbildung, vielleicht wäre nie jemand aufgetaucht. Aber allein die Möglichkeit reichte, dass ich mich raushielt.
Ich meldete mich einfach nicht für den Hofgang. In der Akte wurde das zwar vermerkt, aber groß gefragt wurde nicht.
Es war eine stille Entscheidung, meine Entscheidung, und sie schützte mich. Vorerst...
Während der Freizeit versuchte ich, irgendwie Anschluss zu finden, ohne mich zu sehr zu zeigen. Ich war da, wenn andere Karten spielten oder einfach nur rumstanden und redeten. Ich hörte zu, sagte ab und zu was, aber nie zu viel. Schon in diesen ersten Tagen merkte ich, dass manche mich testeten. Kleine Sprüche, angedeutete Fragen, Blicke, die zu lange hielten. Sie wollten wissen, wie weit sie gehen konnten. Ich verstand es instinktiv. Jeder Tag war ein Balanceakt.
Die Zeit zog sich. Eine Woche fühlte sich an wie ein ganzer Monat. Die Tage unterschieden sich kaum. Ich schrieb meinen Pflegeeltern, damit sie wussten, wo ich war. Mehr hatte ich nicht. Ich bat sie, ihre Telefonnummer der Anstalt zu geben, damit ich vielleicht irgendwann mal telefonieren konnte. Das war alles, woran ich mich klammerte. Wenigstens ein Gespräch, irgendwann. Das Gute an der Strafhaft, wenn man so will, war, dass die Briefe nicht mehr

über Gericht und Staatsanwaltschaft gingen. Keine langen Umwege mehr, keine endlosen Wartezeiten.
Die Post wurde direkt in der Anstalt bearbeitet. Das bedeutete: schneller rein, schneller raus. Trotzdem musste man immer noch damit rechnen, dass neugierige Beamte mitlasen. Eigentlich durften sie nur nach Schmuggelware suchen, offiziell.
Aber das war ein offenes Geheimnis, sie lasen mit, wenn sie wollten. Und sie wussten alles. Wenn man im Brief etwas schrieb oder von draußen etwas berichtet bekam. Es war, als hätten sie es selbst erlebt.
Mein Zugangstabak war schnell aufgebraucht. Dreißig Gramm hatte ich bei der Einlieferung bekommen, einen kleinen Beutel, der für mich keine zwei Tage hielt. Danach war klar: Ich musste improvisieren.
Geld hatte ich keines, also blieb mir nichts anderes übrig, als auf dem Weg zur Kantine und zurück Stummel zu sammeln. Ich war nicht der Einzige. Viele taten das, leise, unauffällig, ohne darüber zu sprechen. Es war ein stillschweigendes Verständnis unter uns. Wer Tabak hatte, hatte Ruhe. Wer keinen hatte, hatte Stress.

Nach mehreren Tagen ohne Nikotin und ohne Erfolg beim Sammeln blieb mir keine Wahl mehr. Ich musste raus. Ich musste in den Hof.
Ich wusste, dass ich damit ein Risiko einging, aber ohne Tabak wurde alles nur noch schlimmer. Also fasste ich den Entschluss, draußen die Aschenbecher abzuklappern. Sie standen verteilt im Hof, unscheinbar, manchmal halbvoll. An einem Montag meldete ich mich zum ersten Mal zum Hofgang.
Zehn Tage war ich jetzt in Strafhaft. Erst wurde die untere Wohngruppe aufgeschlossen, dann meine, danach WG 3 und schließlich WG 4.
In meiner Etage konnte man genau hören, wie unten die Türen nacheinander geöffnet wurden. Das metallische Klacken der Schlösser, die kurze Frage, das dumpfe Zufallen der Türen danach. Dann war unsere WG an der Reihe. Ich hörte, wie sich die Türen im Flur langsam eine nach der anderen öffneten, begleitet von dem routinierten „Hofgang?“

So war es jeden Tag gewesen, und jedes Mal hatte ich verneint. Doch heute war es anders. Ich zog meine Jacke an, stellte mich an die Zellentür und wartete.
Als sie sich öffnete und die Frage kam, stand ich schon bereit. Ich hatte Angst. Große Angst. Aber in diesem Moment war die Sucht stärker. Ich trat auf den Flur meiner Wohngruppe und reihte mich bei den Letzten ein, die hinausgingen ins Treppenhaus, wo man uns alle sammelte.
Die Gefangenen aus den verschiedenen Wohngruppen standen dicht gedrängt. Der Gang füllte sich schnell, Stimmen flüsterten, Blicke blieben an mir hängen, dann kamen die Leute aus den Wohngruppen über mir dazu. Als wir alle zusammengedrängt im Treppenhaus standen und auch der letzte Nachzügler herausgeleitet worden war, setzte sich die Gruppe in Bewegung. In Reih und Glied, wie in einem stummen Marsch, gingen wir nach draußen. Kein Wort, nur Schritte auf Beton. Am Ausgang bogen wir nach links ab.
Es war der riesige Sportplatz, an dem ich in der U-Haft schon oft vorbeigegangen war. Carlo hatte mir damals beiläufig erzählt, dass auch dieser Sportplatz als Hof genutzt würde. Und nun stand ich selbst da, auf diesem Platz.
Viele Gefangene liefen ihre Runden, andere standen in Gruppen. Einige spielten mit einem Ball. Nur wenige Beamte beobachteten uns dabei. Man fühlte sich verloren unter all diesen Menschen, eingekeilt zwischen fremden Gesichtern und Blicken, von denen man nie wusste, was in ihnen vorging. Zu wenige Beamte begleiteten uns.. viel zu wenige, um einen wirklich schützen zu können, falls doch einmal etwas passieren sollte.
Ich ging trotzdem langsam los, zielstrebig zum ersten Aschenbecher. Hockte mich kurz, als ob ich mir den Schuh binden würde. Zwei Stummel. Weiter zum nächsten. Drei weitere. Einer davon war halbwegs rauchbar. Ich steckte sie ein, ging noch einen Bogen, dann zurück. Ich lief nicht über den kompletten Sportplatz, sondern konzentrierte mich nur auf die Aschenbecher, die am Anfang davon standen.
Doch dann fiel mir auf, dass einer von den Gefangenen, die an einem dieser Aschenbecher standen, mich seltsam ansah. Ich

kannte ihn nicht, aber er starrte mich an, als ob er mich irgendwoher kennen würde. Er sagte nichts, aber seine Augen verrieten alles. Ich dachte mir nicht viel dabei, doch als ich abends bei den Fenstergesprächen erfuhr, dass Lukas meine Schwester Anne kannte, änderte sich alles.
Lukas erzählte, dass er mit Anne in der gleichen Klasse war, und dass sie damals auf der Hauptschule über mich gesprochen hatte. Was sie gesagt hatte, wusste ich schon: Dass ich mich als Mädchen fühlte, dass ich Mädchenkleider trug, dass ich „anders" war. Aber was ich nicht wusste, war, dass Lukas das wusste. Ich hörte, wie sie lachten, oben aus der Zelle. Die Namen fielen, und ich hörte Wörter wie „Transe" und „Opfer".
Und dann kam der Satz, der mich wie ein Schlag traf. Lukas erzählte, dass ich damals in der Schule in die Restmülltonne geworfen worden war. Dass ich verprügelt wurde. Dass ich niemanden hatte. Niemanden, der mir geholfen hätte.
Ich kannte diese Typen nicht, die da oben standen und lachten, aber sie kannten mich plötzlich. Oder dachten zumindest, sie würden mich kennen.
Lukas, dieser Russe, der da oben stand, war einer von denen, die mich damals in die Mülltonne gesteckt hatten. Einer der vielen, die mich zum Opfer gemacht hatten. Ich hatte ihn damals nicht beachtet, aber er war jetzt einer, der mich wieder ins Visier nahm. Und das hier war nur der Anfang.
Es begann mit Klopfen. Trampeln. Immer wieder an die Decke meiner Zelle. Gezielt. Laut. Provozierend. Ich ging nicht ans Fenster.
Aber es wurde schlimmer. Als ich doch einmal kurz mein Fenster öffnete, prasselte kochendes Wasser herunter. Direkt vom Fenster über mir. Lukas hatte einen Wasserkocher in seiner Zelle. Ich ging wieder rein, sagte nichts. Am nächsten Tag wieder.
Das war nicht einfach nur kochendes Wasser, was da von oben herunter kam. Es spülte auch den ganzen Dreck seiner Fensterbank und der Hauswand mit. Ich reinigte die Scheibe, weil der Dreck von oben daran klebte.
Am dritten Tag war es kein Wasser mehr. Es stank. Lukas hatte aus dem Fenster gepisst. Von seiner Zelle aus. Und wieder jeder

Tropfen, der an seiner Fensterbank die Wand entlanglief, traf irgendwann meine. Wenn mein Fenster offen war, kam der Gestank direkt rein. Wenn es zu war, klebte ein Gemisch aus Dreck und Pisse an der Scheibe. Ich wischte beinahe täglich. Aber es hörte nicht auf.

Je mehr ich putzte, desto schlimmer wurde es. Als wollten sie sehen, wie weit sie gehen konnten. Und Lukas, der kannte alles. Jede Schwäche, jede Geschichte. Es wurde nicht geschrieen, nicht direkt gedroht. Es war viel subtiler. Aber es war da.

Ununterbrochen.

Ich lernte wieder, still zu sein. Ich lernte, nichts zu zeigen. Nicht zu reagieren. Nicht hochzuschauen, wenn sie am Fenster standen. Ich versuchte, mich unsichtbar zu machen. Aber innerlich war es, als würde ich bei lebendigem Leib zersetzt. Jeden Tag ein bisschen mehr.

Das, was Lukas angezettelt hatte, war oben in der Wohngruppe über mir mehr Thema als bei mir in meiner Gruppe. Oben redeten sie darüber, machten Sprüche, lachten, werteten. Auf meiner Wohngruppe blieb es vorerst still. Vielleicht hatte ich einfach Glück gehabt, was meine Gruppe anging. Oder es war Gleichgültigkeit.

Die Leute hier hielten sich raus. Was aber auch bedeutete, dass sich niemand wirklich einmischte. Keiner stellte sich vor mich, keiner sagte ein Wort. Es war diese leise, passive Feindseligkeit, die entsteht, wenn man einfach nichts sagt. Dafür wurde es auf der ganzen Seite des Flurs, an der mein Fenster lag, umso lauter. Lukas stachelte die anderen regelrecht an, hetzte sie auf, trieb sie dazu, mitzumachen. Und sie machten mit.

Alle. Lukas, dieser Russe, hatte die anderen längst auf seine Seite gezogen. Und im Knast bedeutete das etwas. Die Russen waren viele. Man legte sich besser nicht mit ihnen an. Nicht, weil sie laut waren, sondern weil sie zusammenhielten. Kompromisslos.

Wenn du einen von ihnen verärgert hattest, hattest du es mit allen zu tun. Keine zweite Chance. Kein Missverständnis. Nur Konsequenzen. Und ich hatte es mir mit ihnen verscherzt. Ohne etwas gesagt zu haben. Ich hatte niemanden provoziert, niemanden beleidigt, nicht mal schief angeschaut.

Ich war einfach nur da. Und das reichte. Von meiner Gruppe sprach kaum noch jemand mit mir. Vielleicht war das mein Schutz. Denn wer mit mir gesehen wurde, war gleich mit unten durch. Und keiner wollte mit mir unten durch sein.
Also blieb ich allein.

*

Es war ruhig. Verdächtig ruhig. Die Art von Ruhe, die weh tut. Ich zog mich zurück in meine Zelle. Den einzigen Ort, der noch irgendwie mir gehörte. Aber selbst dort ließ man mich nicht in Ruhe.
Irgendwann roch es nach Pisse. Nicht nur ein bisschen. Es war beißend. So beißend, dass selbst die Beamten meinten, ich solle meine Toilette sauber machen. Aber der Gestank kam nicht von mir. Er kam von oben.
Jeden Tag tropfte es. Unübersehbar. Die Wand war nass. Die Fensterscheibe klebte. Es war, als würde jemand gezielt aus dem Fenster über mir pissen. Und ich wusste genau, wer es war. Ich roch es. Ich sah die Spuren.
Aber ich sagte nichts. Ich dachte an Christoph. An die U-Haft. An Carlo, der damals meinte, dass es für Verräter keine Gnade gibt.
Dass es keine Rolle spielt, was einem angetan wird. Die Gefangenen regeln ihre Angelegenheiten unter sich. Und wenn man mit einem Beamten redet, ist man fällig. Und wenn das schon bei einem normalen Gefangenen gefährlich war, wie viel schlimmer wäre es dann, würde man einen Russen verraten?

In den Hof ging ich schon lange nicht mehr.
Stattdessen versuchte ich in der Freizeit an Zigarettenstummel zu kommen, irgendeine Beschäftigung, irgendetwas. Ich denke, ich hatte mir bei den Gefangenen auf meiner Wohngruppe einen minimalen Hauch an Respekt bewahrt, vielleicht gerade, weil sie mitbekamen, was da täglich von der Etage über mir auf mich herabprasselte. Und weil sie sahen, dass ich, obwohl ich mehr als einmal die Möglichkeit gehabt hätte, dem Ganzen durch Verrat an die Beamten ein Ende zu setzen, genau das nie getan habe.

*

Eines Tages lernte ich Kevin kennen, einen Typen, der die Zelle direkt rechts neben mir bezog. Schon als ich ihn das erste Mal sah, wusste ich, dass er nicht wie die anderen war. Nicht so laut, nicht so abgeklärt, nicht so überdreht in dieser künstlichen Knast-Selbstsicherheit, die viele hier zur Schau stellten wie eine zweite Haut.

Kevin war anders. Ein Einzelner unter vielen, irgendwie genauso wie ich. Vielleicht war es diese stille Gemeinsamkeit, die ich spürte. Etwas Unsichtbares, aber Spürbares. Etwas, das verband, ohne dass es ausgesprochen werden musste.

Er war etwa in meinem Alter, vielleicht ein Jahr jünger oder älter, schwer zu sagen. Klein gewachsen und ziemlich dick, mit einem Gesicht, das von Unsicherheit gezeichnet war. Nicht nur mal ein unsicherer Moment, nein, da war ein Ausdruck in seinen Augen, der dauerhaft wirkte, als hätte er längst akzeptiert, dass er hier nicht bestehen konnte.

Es war eine Mischung aus Angst und Trotz. Sein Haar war zu lang, strähnig und fettig. Es schien das Ergebnis einer Entscheidung zu sein, sich nicht mehr um irgendetwas zu kümmern. Er hatte sich aufgegeben. Vielleicht schon bevor er überhaupt hier angekommen war. Ich erkannte in ihm etwas, das mir selbst vertraut war.

Diese Haltung, die leise sagt: Ich weiß, ich gehöre nicht dazu. Ich will auch gar nicht dazugehören. Nicht aus Überheblichkeit, sondern aus Schutz. Kevin war ein Außenseiter, so wie ich.

Ein Fremdkörper in einem System aus Härte, Revierverhalten und unausgesprochenen Hierarchien. Und natürlich rochen die anderen das. Sie rochen Schwäche.

Und sie stürzten sich auf ihn. Immer wieder beobachtete ich, wie sie ihn piesackten, provozierten, verspotteten. Es fing mit diesen scheinbar harmlosen Bemerkungen an, wie beiläufig hingeworfen. Ein Spruch über seine Figur, ein Witz über seine Haare, ein Lacher über sein Schweigen.

Aber das war nur der Anfang. Es entwickelte sich rasch zu einer konstanten Form des Mobbings, die so leise war, dass sie nie wirklich angreifbar wurde.

Keine Schläge, keine klaren Auseinandersetzungen, nichts, was man einem Beamten hätte melden können, ohne selbst wie ein

Verräter dazustehen. Und doch: Es war Gewalt. Psychische Gewalt. Eine konstante Präsenz von Spott, von Ausgrenzung und Demütigung. Kevin sagte nie etwas dagegen. Er versuchte nicht mal, sich zu wehren. Er zog sich einfach zurück. Wurde leiser, kleiner, unauffälliger. Ich sah ihm an, wie schwer ihm das alles fiel. Wie tief ihn das traf. Und ich fragte mich, wie oft er solche Situationen in seinem Leben wohl schon erlebt hatte.
Wie viele Male er wohl schon gelernt hatte, dass es besser ist, still zu bleiben, und nicht aufzufallen. Nichts zu sagen. Ich kannte dieses Gefühl. Diese lähmende Mischung aus Wut, Angst und Scham. Ich erkannte mich selbst in ihm, in seiner Passivität, seiner Hilflosigkeit, seinem inneren Rückzug.
Er saß wegen Diebstählen. Zwei Jahre hatte er bekommen. Kein Gewaltverbrechen, kein Drogendelikt - einfach nur Diebstahl. Kleinkram vermutlich. Dinge, die man tut, wenn man draußen ohnehin schon durch alle Raster fällt.
Was ihn von mir unterschied, war, dass ich vorher in Untersuchungshaft gewesen war. Diese Zeit wurde mir angerechnet, verkürzte meinen Aufenthalt in der Strafhaft. Kevin hatte diese Zeit nicht, und das bedeutete, er hatte noch viel Zeit vor sich. Noch mehr Tage, an denen er sich durchbeißen musste. Noch mehr Wochen, in denen er den Spott ertragen musste. Vielleicht war das auch der Grund, warum sie es so auf ihn abgesehen hatten.

Dann kam dieser eine Moment beim Mittagessen.
An einem Tag für mich wie jeder andere. Schlecht geschlafen, manchmal geweint. Der Abend davor: Stimmen am Fenster von den Gefangenen über mir. Rufe, Beleidigungen. Sie wussten irgendwie, dass ich da war - oder vermuteten es. Manchmal schütteten sie kochendes Wasser, wenn sie meinten, mich am Fenster zu hören. Oder ließen einfach eine Ladung Pisse nach unten laufen, die sich ihren Weg an der Fassade entlang suchte. Trampeln auf dem Boden, genau über meinem Kopf, immer dann, wenn kein Beamter in der Nähe war. Ein stilles Spiel aus gezielten Quälereien. Routine der Verachtung. Ich war da unten. Und das reichte. Ich war da. An dem Tag ging ich wie immer zum Mittagessen. Ein großer Tisch ganz hinten, weit weg vom Lärm.

Abseits vom Getuschel, den Halbsätzen, der künstlichen Gruppendynamik. Ich saß dort allein. Wie immer. Die anderen verteilten sich auf die langen, ungemütlichen Kantinentische, einige dicht an dicht, andere lockerer, aber alle irgendwie zusammen. Ich war kein Teil davon. Ich war nie ein Teil davon. Ich saß einfach da, stocherte in meinem Essen, kaute ohne Hunger. Und dann kam Kevin. Er sagte nichts. Stand nur da. Und setzte sich. Nicht mit einer selbstbewussten Geste. Nicht wie jemand, der einen Anspruch anmeldet. Eher wie jemand, der fragt, ohne zu fragen. Tastend. Unsicher. Ich spürte die Blicke der anderen. Nur kurz. Wachsam. Abschätzend. Nicht offen feindlich, aber auch nicht egal. So ein Moment blieb nie unbeachtet. Doch wir ignorierten sie. Ich sagte nichts. Er auch nicht. Und trotzdem war etwas passiert.
Etwas Kleines, fast Unsichtbares. Vielleicht war es einfach nur, dass ich ihn nicht ausgelacht hatte. Dass ich ihn angesehen hatte. Nicht wie ein Problem. Nicht wie einen Störfaktor. Sondern einfach wie einen Menschen. Vielleicht war das schon genug.

Später kam Eugen dazu..
Er war ein paar Tage zuvor aus Haus F4 zu uns nach F3 verlegt worden. Offiziell wegen „Spannungen“. Inoffiziell wusste jeder, er kam mit den anderen Russen nicht mehr klar. Oder sie nicht mit ihm. Je nachdem, wie man es sehen wollte. Fakt war: Er war raus. Komplett raus.
Und das hatte seinen Grund. Draußen, also vor seiner Inhaftierung, hatte er wohl einen seiner Landsleute bei der Polizei verpfiffen. Einen anderen Russen, ein paar krumme Dinger, irgendwas in der Richtung. Die Details waren egal. Was zählte, war: er hatte geredet. Etwas gesagt, das er besser für sich behalten hätte.
Und das hatte zur Verurteilung des anderen geführt. Komischerweise war das seine Rettung gewesen. Also, dass das Ganze draußen passiert war. Nicht hier. Nicht in diesen Mauern. Hätte er hier drinnen jemanden verraten, dann wäre er erledigt gewesen.
Richtig am Arsch. Dann hätte es nichts genützt, ihn in ein anderes Haus, auf eine Gruppe zu verlegen, in der keine Russen inhaftiert waren. Da hätte keine Herkunft geholfen, kein Rang, kein Haus, keine Zugehörigkeit. Er wäre unten durch gewesen. Bei allen.

Komplett raus, verbrannt. So aber... war er eben „nur" bei den Russen unten durch. Das reichte allerdings auch schon. Denn die waren gut vernetzt. Und sie verstanden es, einen fertigzumachen, ohne einen Finger zu rühren.
Keine offenen Angriffe, kein offenes Wort, keine klaren Drohungen. Aber mal hier jemand, der bei einem Russen Schulden hatte und sie damit abgelten musste, indem er einen anderen zusammenschlug. Mal da ein bisschen gezielte Mundpropaganda.
Ein beiläufig eingestreutes Gerücht, ein Satz zur richtigen Zeit am richtigen Ohr, oder, wenn es der Zufall so wollte, mal gemeinsam im selben Raum eingeschlossen. Tür zu, Schlüssel gedreht. Kein Blickwinkel einer Kamera erfasste es. Solche Dinge passierten. Natürlich nur durch Zufall. Man erzählte sich Dinge über Eugen. Dass er in F4 die Zellen anderer putzen musste, ähnlich wie Christoph damals in F6. Dass er von den Russen als eine Art Sklave gehalten wurde. Dass er seine Einkäufe abgeben musste. Und Schlimmeres. Man wusste nie, was davon stimmte, aber es klang alles möglich. Es passte ins Bild. Und das Bild reichte oft aus, um Wirklichkeit zu schaffen.
Als Eugen zu uns an den Tisch kam, war er still, beobachtend und wachsam. Es dauerte ein paar Tage, bis er überhaupt mit jemandem sprach.
Und dann war es wieder so ein Mittagessen. Wieder dieser äußerste Tisch. Kevin und ich saßen da, in unserem stummen Abseits. Und plötzlich stand Eugen da. Fragte nicht, sagte nichts. Setzte sich einfach dazu. Ich sah kurz zu ihm rüber. Kein Ausdruck im Gesicht. Keine Unsicherheit, aber auch keine Überheblichkeit. Einfach nur: Ich bin jetzt hier. Und dann sagte er etwas. Irgendwas übers Essen, irgendein belangloser Satz.
Ich erinnere mich nicht mal mehr, was es war. Aber das war auch nicht wichtig. Wichtig war nur, er sprach. Er setzte sich. Und wir ließen ihn.
Ich glaube, er hatte gemerkt, dass wir ähnlich waren. Randfiguren. Ohne Gruppe. Ohne Rückendeckung. Und vielleicht war das genau das, was er suchte: Einen Ort, an dem er nicht ständig gegen unsichtbare Mauern lief. Bei uns gab es keine Fragen, keine Bedingungen, keine Tests.

Nur ein bisschen Ruhe. Ein bisschen Schweigen. Ein bisschen Draußensein im Drinnen.
So wurden wir drei zu einer Art Schattenallianz. Kein echtes Bündnis, keine Freundschaft im klassischen Sinn. Aber eine stille Solidarität unter denen, die nicht mehr viel zu verlieren hatten…

*

Es war kurz vor Weihnachten 2006. Es wurde Winter. Draußen fiel der erste Schnee, drinnen zog die Kälte langsam durch die Ritzen im Fensterrahmen. In der Zwischenzeit hatte ich Gespräche mit einem Beamten geführt, der für die Zuteilung von Arbeit zuständig war. Ich wusste, dass ich arbeiten musste, so war das halt. Aber ich wusste auch: Wenn ich hier meine Zeit einfach nur absitze, ohne Abschluss, ohne Plan, dann ist die Wahrscheinlichkeit ziemlich hoch, dass ich irgendwann wieder abrutsche. Wieder in die alten Muster. Wieder zurück auf die Straße. Also bat ich darum, zur Schule gehen zu dürfen.
Ich bekam tatsächlich einen Gesprächstermin bei einem Lehrer. Zusammen mit den zuständigen Leuten wurde mir dann ein Angebot gemacht. Ich dürfte ab dem kommenden Jahr die Schule besuchen.
Der Unterricht begann im März und würde bis Februar 2007 laufen. Also genau in dem Zeitraum, in dem ich hier einsitzen würde. Das passte. Also nahm ich das Angebot an. Sie erklärten mir, dass es sich um ein klassisches BVJ handelte – ein Berufs-Vorbereitungs-Jahr, das über die Berufsbildende Schule in Speyer organisiert wurde. Außerdem stellte man mir in Aussicht, dass ich bei erfolgreichem Schulabschluss vorzeitig entlassen werden könnte. Der Rest meiner Haftstrafe würde dann zur Bewährung ausgesetzt.
Das gab mir Hoffnung. Eine kleine, schwache, aber immerhin echte Hoffnung darauf, vielleicht doch früher hier rauszukommen. Mir wurde freigestellt, welchen Bereich ich wählen wollte. Ich konnte mit nichts davon wirklich was anfangen.
Ich wollte nie handwerklich arbeiten, das war einfach nicht mein Ding. Hauswirtschaft hätte ich definitiv genommen, aber das stand nicht zur Auswahl. Also hatte ich die Wahl: Metall oder Holz. Ich entschied mich für Holz. Das schien mir nicht ganz so

schwer, nicht ganz so schmutzig.
Es war trotzdem besser als nichts. Es ging mir letztlich sowieso nur darum, einen richtigen Schulabschluss zu erlangen. Irgendwas musste ich auch tun, um hier drinnen nicht kaputtzugehen.

Ich war nach außen hin emotional tot, denn alles, was jeden Abend in meiner Zelle geschah, und vor allem das, was über mir abging und was ich mir wortwörtlich über mich ergehen lassen musste, machte mich langsam fertig.

Meine Pflegeeltern gaben mir etwas Halt. Sie hatten mir inzwischen ein paar Mal geschrieben und wussten, wo ich war. Es waren schöne Briefe, kleine Nachrichten, immer durchdacht und liebevoll.
Sie hatten mir sogar Geld geschickt, das ich auf mein Hausgeldkonto umbuchen ließ. Endlich konnte ich mir Tabak leisten.
Ich musste keine Stummel mehr rauchen. Keine halb-verbrannten Kippen, die ich auf dem Weg zur Kantine fand. Ich hob jeden meiner eigenen Stummel akribisch auf, sammelte sie in kleinen Dosen, immer mit dem Gedanken, dass sie irgendwann noch einmal gebraucht würden. Und manchmal war es dann tatsächlich so.
Ich rauchte die Stummel von den Stummeln von den Stummeln. Jeder Zug schmeckte erbärmlicher als der letzte, ein bitteres Gemisch aus kaltem Rauch, Papier und Scham. Wenn wirklich gar nichts mehr ging, wenn nichts mehr zu finden war und auch meine letzten Vorräte aufgebraucht waren, griff ich zu Früchtetee.
Ich riss die Beutel auf, streute den trockenen Tee in ein Blatt Zeitungspapier, drehte es zusammen und zündete es an. Es kratzte im Hals, brannte in der Lunge, roch nach verbranntem Obst und Hoffnungslosigkeit. Aber es war etwas. Etwas zum Inhalieren, zum Festhalten, zum Beruhigen.

Als mich meine Pflegeeltern kurz vor Weihnachten besuchten, waren sie entsetzt. Nicht, weil ich ihnen erzählt hätte, was hier wirklich vorging, das tat ich nicht.
Ich ließ alles, was hinter diesen Mauern passierte, drinnen.

”

Sie rochen es. Den Schmerz. Den Riss in der Rüstung. Sie rochen ihn, wie Hunde Blut riechen, wie Hyänen einen verletzten Körper wittern, lange bevor das Auge die Wunde sieht.

Zuerst waren es nur Schubsereien.

Kleine, beiläufige Stöße im Flur, ein Ellenbogen, der zu lange an meiner Seite verweilte, ein Fuß, der mir im Essensraum plötzlich in den Weg rutschte.

Es waren ihre Augen…

Diese Augen. Wie sie mich ansahen, wie sich in ihnen etwas formte, das immer gieriger wurde. Wie ein Rudel, das sich einigt. Die Mauer ringsum war plötzlich nicht mehr aus Beton, sie war aus Atem, aus Blicken, aus Zähnen, die sich nur noch nicht ins Fleisch gebohrt hatten.

”

Ich erzählte ihnen nichts von den ständigen Beleidigungen, den Demütigungen, den Momenten, in denen ich nicht mehr wusste, wie ich das hier aushalten sollte.

Nein, was sie entsetzte, war, wie leicht die Wohngruppe in Oberelz mich aufgegeben hatte. Sie sagten, sie hätten vor der Verhandlung noch mit Markus gesprochen. Im Gerichtssaal. Ganz in Ruhe. Meine Pflegemutter meinte, er habe einen guten Eindruck gemacht. Er habe erzählt, wie sehr er und seine Frau sich um "ihre Jugendlichen" kümmerten, wie wichtig ihnen das Wohl der Kinder sei, die bei ihnen lebten. Ich musste lachen, als ich das hörte. Nicht, weil es lustig war. Eher wie ein Reflex. So ein kaltes, kurzes Lachen. Klar, dachte ich. Markus. Der große Kümmerer.

Der mit dem Lächeln, das immer ein Stück zu bereit war. Der wusste, was man sagen muss, wenn jemand zuhört. Sie hatten ihm geglaubt. Oder wollten mir erzählen, dass sie ihm glaubten. Vielleicht war das Gleiche.
Meine Pflegemutter hatte das Gefühl, ich wäre bei ihnen gut aufgehoben. Dass sie mich nicht einfach fallen lassen würden, wenn ich Scheiße baue.
Und sie wusste, dass ich ein Talent dafür habe, in jedes verdammte Fettnäpfchen zu treten, das irgendwo herumsteht. Aber Markus hatte mich aufgegeben. Einfach so. Hatte nicht mal versucht, den Kontakt zu halten. Nichts. Und das erschütterte meine Pflegeeltern. Genau wie die Tatsache, dass all meine persönlichen Sachen in Oberelz geblieben waren. Mein LED-beleuchteter CD-Player, den ich zu meinem zehnten Geburtstag bekommen hatte. Meine Kleidung. Meine Reisetasche. Alles.
Und es war klar: Wenn ich hier irgendwann wieder rauskomme, dann stehe ich wieder mit Nichts da. Wieder ganz von vorn. Und das erschreckte sie auch.

Meine Pflegemutter sagte mir während des Besuchs immer wieder, dass ich bei ihnen zu Hause immer einen Platz hätte. Egal was passiert. Auch wenn ich offiziell längst nicht mehr ihr Pflegekind war. Für sie sei ich ihr Kind.

Das betonte sie. Mehrmals.
Kein Richter könne ihr das nehmen, sagte sie. Ihre Stimme klang dabei entschlossen, fast trotzig. Und sie meinte es so. Das rührte mich. Und das zu wissen, gab mir ein kleines Stück Sicherheit,
Ich erzählte von der Möglichkeit, den Schulabschluss zu machen. Und sie freuten sich darüber. Freuten sich ehrlich, dass es in all der scheinbaren Trostlosigkeit noch so etwas wie Hoffnung für mich gab.
Mein Pflegevater redete mir ins Gewissen. Er wollte, dass ich das durchziehe. Und ich war fest entschlossen, das auch zu tun. Auch wenn ich wusste, wie sehr Lukas aus der Gruppe über mir mit seinen Leuten mein Leben zur Hölle machte. Aber ich wollte trotzdem nicht aufgeben. Ich versprach meiner Pflegemutter, mich zu melden, sobald es möglich ist. Telefonisch. Kurz bevor sie gingen, sagte sie mir, dass sie mir ein Weihnachtspaket schicken würden. Sie hatten an der Pforte eine Paketmarke für mich beantragt. Ich freute mich darauf.

*

Je näher Weihnachten rückte, desto mehr veränderte sich etwas in mir. Ich wurde ruhiger. Rückzug wurde wieder meine Strategie. Ich fiel zurück in eine Art innere Melancholie, zurück in meinen Kopf. Ich blendete das, was um mich herum geschah, immer öfter aus. Blieb mehr in meiner Zelle. Vielleicht war es Selbstschutz. Vielleicht Resignation. Vielleicht einfach nur Müdigkeit.
An Weihnachten bekam jeder, der den Gottesdienst in der Gefängniskirche besuchte, vom Pfarrer eine Kerze. Eine echte Kerze. Die einzige, die erlaubt war - und auch das nur über die Feiertage. Sie versprach Hoffnung. Und Licht. In einer Welt, in der es sonst kein Licht gab.
Selbst als ich in der Kirche Lukas und ein paar anderen meiner Peiniger aus WG 4 gegenüberstand, lag so etwas wie eine Schonfrist in der Luft. Die Beleidigungen waren nicht mehr so gezielt, nicht mehr so scharf. Ich wurde auch nicht mehr so oft ans Fenster gezwungen, nur um mich dann von der ganzen Seite über mir beschimpfen zu lassen.
Trotzdem hörte ich sie abends, wenn es still wurde. Dorfklatsch

auf Knastniveau. Sie verbreiteten ihre Nachrichten des Tages wie Gerüchte auf einer staubigen Dorfstraße. Heute bin ich das Gesprächsthema, morgen war es dann Kevin. Oder Eugen. Ich war nicht mehr ganz allein damit. Nur ein weiteres Ziel.
Vielleicht war das schon ein Fortschritt. Lukas pisste trotzdem weiterhin aus seinem Fenster.

Ein paar Tage nach Weihnachten kam tatsächlich ein Paket für mich an. Es war genau das, wovon meine Pflegeeltern gesprochen hatten. Als mein Name durch den Flur hallte und mir das Paket ausgehändigt wurde, hielt ich es ganz fest. Fast so, als hätte ich Angst, es könnte mir wieder weggenommen werden.
Es war nichts Großes, nicht auffällig, nicht schwer. Aber für mich bedeutete es alles. In einer Welt, in der ich mich jeden Tag unsichtbar machen musste, in der ich nicht sein durfte, wer ich war, bedeutete dieses Paket: Du wirst gesehen. Da ist jemand, der dich noch kennt. Jemand, der nicht wegschaut.
Ich nahm es mit zurück in meine Zelle, schloss die Tür hinter mir und setzte mich ganz langsam auf mein Bett. Ich legte das Paket auf meine Knie.
Berührte es vorsichtig, fast ehrfürchtig, als wäre es zerbrechlich.
Vielleicht war nicht das Paket zerbrechlich, sondern ich. Ich öffnete es ganz langsam. Da lag ein Brief obenauf, handgeschrieben, auf festem Papier. Die Schrift kannte ich so gut, sie war wie eine Umarmung in Tinte.
Der Brief war datiert auf den 7. Dezember. So lange hatte das Paket irgendwo gelegen, unbeachtet. Aber jetzt war es da. Jetzt war es bei mir.
„Lieber Denny, wir wünschen dir frohe Weihnachten und alles Gute. Pass auf dich auf. Bleib stark. Lass dich nicht ärgern. Bau keinen Unsinn. In Liebe, deine Mutter, Vater und Paula."

Ich las es wieder und wieder. Die Worte waren einfach, aber sie trafen mich mit einer Wucht, die ich kaum beschreiben kann. Ich spürte, wie meine Kehle eng wurde, wie die Tränen kamen, ohne dass ich sie aufhalten konnte. Ich hatte mich so sehr an das Gefühl gewöhnt, allein zu sein, dass mich diese wenigen Sätze wie

aus dem Nichts erwischten. Da war jemand, der mich meinte. Mich! Wirklich mich!
Ich hatte vorher schon einmal Geld von ihnen bekommen, 50 Euro, die ich mir auf das Hausgeldkonto buchen ließ. Davon hatte ich nur Tabak gekauft.

*

Und jetzt dieses Paket. Ich sah hinein, und mir wurde warm. Fünf Päckchen Tabak. Fünf Päckchen Zigaretten. Schokolade. Kaffeepulver. Gummibärchen. Und eine französische Salami. Es war wie eine Umarmung in Dingen. Ein Stück Welt da draußen, das irgendwie zu mir gefunden hatte.
Ich wusste gar nicht, was ich zuerst anfassen sollte. Alles fühlte sich besonders an. Ich setzte mich still hin, atmete tief durch, und schrieb sofort einen Brief zurück. Ich wollte, dass sie wussten, wie viel es mir bedeutete. Auch wenn mein Brief sie wohl erst im Januar erreichen würde.

Drei Tage Später...
Wie jeden Abend wurden wir um 20 Uhr eingeschlossen. Das Silvester war machte da keinen Unterschied. Die Tür fiel ins Schloss mit dem gewohnten metallischen Knall. Und trotzdem war es, als würde heute eine andere Art von Dunkelheit folgen. Keine kalte, stumpfe Leere wie sonst. Sondern eine elektrische, aufgeladene Stille, in der etwas brodelte. Eine Spannung lag in der Luft – schwer, fast greifbar. Wie kurz vor einem Gewitter. Es war diese Ruhe vor dem Sturm, die sich wie eine Decke über den ganzen Knast legte.

Und während draußen in der Welt die ersten Menschen schon Raketen zündeten, bereiteten wir uns drinnen auf unseren eigenen Knall vor. Der Abend wurde zunehmend lauter...
Ich dachte an die Menschen mit Böllern, die das Neue Jahr begrüßen, mit Sekt anstoßen, sich küssen, lachen, umarmen. Für mich war Silvester eine Erinnerung daran, wie weit entfernt dieses Leben war, und wie sehr mein eigenes stillstand. Wie isoliert ich war.
Aber für viele hier war es trotzdem etwas Besonderes. Eine Art

Befreiung für ein paar Stunden. Ein letztes Aufbäumen vor einem weiteren grauen Jahr hinter Mauern.
Wer einen Fernseher oder einen CD-Player hatte, ließ nun Musik laufen.
Laut. Viel lauter als sonst. Aus den Zellen drangen Bässe, Stimmen, Lieder... manche schrieen den Text mit, andere hörten still zu.
Die Geräusche vermischten sich zu einem einzigen, chaotischen Klangteppich, wie ein kollektiver Schrei nach Freiheit. Es war, als ob jede einzelne Melodie ein Stück Vergangenheit in sich trug. Partys, Straßen, Menschen, Orte, die uns geprägt hatten.
Erinnerungen, die man nicht töten konnte, auch nicht hinter Gittern. Die Beamten ließen es zu. Sagten nichts. Heute war es ihnen egal. Vielleicht sogar gewollt. Vielleicht wussten auch sie, heute muss das einfach raus. Heute darf man für ein paar Stunden so tun, als wäre man nicht hier. Als gäbe es noch etwas anderes als Zellen, Gitter, Beton und Stacheldraht. Sie blieben gelassen. Kontrollgänge mit halbem Blick.

Ein Nicken statt eines scharfen Kommentars. Für diesen Abend war ihnen nicht wichtig, was verboten war, sofern es nur die Lautstärke betraf.
Um Punkt Mitternacht brach der Knast in einen ohrenbetäubenden Lärm aus. Als wäre es abgesprochen gewesen. Pfiffe, Schreie, Rufe, Trampeln, Klopfen. Ein Chor aus Wut und Erleichterung.
Die Türen bebten. Wände wurden zur Bühne für das, was in uns allen angestaut war. Ich stand vor meiner Zellentür und hörte, wie sich die Welt für einen Moment veränderte. Ich hob die Hände, tastete die kalte Stahloberfläche ab... und schlug zu.
Erst zaghaft. Dann fester. Mit der Faust. Mit aller Kraft. Im ganzen Haus hörte man die Gefangenen randalieren.
Ich klopfte. Ich schlug. Ich trat. Und ich weinte.
Für die anderen war es Jubel, Sie riefen sich ein frohes Neues Jahr zu. Ich aber brach einfach zusammen. Meine Knie gaben nach, mein Körper sackte zu Boden, meinen Kopf an die Tür gelehnt, meine Fäuste rot vom Schlagen.

Ich weinte, wie ich schon lange nicht mehr geweint hatte. Still, dann laut. Ich flüsterte all den Schmerz in diese Tür. Ich verfluchte alles - Gott, mich selbst, dieses Leben. Und inmitten all dem wurde mir klar: Ich bin nicht nur eingesperrt, weil ich eine Strafe absitze. Ich bin auch eingesperrt in einen Körper, der sich wie eine Strafe anfühlt. Jeden Tag. Jede Nacht.

Hier war ein Ort voller Männer - voller Testosteron, voller roher Kraft und einer nie endenden Kluft zwischen dem, was wir sein wollten und dem, was uns die Welt auferlegte.
Hier, zwischen den dicken Wänden und den kalten, leeren Gängen, war alles von Gewalt durchzogen. Gewalt, die nicht immer nur in Fäusten oder Schlägen endete, sondern auch in den Blicken, in den Wortgefechten, in der ständigen Jagd nach einer Schwäche, nach einer Lücke, die man ausnutzen konnte. nach einem, der anders ist. Nach einem wie mir. Nach außen war ich wie die anderen. Ein Typ. Ein Junge. Einer unter vielen. Ein Gesicht unter vielen anderen. Harte Kanten. Kein Make-up, keine langen Haare, keine Andeutung von dem, was da unter der Haut eigentlich lebt.
Ich hatte mir diese Hülle gebaut. Musste sie bauen. Musste sie aufrechterhalten. Jeden Tag. Jede Stunde. Und das nicht, um jemand zu täuschen, sondern um jemanden zu schützen. Um Jessica zu schützen.
Drinnen - da war ich jemand anderes. Da war ich sie. Ein Mädchen. Zart, fragend, fühlend. Voller Wut. Voller Sehnsucht. Voller Angst. Und still. Immer still. Weil sie nicht sprechen durfte. Weil ich sie verstecken musste. Weil sie keinen Platz hatte in dieser kalten, erbarmungslosen Welt.
Ich konnte sie nicht zeigen. Nicht mal andeuten. Schon ein zu langer Blick, ein falscher Ton, ein kleiner Moment der Sanftheit – all das konnte reichen, um mich zur Zielscheibe zu machen.
Diese doppelte Last - die Strafe und das Versteckspiel - sie zerdrückte mich manchmal.
Und in dieser Nacht… in dieser gottverdammten Nacht… da wurde es einfach zu viel. Es war lange nach Mitternacht. Im Knast war wieder Stille eingekehrt. Diese schwer erträgliche Stille nach dem Aufruhr. Kein Klopfen mehr. Kein Treten. Kein Wüten. Kein

Schreien. Nur noch der gedämpfte Klang leise gedrehter CD-Player und ab und zu das Knacken irgendwo im Gebäude.

Ich lag noch immer zusammengebrochen vor meiner Zellentür. Und dann… fing ich erst richtig an.
Etwas in mir riss auf. Nicht langsam. Nicht leise. Es war wie ein innerer Urknall. Ich spürte es kommen. Diese Welle, die ich tagelang, wochenlang, monatelang zurückgedrängt hatte. Und plötzlich brach sie über mich herein. Ich stand auf, warf meinen Stuhl durch die Zelle. Hart. Wuchtig. Er schlug gegen die Wand, kippte um, krachte auf den Boden. Ich hörte das Holz, wie es splitterte.
Ich hörte mich selbst, wie ich schrie. Laut. Zerfetzt. Ein Ton, der nicht menschlich war. Sondern tierisch. Roh. Aus dem tiefsten Inneren. Ich verlor mich im eigenen Lärm. Ich klopfte gegen die Tür. Immer und immer wieder. Mit den Fäusten. Mit den flachen Händen. Mit allem, was in mir war, brach ich wieder zusammen. Ich weinte, schlug aus, schrie... immer wieder, immer weiter, bis die Welt um mich herum verschwamm.
Kevin, mein Nachbar, rief durch seine Tür in den Flur. Seine Stimme klang besorgt, als ob er selbst nicht wusste, was er fühlen sollte: „Ey, was geht mit dir, Alter?“ Aus den oberen Etagen, hörte ich, wie Fenster aufgerissen wurden, Metall quietschte, Stimmen schallten von Zelle zu Zelle, sprangen über die kahlen Wände, flogen durch Gitterstäbe wie Spatzen aufgescheuchter Neugier. „Wer dreht denn da so durch?“ „Was geht da unten ab, ey?“ Und dann hörte ich Lukas, seine Stimme, wie ein rostiges Messer an meiner Kehle: höhnisch, überheblich, eiskalt. „Die Tunte unter mir rastet aus. Kommt bestimmt gleich in den Bunker.“
Ich hörte das. Jeder hörte das. Und mich hörte jetzt vermutlich schon der ganze Knast. Aber es kam mir vor wie durch dicken Nebel. Wie aus einer anderen Welt. Ich war längst nicht mehr hier. Nicht in dieser Zelle. Nicht in diesem Gefängnis.
Ich war irgendwo tief in mir. In einem Teil, der niemals zur Ruhe kam. In dem sie lebte. Das Mädchen, das ich war. Die, die niemand sehen durfte. Die ich unterdrücken musste, weil ich es sonst nicht geschafft hätte.

Ich war dort. Ganz bei ihr. Und sie schrie. Ich klopfte weiter. Ich trat gegen die Wand. Ich warf meine Blechkanne durch die Zelle.Ich zerknüllte Papier. Zerriss es. Riss es auseinander, als wäre es meine eigene Haut. Ich wollte raus aus mir. Raus aus diesem Körper. Raus aus dieser Welt. Raus aus diesem Alptraum.
Und das Krasse: Niemand aus meiner Wohngruppe sagte etwas. Sonst rief immer jemand was. Immer. Wenn jemand zu laut war. Wenn ein Radio zu sehr dröhnte. Wenn jemand zu oft die Tür zur Nasszelle knallen ließ. Es dauerte nie lange, bis die ersten anfingen, zu pöbeln. Drohten. „Ey, halt mal die Fresse da hinten!" „Dreh mal leiser, du Spast!" Die Flure waren voller Stimmen. Voller Aggression.
Aber diesmal… diesmal war da nichts. Niemand rief. Niemand pöbelte. Niemand drohte. Niemand störte sich an meinem Lärm.
Als hätte meine Wucht sie alle zum Schweigen gebracht. Vielleicht war es der Ton, der da aus mir kam. Vielleicht spürten sie, dass das kein normaler Ausraster war. Keine Spielerei. Kein Theater. Sondern etwas anderes. Rohe Verzweiflung. Schmerz, der nicht mehr vergraben werden konnte.
Und ich hörte nicht auf. Nicht sofort. Auch als meine Stimme fast nicht mehr kam. Als ich nur noch heiser röchelte. Als meine Hände brannten vom Schlagen. Als meine Knie weich wurden. Ich machte weiter.
Ich trat, ich warf, ich tobte. Bis ich keinen Atem mehr hatte. Erst als ich irgendwann hörte, wie sich die Tür zur Wohngruppe öffnete, hörte ich auf.
Plötzlich. Einfach so. Es war, als hätte jemand den Stecker gezogen. Ich erstarrte. Ich hörte die Schritte der Beamten im Flur. Laut. Hart. Entschlossen. Sie kamen. Sie wussten nicht, wer es war. Aber sie kamen. Ich sammelte schnell alles ein, was herumlag. Trat es unter mein Bett.
Rückte den Stuhl zurecht, damit man nicht sah, das er kaputt war. Wischte mir mit beiden Händen die Tränen aus dem Gesicht. Versuchte ruhig zu atmen, obwohl ich noch zitterte. Meine Stimme war weg. Fast komplett. Meine Hände offen, rot, zerschlagen. Und dann öffnete sich die Futterluke.
Ein Beamter beugte sich vor, schaute mich an. Skeptisch.

Wachsam. Fragend.
„Alles in Ordnung bei dir?“ fragte er. Ich nickte. Versuchte zu lächeln. Bekam nur ein Zittern hin. Meine Lippen zitterten. Meine Augen flackerten. Er musterte mich. Lange. Dann schloss er die Luke. Sagte nichts.
Und sie gingen weiter. Keine weiteren Türen wurden geöffnet. Keine weiteren Fragen gestellt. Ich glaube, sie wussten es. Oder ahnten es zumindest. Dass da jemand war, der sich gerade selbst nicht mehr zusammenhalten konnte. Der kurz vorm Zerreißen stand. Der zusammenbrach.

Danach war wieder Ruhe. Nicht diese angespannte Ruhe. Sondern eine andere. Eine, die fast mitfühlend war. Oder vielleicht habe ich mir das auch nur eingebildet. Und ich… ich lag auf meinem Bett. Schlug noch ein paar Mal mit der Faust in mein Kissen. Leise. Zitternd. Und dann weinte ich. Still. Ganz still.

Ich dachte, es ist nicht das Gefängnis, das mich bricht. Nicht die Zelle. Nicht die Beleidigungen. Nicht die anderen Häftlinge.
Es ist der Kampf gegen mich selbst. Es ist das Mädchen in mir, das leben will, aber nicht darf. Und ich weiß nicht, wie lange ich das noch durchhalte.

Ein neues Jahr

Das neue Jahr begann so, wie das alte aufgehört hatte, nur schlimmer. Ich hatte Kopfschmerzen von den Gedanken, vom Weinen, vom Schreien, von diesem Leben.
Als sich am Morgen nach Silvester die schwere Tür meiner Zelle öffnete, begann der Tag wie jeder andere. Fegen, duschen, funktionieren. Auf dem Gang zur Putzkammer begegneten mir nur leere Gesichter, schweigend, ausdruckslos. Niemand sagte ein Wort. Nicht einmal Kevin, der mich sonst immer nach einer Zigarette fragte, seit das Weihnachtspaket meiner Pflegeeltern angekommen war.

Der Tag zog sich. Wie ein endloses Gähnen, das man nicht los wird. Und auch die nächsten Tage vergingen, irgendwie. Ich schrieb meiner Pflegemutter einen Brief. Sie hatte bald Geburtstag, am 10. Januar. Ich vergaß sie nicht.
Ansonsten war mein Alltag grau, eintönig und von der immer gleichen Gewalt durchtränkt. Regelmäßig prasselte ein Regen aus Pisse oder kochendem Wasser auf mein Fenster herab. Ich versuchte, die Spuren wegzuwischen. Wie immer. Immer wieder dieselben abfälligen Sprüche, dieselben Beleidigungen von oben. Immer wieder die Versuche, mich ans Fenster zu locken, damit man mir wieder siedendes Wasser über den Schädel zu kippen versuchte. Immer wieder dieselbe Scheiße. Mein Alltag.
Eines Tages, als sich die Zellen zur Mittagszeit öffneten, trafen Eugen, Kevin und ich uns auf dem Weg zur Kantine. Silvester war längst kein Thema mehr. Unsere Gespräche drehten sich um Flucht.

„Ey, was würdet ihr tun, wenn ihr einfach verschwinden könntet?“, fragte Eugen leise, als wir uns mit unseren Tabletts an unseren Tisch setzten, den ohnehin niemand sonst beanspruchte. „Weg“, sagte Eugen. „Einfach nur weg. Ich mein, nicht abhauen wie über die Mauer oder so, das ist Schwachsinn. Ich mein… im Kopf. Raus hier, im Kopf.“
Ich nickte. „Wie meinst du das? Drogen?“ „Nicht direkt. Alkohol“, sagte Eugen. Und dann erzählte er, wie er gehört hatte, dass einige Russen in F4 selbstgebrannten Alkohol herstellten. „Mit Obst, Zucker und Toastbrot. So krass das klingt, das klappt. Ich hab es mit eigenen Augen gesehen.“
Kevin lachte leise. „Ey, das wär's doch. Ein bisschen Fusel, bisschen wegschießen, wenigstens mal paar Stunden den ganzen Knast vergessen.“ „Wieso eigentlich nicht?“, sagte ich. „Wir sammeln einfach das Zeug zusammen. Ich bin dabei.“
Von da an war es wie ein geheimer Pakt zwischen uns dreien. Jeder sammelte für sich sein Obst vom Nachtisch, Zucker, den man sich manchmal aus dem Büro der Beamten holen konnte, und Toastbrot, das es freitags manchmal gab. Toast war selten, aber Gold wert. Und die Flaschen?

Wir brauchten leere Cola- oder Fanta-Flaschen, Plastik, am besten 1l große. Im Knast zählt dein Ruf nur bis zu dem Moment, wo du was in der Hand hast, das jemand anderes will. Ab da ist scheißegal, ob du Tunte bist, Fettsack, Hure oder das letzte Opfer, solange du liefern kannst

.„Ich geb dir meinen Joghurt, wenn du mir dein Obst gibst", raunte ich einem aus WG1 beim Mittagessen zu, ohne ihn dabei anzuschauen.

Ein anderes Mal gab ich mein komplettes Essen her. Es war dieser seltene Tag, an dem es tatsächlich mal Pizza gab. Die einzige Mahlzeit, bei der man für einen Moment vergessen konnte, wo man war.

Dafür bekam ich eine leere Cola-Flasche und eine Handvoll Tabak. Ich hatte zwar noch Zigaretten und Tabak, aber ich bunkerte für schlechte Zeiten. So war das hier: Pizza gegen Plastik. Essen gegen Hoffnung.

Wir sammelten fast eine Woche lang alles, was wir irgendwie in die Finger kriegen konnten. Am Freitagabend, als es endlich Toastbrot statt Graubrot gab, trafen wir uns kurz nach dem Aufschluss in meiner Zelle.

Kevin saß auf meinem Stuhl, Eugen kauerte auf dem Bett, ich lehnte an meinem Schreibtisch. Wir hatten unsere drei Flaschen, je 1 Liter, gründlich ausgewaschen.

Ich begann, das Obst zu würfeln. Äpfel, Birnen, Mandarinen. Einige der Früchte waren schon etwas braun, aber Eugen sagte, dass es genau so besser sei. „Das beschleunigt den ganzen Prozess. Alkohol braucht Gärung", meinte er.

Dann kam der Zucker dazu, jeweils ein ganzer Briefumschlag voll. Schließlich kamen die sechs Scheiben Toastbrot in jede Flasche und danach wurde mit Wasser aufgefüllt.

Wir schraubten die Deckel zu, schüttelten die Flaschen ordentlich durch. „Und wohin damit jetzt?", fragte Kevin. „Wir können die nicht hier lassen."

„Wir brauchen nen Ort, an dem die Flaschen nicht gefunden werden. Und wir brauchen Schutz", sagte ich.

„Ramon."

„Ramon?“ fragte Eugen. „Bist du irre? Der wird dich ficken, wenn du nur schief guckst.“
„Genau deshalb. Niemand legt sich mit Ramon an.“
Ich sprach mit ihm vor dem Einschluss. Ramon war riesig, sein Körper wie gemeißelt. Kurze braune Haare, Knast-Tattoos, Kiefer wie ein Amboss.
Die meisten Beamten hatten sogar Schiss vor ihm.
„Ey Ramon“, sagte ich. „Ich hab was, was dir gefallen könnte. Drei Flaschen Fusel. Wir brauchen einen sicheren Ort. Die Putzkammer vielleicht. Du sorgst dafür, dass niemand ran geht.“
Er zog eine Augenbraue hoch. „Was bleibt für mich dabei hängen?“ Ich schluckte. „Ne Schachtel Originale Filterkippen. Aus meinem Weihnachtspaket, Er grinste. „Das ist zu wenig.“
„Eine Flasche für dich. Und die Kippen.“ Er überlegte kurz, dann nickte er. „Klar. Ist geregelt.“
Ich erzählte Kevin und Eugen vom Deal. „Uns bleiben zwei Flaschen. Wir können das mit Wasser und Teepulver strecken.“
Wir versteckten die Flaschen unter einem Stapel leerer Mülleimer in der Putzkammer. Ramon sorgte dafür, dass niemand diese Mülleimer anrührte.
Er drohte dem Hausarbeiter, und das reichte. Er drohte auch jedem anderen, der diese Mülleimer nur anschaute. In den nächsten Tagen schlichen wir uns abwechselnd dorthin. Einer stand Schmiere, einer ging rein, hob die Tüte, öffnete die Flasche für den Druckausgleich. Es zischte jedes Mal sehr laut, und der Geruch davon war übel. Gäriges Obst, Hefe, etwas, das an tote Ratten erinnerte. Wir kippten Weichspüler in die Ecken, um den Gestank zu überdecken.

Nach sechs Tagen war es endlich so weit. Die Flaschen waren so dick aufgebläht, dass wir die letzten zwei Tage morgens und abends den Deckel aufdrehen mussten, um den Druck auszugleichen. Andernfalls wären sie geplatzt.
Der Fusel war fertig. Wir gaben Ramon seine Flasche und die Zigaretten. Er nickte nur kurz und zog ab.
An diesem Abend trafen wir uns schließlich in Eugens Zelle. Meine Zelle stank zu sehr nach Pisse, und Kevins lag viel zu nah

am Büro der Beamten. Aber Eugen wohnte am Ende des Flurs, weit genug entfernt, und sein Fenster war sicher. Zudem war seine Zelle direkt neben der von Ramon. Niemand würde sich trauen, bei Ramon aus dem Fenster zu pissen. Er war eine Respektsperson. Wir saßen auf den Betten, spielten Karten, und Eugen schenkte ein. Die Tassen rochen, als hätte jemand reingekotzt. Kevin verzog das Gesicht. „Alter, das ist Folter."
„Runter damit", sagte Eugen. „Komm, wir haben das durchgezogen." Kevin nahm den ersten Schluck, würgte, verzog das Gesicht und schluckte. „Boah, Alter! Das schmeckt wie Kotze mit Fußpilz."
Ich kippte mir den ersten Schluck rein. Ich konnte fühlen, wie mein Magen rebellierte. Aber dann kam die Wärme.
Dieses leichte Schwanken im Kopf. Dieses Gefühl, dass alles scheißegal ist. Eugen trank mit mir. Kevin hörte nach der ersten Tasse auf. Wir kippten die Flaschen leer. Tranken sie mit Früchteteebeutel und Zitronenteepulver.
Es wurde trinkbar. Nicht gut, aber trinkbar. Eugen grinste mich an. „Weißt du was, Mann? Ich fühl mich grad… nicht wie im Knast."
„Ich auch", sagte ich. Und das war kein Scheiß. Zum ersten Mal seit Wochen fühlte ich sowas wie Gelassenheit. Ich wankte später in meine Zelle. Schwindelig, benebelt, aber irgendwie zufrieden. Ich kotzte zweimal ins Klo, putzte halbherzig hinterher und fiel dann vor dem Einschluss wie ein kleines Mädchen in mein Bett. Ich schlief. Tief. Traumlos. Und für ein paar Stunden war ich nicht im Knast. Ich war einfach weg… Ich war geflohen.

Tage später...

Bei einem meiner nächsten Einkäufe traf mich der Schlag. Anfang Januar wurde beschlossen, dass unter 18-jährige keinen Tabak mehr kaufen dürfen.
Um die Situation zu entschärfen, wurde nicht das Rauchen selbst verboten, wenn man unter 18 war, nein, es wurde nur gesagt: Ihr dürft euch keinen Tabak mehr kaufen. Heißt, wenn du mit 16 oder 17 am Kiosk stehst und Tabak willst, bekommst du keinen. Steht jemand, der 18 ist, am Kiosk, kauft Tabak und gibt ihn dir, darfst

du ihn behalten und rauchen. Irgendeiner sagte, das sei typisch deutsch. Das war mir egal, aber es war dämlich, und es war einer der Gründe, warum Ramon aus meiner WG immer mächtiger wurde. Denn für jedes Päckchen Tabak, das er einem kaufen sollte, das 4,50 € kostete, wollte er 10 € an Einkaufswert zurückhaben. Das war lukrativ für ihn. Seine Zelle sah inzwischen selbst schon aus wie ein kleiner Knastladen. Ramon selbst musste sich keinen Tabak mehr kaufen, denn die Leute, die dann lediglich Tabak hatten, aber nichts anderes mehr, tauschten wiederum ihren von Ramon gekauften Tabak bei Ramon wieder gegen andere Dinge. Süßkram, Teepulver, Colaflaschen, natürlich auch zu einem Wechselkurs, der jedes Wettbüro hätte neidisch machen können. Und fortan musste ich diesen Einkaufsservice von Ramon auch beanspruchen, was bedeutete, dass ich mir noch weniger leisten konnte.

Meine Pflegemutter schickte mir nun in jedem Monat 50 €, die auf das Hausgeldkonto umgebucht wurden. Das reichte für mich gerade mal für zwei Dosen Tabak. Eine davon kostete 15 €, der Rest ging an Ramon.

Wenn man im Knast keinen Tabak hat, dann fühlt man sich, als hätte man einem das Letzte genommen, was einen irgendwie noch menschlich hält. Man sitzt auf seinem Bett, starrt die kahle Wand an, und alles in einem schreit. Nicht weil man Schmerzen hat. Sondern weil man sich nicht mehr spürt. Kein Nikotin, kein Ritual. Kein Ziehen, kein Drehen, kein Entkommen. Nur die Leere.

Und die frisst dich. Still, aber gnadenlos. Du wirst unruhig. Zuerst in den Händen, dann im Kopf. Die Gedanken drehen sich im Kreis, wie Rauch in einer alten Zelle. Aber da ist keiner. Kein Rauch. Kein Filter. Kein Frieden. Nur du.

Und diese Wut. Diese scheiß hilflose, dreckige Wut. Die ersten Tage ohne Tabak sind wie ein Kampf gegen einen unsichtbaren Feind. Du fängst an, an Dingen zu riechen, die gar keinen Geruch haben. Ein eingerolltes Blatt Papier wird zur Zigarette, wenn du lange genug starrst.

Aber es bringt nichts. Es ist wie das Atmen in Wasser. Falsch. Panisch. Verzweifelt. Du hörst draußen auf dem Flur, wie jemand hustet, raucht, lacht, und du willst aufspringen, zur Tür rennen,

betteln. „Gib mir einen Zug, nur einen." Aber du bleibst sitzen.
Aus Stolz.

Aus Scham. Und weil du weißt, dass der Preis dafür zu hoch ist. In solchen Momenten wird der Knast zu was ganz anderem. Nicht mehr Zellen und Gitter, sondern ein einziger, riesiger Mangel. Alles, was draußen banal war, wird hier drinnen Luxus.

*

Als der Januar sich langsam dem Ende neigte und mein Geburtstag näher kam, hatte ich die Möglichkeit, eine Paketmarke zu beantragen. Zu diesem Zeitpunkt war es Jugendlichen in Rheinland-Pfalz noch gestattet, drei Pakete im Jahr zu empfangen. Eins zu Ostern, eins zu Weihnachten, und eins zu einem Wunschdatum, etwa am Geburtstag.

Im nächsten Brief, den ich an meine Eltern schrieb, schickte ich die Paketmarke mit und hoffte darauf, wieder ein Paket zu erhalten.

Nicht dass es für mich selbstverständlich gewesen wäre, nein, ich bat zwar darum, aber es wäre auch okay gewesen, hätten sie mir keines geschickt. Würde ich diese Paketmarke nicht beanspruchen, würde sie ohnehin verfallen, und so schickte ich sie einfach ab.

Anfang Februar, kurz vor meinem 17. Geburtstag, bekam ich schließlich Besuch von meinen Pflegeeltern. Es tat so gut, sie zu sehen. Auch dieses Mal erwähnte ich nichts von all dem, was hinter den Mauern um mich herum passierte. Meine Pflegemutter bemerkte aber, dass ich immer mehr an Gewicht verlor, und das war wirklich so. Ich wurde schlanker und war nicht mehr so pummelig wie zu Zeiten, als ich noch auf den Straßen mit Johannes unterwegs war.

Meine Pflegemutter sagte mir, dass sie die Paketmarke erhalten haben, und dass sie selbstverständlich das Paket vor wenigen Tagen längst abgeschickt hatte.

Ich freute mich so sehr und bedankte mich so oft, dass es mir gar nicht auffiel, wie oft. Bis meine Pflegemutter schließlich sagte: „Hör mal, es ist doch selbstverständlich. Wir lieben dich. Wir vermissen dich alle. Natürlich denken wir an deinem Geburtstag auch an dich."

Ich freute mich wie ein Rentier mit Glocken unterm Arsch. Wir redeten noch ein bisschen über Silvester, über das Weihnachten davor, über all das, was draußen passiert war, ohne dass ich es mitbekommen hatte. über die Welt, aus der ich rausgefallen war, als hätte jemand einfach ‚Pause' gedrückt.
Nach dem Besuch, zurück im trostlosen Knast-Alltag, war Warten alles, was blieb. Ich zählte keine Tage, ich zählte Hoffnungen. Hoffnungen auf das Paket. Hoffnungen auf ein kleines Stück Zuhause.
Und dann, zwei Tage nach meinem Geburtstag, kam es wirklich. Nach dem Mittagessen drückte man es mir quasi in die Hand.
Also, nicht direkt. Auf dem Weg zurück in die Wohngruppe wurde ich aufgehalten. Kein „Herzlichen Glückwunsch", kein „Hier, für dich". Nein. Sie machten ne Szene draus. Trockendusche. Showeinlage. Bloß niemandem zeigen, dass ich was bekommen hatte. Die Beamten wollten nicht, dass jeder sieht, dass ich ein Paket bekam, wohl aus Angst, man könnte mich erpressen oder so.
Als ich mit dem Paket schließlich auf meine Gruppe gebracht wurde, begegnete mir Lukas, der mit seiner WG gerade vom Mittagessen zurückkam. Ich sah den Neid in seinen Augen. Ich sah die Gier in seinem Blick. Und wäre kein Beamter dabei gewesen, hätte er mir wohl alles geklaut.
In der Zelle angekommen, hörte ich, wie sich die Tür über mir schloss. Lukas ist daheim, dachte ich mir. Er trampelte sofort auf den Boden, so wie immer, wenn er einfach zeigen musste, dass er da ist.
Dann rief er mich ans Fenster.
„Ey, Braunschweiger!" Nicht „Schwuchtel", nicht „Tunte". Heute war ich also Braunschweiger. Ich ging ans Fenster, weil ich wissen wollte, was jetzt wieder kommt. Und da fragte er mich allen Ernstes, wie es mir geht. Ob ich ihm Zigaretten geben würde. Ich schaute ungläubig aus meinem nach Pisse stinkenden Fenster. So wie man einen Hund ansieht, der einem gerade ins Bett gepisst hat und dann schwanzwedelnd was zu fressen will.
Meine Antwort darauf war, dass ich ihm an dem Tag eine Schachtel meiner Originalen Zigaretten geben würde, an dem mein Fenster und die Fensterbank davor aufhört, nach Pisse zu stinken

Danach schloss ich mein Fenster, und hörte ihn oben ausrasten. „Ey Schwuchtel, du gibst mir das sofort, oder wenn ich dich seh, hau ich dir die Fresse ein! Warte ab!“
Drohungen, die ich ohnehin schon kannte. Was neu war, war, dass er sich dieses Mal auch in seiner Freizeit aus der Zelle über Ramon an Ramon selbst wandte, und ihn bat, mir dieses Paket abzunehmen, und halbe-halbe mit Ramon zu machen.
Aber Ramon selbst dachte nicht daran. Ich war einer seiner besten Kunden, was die Geschäfte Tabak gegen Einkauf betraf. Und auch ich tauschte hin und wieder zu Horrorkursen wieder bei ihm Tabak gegen Kuchen oder auch mal Tabak gegen Getränke um. Ramon wusste, dass er auf kurz oder lang mehr mit mir verdienen würde, als er durch mein halbes Geburtstagspaket bekäme, und lehnte daher ab. Lukas war machtlos. Und in den nächsten Tagen bekam ich das auf die selbe übliche Art zu spüren, wie sehr ihn das wütend machte. Aber so war das halt.
Mein Geburtstagspaket enthielt fünf Päckchen Zigaretten, fünf Päckchen Tabak, Kaffeepulver, Briefmarken, dieses Mal zwei französische Salamis, Schokolade, wirklich viel.
Ich war so glücklich darüber, dass mir Ramon meine Sachen nicht klaute, dass ich ihm eine ganze französische Salami schenkte. Viele auf der Station haben das gesehen. Ein Geschenk in dieser Welt hatte Gewicht, und zwar nicht nur wegen des Werts, sondern weil es ein Zeichen war, dass jemand anders in der Hierarchie dich als etwas anderes sah als nur als Ware, als irgendeinen Gefangenen, mit dem man ein Geschäft macht.

*

Ramon wusste, dass er hinter diesen Mauern Macht hatte. Über Tabak, Zigaretten, Menschen. Aber als ich ihm diese Salami schenkte, als er sie von mir bekam, ohne ein „Gib mir was dafür“ Blick oder die Forderung nach einer Gegenleistung, sah er das als eine Form von Respekt. Etwas, das nicht in den Knastregeln stand, aber trotzdem einen Wert hatte.
Es war kein Tausch, kein Deal, es war einfach nur ein Moment, in dem wir für einen kurzen Augenblick nicht nur in diesem System gefangen waren.
Diese Salami war teuer, das wusste ich. Und Ramon wusste es

auch. Aber er verstand auch, dass ich ihm nicht einfach was schenkte, um ihn zu manipulieren oder zu bestechen. Ich gab ihm das, weil ich wusste, dass er es zu schätzen wusste, dass er in dieser Hölle genauso überleben musste wie jeder andere auch.
Dass es in dieser Welt Momente gibt, in denen man sich gegenseitig nicht nur als Mittel zum Zweck sieht. Das war die Botschaft, die er bekam. Und das machte etwas mit ihm. Er passte seine Konditionen an, fast unmerklich.
Sein Service für mich wurde in Zukunft etwas günstiger, weil er merkte, dass ich ihn nicht nur als Geschäftspartner sah, sondern als Mensch, der mehr wert war als irgendein dealender Kerl aus der anderen Zelle, der nur versuchte, mich auszunutzen.

*

Der Februar ging zu Ende.
Was nun begann, wusste ich, und ich fieberte regelrecht darauf hin. Ich hatte keine Lust mehr auf meine Zelle. Keine Lust mehr auf den permanenten Pissegeruch, der einfach nicht aus der Luft zu bekommen war.
Ab März würde ich im Knast zur arbeitenden Bevölkerung zählen. Auch Schüler bekamen hier sowas wie Taschengeld, und ich gehörte nun zu der Knastgesellschaft, die sich etwas verdienen konnte. Was nicht so geil war, war die Tatsache, dass ich nun morgens Lukas begegnete. Denn die Schüler und Arbeiter wurden in allen Häusern wie beim Hofgang im Hausflur gesammelt. Da war nicht nur Lukas, der in seine Metallwerkstatt ging, sondern auch einige von den anderen aus den Zellen um ihn herum, einige davon leider auch Schüler. Und für die war ich gefundenes Fressen. Fast jeden Morgen, wenn wir ausrückten, schlug man mich, bespuckte mich, wühlte in meinen Jacken und Hosentaschen, wenn niemand hinsah, und klaute mir Tabak. Irgendwann fing ich an, mir meine Zigaretten für den Tag vorzudrehen, und sie in ein Stück Plastik eingewickelt in meine Socken zu stopfen.
Doch das verhinderte nicht, dass ich immer wieder Schläge bekam. Schläge in den Rücken, in den Bauch, auf die Schulter - einfach überall hin. Es war einfach zum Kotzen. Und jedes Mal, wenn ich am Nachmittag wieder in F3 einrückte, warf ich mich in mein Bett und weinte.

*

Wir hatten richtige Lehrer, Ehrenamtliche, keine Beamten, die uns berufsbezogenen Unterricht vermittelten. Sie waren nett, meistens. Doch irgendwie waren die meisten von uns einfach zu weit entfernt von allem, was sie versuchten uns beizubringen.
Ich merkte in den ersten Tagen, dass ich längst nicht so weit war, wie ich eigentlich glaubte, und gerade was das Thema Mathematik betraf, war ich einfach nur rückständig.
Ich versuchte, aufmerksam zu sein und mir Dinge wirklich einzuprägen, aber an manchen Tagen kam ich einfach an und hatte Schmerzen, weil man mich davor wieder geschlagen hatte, gedemütigt, bespuckt, dass ich es an manchen Tagen gar nicht aushielt und nichts in den Kopf bekam.
Nicht zur Schule zu gehen hätte auch bedeutet, für diesen Tag kein Geld zu bekommen. Und den Abschluss nicht zu schaffen. Und das würde dann bedeuten, dass meine Reststrafe nicht zur Bewährung ausgesetzt würde. Ich hätte zwar ohnehin nur noch 1-2 Monate Reststrafe, wenn ich die Schule im nächsten Februar beenden würde. Aber ich war froh um jeden Tag, der mir meine Haftzeit etwas verkürzen würde, auch wenn es nur darum ging, ein paar Tage früher rauszukommen oder auch nur ein paar Stunden. Lukas erinnerte mich beinahe jeden Tag daran, wie sehr ich einfach nur hier raus wollte.
Nachdem ich meinen ersten Monat über die Runden bekam, erhielt ich meinen ersten selbst verdienten Lohn. Ich bekam sowas wie einen Lohnzettel. Darauf waren verbucht:
65 Euro Hausgeld,
40 Euro Eigengeld
70 Euro Überbrückungsgeld.

Und ich fühlte mich zum ersten Mal richtig erwachsen. Mein erster Lohnzettel!
Ich stellte direkt einen Antrag zur Miete eines Fernsehers und wartete den Tag förmlich ab, bis endlich jemand kam und mir den kleinen, klobigen Kasten in die Zelle stellte. Das lief immer über eine externe Firma von außerhalb, die sich mit diesen uralten Geräten eine goldene Nase verdiente.

Unter den Gefangenen nannte man sie nur die Halsabschneider. Die Fernseher, die sie vermieteten, wirkten wie aus einer anderen Zeit. Vermutlich Restbestände aus irgendwelchen Kasernen der neunziger Jahre.
Die Dinger waren winzig, gerade groß genug, dass man überhaupt etwas erkannte, aber der Kasten dahinter war riesig. Die Miete war völlig überzogen. Hatte man das Teil zwei oder drei Monate stehen, hätte man sich für das Geld längst einen eigenen kaufen können. Draußen zumindest. Aber hier drinnen gab es keine Alternativen. Wer Fernsehen wollte, musste zahlen. Und zwar an genau diese eine Firma, die das Monopol auf die Sehnsucht nach ein bisschen Welt da draußen hatte.
Egal. Nach einem Monat Schule konnte ich mir diesen Luxus leisten. Wenn es nun von oben klopfte, wenn es an meine Wände bollerte, machte ich einfach den Fernseher an und war in einer anderen Welt. Der Fernseher war mein Rückzugsort, mein kleines Stück Freiheit. Es war kein großes Ding, einen Fernseher in seiner Zelle zu haben, aber für mich war es das. Für eine Zeit lang zumindest.

*

Das Leben - vor allem das aus dem TV-Apparat - zieht an dir vorbei, ohne dass du überhaupt bemerkst, wie schnell der Tag zur Nacht wird. Ich hätte nie gedacht, dass der Fernseher mir so schnell so egal werden würde. Aber er tat es. Und irgendwann fragte ich mich, warum ich mich noch überhaupt vor ihn setzte. Was ich jetzt wirklich brauchte, war kein Bildschirminhalt.
Was ich brauchte, war ein echter Ausweg. Ein echtes Leben. Aber das war wohl nur ein weiterer Traum, der sich langsam in der Monotonie der endlosen Serien-Wiederholungen auflöste. Die Helligkeit des Bildschirms verblasste mit der Zeit, und das Rauschen, das anfangs als Ablenkung diente, wurde nur noch ein Hintergrundgeräusch. Ein Geräusch, das du nicht mehr hören willst, aber das da ist. Und du bist nicht der Einzige, der es hört. Aber was bleibt dir anderes übrig, als es zu akzeptieren und darauf zu hoffen, dass irgendwann der Strom ausfällt, sodass wenigstens dieser Kasten still ist.
An irgendeinem Tag hatte ich wieder einen Rückfall. Mir wurde

alles zu viel. Alles. Zu… zu… keine Ahnung.

Ich weiß es nicht. Es war einfach… alles. Der Trott, dieser endlose, grausame Trott, diese ewig kreisende Schleife aus Ausweglosigkeit und Wiederholung. Geweckt werden. Aufstehen. Kaltes Licht in der Zelle, pisseverkrustetes Fenster, an dem schon wieder ein feiner Sprühregen niedergeht.
Selten war es wirklich Regen. Oft war es Pisse, die auf mein Fenster prasselt, bevor ich überhaupt ganz wach bin. Dann fertig machen. Schule. Davor: ein paar Schläge, wenn Lukas und seine Missgeburten schlecht gelaunt sind.
Vielleicht nur Beleidigungen, Sticheleien, Tritte, ein Schulterrempler. Wenn ich Glück hatte. Und ich nannte das „Glück“..
Dann: mittags zurück zum Essen. Stiller Tisch, tote Blicke, alles mechanisch. Die Arbeiter und Schüler gehen getrennt von den Häusern Essen.
Kein Kevin, kein Eugen. Ich saß jedes Mal alleine an meinem Tisch. Dann wieder zurück zur Schule. Wieder Sticheleien. Und immer dabei, Patrick aus WG 4, Nachbar von Lukas über mir. Einer, der sich abends dann mit Lukas am Fenster das Maul über mich zerriss.
Und die anderen? Die aus anderen Häusern, mit denen ich eigentlich nichts zu tun hatte die ebenfalls diese BVJ-Klasse besuchten? Auch sie waren abgewandt. Ignorant. Aus Angst, sie könnten auch stigmatisiert werden, wenn sie zu viel mit mir reden. Und ich kann es ihnen nicht mal übelnehmen. Wer will schon Zielscheibe werden? Wer will pisse-getränktes Bettzeug oder ein blaues Auge? Niemand.
Also blieb ich der Freak. Der Außenseiter.
Nach der Schule: Zurück in meiner Zelle. Tür zu. Klack. Dann dauerte es nicht lange, ich weiß es schon, ich höre es schon: Oben wird das Fenster geöffnet. Wieder prasselt es. Ein Schwall. Pisse von Lukas. Immer dieselbe Scheiße. Immer wieder. Ich kann die Uhr danach stellen.
Dann: Freizeit. Manchmal. Gespräche mit Kevin und Eugen, wenn ich Glück hab. Manchmal Karten spielen. Manchmal aber auch einfach nur: Zelle.

Zelle und ich. Zelle, ich und mein Kopf. Und das ist oft der gefährlichste Ort. Dann sitze ich da und weine. Lautlos, mit offenen Augen, manchmal mit einem Stöhnen, das sich nicht unterdrücken lässt. Manchmal schlucke ich es runter. Manchmal nicht.
Nach dem Einschluss, wenn alle in ihren Zellen sitzen, kommen sie. Die Stimmen am Fenster über mir. Die lauten provozierenden Schritte. Das Stampfen. Die Klopfzeichen von oben, die mir signalisieren: „Du bist jetzt dran." Dann trampeln sie auf dem Boden, rufen meinen Namen, brüllen Beleidigungen aus dem Fenster. Und wenn ich nicht reagiere, dann eskaliert es. Irgendwann geben sie auf. Meistens kurz bevor Lukas wieder rein geht, sein Fenster schließt. Dann, wie zum Abschied: noch ein letzter Schwung Urin.
Sobald ich höre, dass sein Fenster zu schlägt, steh ich auf. Nehme Wasser, versuche das Fenster zu reinigen. Die Scheibe, die Fensterbank, das bisschen Holz dazwischen.
Ich wische, ich schrubbe. Ich hoffe. Ich kämpfe. Aber es hilft nichts. Es zieht ein. Es riecht. Immer. Ich gebe auf. Fernseher an. Nicht weil ich etwas sehen will, sondern nur damit etwas läuft, ich mich nicht alleine fühle. Dann rauchen. Wenn ich Tabak hab. Manchmal nicht. Dann sitzen, starren. Wieder weinen. In mich hinein. Manchmal in mein Kissen. Leise. Ganz leise. Anders als an Silvester. Nicht mehr schreien. Nicht mehr toben. Nur noch sterben wollen, aber in Etappen.

Irgendwanbegann ich wieder damit, mich zu ritzen. Es war dieser Moment, in dem du weißt: Jetzt gibt es kein Ventil mehr. Keine Flucht. Keine Wand, gegen die du noch rennen kannst. Ich fühlte mich, als wäre ich lebendig beerdigt worden, jeden Tag ein bisschen tiefer unter der Erde.
All das, was da täglich passierte, das war keine Strafe mehr. Das war Zerstörung. Folter. Und ja, ich war kein Unschuldslamm. Aber das, was die hier mit mir machten - das verdient kein Mensch. Ich griff nach meiner Tasse. Zertrat sie. Ein Stück Porzellan. Und ich drückte es an die Stelle, wo ich wusste, dass es gefährlich wird. Pulsader. Ich wollte es wissen. Und ich spürte diesen Kick. Diesen Rausch.

Diesen Moment zwischen Kontrolle und Kontrollverlust. Ich drückte tiefer. Immer tiefer. Weinte. Aber ich hörte nicht auf. Ich wollte den Schmerz. Ich wollte spüren, dass ich noch da bin. Dass mein Körper noch lebt, auch wenn meine Seele schon längst irgendwo in einem anderen Raum liegt und langsam vermodert. Ich drückte, doch meine Haut wehrte sich. Die Ader war wie Gummi. Ich zerriss einen Wollstrumpf. Band ihn mir um das Handgelenk, wie ein Schweißband, damit niemand die Schnitte sieht. Damit ich wieder „funktioniere".
Damit ich nicht auffalle.

Doch dann war da dieser Tag.
Ich weiß nicht mehr, ob es Montag war oder Freitag, ob es draußen geregnet hat oder die Sonne schien. Ich weiß nur noch, wie sich dieser kleine Raum anfühlte. Wie sich mein Brustkorb anfühlte, eng geschnürt, wie mit einem viel zu festen Gurt. Wie meine Hände zitterten, wie ich versuchte, sie ruhig auf meinen Oberschenkeln abzulegen, während ich auf diesem verdammten Stuhl saß.
Und da saß sie mir gegenüber. Eine Frau. Keine Beamtin. Keine dieser kühlen, abgezockten, mit Akten vollgestopften, unbeeindruckten Justizgesichter. Kein Mann mit Uniform. Kein pädagogischer Experte mit Notizen im Kopf und Desinteresse im Blick.
Eine Frau. Eine Sozialarbeiterin. Irgendwas an ihr war anders. Ihre Augen. Nicht kühl. Nicht berechnend. Sondern warm, offen, und… menschlich.
So absurd das klingt. Menschlich. Nach all den Wochen, Monaten zwischen Beton, Gittern, Hass und Wut war da plötzlich jemand, bei dem ich nicht das Gefühl hatte, dass ich mich schämen muss. Nicht für meine Tränen.
Nicht mal für meine Stimme, die mir mitten im Satz versagt hat, weil mein ganzer verdammter Körper nicht mehr mitgemacht hat.
Sie fragte mich, wie es weitergehen soll. Nach dem Knast. Nach der Schule. Ob ich Pläne habe. Ob ich weiß, wo ich hin will. Was ich machen will. Zukunft. Perspektiven. So Worte, die sich immer gleich anfühlen. Wie wenn jemand mit Handschuhen durch Watte

fasst und erwartet, dass man den Schmerz dahinter erklären kann.
Aber bei ihr… ich weiß nicht. Irgendwas in ihrer Stimme war weich. Und gleichzeitig fest. Als würde sie mich ernst nehmen. Nicht wie so viele davor, die einfach nur „funktionierende Lösungen“ wollten.
Die mich in irgendeine Maßnahme stopfen wollten, damit sie mich von ihrer Liste streichen können. Ich konnte nicht mehr. Ich wollte gar nicht mehr stark sein. Es riss mir alles auf. Alles.
Ich begann zu weinen. Ich zerbrach. Ich brach verdammt nochmal einfach auseinander. Es kotzte aus mir raus, alles. Alles, was ich so lange geschluckt hatte. Ich kotzte ihr mein verdammtes Herz auf den Tisch. Ohne Filter. Ohne Strategie. Ohne Selbstschutz. Ich sagte ihr, dass ich nicht weiß, ob ich das hier überleben werde.
Dass es jeden Tag schwerer wird, morgens aufzustehen, zu atmen, den Dreck zu ertragen, der mir jeden Tag entgegenfliegt.
Ich sagte ihr, wie ich mich ritze. Dass ich es nicht will, aber nicht anders kann. Dass ich manchmal einfach nur den Schmerz brauche, um überhaupt noch was zu fühlen, um nicht völlig durchzudrehen in diesem betonierten Albtraum.
Ich sagte ihr, dass ich den Strumpf an meinem Handgelenk nicht aus Mode trage, sondern um zu verstecken, was ich mir selbst antue.
Und dann riss ich ihn runter. Einfach so. Ich legte die Wunden offen. Die Schnitte. Die Narben. Die Scham. Die Hilflosigkeit. Alles. Ich erzählte ihr von meiner U-Haft.
Von diesem Hass, der sich wie Dreck in jede Pore gefressen hat. Von dieser Angst, in jeder Sekunde zusammenzubrechen. Von der Absicht, mich an der Klotür aufhängen zu wollen. Von der Verhandlung. Vom Moment, in dem mir alles entglitten ist.
Ich sprach von Markus. Ich sagte ihr, dass er nichts wusste. Dass man ihn überrumpelt hat. Dass man ihn nicht informiert hat. Dass ich ihn mit einer Realität konfrontiert habe, auf die er nie vorbereitet war. Dass er überfordert war mit mir. Nicht nur als Mensch, sondern als ganze fucking Materie.
Und dass er am Ende einfach nur froh war, mich los zu sein. Dass es keine Alternative für mich gab. Keine Perspektive. Kein Auffangnetz.

Nichts.
Nur Leere.
Nur ich.
Und der Knast.
Ich sagte ihr, dass ich leben will.
Dass ich das alles hier irgendwie schaffen will.
Die Schule. Ein Zuhause. Eine Zukunft. Aber dass ich einfach nicht mehr kann. Dass mich das hier auffrisst.

Und sie… Sie hörte zu. Sie sagte nicht viel. Keine klugen Ratschläge. Kein „Das wird schon". Sie hörte einfach zu. Und das war das Heftigste.
Dass da jemand einfach nur da war.
Und zuhörte.
Ohne Urteil.
Ohne Eile.
Ohne Misstrauen.

Aber irgendwann wurde sie still. Und ich wusste, was das bedeutete. Ich wusste, dass sie handeln muss. Dass sie nicht anders kann. Dass sie Verantwortung trägt.
Die Schnitte waren zu tief. Zu frisch. Zu deutlich. Ich hatte es ihr gezeigt. Ich hatte sie gezwungen, es zu sehen.Und sie konnte, sie DURFTE das nicht einfach ignorieren.
Auch wenn sie mich verstand. Auch wenn sie vielleicht die Erste war, die mich überhaupt je wirklich gesehen hat… Sie musste es melden. Und trotzdem: Dafür liebe ich sie heute noch in Gedanken.

*

Sie setzte sich dafür ein, dass ich nicht in den ‚besonders gesicherten Haftraum' kam. Sie wusste, dass ich dort zerbrechen würde. Dass das der letzte Tropfen wäre. Ich sagte ihr, dass sie nichts gegen Lukas und seine Arschlöcher unternehmen soll, weil ich dann hier als Verräter noch viel mehr zu befürchten hätte. Noch mehr als nur Pisse aus dem Fenster und Schläge am Morgen.
Ich weiß nicht, ob sie das verstand. Aber sie nickte. Und sie tat, was sie konnte.
Am selben Tag kam ich wieder nach F5. Überwachung.

Wieder in so eine Schubzelle. Aber dieses Mal war alles anders. Ich hatte Tabak und ein Feuerzeug. Ich hatte zwar keinen Fernseher. Aber das brauchte ich nicht. Ich hatte etwas, das viel kostbarer war als dieser Kasten, in dem nur geistiger Müll lief. Wertvoller als dieser flackernde Bildschirm, der uns wie Zombies stillhielt, Tag für Tag, mit Talkshows, stumpfer Gewalt, billigem Lachen auf Knopfdruck. Als dieser Apparat, der einem das Denken abnahm, das Fühlen ersetzte, und uns das Hirn weich kochte, bis wir gar nicht mehr wussten, was draußen eigentlich noch echt war.

Ich hatte ein Fenster. Ein Fenster, das ich aufmachen konnte, ohne dass ich Angst haben musste, dass jeden Moment jemand Pisse oder heißes Wasser runterschüttet. Ich konnte meine Beine rausbaumeln lassen. Zwischen den Gittern. Ich konnte atmen. Wirklich atmen.

Das erste Mal seit Wochen.

Und diese stündliche Überwachung? Scheiß drauf. Ich war froh drum. Nicht weil ich überwacht werden wollte. Sondern weil ich wusste:Da ist jemand. Und wenn ich kollabiere, wenn ich irgendwann nicht mehr kann, dann merkt es wenigstens jemand. Ich war allein. Aber nicht mehr völlig ausgeliefert.

Als ich wieder zurückverlegt wurde, war fast alles beim Alten. Fast. Aber eben nur fast. Denn ab sofort stand jeden Morgen ein Beamter direkt auf dem Flur. Er blieb. Er ging nicht weg. Er ließ uns nicht mehr allein.

Und die Schläge vor der Schule… die hörten auf. Es war nicht viel. Aber für mich war es ein Anfang. Ein kleines Stück Menschlichkeit, das durch diesen dunklen Ort sickerte wie ein einzelner Tropfen Licht durch ein pisseverkrustetes Fenster.

*

Als ich nach fünf Tagen aus F5 zurück kam, wurde ich auf meiner WG von den Mitgefangenen erst Mal kritisch beäugt. Es war so ein Schwebezustand zwischen Ignoranz und Mitwisserschaft.

Viele bekamen den Terror mit, den Lukas veranstaltete. Dieser schäbige Russe mit dem grinsenden Maul und den Fäusten, die nur darauf warteten, sich in jemanden zu vergraben. Aber keiner tat etwas. Nicht wirklich. Die, die sich mit ihm gut hielten,

taten es aus Angst oder aus Kalkül. Ich weiß es nicht.
So vergingen noch mehr Tage, noch mehr monotone Monate, die sich aneinanderreihten wie kalte Zellenwände. Man konnte irgendwann nicht mehr sagen, wo das eine endete und das andere begann. Es war alles ein einziger grauer Strudel, in dem ich schwamm... mal mit dem Kopf über Wasser, mal mit der Nase kurz davor, auf Tauchstation zu gehen und einfach nicht mehr hochzukommen.
Innerlich zerfraß es mich langsam. Dieser permanente Zwiespalt zwischen: „Zieh es durch!“ und „Lass es sein!“ – wie zwei kleine Mädels, die sich auf meinen Schultern niederließen.
Keine klassischen Engel, keine klassischen Teufel. Es waren eher zwei Versionen meiner selbst, die eine voller Hoffnung, die andere aufgegeben, müde, erschöpft. Die eine sagte: „Du musst das schaffen. Das hier ist deine Chance. Schule heißt Abschluss, Abschluss heißt vielleicht irgendwann Job, Geld, eine Wohnung, irgendwas, das nicht mehr Gitterstäbe ist. Vielleicht sogar Hormone, vielleicht sogar ein Körper, in dem du dich nicht mehr eingesperrt fühlst, nicht mehr verstecken musst.“ Die andere, sanfter eigentlich, verständnisvoller, sagte: „Wozu? Für wen? Die fressen dich hier. Jeden verdammten Tag. Sie machen dich kaputt. Willst du wirklich so enden? Zitternd, weichgekocht, seelisch zerschlagen? Oder willst du nicht einfach aufhören, dich dem auszusetzen?“
Und ich wusste nie, welcher von beiden ich glauben sollte: der, die an mich glauben wollte, oder der, die mich verstand.

*

Acht Monate. Ich hatte es acht Monate lang durchgezogen. Acht Monate in dieser Schulklasse. Acht Monate zwischen Hoffnung und Zersetzung.
Acht Monate, in denen ich besser wurde, stärker. Tatsächlich. Ich konnte plötzlich Mathe. Ich verstand Dinge, für die ich vorher nie die Ruhe, nie das Vertrauen, nie die Konzentration hatte. Aber was brachte es, wenn du morgens in den Klassenraum trittst und schon spürst, wie sich Blicke wie Nadeln in deine Haut bohren? Was brachte es, mit der Antwort auf eine Gleichung zur Tafel zu gehen, wenn du dabei spürtest, wie Blicke sich in deinen Rücken bohrten,

jemand leise „Schwuchtel“ zischte, ein anderer kicherte wie ein Kind, und du genau wusstest, dass sie nicht deine Antwort hören wollten, sondern nur darauf warteten, dass du dich blamierst, dass du stolperst, dass du wieder irgendeine Bewegung machst, über die sie sich dann abends am Fenster ihre Mäuler zerreißen können?
Es war längst nicht mehr irgendein dummer Streit. Es war Krieg. Still, perfide, psychologisch. Und ich war die Frontlinie. Allein. Ich stand allein, ohne dass jemand sich traute, aufzubegehren.
Und irgendwann kam ich an den Punkt, wo ich begriff: Ich kann das nicht mehr. Ich will das nicht mehr.
Ich werde hier nicht überleben, wenn ich weitermache.
Vielleicht schaffe ich es, den Stoff zu lernen. Vielleicht schaffe ich sogar den Abschluss. Aber was bringt es, wenn ich dabei jeden Tag ein bisschen mehr von mir verliere? Wenn mein Selbstwertgefühl, oder was davon übrig war, langsam zerschmilzt wie ein Eiswürfel?

Ich hatte damals kaum Selbstwertgefühl, als ich hier reinkam.
Aber das hier, das zermürbte mich, raubte mir auch den letzten Rest. Es war nicht das erste Mal, dass ich mit dem Gedanken spielte, mich umzubringen.
Ich glaube, das erste Mal hatte ich solche Gedanken, da war ich zwölf. Oder dreizehn. Vielleicht war es auch früher. Vielleicht kam das Gefühl schon mit meiner ersten Erinnerung. Vielleicht bin ich auf die Welt gekommen mit dieser tiefen Überzeugung: Ich bin zu viel, ich bin falsch, ich bin nichts wert.
Zu Hause war es so. Im Heim war es so. Auf der Straße war es so. In der U-Haft war es so. Und hier... hier war es schlimmer. Immer wenn ich dachte, ich hätte etwas, das mich trägt, ein kleines Gespräch mit meinen Pflegeeltern, ein Buch, ein Brief, der Fernseher... dann kam wieder ein Tag, der mir alles wegschlug.
Ich konnte meinen Pflegeeltern nie wirklich sagen, wie es mir geht. Ich hab es nicht übers Herz gebracht. Damals nicht wie heute. Ich wollte sie nicht belasten, nicht mit hineinziehen in diese Dunkelheit.
Sie hatten schon genug Sorgen, genug Kummer. Und ich hatte Angst. Angst, dass sie mich dann ansehen würden und nur noch Mitleid sehen.

Ich wollte aber kein Mitleid.
Wenn ich mich einfach umgebracht hätte, so dachte ich oft, dann wäre es ein einziger Schlag gewesen. Ein Moment. Ein Schmerz. Und vorbei. Sie hätten es irgendwann verdaut. Vielleicht wären sie traurig gewesen, wütend, fassungslos, aber es wäre klar gewesen. Es wäre ein Fakt gewesen. Ein Abschluss. Aber dieses langsame Verrecken hier, das jeden Tag ein Stück von mir nimmt, das wäre für sie schlimmer gewesen. Zu wissen, dass ich da noch lebe, und dass sie mich hier jeden Tag weiter zerbrechen.

Ich hatte Angst. Vor vielem. Ich war kein typischer Junge. Der war ich nie. Ich hatte aber keine Angst vor dem Tod. Ich hatte Angst davor, es nicht richtig zu machen.
Angst, dass ich versage - selbst darin. Dass ich es versuche, aber dann irgendwas dazwischenkommt. Dass man mich findet. Dass ich überlebe. Und dann noch mehr Scham, noch mehr Demütigung, noch mehr Schwäche zugeben muss. Ich wollte, wenn dann, dass es richtig passiert. Dass es kein Zurück mehr gibt.
Kein „Hättest du doch…"

Ich hab es versucht. Ich hab versucht, mich in meiner Zelle zu erhängen. Ich selbst. Mich selbst. Nicht wie in der U-Haft, andere mich.
Ich wollte selbst verantwortlich dafür sein. Mit einem Handtuch, das ich zu einem Strick drehte. Ich weiß nicht mehr genau, welcher Tag es war. Ich weiß nur noch, wie ich da stand, das Handtuch an den Haken band, es um meinen Hals legte. Ich weiß, wie mein Gesicht heiß wurde, wie meine Augen drückten, wie sich meine Kehle zuschnürte.
Ich spürte die Panik, den Reflex, den Körper, der überleben will, obwohl die Seele längst schon losgelassen hatte. Und ich konnte nicht. Ich konnte es nicht.
Ich riss mich im letzten Moment los, brach zusammen, heulte Und schämte mich.
Für das, was ich war. Und für das, was ich nicht war. Aber es war mir egal. Letztendlich war mir alles egal. Sollten sie mich eben meine Haftstrafe bis zum Ende absitzen lassen.

*

Nachdem ich mich entschieden hatte, die Schule vorzeitig zu beenden, stand ich wieder irgendwo zwischen Sein und Nichtsein. Und irgendwann wurde mir angeboten, in einer Werkstatt zu arbeiten, in der man wenigstens ein bisschen kreativ sein konnte. In dieser Werkstatt waren eigentlich nur die, die zu dämlich für alles andere waren. Lernschwache, irgendwie Zurückgebliebene, kindische Jugendliche.
Aber es war kein Lukas da, keine seiner verdammten Gorillas. Und das war eine Erleichterung. Die nächsten Wochen vergingen damit, Vogelhäuschen zu bauen und Specksteine zu schleifen.
Es war nicht der Himmel, aber es war besser als der Dreck, der sonst mein Leben füllte. Es wurde wenigstens bezahlt, und ich musste diesen widerlichen Pissgeruch in meiner Zelle nicht ertragen. Zumindest nicht während der Arbeitszeiten.

Weihnachten 2007 stand vor der Tür, und wie jedes Jahr rollte dieser ganze beschissene Zirkus an Kälte und Heuchelei auch wieder durch die Gänge von F3.
Die Anstaltsleitung verkündete trocken, dass das hier die letzte Gelegenheit wäre, sich ein Paket von draußen schicken zu lassen.
Ab dem nächsten Jahr: Reform, neue Regeln, angeblich gerecht, aber im Kern nur noch mehr Entmenschlichung.
Die Begründung: Es sei zu viel Luxus für jugendliche Straftäter, Geschenke von Angehörigen zu bekommen. Pakete wären ein Privileg, das man uns nicht länger zugestehen wolle. Als hätten wir schon nicht genug verloren. Ich beantragte also eine Paketmarke. So ein kleines Stück Papier, das darüber entschied, ob du ein bisschen Wärme bekommst oder halt leer ausgehst.
Ich schickte sie meinen Pflegeeltern, und schrieb einen Brief dazu. Ich erzählte ihnen, dass ich die Schule abgebrochen hatte. Dass ich es vergeigt hatte. Kein Abschluss, keine vorzeitige Entlassung, keine Aussicht auf irgendeine Art von Belohnung für Mühe oder Fortschritt.
Ich wusste, dass sie enttäuscht sein würden. Wieder mal. Aber ich konnte es nicht mehr ertragen, irgendwem was vorzuspielen. Nicht denen. Und auch nicht mir selbst. Ich hatte es satt zu

lügen. Nicht nur wegen der Schule.
Sondern auch wegen dem, was ich bin. Wie ich mich fühl. Aber ich wusste, sie würden das nie verstehen. Nicht weil sie schlechte Menschen waren. Sondern weil sie zu alt waren, zu weit weg von meinem Leben, von meinem Schmerz, meiner Realität.
Für sie war ich noch immer der Sohn, den sie sich mal gewünscht hatten. Der Junge, der ich nie war und nie sein wollte.
Ihre Enkel waren bald so alt wie ich, und ich saß hier drin und fühlte mich, als wär ich 100 Jahre alt.

*

Kurz vor Weihnachten bekam ich Besuch. Sie kamen tatsächlich. Wieder mal. Ich war jedes Mal erstaunt, dass sie diese ganzen Kilometer auf sich nahmen. Für 45 Minuten lächerliche Besuchszeit. Für mich.
Vor allem meine Pflegemutter. Sie hielt fest. Vielleicht zu sehr. Für sie war ich noch immer das Kind, das gerettet werden konnte. Ihre Hoffnung, die sich irgendwann an mich geklammert hatte, als sie selbst schon fast alle anderen Träume losgelassen hatte.
Wir redeten. Umarmten uns. Ich erzählte ihr, was hier passiert war in den letzten Wochen. Natürlich nicht alles, aber genug, um das Bild aufrechtzuerhalten, dass ich noch funktionierte. Dass ich irgendwie durchkam.

In der Werkstatt hatte ich was machen dürfen. Speckstein. Ein Geschenk zu Weihnachten, selbstgemacht. Ich formte ihn in stundenlanger Kleinarbeit, tagelang, über Wochen. Schmirgelte, schnitt, bohrte bis aus diesem dicken Stein etwas entstand, das aussah wie eine geschlossene Bibel. Nicht weil ich gläubig war, ich hatte längst den Glauben verloren, wenn ich ihn überhaupt jemals hatte.
Aber sie, meine Pflegemutter, sie glaubte noch an Gott. An mich. An das Gute. Also machte ich ihr eine Steinbibel, so kitschig es auch war. Und als ich es ihr übergab, sah ich diesen kurzen Moment der Rührung in ihren Augen. Und es war das erste Mal seit Langem, dass ich das Gefühl hatte, etwas zurückgeben zu können.
Nicht viel, kein großes Ding, nur ein grauer Stein in Buch-form. Aber er war von mir. Von mir für sie. Und das zählte.

Sie sagten, sie würden mir wieder ein Paket schicken. Und ich freute mich.
Nicht nur wegen dem, was darin sein würde. sondern wegen der Geste. Weil es bedeutete, dass sie mich nicht vergessen hatten. Dass ich noch irgendwo existierte, außerhalb dieser Mauern. Dass ich mehr war als eine Nummer, ein Aktenzeichen, ein verlorener Fall.
Ich wusste, das würde mein letztes Weihnachten hier sein. Und wenn ich ehrlich bin, zwei Weihnachten hinter Gittern waren schon mehr, als ich hätte aushalten sollen. In ein paar Wochen würde ich achtzehn. Ich hatte dann meinen sechzehnten, siebzehnten und achtzehnten Geburtstag hier drin verbracht. Was für ein trauriger Rekord. Ich war müde. Innerlich kaputt. Nicht vom Alltag hier, der war bloß noch sich wiederholender Lärm. Sondern vom Hoffen, vom Kämpfen, vom immer wieder gegen-Wände-Rennen.
Mit Tränen in den Augen verabschiedeten wir uns. Meine Pflegeeltern gingen zur Pforte raus, zurück in ihre Welt. Ich ging durch die andere Tür, zurück in meine. Zwei Seiten derselben Tür. Zwei Leben, die sich nur für ein paar Minuten berührten – und sich trotzdem nie ganz loslassen konnten.

*

Ich bekam mein Paket dieses Mal wirklich an Heiligabend. Keinen Tag vorher, keine etlichen Tage danach. Es war Heiligabend. Ich war gerade zurückgekommen von der Gefängniskirche, wo es tatsächlich, wenn man sich ein bisschen Mühe gab, zumindest innerlich so etwas wie eine Ahnung von Weihnachten geben konnte. Wie schon letztes Jahr.
Kein echtes Gefühl, natürlich nicht, nicht das, was man draußen kennt, wenn alles nach Mandarinen riecht und Lichterketten in den Fenstern hängen, aber doch... ein Hauch davon.
Und als ich mit einer neuen Kerze des Gefängnispfarrers in meine Zelle zurückkam, wartete ein Beamter mit meinem Paket auf mich. Es war fast so, als hätte jemand irgendwo genau diesen Moment geplant. Und ich weiß noch genau, wie ich dachte: Okay. Vielleicht, vielleicht ist da heute doch noch irgendwas in der Luft. Irgendwas wie Weihnachten.

*

Ich freute mich wie ein kleines Kind. Nicht gespielt, nicht übertrieben. Echte Vorfreude, so selten geworden in meinem Leben, so kostbar.

Ich hatte seit Tagen nichts mehr gehabt außer Tabak. Darum war alles, was nicht nach Zelle schmeckte, nach Langeweile oder Asche, für mich ein Geschenk. Ein echtes Geschenk. Alles, was nach Schokolade aussah, süß schmeckte oder einfach nur nicht selbstverständlich war, war für mich ein Stück Leben. Ein Stück Menschlichkeit. Ein Stück Ich.

Auch Lukas über mir hatte offenbar ein Paket bekommen. Ich bemerkte es daran, dass die Schalen ausgespuckter Sonnenblumenkerne an meinem Fenster klebten. Zwischen dem üblichen Dreck, der sich dort in Monaten angesammelt hatte, weil ich längst aufgegeben hatte, das Scheißding zu putzen. Ich machte mir keine Mühe mehr mit dem Fenster. Warum auch?

Solange keiner der Beamten mich explizit darauf ansprach, rührte ich es nicht mehr an. Und die meisten der Beamten mieden meine Zelle ohnehin wegen des Geruchs.

Sie wussten genau, woher er kam. Sie wussten, dass sie sich nicht einmischen sollten. Sie wussten auch, wie erniedrigend es war, diesen Siff immer wieder wegzumachen, jeden Tag aufs Neue, ohne dass sich irgendwas änderte. Also ließen sie es auch irgendwann bleiben. Und ich ließ es bleiben.

Es war ein stummes Einverständnis. Als ich mein Paket öffnete, war da auch wieder ein langer Brief von meiner Pflegemutter darin. Ihre Handschrift, ihre Worte, ihre Wärme. Zwischen all den Mauern, all den Gittern, war das wie ein Sonnenstrahl durch ein Kellerfenster.

Und daneben lagen etliche Leckereien. Ich hatte diesmal um zehn Päckchen Tabak gebeten, keine Filterzigaretten mehr, die hielten nicht so lange wie die 40 Gramm Tabakbeutel. Und meine Pflegemutter hatte das wieder mal perfekt verstanden.

Sie kannte mich. Auf sie war Verlass. Immer. Neben dem Tabak war auch wieder eine französische Salami dabei, etliche Süßigkeiten, löslicher Kaffee, und, das war mein persönliches Highlight. Spritzgebäck. Weihnachtsgebäck. Ich konnte kaum

glauben, dass ich so etwas in der Hand hielt. Hier im Knast.
Ich erinnerte mich zurück, wie ich als Kind mit meiner Pflegemutter und meiner Schwester Anne in der Vorweihnachtszeit immer Kekse gebacken hatte. Es war so ein festes Ritual gewesen, so vertraut, so warm.
Wir stritten uns jedes Mal darum, wer mit dem Löffel die Schüssel auskratzen durfte. Wer die Stäbe vom Handmixer ablecken durfte. Wer mehr Teig in den Mund bekam, bevor überhaupt etwas in den Ofen wanderte. Und währenddessen liefen Weihnachtslieder im Hintergrund. Immer dieselben. Jahr für Jahr. Es roch nach Zimt, nach Rumkugeln, nach Vanille. Es war ein Geruch, der nicht nur die Nase füllte, sondern auch die Seele. Und jetzt, in diesem Moment, mit einem Stück Spritzgebäck in der Hand und dem Brief meiner Pflegemutter auf dem Tisch, schloss ich die Augen, und ich roch es. Ich roch es wirklich.

Ich wurde ein bisschen traurig. Natürlich wurde ich das. Wie hätte ich nicht? So viel war passiert. So viel war schiefgelaufen. Und doch... ich war dankbar.
Ich setzte mich hin und schrieb zurück. Einen Brief an meine Pflegeeltern. Ich bedankte mich, wünschte ihnen ein frohes Fest, und dann, dann tat ich etwas, das mich selbst überraschte: Ich teilte meinen Süßkram. Mit Eugen und Kevin. Beide hatten kein Paket bekommen. Nichts. Und ich hatte so viel.
Ich konnte gar nicht alles allein essen. Und außer den beiden gab ich nur Ramon ein Päckchen Tabak.
Es war keine Geste dieses Mal. Es war ein Deal. Ramon hatte mir ein paar Tage vorher eine Handvoll Tabak geliehen, und ich hatte ihm ein ganzes Päckchen versprochen, sobald mein Paket ankäme. Ich hielt mein Wort. Wie immer.
Das war mir wichtig. Auch wenn alles andere längst zerbröckelt war. Die Weihnachtsfeiertage selbst, sie waren melancholisch. Grau. Einseitig. Aber auch wie schon im Jahr zuvor hatte ich eine Art Schonfrist.
Eine stille Zone über meinen Fenstern. Niemand pisste runter. Niemand schrie. Es war, als hätten selbst die Irren dort oben kurz begriffen, dass Weihnachten war. Ein paar Tage Frieden im

Wahnsinn. Kevin und ich spielten viel Schach. Nachts, in unseren Zellen.
Nicht durch Zurufe. Nicht durch Klopfzeichen. Sondern über das Klo. Wir hatten unsere eigene Art der Kommunikation entwickelt. Unsere eigene Leitung. Unsere eigene Technik.
Wir drückten in unserer Nasszelle mit der Klobürste das Wasser aus der Toilette. Immer wieder. Harte, gezielte Schläge gegen den Widerstand am unteren Ende. Bis die Schüssel leer war. Dann war die Leitung frei. Dann konnte man reden. Klar und deutlich. Fast, als säße man nebeneinander. Und nicht durch zwei Zellenwände getrennt. Auch Eugen war über diese Leitung erreichbar. Seine Zelle lag viel weiter hinten, aber selbst das funktionierte.
Man hörte ihn nicht mehr ganz so deutlich, aber deutlich genug. Wir konnten reden. Das war alles, was zählte. Die Idee kam mir, weil ich in dieser Zelle nicht am Fenster mit anderen reden konnte. So wie früher mit Carlo in der U-Haft. Nächtelang hatten wir uns damals am Fenster festgequatscht, geraucht, Schiffe versenken gespielt.
Aber hier - hier war alles anders. Ich muss es nicht wiederholen. Immer, wenn Kevin, Eugen und ich etwas zu besprechen hatten, und das kam oft vor, sagten wir uns: „Ich ruf dich nachher an, so gegen neun.“ Und dann wussten wir, was zu tun war. Jeder bereitete sein Klo vor. Jeder drückte das Wasser raus, und um Punkt 21 Uhr war Verbindung. Natürlich war unsere Leitung nicht perfekt. Kein Highspeed Internet. Keine Telekom-Glasfaser.
Aber alles in allem... es war ein verdammt guter Weg zu reden.
Ohne Beamte. Ohne Aufpasser. Ohne Filter. Kevin und ich saßen oft nächtelang vor der Schüssel. Jeder mit einem Schachbrett vor sich. Und dann ging's los. „Bauer E2 auf E4“, sagte ich. Durchs Klo. Und Kevin antwortete. „Springer G8 auf F6.“ Und so weiter. Züge durch die Kanalisation. Figuren über Rohre. Strategie in der Dunkelheit, die nach Scheiße roch.

Es war schön. Nicht das Bild an sich, vor dem Klo zu hocken und hinein zu sprechen. Aber der Kontakt. Die Nähe. Die Stimmen. Die Möglichkeit, sich nicht ganz zu verlieren.

Als sich das herumsprach, nutzten irgendwann auch andere dieses Telefon. Man hörte es sofort, wenn irgendwo Wasser gestampft wurde. Und wenn man sich einklinkte, konnte man zuhören. Teilhaben. Oder sich einmischen. Es war wie ein internes Knastnetz, ein System, das nur uns gehörte.
Und es funktionierte nicht nur auf einer Etage. Nein, auch nach oben. Nach unten. Quasi unbegrenzt. Man konnte mit fast jedem reden. Und an manchen Abenden war die Leitung so belegt, dass man kaum noch sein eigenes Wort verstand. Dann wussten wir: Da draußen, da drin, sind sie alle wach. Alle am Reden. Alle am telefonieren.

Sobald ein Beamter kam, etwa zum Aufschluss, zur Lebendkontrolle, zum Hofgang, spülte man einfach ab, und das Gespräch war weg. Hörer aufgelegt. Sicherheit hergestellt. Niemand wollte, dass die Teleklo-Gespräche mitgehört wurden. Die Toilette war mehr als eine Schüssel. Sie war ein Sprachrohr. Eine Leitung. Eine Verbindung.
Eine Brücke zwischen Zellen, zwischen Leben. Und das war vielleicht das Menschlichste an diesem verdammten Ort.

*

Mein achtzehnter Geburtstag war ein Freitag. Ich erinnere mich wegen der Schmerzen genau an diesen Tag. Schon am Tag davor hatte ich diese quälenden Kopfschmerzen, so heftig, dass ich kaum schlafen konnte.
Und auch an diesem Morgen wachte ich auf, als hätte jemand mit einem Presslufthammer auf meinen Schädel eingedroschen.
Ich war sofort hellwach. Nicht wegen der Vorfreude auf meinen Geburtstag, sondern wegen des Schmerzes, der sich wie ein Schraubstock um meinen Kopf legte. Ich hätte schreien können. Tat ich aber nicht. Ich kannte das schon. Es war nicht das erste Mal, und es würde auch nicht das letzte Mal sein.
Routine.
Aufstehen.
Waschen.
Warten.
Nur ein kleiner Unterschied: Ein paar Beamte gratulierten mir

tatsächlich zum Geburtstag. Das überraschte mich.

Nicht, weil ich es erwartet hätte, ich habe nie erwartet, dass hier irgendwer an mich denkt, sondern, weil es überhaupt jemand mitbekommen hatte.
Mittagessen war wie immer: irgendwas Warmes, das man kaum als Essen bezeichnen konnte. Aber ich hatte keinen großen Hunger. Kurz danach kam dann die Nachricht: Meine Pflegeeltern würden mich am Nachmittag besuchen.
„Mega geil", dachte ich. Zum ersten Mal an diesem Tag war da so etwas wie Freude. Ich zählte sowieso schon die Tage bis zur Entlassung. Weniger als acht Wochen waren es noch. Ich konnte es kaum erwarten, endlich rauszukommen, diese scheiß Mauern hinter mir zu lassen, und das Ganze hinter mich zu bringen. Schon im Januar hatte ich mir eine Art Kalender gebastelt, auf einem kariertem Blatt Papier, auf dem ich jeden einzelnen Tag bis zur Entlassung fein säuberlich in kleine Kästchen geschrieben hatte. Ich rahmte jeden Tag ein, und dann strich ich jeden Tag einen davon durch. Es war mein eigenes kleines Ritual. Ein Weg, die Zeit greifbarer zu machen.
Aber es zog sich dennoch wie Kaugummi. Die Tage schleppten sich dahin, einer nach dem anderen. Irgendwann fing ich an, nicht mehr täglich ein Kreuz zu machen, sondern manchmal zwei oder drei auf einmal, nach ein paar Tagen. So hatte ich das Gefühl, gleich ein Stück weitergekommen zu sein.
Das war nur Psychologie, klar. Selbsttäuschung. Aber es half. Es fühlte sich besser an, drei Kästchen zu streichen, als nur eins.

*

Als meine Pflegeeltern dann gegen 15 Uhr kamen, war die Freude groß. Zumindest innerlich. Ich sagte nicht viel, denn ich hatte immer noch diese elenden Kopfschmerzen. Das grelle Licht im Besuchsraum stach mir in die Augen, und selbst das leise Summen der Lüftung in meiner Zelle dröhnte wie ein Megafon durch meinen Schädel. Jedes Geräusch, egal wie leise, war zu viel.
Das Zwitschern der Vögel vor dem Fenster, das Quaken der Enten die vorbeiliefen... an normalen Tagen vielleicht fast beruhigend, heute war es aber mehr wie ein Schlag auf den Kopf. Ich wollte

nur, dass es still war.
Wir redeten beim Besuch trotzdem über das, was kommen sollte. Über den Tag meiner Entlassung, was wir machen würden, wo wir hingehen könnten. Es war ein ruhiges, aber intensives Gespräch. Es ging nicht um große Emotionen, sondern um Pläne, Hoffnung, ein bisschen Vorfreude. Ich bekam von meiner Pflegemutter dann noch zwei Schachteln Zigaretten geschenkt. Das freute mich ehrlich, auch wenn ich an dem Tag vielleicht zwei oder drei geraucht hatte.
Der Schädel ließ einfach nichts zu. Trotzdem, ich freute mich sehr, weil ich wusste, dass ich sie in den nächsten Tagen brauchen würde.

*

Zurück in F3, auf WG2, war es kurz vor dem Aufschluss zur Freizeit. Der Beamte, der mich begleitete, machte sich keine Mühe, meine Zelle zuzusperren. „Ich schließ ja eh gleich alle auf" meinte er nur. Ich ging trotzdem in meine Zelle. Ich wollte nichts sehen, nichts hören, nichts spüren. Ich zog mir die Decke über den Kopf, als einziger Schutz vor dem grellen Scheißlicht.
Drunter war es wenigstens halbwegs auszuhalten.
Dann irgendwann war Aufschluss. Ich hörte, wie die Türen aufgeschlossen wurden, nacheinander, das bekannte Klacken, das metallische Geräusch. Und dann... Klopfen. An meiner Tür.
Ich rief:„Ich hab kein Bock, haut ab!" Ich hatte wirklich keine Kraft für irgendein Gelaber mehr. Aber das Klopfen hörte nicht auf. Keiner sagte, wer es war. Es klopfte einfach weiter.
Widerwillig stand ich auf, schleppte mich zur Tür, nur damit diese Scheiße aufhört. Und dann... standen da Kevin, Eugen, Ramon, und noch ein paar andere aus der Abteilung. Und jeder von ihnen, wirklich jeder, hielt mir seinen Kakao hin.
Kakao. Der an diesem Abend zum Abendessen serviert wurde. Das Brot, der Käse, wie immer nur in die Küche gestellt, Selbstbedienung.
Ich hab es gar nicht mitbekommen. Aber die standen da. Und gratulierten mir zum Geburtstag. Mit ihrem Kakao. Ich war sprachlos. Ich hätte weinen können, wirklich. Nicht vor Schmerz, obwohl der noch immer da war, sondern vor Rührung. Das hat

mich getroffen. Tief.
Kevin, Eugen, ja, bei denen konnte ich es irgendwo verstehen. Oft gab ich den beiden von meinen Paketen ab, oder wir spielten Toiletten-Schach. Wir waren auf eine seltsame Art verbunden. Keine Freundschaft, nicht wirklich. Aber so ein gegenseitiges Verstehen.
Doch dass auch Ramon da stand, mit anderen, das traf mich tiefer. Ich dachte daran, dass hier jeder, wirklich jeder in dieser WG wusste, was ich durchmachte. Jeder hatte gesehen, wie ich zurückkam von F5, mit dem Verband ums Handgelenk. Keiner hatte je was gesagt.
Nie ein Wort.
Aber ich wusste, dass sie es wussten, warum ich in F5 war. Dass ich am Ende war, psychisch völlig durch. Und ich glaube, dieser Kakao, das war mehr als ein Geburtstagsgruß.
Es war eine stille Anerkennung dafür, was ich überlebt hatte. Dafür, dass ich nie irgendwen verraten habe. Dass ich standgehalten hab, obwohl ich längst hätte brechen können. Ich war gerührt.
Sichtbar sogar. Aber es ging mir zu dreckig, um irgendwas Großes zu sagen. Ich bedankte mich leise bei jedem von ihnen, und gab allen wie sie vor meiner Tür standen, eine Zigarette zurück. Aus einer der Schachteln, die ich beim Besuch von meiner Pflegemutter bekommen hatte.
Mehr konnte ich nicht tun. Aber es war ehrlich.
Es war trotz allem einer der besten Tage in diesem Gefängnis, in dem ich nun bald zwei Jahre saß. Wenn auch mit Unterbrechung. Zum ersten Mal... wirklich zum allerersten Mal hatte mir hier jemand etwas geschenkt, das sich wie echte Solidarität anfühlte. Und daran werde ich mich erinnern. Mein Leben lang. Auch an die Kopfschmerzen...

Mit "Sicherheit" in Sicherheit.

Die letzten Tage vor meiner Entlassung waren anders. Anders als der Rest der Zeit.

Eine Art Schlussakkord, chaotisch, still, fast surreal. Ich verbrachte sie unter Sicherheitsmaßnahmen. Der Grund? Ich hatte beinahe meine Zelle abgefackelt, aber nicht aus Absicht. Aber in der Logik des Knastes spielt das oft keine Rolle.

Auch ich bekam nun das berüchtigte Lochblech vor mein Fenster geschraubt, ein Metallblech, das verhindern soll, dass Dinge von draußen reinkommen oder drinnen rausfliegen.

In meiner alten Zelle war das baulich leider nicht möglich gewesen, also tauschte ich mit jemand anderem. Eine arme Sau, dachte ich. Jetzt war er derjenige, der sich mit dem modrigen Pissegeruch und dem muffigen Dreck von oben auf der Fensterbank herumschlagen musste.

Ich dagegen hatte meine Ruhe. Das Fenster ließ sich öffnen. Tagsüber. Nachts. Frischluft. Ein Hauch von Freiheit. Für mich war das Gold wert. Das Lochblech selbst empfand ich wie einen nicht ganz heruntergelassenen Rolladen. Ich mochte ohnehin die Dunkelheit mehr als den Tag selbst, also empfand ich dieses Lochblech selbst auch als eine Art Luxus. Hätte ich das nur eher gewusst, dann hätte ich direkt dafür gesorgt, so ein geiles Teil an mein Fenster zu bekommen.

Die Sicherheitsmaßnahmen wurden mir aufgebrummt, weil ich eine Zigarette gependelt hatte... über mehrere Zellen hinweg.

Eigentlich nichts Ungewöhnliches im Knast. Eine Schnur, ein Beutel dran, die richtige Wurftechnik, und los geht's. Ich hatte einen kleinen Stoffbeutel ans Ende der Schnur gebunden und einen Mitinsassen ein paar Zellen weiter darum gebeten, mir eine angezündete Kippe dort reinzulegen. Ich hatte kein Feuerzeug mehr, meines war leer.

Nur dumm, dass just in dem Moment, als ich das Pendel zurück in meine Zelle zog, die Tür aufging. Ein Beamter sperrte auf, rief zum Mittagessen. Ich hatte komplett vergessen, auf die typischen Geräusche um mich herum zu achten. Klackende Schlüssel, das leise Quietschen der Schlösser...

Normalerweise Alarmzeichen.
Aber irgendwann stumpft man ab. Alles um einen herum wird zum Hintergrundrauschen. Ich war erschrocken und überrumpelt, aber vor allem panisch.
Ich warf das Pendel mitsamt der Zigarette unter mein Bett, drückte den Stoffbeutel mit der Hand noch zusammen, in der Hoffnung, die Glut der Zigarette damit zu ersticken.
Falsch gedacht. Als wir ausrückten Richtung Kantine, roch der Beamte plötzlich etwas Verbranntes. Rauch zog durch die Ritzen meiner Tür. Keine halbe Minute später: Feueralarm!!!
Ausgelöst von dem Beamten selbst über sein Funkgerät. Alles wurde hektisch. Der ganze Knast war in Aufruhr. Die Tür meiner Zelle wurde aufgerissen, der Rauch quoll weiß und dicht heraus. Es sah schlimmer aus, als es in Wirklichkeit war. Zum Glück.

Mit einem Taschentuch vor dem Gesicht durchsuchte der Beamte meine Zelle nach Flammen. Aber da waren keine. Unter dem Bett lag nur ein halb verkohlter Beutel, der vor sich hin glühte.
Daran zerrissene Handtücher, die ich zu einer Schnur zusammengebunden hatte. Sofort war ihm klar: ein Pendel. Ich versuchte, mich zu erklären. Dass ich überrascht worden war, dass ich die Zelle nicht absichtlich in Brand setzen wollte, dass es ein Unfall war. Aber als ich nicht sagen wollte, von wem ich die Kippe bekommen hatte, entschieden sie sich für Sicherheitsmaßnahmen.
Essen in die Zelle. Kein Kontakt zur Gruppe.
Zwei Wochen Isolationsurlaub vor der Entlassung.

*

Für viele klingt das vielleicht hart.
Für mich war es ein Geschenk.
Ich hatte zum ersten Mal eine saubere Zelle.
Keine Urinflecken an meiner Fensterbank oder am Fenster selbst, keine toten Insekten, keine schimmelnden Reste vom Vorgänger.
Ich hatte meine Ruhe. Über das Tele-Klo konnte ich trotzdem mit Eugen und Kevin kommunizieren. Klo-Schach spielen, Schiffe versenken, oder einfach nur reden. Es war fast herrlich. Ein seltsamer Frieden lag über diesen Tagen.
Wie ein ruhiger See nach einem Sturm.

*

Meine Entlassung selbst kam unerwartet.
An einem Morgen nach dem Aufschluss wurde ich nach F5 gebracht. Während die anderen in die Kantine marschierten, verließ ich die Anstalt, ohne großes Abschiednehmen. Ich konnte nicht einmal meine Pflegeeltern mehr darüber informieren.
Die Blicke, die mir von den Gefangenen nachgeworfen wurden, neidisch wegen der mir bevorstehenden Freiheit, spürte ich in meinem Rücken.
Aber ich ging weiter. In F5 tauschte ich meine Anstaltskleidung gegen meine Privatsachen. In der Verwaltung erhielt ich ein kleines Überbrückungsgeld. Geld, das ich mir durch Arbeit verdient hatte.
Dann öffnete sich das Tor zur Freiheit.

In der Schleuse stand derselbe muskulöse Beamte, der mich in der Untersuchungshaft zur Gerichtsverhandlung gefahren hatte. Dem ich auch in der Strafhaft noch einmal begegnet war, durch die Futterluke in meiner Zellentür.
Damals hatte er gesagt: „Ich hoffe, ich seh dich nie wieder."
Diesmal war ich der Erste, der es sagte. Ich grinste ihn an: „Hoffentlich sehen wir uns nie wieder."
Er musste lachen. Ein ehrliches Lächeln.

Ich stand draußen. Vor der JSA. Ich war raus.
Ich hatte es überlebt. Tatsächlich überlebt.
Aber der Preis war hoch.
Was mich am meisten überraschte, war, dass selbst meine Entlassung für mich unerwartet kam. Ich hatte erfahren, dass jedem Gefangenen pro 30 Tage Arbeit ein Tag Haft erlassen wurde. Ganz ohne Bewährung. Einfach so. Bei mir kamen dadurch zehn Tage zusammen, die ich nicht mehr „abstreichen" musste.
Ich durfte gehen.
Früher als gedacht.
Ganz offiziell. Regulär. Verdient.
Sogar der Werkstattbeamte war überrascht. Ich begegnete ihm auf draußen vor der Mauer.

„Wo gehst du hin?“ fragte er.
„Ich wurde entlassen“, antwortete ich.
Er starrte mich an.
„Wie jetzt? Blitzentlassung oder was?“

Ich lächelte.
„Nee, reguläre Entlassung.“
Ich reichte ihm die Hand. „Alles Gute.“

Und ging zu Fuß von dem Gelände.
Der erste Wind in meinem Gesicht,
der nicht durch Gitter kam.

Keine Kameras mehr.
Kein Schlüsselklacken.
Keine Kloschüsseln, die als Telefon dienten.
Keine Regeln, die atmen verboten.

Ich war draußen.
Und noch wusste ich nicht, ob das Leben draußen einfacher werden würde. Aber ich wusste eines: Ich hatte überlebt.

Und das war verdammt noch mal nicht selbstverständlich.

Weitere Bücher aus unserem Verlagsprogramm

Einfach zu lesen

Leon und Jan retten den Freizeitpark

Eine kleine literarische Sensation:
Ein Kinder- und Jugendroman,
geschrieben von einem Teenager mit
einer geistigen Behinderung.

21 x 15 cm, 204 Seiten, Softcover
ISBN 978 398 252 4542
Euro 19,50
Auch als e-Book u. als Hörbuch erhältlich

Einfach zu lesen

Spuk-Eifel

Ein aufgeweckter Teenager erfährt auf
Ausflügen mit der Familie in die Eifel
viel über die Legenden, Sagen und
manchmal schaurigen Histörchen seiner Heimat.
Ein Buch, das jeder Eifelaner und jeder Tourist
gelesen haben sollte.

21 x 15 cm, 90 Seiten, Softcover
ISBN 978398 252 4528
Euro 12,50

Kinder-/
Bilderbuch

Der Kleine Baumkönig

Wunderschöne Gute-Nacht-Geschichten
aus einer Welt hoch über unseren Köpfen

21,5 x21,5 m, 90 Seiten, Hardcover
ISBN 978 398 252 4566
Euro 19,50
Auch als e-Book und als Hörbuch erhältlich.

Kinder-/
Bilderbuch

Nur du und ich und der Blaubeerstrauch

Der kleine Elefant liebt Blaubeeren über alles.
Durch seine Liebe zu den Früchten lernt
er die kleine Maus kennen, die er bald noch
viel mehr lieben lernt.
Die beiden haben bald große Heraus-
forderungen zu meistern...

21,5 x 21,5 cm, 72 Seiten, Hardcover
ISBN 978 398 181 9397
Euro 24,50

Die dunklen Seiten von Haus Sonnenschein

Petra Eschweiler wächst in einem Milieu auf, das durch Alkohol, häusliche Gewalt und menschliche Unzulänglichkeiten jeder Art bestimmt ist.
Sie schafft es dennoch, aus diesem sozialen und moralischen Sumpf herauszukommen.
Diese Biographie ist erschreckend und ermutigend zugleich.

21,5 x 15 cm, 144 Seiten, Hardcover
ISBN 978 398 252 4504
Euro 19,50

Essen und Trinken, wie ich es mag

Manfred Kautz ist international erfahrener Hobbykoch und Chevalier du Tastevin.
In diesem sehr persönlichen und individuellen Buch verrät er einige seiner Rezepte, wie man sie zubereitet und natürlich auch, welcher Wein das Genuss-Erlebnis richtig abrundet.

21,5 x 21,5 cm, 126 Seiten, Hardcover
ISBN 978 398 2524535
Euro 24,90

Einfach zu lesen

Die Trolljägerin

Eine mitreißende, phantastische
Geschichte mit wunderschönen
Fotos aus den verwunschenen Wäldern
der Eifel.
Ein Lesevergnügen für Kinder und
für Erwachsene, die gerne träumen.

30 x 22 cm, 58 Seiten, Hardcover
ISBN 978 398 252 4511
Euro 24,90

Wenn die Nase juxt

Ein Buch über die Nase,
übers Riechen, Niesen, Schnäuzen und
über Popel...
Warum es dumm ist, in die Armbeuge zu
niesen und warum Kylie Minogue die
Welthymne des Nasebohrens gesungen hat.
Ein Buch für Wissbegierige
und ein Buch für Unterhaltungswillige.
Zum Staunen und Lachen.

21,5 x 15 cm, 246 Seiten, Softcover
ISBN 978398 181 9335
Euro 14,90